O³r
13 A

FRANÇOIS COILLARD

DE LA SOCIÉTÉ DES MISSIONS ÉVANGÉLIQUES DE PARIS

SUR

LE HAUT-ZAMBÈZE

VOYAGES ET TRAVAUX DE MISSION

Préface de M. J. DE SEYNES

Avec deux portraits, 6 planches et 2 cartes hors texte et 25 gravures dans le texte

BERGER-LEVRAULT ET Cie, LIBRAIRES-ÉDITEURS

PARIS | NANCY
5, RUE DES BEAUX-ARTS | 18, RUE DES GLACIS

1899

Tous droits réservés

SUR

LE HAUT-ZAMBÈZE

VOYAGES ET TRAVAUX DE MISSION

NANCY, IMPRIMERIE BERGER-LEVRAULT ET Cie.

FRANÇOIS COILLARD

DE LA SOCIÉTÉ DES MISSIONS ÉVANGÉLIQUES DE PARIS

SUR

LE HAUT-ZAMBÈZE

VOYAGES ET TRAVAUX DE MISSION

Préface de M. J. DE SEYNES

Avec deux portraits, 6 planches et 2 cartes hors texte et 25 gravures dans le texte

BERGER-LEVRAULT ET Cie, LIBRAIRES-ÉDITEURS

PARIS | NANCY
5, RUE DES BEAUX-ARTS | 18, RUE DES GLACIS

1899

Tous droits réservés

A
LA MÉMOIRE BÉNIE
DE CELLE
QUI PENDANT TRENTE ANNÉES
A EMBELLI MON PÈLERINAGE ET PARTAGÉ MES LABEURS
SUPPORTÉ NOBLEMENT LES VOYAGES, AVENTURES, PÉRILS ET PRIVATIONS
D'UNE VIE DE PIONNIER
A CONSOMMÉ LE SACRIFICE DE SA VIE AU SERVICE DE SON MAITRE
AU PAYS DES BA-ROTSI, SUR LE HAUT-ZAMBÈZE
ET MAINTENANT DORT EN PAIX A SÉFOULA
« ATTENDANT LE MATIN »

« Elle tenait un vase d'albâtre qui renfermait un parfum de nard pur de grand prix, et ayant rompu le vase, elle répandit le parfum sur les pieds de Jésus... et la maison fut remplie de l'odeur du parfum. »

PRÉFACE

Au moment où M. Coillard, prêt à partir pour le Zambèze, présentait son remplaçant à l'église de Léribé, un des ba-Souto chrétiens de cette station, Nathanaël Makotoko, s'adressant au nouveau missionnaire, M. Dormoy, lui dit : « Sais-tu où nous étions, ce que nous étions quand, jeune encore, M. Coillard vint ici il y a vingt ans ? — Où nous étions ? Perdus dans le monde. — Ce que nous étions ? Des bêtes sauvages, oui, des bêtes des champs », et il éclata en sanglots.

Quel chemin parcouru par ces pauvres noirs pour arriver à se rendre compte de l'état où le christianisme les avait trouvés et en ressentir une si profonde impression ! Ils avaient saisi la puissance de relèvement de la croix avec une intelligence que révèlent ces paroles de l'évangéliste noir de Sébapala, prononcées à l'occasion d'un baptême : « La croix pour le chrétien, c'est l'aile de l'oiseau. Quand nous voyons un oiseau marcher par terre, il nous semble que ses ailes lui sont un fardeau. Mais qu'il s'élève dans les airs, et nous voyons que c'est ce fardeau qui le porte. Païens, nous ne voyons que le fardeau. Chrétiens, nous regardons en haut, la croix nous porte, le ciel est à nous ! » Ces témoignages de la transformation accomplie pourraient être multipliés, les lecteurs du Journal des Missions ont pu en recueillir beaucoup d'autres. Ces effets de la mission chrétienne, dont l'incrédulité avait de prime abord nié la possibilité, n'ont rien qui dépasse les promesses faites à la foi ; mais en dehors du cercle des croyants, quel cœur d'homme resterait insensible à la pensée que des êtres, pris à un degré voisin de la bestialité, ont pu être amenés à reprendre leur rang au sein de l'humanité! Une impulsion charitable, peut-être aussi l'instinct de la conservation sociale, sollicitent des âmes compatissantes à se pencher vers les bas-fonds de notre civilisation, pour s'efforcer d'en retirer les êtres les plus dégradés. De libres associations se forment dans ce but en dehors même de l'Eglise, qui en a donné l'exemple. Ces deux missions se touchent, et les anciennes critiques sur la mission religieuse en pays païen ne peuvent plus se produire, à moins d'être l'expression d'un mépris de l'humanité inconscient ou coupable.

Le peuple des ba-Souto, en reprenant conscience de lui-même, voulut à son tour conquérir ses frères d'Afrique à la vie supérieure que seul l'Évangile a pu rallumer dans les âmes; telle est l'origine simple et touchante de l'épopée chrétienne racontée dans les pages qui suivent par M. Coillard, le chef de la mission conquérante émanée des églises du Lessouto. Les lettres, qui s'enchaînent pour former un récit très vivant, sont groupées en quatre parties:

I. A la recherche d'un champ de mission.
II. La mission se fonde.
III. La mission à Séfoula.
IV. La mission à Léalouyi.

En regardant aux peuplades les plus voisines du Lessouto, le choix des missionnaires s'était arrêté sur les ba-Nyaï des bords du Limpopo. M. Dieterlen avait déjà tenté d'y conduire des évangélistes ba-Souto sans pouvoir atteindre le but du voyage, par suite du mauvais vouloir des autorités du Transvaal, qu'il n'avait pu traverser. Cette difficulté n'existait plus. Les ba-Nyaï furent atteints par M. Coillard et ses compagnons, mais les chefs leur interdirent le séjour du pays qu'ils occupaient et de tous ceux qui sont soumis à l'autorité des ma-Tébélé. Obligée de se retirer après avoir couru des dangers, l'expédition se replie au sud, sur Chochong, siège d'une *mission prospère dans le pays du roi chrétien Khama. C'est là que M. Coillard donne à sa caravane un repos indispensable et qu'il se décide à prendre la direction du Zambèze. Sur les bords de ce fleuve avaient autrefois émigré des ba-Souto conduits par un des leurs, nommé Sébétoane ; leurs relations avec les tribus assujéties aux ba-Rotsi avaient initié ces tribus à la langue sessouto, qui se trouvait être comprise depuis les cataractes Victoria jusqu'au lac Ngami. Ces circonstances vraiment providentielles*[1] *déterminèrent notre missionnaire, malgré les périls d'une telle entreprise et l'insalubrité de ces régions. La première exploration au Zambèze devait coûter la vie à trois des évangélistes bassoutos, Khosana, Marathane et Bushmann. Ne cherchant ni les aventures, ni la vaine satisfaction de braver les dangers, M. Coillard apporta une énergie indomptable à ce qui lui semblait le simple accomplissement d'un devoir et comme une dette à acquitter envers ces Zambéziens qui, fuyant la cruauté des ba-Rotsi, lui avaient dit : « Pourquoi n'allez-vous pas chez nous pour sauver la nation ? » A ceux qui auraient pu critiquer sa témérité la réponse était prête. M. Coillard la fit à l'assemblée générale de la Société des Missions, en mai 1880 : « Dans la lutte des ba-Souto contre les Boers, disait-il, ces derniers escaladaient la montagne de Thaba-Bossiou. Ils avaient à passer par un étroit défilé que défendait une troupe de guerriers ; les uns après les autres, les ba-Souto tombaient sous le feu des ennemis, lorsque l'un d'eux, déjà blessé, ramassa les cadavres de ses compagnons qui jonchaient le sol autour de lui, les entassa les uns sur les autres et, grâce à ce sanglant rempart, le reste de la troupe des ba-Souto repoussa les Boers. Le missionnaire est-il autre chose qu'un soldat ? » Désormais ce soldat du Christ ira droit où son Maître lui a ouvert un chemin, dût ce chemin être*

---

[1]. On sait que les premiers missionnaires de la Société des Missions évangéliques de Paris au Lessouto avaient fixé la langue sessouto, traduit la Bible et créé toute une littérature, travail préliminaire indispensable qui se trouvait ainsi accompli pour les régions zambéziennes.

semé de fatigue, d'angoisse, d'embûches et de difficultés de toute sorte.

Il a fallu dix ans de lutte pour emporter cette redoute du Zambèze sur laquelle Livingstone avait succombé et que la Société des Missions de Londres, puis les Jésuites, avaient inutilement cherché à enlever, en n'y laissant que les tombes de leurs martyrs. Ces dix ans comprennent, il est vrai, près de deux ans et demi de voyages et de tournées en France; il s'agissait alors d'une campagne moins périlleuse sans doute, mais semée de difficultés et de soucis; c'était bien une conquête à faire que celle des Églises et des appuis moraux et matériels nécessaires. Aussi l'éminent et si regretté président du Comité des Missions, le baron Léon de Bussierre, a pu dire à ce sujet de M. Coillard: « Il a connu les amertumes qui trop souvent deviennent le partage de ceux qui se dévouent aux plus nobles labeurs. Au milieu des apprêts de sa sainte entreprise, à la veille de s'exposer, avec ce qu'il a de plus cher, aux périls de toute nature qui l'attendent au delà du Zambèze, il s'est senti douloureusement atteint par les objections et les critiques qui s'élevaient çà et là contre la ténacité de son héroïsme[1]. »

La forme de lettres, adoptée par M. Coillard, donne à son récit la saveur si recherchée aujourd'hui des mémoires; l'action, la vie est partout dans cette série de tableaux où abondent les informations de toute nature, les situations émouvantes et souvent dramatiques. A la différence de presque tous les mémoires, ces tableaux sont faits, comme les tapisseries des Gobelins, par un artisan qui se dérobe derrière son œuvre et s'efforce de se soustraire aux regards et à l'admiration.

Une fois le drapeau missionnaire planté à Séfoula, la tâche a fait un grand pas; elle est loin cependant d'être unie et facile, « c'est le terme d'un voyage de trois ans et d'une vie errante de dix années », mais ce n'est pas la fin des difficultés. Au milieu de toutes celles que suscitent le caractère et les vices

---

1. Rapport de la Société des Missions évangéliques, 1884, p. 19.

des indigènes, les relations avec les chefs, les révolutions, les conditions matérielles de climat et d'installation, l'organisation de l'école se fait suivre avec un vif intérêt. « L'école a été sans contredit le point le plus saillant de l'œuvre de Séfoula.

« Ce n'était d'abord qu'une bande de jeunes bandits, un nid d'affreuse corruption » ; peu à peu on voit ce que l'Évangile en a fait. On constate que là, comme partout, comme toujours, l'école chrétienne est la base indispensable de l'Église chrétienne. Un jour peut-être quelque Zambézien reconnaissant viendra dans notre France nous faire retrouver l'école religieuse, objet d'une si parfaite indifférence, comme Élisabeth Fry est venue d'Angleterre nous montrer le chemin de la prison que nous n'avions pas su découvrir avant elle. En attendant, puisons dans le trésor de leçons et d'exemples que nous offrent les lettres sur le Haut-Zambèze ; ces lettres poursuivront parmi les protestants de langue française l'œuvre apostolique commencée sur le noir continent. Il y a peu d'ouvrages d'édification où les âmes troublées, inquiètes, affligées, puissent trouver une meilleure source d'apaisement, un plus sérieux appel à la patience, au support, à l'espérance. Il n'y a pas d'exhortation directe ou d'exposition raisonnée de la doctrine, c'est la doctrine en action, la doctrine vécue, produisant chez les noirs et les blancs, les hommes et les femmes de la caravane missionnaire, ses fruits naturels de foi et d'amour, d'abnégation et de persévérance.

Tous ceux qui liront ces pages, quelles que soient leurs croyances, leurs aspirations ou leurs dispositions particulières, reconnaîtront que c'est un grand privilège pour la Société des Missions, un honneur pour notre pays d'avoir donné à Livingstone un successeur capable de réaliser son rêve le plus cher, fonder une œuvre missionnaire qui pût ouvrir à l'Évangile l'accès de l'Afrique centrale et arracher ses habitants aux horreurs de l'esclavage.

J. S.

INTRODUCTION

L'église du Seigneur ressemble à cet arbre vigoureux des climats tropicaux dont les puissants rameaux poussent des racines. Chacune de ces racines qui atteint le sol et s'y attache devient un tronc qui, à son tour, étendra plus loin ses branches et poussera de nouvelles racines.

Si la mission de l'Église commence et *doit* commencer à Jérusalem, ce n'est pas là qu'elle s'arrête et qu'elle finit. Elle tend plus loin, ses aspirations sont vers les régions d'*au delà* et vont jusqu'aux extrémités de la terre. Son esprit est un esprit d'agression et de conquête. « En avant ! plus loin, toujours plus loin ! » c'est sa devise.

Jamais l'Église ne l'a mieux compris que de nos jours. Les missions modernes le disent assez. Et ce qui nous inspire, à nous, de la joie et de la confiance, ce sont moins les résultats immédiats déjà acquis que nous pouvons constater, que l'esprit de reproduction et d'extension qui anime les missions elles-mêmes. C'est rationnel. C'est la condition *sine quâ non* de leur vitalité. Malheur à nous, leurs conducteurs, malheur à elles, si nous les conduisons trop longtemps à la lisière, et si, gardées ainsi dans une enfance anormale, elles sont incapables d'action indépendante et de responsabilité ! Leur conscience se fausse, leur développement s'étiole, et du moment que les hommes qui les tenaient en tutelle disparaissent, elles sont — à moins d'un renouveau de vie — condamnées à s'affaiblir et.... à disparaître aussi.

Peut-être cette éducation présente-t-elle, parmi les indigènes du sud de l'Afrique, des difficultés particulières. Toujours est-il — et il est douloureux de le constater — qu'elle n'a pas pris parmi elles les proportions qui nous étonnent dans les îles de la mer du Sud et ailleurs. Cela est dû en partie à des circonstances locales, à l'immigration des blancs qui, inévitablement, changent les conditions de l'existence. Mais cela est dû aussi, reconnaissons-le, à une certaine restriction dans la confiance que nous accordons à ces Églises encore si jeunes, à ces chrétiens si récemment sortis de la fange du paganisme. Peut-être aussi avons-nous peur de trop engager notre responsabilité personnelle et de dévier des chemins battus. Et pourtant, qui de nous ne le répète, et sincèrement, que si l'Afrique doit être évangélisée, ce doit être surtout par ses propres enfants ! Ce qui n'est encore qu'une belle théorie doit passer dans la pratique. *Il faut* que nos Églises et nos chrétiens africains soient *missionnaires*. C'est, là-bas comme en Europe, le thermomètre de la vie religieuse. *Donner et se donner* dans l'Esprit de Celui que nous aimons et qui s'est donné lui-même, c'en est l'essence.

Les pages qui suivent sont le récit d'un humble effort tenté dans ce but. Jusqu'à quel point l'essai a réussi, c'est au lecteur d'en juger.

Des trois missionnaires français qui arrivaient au pays des ba-Souto en 1833, il en est un dont la figure grandit à mesure qu'on l'étudie. Il appartenait à cette « race de géants » dont les exploits dans la première partie de ce siècle ont jeté tant de lustre sur nos missions africaines. Cet homme, c'est M. *Arbousset*. Il possédait à un rare degré le don de l'évangélisation, et il sut dès le début l'inculquer aux chrétiens indigènes. Dans son troupeau les hommes ont toujours formé une proportion remarquable ; et chacun d'eux, à des degrés et à des titres divers, avait sa part dans la propagation de l'Évangile. Non content de cette mission intérieure, M. Arbousset organisa plus d'une fois de petites expéditions d'hommes qui, à pied, avec une bête de somme pour porter leurs provisions, s'en allaient passer un temps illimité parmi les ba-Phéli, dans la contrée connue maintenant sous le nom de Transvaal.

Plus tard, en 1863, c'était *Ésaïe Séèlé* qui, avec l'approbation des missionnaires, partait en son nom. Séèlé était d'une haute position sociale, d'une rare intelligence et d'un caractère aimable. Il parlait l'anglais, le français et plusieurs langues indigènes, et possédait des connaissances médicales étendues. Il passa plusieurs années à évangéliser les mêmes tribus parmi lesquelles la Société des Missions de Berlin a fondé et poursuit une œuvre prospère.

Les guerres désastreuses des Boers de l'État libre de l'Orange avec les ba-Souto comprimèrent ces élans et ce besoin d'expansion.

En 1865, tous les missionnaires français (il n'y en avait pas d'autres alors), à l'exception d'un seul que ne pouvait atteindre l'autorité de l'État Libre, furent expulsés du pays, et nous comme les autres.

Ce fut pendant cet exil forcé de leurs pasteurs que les chrétiens ba-Souto, pénétrés de leur responsabilité individuelle, se livrèrent avec zèle à l'évangélisation. Il s'ensuivit un puissant réveil qui s'étendit sur tout le pays.

A leur retour, les missionnaires, qui s'étaient vus avec tant de douleur et d'anxiété arrachés à leur champ de travail, le trouvèrent complètement transformé. C'était un jardin que l'Éternel avait arrosé et béni.

Leur premier soin fut d'organiser et de consolider le mouvement. Ils choisirent parmi les chrétiens les hommes les plus dignes de confiance, les placèrent çà et là comme évangélistes, et commencèrent à couvrir le Lessouto de ce réseau d'annexes, dont les mailles vont se resserrant de plus en plus.

Il était impossible que la vie religieuse se développât chez nos chrétiens sans que le besoin se fît sentir chez eux aussi de porter au loin le beau nom de Jésus. C'est à l'ardente activité de mon ami Mabille, un autre de ces puissants Anakins, devenu le digne successeur de M. Arbousset, que sont dues l'initiative et l'impulsion de l'évangélisation par les indigènes. La mission intérieure ne pouvait pas se développer sans franchir les limites du Lessouto. Mais *où* porter l'Évangile? *Qui ira ?* Voilà les questions qui prenaient chaque jour plus d'actualité.

En 1873, MM. Mabille et Berthoud, en vue de la fondation d'une mission des Églises du canton de Vaud, faisaient un voyage d'exploration au nord du Transvaal. Ils laissaient, parmi les ma-Gouamba, les missionnaires ba-Souto Eliakim et Aser, auxquels plus tard s'en adjoignirent d'autres, qui tous firent avec persévérance et dévouement une œuvre dont la mission vaudoise a recueilli les fruits bénis.

Sur les conseils du zélé missionnaire hollandais de Goodgedacht, M. Hofmeyr, et sur les injonctions de M. Mabille, l'un d'eux, Aser, partait bientôt, accompagné de Jonathan, de l'église de Léribé, et de deux membres de celle de M. Hofmeyr. Il traversait le Limpopo et, sans se laisser rebuter par toutes sortes de difficultés qui parfois semblaient insurmontables, il visita, du côté de Zimbabyé, des tribus de ma-Chona qui portent le nom de ba-Nyaï.

Dans ce voyage, Aser fit preuve d'une grande sagacité et d'un esprit d'observation remarquable. Il tenait un journal quotidien où il consignait soigneusement les incidents et les aventures du voyage, les étapes avec leurs distances approximatives, les rivières, les sources et les étangs qu'il passait, les noms des chefs et leurs résidences, tous les renseignements, en un mot, qu'il supposait devoir nous intéresser ou nous être plus tard de quelque utilité. Il recueillait aussi des détails de mœurs et des traditions qui nous paraissent être un écho mourant d'un enseignement depuis longtemps disparu. Ce qu'il leur disait du Seigneur

Jésus leur rappelait la disparition mystérieuse du fils d'un de leurs anciens chefs, qui devait revenir un jour. En son honneur, ils fêtaient la nouvelle lune et se rasaient la tête, et observaient un jour sur dix comme jour de repos. Très industrieux, ils cultivaient aussi le sorgho, le maïs, le riz, etc. ; mais leurs mœurs lui paraissaient étranges et il remarquait entre autres « qu'ils ne se lavaient jamais ». Il fut généralement bien accueilli.

Trois chefs se montraient particulièrement désireux d'avoir des missionnaires. C'est à regret que cet intrépide évangéliste quittait le pays. « Ah! disait-il, que ne pouvais-je me couper un bras et une jambe, et faire de chacun de ces membres des missionnaires, et les laisser parmi les ba-Nyaï! »

Son retour au Lessouto, en 1875, fut une étincelle électrique. Il serait difficile d'exagérer l'impression profonde que ses récits produisirent partout. Une grosse vague d'enthousiasme passa sur toutes nos églises.

Dans une réunion mémorable, où l'intérêt se traduisait par des discours pleins de feu, un vieillard au fond de l'église se leva : « Assez parlé! s'écria-t-il, agissons! » Puis, s'avançant jusqu'à la table de communion, il y déposait la modique somme de 3 fr. L'impulsion était donnée. L'assemblée tout entière le suivit ; le mouvement gagna ceux qui étaient dehors et s'étendit bientôt à toutes les stations. L'on vit alors, en un jour de Sainte-Cène, hommes, femmes et jeunes gens se presser avec décorum jusqu'à la table pour y déposer leurs offrandes. Et, spectacle tout nouveau, digne d'émouvoir les anges, des enfants, oui, de tout petits enfants à la mamelle, laissaient tomber dans le tronc du Seigneur leur petite pièce d'argent blanc! C'est ainsi que fut recueillie en peu de temps la somme de 10,000 francs, sans compter les dons de gros et menu bétail.

La conférence des missionnaires ne pouvait pas hésiter plus longtemps. A sa première session, la mission fut à l'unanimité décidée en principe. L'argent trouvé, ce furent des hommes qui s'offrirent. Quatre d'entre eux furent choisis qui devaient se préparer au départ.

Pendant ce temps, il se passait ailleurs des événements peu remarqués et apparemment peu remarquables, et qui pourtant devaient avoir plus tard pour la mission des conséquences incalculables.

Malgré toute cette ébullition de zèle, quelques-uns d'entre nous, et particulièrement M. Mabille et moi, nous étions loin d'être rassurés et complètement satisfaits. La vie spirituelle de nos troupeaux, d'un niveau peu élevé, menaçait de s'évaporer dans cette activité fébrile purement extérieure; les conversions et les conquêtes sur le paganisme étaient peu nombreuses, et nous-mêmes, nous personnellement, nous soupirions ardemment après une vie moins terre à terre et que nous faisaient entrevoir les rapports qui nous venaient d'Europe.

C'est sur ces entrefaites que nous reçûmes la visite du major Malan, petit-fils de César Malan, de Genève. Ayant quitté l'armée anglaise pour se livrer plus librement « au service du Roi des rois », il avait entrepris une grande tournée parmi les missions sud-africaines, et Dieu se servit de lui comme d'un instrument et un canal de grandes bénédictions. Son passage au Lessouto fut l'occasion d'un beau réveil; il laissa derrière lui une traînée de feu. Il nous fit du bien aussi à nous, pauvres laboureurs si souvent étouffés par la poussière de nos mottes et de nos guérets, et il nous voua une affection que nous lui rendions bien cordialement.

Plus tard, à son initiative, une grande réunion de « consécration » était organisée à King Williams'town. Mabille et moi, poussés par des besoins communs, nous résolûmes de faire à cheval le voyage de 140 lieues pour y assister. Nous n'eûmes pas lieu de le regretter.

Voici les sujets qui nous absorbèrent pendant trois jours

et qui y furent traités avec une spontanéité, une chaleur et une onction qui nous faisaient puissamment sentir la présence de Dieu.

I. *Christ-Emmanuel* : « En Lui habite corporellement toute la plénitude de la Divinité. » (*Col.* 2, 9.)

II. *Nous, ses disciples* : « Vous êtes accomplis en lui » (v. 10).

III. Conséquence : *consécration entière.* « Je vous exhorte donc, mes frères, par les compassions de Dieu, que vous offriez vos corps en sacrifice vivant, saint et agréable à Dieu. » (*Rom.* 12, 1.)

Ce fut plus qu'un banquet spirituel, c'était surtout pour nous une *révélation*. Là, nous avions approché les sommités ensoleillées du Tabor de la vie chrétienne, qu'on nous avait toujours représentées comme inaccessibles, nous avions eu comme une vision du Seigneur. Il nous semblait que nous n'avions jamais encore compris l'A B C du renoncement, et cette pensée nous obsédait. D'un autre côté, nos projets d'extension missionnaire, qui attiraient partout l'attention, excitaient le plus vif intérêt, nous préoccupaient vivement.

C'était là le thème de nos entretiens tout en chevauchant au retour avec notre digne ami. Un jour, nous traversions la rivière Key. Cédant spontanément à un besoin irrésistible de nos cœurs, nous mîmes pied à terre, et là, à genoux sous ces arbrisseaux que je vois encore, tous les trois, nous prenant mutuellement à témoins, nous nous consacrâmes tout à nouveau à notre Maître et nous jurâmes fidélité dans la vérité... Moment solennel et inoubliable !...

Remontant en selle, le major lançait son chapeau en l'air en s'écriant : « Trois soldats prêts pour la conquête de l'Afrique ! » et donnant de l'éperon, il galopait en avant. Et nous disions, Mabille et moi : « Oui, des soldats ! Et avec la grâce de Dieu, nous serons fidèles jusqu'à la mort. »

Nous étions sincères. Ce sont là, en ce qui nous concerne, les vraies origines de la mission du Zambèze, comme aussi un nouveau point de départ dans notre vie chrétienne.

A notre retour, en automne 1875, l'expédition se préparait. Nous pensions d'abord envoyer seuls nos missionnaires indigènes. Mais ayant appris que le gouvernement du Transvaal, qui en avait eu vent, s'opposait à leur passage, « craignant qu'ils ne suscitassent des troubles à ses frontières », il fut décidé qu'un de nous les conduirait. Mais qui ? Mabille demandait instamment qu'on l'envoyât, ce à quoi la Conférence ne pouvait consentir, vu l'importance de la position qu'il occupait parmi nous. C'est alors qu'elle accepta les offres d'un jeune missionnaire récemment arrivé, non marié et qui n'avait pas encore été placé. C'était M. Dieterlen. Ce n'était certes pas le premier venu, et il nous inspirait à tous, par ses belles qualités et ses dons, la plus grande confiance, que les événements justifièrent pleinement.

Le troisième synode général de nos Églises eut lieu à Léribé du 5 au 11 avril 1876. Soixante-dix-huit délégués, outre les missionnaires eux-mêmes, bien entendu, et les évangélistes, y représentaient les Églises. Des chrétiens en grand nombre y étaient aussi accourus de tous les coins du pays. Il s'y trouvait encore des délégués de la Cafrerie et d'ailleurs, dont les uns, outre des messages de fraternité et d'encouragement, nous apportaient aussi sous la forme de souscriptions des preuves tangibles de leur intérêt. Les chefs même païens ne purent pas rester indifférents à cette grande manifestation, et les autorités anglaises du pays tinrent aussi à venir nous exprimer leurs bons vœux.

C'est sous ces heureux auspices qu'après des réunions chaleureuses et bénies, nous recommandions à la garde du Seigneur nos chers pionniers, notre bien-aimé frère Dieterlen et ses compagnons. Et comment ne pas relever un contraste frappant ? Nous leur donnions le baiser fraternel d'adieu dans cet endroit même hanté jadis par des hordes de cannibales, et d'où, quelque quarante-cinq ans auparavant, Sébétouane partait lui aussi à la tête de son clan, pour fouler des tribus sur son passage et aller fonder son puissant royaume dans les régions alors inconnues du Haut-Zambèze.

Qui aurait dit qu'un mois plus tard à peine, cette expédition, entourée de tant de sollicitudes et de prières, allait échouer dans les prisons d'un État civilisé et chrétien ?

M. Dieterlen, en partant, s'attendait bien à quelque chicane de douane à la frontière du Transvaal. Mais non. Il voyagea sans encombre, passa Heidelberg, arriva à Prétoria en plein jour, fit ses emplettes et continua sa route sans être inquiété par personne. Deux jours après, c'était le 10 mai, au moment où il cherchait à camper pour la nuit, quel ne fut pas son étonnement de se voir poursuivi et arrêté par deux officiers du gouvernement, dont l'un était le « shérif » ! Le lendemain, après avoir fouillé les wagons et les avoir remis à la garde d'agents de police pour les faire rebrousser chemin, ces messieurs mirent leur prisonnier sur un char et le conduisirent à Prétoria. Les wagons arrivés, mis à l'interdit et soigneusement fouillés à nouveau sans qu'on y trouvât, bien entendu, ni munitions, ni canons, ni autres armes à feu comme le portait l'acte d'accusation, on n'en sévit pas avec moins de rigueur.

Les évangélistes furent jetés en prison, et Aser jugé digne de la cellule des criminels condamnés à mort. M. Dieterlen, lui, n'échappa à l'honneur de la prison que par la générosité du missionnaire berlinois, M. Grüneberger, qui lui servit de caution pour la somme de 7,500 francs ! Cela lui laissait la liberté de faire toutes les démarches que nécessitaient les circonstances.

Malgré tout ce que l'accusation de contrebande de guerre avait de ridicule, le gouvernement déclara à M. Dieterlen qu'il ne pouvait consentir à ce qu'il franchît les frontières de la République pour établir une mission française au nord du Limpopo. En vain notre frère plaida-t-il qu'on n'avait jamais exigé de passeport d'aucun voyageur européen, et que les pays où il conduisait son expédition étaient en dehors de leur juridiction : « Savez-vous, lui répondit-on, quelles sont nos intentions ? Avez-vous connaissance des traités que nous avons pu faire avec les natifs ou avec les Portugais ? »

Après lui avoir imposé, pour les frais de cette farce de procès, une amende de 350 francs, on fit sortir les quatre évangélistes de prison et on leur intima à tous l'ordre de retourner chez eux sous peine de confiscation et d'emprisonnement.

M. Dieterlen, qui dans ces circonstances angoissantes avait montré une discrétion, une dignité et un courage qui ne s'étaient pas un seul instant démentis, dut céder à la force et obéir. Il reprit tristement avec sa caravane le chemin du Lessouto.

Il n'est que juste d'ajouter que bon nombre de citoyens du Transvaal regrettèrent fort et blâmèrent dans leur conscience la conduite du gouvernement. Mais personne ne crut pouvoir, dans les circonstances actuelles, prendre la défense de l'expédition.

M. Dieterlen et ses compagnons se demandèrent un instant s'ils ne s'engageraient pas sur la route qui longe le Transvaal à l'ouest. Le projet était trop aventureux. Une épidémie se déclarait à cet instant parmi les bœufs, dont huit périssaient. Il n'y avait plus qu'à se diriger sur le pays qu'on avait naguère quitté avec tant d'ambitions au cœur. C'est de Morija que M. Dieterlen écrivait le 28 juin 1876 :

« Et maintenant nous sommes au Lessouto, nous attendons que Dieu nous ouvre une nouvelle porte. Nous avons mis de côté nos provisions en vivres et en habillements ; nos bœufs prennent du repos et des forces; nos wagons sont en état, et si demain nous voyions que nous pouvons repartir, je crois que pas un d'entre nous ne manquerait à l'appel. Car nous savons que si, d'un côté, l'œuvre de Dieu rencontre beaucoup d'opposition de la part du monde et semble parfois anéantie, d'un autre côté, la victoire restera toujours aux serviteurs du Christ, s'ils savent supporter la douleur du moment avec patience et soumission et regarder avec foi vers le Tout-Puissant, le Roi des rois et le Seigneur des seigneurs. Nous croyons que rien n'est perdu, que l'œuvre est commencée, et que, un jour ou l'autre, suivant le plan de Dieu, nous verrons nos vœux se réaliser et l'Évangile annoncé aux ba-Nyaï par des missionnaires ba-Souto et français. Puissent les Églises de France et d'Afrique envisager les choses à ce point de vue et porter cette œuvre sur leur cœur, avec plus d'amour encore et de foi que par le passé ! »

Cet échec inattendu affligea nos jeunes Églises, mais ne les découragea pas. Les missionnaires, poussés en quelque sorte par leurs troupeaux, se réunirent en conférence à Thaba-Bossiou et décidèrent de ne pas abandonner l'entreprise. Le gouvernement du Transvaal lui-même était revenu à de meilleurs sentiments; et il nous avait indirectement fait savoir qu'il ne mettrait aucun obstacle à une nouvelle expédition, pourvu qu'elle fût conduite par un homme de confiance (à leur point de vue), et qu'une déclaration en règle de ses marchandises fût faite à qui de droit en entrant sur le territoire de la République.

Mais l'homme, où était-il ? M. H. Dieterlen, qui était tout désigné, avait reçu un emploi important à notre école supérieure et nous ne pouvions nous passer de lui, et puis il nous fallait aussi ménager un peu les susceptibilités de ceux dont la conscience était mal à l'aise à son sujet.

Pour une mission si délicate et si difficile on aurait voulu que quelqu'un dont les sentiments étaient bien connus depuis longtemps s'offrît. Il ne l'avait pas fait l'année précédente; il ne le fit pas non plus cette fois. Pour « courir, il fallait qu'il se crût *envoyé* ». C'est alors que ses frères lui adressèrent à l'unanimité un appel pressant.

Ce qui suit dira comment lui et sa chère compagne

obéirent à cet appel et quelle direction nouvelle ce coude du chemin, auquel ils étaient si brusquement arrivés, allait donner à leur vie.

Dieu est admirable dans l'éducation qu'il fait de ses enfants. Il l'a été dans la nôtre; nous l'en adorons et le bénissons.

La station de Léribé que, vingt ans auparavant, nous avions été appelés à fonder, était un poste avancé dans une province dont le vieux paganisme, si entamé ailleurs, avait fait sa forteresse. Là dominait un chef intelligent, mais renégat de longue date, ombrageux, jaloux de son autorité, et d'une volonté de fer.

Nos travaux avaient été bénis. Une Église, peu considérable quant au nombre, mais riche de foi et de vie, s'était peu à peu groupée autour de nous. Les vexations continuelles, de véritables persécutions, dont nous avions ensemble été les objets, nous avaient singulièrement unis. Nous vivions avec eux comme nous vivions pour eux. Nous étions une famille.

Pendant dix-sept ans nous avions habité des abris temporaires et très primitifs, nous avions longtemps soupiré après quelque chose de meilleur, mais notre vie avait été remarquablement mouvementée et aventureuse.

Depuis un peu plus d'un an, notre désir était satisfait. Nous occupions une belle et spacieuse maison au milieu d'un jardin des plus beaux, entièrement notre création. Léribé, adossé à une grande montagne couronnée de rochers, près d'une gorge pittoresque et avec un panorama splendide, Léribé était devenu une station idéale. « Goûterons-nous jamais de ses fruits? » demandait Mme Coillard, en se promenant le long d'une haie de cognassiers nouvellement plantés! Hélas! non, c'est pour d'autres que nous les avions plantés.

Me mouvant dans un district immense, faisant de fréquentes courses d'évangélisation, chevauchant des journées, des semaines entières, accompagné des hommes et des jeunes gens de mon troupeau, partageant leur nourriture, couchant avec eux sous les rochers ou dans les huttes hospitalières, il y avait dans cette vie un je ne sais quoi qui me fascinait.

Oui... Mais il fallait que le charme de cette vie, tout légitime qu'il me parût, fût brisé; il nous fallait une autre discipline à l'école du Seigneur; il fallait que, « vidés de vaisseau en vaisseau », nous apprissions l'*obéissance;* il fallait surtout que nous comprissions mieux encore que la consécration — une consécration vraie et entière — n'est pas une simple doctrine ou un acte isolé, mais la trame même, le principe de la vie.

De vagues pressentiments nous hantaient bien; car, en partant, Mme Coillard remarquait, non sans émotion : « Nous avons levé l'ancre! nous voici lancés en pleine mer, Dieu sait où nous allons aborder. Mais, ajoutait-elle avec un rayon de sérénité, il compte mes allées et mes venues, il recueille mes larmes dans ses vaisseaux! »

Quand nous vîmes la colonne de feu se lever, il n'y eut plus d'hésitation, Dieu avait parlé : « Levez-vous, marchez, car ce n'est point ici le lieu du repos! » (Mich. 2, 10) et notre cœur lui avait répondu : « Oui je serai toujours avec toi; tu m'as pris par la main droite, tu me conduiras par ton conseil et puis, tu m'introduiras dans ta gloire. (Ps. 73, v. 23, 24.)

Nous partions; mais, parmi ceux qui nous suivaient et nous entouraient de leur sollicitude, se trouvaient, au premier rang, les deux amis auxquels m'unissait non seulement une profonde amitié, mais aussi le vœu solennel renouvelé en commun de consécration et de fidélité au Seigneur jusqu'à la mort : le major Malan et Mabille. Ils m'enviaient d'avoir été choisi pour cette mission. Et pendant que, nous ceignant de force, nous affrontions l'inconnu, eux étaient à leurs postes, nous soutenant par une collaboration qui ne s'est jamais démentie.

La mission, qu'on ne l'oublie point, était née spontanément du développement de la vie religieuse de nos jeunes Églises du Lessouto; elle devait nécessairement garder quelque chose de son origine. Les natifs y tenaient beaucoup, et ils y mêlaient même un élément de présomption assez naturelle à l'adolescence. Mais, grâce aux péripéties de ses débuts et aux obstacles peu ordinaires qu'elle eut à surmonter, elle franchit bientôt ses cadres, prit un caractère plus éclectique et trouva des sympathies parmi les chrétiens de toutes dénominations et de toutes nationalités.

Le major Malan, dont la piété ne connaissait nulle barrière entre les membres de la famille de Dieu, en avait fait, on peut le dire, l'œuvre des dernières années de sa vie. Il mit à son service tout ce que Dieu lui avait donné de talent et d'influence. Il plaidait pour elle avec Dieu dans le secret du cabinet, et avec les hommes par la plume et par la parole, tandis que ses lettres portaient constamment « aux soldats de l'avant-garde » les effusions de son âme ardente. Il avait foi dans la mission, quelles qu'en fussent les différentes phases, et son inébranlable confiance en Dieu était toujours la même. Il avait réussi à y intéresser en Angleterre et en Écosse surtout des chrétiens qui en sont restés les soutiens fidèles. Il avait même fondé une petite société et une feuille périodique pour seconder les efforts missionnaires des chrétiens indigènes de l'Afrique. Ni la société ni le journal ne lui survécurent; mais ils sont là comme des monuments de son ardeur infatigable. Peu de temps avant sa mort, rongé par un mal dont il n'ignorait pas la gravité, il m'écrivait encore: « N'en parlez pas, mais je crois que Dieu m'accordera encore le désir de mon cœur et que j'irai vous rejoindre. Soyez fidèles jusqu'à la mort et *Il* vous donnera la couronne de vie. »

Ce que fut Malan en Europe, Mabille le fut en Afrique. Il le fut par la bonne comme par la mauvaise réputation, quand nous étions portés par le courant de la popularité sur les vagues de l'enthousiasme, mais aussi quand nous avions à lutter contre le courant, que l'entreprise ensablée menaçait d'échouer, et que nous étions abandonnés, critiqués, condamnés par tous. Il était un de ces hommes vrais et vaillants sur lesquels on peut toujours compter. Au milieu de tous nos orages et de nos épaisses ténèbres, il avait toujours une bonne parole de tendresse et d'espérance. Que de fois, quand nous nous sentions défaillir, Dieu ne s'est-il pas servi de lui pour nous retenir! Il ne s'intéressait pas seulement à la mission, ce serait trop peu dire, la mission était la sienne tout aussi bien que la nôtre; et pour lui comme pour nous, c'était une œuvre de foi; il en partageait toutes les difficultés et tous les désastres sans se laisser ébranler, et, par son journal *la Petite Lumière du Lessouto*, si répandu et si lu parmi les indigènes du sud de l'Afrique, il la faisait connaître et aimer. Ne pouvant partir lui-même, il aurait voulu que Dieu lui demandât de ses enfants. Et cet esprit, il le communiquait nécessairement à son troupeau.

Lorsqu'en 1883 je faisais mes adieux à son Eglise, il me dit au moment de monter en chaire, avec cette fermeté qui le caractérisait : « Va, parle et que Dieu te bénisse. Et si le meilleur de mes évangélistes entend tes appels, sache que je te le donne de bon cœur. » En sortant, il me dit : « Eh bien! oui, Dieu me demande le meilleur de mes hommes, je ne m'y attendais pas, c'est Léfi. *Il partira.* » Et depuis lors c'est surtout dans son Église et dans son école biblique que se sont recrutés les évangélistes qui ont servi la mission du Zambèze. Sa coopération n'a jamais connu de fluctuation.

Une amitié de plus de trente-cinq ans, et qu'aucun nuage n'avait jamais voilée, avait lié nos âmes comme celles de David et de Jonathan. Nous n'avions, en dehors de ce que l'homme ne peut dire qu'à Dieu seul, absolument pas de secrets l'un pour l'autre. Déjà comme étudiants, et plus tard dans le ministère, nous mettions tout en commun : nos plans, nos difficultés, nos encouragements, nos luttes et nos expériences. Ce qu'il a été pour moi personnellement comme ami, ce que l'évangélisation de l'Afrique lui doit, la mission du Zambèze surtout, Dieu seul le sait. Quand la maladie l'avait conduit au bord du tombeau, quand, du seuil de l'éternité, ceint d'une auréole de triomphe et de joie, il adressait comme un prophète inspiré ses dernières exhortations et exhalait ses dernières prières, il ne pouvait oublier ni l'ami de son cœur ni la mission du Zambèze. Il avait ardemment attendu des nouvelles de l'arrivée du dernier renfort qu'il nous avait envoyé, et on l'entendit s'écrier tout à coup joyeusement : « Arrivés enfin ! Ils sont arrivés au Zambèze ! » Le Seigneur lui avait sans doute accordé cette vision mystérieuse indépendante du temps et de l'espace qu'il donne souvent aux bien-aimés qu'il honore au seuil de l'Éternité. Et puis, dans un des transports de cette foi triomphante, il s'écriait dans la langue indigène : « Oho ! Coillard, quoi qu'on en dise, tu as de la foi. Courage ! » Ce furent presque ses dernières paroles.

Si Malan et Mabille ont ainsi porté la mission sur leurs cœurs jusqu'à leur dernier souffle, faudrait-il passer sous silence celle qui l'a consacrée par sa mort ?

Née en Écosse, élevée dans un milieu des plus austères et des plus rigides, elle avait trouvé son élément à Paris, dans le cercle si vivant où elle se mouvait. Son cœur s'était dilaté, ses horizons s'étaient agrandis, sa piété s'était épanouie, elle avait compris les joies de la vie chrétienne. Elle, pour qui cette vie avait tant de charmes, quand elle entendit l'appel de Dieu, quitta tout sans hésiter ; et elle qui avait le culte passionné de la vie domestique, accepta joyeusement de partager tout ce que la vie de pionnier a d'imprévu, de précaire, de rude et d'âpre dans ses jouissances comme dans ses aventures.

Son souvenir est inséparable de chacune de ces pages et de chacun de ces récits. Elle a vécu la vie qu'ils dépeignent et avec toutes ses péripéties. Au milieu de ses épines elle a su trouver et cueillir avec sérénité les fleurs qu'il plaît à Dieu d'y faire éclore et auxquelles il donne des couleurs si tendres et un parfum si doux. Toujours la même femme, vraie femme, craintive, d'une grande sensibilité, défiante d'elle-même, pleine d'appréhensions à la perspective du sacrifice et du danger, elle savait se vaincre et se posséder, être ferme, courageuse et calme quand l'heure était venue. Elle avait du devoir une idée si élevée, elle était douée d'une si grande pénétration, et de ce bon sens si pratique qui caractérisent sa nation, que l'on pouvait toujours compter sur la sagesse de ses conseils.

Je ne dirai point ce qu'elle fut comme *épouse*. Ce qu'elle fut comme *amie* et comme *missionnaire*, d'autres le savent et ne manqueront pas de reconnaître son ombre dans les pages qui suivent. Il y avait autour d'elle je ne sais quelle auréole de bonté qui gagnait ceux qui l'approchaient et les invitait à lui faire leurs confidences. Diaconesse-née, elle apportait aux soins qu'elle prodiguait un tact, une tendresse de mère. Elle vivait pour les autres; elle se dépensait pour eux. « Servir, pour l'amour de Lui », c'était sa devise. Elle avait horreur de l'exagération et de la mise en scène. Elle possédait le secret de faire beaucoup de peu, d'embellir le réduit le plus humble comme la vie la plus monotone, et de porter toujours avec elle un rayon de soleil — ce « parfum de Christ qui donne la vie ».

Ces trois, remplis du Saint-Esprit, si puissants en œuvres et en foi, ils ne sont plus. Dieu les a pris. L'éternité révélera la part qu'ils ont eue dans la mission du Zambèze: la mienne est peut-être la moindre. Ils ont été fidèles jusqu'à la mort. Puissé-je l'être comme eux; comme eux glorifier Dieu par ma vie et par ma mort, et comme eux ne connaître d'autre devise que celle de saint Paul: « *Vivre!* — *c'est Christ!* »

SUR LE HAUT-ZAMBÈZE

PREMIÈRE PARTIE

A LA RECHERCHE D'UN CHAMP DE MISSION

I

Une proposition inattendue. — Un changement de route. — Préparatifs de départ.

Léribé, 23 janvier 1877.

Messieurs et chers Frères[1],

Le secrétaire de notre Conférence vous a déjà communiqué sans doute la proposition que mes collègues nous ont faite de nous charger de l'expédition dans les régions du Limpopo et du Zambèze. Cette nouvelle vous aura surpris, vous et tous nos amis, autant que nous avons été surpris nous-mêmes. Les raisons qui ont porté nos frères à nous adresser un appel, dont ils comprenaient tout le sérieux pour nous, vous ont été soumises, et vous avez pu les apprécier. Si cet appel, aussi pressant qu'unanime, nous avait été fait l'an passé, comme on en parlait alors dans la mission, il nous eût trouvés, ma femme et moi, *tout prêts*. Mais venant au moment où nous pensions partir pour l'Europe, il nous a d'abord bouleversés. Le renversement de tous nos plans, un adieu indéfini à notre station de Léribé, la responsabilité d'une telle entreprise, les perspectives si étrangement nouvelles qui s'ouvraient devant nous, et tout cela si inattendu, si soudain, nous étourdit

---

[1]. Cette lettre, comme la plupart de celles qui seront publiées ici, est adressée au comité de la Société des missions évangéliques de Paris.

et nous donna le vertige. Nous sentîmes le besoin, ma compagne et moi, de nous recueillir devant Dieu, et de chercher ensemble à ses pieds quelle était sa volonté. Les ténèbres qui s'étaient abattues si subitement sur notre sentier nous paraissaient bien mystérieuses. Mais la lumière se fit peu à peu, et nous nous aperçûmes alors que notre chemin avait changé de direction. Du moment que la fondation de la mission dans le pays des ba-Nyaï était en péril, qu'il ne s'agissait de rien moins que d'y renoncer pour un temps indéfini, faute d'un ouvrier, nous comprîmes ce que le Maître demandait de nous, et nous n'hésitâmes pas à obéir. Après dix jours de communion avec Lui, nous pûmes joyeusement faire taire « les conseils de la chair et du sang », et lui dire une fois de plus dans notre vie : « Nous voici, Seigneur, fais de nous ce qu'il te semblera bon. » Il a daigné agréer notre offrande, et, comme preuve, il a répandu une paix parfaite dans nos cœurs. La mission dont il nous charge est une mission de confiance et d'honneur dont tout autre eût été plus digne que nous. Nous sommes hantés par le sentiment pénible de notre incapacité et de notre ignorance ; mais ce qui nous soutient, c'est que Dieu veut bien quelquefois se servir des choses faibles de ce monde pour confondre les fortes, *afin que personne ne se glorifie*. La question de santé est toujours là comme une menace assez inquiétante, mais nous nous répétons l'un à l'autre que, si le Maître nous appelle, il sait de quoi nous sommes faits, et que d'ailleurs nous ne nous appartenons pas à nous-mêmes, mais à Celui qui nous a aimés et qui s'est donné lui-même pour nous. L'angélique Hunt disait que les îles Fidji étaient tout aussi près du ciel que l'Angleterre. Je le crois bien. Nous disons la même chose de ces contrées inconnues où nous allons diriger nos pas. Mais nous n'y serons pas seuls. Vous vous associerez à notre entreprise, vos prières nous soutiendront. Dieu enverra ses anges devant nous pour nous préparer le chemin, et puis, l'*Ange de l'Éternel* lui-même *campera tout autour de nous,* comme autour du prophète, avec ses milliers d'anges, et *nous garantira*. Voilà notre confiance, notre force, notre joie.

Nous sommes maintenant tout entiers à nos préparatifs de départ. Je me propose, Dieu voulant, de seller mon cheval, la semaine prochaine, et d'aller à Natal m'occuper moi-même de nos wagons et de nos achats. Ma chère femme, elle, restera ici pour préparer, avec son activité ordinaire, provisions de route et vêtements, mettre tout en ordre, et « disposer notre maison ». De sorte qu'à mon retour nous n'aurons plus qu'à régler, avec les commissions du synode et de la Conférence, certains détails concernant les catéchistes en particulier et l'expédition en général. Nous espérons pouvoir partir en avril, au plus tard. Jusque-là et alors, ce sera pour nous un temps de fatigues et d'émotions. Le Seigneur a accompli, en quelque mesure, pour nous aussi sa promesse (Mat. XIX, 29). C'est donc une seconde France que nous allons quitter. Je redoute les adieux... Mais le Seigneur nous soutiendra jusqu'au bout. *Il sera notre force.*

Quant à notre itinéraire, il n'est pas encore arrêté. Nous prévalant de certaines ouvertures indirectes du président M. Burgers, nous nous sommes de nouveau adressés aux autorités du Transvaal pour en obtenir un passeport. Nous n'avons pas encore reçu de réponse. Et puis, il nous tarde de savoir quels seront les résultats de la mission dont sir Th. Shepstone a été chargé par le gouvernement britannique auprès de celui de la République du Transvaal et de Sékoukouni. Jusqu'à présent, les nouvelles sont fort peu rassurantes. Les journaux de ces quartiers parlent d'irruptions faites sur le territoire de la république par les hordes sauvages de Ketchewayo. D'étranges rumeurs, auxquelles toutefois nous ne pouvons pas nous hâter de donner créance, circulent parmi les natifs. Dans le cas que ce chemin-là nous fût barré, je ne considérerais pas que ce fût un malheur pour nous d'être obligés de prendre le chemin du pays des ba-Mangouato, d'aller même jusqu'à Inyati, dans le pays des ma-Tébélé. Mais le Seigneur, là aussi, nous guidera.

II

Préparatifs de départ pour le bo-Nyaï. — Derniers soins donnés au troupeau de Léribé. Adieux. — Premiers jours de marche.

6 mai 1877.

Oui, en route pour le pays des ba-Nyaï, les régions du Zambèze, l'intérieur de l'Afrique ! — C'est presque un rêve !... Ces trois derniers mois ont été si remplis de travaux, de préparatifs, de préoccupations et d'émotions de toute espèce ! Rien que d'y penser, j'en ai presque le vertige. Aussi ne puis-je m'empêcher de répéter avec David : « C'est le Dieu fort qui m'a ceint de force, et qui a rendu mon chemin uni. »

Je dus d'abord aller à Natal pour y faire l'achat de nos voitures et de nos provisions. Je trouvai que notre expédition excitait partout le plus grand intérêt. J'arrivai à Durban un mercredi soir et me rendis immédiatement au temple, où, selon la coutume du pays, il y avait réunion. J'entrai sur la pointe des pieds et m'assis à la porte. Le pasteur, M. Mann, qui m'avait aperçu, interrompit son discours, m'apostropha, me souhaita la bienvenue au nom de l'Église, la bénédiction de Dieu sur notre entreprise, et me pria de terminer la réunion. Le dimanche suivant, quoique le temps fût pluvieux, le temple était comble et je prêchai avec bénédiction.

A Pietermaritzburg, la capitale de la Natalie, j'eus aussi plusieurs occasions de plaider la cause des missions. L'Église indépendante fit une collecte spéciale. L'Église presbytérienne, dont mon ami, le révérend J. Smith, est le pasteur, avait donné l'exemple.

C'est grâce à cet intérêt général que je pus acheter nos wagons à des prix extraordinairement modérés, et cependant aussi complets et confortables qu'il est possible de rendre une voiture. — A mon passage à Harrismith, cette petite ville de l'État libre, où dix ans auparavant on nous avait menés prisonniers, je retrouvai le même intérêt. Si bien qu'à mon retour je pus verser dans la caisse de la mission à peu près 1,650 fr., sans avoir eu la pensée de collecter.

Un soir, j'arrive à une ferme ; le propriétaire et sa nombreuse

AFRIQUE SUD-ORIENTALE

Échelle de 1 : 10.000.000

Républiques Sud-Africaines | État du Congo
Domⁿˢ Portugais | Domⁿˢ Allemand
Domⁿˢ Britannique

famille ont beaucoup de piété. On me croyait embarqué pour l'Europe ; mais quand je racontai comment le Maître avait soudainement changé ma feuille de route, et m'envoyait dans des régions inconnues, la vieille dame, joignant les mains, s'écria avec l'émotion d'une mère : « Heureux serviteurs de Dieu ! partez donc, allez porter l'arche de l'Éternel ! allez courageusement en avant ! Et si nous, nous n'avons pas assez de force pour vous accompagner, nous vous suivrons du moins par la pensée, nous pousserons des cris de joie, nous ferons retentir la trompette et nous battrons le tambour ! » (2 Sam. VI.) Puis, réprimant cet élan d'enthousiasme, elle ajouta : « Ma prière, c'est qu'avant que vous quittiez Léribé, Dieu vous y accorde un puissant réveil. Alors, nous viendrons nous réjouir avec vous, et, pendant que vous et votre chère dame serez occupés à parler aux âmes réveillées, moi, qui ne comprends pas la langue, je préparerai votre nourriture et j'aurai aussi ma part de bénédiction. »

A peine de retour à Léribé, je repartis à cheval pour Morija, où des réunions spéciales d'édification avaient conduit la plupart de nos frères. Nous nous occupâmes ensemble du choix des évangélistes, car un appel nouveau avait suscité de nouvelles vocations. Des quatre qui faisaient partie de la première expédition, un seul fut laissé pour être employé au Lessouto, à cause d'un accident qui l'a presque totalement privé de l'usage du bras droit. C'est Onésime. Sa douleur fut grande quand il apprit notre décision. Son cœur était à l'œuvre chez les ba-Nyaï, et il ne comprenait aucune des raisons que nous avancions pour le retenir dans son pays. — A sa place, on choisit Aaron Mayoro, de Léribé, un jeune homme marié, père de deux enfants, et plein d'un zèle viril. Il a fait preuve d'abnégation et de persévérance en occupant, pendant quelques années, le poste ingrat de Bouta-Bouté. Sa digne femme, élevée dans notre maison, est la fille de feu notre excellent Johann Nkélé.

Je dus ensuite porter mon attention sur l'œuvre du district que j'allais quitter. J'avais envoyé quelques jeunes gens occuper divers postes comme maîtres d'école ; il s'agissait d'aller maintenant les y installer officiellement.

L'un d'eux, Philémon, est un jeune homme avec lequel je désirerais que vous fissiez connaissance. Mo-Pédi de naissance, il s'était sauvé de la maison paternelle, n'étant encore qu'un enfant, pour aller chez les blancs gagner de quoi s'acheter un fusil. Bien que là il ait vécu chez un pasteur, sa haine pour les choses de Dieu ne connaissait pas de bornes. En retournant dans son pays natal, il s'arrêta quelque temps chez nous avec une troupe de ses compatriotes. La vérité fit une profonde impression sur quelques-uns d'entre eux, et quand, en route, ils lui annoncèrent leur détermination de revenir à Léribé pour s'y instruire, il se mit dans une grande colère, et s'oublia au point de leur cracher au visage. Quinze jours après, il les suivait, et se tenait à notre porte tout triste, en larmes, et demandant à être admis parmi nos élèves. Sa conversion fut une de ces conversions éclatantes qui ne laissent aucun doute. Il sut se faire, dans notre cœur comme dans notre maison, la place d'un enfant. Nous le préparâmes pour l'école de Morija ; il vient d'en sortir avec son diplôme. Ses dons pour l'enseignement sont remarquables. En trois mois, et dans un endroit où il y avait à peine quatre ou cinq élèves, il a su en rassembler plus de quarante-cinq, tous enfants de païens ; et ce qu'il leur a appris pendant ce court espace de temps nous a émerveillés. Son école promet beaucoup. Ses manières, simples, franches, mais respectueuses, lui ont concilié l'estime de tous les petits chefs du voisinage.

La dédicace du temple de Tsikoane, qui devait avoir lieu si peu de temps avant notre départ, attira une grande foule. Il s'y trouvait des gens dont la présence ajoutait pour moi à la solennité de la circonstance : c'étaient les évangélistes de Morija qui devaient nous accompagner chez les ba-Nyaï. Ils arrivèrent à Léribé le lendemain. Il fallut donc, au milieu de réunions, d'entrevues particulières avec les membres de mon troupeau, mettre la dernière main aux préparatifs du départ, emballer les caisses et charger les voitures.

Le samedi, tout était fini. Nos chers amis Jousse et Mabille et leurs compagnons, nos frères Duvoisin, Casalis, Dieterlen, Preen et Christmann, et des chrétiens d'autres Églises arrivèrent. Ceux que leur âge ou les circonstances avaient empêchés de venir, nous avaient écrit des lettres d'affection et d'encouragement. Quelques amis de France en avaient fait autant, et nous les en remercions cordialement. — La présence de nos chers frères du Lessouto, leurs bonnes paroles, leurs ferventes prières nous ont puissamment soutenus et fortifiés. C'était comme l'ange que le Seigneur avait envoyé au prophète dans le désert avec de la nourriture et ce message : « Lève-toi et mange, car le chemin est trop long devant toi. »

Je montai une dernière fois dans ma chaire. Un ministère de près de vingt ans se déroulait devant moi avec toutes ses bénédictions, ses quelques succès, mais aussi, hélas ! des infidélités et des misères qu'il n'est plus possible de réparer ! un ministère dont la responsabilité ne m'avait jamais paru si effrayante ! Puis nous dîmes adieu à chaque membre de notre cher troupeau. Pour nous, la promesse du Sauveur n'a pas été vaine. Si nous avions quitté mères, frères, sœurs, nous les avions retrouvés dans cette vie ; c'était d'eux et d'enfants bien-aimés en la foi que nous nous séparions. Nous quittions une seconde patrie, une autre France.

En sus de la collecte qui se fit dans l'église, nos pauvres gens vinrent encore le lundi nous apporter, tout en pleurs, leurs petits présents. Une des femmes les plus âgées de notre troupeau vint, au moment où nous allions monter en voiture, nous offrir une natte à laquelle elle avait longtemps travaillé. « C'est pour la placer sous vos pieds, serviteurs de Dieu », dit-elle en fondant en larmes. Le soleil était déjà près de l'horizon ; nous sentîmes qu'il ne nous était plus possible de supporter tant d'émotions. Les frères et les sœurs qui étaient restés avec nous jusqu'au dernier moment, réunis dans notre salon, nous recommandèrent encore une fois à Dieu et à la parole de sa grâce ; et, après quelques moments de recueillement privé avec ma bien-aimée compagne dans cette maison, témoin de tant de luttes et de bénédictions, un dernier regard jeté sur le jardin qui embellit cette retraite, nous montâmes en voiture et donnâmes le signal du départ. — Cher Léribé ! notre Béthel et notre Ébenézer tout à la fois ! adieu, adieu ! Adieu, enfants du Seigneur qui, par votre tendre affection, nous y avez donné droit de cité, et « fait oublier la maison de nos pères » ! — Amis Kohler, soyez-y aussi heureux que nous l'avons été ; soyez-y plus bénis encore. — Avions-nous commis l'erreur de considérer Léribé comme notre *home* terrestre, et l'œuvre que nous y poursuivions comme la nôtre ? le Seigneur nous enlevait cette illusion. Toujours est-il que nous sommes attachés à ses pierres, arrosées de notre sueur et de nos larmes !...

La plupart des gens de l'endroit s'obstinèrent à suivre nos voitures. — J'allai à cheval dire adieu au pauvre chef Molapo, qui était malade, l'exhorter une dernière fois et prier avec lui ! — La soirée était fort avancée quand nous traversâmes le Calédon. Je venais de me séparer de M. Jousse, qui a toujours été pour moi un frère affectueux, un ami fidèle, et un conseiller sympathique. Dieu sait ce que je lui dois. Maintenant, je me séparais de Mabille, l'ami de mon cœur ; il avait été témoin de mes combats et de ma faiblesse. Nous nous sentîmes ébranlés. Mais Jésus était là ; pas de séparation avec *Lui.* « Je suis avec vous jusqu'à la fin du monde. »

Le magistrat, les marchands et quelques Européens du district voulurent aussi nous donner une preuve de l'intérêt qu'ils prenaient à notre lointaine expédition, et nous envoyèrent, accompagnée d'une bourse de dix guinées, une lettre dans laquelle ils se plaisaient à reconnaître nos travaux, et exprimaient, avec le regret de notre départ, les meilleurs vœux pour le succès de notre entreprise.

Le lendemain, plusieurs de nos gens vinrent renouveler à notre campement les scènes émouvantes de la veille. Des hommes à pied et à cheval nous accompagnèrent plusieurs jours de chemin. Ce fut à Harrismith que nous nous séparâmes des derniers, parmi lesquels *Nathanaël Makotoko,* auquel m'unit intimement une amitié de plus de vingt ans, et que des devoirs impérieux empêchaient seuls de nous accompagner. — Les bontés dont nous fûmes les objets à Harrismith ne parvinrent pas à adoucir l'amertume de cette dernière goutte. Mais, nous retrempant dans la communion de notre Sauveur, nous nous sentîmes fortifiés en nos âmes, et nous continuâmes notre voyage pleins de courage.

L'expédition se compose de trois wagons et trois tentes. La caravane compte les quatre évangélistes Asser, Azaël, André et Aaron, avec leurs femmes et quelques-uns de leurs enfants. Nous avons en outre trois jeunes gens de Léribé qui se sont volontairement offerts pour guider les attelages et paître les bœufs. Éléazar, le conducteur de notre voiture, est le fils de *Luka Ntsaba,* qui, en 1833, amena les premiers missionnaires au Lessouto. C'est un des évangélistes venus de Morija. Il brûlait du désir d'aller en cette qualité chez les ba-Nyaï, mais sa femme n'en voulut pas entendre parler ; c'est alors qu'avec son consentement, il s'est offert pour conduire notre voiture. Il est d'un caractère enjoué et possède à un rare degré le talent de la parole. Enfin, une de mes nièces, qu'un étrange concours de circonstances nous a amenée, nous accompagne aussi et elle sera, je l'espère, pour nous et pour d'autres, en bénédiction.

Nous avons pour règle de devancer l'aurore, et de voyager tard dans la nuit, nous reposant quelques heures pendant la chaleur du jour, pour prendre un repas et faire paître les bœufs, pour lesquels nous devons sacrifier nos aises, nos habitudes et nos goûts. Outre le culte de famille du matin et du soir, nous avons, à nos grandes haltes, des réunions de prières et des services réguliers. Dans ces moments, le Seigneur nous fait puissamment

LE CAMPEMENT, PRÈS DE HARRISMITH

sentir sa présence. Le mot d'ordre qui semble nous avoir été donné dès le commencement de notre voyage, et qui revient constamment dans nos entretiens et nos exhortations, est cette parole : « Qu'il y ait donc en vous le même esprit qui a été en Jésus-Christ. » (Phil. II, 5.) — Dire que la plus parfaite entente règne parmi nous serait superflu. Nous ne nous faisons pas d'illusions sur les difficultés, les privations, les fatigues ou les périls qui nous attendent; mais cela nous fait sentir d'autant plus la nécessité de nous fortifier dans le Seigneur. Nous savons que nous sommes suivis des prières des enfants de Dieu et que « l'Ange de l'Éternel campe tout autour de nous et nous garantit ».

III

Prétoria. — Naguère et aujourd'hui. — Le Bush-Feldt. — Valdézia. — Les missionnaires romands. — Goedgedacht. — M. Hofmeyr. — Sur les bords du Limpopo.

Goedgedacht, 17 juillet 1877.

C'est de Heidelberg que j'ai écrit la dernière fois. Une maladie épidémique régnait alors parmi nos attelages, et nous enleva quelques bœufs. Après une semaine de repos, nous pûmes continuer notre route. Nous arrivâmes à Prétoria vers le 19 mai. Essaierai-je de décrire nos impressions ? Nous nous arrêtâmes un moment avant d'y entrer pour nous recueillir et promener nos regards sur le panorama qui se déroulait devant nous. Une belle vallée tout entourée de collines, des touffes d'arbres à travers lesquels on distingue un amas confus de maisons blanches ; c'est là Prétoria, la prison de Dieterlen, la grande muraille de Swart et de Burgers contre l'Évangile. Mais Dieu a enfoncé les portes de cette prison, et quand il ouvre, Lui, personne ne peut fermer ! — Les grands de la terre peuvent comploter pour s'opposer aux desseins de l'Éternel, mais l'Éternel se rit d'eux et les renverse dans la poussière couverts de honte et de confusion.

Nous dételons au bruit du canon ; des drapeaux flottent partout ; la population s'agite dans les rues, et la musique militaire remplit l'air. La ville est en fête ! Sir Th. Shepstone et les membres de son gouvernement vont prêter serment de fidélité à la reine. Nous établîmes notre campement tout près de la prison qu'entouraient les tentes des Anglais ; et c'est à l'ombre des murs de cette même prison que, le dimanche soir, nous prîmes ensemble la communion, avec des cœurs pleins d'émotion, mais aussi débordant de reconnaissance. « Voilà notre prison », me disaient les catéchistes, « il faut que nous te montrions nos cellules. » Asser, un jour en passant près de là avec ses compagnons, s'avisa d'aller frapper à la porte. « Que voulez-vous ? demanda le geôlier d'un ton bourru. — Nous voudrions revoir les cellules où l'on nous avait mis l'an passé. — Allez-vous-en, Cafres que vous êtes ! » leur cria-t-il. La porte, cette fois, était bien fermée.

Notre séjour dans la capitale ne pouvait manquer de faire sensation. Les employés de différents grades du gouvernement défunt faisaient piteuse mine devant nous. L'un d'eux surtout, jadis pasteur d'une Église piétiste, puis secrétaire d'État, et qui sert maintenant sous le nouveau régime je ne sais en quelle qualité, me pressait fort d'aller le voir chez lui, « car il avait *besoin* d'avoir une longue conversation avec moi, « non pour faire des *excuses* », ajoutait-il en se redressant pour relever sa dignité, « mais pour nous donner des *explications* ». Or, comme je n'avais nul besoin de ses explications, je le renvoyai poliment à l'opinion publique, à sa conscience et à son Dieu. Si j'ai eu un regret, c'est que Dieterlen lui-même ne fût pas là pour voir de ses yeux le changement qui s'était opéré. Tous ceux qui nous abordaient croyaient qu'il était de bon ton de parler avec indignation de Burgers et de son gouvernement, de la manière dont il avait traité Dieterlen d'abord, puis nos frères suisses, Creux et Berthoud[1]. C'est une preuve de sympathie qui, dans les circonstances actuelles, ne coûte guère ; il faut la prendre pour ce qu'elle vaut. Nous jouîmes de l'hospitalité et des entretiens de M. et Mme Bosman. Cet ami, jeune pasteur hollandais, qui fait honneur, comme la plupart de ses condisciples, à la faculté de théologie sud-africaine de Stellenbosh, n'est établi à Prétoria que depuis quelques mois. Il a le feu sacré, et sûrement son travail ne sera pas vain devant le Seigneur. Vu les préjugés de sa congrégation, il n'eût pas osé donner sa chaire à un missionnnaire ; mais il eut le courage de transformer son école du dimanche en une réunion missionnaire pour nous, et, comme il l'avait annoncé au service du matin, un grand nombre d'adultes s'assemblèrent et parurent intéressés. — J'aime l'Église hollandaise du Cap, l'asile des anciens réfugiés français ; j'aime à constater dans son sein, partout où je le puis, l'esprit chrétien et missionnaire. Les guerres et les inimitiés de races, des intérêts qui s'entre-choquent constamment l'ont comprimé, mais ne l'ont pas entièrement éteint. Que Dieu fasse souffler son Esprit sur cette Église et sur ses pasteurs !

Nous étions impatients de nous remettre en route. Nous attelâmes un mercredi soir, au coucher du soleil. Des soldats accoururent pour nous dire adieu et nous souhaiter bon voyage. Nous avions été voisins pendant une dizaine de jours, et nous avions lié connaissance avec quelques-uns. « Monsieur », me disait l'un

---

1. Sur les ordres du même président de la République du Transvaal, M. Burgers, ces messieurs furent arrêtés sans raison aucune et retenus prisonniers plusieurs semaines à Marabastadt.

d'eux, « la conduite de vos gens nous a tout à la fois étonnés et édifiés. Nous n'avions jamais vu des indigènes si honnêtes, si polis et si pieux. Nous les écoutions souvent chanter, et, bien des fois, nous serions venus à vos services si nous l'avions osé. » — Il faisait un froid glacial, et comme nous traversions les rues, grelottant dans nos voitures, nous pouvions voir par les fenêtres des familles assises autour de feux pétillants, ou à leur thé. Nous ne voyions pas à deux pas devant nous ; de fait nous perdîmes notre chemin, et nous pensions bien à notre *home* de Léribé, mais sans regret toutefois. Nous étions trop heureux d'aller de l'avant.

Nous traversions un pays boisé, la route était bonne, tous nos gens était animés d'un bon esprit, on chantait des cantiques, on chassait ou on prétendait chasser, et tout le long du chemin nous rencontrions des personnes obligeantes. C'est surtout dans ce qu'on appelle le Bush-Feldt, où un grand nombre de Boers, en style patriarcal, s'étaient rendus avec leurs familles et leurs troupeaux pour y passer l'hiver, que nous fûmes l'objet de grandes bontés. Dans ce pays, où il n'y a point de télégraphe, les nouvelles se publient d'une manière étonnante. Tout le monde nous connaissait et savait le but de notre voyage, et tous exprimaient de bons vœux pour nous. C'était quelque chose de curieux que de voir ces campements dans la forêt. Il nous arrivait souvent de nous arrêter pour la nuit, nous croyant tout seuls, puis tout à coup, au milieu de la nuit, ou de grand matin, nous entendions le chant de psaumes. C'étaient des familles de fermiers en prière. Ces psalmodies, qui évoquaient en moi de doux souvenirs d'enfance, et qui me faisaient penser aux assemblées du désert, avaient quelque chose de saisissant dans les solitudes de ces bois et le silence des nuits. Tous ces fermiers se montrèrent affables et obligeants envers nous ; ils nous donnèrent du lait, des œufs, de la viande, presque toujours sans vouloir accepter de paiement. Le Seigneur avait favorablement disposé leurs cœurs envers nous.

D'ailleurs, sa bonté et sa miséricorde nous ont escortés comme deux anges. Aussi lorsque nous arrivâmes en vue de la station de notre frère M. Hofmeyr, au pied de la belle chaîne de montagnes du Zoutpansberg, au delà de laquelle aucun messager de Christ n'a encore porté l'Évangile, nous tombâmes à genoux et rendîmes grâces à Dieu.

Notre frère, le missionnaire hollandais Hofmeyr, était absent et ne rentra que quelques jours après notre arrivée, ce qui n'empêcha pas ses gens de nous recevoir avec une affection touchante. A son retour, notre frère nous prêta deux attelages ; et, laissant nos bagages et un des wagons à Goedgedacht, nous partîmes pour Valdézia. Le trajet nous prit trois jours.

Vous dire la joie de nous revoir avec nos chers amis Creux et Berthoud de la mission vaudoise serait impossible. La rencontre de nos catéchistes avec leurs frères de Valdézia fit tableau. Ici, on se sent au Lessouto; le hameau de la station qu'occupent les évangélistes en porte le nom. On parle sessouto ici, on chante nos cantiques; et en présence de ces belles montagnes, l'illusion est complète. — Le bruit de notre arrivée se répandit rapidement, et, le même soir, quelques gens convertis et un grand nombre de païens accoururent pour nous souhaiter la bienvenue. Nous passâmes une dizaine de jours avec nos frères, dix jours bien remplis, bien bénis, mais qui s'envolèrent trop vite. — En voyageant dans ce pays, j'ai été frappé de l'influence que notre mission du Lessouto, sa langue et notre littérature exercent parmi ces tribus. Nos trois wagons eussent été chargés de livres sessoutos, que nous les aurions vendus sans peine. Partout on nous obsédait de demandes de livres, surtout de Nouveaux Testaments.

Nos amis avaient réservé une fête de baptême pour notre arrivée. Un modeste et primitif édifice fut complété pour l'occasion; la cloche, une belle cloche aux sons argentins, sonna pour la première fois à grandes volées pour appeler fidèles et païens. Six jeunes hommes, naguère païens, confessèrent publiquement le nom du Sauveur et reçurent le sceau du baptême. Ce fut une scène émouvante. Au Lessouto, les femmes sont plus facilement attirées à l'Évangile que les hommes; la souffrance les y a préparées. Ici, l'Évangile opère surtout parmi les jeunes gens, de jeunes pères de famille. C'est l'avenir de l'Église. Pendant ce touchant service, que notre frère Berthoud conduisit en chigouamba, bien des larmes coulèrent, des larmes de componction en pensant au passé, et de confiance en plongeant le regard dans l'avenir. Asser, dans une allocution, fit une émouvante allusion au temps où, tout seul avec Eliakim, il défrichait ce jardin du Seigneur. Le soir, nous prîmes ensemble la communion. Nous nous séparâmes de nos amis, reposés, rafraîchis, encouragés. Valdézia est pour nous l'Elim de notre voyage. L'œuvre de nos amis est intéressante, la bénédiction repose sur elle. — Je ne dis rien de leurs bontés pour nous, et pour cause, je ne saurais par où commencer. Ils ont mis tout à notre disposition, même les provisions qu'ils se procurent si difficilement. Ils n'avaient pas attendu notre arrivée pour nous acheter quelques bœufs, et pour choisir les meilleurs de leurs attelages afin de les échanger contre nos bœufs fatigués et malades. L'influence de nos amis ne s'étend pas seulement sur les noirs, mais aussi sur les blancs. Le Seigneur s'est servi de leur captivité à Marabastad pour les rendre encore plus populaires qu'ils ne l'étaient auparavant. Berthoud est médecin, et ses succès en cette branche lui valent parmi les blancs comme parmi les noirs beaucoup de considération et d'influence. Creux, lui, est évangéliste par exellence. Sa connaissance approfondie de l'anglais lui ouvre bien des portes. Il prêche aux fermiers dans cette langue, les visite, et surtout est à la piste des boissons spiritueuses, qui sont le fléau du pays. Aussi le craint-on dans le district.

Goedgedacht est une mission entièrement soutenue par les enfants de l'Église hollandaise du Cap. C'est là qu'est mort Mac-Kidd, un Écossais, digne serviteur de Dieu, dont les natifs encore aujourd'hui ne prononcent le nom qu'avec le plus profond respect. M. Hofmeyr est maintenant à la tête de l'œuvre. C'est un *Africander*[1], un homme puissant en foi et en œuvres, au cœur brûlant d'amour et d'enthousiasme pour le service de son Maître. L'esprit qui l'anime s'est communiqué à ses gens. Pour eux, l'expédition du bo-Nyaï est la réalisation d'un beau rêve, ou plutôt la réponse à d'ardentes prières. Quand Mabille vint ici avec Berthoud en quête d'un champ missionnaire, M. Hofmeyr leur montra les Spelonken et les ba-Nyaï; il avait fait la même chose auparavant au Dr Dalzell de la mission Gordon. Son cœur brûlait du désir de voir les ba-Nyaï évangélisés; et il serait parti lui-même si quelqu'un avait pu prendre sa place. Il a pour notre mission toute l'admiration et toute l'affection des pieux Hollandais du Cap. Aussi, vous pouvez penser quelle réception on nous fit quand nous revînmes à Goedgedacht. On chargea nos wagons de farine, de maïs, de patates, sans oublier poules, cochons, pigeons, chats, et que sais-je encore! Nos gens me disaient : « Regardez, Monsieur, comme nos wagons croissent! » Je pensais, moi, à l'arche de Noé. — Le dernier dimanche que nous passâmes avec nos amis fut solennel. De la chaire partirent de pressants appels de consécration et de dévouement qui nous firent faire de profitables retours sur nous-mêmes. Dans une réunion spéciale de l'Église, notre ami dit à son troupeau : « Qui va avec nos frères de France et du Lessouto chez les ba-Nyaï? Que chacun s'examine ! » Le lendemain, au point du jour, il vint me dire : « Cher frère, le Seigneur me demande pour vous ma main droite;

---

1. C'est le nom que les Boers donnent aux blancs nés dans le sud de l'Afrique.

mais c'est bien, vous l'aurez. » A midi, deux autres hommes, les piliers de l'Église, se présentèrent. « Le Seigneur prend mes meilleurs hommes, dit-il, mais ils sont siens ! » La veille de notre départ eut lieu, le soir, une réunion d'adieux qui renouvela pour nous les scènes bouleversantes du Lessouto. On sentait battre des cœurs pleins de foi et de dévouement. « Nous allons à la guerre », disaient ceux qui partaient avec nous, « comme les Israélites contre les Amalécites ; demeurez ici, soutenez les mains du serviteur de Dieu, et priez pour nous. » — « Mon frère bien-aimé », me dit M. Hofmeyr sous l'empire d'une profonde émotion, « voici trois de nos enfants que nous vous remettons, pour aller avec vous porter l'Évangile aux ba-Nyaï, pour lesquels nous avons tant prié. Il nous en coûte de nous séparer d'eux à cause de la position qu'ils occupaient parmi nous. Mais le Seigneur les appelle ; et si j'ai un regret, c'est que mes fils Jean, Henry et Christophe soient trop jeunes pour aller, eux aussi. » Puis se tournant vers ces trois hommes, debout au milieu de l'assemblée : « Souvenez-vous », dit-il, « que l'engrais qui fait croître la semence de l'Évangile, c'est la chair et les os des disciples de Jésus-Christ. »

Mais je ne me sens pas capable de vous en dire davantage. Ce n'est pas le moment pour nous de trembler et de céder à l'émotion. C'est celui de nous rapprocher de notre Dieu, de nous retremper dans sa communion, de nous ceindre de courage et de force, et d'aller joyeusement en avant. — Nous prenons le chemin du désert que nous ne connaissons point. Les Creux nous ont accompagnés jusqu'ici. C'est comme la planche qui nous rattache encore au rivage ; une fois levée, nous serons sevrés de tous nos amis, et privés pour longtemps sans doute de tous rapports avec eux et avec le monde civilisé. Mais l'Éternel est notre lumière et notre délivrance, de quoi pourrions-nous avoir peur ?

Rives du Limpopo, 27 juillet 1877.

C'est hier que nous avons traversé le Limpopo, quelques jours après avoir quitté la station Hofmeyr ; mais des jours qui comptaient. Nous avions couché à une petite distance du fleuve, près d'une fontaine sans nom, où, pour la première fois, nous avons trouvé des palmiers chargés de fruits. Nous lui avons donné le nom de *Fontaine des palmiers ;* elle nous a rappelé l'Elim des Israélites. Nous y serions restés volontiers quelques jours, car nous nous sentions bien fatigués. Pendant deux ou trois jours, nous avions dû nous frayer un chemin à coups de hache. Mais sachant le Limpopo si près, nous levâmes le camp. Nous arrivâmes vers onze heures à la rivière, et nous dételions nos voitures sur la rive septentrionale, quand les derniers rayons du soleil disparaissaient à l'horizon. Nous avons eu bien de la peine à traverser cette rivière, parce qu'elle roule sur un lit de sable profond. Nous étions tellement épuisés de fatigue, que tout ce que nous pûmes faire après le passage fut de parquer nos ânes, attacher nos bœufs, puis rendre grâces à Dieu. On s'aperçut seulement alors que trois bœufs malades avaient été laissés de l'autre côté de la rivière. Qui ira les chercher? La lune se lève tard; les crocodiles ont une telle renommée dans ces quartiers, que pour une fortune aucun de nos gens ne se fût aventuré à traverser de nuit les fourrés de roseaux qui bordent la rivière, et nous-mêmes nous n'aurions pas osé prendre sur nous de les envoyer. Nous remîmes cette affaire avec confiance au Seigneur. Les lions et les hyènes hurlèrent dans différentes directions; cependant, le lendemain, on trouva les trois bœufs se promenant dans la forêt. C'est aujourd'hui jeudi, nous allons nous reposer jusqu'à lundi prochain. Nous avons tué un bœuf, présent de M. Hofmeyr, de sorte que nous ne manquerons pas d'occupation à le dépecer et à le sécher. Tout le monde est dans la joie au camp; on se baigne à la rivière, on admire les baobabs, une véritable forêt près d'ici. Du reste, nous n'avons pas à nous plaindre de personne ni de rien. Les lions nous ont souvent envoyé leurs salutations, mais ne nous ont jamais encore honorés de leurs visites. Nos wagons commencent à faire piteuse mine, les toiles qui les recouvrent sont déchirées et nous risquons de coucher bientôt à la belle étoile. C'est que les buissons et les arbres épineux de ces pays ne badinent pas.

9 août.

Si vous jetez les yeux sur la carte de Baines, vous y remarquerez un groupe de collines à travers lesquelles passe le Bubyé; nous sommes à la pointe de celles qui sont au sud-ouest de ce cours d'eau. Jusqu'ici, nous avons suivi les traces du wagon d'un monsieur Foster qui est allé à la chasse aux éléphants. Maintenant nous devons quitter ces traces, car elles nous éloigneraient trop de notre but. Nous allons avoir à nous frayer la voie à travers les bois, guidés par la boussole. Quand nous aurons atteint la montagne de Bohoa (Wochua de Baines), nous ne serons plus

SUR LE LIMPOPO (RIVIÈRE DES CROCODILES)

loin des premiers hameaux des ba-Nyaï. Nous espérons trouver sur la route un chef des ba-Khalaka, du nom de Mathipa, chez lequel nous pourrons renouveler un peu nos provisions qui baissent sensiblement.

Nous avons passé un dimanche béni au Limpopo, et nous y avons fait la commémoration de la mort de notre divin Sauveur.

Le pays que nous traversons en ce moment est fort sec ; mais Dieu nous a si bien guidés jusqu'ici, que ni nous ni nos bêtes n'avons encore souffert de la soif. Ma femme a toujours une provision de bouteilles remplies de thé froid, de sorte que de temps à autre elle peut désaltérer un sapeur ou un conducteur à la gorge desséchée. Hier, nous n'avons pas dormi ; à peine avions-nous dételé et avant que nous eussions pu parquer nos bêtes, un lion, sortant des fourrés, se précipita sur l'un de nos chiens. N'ayant réussi qu'à laisser l'empreinte de ses griffes sur le pauvre animal, il rôda toute la nuit autour du bivouac, bravant la lueur de nos feux et nos coups de fusil. Il n'était pas seul ; les ricanements des hyènes, s'ajoutant à ses rugissements, produisaient un charivari nocturne peu rassurant. Mes compagnons de voyage vous envoient leurs salutations. Tout est paix et entrain parmi nous. La mauvaise humeur est un serpent qui n'est pas encore venu empoisonner nos rapports.

IV

Le mont Bohoa. — Le chef Nyamonto. — Chez Masonda. — Tumulte. — Position critique. — Une ambassade à Lobengoula.

Nyanikoé, 17 septembre 1877.

Depuis près de quinze jours, nous sommes, grâce à Dieu, dans le pays des ba-Nyaï qu'on appelle ici le *Bombé*, et nous avons planté nos tentes près de la résidence du chef Maliankobé. Nous avons traversé le Bubyé à sa jonction avec le Mokokoé, une rivière dont le lit est assez large, mais se trouvait alors desséché. Cette partie de notre voyage devint extrêmement laborieuse et fatigante. Après nous être péniblement frayé une route à travers une steppe couverte de broussailles et de hautes herbes, nous nous trouvâmes dans une immense forêt, si épaisse que, malgré le courage avec lequel nous ouvrions le chemin à coups de hache, nous ne pouvions avancer que fort lentement. Nous fûmes près de deux jours sans trouver d'eau, mais un ciel nuageux vint nous voiler l'ardeur des rayons du soleil, et, quand la dernière goutte d'eau de nos tonnelets fut épuisée, nous arrivâmes, sans nous y attendre, près d'un étang.

Notre point de mire était la montagne *Bohoa*. Je n'oublierai pas le coup d'œil qui s'offrit à nos regards le jour que nous gravîmes, pour la découvrir, les premières collines que nous rencontrâmes. Du sein de cette immense forêt où nous cheminions comme des taupes, surgissaient devant nous des coteaux boisés, des montagnes de roches nues où pourtant des arbres se cramponnaient et luttaient pour leur existence. Nous dirigeant toujours vers le nord, nous arrivâmes enfin au Nguanetsi, au confluent de ses deux branches. Nous errâmes deux jours avant de pouvoir trouver un endroit guéable parmi les énormes roches qui encombrent le lit de cette rivière. Et encore ce ne fut qu'en comblant les interstices de ces blocs au moyen de troncs d'arbres et de pierres, et en couvrant de sable un banc de roche très glissant, que nous pûmes faire traverser nos voitures. C'est près de là aussi que nous rencontrâmes le premier mo-Nyaï. C'était un homme d'âge mûr. A notre vue, il prit la fuite, mais, nous voyant à ses trousses, il s'assit par terre, nous salua en essayant de sourire, tout en étreignant son arc et ses flèches. Des paroles amicales et un morceau de viande le rassurèrent. Il nous donna quelques renseignements et nous montra tout près un piège à bêtes fauves, une fosse profonde garnie au fond de pieux aigus et légèrement recouverte d'herbe. Nous frissonnâmes à la pensée du terrible accident qui eût pu nous arriver si Dieu ne nous avait fait rencontrer cet indigène. Le lendemain matin, on secouait le sac de farine pour le déjeuner de nos gens. Mais Celui qui envoya les corbeaux au torrent de Kérith pour y nourrir son prophète, ne pouvait nous oublier. Le même jour en effet, dans cette forêt jusqu'alors si solitaire, nous aperçûmes des figures noires qui se cachaient derrière les arbres, jetaient sur nous des regards furtifs et puis disparaissaient comme des ombres. D'autres individus, s'enhardissant, s'approchèrent peu à peu de nous, et, avant le soir, ils nous apportèrent de la farine, des pois, des pistaches, du riz, etc. Depuis ce moment, nos wagons furent assiégés de natifs venant de près et de loin, qui nous escortaient le jour, et bivouaquaient à nos côtés, la nuit, pour satisfaire leur curiosité. La nouvelle de notre arrivée s'était répandue, paraît-il, dans les forêts et les montagnes avec la rapidité de l'éclair, et on racontait sur nos lourdes machines blanches, nos voitures, les plus étranges histoires.

Entre le Nguanetsi et la montagne de Bohoa, nous arrivâmes près du village d'un petit chef du nom de Nyamonto. Comme tous les habitants de cette contrée, il réside sur une montagne escarpée jonchée d'une avalanche de rochers ; c'est sur ces sommités qu'on aperçoit les huttes des villages perchés là comme des aires d'aigles. Notre arrivée fut saluée de loin par les cris de toute la population. Après avoir échangé quelques messages avec ce chef, je gravis sa montagne, accompagné d'Asser. Jamais je n'aurais cru que des êtres humains pussent habiter un endroit pareil. Il me semblait presque dangereux, même pour des singes. Mais la terreur que les ma-Tébélé inspirent à ces pauvres gens fait qu'ils ne se sentent en sûreté que dans ces endroits inaccessibles. Selon l'étiquette du pays, j'offris au vieux chef, qui me paraissait de mauvaise humeur, un présent d'étoffe. « C'est bon pour un enfant, » me dit-il, « ce n'est pas digne de Nyamonto. » Et il nous quitta brusquement pour en conférer avec son conseil. Puis, me faisant appeler, il m'offrit avec beaucoup de cérémonie une petite défense d'éléphant. « Les yeux de Nyamonto, » me dit-il, « ont vu l'homme de Dieu, mais toi tu n'as pas vu Nyamonto. » — « Naturellement ! » répondis-je, « puisque Nyamonto ne m'a pas encore visité à mon wagon. » Sur ce, le chef, appelant ses hommes et prenant son arc et ses flèches, donna le signal du départ. Il descendait glissant, sautant sur les rochers, de manière à me donner le vertige. Je lui fis hommage d'une couverture de coton et sa figure s'illumina. « Maintenant, » dit-il, « tes yeux ont vu Nyamonto. » Puis il procéda à l'inspection de nos voitures, de nos bêtes, etc. C'étaient des claquements de mains, des cris de surprise très amusants. Ma connaissance du zoulou me fut d'un grand secours dans cette occasion et dans les occasions subséquentes. Mon interprète, qui était en même temps le bras droit du chef, avait travaillé aux mines de diamants et en avait rapporté certaines notions fâcheuses. Il ne voulait absolument pas communiquer à son chef ce que je lui disais des bienfaits de l'Évangile. « Pourquoi les ma-Tébélé nous détruisent-ils, si Dieu nous aime ? Nous ne voulons pas de ces choses-là ici, nous n'en voulons pas, » fit-il avec un geste significatif.

Un peu plus loin, nous rencontrâmes six ou sept hommes, envoyés par un chef du nom de Masonda qui se disait le fils de Maliankobé, et nous pressait fort de passer chez lui, ajoutant que c'était le meilleur chemin et le plus court. Nous n'avions nulle raison de douter de sa véracité ou de refuser son invitation. Nous suivîmes donc nos nouveaux guides, leur cédant de bon cœur la hache qui était devenue lourde dans nos mains. Nous traversâmes le Singuézi, puis le Loundé, un peu plus haut que leur jonction. Mais les difficultés que nous opposaient ces rivières, où trente bœufs pouvaient à peine faire bouger une voiture dont les roues s'enfonçaient jusqu'aux moyeux, ne peuvent se comprendre que de ceux qui ont voyagé dans de semblables pays. En gravissant la berge escarpée, et au moment où nous nous croyions hors d'affaire, quatre fois la chaîne de trait fixée au timon se rompit et quatre fois la voiture recula jusque dans la rivière avec une grande violence. Nous fermions les yeux d'effroi, mais la voiture n'était ni renversée ni brisée.

Nous arrivâmes chez Masonda et dételâmes à l'ombre d'un arbre colossal, dans un vallon de toute beauté. Nous aurions pu nous croire dans un parc magnifique, à droite et à gauche couvert d'une végétation tropicale ; c'est un fouillis de collines, amoncellements gigantesques de blocs de granit. C'est sur le sommet apparemment inaccessible de l'une d'elles que se trouve la résidence de notre nouvel ami. Il nous reçut avec force protestations de joie et d'amitié. « Vous êtes fatigués, vous venez de loin, » dit-il, « voici un chevreau (c'était un bœuf!). Mangez et vous reposez. » Je lui rendis le compliment en lui envoyant une belle couverture de laine aux couleurs brillantes qu'il parut apprécier.

Ses manières aisées, sa figure pétillante d'intelligence, nous firent une bonne impression, et il y avait, dans l'étiquette minutieuse et étudiée avec laquelle il nous abordait et se faisait aborder lui-même, quelque chose de nouveau et d'intéressant pour nous. Le soir, nous eûmes une réunion d'actions de grâces. « O Dieu, » disait l'un de nous, « que tu es bon, que tu es fidèle ! Tu nous as conduits par le désert, tu nous as désaltérés et nourris, tu nous as fait traverser de grandes rivières, et maintenant tu nous amènes auprès des ba-Nyaï. Nous sommes en bonne santé, nos cognées sont tranchantes, nos wagons légers, nos bœufs se sont engraissés sous le joug... Tes bienfaits sont en grand nombre; qui pourrait les compter ? » Et nos cœurs répondaient à l'unisson: « *Amen,* oui, *amen.* »

Comme le chef Masonda en avait exprimé le désir, nous allâmes le lendemain, avec nos dames, le visiter chez lui. Le sentier était escarpé, presque impraticable, le soleil était de feu, nous nous sentions épuisés. Nous nous annonçâmes. Le petit potentat nous fit faire antichambre là sur les rochers, au grand soleil, et si longtemps, que je m'en plaignis. On nous conduisit alors dans une grotte formée par un chaos de rochers. L'attroupement qui s'était fait à l'entrée devenait tel que nos évangélistes en conçurent du soupçon. « Nous sommes bloqués, » me souffla l'un d'eux à l'oreille. — « Bloqués? Sortons! » Et les ba-Nyaï nous ouvrirent un passage. Survint alors un frère de Masonda qui, dit-il, « avait mission de nous faire les honneurs de cette capitale ». Ce personnage, qui avait au plus haut degré le sentiment de son importance, était borgne, grêlé, crasseux et renfrogné ; la personnification d'un démon. Il saisit Mme Coillard par le bras, tandis qu'un autre la prit par l'autre bras, sous prétexte de l'aider à gravir la pente escarpée et glissante d'une roche, pendant que deux autres à la mine tout aussi peu rassurante conduisaient aussi ma nièce. Je suivais, moi, derrière, avec un malaise indéfinissable. Nous gravissions lentement, péniblement, quand un de nos évangélistes ne pouvant se contenir plus longtemps, me dit d'un air épouvanté: « Où conduit-on notre mère ? » Je sortais d'un rêve. Devant nous, ce rocher à pic que nous gravissions. A droite, à gauche, pas signe d'habitations ; au delà... *rien,* un abîme ! Plus prompt qu'il ne le faut pour le dire, je fais un bond, saisis ma femme, l'arrache des mains de ces sauvages, pendant qu'Aaron fait de même avec ma nièce, et nous descendons. Les ba-Nyaï pris par surprise ne nous font aucune opposition et, sans plus de pourparlers, nous regagnons le campement. Un messager accourait sur nos pas pour nous dire combien contrarié était Masonda de notre départ précipité. « Je ne vous ai pas vus, » ajoutait-il, « mais j'ai quelque chose dans mon cœur et je viendrai moi-même. » C'est ce qu'il fit.

Le dimanche, au matin, des messagers vinrent de sa part me demander de la poudre. « Masonda n'aime pas la couverture de laine, il veut un paquet de poudre et des capsules. » Je leur expliquai que je n'étais pas un marchand, mais un messager de paix, et que je n'avais rien à faire avec de la poudre. Je ne gagnai rien, ils partirent mécontents. Pas une âme n'approcha de nous ce jour-là. Le soir, Masonda vint avec quelques hommes, réitérant sa demande sur un ton encore plus impératif. Je m'aperçus alors que nous étions tombés dans un piège. Pour prouver au chef mes dispositions amicales, je lui offris un autre présent. Il le refusa avec dédain et alla s'asseoir en boudant près de notre feu. Pendant que nous nous retirions dans notre tente pour prendre le thé, un de nos gens vint nous dire à voix basse : « Nous sommes entourés et les indigènes continuent à descendre de la montagne. » Nous nous tournâmes immédiatement vers Masonda qui dévorait un morceau de viande que nous lui avions donné, et, d'un ton amical, j'essayai d'obtenir de lui qu'il se retirât. Bien que la nuit fût très obscure, nous pouvions discerner la ligne noire dont notre homme nous avait parlé. Ce chef nous obsédait de demandes, mais ne partait pas. Il voulait un chien, puis il en exigeait deux, puis il lui en fallait un de son choix, et que sais-je ? Enfin, il prit une résolution subite et partit. « Je reviendrai demain, » dit-il avec emphase.

Le lendemain matin au lever du soleil, quand nos voitures se mirent en mouvement, ce fut le signal d'un grand tumulte sur les collines avoisinantes. Des foules d'hommes armés jusqu'aux dents se précipitaient vers nos voitures en poussant des cris féroces. Ayant fait ranger les wagons les uns à côté des autres et fait rentrer les femmes et les enfants, je me rendis auprès du chef qui tremblait de colère. — « De la poudre, des capsules, un fusil ! » criait-il. Je finis par lui faire accepter un bœuf à la place de celui qu'il nous avait donné ; il voulut le choisir lui-même, et ce ne fut que le cinquième que nous sortîmes du joug qu'il accepta. Après cela, fendant la foule, je fis passer les voitures. « Que Masonda dorme d'un bon sommeil, » criaient quelques-uns de nos gens qui espéraient être délivrés des griffes du lion. Je n'en dis pas autant, moi. Une foule de gens armés continuaient à se presser autour de nos wagons d'une manière fort peu rassurante. Nous avancions avec difficulté, lorsque tout à coup ma voiture s'enfonça dans le lit fangeux d'un ruisseau. Tous nos efforts pour l'en retirer furent vains. Je fis passer les autres wagons et dételer à un jet de pierre. Pendant que nous travaillions à dégager la voiture, ma femme et ma nièce s'assirent pour coudre, à l'ombre d'un arbre. Un cercle toujours grossissant se forma bientôt autour d'elles. Un indigène, se tenant debout derrière l'arbre, se mit à ricaner tout en brandissant sa hache à quelques pouces au-dessus de la tête de ma femme. Il était temps de dire à ces gens-là de se retirer, mais le jeune homme, qui se donnait des airs d'importance, me répondit avec tant d'impertinence que nos dames comprirent et leur cédèrent immédiatement la place.

En attendant, l'agitation allait croissant autour de nous. La vallée regorgeait de gens et retentissait de cris sauvages. C'était Masonda qui revenait. Il s'ensuivit une scène que je ne me sens pas capable de décrire. Masonda, debout sur un rocher, écumant de rage, disposait ses troupes pour nous cerner, faisait enlever nos bœufs et me dictait ses conditions. « Tant de sacs de poudre, tant de capsules, tant de couvertures, tant de fusils, etc., et vous passerez ! » J'eus grand'peine à contenir nos gens qui déjà couraient à leurs fusils. « Puisqu'il le faut, disaient-ils, nous mourrons pour nos femmes et pour nos enfants, mais nous mourrons en *hommes !* » — « En hommes, oui, mes amis, mais en *chrétiens* aussi. Posez vos fusils. Mettez votre confiance en Dieu. Et souvenez-vous-en, ceux qui sont avec nous sont plus forts que ceux qui sont contre nous. » Ils se soumirent, de mauvaise grâce, c'est vrai. Mais j'en bénis Dieu, car le premier coup de fusil eût été le signal d'un massacre général. J'obtins de Masonda qu'il ramenât nos bœufs, mais, quand il vit que je faisais atteler, il nous ordonna de la manière la plus péremptoire de ne pas le faire. J'insistai de mon côté, et les bœufs furent attelés. Mais, pendant ce temps, la foule tumultueuse, conduite par un « voyant », un magicien, se ruait vers la voiture en poussant des cris forcenés, déterminée apparemment au pillage. « La nuit tombe, s'écriait-elle, vous êtes entre nos mains. Nous avons votre sang et vos biens. Nous allons voir si votre Dieu vous délivrera. » Je tremblais en pensant qu'un coup de hache pouvait faire sauter le couvercle de la caisse extérieure du wagon, où se trouvait notre provision de poudre. Me voyant reparaître soudainement, ma cravache à la main, ils se retirèrent à une petite distance, mais je crus un moment que je ne pourrais pas les contenir plus longtemps. Le soleil se couchait, et notre position devenait de moment en moment plus critique. Ma compagne, de son côté, faisait son œuvre ; elle avait réuni les femmes et les enfants des catéchistes pour assiéger, avec eux, le trône de la grâce et puiser des forces et du calme dans la prière. Une fois les bœufs attelés, le cri *trek !* usité pour les mettre en marche devait, pensions-nous, être le signal d'une grêle de flèches et de javelines. Mais non, il ne fit que provoquer les huées de cette multitude enragée et les bœufs en furent tellement excités qu'ils donnèrent un bon coup de collier et enlevèrent vigoureusement les wagons. Cela eut un effet magique sur les natifs. Ceux qui barraient le chemin reculèrent pour nous laisser passer, les autres ne nous poursuivirent pas. Mais, pendant que nous attelions, une troupe de ces gens avait emmené seize de nos bœufs. Tous mes efforts pour revoir le chef furent inutiles. C'est dans la forêt qu'il me mandait impérieusement pour « conférer avec moi ». Ne jugeant pas prudent de l'y suivre, à cette heure-là surtout, je lui envoyai à son tour ce message : « Sache que ces seize bœufs que tu m'as pris ne sont pas les miens ; ils sont la propriété du Dieu que nous servons et qui nous a délivrés. Garde-toi de les tuer, soigne-les bien, un jour c'est toi qui me les rendras tous. » Mais que faire ? la nuit était là. Les indigènes ne se retiraient pas ; tout autour de nous, c'étaient leurs feux. Nous pouvions les entendre commenter avec animation les événements du jour. Et c'est alors que nous fut révélé le complot qui nous explique l'horreur de notre aventure de l'avant-veille. Précipiter nos dames du haut du rocher que nous gravissions, puis tomber sur nous, nous massacrer tous pour piller nos biens, tel était leur dessein. « Et pourquoi, disaient-ils en claquant la langue, ne l'avons-nous pas fait ? » Cependant, en considérant notre position avec calme, nous trouvâmes que nous avions plus de raisons de bénir que de murmurer. Nous avions la vie sauve, nos bagages n'avaient pas été pillés, et, bien que nous eussions perdu plusieurs bœufs, il nous en restait encore trente : dix pour chaque voiture.

Nous ne pûmes pas aller loin, car la nuit était très obscure, et, à chaque pas difficile, il fallait doubler l'attelage. Nous dûmes nous résigner à attendre le matin. Les indigènes nous entourèrent, mais ne nous attaquèrent pas. Ainsi l'Ange de l'Éternel campe tout autour de ceux qui le craignent et les délivre. (Ps. XXXIV, 7.)

A LA RECHERCHE D'UN CHAMP DE MISSION.

Le lendemain, une troupe de gens de Maliankobé vint à notre rencontre et nous amena à Nyanikoé sans plus d'aventures. Le chef nous reçut avec beaucoup de réserve. Nous arrivions chez lui comme des gens réchappés d'un naufrage. Maliankobé envoya chez Masonda pour s'enquérir de ce qui venait d'arriver, mais un homme que j'envoyai avec son messager ne fut pas reçu. Ce qui nous revint, ce furent les prétentions de Masonda. « Donnez-moi dix sacs de poudre et un wagon chargé de vos bagages, et vous aurez vos bœufs. » De leur côté, les chefs du lieu où nous étions commençaient à suivre avec nous un système de spoliation des plus déraisonnables et des plus ruineux. Nos rapports faillirent se gâter tout à fait. Nous découvrîmes que les ba-Nyaï paient tribut à Lobengoula, chef suprême des ma-Tébélé. Les premiers ma-Tébélé venus marchent ici la tête haute et se permettent d'insulter impunément chefs et sujets. Je me décidai alors à envoyer des messagers chez Lobengoula, et à profiter de cette occasion pour ouvrir des rapports avec les missionnaires d'Inyati. Mais ce qu'il a fallu de prudence pour ménager les susceptibilités, de patience et de persévérance, vous n'en avez pas d'idée. En fin de compte, Asser est parti avec un de nos jeunes gens qui parle le zoulou, et le chef a donné son frère pour l'accompagner. Un moment, nous avons été sur le point de nous mettre nous-mêmes en route, mais la pensée de laisser nos gens et nos bagages ici, et la crainte d'être surpris par les pluies, nous y ont fait renoncer. L'impossibilité où nous étions de voyager avec si peu de bœufs nous a paru aussi une manifestation de la volonté de Dieu. Lorsque Asser sera de retour, nous le placerons ici avec Aaron, et nous pensons nous rendre alors jusqu'auprès du chef Zémito, où André et Azaël pourront être installés et où nous-mêmes passerons la saison des pluies. Je ne puis rien dire de plus sur nos plans. Nous désirons être conduits pas à pas.

J'envoie cette lettre par les gens de M. Hofmeyr qui retournent chez eux. Ils nous ont été d'un grand secours et se sont tellement identifiés avec nous qu'il nous en coûte de nous séparer d'eux. Ils ont gagné nos cœurs.

V

Le grand chef des ma-Tébélé. — Négociations laborieuses. — Quelle porte Dieu ouvrira-t-il ?

Boulouwayo, 18 janvier 1878.

Deux mois durant nous attendîmes le retour d'Asser de Boulouwayo. Il faudrait un volume pour dire les péripéties de nos espérances et nos angoisses pendant ce temps. Nous avons couru les plus grands dangers. Le pays est un véritable coupe-gorge, sans aucune autorité suprême. Les villages indépendants les uns des autres sont souvent en guerre; aussi sont-ils perchés sur les rochers des sommités les plus inaccessibles.

L'insécurité qui y règne est telle, qu'un mo-Nyaï ne s'aventure jamais seul dans ses champs, et jamais non plus sans ses armes. De nuit comme de jour, en voyage comme à la maison, au travail comme au conseil, il porte toujours ses sagaies et son arc et, attaché au bras gauche, le terrible coutelas qu'il dégaine instantanément au moindre soupçon de danger ou à la moindre provocation. S'il n'a pas à se défendre, c'est lui qui attaque, et pour cela il n'a pas besoin de prétexte. Pour nous, au milieu de ces sauvages dont nous ne connaissions ni les coutumes ni la langue, les temps étaient durs. Les ba-Nyaï qui vivent dans un état de nudité presque complète ont peu de besoins : un morceau de calicot, un collier de verroterie, comme ornements, c'est tout ce qu'il leur faut. Mais lorsque le fond du panier de farine n'était que du son, que leur lait était trop bleu et que nous refusions d'acheter, c'étaient des querelles où plus d'une fois le coutelas brillait à nos yeux comme une nouveauté dans les fleurs de la rhétorique.

Et avec tout cela, quelle lâcheté ! Il suffisait que dans le lointain apparût l'ombre d'un de ces redoutables ma-Tébélé pour que de tous côtés l'on entendît le cri d'alarme. C'était alors une panique générale et chacun avec son menu bétail se sauvait et se cachait dans les antres de la montagne. C'était pour nous comme pour eux des alertes quotidiennes.

Un jour la panique avait sa raison d'être. Une force armée de

150 hommes, commandée par trois chefs, campait près de nous. Elle était envoyée par Lobengoula[1] qui, furieux de ce que nous avions pénétré à son insu dans un pays qu'il a tout intérêt à fermer aux Européens, avait dédaigneusement refusé d'accepter mes salutations et mes présents. Après avoir contraint Masonda de rendre tous les bœufs et les objets qu'il nous avait volés, les chefs nous ordonnèrent de lever le camp et de fait nous constituèrent leurs prisonniers. Pauvres ba-Nyaï! ils comprirent en nous voyant partir qu'ils perdaient des amis, et malgré leur frayeur, ils étaient là groupés sur les rochers et nous les entendions se lamenter. Il serait difficile de dire ce que furent pour nous ces trois semaines de marches forcées, à travers un pays sans route, des rivières sans gué, des vallons fangeux et des collines rocheuses et boisées. Chacun de nos mouvements était épié. Osions-nous nous rafraîchir au ruisseau voisin? c'était un crime : ne faut-il pas comparaître devant Sa Majesté tout couvert de sueur et de poussière, comme preuve d'obéissance et d'empressement? Osions-nous cueillir une fleur? nous prenions des échantillons de leur pays pour nous en emparer. Ecrire? qui sait à quel art occulte nous nous livrions ainsi et les dangers qui les menaçaient? Tous les jours, des coureurs partaient pour la capitale.

Enfin nous arrivâmes en vue de Boulouwayo. Le cœur bien gros nous en gravissions déjà la pente sillonnée de ravines, quand un messager vint nous donner l'ordre de nous arrêter, sans faire un seul pas de plus pour choisir un endroit plus convenable. Vers le soir un de ces magiciens, dont l'aspect rébarbatif nous est assez familier, arriva à la tête d'une troupe.

---

1. Lobengoula a été le fils et le successeur du terrible Mossélékatsi. Il n'était pas son héritier légitime. Dans le temps où Mossélékatsi guerroyait dans la région du Zambèze, il apprit qu'il s'était formé une conspiration pour le déposer et mettre à sa place un fils de son épouse royale auquel il avait donné le nom de Kourouman, en souvenir d'une visite que Moffat lui avait faite. Il revint immédiatement, investit de nuit l'endroit où l'on complotait contre lui et ordonna à ses guerriers de massacrer tout le monde à l'exception de Lobengoula, un enfant qu'il avait eu d'une femme de rang inférieur, mais qu'il avait désigné comme pouvant lui succéder. Le lendemain matin, il se trouva que Kourouman n'était pas parmi les morts. Un émissaire, chargé de le faire disparaître, le découvrit à quelque distance de là et l'étrangla, parce que Mossélékatsi avait dit qu'il ne fallait pas souiller de sang le corps d'un enfant royal. L'exécution se fit en secret. Après la mort de Mossélékatsi, on se demanda longtemps si l'héritier légitime n'existait pas quelque part. A la fin, l'exécuteur déclara ce qu'il avait fait et Lobengoula fut déclaré roi des ma-Tébélé. A partir de ce jour (25 janvier 1870), Lobengoula a suivi les errements de son père, punissant les moindres fautes de la peine de mort, portant partout ses ravages et ses tueries. On avait cru les ba-Nyaï à l'abri de sa tyrannie ; on voit si cette espérance était fondée. Je dois ajouter que quelques personnes, dont l'opinion a du poids, ont conservé la conviction que Kourouman n'avait pas été tué et avait trouvé un asile dans la Natalie; que plus tard, sous la protection du gouvernement de cette colonie, il s'était mis en route pour s'emparer du pouvoir; mais que se trouvant trop faible, il s'établit au nord du Transvaal, où il mourut quelque temps après.

Nos soldats se levèrent immédiatement, se mirent en rang et le magicien, trempant une queue de gnou dans un liquide visqueux et verdâtre, les en aspergea devant et derrière. C'était les exorciser. Puis, se tournant brusquement vers nous, il nous fit tous passer par cette dégoûtante cérémonie. Nos wagons, nos bœufs, les enfants, les femmes et les hommes, personne n'échappa. « Et celui-là, fit-il en fixant sur moi des yeux de flamme, allons! libéralement, c'est le grand sorcier! » Et libéralement je reçus la médecine sur les habits et en pleine figure. Tout cela n'était pas de nature à nous rassurer.

Deux jours d'attente se passèrent ainsi, gardés à vue. Personne n'osait s'approcher de nos voitures et, pour nous éviter, tout le monde faisait un grand détour. Le troisième, c'était un dimanche ; l'après-midi, un messager m'annonce que le roi me mande. « Cours donc, blanc que tu es, puisque le roi t'appelle! » Mais à mesure que j'approchais, je sentais au contraire le besoin de ralentir le pas.

Je passai d'une cour dans une autre. Partout des hommes le corps nu, la tête ceinte de la couronne de cuir, le symbole de leur virilité, étaient là, accroupis et silencieux. Au centre se trouvait un wagon, et nonchalamment accoudé sur la caisse qui sert de siège au conducteur, je remarque un homme corpulent, à figure douce. Ses mains soyeuses, ses ongles démesurément longs, les peaux de singes qu'il porte à sa ceinture, ces hommes que je vois l'approcher en se courbant, tout me dit que c'est Lobengoula lui-même. Je le saluai, il me salua en sessouto, et une pause embarrassante s'ensuivit :

« Où est ta femme ? » dit-il enfin.

— Au camp.

— Pourquoi ne l'as-tu pas amenée ici pour me voir ?

— Parce que chez nous ce n'est pas la coutume que les dames visitent d'abord les messieurs.

Nouvelle pause.

— Morouti, où est ta femme ? fit-il de nouveau.

— Moréna, elle est au camp.

— Pourquoi ne l'as-tu pas amenée pour me voir ?

— Parce que chez nous ce sont les messieurs qui vont faire leurs hommages aux dames et pas les dames aux messieurs !

— *Tè bo!* — Vraiment !

Nouvelle pause.

Puis une troisième reproduction de la même conversation suivie d'une nouvelle pause.

Comprenant que cette entrevue était tout aussi gênante pour Sa Majesté que pour moi, je pris congé. J'avais vu son visage, et dès lors notre escorte nous quitta, et nous nous sentîmes plus libres.

Mon étrange conversation m'avait impressionné. J'avais bien essayé de dire un mot sur notre expédition, mais il m'avait imposé silence en disant que le moment n'était pas venu. L'idée me vint que Mme Coillard pourrait être plus heureuse. Il lui en coûtait beaucoup de comparaître devant ce tyran dont nous ignorions les intentions; mais elle céda. A son arrivée, il sortit de sa hutte, puis, la prenant par la main, la conduisit à l'ombre de sa voiture, et prenant place lui-même sur une boîte à savon :

— Assieds-toi par terre, lui dit-il, et causons !

— Par terre ! dis-je, chez nous les dames ne s'asseyent pas par terre. N'y a-t-il pas une bûche, une boîte quelque part ?

— Sans doute, répondit-il, et, se levant avec empressement pour chercher un siège… Tu viens de loin, dit-il, en la fixant, tu dois être bien fatiguée ?

— Oui, répondit-elle. Nous venons de loin et nous sommes bien fatigués !

Puis, avec le calme et le charme qui lui étaient particuliers, elle lui raconta notre voyage, le but de notre expédition, nos expériences chez les ba-Nyaï, etc. Et jamais il ne l'interrompit, si ce n'est pour lui faire une question. Il était subjugué.

— Je ne savais pas tout cela, remarqua-t-il, mais nous en parlerons plus tard.

Depuis lors, il s'est montré amical. Il nous a fait camper près de lui, nous envoie toujours de la viande — « le morceau d'honneur », — vient assez souvent nous visiter et prendre une tasse de chocolat dont il est très friand. Mais il ne veut pas discuter nos affaires et les renvoie au conseil des chefs qu'il réunira plus tard.

Nous n'avons pas regretté ce retard; au contraire, nous étions bien aises d'avoir l'occasion de connaître le chef et de nous faire connaître de lui; contre notre attente, il s'est montré avec nous très affable. Il est venu souvent nous voir, prenant apparemment autant de plaisir à causer avec nous qu'à boire une tasse de café; il nous a fournis de viande avec beaucoup de libéralité. Ce qui nous a fait le plus grand plaisir, c'est qu'il a envoyé chercher M. Sykes[1] pour qu'il fût présent à la discussion de nos affaires. Cet ami s'est hâté de répondre à l'appel de Lobengoula, et cepen-

---

[1]. Missionnaire de la Société de Londres résidant à Inyati.

dant il a dû faire antichambre pendant dix ou douze jours. Enfin, le chef s'est décidé à aborder une question qui évidemment pour lui est des plus épineuses. Son amour-propre a été blessé de penser que nous eussions pu ignorer que les ba-Nyaï étaient « ses chiens », ses esclaves.

Il l'a compris pourtant, mais il ne veut pas, dit-il, que ses esclaves soient instruits. Quant à son pays, il est déjà pourvu de missionnaires. Il y en aura quatre bientôt, et il n'en veut pas davantage. Il a beaucoup insisté pour savoir par qui nous étions envoyés et quelle part les chefs du Lessouto avaient dans cette expédition. Ma réponse n'a pas été équivoque. J'ai essayé de lui faire comprendre que c'étaient les Eglises qui avaient envoyé les catéchistes, et que les chefs avaient manifesté leur bon vouloir en contribuant, comme les autres, à cette bonne œuvre. Comme il insistait pour que nous retournassions vers ceux qui nous avaient envoyés, je lui fis remarquer que c'était une chose qui ne se comprendrait pas. Encore s'il nous avait renvoyés de Nyanikoé; mais cela n'était plus possible après nous avoir fait chercher, avoir accepté nos salutations et nous avoir traités avec bonté. — Il dit alors qu'il ne donnerait pas encore sa réponse, et qu'il référerait l'affaire à ses principaux conseillers, qui doivent se réunir pour de grandes cérémonies à la fin du mois. Mon impression, — et je dois dire aussi celle de M. Sykes, — c'est que le chef nous est personnellement très favorable, et qu'il se trouve dans une position difficile. Il a les mains pleines cette année.

Des chasseurs européens ont été maltraités par ses gens, et sont repartis en colère et en le menaçant. Expédition après expédition arrive, demandant la permission d'aller chez ces mêmes ba-Nyaï, l'une pour explorer le pays, l'autre pour chercher de l'or, etc. — Il a refusé à toutes péremptoirement et sans même leur donner la satisfaction d'une discussion. Comment nous l'accorderait-il, à nous? — Et pourtant, il lui en coûte de nous refuser. Je crains que, s'il propose de consulter ses principaux, ce ne soit un subterfuge pour mettre sa responsabilité à couvert. Tous sont opposés à ce que nous allions chez les ba-Nyaï; car, disent-ils, si Lobengoula le permet, où irons-nous guerroyer? Voilà le fond de l'affaire. J'espérais que le chef consentirait à un compromis et nous permettrait de nous fixer parmi les ba-Khalaka, qui sont plus immédiatement sous son pouvoir, ou qui du moins le reconnaissent et s'y soumettent. Les missionnaires de la Société de Londres nous approuveraient et ne diraient pas que nous empiétons sur leur terrain. Mais je doute que Lobengoula consente même à cela.

« Allez chez Mozila, dit-il, où il n'y a pas de missionnaires. » La rivière Sabi est la frontière entre Mozila et les ma-Tébélé. En dehors des ma-Tébélé et des gens de Mozila, toutes les autres tribus sont réduites au même état d'esclavage. Ce sont les ba-Nyaï, les ba-Khalaka, les ma-Chona, etc., qui autrefois faisaient partie du puissant royaume des ba-Lotsoé, que Mossélékatsi a ruiné. Je vous prie de bien noter ce fait : il n'y a aucune tribu indépendante en deçà du Zambèze, si ce n'est les gens de Lobengoula et de Mozila. On dit que ce dernier est fort hostile aux blancs. Aller chez lui, c'est une question qui mérite la plus sérieuse considération, et je ne puis, dans les quelques minutes qui me restent, aborder un sujet aussi grave. Un autre fait que je dois vous signaler pour votre gouverne, c'est que le pays où nous étions est évidemment un foyer de fièvre. Ce n'est pas le pays qu'on nous représentait comme parfaitement sain, et on considère ici qu'il est providentiel que nous l'ayons quitté à temps. Je ne parle pas pour nous, mais il importe que vous soyez éclairés. La Société de Londres va commencer une œuvre au lac Ngami, chez Létsoulathébé. Du lac, en deçà du Zambèze, jusqu'aux mines d'or que Baines a découvertes chez les ma-Chona, à la pointe nord de la chaîne de montagnes marquées sur sa carte, les ma-Tébélé ont tout dévasté ; il n'y a plus vestige de population. Je le tiens de bonne source. Il reste donc l'autre côté du Zambèze. Mais avant d'oser le traverser, même par la pensée, arrêtons-nous et prions !!

J'ai de la peine à résister au courant de découragement qui entraîne tout le monde autour de moi. Mais j'ai la conviction bien intime que Dieu nous ouvrira une porte quelconque et que tous les sacrifices qu'ont faits les pauvres Églises du Lessouto, toutes les prières qui ont été offertes et qui le sont encore, tout cela ne sera pas en vain. Nous, nous sommes prêts à tout, mais à retourner au Lessouto moins qu'à toute autre chose. Nous sommes en campagne et nous ne pensons pas encore à nos foyers. Ma femme a été menacée d'une fièvre rhumatismale qui l'a retenue plusieurs jours au lit. Moi-même j'ai souffert d'une ophthalmie nerveuse pendant près de quinze jours. Mais maintenant nous sommes bien, grâces à Dieu ; tous nos gens vont bien aussi et seraient parfaitement heureux sans l'épais nuage qui vient de s'abattre sur nous. Cela se comprend ; ce qui ne serait pas bien, c'est qu'il y eût joie et chants au camp comme d'habitude.

VI

Audience officielle. — Pluie d'injures. — Premier appel du Zambèze.

Du pays des ma-Tébélé, 5 mars 1878.

Les prédictions les plus sombres de ceux qui prétendent connaître ici le véritable état des choses se sont plus que réalisées.

Après les grandes fêtes nationales, le sacrifice d'une quinzaine de vies humaines et les purifications d'usage, Lobengoula se souvint de nous. Il envoya quérir notre ami M. Sykes qui, malgré des pluies incessantes, se hâta de venir avec toute sa famille. Nous nous rendîmes ensemble au nouveau campement du roi des ma-Tébélé qui mène une vie semi-nomade. Il nous fallut encore, pendant trois ou quatre semaines, attendre son bon plaisir.

Enfin le conseil des Grands de la nation se réunit. Ils eurent avec leur maître une conférence particulière qui dura tout un jour, — et ce n'était pas la première, je suppose. — Le lendemain nous fûmes admis. Nous nous attendions à toute l'étiquette et au décorum qui sont de rigueur et auxquels nous sommes habitués, au Lessouto, en pareil cas. Mais c'est à des ma-Tébélé que nous avions affaire. Tout le monde parlait à la fois, et l'un plus fort que l'autre. On nous accablait de questions, sans nous laisser le temps de répondre. On nous reprocha le chemin que nous nous étions ouvert pour pénétrer chez les ba-Nyaï, puis le fait que nous n'avions aucun caractère officiel, n'étant pas envoyés par le chef suprême des ba-Souto. Nous étions préparés à tout cela... Ce n'était là toutefois qu'une entrée en matières. Le grand cheval de bataille de ces rusés diplomates, ce fut l'affaire de Langalébalélé[1]. « Dites-nous son crime! Dans quel pays, dans quel

---

[1]. Langalébalélé est un chef de la même extraction que les ma-Tébélé, mais qui résidait à Natal d'où ils sont eux-mêmes originaires. Il y a quatre ou cinq ans, ce chef, s'étant fait soupçonner par des achats d'armes de vouloir s'insurger contre les Anglais de Natal, fut sommé de comparaître devant le gouverneur. Au lieu d'obéir, il franchit la frontière avec tout son monde et se réfugia sur le territoire de Molapo, fils de Moshesh. Le représentant de l'autorité britannique dans le Lessouto ordonna alors à Molapo de l'aider à capturer Langalébalélé, ce qu'il dut faire pour ne pas être lui-même traité comme un rebelle. Malheureusement, il le fit de la manière la plus répréhensible, en le trompant et le trahissant. C'est ce qui enrageait les ma-Tébélé et ce qu'ils ne pouvaient pardonner.

EN ROUTE POUR LE ZAMBÈZE

endroit, par qui il a été trahi et fait prisonnier ! » En vain essayâmes-nous de leur expliquer que les ba-Souto ont perdu leur indépendance, qu'ils ne peuvent pas être tenus responsables des actes du gouvernement anglais et que, quant à nous, nous n'avons absolument rien à faire avec les questions politiques; en vain M. Sykes leur disait-il, dans un langage dont ils pouvaient saisir toute la portée : « Qui peut connaître le cœur d'un roi et le sonder? Connaissiez-vous celui de Mossélékatsi ? » Cela nous valut une volée d'insultes de nature à faire trembler nos gens. C'est bien à eux, en effet, qu'on en voulait. On me mettait à part, moi, et on me faisait toutes sortes de professions de confiance, de considération et de bienveillance. « Mais vous, ba-Souto, » leur criait-on avec des gestes menaçants, « vous avez l'odeur de Molapo, cet indigne fils de Moshesh, qui a trahi et vendu Langalébalélé ! Nous avons peur de vous. Nous frémissons en vous voyant ici. Vous permettre de vous établir dans notre pays? Jamais! Jamais! Voilà le chemin qui conduit hors de notre pays : — partez!... »

Chose étrange, M. Sykes et moi, nous ne perdions pas encore tout espoir. Nous essayions de nous persuader que les dignitaires des ma-Tébélé voulaient nous faire apprécier leur faveur, et en même temps mettre à leur place des gens qu'ils méprisent et dont ils sentent cependant la supériorité. Cruelle illusion! Le chef nous appela, — car cette conférence avait eu lieu à notre campement, et Lobengoula s'était abstenu d'y prendre part. Nous passâmes là, dans sa cour, avec ses conseillers, de longues heures, accroupis au grand soleil, silencieux et mornes comme si nous attendions l'heure d'un enterrement. Lobengoula, lui, était dans sa hutte tout aussi silencieux que nous, mais à l'ombre. Ce ne fut que vers le coucher du soleil qu'il rompit le silence. Son audience ne fut qu'une triste répétition de la conférence du matin, sans plus de décorum et avec plus d'injures. Le roi donnait le ton, et ses grands chefs, à qui mieux mieux, tombaient sur nos évangélistes comme des chiens déchaînés. Lobengoula insista sur la distinction qu'il s'était déjà efforcé d'établir entre nos gens et nous, affirmant que, si j'étais seul, ni lui, ni ses gens, n'auraient d'objection à traiter avec moi; mais que, quant aux catéchistes ba-Souto, il ne voulait pour aucune considération leur permettre de rester dans son pays, — toujours, disait-il, à cause de cette malheureuse affaire de Langalébalélé, et de l'odieuse trahison de Molapo. Notre frère M. Sykes, que je le dise à son honneur, ne me laissa pas seul à la brèche; aussi reçut-il sa bonne part d'insultes.

Ainsi se termina cette audience officielle que nous attendions depuis si longtemps ! Nous nous croyions sous l'influence d'un affreux cauchemar ; nous ne reconnaissions plus le fils de Mossélékatsi, qui, depuis plus de deux mois, nous avait traités avec tant de considération et de cordialité. C'était bien le cas de répéter : « Qui peut sonder le cœur d'un roi ? » — et j'ajoute : — d'un roi de ma-Tébélé. Nous étions comme cloués à terre ; mais quand tous les chefs, les uns après les autres, eurent fait hommage à leur maître et pris congé de lui, il nous fallut bien, nous aussi, saluer et partir. — Nous nous réunîmes dans la tente pour prier, mais des larmes eussent pu seules soulager nos cœurs.

Quatre jours se sont passés depuis lors. Le chef et sa sœur, étonnés de ne pas me voir les visiter, comme d'habitude, me firent demander. Ils sont évidemment fort mal à l'aise. — Lobengoula s'efforça de rejeter toute la responsabilité de l'affaire sur les chefs, et réitéra ses protestations de bienveillance envers moi personnellement. Je sentais tout l'avantage de ma position. Jamais je ne parlai sa langue avec plus de facilité. Il me fut donné de tenir à ce potentat blasé par les flatteries les plus abjectes un langage plein de respect, mais aussi plein de vérité et de sérieux : « Chef, moi aussi je suis un mo-Souto, je ne fais qu'un avec mes gens. Je suis à leur tête, le coup qui les frappe me frappe le premier. Ce qui m'afflige et affligera tous nos amis, c'est qu'après nous avoir permis de voir ton visage, et après nous avoir traités avec tant de bonté, tu nous chasses aujourd'hui ignominieusement de ton pays, et pour une affaire qui ne nous concerne pas le moins du monde. » Il se tut, baissa la tête, et, comme pour acquit de conscience, il ajouta à demi-voix : « Si j'avais su tout cela, peut-être aurions-nous parlé autrement. » Oui, peut-être ! néanmoins le verdict de son conseil demeure, et nous préparons maintenant nos voitures pour prendre ce chemin qui nous a été montré et qui nous conduit « hors du pays ». Voilà donc où en est notre expédition missionnaire ! — Après presque une année de voyage, quel résultat !...

Maintenant, nous demanderez-vous ce que nous allons faire ? La première chose pour nous, c'est de ne pas perdre courage. Et pourquoi perdrions-nous courage ? Il n'y a rien d'extraordinaire dans nos circonstances. Jésus et ses apôtres ont passé par là, leurs traces ensanglantées le témoignent. Les voies du Seigneur ne sont pas les nôtres, et ses pensées ne sont pas nos pensées. L'oublierions-nous ? Nous parlions des ba-Nyaï, et nous en chérissions déjà le nom. Mais qui sait si le Seigneur n'a pas d'autres

vues que les nôtres, d'autres peuples à nous donner à évangéliser ?
— Si Lobengoula nous avait refusé franchement et simplement d'aller parmi ses tribus d'esclaves, notre horizon, ce nous semble, eût été moins sombre. Mais cette malheureuse affaire de Langalébalélé, sur laquelle lui et ses gens font pivoter toutes leurs injures et leurs refus, nous ferme, à peu près sans espoir, la porte de presque toutes les tribus de Zoulous. Il nous est impossible à présent de penser même à aller frapper à la porte de Mozila, cet autre Mossélékatsi, la terreur des peuplades d'au delà du Sabi jusqu'à Sofala.

Nous avons bien rencontré à Boulouwayo des gens qui viennent du Zambèze. Ils se sont réfugiés ici pour sauver leur vie, car chez eux, paraît-il, le pays est souvent en révolution, et la vie humaine a peu de prix. Ce qui nous frappa en les rencontrant, c'est qu'ils parlent le sessouto comme nous. Je savais bien, par Livingstone, que les ma-Kololo l'avaient introduit au Zambèze, mais je ne réalisais pas le fait qu'il y est encore actuellement parlé. « Pourquoi n'allez-vous pas chez nous, disaient-ils, sauver la nation ? »... Mais le Zambèze, c'est loin !...

Autant que nous en pouvons maintenant juger, il ne nous reste que deux alternatives, ou bien retourner au Lessouto, ou chercher d'autres parages. Retourner au Lessouto ! la pensée seule nous semblerait une tentation de l'ennemi et une trahison. Notre campement n'est pas précisément joyeux, ces jours-ci, et personne ne songe à faire parade de courage. Mais je ne doute pas que, quand nos chers compagnons de voyage seront revenus de ce coup terrible, l'entrain, et même l'enthousiasme ne renaissent dans leurs cœurs. Leurs lettres aux Églises du Lessouto en font foi. Ils sentent, tout aussi bien que nous, que retourner au Lessouto, dans les circonstances actuelles, serait désastreux pour la cause de leur mission. Que les Églises du Lessouto, loin de céder au découragement, soient à la hauteur des circonstances. Je suis plein de courage et j'ai bon espoir.

Pour le moment, ce qui nous reste à faire, c'est de quitter le pays des ma-Tébélé, et de nous rendre à Chochong ; considérable recul, hélas ! vers le Lessouto. Là, nous mûrirons nos plans et attendrons les conseils et les directions qui nous viendront de nos frères. Nos évangélistes et tous les membres de l'expédition me chargent de transmettre leurs salutations aux Églises de France. « Nous ne sommes pas découragés, disent-ils, mais frères et sœurs, pères et mères, soutenez-nous ! » Je me joins de tout cœur à eux dans ce message.

En nous éloignant de ces parages, je pense au retour de l'arche du pays des Philistins. Nos pensées et nos cœurs retournent constamment au pays des ba-Nyaï, à Nyanikoé. Je me dis qu'un miracle n'est pas impossible, bien qu'il paraisse peu probable, et que le Seigneur peut encore ouvrir les portes de ce pays, qu'on nous a fermées. L'étincelle qui a jailli dans les ténèbres de cette malheureuse contrée peut un jour produire une grande lumière. Sans doute, pendant ce séjour de deux mois, nous avons peu fait; cependant, j'en ai l'assurance, notre témoignage restera. On se souviendra longtemps de ces blancs et de ces noirs, aux vêtements étranges, avec leurs maisons roulantes et traînées par des bœufs. Oubliera-t-on la cloche qui appelait chaque jour à la prière? Ne restera-t-il aucun souvenir de l'histoire de la création, de la chute, de la rédemption, que nous avons essayé de faire comprendre aux ba-Nyaï, en bégayant leur langue? Un de nos souvenirs de Nyanikoé, ce sont les moments où, entouré de ces pauvres gens, j'essayais de fixer dans leur esprit, en la leur faisant répéter, cette parole qui est l'essence même de l'Évangile : « Dieu a tellement aimé le monde qu'il a donné son Fils unique, afin que quiconque croit en lui ne périsse point, mais qu'il ait la vie éternelle! »

Que Dieu ait pitié et se souvienne des ba-Nyaï.

VII

Dernière visite à Lobengoula. — Un mystère douloureux. — A Tati. — Les ba-Mangouato et Khama. — Un grand chef chrétien. — Une exploration nécessaire au Zambèze.

Mangouato (Chochong), 22 mai 1878.

Notre dernière lueur d'espoir s'est évanouie ! Nous avons définitivement quitté le pays des ma-Tébélé, et nous voici chez les ba-Mangouato, à plusieurs centaines de milles au sud. Après l'orageuse conférence des chefs que j'ai racontée, nos évangélistes, effrayés, et non sans raison, de l'attitude hostile des ma-Tébélé, auraient voulu partir sans délai. Je crus qu'il valait mieux ne pas se presser, de peur de donner à notre départ l'apparence d'une fuite. Après avoir écrit au Lessouto, afin que les directions de nos frères et de leurs Églises pussent nous arriver sans perte de temps à Chochong, nous allâmes visiter les stations de Shiloh et d'Inyati, ce qui nous prit trois semaines.

J'allai, selon l'étiquette, faire une dernière visite à Lobengoula. Ma présence le mit évidemment dans un grand embarras, et il trouva difficile de recevoir mes adieux de bonne grâce. Il se réfugia de nouveau dans des explications, dans des professions d'amitié personnelle ; il me pressa de m'établir dans son pays — sans les catéchistes ba-Souto, bien entendu ; — il manifesta de l'humeur en apprenant que j'allais avec mes gens me reposer chez le chef des ba-Mangouato ; il alla même jusqu'à m'offrir un passage à travers son propre pays et des guides pour me conduire chez Mozila, au delà de la rivière Sabi. Je lui dis que je réfléchirais sérieusement à tout ce qu'il m'avait dit, et je pris congé. Vous l'avouerai-je ? Je m'étais jusqu'alors bercé d'un vague espoir qu'au dernier moment le chemin des ba-Nyaï pouvait nous être encore ouvert. Il m'était évident maintenant que le Seigneur lui-même, pour des raisons que nous ne pouvons pas encore comprendre, avait signé notre feuille de route pour nous éloigner de notre champ de prédilection. Il ne nous restait plus qu'à partir, et nous partîmes sans arrière-pensée, avec le sentiment de n'avoir rien négligé pour faire réussir notre mission, et forts de la conviction qu'en allant tout droit chez les ba-Nyaï nous n'avions pas fait fausse route, et qu'en quittant aujourd'hui le royaume de Lobengoula, nous suivions encore le chemin du devoir. — Oui ! mais ces contrées que nous quittions sont d'immenses catacombes qu'une grande tache noire peut seule représenter sur la carte de l'Afrique ; les souvenirs que nous en emportons nous serrent douloureusement le cœur et nous donnent le frisson. Qu'on ne l'oublie pas, là des populations nombreuses vivent dans une terreur incessante, et sont vouées sans merci au pillage et à la destruction. Le monde ignore tant de misères et de malheurs ; des cris étouffés nous poursuivent, *nous,* et celui du Macédonien n'a jamais retenti plus fortement dans nos cœurs : « Passe vers nous et viens nous secourir. » Mais la porte est fermée ! O Seigneur, Seigneur ! jusques à quand ?.....

Le caractère traître et cruel des ma-Tébélé est connu. Mais non, il ne l'est pas. Les atrocités qui font leurs passe-temps et leurs délices défient toute description. Leur soif de rapine et de pillage ne respecte absolument personne. Chez eux, il n'y a ni foi ni loi. Le roi peut faire massacrer ses sujets sans distinction de rang, et il le fait sans remords ; mais il n'a pas le pouvoir de les gouverner. Voilà bien un pays où Satan a son trône !

Vous me demanderez quelle influence l'Évangile a eue jusqu'ici sur cette nation sauvage ? Hélas ! apparemment aucune ! Je l'avoue, c'est le problème le plus embarrassant des missions modernes. Depuis vingt années, MM. Thomas et Sykes travaillent dans le pays ; M. John Moffat d'abord, puis M. Thomson d'Ujiji y ont consacré les prémices de leur ministère. Malgré tous ces efforts et ces sacrifices, pas d'école, pas d'Église, pas un seul converti, *pas un !*..... En vérité, je ne sais ce qui doit le plus étonner le monde chrétien, ou de l'aridité de ce champ missionnaire, ou du courage et de la persévérance de ces nobles serviteurs de Christ qui depuis si longtemps le défrichent et l'ensemencent avec larmes[1] !

---

[1]. Je crois devoir donner ici, comme document très curieux, une lettre que Lobengoula adressa alors à Letsié, et la réponse de celui-ci :

Pays des ma-Tébélé, 2 avril 1878.

A Letsié, chef des ba-Souto, salut !

Je désire te parler de gens qui sont venus ici avec M. Coillard. Ils sont bien arrivés jusqu'ici ; mais ils ne sont pas d'abord venus chez moi. Ils ont fait un détour. Je leur ai demandé : D'où venez-vous ? — Ils m'ont répondu : De chez Molapo. — Que voulez-vous ? — Enseigner l'Évangile aux ma-Chona (ba-Nyai). — Est-ce Molapo qui vous a envoyés ? — Non, ce sont les missionnaires. — Je ne veux pas avoir des gens de Molapo dans mon pays. Je demeure ton ami.

LOBENGOULA, *chef des ma-Tébélé.*
Contre-signé : C. D. HELM, *missionnaire.*

Réponse de Letsié, chef des ba-Souto :

A Lobengoula, chef des ma-Tébélé.

Grand chef, — je te remercie de la lettre que tu m'as écrite, à la date du 2 avril, touchant

A LA RECHERCHE D'UN CHAMP DE MISSION. 45

C'est au commencement d'avril que nous tournâmes décidément les timons de nos voitures vers le sud. Chaque étape nous éloignait du pays où nous avions voulu arborer le drapeau de l'Évangile. Tout était maintenant devenu difficile, nos gens étaient fatigués et découragés, et le voyage était des plus pénibles. Pour ajouter à nos tristesses, la fièvre se déclara parmi nous. Six de nos gens tombèrent malades à la fois. Nos wagons vous auraient rappelé vos ambulances d'Europe. Le nôtre avait deux patients pour qui nous renouvelions à chaque halte la couche de feuillage. C'est ainsi que lentement et péniblement nous arrivâmes à *Tati*. Plusieurs fois j'avais cru que nous serions obligés de creuser une fosse pour l'un de nos malades, mon fidèle Bushman (de nom, mais pas de race). Il vivait pourtant ; mais il était si bas qu'à moins d'un miracle de la bonté de Dieu, il était perdu.

Nous restâmes quelques jours à Tati[1]. Du reste, tout le monde semblait avoir besoin de repos. Un Boer revenait de la chasse, avec son wagon couvert de peaux d'animaux sauvages. J'achetai de lui, à bon compte, la chair de presque toute une girafe. Ce fut une agréable occupation pour notre monde de la faire sécher. Quant à moi, je profitai de ce répit pour explorer un peu ces environs et les mines d'or.

Vous savez tout le bruit qu'ont fait, il y a quelques années, les mines d'or de Tati. Des centaines d'Européens y accoururent pour y tenter fortune, et l'on m'assure qu'un grand nombre de *cottages* garnissaient les pentes des collines et les bords de la rivière.

Je visitai avec grand intérêt les carrières et les puits profonds d'où l'on extrayait le quartz aurifère. Maintenant tout est changé,

---

M. Coillard et les hommes qui l'accompagnent. Je répète que je te remercie d'avoir eu la pensée de m'écrire, car mon père était l'allié de ton père, et nous sommes, toi et moi, alliés aussi.

Quant aux compagnons de voyage de M. Coillard, c'étaient des gens de Moshesh, et maintenant que mon père nous a quittés, ils sont à moi. Bien que l'un d'entre eux puisse être appelé un homme de Molapo, il est, lui aussi, mon sujet, car je suis le chef suprême des ba-Souto. Quant aux autres, ce sont bien réellement mes propres hommes. Lorsqu'ils sont partis d'ici, ils sont venus me le dire et je leur ai donné un bœuf pour provision de voyage. Ce qu'ils ont dit, qu'ils n'avaient pas été envoyés par moi, mais par les missionnaires et les Églises du Lessouto, c'est la vérité. Je te remercie du soin que tu as pris d'eux et de mon missionnaire, M. Coillard. J'avais déjà appris que tu les avais envoyé chercher et que tu leur avais fourni des provisions pendant bien des jours.

Tu sais, grand chef, que mon père aimait les missionnaires, et qu'il a souvent dit à ses amis, les chefs des tribus d'alentour, que l'Évangile l'avait sauvé, lui et son peuple, de la destruction. Ici, au Lessouto, nous avons plusieurs missionnaires ; beaucoup de mes gens sont devenus catéchistes et maîtres d'école, et nous vivons heureux et dans la paix.

Maintenant, grand chef, je désire que tu vives en paix et en honneur. Je te salue, espérant que tu continueras à bien traiter mon missionnaire et mes gens, et que tu leur permettras d'instruire quelques-uns de tes nombreux sujets.

Je demeure, grand chef, ton ami.   LETSIÉ, *chef suprême des ba-Souto.*
                                    Contre-signé : TSÉKÉLO MOSHESH.

[1]. Tati est à mi-chemin entre le 21ᵉ et le 22ᵉ degré de latitude sud, et sous le 25ᵉ degré de longitude est, méridien de Paris.

la population a disparu. Les puits sont abandonnés, l'herbe et les buissons recouvrent les chemins, les maisons blanches ont été balayées, et les quelques magasins qui leur ont survécu sont en ruine ; la machine enfin, renversée par les torrents, à demi détruite par les natifs qui l'ont dépouillée de son cuivre pour s'en faire des ornements, gît là, rongée par la rouille, presque enfouie dans le sable. Un procès de sir J. Swinburne avec la Compagnie dont il était le directeur a causé tout cela. — Des ruines sont toujours tristes. Mais pour le chrétien et pour le missionnaire, il y a quelque chose de tout particulièrement mélancolique dans l'abandon des mines de Tati. Nul ne peut dire ce que les mines de diamants ont fait pour ouvrir le centre de l'Afrique, et nul ne peut dire ce qu'eussent pu faire les mines de Tati, et celles de Wata, à trois cents milles au moins plus au nord, que Lobengoula avait permis à Baines d'exploiter. Quoi qu'il en soit, Dieu dirige tous les événements. Le flot de la civilisation s'avance lentement, mais sûrement, et avec une puissance que redoute Lobengoula, mais qu'il ne peut arrêter. Encore un peu de temps, et ce flot aura roulé ses ondes sur toute l'Afrique centrale et renversé tous les obstacles.

La curiosité nous porta aussi à visiter des ruines qu'on trouve presque partout dans ces parages. Celles-ci couronnent les collines voisines de Tati[1]. Les murs, qui ont quatre pieds d'épaisseur à la base, sont bâtis à sec de pierres grossièrement équarries et réduites à la longueur d'une brique. A l'intérieur et à certaines hauteurs, des rangées de petites pierres sont disposées de façon à former des zigzags, et dénotent un goût qui m'empêche de les attribuer aux indigènes. Dans l'enceinte de ces murs, on voit encore les traces de hauts fourneaux où l'on fondait le fer. Tout le pays environnant et une grande partie du pays des ma-Tébélé est aurifère. On montre encore dans les environs de Tati des mines très anciennes que le temps a plus ou moins comblées. Il paraît même qu'en creusant les puits que j'ai visités, on est tombé sur des galeries de date évidemment très reculée. Tout cela soulève le plus captivant de tous les problèmes de cette mystérieuse Afrique : le problème ethnologique. Quelles sont les origines des grandes familles africaines ?... Plusieurs l'ont abordé, mais personne ne l'a encore résolu d'une manière satisfaisante. Il serait autant présomptueux que prématuré de ma part d'exprimer une opinion. Ce qui me frappe en lisant les voyageurs modernes, c'est

---

1. Maintenant ces ruines ont complètement disparu.

que les ba-Nyaï ou les ma-Khalaka font partie d'une immense famille dont les branches, sous différents noms, s'étendent jusque dans la région des grands lacs. Bien que leur langue présente quelque affinité avec le zoulou, leurs mœurs et leurs coutumes sembleraient plutôt les rapprocher des bé-Chouana, mais sans les assimiler entièrement à eux.

Mais revenons à Tati et reprenons notre voyage. N'apercevant aucun changement dans l'état de mon pauvre garçon et craignant que celui des autres n'empirât, nous décidâmes de nous remettre en route. Nous traversions maintenant un pays sans eau. Donc pas moyen de s'arrêter. Il fallait voyager la nuit comme le jour. Dans ces forêts, par des chemins aux contours brusques, pour éviter de gros arbres, et faute de mains suffisantes pour conduire les voitures, nous eûmes plus d'un accident. C'étaient nos bâches de toile déchirées, des timons cassés, des caisses extérieures broyées, des roues enclavées dans des troncs d'arbres. C'est pourtant un sujet d'étonnement pour nous et de reconnaissance que nous ayons pu nous en tirer si facilement. Nous pensions arriver ici le samedi 27 avril, et pour cela nous avions fait une bonne marche de nuit, mais tout à coup, au milieu de la matinée, sur un beau chemin uni, une des roues de l'un de nos wagons s'affaissa et se brisa complètement. Si cet accident nous fût arrivé quelques jours plus tôt, qu'aurions-nous fait ? Deux des catéchistes durent rester avec la voiture. Nous leur laissâmes nos tonnelets remplis d'eau, notre provision du jour, et nous hâtâmes notre marche vers Mangouato d'où nous pourrions leur envoyer du secours. On ne nous attendait que deux jours plus tard. M. et Mme Hepburn (de la Société de Londres) et le chef Khama nous reçurent avec une cordialité qui nous mit d'emblée sur le pied de vieilles connaissances.

« Vous nous avez joué un tour, disait notre frère Hepburn, savez-vous que le chef et moi avions fait le plan d'aller ensemble avec ses gens à votre rencontre ! — Oh ! répliqua plaisamment ma femme, nos wagons avec leurs toiles en guenilles eussent fait trop laide figure pour une telle démonstration, et nous-mêmes, où nous serions-nous cachés ! » Moi aussi je me demandais si une telle ovation ne nous eût pas grisés. Le Seigneur fait bien toutes choses. Le lundi, une roue fut envoyée aux amis que nous avions laissés dans les champs, et, le soir, nous étions de nouveau tous réunis.

La tribu des ba-Mangouato est gouvernée par un homme jeune encore, du nom de Khama (la gazelle). Par suite des guerres civiles qui ont souvent désolé ce pays, la population de Chochong, qui pouvait s'élever à 30,000 âmes, n'en compte plus aujourd'hui, m'assure-t-on, que de 15,000 à 20,000. Ce qu'il y a de remarquable, c'est qu'on y voit fort peu de vieillards. Ceux que la guerre et les épidémies ont épargnés ont émigré avec de vieux chefs rivaux, Sékomi et Macheng[1]. Mais la jeunesse est toute dévouée à son chef, et ce n'est pas étonnant, car elle a trouvé en lui un protecteur et un père. L'an passé, régnait une terrible famine, des gens mouraient de faim ; on organisa des souscriptions. Khama, outre sa quote-part — ainsi l'assurent les marchands eux-mêmes, bien renseignés en cette matière — distribua en plumes d'autruches et en ivoire une valeur d'environ 3,000 livres sterling. Cette année, il y a abondance ; selon la coutume, chacun apporte à son chef une corbeille de blé, les prémices de la moisson. Dans une assemblée de la tribu, je fus touché d'entendre Khama remercier ses sujets et diriger leurs pensées vers Dieu. « Mes amis, leur disait-il, ce blé n'est pas le blé de Khama, ce n'est pas le blé du missionnaire non plus ; non, c'est le blé de Jésus, de ce Roi des rois qui, cette année, nous a donné des pluies et une saison fertile. » Ce blé, vendu à l'enchère sous ses yeux, à 44 fr. le sac, a produit une somme de plus de 2,000 fr., qui a été consacrée tout entière à l'érection d'un temple. Et notez que, quelque temps auparavant, Khama a donné de sa poche de 600 à 700 fr. Un chrétien qui sait donner est un chrétien qui sait et qui sent combien il a reçu.

La population européenne, plus ou moins flottante, de l'endroit compte une trentaine d'habitants à résidence fixe. Eux aussi respectent le pouvoir de Khama. Dès son avènement, il promulgua une loi contre le débit des boissons spiritueuses. Certains marchands prétextèrent leur consommation personnelle, firent fi de la loi et se livrèrent à toutes sortes d'abus. Le chef se donna la peine de les avertir lui-même, tant en particulier qu'en public. Un beau jour, après un excès, à bout de patience, il manda tous les Européens auprès de lui, et, dans un discours plein d'une noble fermeté qu'aucun n'oubliera, leur rappela ses lois, tança vertement leurs orgies, puis condamna les ivrognes les plus notoires et les plus récalcitrants à quitter son pays dans les vingt-quatre heures, d'autres à payer de fortes amendes, et enfin défendit à tous, sous peine d'expulsion, l'introduction de liqueurs alcooliques, même pour leur consommation personnelle. « Je dé-

---

1. Le père de l'oncle de Khama.

sire vivre en bons termes avec vous, dit-il, mais je suis maître chez moi, et si vous ne pouvez vous conduire en hommes et respecter mes lois, il vous faut partir. »

Voilà donc une communauté entière transformée comme par magie, et pour ainsi dire malgré elle, en une société d'abstinence totale. Personne n'en est fâché ; tout le monde s'en trouve bien. Du reste, Khama est juste, aimable, obligeant avec tous.

Mangouato est l'entrepôt du commerce qui se fait au pays des ma-Tébélé, au Zambèze et au lac Ngami. Les marchands ont calculé qu'il est passé entre leurs mains plus de 75,000 kilogr. d'ivoire, soit les défenses de plus de 12,000 éléphants. A ce taux, on peut, sans être prophète, prédire la destruction prochaine de ces animaux. On comprend que, dans une communauté où de si grands intérêts sont en cause, il y ait quelquefois des complications commerciales plus ou moins graves. Lorsque cela arrive, tous les Européens, sous la présidence du missionnaire, se constituent en cour d'équité, et leurs décisions, avec la sanction du chef, ont force de loi.

M. et Mme Hepburn, Écossais au cœur chaud, ont succédé à M. et Mme Mackenzie, appelés à la direction de l'institution Moffat, à Kourouman. Nos amis ont été bénis dans leur œuvre. Il y a six mois, ils revenaient du lac Ngami où ils étaient allés fonder une nouvelle mission, comme la nôtre, et installer deux évangélistes chez Morèmi, le fils de Letsoulathèbé. Pendant leur absence, c'est Khama surtout qui a évangélisé ses gens. L'Esprit du Seigneur a soufflé sur les os desséchés et ils commencent à se remuer. Rien de plus beau que de voir, le dimanche, ces foules compactes d'hommes et de femmes venir aux services, tous habillés et un grand nombre fort bien. Quand verra-t-on chose pareille chez les ma-Tébélé ?

M. Hepburn et le chef Khama voulurent avoir sur semaine une réunion missionnaire, toute spéciale, où nous donnerions des détails sur notre expédition. On était au milieu de la moisson : cependant, au jour fixé, dès les huit heures du matin, s'était réunie en plein air une assemblée qu'on a évaluée à 5,000 personnes.

Je laissai la parole à nos évangélistes, qui parlèrent tous d'une manière intéressante, chacun selon la tournure de son esprit. L'assemblée était suspendue à leurs lèvres. Je ne parlai que pour faire l'histoire de notre expédition, et pour donner une idée d'ensemble en comblant les lacunes. M. Hepburn nous adressa de bonnes paroles de bienvenue et d'encouragement. Mais j'aurais voulu que vous entendissiez Khama, dans un discours calme, mais plein de force, plaider la cause de la vérité auprès des païens, et celle du devoir missionnaire auprès des chrétiens. C'est une chose étrange que, tandis que de tous les dialectes du séchouana qui nous sont connus, celui des ba-Tlaping est celui qui s'éloigne le plus du sessouto, le sémangouato est celui qui s'en rapproche le plus. C'est presque du sessouto. On m'assure que tout le monde me comprend très bien, quoique je sois un étranger. Je vous laisse à penser si nos gens sont heureux; ils se sentent chez eux, *at home*.

Après avoir joui pendant huit à dix jours de l'hospitalité de nos dévoués amis Hepburn, nous nous sommes installés dans la maison de M. Mackenzie, et nos gens dans les chambres qu'occupaient autrefois ses élèves. Nos évangélistes soupiraient après un peu de vie de famille. La vie publique et commune que nous avons menée pendant treize mois leur était devenue aussi pénible qu'à nous. A Mangouato, ils voulaient, coûte que coûte, se faire illusion et se croire au Lessouto. Par raison d'économie, j'aurais voulu continuer à n'avoir qu'un seul feu et un pot commun; mais, à part un seul, ils ne comprirent ou ne voulurent pas comprendre mes raisons, et j'ai dû céder. A vrai dire, je puis à peine leur en vouloir.

C'est chez les ma-Tébélé que nous avions appris indirectement la mort de M. Arbousset. Voilà donc un géant de plus de tombé, ou plutôt un guerrier entré dans la gloire pour y recevoir la couronne de vie. L'Afrique a eu peu de missionnaires de cette trempe. Ce qui m'a extrêmement frappé chez M. Arbousset, c'est le courage et le tact avec lequel il savait saisir chaque occasion de jeter un grain de la bonne semence. Il y avait chez lui une fraîcheur étonnante, qui le rendait toujours égal à lui-même, soit qu'il parlât à un chef influent, soit qu'il s'adressât à des enfants. Comme homme, son caractère original est bien connu et on se racontera longtemps une foule d'histoires qui le mettent en relief.

Les lettres du Comité nous ont fait du bien en nous assurant de la sympathie et des prières des amis de la mission. Un sujet de tristesse pour nous a été ce que vous nous dites du déficit qui pèse encore sur la Société. Un déficit de 60,000 fr., dites-vous! J'en infère donc qu'il faut absolument viser à l'économie. Du Lessouto aussi, on nous dit qu'il y a famine; nouvelle leçon d'économie. Cela m'a valu des nuits d'insomnie. Hélas! nous sommes mal tombés pour l'économie. D'abord, nos gens sont fatigués, et je ne sais comment restreindre les dépenses. Il y a un an, la chose eût été plus facile. Et puis les denrées ici sont à des prix fabuleux. Ainsi la farine non tamisée, et souvent avariée ou falsifiée, se vend 143 fr. 75 c. le sac ; le café, 3 fr. 10 c. la livre ; le sucre, 1 fr. 85 c. la livre ; les pommes de terre, les oignons, 87 fr. 50 c. le sac ; le sorgho, 62 fr. 50 c. ; une vache ordinaire représente la valeur de 250 fr. Et tout le reste en proportion. Les légumes sont un luxe dont nous pouvons nous dispenser ; mais on ne peut pas vivre sans pain. Nos voitures aussi, quoi que nous fassions, où que nous allions, doivent nécessairement être réparées. Tout cela, je le répète, me donne le cauchemar ; je me trouve entre l'enclume et le marteau. Je demande à Dieu sagesse et fidélité, afin que d'un côté notre caravane n'ait pas lieu de murmurer, et que de l'autre nous ne soyons pas une charge trop lourde pour les Églises.

8 juin 1878.

Depuis que j'ai commencé cette lettre, j'ai dû, moi aussi, payer mon tribut à la fièvre du pays. Je me sens bien secoué et bien faible. Il faut pourtant que je vous dise quelque chose de nos plans. Il vous souvient que nous n'avions que deux alternatives devant nous : aller chez Mozila, ou au Zambèze. C'est une question que nous avons pesée devant Dieu, et nous avons toujours attendu (jusqu'à ce moment en vain) quelque lumière du Lessouto. Après mûres réflexions, nous renonçâmes à aller chez Mozila, d'abord à cause du prétexte dont Lobengoula s'est servi pour expulser ignominieusement nos ba-Souto de son pays, ensuite à cause de l'ignorance où nous sommes de la nature des rapports politiques de Lobengoula avec Mozila ; enfin et surtout à cause de l'antipathie invétérée qui existe entre les ma-Tébélé et les ba-Souto. Cette antipathie, je savais qu'elle existait, mais je n'avais aucune idée qu'elle fût si profonde.

Nos regards se sont donc naturellement portés vers le Zambèze, et nos amis de Mangouato, Khama et M. Hepburn, nous pressent d'aller dans cette direction. Si les ma-Kololo n'existent plus comme tribu, leur influence, dit-on, a laissé ses empreintes[1]. Les ba-Rotsi, qui ont maintenant pris l'ascendant, ont adopté les manières de leurs anciens maîtres et parlent leur langue, c'est-à-dire le *sessouto*. Ce sont là des avantages qu'il serait difficile d'exagérer. Je n'ignore pas que la parenté des ba-Souto avec les ma-

---

1. Les ma-Kololo sont des natifs du Lessouto, dans les environs de Léribé, qui émigrèrent vers le nord quelque temps avant l'arrivée de nos missionnaires.

Kololo risque de prévenir les ba-Rotsi contre nos évangélistes. Mais les ba-Rotsi ont vu Livingstone et ont entendu parler des missionnaires ; si donc un missionnaire européen pouvait gagner leur confiance, la position de nos catéchistes indigènes s'établirait sans peine. Le voyage serait très long, mais pas plus que pour aller d'ici chez les ba-Nyaï, et peut-être moins.

La grande, grande objection que j'attends de votre part, c'est que tous ce pays-là est un pays de fièvre. Oui, en effet, c'est là un sérieux obstacle pour une société comme la nôtre, pauvre en ressources et pauvre en hommes. Le pays des ba-Nyaï est tout aussi malsain, et si la porte nous eût été ouverte nous n'aurions cependant pas hésité à y entrer. Nous y aurions cherché les sites les plus recommandables. Du reste, vous ne l'ignorez pas, la fièvre règne partout depuis le nord du Transvaal jusqu'au cœur de l'Afrique. C'est une question du plus au moins. Pendant longtemps le pays des ba-Mangouato a été si bien regardé comme un nid de fièvres, que les marchands n'osaient pas y passer plus d'une saison. Maintenant il y en a de vingt à trente en résidence permanente. Le lac Ngami dépasse tout ce qu'on peut dire en fait d'insalubrité, et le désert affreux qu'il faut traverser pour s'y rendre est devenu tristement célèbre par les souffrances des Helmore en 1859, et cependant voilà une mission comme la nôtre qui s'y fonde sous la direction des missionnaires de la Société de Londres. Mais pardonnez ce plaidoyer, il est prématuré. *Notre but maintenant n'est pas d'aller fonder une mission, mais simplement d'explorer.* Nous partons en éclaireurs, et si Dieu nous ramène en santé, nous vous dirons ce que nous avons vu, et ce sera à vous de décider ce que nous pourrons faire.

Nous pensons partir dans quelques jours avec Asser, Azaël et Éléazar, mon conducteur. Nous laissons toutes les familles ici avec Aaron et André sous les soins de nos amis Hepburn. Le chef Khama nous prête son concours ; il nous a procuré deux guides, et a envoyé des messagers au chef des ba-Rotsi pour lui annoncer notre arrivée et nous recommander à ses soins.

C'est un moment bien solennel pour nous, chers amis ; nous ne pouvons, en nous regardant les uns les autres, nous empêcher de nous demander : « Qui de nous reviendra ? » Nous entrevoyons des difficultés et des épreuves qui nous font trembler. Mais la sympathie et les prières des Églises, le sentiment du devoir, et surtout l'approbation de notre divin Maître nous soutiendront comme par le passé.

VIII

A travers le désert. — Léchoma. — Les cataractes Victoria. — Bel accueil. — Coup d'œil sur l'histoire des ba-Rotsi. — A Séchéké. — Les traces de Livingstone.

Séchéké, sur le Zambèze, 30 août 1878.

La date de ma lettre, j'en suis sûr, ne manquera pas de vous causer de la joie. Nous sommes donc au Zambèze, grâce à notre bon Père céleste qui nous a conduits et protégés, comme jadis son peuple d'Israël. Je dirai peu de chose de notre voyage de Mangouato à travers le plus triste des déserts. Dès le début, par la faute d'un guide qui prétendait connaître le chemin, nous fîmes fausse route et nous voyageâmes trois jours sans eau. Heureusement que nous avions alors la compagnie de Lipoukoé, un des évangélistes que la Mission des bé-Chouana envoie au lac Ngami chez Morèmi, le fils de Letsoula-thébé. Cet excellent homme, plein d'énergie, avait des chevaux, et, grâce à son secours, nous pûmes, en rebroussant chemin, aller passer le dimanche auprès d'une mare. Toute bourbeuse et repoussante qu'elle fût, cette eau sauva la vie à nos bêtes. Quelques jours plus tard, nous nous séparâmes de notre ami Lipoukoé, après nous être mutuellement recommandés à la garde de Dieu. Nos pensées suivirent longtemps le wagon de ce mo-Tlaping si remarquable à tous égards. Il faisait tout seul avec sa famille un voyage qui a été fatal à plus d'un blanc. L'endroit où il va courageusement porter l'Évangile est le plus fiévreux de toute la contrée. Nous ne pouvions nous lasser d'admirer l'entrain, la gaieté de Lipoukoé et de son excellente femme. Que Dieu les bénisse et fasse prospérer leur œuvre et celle de leur collègue Koukoé qui les a déjà devancés au lac Ngami!

Les seuls êtres humains que nous rencontrâmes ensuite furent des ma-Saroa, les *bushmen* de ces pays, misérables créatures, qui ne vivent que de racines, de baies sauvages et du produit de leur chasse. Leur est-il arrivé de tuer un éléphant, un buffle, une girafe ou quelque autre pièce de gibier, toute la communauté émigre et établit ses quartiers auprès de l'animal abattu, jusqu'à ce qu'un nouveau succès les induise à transporter leurs pénates ailleurs. Les traces de nos wagons les amenèrent à nous. Ils nous avaient pris pour des chasseurs et rêvaient bonne chère. Frustrés de leur attente, ils se vengèrent en nous faisant prendre une direction qui nous eût conduits à Mababé. Cela nous fit perdre plusieurs jours, et ce ne fut pas sans peine que nous rentrâmes dans le bon chemin. La monotonie du pays et nos préoccupations rendirent cette partie du voyage ennuyeuse et fatigante.

C'est vers la fin de juillet que nos voitures s'arrêtèrent à Léchoma, l'endroit le plus rapproché du Zambèze à nous connu, d'où nous pouvions encore la même nuit renvoyer nos bœufs au delà de la bande de forêt infestée de la tsetsé. A l'ouïe de notre arrivée, le messager de Khama vint vers nous avec la décourageante nouvelle qu'il ne lui avait pas été permis de pénétrer dans le pays des ba-Rotsi, à cause de troubles politiques qui le désolaient. Je le renvoyai avec un présent pour le nouveau roi, demandant aux chefs subalternes de le transmettre sans retard. A supposer qu'ils le fissent, il devait s'écouler six semaines au moins avant que la réponse pût me parvenir. Nous résolûmes de tirer le meilleur parti possible de ce regrettable délai en allant faire une excursion aux cataractes Victoria : — ma compagne sur une litière de ma confection, portée sur les épaules de quatre robustes indigènes, ma nièce à âne, nous autres à pied avec une douzaine de porteurs chargés d'une petite tente, de nos vêtements, de nos provisions ; tous à la file, bivouaquant tous les soirs dans un bercail de branches d'arbres, et entourés de grands feux pour éloigner les bêtes sauvages ; partant chaque matin avant le lever du soleil, quitte à nous reposer au milieu du jour pour préparer notre repas. C'est ainsi que nous fîmes ce trajet, pique-nique difficile et fatigant, mais que nous ne regrettons pas. Nos porteurs et les visiteurs qui ne manquaient pas, appartenaient à différentes tribus vassales des ba-Rotsi, et venaient de différents quartiers. Nous avions des ma-Soubiya, des ma-Totéla, des ba-Toka, des ma-Chapatané, etc., et tous, le croiriez-vous, comprenaient et parlaient notre langue, je veux dire le sessouto. Tous les matins, nous avions la prière avec eux, et tous les soirs, nous leur enseignions un passage de l'Écriture et le beau cantique de notre frère Duvoisin : « *A ré binéleng Yésou* (Louons Jésus). »

C'est une douce pensée qu'on le chante maintenant sans doute

LEVER DE SOLEIL DANS LE DÉSERT

dans plus d'un hameau où le nom de Jésus n'avait jamais été connu.

C'est le 1er août que, pour la première fois, nous contemplâmes le cours majestueux du Zambèze, avec ses rives et ses îlots couverts de forêts que dominent de place en place les baobabs et les palmiers. Nous le suivîmes jusqu'aux cataractes, pendant six jours de marches modérées. La beauté des points de vue, la magnificence et la grandeur du panorama que chaque contour et chaque hauteur renouvelait et déroulait à nos yeux, nous rendaient muets d'admiration. Les cataractes elles-mêmes sont formées par une fissure qui s'étend d'une rive à l'autre du fleuve, un kilomètre à peu près. Dans ce gouffre le Zambèze, calme et tranquille comme un lac, précipite tout à coup ses ondes, bondissant, se brisant sur d'énormes rochers, mugissant, bouillonnant et renvoyant dans les airs des nuages de vapeur, qui ont valu aux cataractes le nom sessouto de « *Mousi oa thounya* » (la fumée tonnante ou foudroyante). De ces sombres abîmes, où l'œil peut à peine distinguer l'écume verdâtre de ses flots, il s'échappe, comprimé par une autre fissure tout aussi profonde, qui lui livre près de sa rive gauche un étroit passage, et il s'éloigne avec de sourds murmures en formant de nombreux zigzags. On peut à peine plonger le regard dans ces profondeurs et suivre un instant le cours tortueux et resserré de ce fleuve sans en avoir le vertige. La première impression que l'on reçoit à la vue de ce phénomène de la nature est une impression de terreur. Les natifs y croient à la présence d'une divinité malfaisante et cruelle. Aussi lui font-ils des offrandes pour se concilier sa faveur ; qui, d'un collier de perles, qui, d'un bracelet ou d'un objet quelconque qu'il lance dans l'abîme en se livrant à des incantations lugubres en parfaite harmonie avec leur effroi.

Le bruit s'était répandu que le missionnaire annoncé par Khama était arrivé et se trouvait dans ces parages. A peine nous avait-on aperçus, ou avait-on entendu nos coups de fusil, que des canots traversaient le fleuve et nous apportaient de petits présents et de grandes salutations de la part des chefs, et des denrées, que leurs gens nous vendaient au prix de famine. Ce n'est pas leur faute, c'est l'éducation que leur ont faite certains marchands et les voyageurs qui ont visité les cataractes. Nos rapports avec les chefs baRotsi furent des plus agréables. Quelques-uns mirent leurs canots à notre disposition, et avec tant d'instances, que nous n'aurions pu refuser sans leur faire de la peine. Mais il fallait du courage et de bons nerfs pour qu'une dame pût se confier non seulement à ces sauvages étrangers (surtout après nos expériences de Masonda qui étaient présentes à notre souvenir), mais aussi à ce tronc d'arbre grossièrement creusé, à peine assez large pour s'y accroupir et que chaque coup de rame faisait vaciller d'une manière peu rassurante. Mais nos bateliers gagnèrent bien vite notre confiance. Non seulement nous fîmes agréablement une bonne étape dans un de leurs *mékoros*, mais à notre retour, à la requête de plusieurs petits chefs, nous traversâmes le fleuve et visitâmes une grande et belle île, où se trouvent plusieurs villages habités par des gens qui ont temporairement cherché là un refuge à cause des troubles politiques. On nous y reçut avec des démonstrations de joie et force claquements de mains accompagnés de la salutation du pays : « *Changoué, changoué, changoué !* » ce qui répond à la signification primitive de Monsieur. Figurez-vous ce que nous devions éprouver là, dans ces îlots du Zambèze, entourés d'une foule comprenant et parlant le sessouto. C'est avec des cœurs émus que nous leur parlions de l'amour de Dieu, et que nous leur chantions les louanges de Jésus. On était tout yeux, tout oreilles, et quand nous avions fini, notre congrégation primitive, bouche béante encore, exprimait son plaisir par de nouveaux claquements de mains et de nouveaux « *Changoué* ». Puis on nous suivait, on nous devançait bruyamment au village voisin, et si l'on trouvait que nous gardions trop longtemps le silence, on nous disait : « N'allez-vous donc pas nous chanter Jésus ? » Nous quittâmes l'île avec toutes sortes de petits présents, escortés d'une petite flottille de canots. Nous étions au milieu de la rivière que les claquements de mains et les *changoué* de la foule rassemblée sur le rivage parvenaient encore à nos oreilles.

Ce fut là un des plus beaux jours de notre voyage. Vous aurez compris, d'après ce que j'ai dit, que toute la population est au delà du fleuve. Les ma-Tébélé ont exterminé ou chassé toutes les petites tribus qui vivaient de ce côté-ci et ont réduit le pays en un affreux désert.

De retour à nos wagons, que nous avions laissés sous la garde d'un indigène, comme le font tous les chasseurs, marchands et voyageurs, ce qui dit des volumes sur l'honnêteté de ces sauvages enfants d'Afrique, nous entendîmes toutes sortes de rapports contradictoires sur les troubles du pays. Il y a à peu près dix-huit mois que les ba-Rotsi, poussés à bout par la tyrannie et la cruauté de leur roi Sépopa, l'expulsèrent et l'envoyèrent mourir de ses blessures et de faim, abandonné sur les bords du Zambèze.

Ngouana-Ouina[1], son neveu, s'empara du pouvoir et en abusa à tel point qu'au bout de huit ou de dix mois, une nouvelle révolte le força de s'enfuir. Le fils de Sépopa fut alors nommé chef à la satisfaction générale, et Ngouana-Ouina a vainement essayé de soulever des tribus vassales pour rentrer dans sa capitale et reprendre le pouvoir. C'est là l'origine des troubles dont je parle et dont nous n'entendions que des rapports peu croyables. Après avoir établi notre campement sur un des coteaux sablonneux et boisés de Léchoma, le point le plus élevé que je pus trouver, je me décidai à partir sans délai pour Mparira. Éléazar et Asser m'accompagnaient. Ce moment de séparation, nous le redoutions depuis longtemps et non sans raison. Je dis donc adieu à ma chère femme, que je laissai toute seule avec ma nièce et Azaël, sous la garde du Seigneur. Je ne savais pas si, dans les circonstances actuelles, on me permettrait de traverser la rivière, mais j'étais bien déterminé à ne pas retourner en arrière, pour peu que la porte me fût ouverte.

Mparira est une île sablonneuse et aride au confluent du Chobé et du Zambèze. Trois chefs ba-Rotsi, de pouvoirs subordonnés les uns aux autres, y sont établis, gouvernant la tribu vassale des ba-Soubiya, et gardent le principal gué du fleuve, l'entrée du pays. Personne ne peut traverser sans une autorisation spéciale. Pour moi, je n'eus aucune difficulté! Ma qualité de missionnaire, que Livingstone a si bien fait honorer, me servait de passeport. Le chef Mokoumba, homme d'une rare intelligence, me reçut avec beaucoup d'égards. Toutefois, avant de consentir à me faire passer à Séchéké, dont le chef m'avait envoyé une pressante invitation, il fallut qu'il envoyât un message spécial et obtînt une permission en règle. Il faut dire que Séchéké était le théâtre de troubles politiques, et qu'étant l'entrée même de la vallée des ba-Rotsi, l'approche en était interdite aux étrangers. Toutes les formalités étant enfin remplies, ce qui prit une semaine, étant assuré des bonnes dispositions du chef de Séchéké, Mokoumba lui-même nous y conduisit. Le trajet se fait ordinairement en un jour et demi en canot. Nous prîmes plus de temps et passâmes un délicieux dimanche sur un îlot du Zambèze. Là, le fleuve coule à travers un pays plat et dénudé; on n'aperçoit les bois que dans le lointain; les zèbres, les antilopes de toute espèce y foisonnent. C'est à tel point qu'à distance et au lever du soleil surtout, on les prendrait facilement pour une immense forêt.

---

1. Le fils de Litia, frère de Sépopa.

En approchant de Séchéké, plusieurs coups de fusil annoncèrent notre arrivée et amenèrent sur la berge une foule de curieux. Mokoumba était fier de ses canots qui fendaient l'eau comme des poissons. Chacun avait pour rameurs cinq ou six vigoureux jeunes gens debout, un seul à la poupe et les autres à la proue, absolument comme le représentent les vieilles peintures égyptiennes. Séchéké est, par sa position, un des postes les plus importants du pays des ba-Rotsi. C'est la résidence de douze petits chefs, dont le principal, Morantsiane, a toutes les attributions et tous les pouvoirs d'un vice-roi. Un de ces dignitaires vint nous recevoir et nous conduire au *lekhothla*[1] où, avec la plus grande solennité, on vint nous souhaiter la bienvenue. Les discours de part et d'autre, et l'étude minutieuse à laquelle ma pauvre personne était soumise, me parurent bien longs, d'autant plus que j'étais fatigué et que je me trouvais assis sur un tambour qui s'obstinait à rouler sous moi. Pendant tout ce temps, et en notre honneur sans doute, des jeunes gens exécutaient, aux sons des tambours, des danses bruyantes et grotesques. A la fin, Morantsiane mit une hutte à ma disposition, où il ordonna qu'on « préparât mon lit ». — A peine m'étais-je retiré que tous les chefs, ceux même qui arrivaient de Naliélé[2] avec l'ivoire de leur souverain qu'ils allaient vendre à Mparira, vinrent l'un après l'autre me faire visite. La glace était maintenant brisée, et nous nous sentions à l'aise comme de vieilles connaissances. Il faut dire que ce n'était pas difficile, car ces ba-Rotsi sont de vrais ba-Souto. Tous leurs chefs ont été les serviteurs ou les esclaves de Sébétouane et de Sékélétou. C'est chez ces potentats ma-Kololo, dont ils ne parlent qu'avec affection et avec le plus grand respect, qu'ils ont fait leur éducation et formé leur idéal de la dignité, des manières et du pouvoir d'un souverain. La tribu guerrière des ba-Rotsi, une fois soumise, était devenue la plus dévouée aux intérêts des ma-Kololo, et si Mpololo, le cousin et le successeur de Sékélétou et l'héritier de son pouvoir, ne s'était pas montré si capricieusement cruel, ils n'eussent jamais eu la pensée de se révolter. Mais quand ils eurent résolu de s'affranchir, ils ne reculèrent devant aucune atrocité. J'avais craint qu'on ne regardât avec soupçon nos évangélistes ba-Souto ; mais non, au contraire. Les ba-Rotsi n'ont plus rien à craindre des ma-Kololo, dont ils ont exterminé toute la population mâle. En nous entendant raconter notre voyage, ils se conten-

---

1. Grande enceinte où se traitent les affaires.
2. Naliélé est la capitale des ba-Rotsi.

tèrent de remarquer : « Vous êtes de vrais ma-Kololo ; aucune distance ne les effrayait. » On entoure nos gens et moi-même des plus grands égards. On nous apporte les présents d'usage de nourriture avec toute la délicatesse des ba-Souto. « Cette cruche de bière n'est qu'un peu d'eau pour mouiller vos lèvres ; cette corbeille de farine n'est qu'une miette de pain pour tromper la faim. » L'influence des ma-Kololo sur les tribus qu'ils avaient soumises a été extraordinaire ; il serait intéressant de la comparer à celle de Mossélékatsi et de ses ma-Tébélé. Et maintenant encore, en entendant tout le monde autour de nous parler le *sessouto*, en retrouvant ici les mêmes mœurs, les mêmes manières, les mêmes vêtements, la même sociabilité, le même code de politesse officielle, de grands troupeaux de bétail, et abondance de lait, il faut vraiment un certain effort d'esprit pour se croire au Zambèze et non dans quelque quartier reculé et encore païen du Lessouto.
— Si la porte de ce pays s'ouvre, et que les Églises du Lessouto y entrent courageusement, elles auront lieu d'admirer les voies de la Providence, qui s'est servie de Sébétouane et de ses bandes de ba-Souto pour préparer ces nombreuses tribus à être évangélisées par les ba-Souto chrétiens d'aujourd'hui. Pourrions-nous passer légèrement sur ce fait que, depuis six jours de marche plus bas que les cataractes jusqu'à l'extrémité nord-ouest du pays des ba-Rotsi et jusqu'au lac Ngami, le sessouto est compris et parlé et est le moyen de communication entre ces diverses tribus dont chacune a cependant son dialecte particulier ? Ce qu'il y a aussi de très remarquable, c'est que les ba-Rotsi et toutes leurs tribus vassales *appartiennent à la grande famille des ma-Khalaka ;* leurs dialectes en font foi. Ce ne serait donc pas sans raison que le Seigneur nous a enlevés du milieu des ma-Khalaka de Nyanikoé, pour nous conduire au pays des ba-Rotsi, chez des ma-Khalaka qui sont à demi ba-Souto. C'est encore la Mission du bo-Nyaï sous un autre nom.

J'ai retrouvé partout ici les traces et le souvenir de Livingstone. Un tel l'avait conduit en canot et était là quand il mettait en terre ses graines d'arbres dans l'île au-dessus de *Mousi oa thounya ;* tel autre était son cuisinier ; celui-là son factotum. Les uns avaient fait avec lui le périlleux voyage de Loanda, les autres l'avaient accompagné du côté de Zanzibar. — On admire en Europe le voyageur intrépide ; il faut venir ici, où il a vécu, pour connaître et admirer *l'homme.* Si des voyageurs ont gravé leurs noms sur les rochers et sur l'écorce des arbres, lui a gravé le sien dans le cœur même des populations païennes de l'intérieur de l'Afrique.

Partout où Livinsgtone a passé, le nom de *Morouti,* missionnaire, est un passeport et une recommandation. L'avouerai-je? Je n'ai pas été peu humilié de me voir coiffé du bonnet de docteur par ces messieurs de Séchéké. Que je le veuille ou non, je suis *Ngaka,* docteur, le successeur de Livingstone. C'est ainsi qu'on chausse au premier missionnaire venu les bottes de ce géant.

IX

A Séchéké. — Déception. — Travaux d'évangélisation. — La prière et le chant. — Retour à Léchoma. — Mort de Khosana. — Encore à Séchéké. — Un message du roi. — Maladie et mort d'Éléazar Marathane. — Un jalon glorieux.

Léchoma, 20 septembre 1878.

Un grand désappointement m'attendait à Séchéké. Dans l'entrevue officielle qui eut lieu, le lendemain de mon arrivée, pour traiter d'affaires, je découvris que le message du chef Khama, en passant par différentes bouches, avait été si dénaturé, qu'il se réduisait à des salutations purement politiques, et qu'il n'y avait pas même été fait mention de notre expédition. Le chef suprême des ba-Rotsi ignorait complètement mon arrivée. Le présent que je lui avais envoyé n'avait jamais été expédié. On alléguait pour cela une foule de raisons qu'il ne m'était pas possible d'apprécier. Après six semaines d'attente, tout était donc à refaire : envoyer de nouveaux messagers au roi, annoncer mon arrivée, demander une entrevue, et lui transmettre mon présent de salutation. En vain plaidai-je pour qu'on me permît de suivre le messager à quelques jours de distance ; cela eût pu coûter la vie à quelques-uns des chefs, puisque c'est contre la loi des ba-Rotsi. Il fallut donc y renoncer, et, après tout, accepter de bonne grâce les excuses et les protestations de bienveillance de mes hôtes. Ils dépêchèrent immédiatement un messager dont le retour est attendu à la fin du mois.

Pendant notre séjour à Séchéké, nous nous occupâmes naturellement de l'évangélisation. Tous les jours, nous avions de nombreuses congrégations d'*hommes* surtout, car les femmes se tenaient à distance ou se cachaient dans les cours voisines. Vous seriez étonnés de la difficulté qu'on éprouve à enseigner les rudiments de l'Évangile à des païens chez lesquels tout est encore à commencer. On comprenait parfaitement notre langage, mais ce que nous disions de Dieu, de sa grandeur, de son amour, les laissait tout ébahis. La prière leur paraissait un grand mystère et une épreuve redoutable. « *Youale* », se disaient-ils les uns aux autres en s'agenouillant, « *hoa chouoa!* » Maintenant on va mourir! — Quand on me demandait l'heure de la prière, on disait : « *Ré thla choua néneng ?* » Quand allons-nous mourir ? — Si l'on comptait les jours de notre arrivée, on disait : « Nous sommes morts tant de fois ! » Cette malheureuse expression vient des ma-Kololo, dont certains chefs, hostiles aux missionnaires, ne pouvaient se décider à se prosterner et à fermer les yeux silencieusement pendant que le *lékhoa,* le blanc, lui, restait debout et parlait tout seul. Ils craignaient ses maléfices. Pour dissiper tout soupçon, je m'agenouillais tout d'abord avec les évangélistes, et puis nous leur faisions répéter tous ensemble l'Oraison dominicale. Quant au chant, il excitait au plus haut point leur curiosité. Livingstone, paraît-il, ne chantait pas. Tout simples qu'il nous paraissent, nos cantiques en sessouto étaient au-dessus de la portée de ces pauvres gens. J'en composai donc deux ou trois, très courts. Le premier, que nous chantons sur l'air du Ps. C, devint si populaire, qu'on en répéta bientôt les paroles par tout le village. Les chants indigènes se composent de récitatifs et de chœurs d'une seule syllabe : Hé ! hè ! ha ! ha ! à volonté. Aussi la grande difficulté était d'amener ces gens à chanter les *paroles*. Ils croyaient qu'il suffisait que nous les chantassions et qu'ils répétassent en chœur un monosyllabe quelconque en harmonie avec la terminaison de chaque ligne.

Morantsiane et ses conseillers, craignant que je ne me décourageasse de leurs délais, me pressaient d'attendre à Séchéké le retour de leur messager. La tentation était grande à cause de l'œuvre que nous avions commencée. Après mûres réflexions, je conclus que le devoir me rappelait vers ceux que j'avais laissés à Léchoma. On me fournit des canots et je me remis en route. Mon principal but, en retournant, était de faire les arrangements nécessaires pour conduire ma femme à Séchéké, que je crois plus salubre, et où elle pourrait plus facilement attendre mon retour de Naliélé, en se livrant à l'œuvre. Les coteaux de sable et les bois de Léchoma sont une triste solitude qui nous a révélé dernièrement des dangers dont nous ne nous doutions pas. Elle est infestée de lions. Nous ignorions cela. Cependant, par prudence, nous fortifiâmes notre campement d'une forte palissade. Cela n'empêcha pas les lions d'y pénétrer et de déchirer jusqu'au dernier de nos chiens de garde à la porte même de notre tente.

En retournant à Léchoma, je tombai malade, et j'eus beaucoup de peine à faire les six ou sept lieues qui séparent cet endroit du Chobé. Je n'arrivai que pour m'aliter, et, pendant quelques jours, on crut ma vie en danger. Grâce au Seigneur et aux soins éclairés de ma chère compagne, la crise fut favorable et une fois de plus je fus rendu à la vie. Je suis maintenant en pleine convalescence. En même temps que moi, un de nos jeunes gens, Khosana, tomba aussi malade. Les mêmes soins lui furent prodigués, tant par ma femme que par nos hommes. On crut qu'un mieux s'était déclaré; c'était un mieux trompeur. La maladie se porta à la tête, et, sans avoir le délire, notre pauvre garçon poussait des gémissements qui fendaient le cœur. Tous les remèdes furent inutiles. Au bout de trois jours de souffrances, il rendit le dernier soupir, laissant sa dépouille mortelle dans l'attitude du sommeil. C'était dans la matinée du vendredi 13 septembre. Le lendemain, nous le conduisions à sa dernière demeure, avec des sentiments de soumission, sans doute, mais aussi de tristesse, qui peuvent mieux se comprendre que s'exprimer. Il repose à l'ombre d'un bel arbre acajou, en attendant l'aurore de la résurrection. Son tombeau pourra rester ignoré des passants; mais le Seigneur connaît ceux qui sont siens, et leur mort est précieuse devant ses yeux. C'est là la première mort que nous ayons eue parmi les membres de l'expédition depuis dix-huit mois que nous voyageons. Elle nous a pris par surprise, et il nous semble encore être sous l'empire d'un affreux cauchemar. Le Seigneur nous a baptisés par l'affliction. Cette tombe, à la porte du pays des ba-Rotsi, est un sérieux appel à la jeunesse du Lessouto.

Khosana était un jeune homme de Léribé qui s'était volontairement offert pour cette expédition. Sa conversion date de la visite du major Malan. Il s'était tous les jours rendu plus cher à nos cœurs par une obéissance et un respect qui ne se sont jamais démentis. Son caractère gai et enjoué le rendait le favori de tous. Il aimait beaucoup le chant. Sa piété douce et sans ostentation en faisait un évangéliste populaire. Sa tâche n'était pas précisément d'exhorter; c'est à de plus âgés qu'il laissait ce privilège. Mais, après les réunions, il aimait à s'asseoir au milieu d'un groupe de païens, et à leur enseigner un verset de la Parole de Dieu ou le chant d'un cantique. Il laisse un vide parmi nous; mais c'est à la douleur de sa mère et de son père que nous pensons! Que Dieu les soutienne et les console!...

Léchoma, 9 novembre 1878.

Je reviens encore une fois de Séchéké, et je me hâte de profiter d'une occasion qui se présente pour vous donner de nos nouvelles, et, tout d'abord, en ce qui concerne le but de notre expédition. La première partie de ma lettre vous a déjà fait voir que les ba-Rotsi aiment prendre leur temps, même en traitant d'affaires. C'est ainsi que le messager, envoyé à la capitale et dont on me faisait espérer le retour à la fin de septembre, n'arriva qu'à la fin d'octobre. Le roi n'avait pas compris le message et me refusait l'entrée du pays, prétextant la guerre civile qui le menaçait. Les chefs de ce quartier, surpris d'une telle réponse, m'invitèrent à Séchéké, où je me rendis immédiatement avec Asser. Éléazar, lui, nous y avait déjà précédés et nous attendait depuis six semaines. Morantsiane, tout en me transmettant officiellement la réponse du chef, me dit que, depuis lors, les officiers qui étaient venus vendre l'ivoire étaient retournés à la capitale ; qu'ils avaient réprésenté l'affaire à Robosi, et qu'on attendait chaque jour un nouveau messager. Malgré le peu de confiance que m'inspiraient ces nouvelles démarches, je fus retenu plus longtemps que je ne l'aurais voulu, tant par une maladie d'Éléazar que par celle de Morantsiane lui-même, et par l'impossibilité où je me trouvais de me procurer un canot. Sur ces entrefaites, arriva un des chefs de Séchéké, qui revenait de la capitale, porteur d'un nouveau message. Robosi me faisait dire qu'il regrettait fort de n'avoir pas compris le premier message. Il en rejetait toute la faute sur ses officiers, qui lui avaient envoyé un esclave au lieu de l'un d'eux. Il manifestait un grand désir de nous recevoir. Mais, ajoutait-il, si le missionnaire a hâte de quitter le pays avant la saison des pluies, que ce soit à la condition qu'il reviendra à l'entrée de l'hiver, — en juin. Lui-même, il construisait sa ville, mais il serait alors en mesure de me recevoir. Il donnait déjà des ordres pour que, dès notre retour, on nous fît passer chez lui sans délai. Nous nous assurâmes, à force de questions, de la véracité du message du chef suprême des ba-Rotsi. Nous sommes arrivés à la conviction que lui et ses gens nous désirent sincèrement et qu'ils nous ouvrent la porte de leur pays sans arrière-pensée. Malheureusement, il reste toujours ce fait que je n'ai pu avoir une entrevue avec le roi lui-même, et il se pourrait que cela invalidât à vos yeux l'invitation des ba-Rotsi d'aller nous établir chez eux.

La saison déjà fort avancée, nos provisions qui menacent de nous faire défaut, et surtout l'état sanitaire de nos gens, me mettent dans l'impossibilité de tenter maintenant d'autres démarches et m'imposent le devoir de reprendre le chemin de Mangouato. Je prévois que nous allons nous trouver de nouveau dans un embarras extrême. Comment espérer que, dans l'espace de quatre ou cinq mois, nous puissions prendre une décision définitive et mûrir nos plans? Je sais que l'établissement d'une mission dans ces parages présente d'immenses difficultés et soulève de graves objections. Laissez-moi d'abord vous assurer que la nationalité de nos évangélistes, loin d'être une objection, est plutôt une recommandation. La grande question est celle de la fièvre. Le climat de ce pays est meurtrier, mais celui du pays des ba-Nyaï l'est tout autant, si ce n'est plus. Sans entrer plus avant dans la question, il est évident que les ba-Rotsi et leurs vassaux, qui tous parlent le sessouto, doivent être évangélisés, — ils doivent l'être si le Sauveur est mort pour eux aussi. Mais ce poste sera évidemment un poste périlleux, un poste de dévouement. La question est bien sérieuse quand on pense aux vies précieuses qui peuvent y être sacrifiées, et au peu de ressources en hommes dont nous pouvons disposer. Mais où trouverons-nous un champ missionnaire qui réunisse les conditions de rapprochement, de salubrité, etc., que nous désirions? Pour ma part, je n'en vois aucun pour le moment.

Je voudrais bien clore ainsi ma lettre, mais je n'ai pas fini. J'ai encore une nouvelle à vous communiquer, et pour cela j'ai à me faire violence. Nous venons de perdre un autre membre de notre expédition: c'est Éléazar Marathane. Au retour de notre première visite à Séchéké, connaissant la tendance des ba-Rotsi au nonchaloir, il me pressa avec tant d'instance pour que je lui permisse d'aller à Mparira d'abord, puis à Séchéké, veiller aux affaires, et les hâter autant que possible, qu'après plusieurs jours d'hésitation nous finîmes par le laisser partir. Bientôt après, j'envoyais aussi Azaël; mais il ne put le rejoindre faute d'un canot. Éléazar avait toute notre confiance, il nous tenait au courant de tout ce qu'il faisait, de tout ce qui se passait. Quand nous arrivâmes à Séchéké, il y a quinze jours, avec Asser, la joie du revoir fut bien douce. Nous trouvâmes qu'il avait fait l'œuvre d'un bon évangéliste; il avait gagné l'affection et l'estime des chefs ba-Rotsi et de leurs gens. Cela me fit grand plaisir. Le même jour, il tomba malade; le lendemain, se sentant un peu mieux, il put s'occuper d'affaires avec nous, et, voyant que les chefs, tremblant pour leurs vies, me refusaient la permission de me rendre à la capitale, — c'était avant le second message du roi, — il me pressait avec instance de demander cette permission pour lui: « On n'objectera pas », disait-il, « je ne serai qu'une lettre. » Il fallait plus de courage que nous ne l'imaginions peut-être pour faire une telle offre, car les ba-Rotsi ont la réputation d'être des empoisonneurs et des traîtres incorrigibles. Quelques jours avant mon arrivée, un incendie avait réduit en cendres deux huttes du chef; j'y avais perdu tous les vêtements, livres, médecines, provisions de route, etc., que j'y avais laissés pour le voyage que je comptais faire à la capitale. Rien n'avait été sauvé. Heureusement que j'avais apporté avec moi quelques-uns des médicaments les plus nécessaires. Malgré tous mes soins, la maladie fit de terribles progrès, et je pressentis que le Seigneur allait retirer notre ami. Si seulement j'avais pu me procurer un canot et transporter mon cher malade à Léchoma! Mais le chef, malade lui-même, voulant me garder jusqu'à l'arrivée du second message de Robosi, me renvoyait toujours au lendemain. Comme la maladie s'aggravait, nos visiteurs superstitieux devinrent de plus en plus rares, et nous fûmes abandonnés à nous-mêmes. Le lundi matin, le 4 courant, nous fîmes un dernier effort. On nous avait fourni deux bateaux. Nos préparatifs de départ terminés de bonne heure, nos bagages déjà embarqués, il s'agissait de transporter notre patient. Il avait un tel désir de revoir ma femme, qu'il demandait à chaque instant quand on partirait. Il était trop tard, il faillit expirer dans mes bras. Il parlait déjà avec difficulté. Force nous fut de renoncer à partir. Il s'affaissa rapidement. Il savait que le moment de déloger était proche pour lui, et il était heureux. Seulement, disait-il, il souffrait pour nous qui le soignions, et pour ma femme qui était seule à Léchoma.

Un assoupissement incessant et la difficulté de la parole l'empêchaient déjà de nous dire ce qui se passait en lui. Mais sa figure radieuse et ses lèvres qui remuaient souvent nous montraient qu'il était en communion avec son Sauveur. Quand je lui répétais un verset, il disait : *Ki teng !* c'est bien ! et jusque peu de temps avant sa mort, il répondait encore à mes questions : *Ntate !* Mon père ! Le mardi soir, à huit heures, il rendit le dernier soupir, sans effort. J'eus quelques difficultés pour les funérailles. On voulait qu'elles se fissent de nuit. J'obtins qu'elles se fissent en plein midi, et je réussis même à y faire assister tous les chefs de Séchéké. Naturellement, tout retomba sur Asser et sur moi. Mais, malgré les émotions dont cette hutte avait été témoin et toutes les fatigues des journées et des nuits précédentes, le Seigneur nous fortifia. Nous pûmes chanter un cantique. Je pus expliquer, avec un grand calme, à mes auditeurs tremblants, les mystères de la mort et de la résurrection. Au lieu d'une fosse creusée à la hâte bien loin dans la forêt, le tombeau de notre cher Éléazar est à cinq minutes du village, sur la lisière d'un bois, et à l'ombre d'un arbre. Il m'avait dit, peu de jours auparavant, en entendant le second message du roi : « Dieu soit béni, la porte est ouverte ! Mon tombeau sera un *jalon* sur la route du bo-Rotsi et un *gage* des succès de la Mission » (un *tebeletso*, le gage de ce qu'on attend !).

Le lendemain, nous descendions le fleuve ; le temps était en parfaite harmonie avec nos sentiments : il pleuvait. Mais des nouvelles de Léchoma m'avaient inquiété et j'avais hâte d'arriver. Éléazar était pour nous un ami et pour moi un conseiller plein de bon sens et de jugement. Son cœur était tout entier dans cette expédition. Il avait voulu s'y joindre en qualité d'évangéliste ; mais, ne pouvant vaincre l'obstination de sa femme, il avait saisi avec empressement l'offre que je lui avais faite de venir avec nous comme conducteur. Trois jours lui suffirent pour faire ses arrangements. Chez lui le sacrifice était complet. Je lui demandai avant sa mort s'il n'avait jamais regretté, ou s'il ne regrettait pas maintenant d'être venu. « Monsieur », me dit-il, avec un peu de tristesse, « vous avez oublié mes salutations à l'Église de Léribé. J'ai offert ma vie au Seigneur ; c'est lui qui dira où mon tombeau devra être creusé, pour moi cela m'est égal ; au Zambèze comme au Lessouto, le ciel est près de nous. »

Post-scriptum (1897). — Quelques jours après la mort d'Éléazar Marathane, j'écrivais, dans mon canot, quelques stances en sessouto, dont M. Casalis a donné, dans le *Journal des Missions* (juillet 1893), une traduction littérale, reproduite dans l'édition française du bel ouvrage du Dr Pierson, les *Nouveaux Actes des Apôtres*. La présente version, en prose rythmée, a été faite, sur ma demande, par M. le pasteur Th. Monod.

ÉLÉAZAR MARATHANE

Là-bas parmi les ba-Souto, dans sa maison de Léribé,
Il avait dit plus d'une fois : « Mon Dieu ! réponds à ma prière !
« Nos missionnaires vont partir pour le pays des ba-Nyaï :
« Permets-moi d'aller avec eux porter aux païens l'Evangile.

« Ne pleurez point, mes bien-aimés ! Je n'appartiens pas à moi-même :
« J'appartiens au Seigneur Jésus ; c'est Lui, mon Maître, qui m'envoie
« Quand il dit : Va ! il faut aller : ne cédons point à la tristesse.

« Femme, enfants, essuyez vos yeux : si je meurs pendant ce voyage,
« Aussi bien j'aurais pu mourir auprès de vous, dans nos montagnes :
« Au Lessouto comme au Zambèze et chez toutes les nations,
« Partout l'on rencontre la mort, partout l'on trouve des tombeaux.
« Nous nous séparons, mais qu'importe ? Auprès du Seigneur, tous ensemble,
« N'allons-nous pas nous retrouver ? Servons notre Maître avec joie. »

Il dit, et se met en chemin : lui-même n'est point missionnaire,
Mais pour l'amour de Jésus-Christ il s'est fait serviteur de tous.
D'un front serein, d'un cœur vaillant, on le voit poursuivre sa course,
Affrontant les difficultés, les luttes, les lourdes fatigues.
De quoi se mettrait-il en peine ? Il n'est qu'un obscur serviteur,
Et pour sa part il a choisi le rude labeur et l'angoisse ;
S'il est là, c'est qu'il doit y être : Dieu l'envoie, c'est assez pour lui.

Ainsi, pendant de longs mois, à travers des pays nouveaux,
Parmi des peuples lointains, de mœurs et de langues étranges,
Il marche, il marche sans cesse, et ne demande qu'à marcher.
Du pays des ma-Khalaka il approche, quand tout à coup
Le fils de Mossélékatsi survient et l'oblige à le suivre :
Mais sa face est tournée vers le Nord ; il avance, il avance toujours,
Vers les fiers ba-Rotsi du Zambèze, vers les peuples voisins du grand fleuve.

Séchéké nous barrait le chemin, Séchéké, qui nous fit tant souffrir ;
Il demande instamment à s'y rendre ; il arrive au milieu de la ville,
Calme et fort comme un homme de Dieu, car il est l'envoyé du Seigneur :
N'est-il pas sous les ordres d'un Chef ?... C'est assez, même alors qu'il est seul.
Dans le conseil de leur peuple il ouvre la bouche, on l'écoute,
Son air aimable et loyal bientôt a gagné tous les cœurs,
Et, débordant d'un saint zèle, il parle des choses de Dieu.

Quel est-il donc, cet étranger, si vaillant, si doux et si sage ?
On l'admire, on est sous le charme ; ils vont se disant l'un à l'autre :
« Ce n'est plus un mo-Kololo : c'est un mo-Rotsi, c'est un frère. »

Mais le jour vient où tristement chacun murmure : « Il est malade » ;
Les voyant autour de son lit, il sourit et dit : « Bon courage !
« Que je sois debout ou couché, je suis sous les ordres d'un Chef. »

Bientôt ses amis l'ont rejoint. Voyant son pasteur, il s'écrie,
Oubliant le mal qui le brûle : « Frère, envoie-moi encor plus loin ! »
— « T'envoyer plus loin ? mais jusqu'où ? jusqu'à cent lieues d'ici, chez le roi ?
« Oui, tu vas aller chez un roi, mais non pas chez un roi de la terre.
« Renonce aux choses de ce monde : c'est ailleurs qu'est ta mission.

« Maintenant, c'est Jésus, le Seigneur, — oui, mon frère, c'est Lui qui t'appelle
« L'heure approche où tu vas nous quitter : c'est à toi de nous donner tes ordres.
« C'est à toi de nous ouvrir ton cœur... Si Dieu nous ramène au pays,
« Vers ta femme, vers tes enfants, — que leur dirons-nous de ta part ? »

— « Je vous ai compris... je suis prêt... Mais pour mes enfants, pour leur mère,
« Quel message vous confier ?... J'ai dit ce que j'avais à dire,
« Quand je les serrais dans mes bras, au moment des derniers adieux.
« Je leur ai dit : Souvenez-vous que partout la mort nous rencontre ;
« Partout l'on trouve des tombeaux, partout le ciel est près des hommes.

RATAOU OU LE PÈRE DU LION

Un des principaux chefs de Séchéké, un guerrier de renom.

« Je baise la main de mon Maître et je bénis sa bienveillance,
« Car il m'a permis de vous suivre, il a dirigé tous mes pas,
« Il m'a conduit à Séchéké... c'est là que je vais m'endormir...
« Ma tombe sera le poteau que l'on dresse au bord du sentier :
« Il montrera la route à suivre vers la vallée des ba-Rotsi.

« Vous, mes amis, ne pleurez pas ; que nos cœurs ne soient point troublés ;
« Réjouissez-vous avec moi, car la porte nous est ouverte.
« O ba-Souto ! Dieu vous honore ; Il vous donne les ba-Rotsi !
« Point de retard : Apportez-leur Jésus seul, Jésus tout entier. »

Il se tait, mais l'on voit encor doucement remuer ses lèvres :
Ce sont les mystères du ciel que déjà contemple son âme ;
Il s'entretient avec Jésus, et son visage resplendit.
Jésus et lui parlent ensemble... enfin, sur un signe du Maître,
Il ouvre son aile et s'envole... Un soupir... encor un soupir...
Et puis, plus rien... tout est paisible... Il est entré dans son repos.

O toi, mon frère bien-aimé, mon appui, mon conseil et mon guide,
Pourquoi me laisser dans les larmes, écrasé sous le poids de la tâche ?
Mais non... le Chef a commandé : tu n'as fait que lui obéir.
Ton Maître n'est-il pas le mien ? Nous restons soumis à ses ordres,
Mais toi, tu le fais dans la gloire, et moi, je le fais dans le deuil.

Ferme les yeux et dors en paix ; dors en paix, soldat du Seigneur,
Partage sa félicité : tu luttas jusqu'à la victoire.

Mais qui ramassera tes armes ? Qui, pour marcher à l'ennemi,
Franchira d'un bond ton cadavre ? Où se trouve-t-il, ce héros ?

Il paraîtra. Tu nous l'as dit : ta tombe, c'est une promesse ;
C'est une parole donnée aux ba-Rotsi : nous la tiendrons.

Encore un peu de patience ! Il faut retourner sur nos pas ;
Mais nous reviendrons sans tarder, et tu nous verras revenir !
Et toi, Khosana, dont la tombe est sur l'autre bord du Zambèze,
Nous passerons à Léchoma, et tu nous reverras aussi !

Adieu, vaillant compagnon d'œuvre... Adieu, doux fils du Lessouto !...
Puissé-je mourir comme toi, *Éléazar Marathane !*

X

Regard en arrière. — Les avantages et les difficultés d'une mission chez les ba-Rotsi.
Nos deuils. — Mort de Bushman. — Serpa Pinto.

Chochong, 15 janvier 1879.

Jetons un regard en arrière. Notre voyage, notre arrivée chez les ba-Rotsi, le résultat de mes transactions avec eux vous sont déjà connus. Ce sera toujours un vif regret pour moi de n'avoir pu aller jusqu'à la capitale et traiter avec le chef en personne. Mais quand son message me parvint, la saison était trop avancée, nos provisions aussi étaient épuisées, de sorte qu'il ne nous était plus possible de prolonger notre séjour au Zambèze.

Les ba-Rotsi sont peu habitués aux affaires; et comme l'entrée de leur pays, la rive gauche même du fleuve, est absolument interdite aux étrangers, il n'était pas étonnant que je rencontrasse de grandes difficultés, perdisse un temps précieux et fusse après tout exposé à être mal compris et mal interprété dans les communications que j'essayais d'avoir avec le chef suprême du pays. Il eût été désirable de consacrer au moins un mois de plus à cette mission; mais, comme je l'ai dit, dans nos circonstances, la chose n'était pas possible; nous étions partis trop tard de Chochong. — Le premier message du chef me congédiait avec politesse en m'envoyant de l'ivoire, une défense. Il m'avait sans doute pris pour un marchand. Mieux renseigné sur notre compte par ceux de ses vassaux qui avaient fait notre connaissance, il se hâta d'envoyer un nouveau message par un des chefs de Séchéké. Il exprimait son regret du malentendu dont il rejetait toute la faute sur ceux de ses subalternes qui s'étaient chargés de nos affaires. Il me mandait que, si j'étais pressé de partir, à cause de la saison des pluies, je le pouvais, à la condition de revenir l'an prochain quand le blé serait mûr. « Moi-même, ajoutait-il, j'aurai alors construit ma capitale, et je serai tout prêt à vous recevoir. » Morantsiane, le chef principal de Séchéké, me dit avoir reçu les ordres pour qu'à mon retour on nous fît passer sans délai à Séchéké, mes gens et moi, et qu'on nous conduisît à la capitale. Ce message, que nous discutâmes librement avec tous les chefs, nous a pleinement satisfaits. Si l'on compte sur notre retour, il est bien entendu que c'est avec les familles des catéchistes et pour nous établir définitivement dans le pays. Je n'ai rien osé promettre.

Vous aurez déjà vu par nos lettres précédentes qu'au Zambèze nous sommes tombés en plein Lessouto : mêmes mœurs, même langage. Les ba-Rotsi, qui forment l'aristocratie du pays, parlent tous très bien le sessouto ; et le moyen de communication entre les tribus qu'ils gouvernent, c'est encore le sessouto. Dès l'abord, cela nous a donné, tant aux évangélistes qu'à moi-même, droit de cité parmi ces peuplades. La confiance naît vite entre gens qui peuvent se comprendre. Ainsi donc, si jamais ce champ devenait *nôtre,* tous nos livres, nos institutions, nos ouvriers pourraient servir à cette mission, aussi bien qu'à celle du Lessouto. C'est un avantage incalculable.

Il y aura des difficultés sans doute. L'état politique des ba-Rotsi a aussi, depuis trois ans, été peu rassurant. Une révolution a renversé Sépopa, qui s'était rendu odieux à la nation par son manque de respect pour les femmes et la propriété de ses sujets, bien que, du reste, il fût très populaire. On l'envoya mourir de ses blessures et de faim, abandonné sur les rives du fleuve. Ngouana-Ouina lui succéda. Mais, à cause de sa tyrannie et de ses cruautés, une nouvelle révolution l'expulsa et plaça au pouvoir un fils de Sépopa, *Robosi,* un jeune homme qui paraît populaire. Mais l'homme le plus influent de la tribu et qui gouverne de fait, c'est Gambéla, plus connu sous son nom d'office de *Séroumbo.* C'est un homme dont tout le monde dit beaucoup de bien. La distance du bo-Rotsi au Lessouto est grande, je le reconnais. Surtout le grand obstacle d'une mission au Zambèze, c'est la fièvre. Livingstone a déjà fait connaître la vallée des ba-Rotsi. Elle est peu poétique et le climat en est meurtrier. Il suffit pour s'en convaincre de se souvenir que, lors des crues du Zambèze, toute la vallée est inondée, et les villages ne sont plus que des îlots. Les habitants préfèrent alors aller passer quelques mois sur les collines. On dit que les hauteurs de Katongo (et non la plaine où se trouvait le village lors du passage de Livingstone) et celles des environs des chutes de Ngonyé pourraient offrir un endroit comparativement salubre pour la fondation de la station centrale. Mais, disons-le franchement, si le poste périlleux est le poste d'honneur, le voici. L'occuper, c'est être prêt à affronter la fièvre et à sacrifier des vies. C'est à vous de juger si de jeunes Églises qui font leurs premiers essais dans l'œuvre missionnaire, et une

Société comme la nôtre, toujours pauvre en ressources d'hommes et d'argent, peuvent ou non entreprendre une œuvre pareille. Vous connaissez l'opinion de nos évangélistes. La mienne, c'est que c'est une question de temps. Quand je pense que Dieu, dans sa providence, s'est servi de ba-Souto (qui là furent appelés ma-Kololo) pour soumettre ces tribus, leur faire adopter leurs mœurs et surtout leur langue, je ne puis me défendre de la conviction qu'il les préparait alors pour que des ba-Souto chrétiens allassent les évangéliser, et complétassent ainsi l'œuvre de Sébétouane. C'est un fait important, et que je ne dois pas passer sous silence, que la nationalité même de nos évangélistes leur assure parmi les ba-Rotsi une position influente et des avantages incontestables. Nous en avons les preuves. Les ba-Rotsi ont exterminé les ma-Kololo par politique, non par haine. Ils ne parlent de Sébétouane et de Sékélétou qu'avec le plus grand respect, et les chefs ba-Rotsi se glorifient encore des emplois subalternes qu'ils occupaient sous eux. Les femmes et les enfants qui ont survécu au massacre des ma-Kololo, loin d'être réduits en esclavage, occupent des positions honorables.

Bien que nous fussions dans le deuil, nous avons quitté le Zambèze pleins d'espoir pour cette mission.

30 janvier.

Qu'aurez-vous dit en recevant ma dernière lettre de Séchéké et de Léchoma! Voilà des dates dans notre vie missionnaire que ni ma femme ni moi ne pourrons jamais oublier. En sus de tout ce que nous y avons souffert et de toutes les expériences que nous y avons faites, c'est là que reposent les pionniers des Églises du Lessouto. C'est bien mystérieux que Dieu ait retiré à Lui Éléazar, Khosana et Bushman, trois des quatre aides que j'avais pris dans mon troupeau de Léribé. Fono est le seul qui ait survécu. Vous ignorez peut-être que c'est en réponse à un appel fait à mon Eglise qu'ils s'offrirent à nous accompagner. Ce fut une réunion solennelle et mémorable que celle où ces trois hommes, mettant leurs personnes et leurs vies au service de Dieu, adressèrent à l'Église émue leurs dernières exhortations et leurs adieux. Le Seigneur a accepté leur sacrifice.

En Éléazar, nous avons perdu un conseiller sûr et un ami précieux. Sa mort a été pour nous une affliction personnelle. Ma consolation, c'est d'avoir pu, pendant sa maladie et ses derniers jours, lui prodiguer tous les soins dont j'étais capable dans nos tristes circonstances. Si, à Léribé, mes rapports officiels avec lui avaient quelquefois laissé à désirer, à cause d'un malentendu, en voyage, c'était tout le contraire. Croiriez-vous que, pendant les dix-huit mois que nous avons voyagé ensemble, jamais le moindre nuage n'est venu, même un instant, troubler nos rapports ! Je vous l'ai dit, il avait une haute idée du *devoir*. Son ardente affection, son dévouement, ses attentions délicates pour ma femme et ma nièce surtout, nous l'avaient rendu cher. Son lit de mort, si calme, si radieux, a été le digne couronnement d'une si belle période de sa vie. Sa mémoire nous sera toujours en bénédiction. C'est un grand privilège que le Seigneur m'ait permis de le soigner et de lui fermer les yeux. Quelle âme ardente que la sienne ! Comme il avait à cœur le succès de notre expédition ! C'est à ses instances que j'ai cédé en l'envoyant à Séchéké tout seul. Il y fit pendant six semaines l'œuvre d'un bon évangéliste.

Il avait gagné la confiance et l'affection de tout le monde. Quand nous le rejoignîmes à Séchéké, il renouvela ses instances pour que je l'envoyasse tout seul porter mon message au roi des ba-Rotsi. Et quand je lui montrais les dangers d'une telle entreprise, il me répondait avec un sourire et une conviction irrésistibles : « C'est l'œuvre du Seigneur, qu'importe si nous mourons pour lui ? » Il eut du moins la joie d'apprendre avant de mourir que le pays des ba-Rotsi nous était ouvert.

A Léchoma, notre dernier soin fut de graver le nom de notre cher Khosana sur le tronc de l'arbre qui ombrage son tombeau. Nous quittâmes cet endroit le 13 novembre, à dix heures du soir, par un temps de pluie et de vent. Nous dûmes séjourner quelque temps à Déka, près des sources de la rivière de ce nom. Nous voyagions avec grande difficulté, faute de mains expérimentées. Fono, quoique indisposé, prit le fouet d'Éléazar, et un jeune mo-Rotsi que j'avais loué prit le poste de Fono, devant mon attelage, tandis qu'un autre de la même nation prit celui de Khosana. A mi-chemin, André vint de Chochong à notre rencontre avec des bœufs, et la triste nouvelle que Bushman, que nous avions laissé convalescent, lui aussi était mort. Nous venions d'apprendre qu'on le considérait comme guéri. Vous pouvez comprendre le choc que nous reçûmes et ce que fut notre rencontre avec des gens que nous avions laissés à Chochong[1].

---

1. Dans la dernière période de sa maladie, des chrétiens venaient régulièrement le prendre et le porter sur un brancard à la réunion de prières. Un jour, à leur grand

Mon pauvre Bushman! je ne pouvais pas croire qu'il fût mort. C'est un garçon qui a été plus de douze ans avec nous. Il nous avait suivi à Natal lors de notre exil. Je l'avais ensuite envoyé avec notre fidèle Jonathan, qui retournait dans son pays, près de Valdézia, et quand notre expédition se prépara à partir de là, il s'offrit à « paître nos bœufs ». Et ce n'était pas un vain mot de sa part. Jamais bêtes ne furent mieux soignées. A quelque heure, par quelque temps qu'on dételât, il prenait joyeusement sa javeline et son livre, si c'était de jour, son manteau, si c'était de nuit, et partait. Il n'était pas rare qu'il passât des nuits entières et tout seul à soigner et à faire paître nos bœufs dans des forêts hantées par des lions. Il ne se plaignait ni du froid, ni de la chaleur, ni de la fatigue, ni même de la faim, et je trouvais quelquefois qu'on aurait pu avoir plus d'égards pour lui. S'il était triste, un mot d'affection le relevait, car lui aussi était sensible à l'affection. Il était fidèle dans les petites choses; que de fois, en le regardant, n'ai-je pas désiré du fond de mon cœur d'être un berger aussi fidèle que lui! Bushman ne brillait pas comme Khosana par son intelligence et son caractère enjoué. Il apprenait difficilement, et, bien que déjà d'un certain âge, il s'asseyait à l'école avec de tout petits enfants et préférait s'instruire plutôt que de gagner de l'argent. Tous ses parents étaient et sont encore païens, et, bien que sans ressources, sans ami, et souvent même mal accueilli par certains chrétiens, il avait gagné droit de cité parmi eux par son étonnante persévérance. Quel triste retour ces trois deuils nous préparent au Lessouto! Je suis heureux de dire que Fono est devenu sérieux et paraît sincèrement chercher le Seigneur.

J'oubliais de vous parler d'un compagnon de voyage que nous avons eu à notre retour du Zambèze. C'est un explorateur portugais, un officier, le major de Serpa Pinto. Il était entré en Afrique à la tête d'une expédition scientifique par Benguela. Ses deux associés le quittèrent au Bihé pour aller plus au nord, pendant que lui allait étudier les sources de la Chobé. Il arriva chez les ba-Rotsi et se préparait à se diriger vers le Loualaba, quand tous ses porteurs, au nombre de cent cinquante, l'abandonnèrent. Il n'avait plus avec lui que trois hommes, trois petits garçons et deux femmes. Ne pouvant se procurer une escorte chez les ba-Rotsi et atteint de la fièvre, il se trouvait dans le plus grand em-

---

étonnement, il refusa. « *Non*, dit-il, *je ne prie plus, moi.* » Remarquant leur stupéfaction, il ajouta : « *Maintenant je loue!...* » Et peu après il avait passé au delà du voile, il voyait le Roi dans sa gloire — là où on ne *prie* plus, mais on *loue!*

barras. Ce fut alors qu'il entendit parler de nous, et qu'il obtint du chef des canots et des rameurs pour venir nous trouver. Pendant que j'étais le garde-malade de notre cher Éléazar à Séchéké, ma femme prodiguait ses soins au major de Serpa Pinto. Il était bien atteint. Mais des soins assidus, un meilleur régime, du repos, amenèrent enfin un heureux changement de corps et d'esprit dans son état. Nous lui offrîmes l'hospitalité dont des voyageurs sont capables : une place dans notre voiture. Son érudition et son amabilité naturelle en firent un agréable compagnon de route. Nous considérâmes que c'était un vrai privilège que de pouvoir, au nom de notre Société, montrer quelques égards à un homme aussi distingué. Il nous a quittés depuis dix jours pour se rendre directement à Prétoria, de là à la côte pour l'Europe. Nous nous séparâmes avec le plus grand regret. Son départ laisse un vide parmi nous. C'est un des plus chaleureux amis de l'Afrique que j'aie encore rencontrés. Ses travaux ne peuvent manquer, par leur importance, d'attirer l'attention tant du monde scientifique que du public religieux. Depuis qu'il nous a quittés, il a eu toutes sortes d'aventures : wagon embourbé jusqu'aux essieux, culbuté, brisé ; rivières débordées, etc. Le pays, du côté du Limpopo et du Marico, n'est qu'une affreuse fondrière. Aussi s'est-il empressé de nous le faire savoir, afin que nous prenions une autre route.

XI

Départ de Chochong. — Chez Séléka. — Dans le désert. — Guides pillards. — M. Hofmeyer. — Arrêt à Valdézia. — Une nouvelle porte fermée. — En route pour le retour.

Près Prétoria, le 6 mai 1879.

Dans ma dernière lettre, je prenais congé de vous devant une bifurcation de notre route, et je restais dans un très grand embarras. En proposant que nos évangélistes restassent temporairement à Chochong pour nous permettre de conférer ensemble et mûrir nos plans, la conférence, au fond peu favorable à nos projets, parut résoudre la difficulté d'une manière satisfaisante. Mais pour plusieurs raisons, les catéchistes refusèrent positivement d'y rester. Et plutôt que de retourner avec eux au Lessouto, nous nous décidâmes à suivre les premières directions qui nous avaient été envoyées et à nous rendre ensemble à Valdézia pour chercher au nord du Transvaal le champ de travail qu'on nous y faisait entrevoir. Je l'avoue, nous le fîmes à contre-cœur, car nous ne voyions pas de lumière de ce côté-là; mais nous avions peur de manquer le sentier du devoir et de faire fausse route.

Nous quittâmes donc Chochong le 25 février. Il me serait impossible de vous dire les bontés dont les ba-Mangouato nous ont comblés. M. et Mme Hepburn ont donné l'exemple; Khama et les chrétiens l'ont suivi. Pendant notre voyage au Zambèze, ils ont nourri les familles qui étaient restées chez eux, et ils l'ont fait avec une largesse et une délicatesse qui nous ont vivement touchés. A notre départ, ils ont chargé nos wagons de provisions, et comblé nos évangélistes de présents, de vêtements et de riches fourrures. Nous aussi, nous avons eu notre part d'attentions de la part du chef et d'autres personnes. La petite communauté d'Européens, à laquelle j'ai eu le privilège de prêcher l'Évangile pendant notre séjour à Chochong, a aussi tenu à nous témoigner sa sympathie au moment de notre départ.

Comme la saison des pluies était déjà très avancée, nous nous aventurâmes à prendre le chemin le plus direct, si de chemin il y a trace dans ces déserts-là. Six jours après, nous étions chez *Séléka*. Nous aurions dû, dit-on, faire le trajet en quatre jours, ce dont je doute un peu. Séléka est un petit chef tributaire de Khama. Son village est pittoresquement placé dans l'élargissement d'une gorge magnifiquement boisée, et son pouvoir s'étend sur quelques hameaux dispersés sur les rives du Limpopo. Nous avions à peine dételé dans la forêt à l'entrée de la gorge, que nombre de gens à pied, à cheval et à bœuf s'empressèrent de venir nous voir. Le vieux chef était malade; je le vis pourtant. Il chargea un de ses fils de rassembler ses gens et de lui rapporter mes paroles. La prédication de l'Évangile terminée, je fus tout surpris de voir les hommes tenir conseil, et puis, de concert avec leur chef, nous supplier de nous établir chez eux. Ce qui leur était échappé dans nos conversations de la veille aurait dû me préparer à la chose. « Il y a longtemps, disaient-ils, que nous soupirons après un missionnaire, nous ne savons à qui nous adresser, et personne ne pense à nous. Sûrement c'est Dieu qui vous a envoyés; ne passez pas outre. » — Ce pressant appel remua profondément nos catéchistes, mais vous comprendrez aisément que je ne me sentisse pas libre d'y répondre alors. Nous leur promîmes cependant d'en conférer avec qui de droit et de leur faire connaître notre décision plus tard. Pauvres gens! ils nous virent avec regret atteler nos voitures et passer outre. Ils nous donnèrent des guides pour remplacer ceux de Khama, et dans l'espoir de pouvoir encore traverser le Limpopo, nous voyageâmes à marches forcées par des pluies diluviennes et à travers un pays défoncé.

Nous passâmes le fleuve à un endroit où, nous affirmait-on, le wagon d'un chasseur s'était une fois aventuré; les arbres y ont dû croître et les berges s'élever depuis, aussi ne saurais-je recommander aujourd'hui ce gué à personne. Nous prîmes presque tout le jour à effectuer la traversée, tirant de temps en temps des coups de fusil pour écarter les crocodiles. Le soir, sur la rive opposée, nous n'eûmes que des actions de grâces à rendre à notre bon Père Céleste.

De là nos guides devaient nous conduire à travers les bois vers la pointe d'une montagne du Blauberg, où réside un petit chef du nom de Mapéna. Après avoir erré dans ce désert plusieurs jours, nous nous trouvâmes engagés dans des collines, des gorges et des fourrés si épineux et si épais, qu'il nous était difficile d'avancer. Nous avions fait fausse route.

Me sachant dans le voisinage du chef Maléboho, j'envoyai au village le plus rapproché pour demander des guides. Une troupe d'hommes armés parut bientôt; leur mine et leurs danses n'étaient pas tout à fait de nature à nous rassurer. A Chochong un de nos amis qui revenait de Potchefstroom m'avait affirmé que les tribus du Zoutpansberg se soulevaient contre le gouvernement anglais, et qu'on organisait un régiment de volontaires pour les soumettre. Mais le désir de prendre le chemin le plus direct avait fait taire en moi la voix de la prudence. Ce que je voyais maintenant me donnait quelque peu à penser. Bientôt ces hommes à l'air farouche s'avancent tumultueusement vers nous. Thaléli est leur chef; il m'apostrophe fièrement : « Qui vous a donné droit de passage ici ? Il vous faut payer ; voyons, qu'avez-vous dans vos wagons ? » Il s'ensuivit une scène de confusion qu'on peut aisément s'imaginer. Je parvins pourtant à apaiser nos visiteurs importuns, à les tenir à une distance respectueuse des voitures, et à entraîner Thaléli avec moi pour explorer les flancs rocheux de la montagne et ouvrir un chemin à coups de hache. Malheureusement, à la brune, à un détour brusque qu'on nous fit faire, mon wagon se précipita violemment dans un massif contre de gros arbres. Je le crus complètement brisé. Force donc nous fut de dételer là dans ces fourrés, à la file les uns des autres. Ce ne fut pas un petit travail que celui d'abattre les gros arbres et de déblayer le massif à la lueur d'une lanterne; mais je pus constater avec reconnaissance envers Dieu que le dommage était bien moins sérieux que je ne l'avais craint.

Pendant que nous étions au travail, nos prétendus guides nous avaient quittés, et je m'aperçus qu'ils nous avaient dévalisés : tente, literie, couvertures, vêtements, haches, voire même la nourriture sur laquelle nous comptions pour nos gens exténués de fatigue, tout cela avait disparu. « Nous attaqueront-ils de nuit ? » nous demandions-nous. Nous nous recommandâmes au Seigneur, et malgré les aboiements de nos chiens (on nous en avait donné de nouveaux à Chochong), nous dormîmes en paix. Le lendemain matin, nous croyant intimidés, les hommes de Thaléli revinrent en troupe, réclamant à grand bruit le salaire de ce qu'ils appelaient leurs *services* de la veille. Mais des torrents de pluie nous délivrèrent bientôt de leurs obsessions. Nous continuâmes à cheminer quand même, harassés et affamés, et le soir nous arrivâmes à la station missionnaire allemande de Blauberg, où M. Stech nous reçut avec cordialité. Mais nous avions eu de la peine à arriver. Un des wagons des catéchistes avait la tente entièrement abîmée, l'autre avait une de ses roues de derrière déferrée et ne put arriver à la station que le lendemain avec une roue empruntée; le mien aussi faisait piteuse mine; plusieurs de nos bœufs boitaient. Cependant nous avions bien des sujets d'actions

UNE HALTE AU NORD DU TRANSVAAL

La gorge du « Wonder Boom ».

de grâces, car, dans un pays et dans une saison où la fièvre sévit sans pitié, nous étions encore tous en vie et en santé. Il fallut, pourtant, nous séparer pendant quelques jours et envoyer le wagon devenu impotent chez un fermier de ces quartiers, qui fait au besoin le métier de forgeron. Cet homme pieux et intéressant, un descendant de réfugiés huguenots, ne voulut recevoir aucune rémunération pour son travail. Les pluies extraordinaires qui nous retinrent cinq jours chez nos amis Stech avaient tellement détrempé le sol, que ce n'étaient partout que fondrières, d'où nous ne pouvions tirer nos lourdes voitures embourbées qu'avec peine, bien que nous attelassions trente bœufs.

Dès que notre frère Hofmeyr apprit que nous étions dans ces parages, bien qu'il fût malade, il attela son wagon et accourut à notre rencontre. Comme la plupart des *Africanders* pieux, c'est un homme au cœur chaud. N'essayons donc pas de dire les émotions du revoir dont fut témoin le bosquet où nous épanchâmes ensemble nos cœurs devant Dieu. En revoyant cet ami qui, le dernier, nous avait souhaité bon voyage il y a deux ans, nous sentîmes que nous venions de loin et nous ne revenions pas tous... Notre dévoué Bushman repose à Chochong, notre aimable Khosana et notre fidèle Éléazar au Zambèze... Oui, mais ne pleurons pas ceux que le Maître a tant honorés...

Nous trouvâmes nos amis Hofmeyr dans l'épreuve : la fièvre les avait visités tous à la fois. Au village de la station aussi, nombre de gens étaient alités. Nous ne restâmes que deux jours avec nos amis, juste assez pour nous retremper dans leur communion et nous faire mutuellement du bien.

Nos désirs tendaient vers Valdézia, ce Valdézia que nous avions laissé tout débordant de vie et de santé, inondé de lumière et rafraîchi par les rosées d'En-haut. Hélas! nous le trouvâmes enseveli dans les brouillards de la maladie; on s'aperçut à peine de notre arrivée. M. et Mme Berthoud étaient tous les deux alités; des six petits enfants des deux familles missionnaires, la plupart avaient la fièvre, et tous réclamaient des soins incessants. Mme Creux elle-même se remettait à peine... Ajoutez à cela la position isolée de nos amis, et le manque de bons domestiques; malgré tout cela, il vous sera difficile de concevoir une position plus triste que la leur. Il était temps que nous arrivassions. Ma nièce Élise donna un coup de main pour soigner les enfants. Ma femme, elle, la diaconesse de notre expédition, et qui n'a jamais trouvé le temps d'être malade du moment qu'il y avait quelqu'un à soigner, prit sa place près du lit de Mme Berthoud. Hélas! son privilège de garde-malade fut de courte durée; la maladie avait déjà fait de terribles progrès, et cinq jours après notre arrivée, notre sœur rendait le dernier soupir. Les moments lucides qui illuminèrent les derniers jours de sa vie laisseront toujours de doux souvenirs dans les cœurs de ceux qui ont eu le privilège d'être près d'elle; ses paroles témoignaient de sa paix intérieure, de sa foi, d'une parfaite confiance en son Sauveur.

Pour moi, je n'eus pas la douceur de me trouver avec nos amis dans ces circonstances solennelles. Dès le surlendemain de mon arrivée à Valdézia, je m'étais remis en route avec deux évangélistes pour aller chez Mochaché et voir si le petit champ de travail dont on paraissait si sûr nous était accessible. Le trajet nous prit deux semaines; la pluie s'acharna contre nous la moitié du temps; les chemins étaient affreux. Mochaché, il faut le savoir, est la grande prêtresse des tribus avoisinantes. Elle a son sanctuaire dans une gorge boisée où s'accomplissent les rites et les sacrifices qu'elle ordonne et préside. Personne, à l'exception de quelques vieillards privilégiés, n'ose approcher de ce lieu sacré, et si par hasard quelque bétail, quel qu'en soit d'ailleurs le propriétaire, s'aventure à traverser le ruisseau qui en borne l'enceinte, il devient incontinent la propriété des prêtres qui en ont la surveillance et il est sacrifié sans réclamation. Aucun étranger n'a la permission de pénétrer dans le village de cette cheffesse; on ne peut le voir que de loin, perché sur les flancs de la montagne comme une aire d'aigle, sur la lisière d'une forêt noire. Elle-même est invisible, si bien que certains individus se permettent de douter de son existence. Ceux qui sont mieux renseignés assurent que Mochaché existe réellement, et ils ajoutent même qu'elle est immortelle. Ce que je sais, c'est que, comme tous ses collègues dans l'art de la magie, elle est douée d'une pénétration d'esprit qui la met fort au-dessus du vulgaire. Pendant deux jours elle nous fit attendre pour rehausser sa dignité; puis, pressée par mes messages, elle refusa de nous voir, s'enquit dédaigneusement du but de notre visite. Sa réponse était déjà toute prête : « J'ai mon dieu et je suis sa prêtresse; je n'ai besoin ni de vous ni de votre Dieu. Du reste, votre semaine n'a que sept jours, la mienne en a huit, comment pourrions-nous jamais nous entendre? Si je vous laissais venir chez moi, ou bien vous y seriez en prison, ou bien vous ruineriez mon autorité. » Tous nos arguments échouèrent contre cette roche-là sans l'ébranler. En vain nous plaidâmes et exhortâmes, en vain nous avions prié et espéré, la porte était bien fermée. On nous signifia l'ordre de partir. En tournant une fois encore le timon de ma voiture et en m'éloignant de cette porte à laquelle je venais en vain de frapper, malgré ma tristesse j'avais trop conscience de la présence et de la souveraine volonté de Dieu pour céder au découragement. Cette parole de mon Sauveur me saisit et absorba mes pensées : « *Maintenant* tu ne sais pas ce que je fais, mais tu le sauras *ci-après*. »

A mon retour à Valdézia, je trouvai deux lettres, l'une d'un inspecteur missionnaire allemand de la Société de Berlin à qui j'avais fait connaître nos projets, et que, de concert avec frère Creux, nous avions invité à une conférence fraternelle. Ne pouvant venir lui-même, il me rappelait que toute la partie du Transvaal où nous avions jeté les yeux était le champ de travail de leur Société et qu'un partage ne pourrait avoir lieu sans inconvénients. L'autre lettre était de M. Hepburn, brûlante d'affection. Il déplorait notre départ de Chochong, et me donnait connaissance de deux décisions importantes de leur conférence, par lesquelles ils nous invitaient, nous et les frères américains, à partager leur champ de travail, nous pressaient d'occuper le poste de Séléka et nous y souhaitaient d'avance la bienvenue et la bénédiction de Dieu. Quel éclair dans nos ténèbres ! Serait-ce là le *ci-après* du Maître ?... Après en avoir conféré avec mes compagnons, il fut décidé qu'Asser et Aaron iraient immédiatement chez Séléka ; que, pour des raisons d'économie et de prudence, Azaël et André les suivraient plus tard, mais pour le présent resteraient à Valdézia sous les soins de nos amis Creux et Berthoud.

Le poste de Séléka, il ne faut pas s'y méprendre, est peu important. Il ferait une belle annexe pour Chochong, mais il est trop restreint comme champ indépendant. Pour nous, seul, ce serait un poste perdu. Mais *c'est un jalon planté sur la route soit du bo-Nyaï, soit du pays des ba-Rotsi*. Qu'en direz-vous, chers amis ?
— Pour ma part, quand je vois les dispensations du Seigneur, et la manière dont Il nous a conduits dans ce long voyage par un chemin que nous ne connaissions point, et que j'essaie de déchiffrer sa sainte volonté, je suis pénétré de reconnaissance. Nous avons frappé à toutes les portes qu'on nous a montrées, nous les avons trouvées toutes barricadées ; toutes, une seule exceptée, et il semble que le Seigneur veuille nous forcer d'y entrer. Peut-être direz-vous qu'elle n'est qu'entr'ouverte ; mais du moins elle ne nous est pas tout à fait fermée. Nous n'avons pas de choix ; le pays des ba-Rotsi est bien à mon avis le seul que le Maître indique à nos Églises du Lessouto.

Le moment de notre séparation d'avec nos évangélistes fut solennel. Nous avions pendant deux années vécu ensemble dans un contact de chaque instant, nous avions partagé les mêmes fatigues, les mêmes épreuves, les mêmes bénédictions; nous avions couru les mêmes dangers, nous avions eu les mêmes délivrances. — Nous n'étions qu'une famille. Nous avons appris à nous connaître, pas toujours très avantageusement peut-être, mais nous n'avons jamais cessé de nous aimer. Dire que nous avons pu voyager si longtemps ensemble sans avoir eu de malentendus, c'est, je crois, la plus grande louange que je puisse donner à nos évangélistes et à leurs excellentes compagnes. Et ils le méritent. Dans leur dernière prière avec nous, tout en se rejetant sur le Seigneur, ils demandaient « qu'il nous fût donné, à nous qui les quittions, des yeux qui regardassent en arrière, et que la fenêtre de notre cabinet secret fût toujours ouverte vers les régions où ils allaient, eux, retourner ». Pourrait-il en être autrement? Que Celui qui les envoie, à qui toute puissance est donnée dans les cieux et sur la terre, accomplisse pour eux aussi sa promesse : « Et voici, je suis avec vous jusqu'à la fin du monde. »

C'est ainsi que, soulagés et pourtant le cœur gros, nous nous séparâmes. La société de nos amis Creux et Berthoud, qui vont avec nous jusqu'à Prétoria, a adouci pour nous la transition. Nous voyageons à petites journées, triste hôpital ambulant que nous sommes. Ma compagne a pris la fièvre à Valdézia et a été très malade; elle a gardé le lit huit ou dix jours. Elle était à peine convalescente que c'était le tour de ma nièce. C'est tout ce qu'il y a de plus triste que de voyager en wagon avec des malades... Mais c'est un cours bien instructif et bien édifiant que nous font nos amis Creux sur le dévouement, et Berthoud sur la résignation chrétienne ! Puissions-nous apprendre et mettre à profit !

XII

Le retour. — Histoire d'un *trek*. — Prétoria. — Potchefstroom. — Klerksdorp. Léribé. — Mission et conquête. — Décisions du synode.

Près Potchefstroom, 29 mai 1879.

Je suis en route pour le Lessouto et j'ai hâte d'y arriver. Mais soyez sans inquiétude, et ne considérez pas notre retour comme d'un mauvais augure. Il est des raisons qui le rendent nécessaire et même urgent. Il s'agit avant tout de savoir si nos Églises du Lessouto sont prêtes à se charger de la responsabilité d'une œuvre au Zambèze et à faire face à tous les sacrifices qu'elle exigera d'elles. Il nous eût été *absolument impossible* de quitter Chochong avec les catéchistes pour aller commencer la mission du Zambèze, sans connaître préalablement les dispositions des Églises du Lessouto. Le placement des catéchistes chez Séléka nous permettra donc de mûrir nos plans. Aussi je suis sûr que notre retour au Lessouto dans les circonstances actuelles ne peut que servir la cause que nous portons dans nos cœurs. Nous ne la désertons pas. Un coup d'œil sur la carte vous dira que nous faisons un immense détour. La tentation était bien grande d'aller à notre station de Léribé pour y passer l'hiver et nous y reposer, mais nous croyons de notre devoir de visiter les Églises et de nous assurer de leurs dispositions. Si nous pouvons faire ainsi quelque bien, nous ne regretterons pas ce prolongement de notre voyage au cœur de l'hiver, et nous bénirons Dieu.

Vous serez bien étonnés, j'en suis sûr, de l'intérêt que notre expédition excite dans ce pays. Le Zambèze, c'est le bout du monde : évidemment nous avons tout vu et chacun prend à tâche de nous bombarder de questions. Vous le savez, il y a au Transvaal un fort parti de Boers mécontents qui regimbent contre le gouvernement anglais. Les journaux vous auront peut-être dit les démonstrations hostiles de ce pays lors de la visite du gouverneur général des colonies anglaises du Sud de l'Afrique, sir Bartle Frère, peu de jours avant notre arrivée à Prétoria. Il paraît que deux émissaires sont allés d'ici explorer le pays des ba-Nyaï et que leurs récits en font une vraie Canaan. Donc, si les Boers mécontents se portent vers ces parages, nous pouvons nous attendre aux guerres d'extermination nécessaires à la conquête de cette nouvelle Canaan. De là les questions dont on nous obsède sur les natifs, le pays, les ressources, etc. Il y a deux ans déjà eut lieu un exode de 600 familles de Boers qui ne voulaient pas se soumettre à la domination anglaise. Malheureusement, cette caravane de patriarches guerriers, mal commandée, s'enfonça à l'aventure dans les affreux déserts du Kalahari, cherchant son chemin vers le lac Ngami. On ne peut sans émotion entendre le récit de leurs souffrances. Les tourments de la soif décimèrent leurs attelages et dispersèrent leurs troupeaux; leur chemin, dit-on, est jonché des bagages dont ils ont dû alléger leurs voitures : mobilier, ustensils, outils de toute espèce. Ils trouvaient toutes les mares épuisées et desséchées, et hommes et bêtes, rendus fous par les horreurs de la soif, se précipitant pêle-mêle dans la boue qu'ils se disputaient, y trouvaient la mort. Un jour, poussés à bout, leurs chefs convoquèrent une réunion de prières ; ils avaient à peine terminé qu'arrivait un wagon de transport chargé de tonnelets et d'outres remplis d'eau fraîche. M. Hepburn, le zélé missionnaire de Chochong, qui les précédait de quelques jours pour aller fonder la station du lac Ngami, avait appris leur détresse et leur envoyait ce secours. Les restes de cette malheureuse expédition se dirigèrent vers l'ouest du lac, furent encore décimés par les fièvres, les privations, les attaques des natifs ; les dissensions se mirent parmi eux ; depuis lors personne ne peut en donner des nouvelles. Mais nous, qui venons du Zambèze, nous sommes censés tout savoir ; et c'est touchant de voir ces pauvres paysans nous demander des nouvelles des *trekmenshen* (émigrés) : l'un y a son frère, l'autre son cousin, tout le monde y a quelque parent plus ou moins éloigné[1].

A Prétoria, on insista pour que je fisse une conférence publique sur nos voyages, dans la salle de ce que nous appellerions en France le Palais de Justice. Le gouverneur (sir O. Lanyon), que des devoirs impérieux appelaient au théâtre de la guerre, exprima son regret de ne pouvoir y assister ; mais toutes les autorités civiles et militaires nous honorèrent de leur présence. Bien que les journaux aient parlé de cette conférence avec indulgence, j'eus le sentiment qu'elle n'avait pas été un succès. Je ne me trouvais pas à l'aise dans cette même salle où Dieterlen et nos

---

1. Les survivants de cette expédition malheureuse sont arrivés dans la province de Mossamédès, colonie portugaise d'Angola, où ils se sont fixés.

évangélistes avaient dû comparaître, il y a trois ans, comme prisonniers.

A Potchefstroom, où une semaine de voyage nous amena, nous trouvâmes le même intérêt. Nous y arrivâmes le samedi soir. Non seulement il me fallut prêcher le lendemain matin, dans l'église wesleyenne, et le soir dans l'une des églises hollandaises, mais on obtint de moi que nous restassions encore le lundi, et le soir je fus obligé de faire presque tous les frais d'un entretien public convoqué à cette occasion. Les pasteurs wesleyens, hollandais et anglais, y assistaient. C'était, disait-on, la première réunion missionnaire qui ait eu lieu à Potchefstroom, et on aurait pu ajouter dans le Transvaal. Je fus heureux de plaider la cause des Missions devant cette assemblée sympathique.

A Prétoria nous nous sommes séparés des amis de Valdézia. Ils allaient un peu mieux.

Klerksdorp, 2 juin 1879.

Nous sommes arrivés ici samedi soir (avant-hier) pour y passer un bon dimanche, mais un peu trop tard pour y rencontrer des marchands du Zambèze qui venaient justement de repartir. Ils ont apporté des nouvelles qui me préoccupent vivement : c'est que depuis mon départ, Ngouana-Ouina, le roi expulsé, est revenu à la tête de troupes de ma-Koumba-Koumbé, est tombé à l'improviste sur plusieurs petits chefs ba-Rotsi de ma connaissance et les a mis à mort. Puis il est allé attaquer Robosi dans sa capitale. Il paraît que ce dernier avait eu le temps de rassembler des forces pour lui résister. Quelle sera la fin de cette guerre civile ?

Léribé, 12 novembre 1879.

Que n'ai-je pu sténographier mes pensées et vous communiquer les transports de ma joie, quand j'ai appris que le déficit était enfin comblé ! Quel soulagement ! quel repos d'esprit ! Dieu soit loué ! Sachez-le, bien-aimés en Christ, les efforts que vous avez faits, les sacrifices que vous vous êtes imposés pour remettre à flot la barque de la Mission française, nous ont fait du bien et ont relevé notre courage. C'est avec un intérêt tout particulier que nous parcourions la liste des dons qui paraît mensuellement sur la couverture du « Journal ». Oui, croyons-le, le Seigneur a encore en réserve des bénédictions pour nos chères Églises, et du travail pour nous.

L'esprit de conquête, c'est le principe vital de l'œuvre des Missions. L'Église de nos jours l'a bien compris, et aucune partie du monde n'offre un spectacle plus saisissant d'émulation, d'initiative et de zèle que notre « ténébreux Continent ». Et nous, serions-nous des contemplateurs oisifs de tout ce qui se fait de grand et de noble de nos jours ! N'aurons-nous pas une part, quelque humble qu'elle soit, dans l'évangélisation de l'Afrique centrale ? Ne pourrions-nous pas dès maintenant créer un fonds spécial pour cette mission nouvelle ?

Vous aurez appris, par la voie officielle, la décision de notre Synode au sujet de la mission qui nous préoccupe. L'urgence de cette œuvre semble s'imposer à tout le monde. On se le dit, on se le répète, il faut aller de l'avant. Tout nous y pousse. Mais on sent en même temps qu'une telle œuvre ne doit pas être entreprise à la légère. Aussi a-t-on pensé qu'au lieu de repartir de suite pour les régions du Zambèze, comme j'en sollicitais l'autorisation, il valait mieux que je visitasse d'abord la France. Cette décision nous eût fait, à ma femme et à moi, une vive peine, si nous n'avions été témoins du bon esprit et de la parfaite harmonie qui ont régné dans toutes les discussions du Synode. Nous allons donc en France, comme nous serions allés au Zambèze, sous l'empire d'un sentiment de devoir, et dans un esprit d'obéissance.

XIII

Départ pour l'Europe. — L'Église de Léribé. — Réunions d'adieu. — A travers le Lessouto et la colonie. — Madère. — Londres. — Souvenirs d'une délivrance. — Les réunions de Mildmay. — Un jubilé. — Mort d'Azaël. — Le major Malan.

7 décembre 1879.

En route pour la France ! Oui, il faut bien le croire, quoique nous ne puissions pas le réaliser. Il nous semble que ce n'est que la reprise et la continuation de notre expédition, et notre prière, chers amis, c'est que nos voyages en Europe soient encore plus bénis que ne l'ont été nos pérégrinations dans l'Afrique tropicale. Et c'est beaucoup dire ; mais ce n'est pas trop. Dussions-nous vivre jusqu'à un âge très avancé, ces deux années et demie de notre carrière seront toujours pour nous comme des sommités inondées des rayons du soleil dans un panorama où abondent des ombres épaisses.

L'esprit de l'Église de Léribé est excellent. Un petit mouvement qui s'était dernièrement manifesté a ajouté quelques noms à notre classe de catéchumènes, et ce qui me réjouit, c'est que ce sont des conquêtes sur le paganisme. Une autre preuve, ce sont nos collectes. Nous en avons eu trois en trois mois. La première a produit un peu plus de 125 fr., la seconde près de 245 fr., et la troisième près de 250 fr. La collecte chez nous est une partie du service. Chacun apporte son offrande sur la table, et le tout est ensuite consacré au Seigneur par la prière. Rien ne me touche comme de voir avec quel empressement, avec quels radieux visages les petits enfants apportent leurs pites. Les bébés même au sein de leurs mères ont leurs *trois pence*[1] que leurs petites mains déposent dans le trésor du Seigneur. On m'a parlé d'enfants qui pleuraient parce qu'ils n'avaient rien pour la collecte, ou parce qu'ils n'avaient qu'un « trois pence », le *sou* de ce pays où l'on ne connaît pas encore le cuivre d'Europe. Il est impossible que cette éducation ne produise pas des fruits dans la vie future de ces petits êtres.

Nos réunions, comme toutes nos réunions d'adieu, ont été

---

1. Le *trois pence* est une petite pièce d'argent qui vaut le quart d'un schelling (six sous).

solennelles ; ce fut surtout la dernière, celle du lundi matin, où plusieurs prirent la parole. Un frisson me saisit quand je vis mon vieil ami, dont l'amitié date de plus de vingt ans et ne s'est jamais démentie, Nathanaël Makotoko, se lever. Il réussit à peine à se contenir. S'adressant à mon jeune successeur, M. Dormoy : « Jeune serviteur de Dieu », lui disait-il, « nous te recevons avec amour parmi nous, mais il faut que tu saches ce que nous éprouvons aujourd'hui. Tu nous vois réunis ici et en bon nombre, nous saluons notre père spirituel ; nous le connaissons, lui, et il nous connaît. Sais-tu où nous étions et ce que nous étions, quand, jeune comme toi, il vint ici il y a vingt ans ? — Où nous étions ? perdus dans le monde. Ce que nous étions ? des bêtes sauvages, oui, des bêtes des champs. » Et il éclata en sanglots.

L'occasion de notre séparation avait évoqué des souvenirs. Nathanaël n'est plus le jeune homme d'autrefois, vaillant et vigoureux. De ce passé, il ne lui reste plus que les cicatrices qui rappellent la valeur intrépide qu'il a déployée en se battant pour son pays et en défendant la forteresse de Moshesh. Aujourd'hui, il grisonne, il est brisé ; les persécutions dont il a été l'objet, de la part d'un autre chef à qui il s'était dévoué, ont, tout en nourrissant sa piété, laissé une teinte de mélancolie sur son esprit. Il est chef, lui aussi, et pourtant il travaille sur les routes pour que sa maison puisse soutenir sa position, et comme il ne fait rien à demi, il travaille comme un forçat. Aucun évangéliste n'a fait plus que lui. Il ne parle que de son prochain départ pour le ciel et d.i peu d'espoir que nous pouvons avoir de nous revoir ici-bas. Quoi qu'il en soit, le rendez-vous est certain, et il n'est pas éloigné.

Après les adieux officiels et privés, une dernière entrevue avec Molapo, à qui il me fut donné de dire encore quelques paroles sérieuses, nous quittâmes enfin Léribé, notre cher Ébénézer. La première nuit, nous la passâmes chez le magistrat du district, le major Bell, qui nous avait spécialement invités. Le bruit s'était répandu que je devais le soir donner une conférence sur nos voyages, dans la cour de la Justice qu'on avait disposée pour cela. Des blancs avaient, à cheval et en voiture, franchi de grandes distances, malgré l'heure indue. La salle était comble. Des ba-Souto aussi, mus par la curiosité, s'étaient attroupés dehors et se faisaient répéter par des interprètes improvisés ce qui se disait au dedans. De là, nous passâmes à Cana, à Bérée, à Morija. Là aussi, comme à Léribé, quelques bons chrétiens nous apportèrent l'un son schelling, l'autre un peu de farine pour la route.

Février 1880.

Nos adieux au Lessouto terminés, nous franchîmes l'Orange. Notre voyage à travers la colonie ne fut pas sans intérêt. Nous en fîmes une partie en chemin de fer, une nouveauté pour nous, qui n'avions plus entendu depuis vingt-trois ans l'essoufflement poussif du cheval de feu! Ici, il avait encore son cachet africain. A un certain moment, la machine ralentit sa marche, puis s'arrêta tout court. C'était sur le flanc d'une montagne, point de station. Chacun se met aux portières, avec une certaine inquiétude. Nous fûmes vite rassurés. Au fond de la vallée, une dame avec ses filles, une fermière évidemment, agitait son parapluie et faisait forces signaux pour que le train l'attendît, et puis essayait de courir en montant; son obésité, le soleil ardent et tous ces yeux braqués sur elle n'étaient pas faits pour lui rendre la tâche facile. Elle arriva quand même et fut reçue par des hourras. Après cette étape intéressante, nous reprîmes notre marche. C'étaient aussi des transformations à East-London, toute la ville de Paumure qui avait surgi à côté, l'activité fébrile de la vie civilisée qui animait le port. Non loin de là, c'était encore le splendide établissement de Lovedale, avec ses centaines de jeunes garçons et de jeunes filles cafres, où le Dr Steward et son excellente femme nous offrirent l'hospitalité la plus chaleureuse. Je ne pouvais pas surmonter un sentiment de grande lassitude, — un reste de fièvre, me dit le Dr Steward, et dont il avait lui-même souffert.

Force nous fut de nous arrêter une quinzaine de jours au Cap, renouveler nos anciennes connaissances et en faire de nouvelles. Partout nous trouvâmes de la sympathie et de l'affection.

Le Conway-Castle nous amena à Madère, où nous fîmes un séjour de deux semaines. Ce fut un temps de repos physique et de rafraîchissement spirituel. D'intimes amis, le révérend Buchanan et sa femme, nous y attendaient et nous y reçurent à bras ouverts.

Madère, avec sa grande nature, son beau ciel, son magnifique climat, mais aussi avec la misère humaine qui s'affiche partout et la mendicité éhontée qui vous accoste à chaque pas, est une ruine et une pétrification. C'est là ce qu'en ont fait le phylloxéra et le catholicisme. L'espoir de la classe pauvre n'est que dans l'émigration.

C'est là que le Dr Kalley, d'Édimbourg, vint s'établir vers 1830, guérissant les malades et prêchant l'Évangile du royaume comme son Sauveur. Il y fit une œuvre admirable. Dix-huit ans plus tard, un pasteur, écossais aussi, M. Hewiston, vint le seconder. Mais des persécutions incessantes et terribles finirent par forcer les ouvriers du Seigneur à quitter l'île, et les chrétiens madéréens à s'exiler. Un navire transporta ceux-ci à la Trinité d'abord, et de là, la plupart passèrent en Amérique, où ils fondèrent des Églises prospères. Il ne reste plus à Funchal qu'une trentaine de chrétiens, tous très pauvres, mais riches en foi et en vie.

Londres, mars 1880.

Londres ! Encore une borne que nous passons, une nouvelle étape que nous venons de faire ! Quelques-unes encore peut-être, puis viendra la dernière, et le voyage sera terminé. C'est ainsi que la vie, à mesure que nous avançons, devient de plus en plus solennelle.

Londres, c'est le centre du tourbillon de la vie commerciale moderne. Et cette vie se personnifie en quelque sorte dans ce labyrinthe de voies ferrées, dans ces trains qui se croisent, s'entre-croisent, sifflent, jusque sur les toits des maisons ou — comme s'il n'y avait plus de place au soleil — s'enfoncent et circulent dans des profondeurs obscures, sous les fondements de la cité fiévreuse, vomissant partout des flots d'êtres humains. A voir ces multitudes se presser, se coudoyer, courir hors d'haleine à leurs affaires, l'étranger éprouve une pénible impression. Après tout, Londres est un désert pour lui, s'il n'y connaît personne. Je comprends la détresse de ces deux enfants que nous trouvâmes un jour tout sanglotants. Ils avaient perdu de vue leurs parents, et dans ces milliers de gens qui passaient et repassaient devant eux, et les bousculaient au besoin, ils ne voyaient que des étrangers. Ils se sentaient tout seuls. On dit que, dans ce mouvement perpétuel des masses, il n'est pas permis au pauvre de s'arrêter. Veut-il reposer un instant, sur le seuil d'une porte, ses membres fatigués, aussitôt un sergent est là qui lui crie sans pitié : « *Move on ! move on !* » (Passez plus loin !) et plus loin il passe, pour s'entendre répéter le même ordre impérieux : « Passez plus loin ! » — jusqu'à ce qu'enfin il cherche un refuge dans le tombeau.

Malgré tout cela, j'aime Londres. Il y a vingt-trois ans, j'y passais pour me rendre en Afrique. Je ne savais pas un mot d'anglais. Nous y séjournâmes dix ou douze jours avec M. et Mme Daumas. La veille de notre embarquement, j'avais fait un achat important de livres. Mais lorsqu'on me les apporta le soir à notre hôtel, quelle ne fut pas ma douleur de découvrir que j'avais perdu le billet de banque pour lequel j'avais changé toute ma monnaie française ! Le chef de la maison, un chrétien, acquitta mon compte, mais nous partions le lendemain matin à huit heures. Je passai toute la nuit à prier, à déballer, tourner et fouiller chaque objet imaginable : en vain. D'aussi grand matin que possible, accompagné d'un ami, je me rendais aux magasins où j'avais la veille fait des emplettes. Mais l'idée de chercher un billet de banque à Londres, dans des magasins ! On me rit au nez. Je rentrais donc triste à notre logement, où les fiacres nous attendaient déjà, quand, passant devant l'hôtel des postes, j'entendis une voix m'appeler. Je me retourne et j'entre dans un magasin de papeterie. « Pardon, Monsieur, n'avez-vous pas acheté quelque chose ici hier ? — Oui, du papier et un encrier ; pourquoi ? — N'avez-vous rien perdu ? — Mais oui, j'ai perdu un billet de banque, l'auriez-vous peut-être trouvé ? — Le voici, vous l'avez laissé tomber de votre portefeuille... » On comprend mon émotion. Je ne revenais pas de mon étonnement. Retrouver un billet de banque perdu à Londres, dans la Cité, cela tenait du miracle ! Ce jeune homme qui me le remettait n'avait pas besoin de m'apprendre qu'il craignait Dieu. Il était membre de l'Union chrétienne des jeunes gens. On m'attendait avec impatience. Mme Daumas, inquiète, guettait à la fenêtre, et d'aussi loin qu'elle le put me questionna par signes. Lui montrant le précieux billet, je lui criai : « Je l'ai trouvé, je l'ai trouvé ! » Et quelques instants après, nous avions quitté Londres et nous nous embarquions pour l'Afrique.

Cette fois-ci, mes impressions de Londres, pour être différentes, n'ont pas effacé les premières, au contraire. Il est vrai qu'à côté d'une grande opulence, il y a une abjecte misère. Mais rien de plus touchant que de voir la générosité, la charité et l'activité que déploient les chrétiens.

Des réunions qui nous ont tout spécialement intéressés sont celles de Mildmay. Nous avons entendu des discours admirables. Mais un des traits caractéristiques de ces réunions, c'est la part qu'y ont prise des laïques, des hommes comme M. Stev. Blackwood, lord Polwarth. Quelle puissance il y a dans la piété de tels hommes ! J'ai remarqué la même chose partout où j'ai été ; les laïques ont forcé la consigne et se sont mis à la brèche, même dans l'Église anglicane. Et ce qui m'a non moins étonné, c'est leur connaissance des saintes Écritures. De fait, partout où vous allez maintenant, vous n'entendez parler que de « Bible readings ». On dirait que ce n'est que maintenant que l'on vient de découvrir cette mine de diamants. Aussi jamais n'en avait-on tiré de plus grandes richesses.

A peine les réunions de Mildmay terminées, commençaient celles du Jubilé des écoles du dimanche. Nous assistâmes entre autres à la grande démonstration au Palais de Cristal. Un tel événement est une date dans la vie d'un homme. Il me semble encore entendre ce chœur de cinq mille voix choisies, dans l'enceinte du palais même, puis celui de trente mille dans le jardin du Palais, exécuter non pas des morceaux de musique à faire effet, mais des airs de cantiques louant le Seigneur, entre autres le psaume 100, si simple et si majestueux. Il y a dans de telles démonstrations et leur popularité quelque chose, qui non seulement impressionne profondément, mais qui révèle le secret de la puissance de cette nation.

C'est sur ces entrefaites qu'un télégramme vint un jour m'annoncer l'arrivée de mon ami Mabille à Southampton. J'allai, entre deux réunions, lui souhaiter la bienvenue, et passer quelques instants avec lui. Il m'apportait de tristes nouvelles. D'abord, celle du désarmement des ba-Souto. Et les télégrammes sont venus les uns après les autres, depuis lors, nous causer les plus vives inquiétudes. Maintenant, paraît-il, l'excitation diminue, les ba-Souto ne se révolteront pas. Dieu soit béni ! Elle est d'autant plus criante, l'injustice dont ils sont victimes, et rien ne saurait l'atténuer, si ce n'est, comme ils disent eux-mêmes, les pauvres gens, qu'ils ont la peau noire. Et cependant, ajoutent-ils dans leurs prières, « c'est toi, Seigneur, qui nous as faits noirs ».

C'est aussi au milieu de ces travaux incessants que le deuil est venu attrister nos cœurs. Nous apprîmes d'abord la mort de notre brave Azaël. C'était l'aîné de la bande. Converti tard dans la vie, par le ministère d'Éléazar Marathane, il était intellectuellement moins développé que les autres. Mais quel beau caractère que le sien, si égal, si humble, si droit et si doux ! Il était une force dans nos conseils.

Et puis c'est notre précieux ami, le major Malan, qui a succombé à une maladie qui pour nous est un mystère. Cette nouvelle nous a atterrés. Nous regardions tant à lui, *trop* peut-être. A côté d'un brave, on se sent fort. Sa vie est pour moi une illustration frappante de Phil. III, 14. « Je fais une chose : oubliant les choses qui sont derrière moi, et me portant vers celles qui sont devant, je *cours* vers le but pour remporter le prix de la vocation céleste de Dieu en Jésus-Christ. » Il l'a remporté, ce prix ; dans son langage de soldat, il nous dirait sans doute, avec son accent habituel de joie et de triomphe, qu'il a été *promu,* et avec saint Paul : « J'ai combattu le bon combat, j'ai achevé la course, j'ai gardé la foi. » Il ne lui restait plus qu'à recevoir du Maître qu'il a tant aimé et si fidèlement servi, la couronne de vie. Et nous, laissés ainsi sur le champ de bataille et au milieu de la mêlée, allons-nous céder à la tristesse et au découragement ? Bénissons Dieu plutôt du privilège d'avoir connu un tel homme, d'avoir joui de son amitié, et de recueillir l'héritage qu'il nous laisse : l'exemple d'une vie consacrée et victorieuse !

XIV

Arrivée à Paris. — Rapport au Comité des Missions. — Tournées en France et à l'étranger. — Lettre aux Églises.

Paris, 11 mars 1880.

Bénissez le Seigneur avec nous ; unissez-vous à nous pour reconnaître sa bonté ! Il nous a conduits et protégés ; il nous a amenés ici en santé et en paix. Nous pouvons chanter le psaume XXIII avec des cœurs débordant de reconnaissance.

Nous sommes arrivés à Paris avant-hier soir. Après vingt-trois ans d'absence, nous ne pouvions pas croire que nous fussions de nouveau dans la capitale du monde, le centre de la civilisation moderne, et dans les bras de notre vénéré directeur. Il nous semblait rêver. Le lendemain, nous allions à la vente des Missions. Je n'aurais pas voulu la manquer pour rien au monde ; l'objet m'en est trop sympathique. Elle se fait pour l'éducation des enfants missionnaires. Nous n'avons pas d'enfants, nous, mais nous nous intéressons d'autant plus à ceux de notre petite colonie du Lessouto. L'avouerai-je ? Au milieu de tout ce monde qui se pressait dans la salle, nous éprouvâmes d'abord un sentiment d'isolement et de tristesse. Nous ne reconnaissions personne, et personne ne nous reconnaissait. Nous étions étrangers dans notre patrie !... Après tout, les figures seules avaient changé, les « tentes terrestres » seules avaient vieilli. Aussi, du moment que notre présence se fut ébruitée, nous retrouvâmes-nous au milieu de connaissances et d'amis. — « Eh ! bonjour, monsieur Coillard ! est-ce bien vous ! Que nous sommes heureux de vous revoir ! » — Et quelques-uns ajoutaient à demi-voix : « Mais, je vous croyais plus grand !... » Toujours la même expérience, vous le voyez : de loin les personnes comme les choses risquent de prendre des proportions démesurées.

Fin mars 1880.

Sous la date du 26 mars, je présentais au Comité des Missions un rapport sur notre expédition et sur nos projets de mission au

Zambèze. J'y exposais aussi clairement que possible les voies par lesquelles Dieu nous avait conduits, et les sacrifices d'hommes et d'argent que cette mission lointaine et dans un climat meurtrier exigerait sûrement de nous.

Et je concluais ainsi : « Je vous demande, Messieurs, de peser sérieusement les considérations et les chiffres que je vous soumets. Entreprendre une œuvre à laquelle Dieu ne nous appelle pas, ou refuser de mettre courageusement la main à une œuvre qu'il nous fait l'honneur de nous proposer, sont deux écueils que nous voulons éviter. Arriver à une conviction sincère et profonde du devoir, voilà ce qu'il nous faut. Prendrons-nous notre parti de nous enfermer dans les limites du petit pays du Lessouto, que d'autres Sociétés commencent à nous disputer ?

« Sommes-nous déterminés à ne pas chercher de débouché pour la vie et pour l'action de nos Églises indigènes ?

« Si nous acceptons cette alternative, alors résignons-nous d'avance à renoncer au progrès ; laissons à d'autres le soin d'évangéliser des tribus dont nous possédons la langue ; renonçons à nous avancer vers l'intérieur. Travaillons parmi les ba-Souto, sans avoir l'ambition de franchir les bornes de leur pays et de leur existence. Pour cela aussi, il faut un certain héroïsme. Mais Dieu, s'il le faut, peut nous le donner.

« Si, au contraire, nous ne pouvons accepter cette alternative, envisageons franchement les sacrifices que nous devrons faire. Pour moi, la question des fonds pâlit devant celle des hommes. Il nous faut des hommes pour le Lessouto, il nous en faut pour le Sénégal, il nous en faudra pour les ba-Rotsi. Mais si nous avons la conviction que cette œuvre nous est donnée de Dieu, nous ne nous laisserons décourager ni par les dépenses, ni par les revers, ni surtout par les morts de ceux qui succomberont à ce poste d'honneur.

« Qu'on le comprenne bien : dans cette entreprise, la responsabilité doit surtout reposer sur les Églises de France, sur vous, Messieurs, qui les représentez. Les Églises du Lessouto ont fait de sérieuses expériences depuis qu'elles donnèrent essor au premier élan de leur enthousiasme. Elles ont compris la grandeur et les exigences de cette œuvre, et elles ont senti leur faiblesse. Elles ne sont pas découragées, mais c'est à vous qu'elles regardent. Elles vous suivront, mais ne demandez pas qu'elles vous devancent.

« Je n'ai rien dit de l'opinion de mes collègues, ni de celle de leurs troupeaux. Elles vous sont connues. Nos discussions en conférence et en synode ont été caractérisées surtout par une extrême prudence, et par la crainte de trop s'engager et de trop compromettre la responsabilité des Églises du Lessouto. »

Le Comité, profondément impressionné, tant par le devoir impérieux qui semblait s'imposer que par les responsabilités nouvelles qu'il entraînait avec lui, sentit que c'est aux chrétiens eux-mêmes dont il tient son mandat qu'il fallait en appeler. « Allez, me dit-on, visitez les Églises, et que Dieu soit avec vous ! »

Et nous nous mîmes en campagne. Nos tournées durèrent deux années ! Nous parcourûmes la France du nord au midi, de l'est à l'ouest ; séjournant deux ou trois jours dans les principales Églises de nos grandes villes, mais visitant aussi les Églises de campagne.

« Je ne crois pas me tromper, écrivais-je dans ce temps-là, en disant que l'œuvre des Missions est généralement chère aux Églises. On le pourrait, qu'on ne voudrait pas s'en passer. Mais c'est une œuvre, hélas ! bien peu connue. Le *Journal des Missions* n'est guère lu que par des amis dévoués de l'œuvre, et dans les réunions mensuelles que des pasteurs tiennent ici et là. L'œuvre des Missions en France, c'est l'œuvre des chrétiens, mais pas encore celle des Églises. Les pasteurs et leurs troupeaux ne sentent pas qu'ils y ont une part de responsabilité. On s'intéresse aux missions au même titre qu'on s'intéresse à toute autre œuvre ; il n'y a de différence que du plus au moins ; la nature de l'intérêt est la même ; pas de sentiment de responsabilité. Les missions n'ont pas encore obtenu droit de cité chez nous. Ce n'est pas un mendiant, il est vrai ; c'est un hôte qu'on accueille avec amabilité et que l'on comble d'égards, mais ce n'est pas un enfant de la maison, et il n'a pas encore place au foyer domestique.

« Il y a, dans des villes et dans des villages, des pasteurs qui poursuivent sans joie et sans bénédiction un ministère de luttes et de souffrances, engagés dans des rivalités de dénomination qui dessèchent l'âme, aigrissent l'esprit et cachent l'étendard royal sous des nuages de poussière. Ils étouffent eux-mêmes, ils n'ont pas de place au soleil ; le cadre où ils se meuvent est trop étroit pour leur activité. Et pourtant, au delà des mers, nous leur montrons tout un monde avec des millions de créatures humaines qui périssent, faute de messagers de la bonne nouvelle. La science et le commerce ont leurs pionniers et leurs martyrs chaque jour en Afrique. Où sont les nôtres ?... O mon Dieu ! quelle idée donnons-nous donc de ton service, que tant de tes rachetés le redoutent et que si peu nous envient !... »

Nous parcourûmes aussi les vallées vaudoises du Piémont, où l'intérêt missionnaire en était encore au minimum, puis la Suisse, la Belgique, la Hollande et l'Écosse, où partout nous reçûmes l'accueil le plus chaleureux.

Il nous fallait la grosse somme de 100,000 fr. Un ami anglais commença par nous en envoyer 25,000, et le reste se trouva peu à peu. Nous eûmes partout des preuves bien touchantes de libéralité. Ici, où j'avais lieu de croire qu'on se défiait de mon caractère d'étranger, je m'étais à peine tu que les dons affluaient ; là les troncs de l'église débordaient ; il y avait beaucoup de cuivre, c'est vrai, mais il y avait aussi de l'argent ; ailleurs c'étaient des parures que l'on avait mises dans la bourse. Mais ce qui nous émut non moins, ce furent ces pauvres, ces veuves qui donnaient leurs pites avec tant de joie ! En Hollande et en Écosse, il se forma des comités pour maintenir et concentrer l'intérêt en faveur de la Mission.

Les vocations missionnaires, malheureusement, étaient plus rares. Ce n'est pas que les jeunes gens manquassent absolument de dévouement et d'enthousiasme ; mais c'est qu'il y avait ici et là un père, une mère qui d'une haleine pouvaient dire à Dieu : « Que ton règne vienne ! » et à leur fils : « Aussi longtemps que je vis, tu ne seras pas missionnaire, j'en mourrais de douleur. » — Nous avions cependant conscience que c'était là aussi un temps de semailles, et comme gage de la future moisson, le Seigneur nous accorda un collaborateur précieux en M. Christol. M. Christol est un peintre, qui avait mis son beau talent sur l'autel pour se donner à l'évangélisation populaire de la Mission Mac All, et qui, ensuite, renonça à cette œuvre aimée pour nous suivre en Afrique avec sa charmante compagne.

Au moment de quitter l'Europe pour retourner en Afrique, je sentis le besoin d'adresser aux Églises la lettre qui suit :

Paris, le 22 avril 1832.

« Bien chers amis,

« Nous partons définitivement dans six jours. Nos dernières réunions ont eu lieu ; nous sommes dans les emballages et les visites « pour prendre congé », très occupés et très fatigués. Ce n'est donc pas le moment de faire des lettres et des discours. C'est pourtant un besoin de nos cœurs de vous dire, à vous aussi, qui n'êtes pas de Paris, un dernier adieu. En l'écrivant, ce triste mot d'*adieux* qui nous remplit d'une douloureuse émotion, nous répétons par la pensée tous nos voyages de deux ans. Toutes les localités que nous avons visitées, les Églises qui nous ont accueillis, les visages de ceux qui nous ont comblés d'affection passent devant nous comme une vision. Nous n'oublions aucun des nombreux Béthel, ni aucun des bien-aimés qui, comme les anges à Jacob, nous ont communiqué de la part de Dieu des messages et des bénédictions. — La voilà donc terminée, notre œuvre en Europe ! Elle est devant Dieu et devant l'Église, avec toutes ses imperfections et ses misères. Elle me laisse à moi, je vous dois cette confession, le sentiment d'une profonde humiliation. Je pense à toutes ces occasions uniques qui m'ont été fournies pour glorifier mon Maître et pour édifier son peuple. *Lui* a su le secret de mon cœur et tous mes combats. Ma consolation pour le passé, ma force pour l'avenir, c'est qu'*Il* veut bien, pour magnifier sa puissance, se servir des choses méprisables de ce monde et même de celles qui ne sont point. Il est salutaire de se voir *diminuer soi*, mais lui *croître*, et de s'assurer que l'homme ne lui dérobe aucun rayon de sa gloire.

« A coté de ce sentiment-là, il en est un autre que je ne saurais taire, la reconnaissance. Nous l'emportons, et il revivra dans les déserts comme une source rafraîchissante, le souvenir de toute l'affection, de toutes les bontés dont vous nous avez comblés, de tout le bien que nous avons reçu.

« Pourquoi voudrait-on imposer au royaume de Jésus-Christ les frontières de notre pays ou les limites d'une localité ?... *Excelsior !* chers amis, et plus haut nous nous élèverons, plus aussi disparaîtront les distances et les nationalités. J'ai été confondu de rencontrer, dans mes tournées, les objections contre l'œuvre des missions que l'on combattait il y a cinquante ans. Je dois à la vérité de dire, — et je le fais sans amertume, — que, chez nous, l'œuvre des missions est encore peu connue, et partant peu comprise. Il est maints pasteurs évangéliques qui ne s'en occupent pas, qui ne reçoivent ou ne lisent jamais un journal des missions. Ce n'est pas encore l'*œuvre des Églises* comme nous, nous l'entendons. Même bon nombre de ceux qui s'en occupent le font en amateurs et rejettent toute espèce de responsabilé personnelle. Pour eux, c'est l'œuvre d'une société siégeant, comme tant d'autres, à Paris, et à laquelle on accorde, aux mêmes titres, une parcelle de patronage et de sympathie. — Voilà une des causes de notre pénurie constante de fonds et d'ouvriers. Quand vous, frères bien-aimés et vénérés, aurez senti que l'œuvre de l'évangélisation du monde n'est pas pour l'Église un luxe dont, à la rigueur, on peut se passer, mais un devoir, un apostolat que le Maître lui-même lui a confié, et qu'elle ne peut méconnaître et négliger impunément, alors aussi vous sentirez que votre responsabilité personnelle y est directement engagée, vous remuerez vos troupeaux et provoquerez des vocations parmi vos jeunes gens.

« Pardonnez ma franchise. Je ne voudrais froisser qui que ce soit par la rudesse de mon langage, ni poser devant vous et faire parade de modestie. Mes tournées missionnaires en Europe sont terminées, et, quelle que soit l'opinion que l'on en ait, personne ne me refusera le témoignage d'avoir été de bonne volonté. Je me suis donné autant que je l'ai pu; j'ai visité les villages avec autant de sérieux que les grandes villes, et ce n'est pas là que j'ai été le moins béni. J'ai tenu scrupuleusement tous mes engagements et jamais une indisposition ne m'a servi de prétexte pour m'y soustraire. J'ai fait taire mes sentiments personnels et j'ai parlé « au grand public », quand il m'eût été plus doux de causer en famille avec ceux chez lesquels j'aurais voulu éveiller un intérêt durable pour notre œuvre. J'ai à votre désir, et malgré une préparation souvent insuffisante, entretenu des cercles littéraires et des sociétés de géographie. Je l'ai fait par considération pour vous, mes vénérés frères, et pour l'œuvre d'évangélisation que vous faites en France. Je l'ai fait franchement et avec simplicité, et vous vous êtes déclarés satisfaits. L'honneur du protestantisme, que vous et moi nous représentons, était ainsi revendiqué. Je n'étais pas un collecteur, je n'attendais rien de plus, et souvent je n'ai rien reçu de plus. Mais noblesse oblige, et en vous quittant, permettez-moi de vous le rappeler. Vous vous êtes moralement compromis devant le public, et après m'avoir patronné devant lui, vous n'oublierez pas l'œuvre que je vais faire loin de vous dans l'Afrique intertropicale. Si jamais l'un de mes compagnons d'œuvre ou moi-même revenons parmi vous, vous nous accueillerez comme vos propres mandataires. Dès maintenant, vous suivrez notre entreprise à travers toutes les péripéties de son développement. Cela me consolera de ce dont j'ai si souvent gémi, que le voyageur ait été plus populaire que le missionnaire.

« Chers amis, nous faisons une œuvre sérieuse, à laquelle nous avons foi. Je frémis en pensant que pour la faire nous faisons tant de bruit. Ce n'est pas ainsi que se construisait le temple de Jérusalem. Je prends ma bonne part du blâme dans ce qu'il a de mérité, et je demande instamment à mon Dieu la fidélité dans l'humilité. Redoutons de tirer parti de tout pour créer un enthousiasme éphémère. Travaillons les uns et les autres dans l'ombre et dans l'obscurité plus encore qu'en plein soleil et en public.

« Au moment de tenter l'exécution des projets auxquels je vous ai associés, chers amis, je sens la responsabilité qui pèse sur moi. La critique est sur mes traces, vos espérances m'ont devancé, et je vais bientôt me trouver face à face avec la réalité des difficultés de tous genres. Mais le Maître est là et il m'appelle ; il sera ma lumière, ma délivrance et la force de ma vie. »

LA MARCHE TRIOMPHALE DU CHRÉTIEN

> L'ange de l'Éternel campe tout autour de ceux qui le craignent et les arrache au danger.
> *Ps. 34. 8.*

Air africain de J. K. BOKWE. — Paroles de M. COILLARD
traduites du Se-Souto par M. THEOD. MONON.

1
Noble enfant du souverain Roi,
  Dieu t'honore et te protège :
  Ceux qui forment ton cortège
Sont par milliers autour de toi.

2
Et c'est l'Ange de l'Éternel
  Qui se tient près de ta couche,
  Pour qu'aucun mal ne te touche
Lorsque tu dors seul sous le ciel.

3
Tu t'éveilles, le lendemain :
  Ils sont là pour ta défense ;
  Leur phalange te devance,
Ils applanissent ton chemin.

4
Ne crains rien, car tu les verras
  Au plus fort de la détresse
  S'approcher avec tendresse
Et te porter entre leurs bras.

5
L'ennemi, laisse le gronder !
  Qu'il menace et qu'il rugisse :
  Ton Sauveur à ton service
Met tout un camp pour te garder !

6
O divine protection
  Qu'elle est douce et qu'elle est forte !
  C'est ta gloire et ton escorte
Jusqu'aux murailles de Sion.

Au pays du Ba-Nyaï, septembre 1877, au lendemain de l'aventure chez le chef Masonda.

DEUXIÈME PARTIE

LA MISSION SE FONDE

XV

A Wellington. — L' « école huguenote ». — Stellenbosh. — A travers la Natalie. Une épizootie. — Arrivée à Léribé. — État de la station.

Léribé, 26 août 1882.

Nos amis seront heureux d'apprendre que, par la bonté de Dieu, nous sommes enfin arrivés à Léribé. Nous avons eu à regretter un délai de cinq ou six jours au Cap. Nous en avons profité pour aller à Wellington serrer une fois encore la main au véritable vétéran missionnaire, M. Bisseux, qui représente encore le temps héroïque des débuts de la mission. Nous avons aussi visité la « Pension Huguenote », fondée et dirigée par miss Ferguson et d'autres dames américaines, d'après les principes d'Holyoke et dans le même esprit. La création de cet établissement, due aux efforts d'un pasteur vraiment apostolique, M. Andrew Murray, a commencé une réforme importante dans le système d'éducation pour les jeunes filles du sud de l'Afrique. C'est un *home* plutôt qu'une pension. Tous les jours les élèves y consacrent une heure environ — mais une heure évaluée en minutes pour rappeler le prix du temps — aux soins du ménage, et elles y font en même temps des études très sérieuses. A mon avis, l'un des plus beaux fruits du système et de l'influence de la maison, c'est le fait que bon nombre des élèves qui en sortent sentent le besoin de faire quelque chose pour d'autres et se vouent à l'enseignement à leur tour. Déjà des institutions de ce genre se sont élevées dans les principales villes de la colonie, dans l'État-Libre et jusqu'au Transvaal. C'est une belle pensée de M. Andrew Murray d'avoir rattaché cette œuvre à la France en l'appelant l' « école huguenote ». C'est un hommage à la mémoire de nos pères persécutés, dont bon nombre ont cherché un refuge au Cap, et dont les noms se retrouvent encore parmi les élèves de l'école de Wellington.

Nous avons aussi visité Stellenbosh. C'est un petit Édimbourg, un centre d'éducation. Il y a une pension de jeunes filles du même genre que celle de Wellington, deux même, dont l'une, très prospère, appartient à la mission rhénane, et surtout la faculté de théologie de l'Église hollandaise. Cette faculté, foncièrement évangélique, a été une source de grandes bénédictions pour le pays ; son corps professoral se compose d'hommes d'une piété éminente ; et quoique jeune, elle a déjà donné des pasteurs remarquables par leur zèle et par leurs talents.

Ce qui nous réjouit surtout, c'est de voir l'esprit missionnaire se développer au sein de l'Église hollandaise, et dissiper peu à peu les préjugés d'autrefois. Ainsi, parmi les étudiants en théologie, à la même table et sur les mêmes bancs, se trouve actuellement un jeune homme de couleur. C'est une victoire. A Wellington, le Révérend Th. Ferguson a, depuis quelques années, une école missionnaire qui a déjà envoyé des ouvriers et qui compte un bon nombre d'élèves, tous hollandais ou colons.

Au Cap, je me suis naturellement occupé des affaires du Lessouto ; j'ai vu le gouverneur, les ministres, quelques membres du Parlement. Puis huit jours de côtoyage dans l'Océan Indien, et nous sommes à Natal.

Nous débarquons dès le lendemain de notre arrivée, et sommes bien accueillis par des amis d'ancienne date, puis nous partons pour Pieter-Maritzburg, la capitale de la Natalie. Cette fois, ce n'est plus en chariots à bœufs que nous franchissons ces cinquante milles, mais bien en chemin de fer. Un chemin de fer, c'est encore une grande nouveauté. La voie est simple et très étroite, pas de tunnels ; elle suit les contours des montagnes, gravit tout doucement les pentes quand il le faut ; vous courez le risque d'avoir le mal de mer, et les récriminations des passagers se font entendre de toutes parts. Mais nous, en imagination, nous refaisons nos voyages aventureux de jadis, nous jouissons du grandiose panorama qui va se déroulant devant nous ; nous sommes reconnaissants et heureux. A mes côtés se trouve un fermier. Le soir, à un arrêt, comme je me promenais sur le trottoir pendant que tout le monde courait au buffet ou à la buvette, mon voisin vient à moi : « Monsieur, dit-il, voudriez-vous partager ma nourriture ? » C'était du biscuit ; je n'avais pas faim ; je n'ai pas précisément de prédilection pour cette espèce de pain. Mais son invitation était si cordiale, que je rompis la brique et me mis à grignoter tout en causant avec lui. C'est bien encore l'Afrique, l'Afrique hospitalière. Je ne me souviens pas que chose pareille me soit jamais arrivée dans tous mes voyages en Europe.

Il y a des changements, cependant, depuis quatorze ans que nous avons quitté Natal. On évalue à près de quatre cent mille les Zoulous qui y habitent ou y ont cherché refuge. Pour les seize ou dix-huit mille colons, la grande question du jour c'est, comme dans la colonie du Cap, la question ouvrière. Les Zoulous sont si fiers, si indépendants, qu'ils ne travaillent que pour se procurer les moyens d'acquérir des femmes. Aussi s'est-on vu obligé d'importer des *coolies* des Indes. Et ces coolies, aujourd'hui on les trouve partout : sur la voie ferrée, dans les magasins, dans les hôtels, dans les maisons privées, au marché et dans les prisons. Leurs boutiques et leurs costumes orientaux donnent aux villes de Natal un caractère particulier. On les dit nés marchands, ces coolies, aussi leurs magasins, fort bien achalandés, sont-ils mal vus des commerçants qui ne peuvent soutenir la concurrence. Il se fait parmi eux, sous les auspices de l'Église wesleyenne, une œuvre d'évangélisation. Mais, il faut le reconnaître, le terrain est ingrat.

A Maritzburg, c'est mon ancien et intime ami, M. le pasteur Smith, qui nous donne l'hospitalité. Nous croyions que ce ne serait que pour quelques jours : ce fut pour des semaines. Pas de wagons nulle part, il faut en faire construire ; pas de bœufs, et c'est presque une impossibilité que de s'en procurer. A la fin pourtant, nous en trouvons, mais à quel prix ! Nous les prenons, il le faut. Notre consolation, c'est de penser que nous montons déjà notre expédition et faisons des dépenses qui ne se renouvelleront pas à moins d'accidents. Un matin, je regardais du jardin passer les soldats. Du sein de la populace noire qui les suit, s'élancent vers moi deux individus, gesticulant, riant et criant d'aussi loin qu'ils le peuvent : « Luméla ntaté ! luméla ntaté ! Bonjour, père ! » C'étaient Gédéon et Fono. Ils m'amenaient mon wagon du Lessouto. En la revoyant, cette voiture, notre *home* ambulant, la tristesse s'empara de moi. Laissée dehors pendant deux ans et demi, sans abri, au soleil et à la pluie, elle était d'un délabrement piteux.

Nos amis ont profité de notre séjour à Durban et à Maritzburg pour organiser des réunions spéciales, soit pour le public en général, soit pour les enfants de toutes les écoles du dimanche.

Mais les bœufs sont achetés, les wagons sont prêts. Chargeons donc et partons ! Quel charme de se blottir de nouveau dans son chariot, voir son long attelage, entendre les *trek* du conducteur et les détonations de son long fouet, de cheminer gravement, bivouaquer à la bohémienne, en un mot, vivre de nouveau de la vie d'Afrique ! — Hélas ! le charme est de courte durée ! — Une épizootie, qui a fait de terribles ravages au sud de l'Afrique, règne encore ici. Déjà, avant de quitter la ville, deux des bœufs envoyés du Lessouto succombaient. J'avais à peine vendu leurs peaux que d'autres tombaient le long du chemin. Nous nous arrêtâmes sur une éminence à une lieue de la ville. Ce fut un vrai désastre : soins, repos, remèdes, rien n'y fit. En quelques jours, j'en perdis douze. Aujourd'hui, à l'heure où j'écris, on dépèce le dix-septième ! Je me suis désolé et tourmenté, et chaque bœuf qui mourait m'arrachait la plainte d'un de ces fils de prophète, qui pleurait sur sa cognée : « Hélas !... et encore est-il emprunté ! » Mais cela n'a pas réparé nos pertes.

Le trajet n'a pas manqué d'aventures de tous genres : nous avons eu du vent à tout emporter, des nuages de poussière qui s'engouffraient dans les wagons, de la pluie, de la neige et des chemins défoncés.

J'ai hâte d'arriver à Léribé, notre cher Léribé. Hélas ! il n'est plus ce qu'il était il y a cinq ans ! Nous le savions bien et pourtant, je l'avoue, la réalité dépasse tout ce que notre imagination avait peint de plus sombre. Quelques personnes viennent bien à notre rencontre et sont heureuses de nous revoir. Mais il y a des vides parmi ceux qui nous entourent, chrétiens et païens.

La station, désertée, délabrée, serait un tombeau sans la présence de quelques femmes et enfants, et sans celle surtout de nos amis Marzolff et Mlle Louise Cochet, qui nous y ont préparé la bienvenue de leur mieux. Le village, autrefois si propret, si animé, si riant, n'est aujourd'hui qu'un monceau de ruines silencieuses et désolées. Le jardin missionnaire, je n'en parle pas, il est l'emblème de la vigne du Seigneur bien autrement dévastée. La guerre — et la pire de toutes — la guerre civile, a semé des haines et des vengeances implacables. La vie des camps, de ces camps, les égouts de tout ce que notre civilisation a de plus corrompu et de plus effronté, a donné une telle impétuosité au courant de la démoralisation, que peu de nos chrétiens — je le crains — ont pu résister. Quelques-uns sont décidément retournés se vautrer dans la fange du paganisme, d'autres, et peut-être le plus grand nombre, se sont adonnés à l'eau-de-vie. La jeunesse, cette

TAHALIMA

L'un des principaux chefs de Séchéké, tué dans la guerre civile en 1887.

jeunesse sur laquelle nous avions fondé tant d'espérances, a été décimée par la violence des passions. Les chrétiens dont la profession a résisté à tant d'attaques ont subi des influences si délétères, que le zèle et la vie paraissent étouffés ou paralysés. En présence de tant de désastres et de ruines, les païens se moquent de l'Évangile ; l'Église est déserte, les chemins de Sion mènent deuil !

Notre ciel politique, pour le moment, n'est pas plus radieux. Il est gris, et à l'horizon grondent des orages qu'il semble difficile de conjurer. Massoupa, enivré de ses succès — et il en a eu de grands en diplomatie aussi bien qu'en stratégie — rit, assure-t-on, des démonstrations du représentant du gouvernement et du chef Letsié lui-même. Ce qu'il veut, ce qu'il demande hautement, c'est la retraite définitive du gouvernement anglais et l'indépendance absolue du Lessouto. Lésoana et d'autres chefs le soutiennent. Et il reste à savoir encore jusqu'à quel point la tribu les suivra.

C'est le printemps ici. Laissons donc cette belle saison étendre son riche manteau de verdure et de fleurs sur toutes nos ruines et nos désolations. C'est un contraste blessant pour le cœur, sans doute, mais il nous inspire aussi de la confiance et de l'espoir pour l'avenir. L'hiver ne durera pas toujours. C'est au milieu des ruines fumantes et désertes de Jérusalem que Jérémie s'écriait, dans un élan de sa foi : « Ce sont les gratuités de l'Éternel qui font que nous n'avons pas été consumés, parce que ses compassions ne sont pas taries. Elles se renouvellent chaque matin. C'est une chose grande que ta fidélité. »

XVI

Guerre civile. — Visite du directeur de la Société. — Une tournée dans les Églises du Lessouto. — Départ prochain.

Léribé, 10 juillet 1883.

Quelques jours encore, et il y aura un an que nous sommes de retour ici. Et nous ne devions y passer que *six mois !...* Ce séjour forcément prolongé n'aura cependant pas été une éclipse pour la mission du Zambèze. C'est qu'il a plu à Dieu de nous mettre dans le creuset. Il a permis que notre foi passât au crible, et que les vagues du désappointement et de la tristesse vinssent les unes sur les autres se briser contre nous et nous couvrir de leur écume. Je le comprends maintenant ; après le bruit et la publicité de l'Europe, il nous fallait les revers qui humilient, le silence et le recueillement de la solitude, qui rapprochent du Seigneur et font pénétrer plus profondément dans l'intimité de sa communion.

La conférence d'Hermon, au mois de mars, m'a personnellement fait du bien. Il fait bon — après une longue séparation et une crise comme celle que nous avons traversée — de se revoir, et de causer avec des collègues qu'on estime et qu'on aime. Nous comptions que les fêtes du Jubilé seraient, surtout pour nous, un temps de rafraîchissement. Nous y avions mis notre cœur. Nous aurions voulu passer encore quelques jours *en famille,* avec les familles de notre colonie missionnaire, avant notre départ pour l'intérieur. L'occasion surtout me paraissait unique de plaider la cause de la mission du Zambèze devant les Églises assemblées, de la placer sur leurs consciences et sur leurs cœurs, et de la leur proposer comme un monument digne d'elles à élever à la gloire de notre Dieu. C'était d'autant plus nécessaire que, pendant les dernières années, il y a eu un pas rétrograde, un grand refroidissement de zèle missionnaire, dû en grande partie aux préoccupations politiques. Nous faisions des plans, oui — mais nous étions sur un volcan. Il fit irruption, la guerre civile éclata, notre malheureux district fut une fois de plus livré au pillage et à la destruction — et adieu nos plans, nos douces perspectives, nos jouissances anticipées ! Adieu notre moisson de bénédictions, adieu notre Jubilé ! Vous savez le reste : les derniers hameaux du district détruits, la ville de Molapo et ses belles maisons européennes, construites et meublées à grands frais, réduites en cendres, des vieillards massacrés, des enfants mutilés, des femmes ignominieusement dépouillées et maltraitées, même sous nos yeux, sur la station où elles avaient cherché un refuge à « l'ombre de la maison de Dieu ». Les alertes, les paniques, l'isolement, le suspens et la perplexité annonçaient mal le Jubilé. M'absenter, c'était impossible.

Il semblait que le Jubilé ne fût pour nous qu'un mirage.

Nous avions la douceur de posséder mon futur collaborateur, M. Jeanmairet, un jeune homme sérieux et aimable — et aussi un ami, un jeune avocat de Genève, M. Gautier. Simple visiteur du pays, étudiant en amateur, il a pu en quelques mois se rendre maître de la langue pour la comprendre et même la parler en public. Son ardente affection pour les indigènes lui inspirait des mouvements généreux et délicats.

Nous attendions la visite de nos chers amis, M. et Mme Boegner, et M. Gustave Steinheil. La présence de Mme Boegner a donné à ce voyage et à nos rapports quelque chose de tout particulièrement doux et intime. Elle a apporté à nos chères compagnes sa part de bénédictions. Elle a pu s'initier à plus d'un détail de la vie matérielle d'une dame missionnaire, et elle s'associera sûrement d'une manière plus effective à leurs difficultés. Le bien que son passage a fait se continuera.

Nous bénissons Dieu de ce qu'aucune alerte n'est survenue pendant le séjour de nos amis ici. Nous, nous l'avons mis à profit pour étudier encore ensemble certaines questions qui se rapportent à la mission du Zambèze. Le moment est venu, en effet, où nos plans doivent prendre une forme définitive, et où nous allons enfin mettre la main à l'œuvre. Dans peu de jours, Jeanmairet et moi allons nous mettre en selle, et, à l'invitation de la conférence, visiter les Églises et leur faire nos adieux. Notre programme est chargé. Notre voyage, qui doit commencer après-demain, ne se terminera que dans six semaines. J'avoue que je l'appréhende un peu, surtout en plein hiver. Il m'en coûte, surtout, de m'éloigner pour si longtemps de la station, et de laisser ma femme seule avec ma nièce. Nous avons maintenant une trêve qui s'est prolongée bien au delà de nos espérances. Combien de temps durera-t-elle ? Nous nous cramponnons à l'espoir que cette éclaircie est le présage du retour du beau temps, et non point le calme qui précède les tempêtes.

Léribé, 28 août 1883.

.....Vous attendez des nouvelles et je vous les dois. Notre voyage a duré six semaines. Jeanmairet est décidément passé maître en équitation ; c'est seulement dommage que ce soit au moment où nous allons quitter le pays des chevaux. Il a tenu bon jusqu'au bout, le brave ami, sans trop de fatigue et jouissant beaucoup. Il faut dire que c'est un bien beau voyage que nous avons fait. La veille même de notre départ, au soir, on venait me raconter des escarmouches qui avaient eu lieu à deux ou trois endroits. Le sang avait déjà coulé, on allait encore se battre, c'était certain ; comment quitter la station, ma femme et ma nièce, dans ces circonstances? Nos gens faisaient de longues mines. Réflexion faite, je résolus de maintenir ma décision, advienne que pourra. J'étais trop triste de mes désappointements du Jubilé. Seulement, je pris quelques précautions.

Eh bien! l'armistice a duré pendant toute mon absence, et c'est à peine s'il y a eu les alertes qui étaient si fréquentes avant votre visite à Léribé. Et puis quel beau temps ! A part deux ou trois jours de pluie et de froid à Hermon et à Smithfield, nous avons eu un soleil radieux. Vous connaissez assez notre petite colonie missionnaire pour savoir jusqu'à quel point nous comprenons ici le privilège de l'hospitalité. Je le crains, nous l'avons imposé d'une manière onéreuse à nos frères, ce privilège-là. J'en ai eu mal à la conscience, je n'aurais pas aimé qu'on mît mes chevaux à une telle corvée.

Cette visite me laissera les souvenirs les plus doux. Notre cause aussi y aura sûrement gagné. Je crois pouvoir le dire positivement.

Nous avons sous ce rapport fait des expériences assez diverses, avec des alternatives de découragements et d'encouragements. Mais, en définitive, ce sont les encouragements qui prédominent. C'est alors que nous avons pu constater l'étendue du mal que les guerres ont fait parmi nos Églises, et aussi que nous avons vu se dissiper certaines illusions que nous avions caressées au loin. Quelle différence entre le calme plat actuel et cet élan d'enthousiasme qui électrisait les Églises en 1876 et 1877 ! Qu'il me semble que tout alors était beau et facile ! J'aurais pu aller au bout du monde, porté par tant de chaleur. Aujourd'hui, ah ! quand parfois la voix vous revient sans écho, on sent que, pour aller de l'avant, il faut que la main puissante de Dieu vous ceigne de sa force. Nous retrouvons sur notre sentier ici, contre la mission extérieure, les mêmes objections que je combattais en France. Comment faire des collectes ? Comment aller au Zambèze quand il y a encore tant à faire au Lessouto ?

Cependant, nous avons eu de bonnes réunions à Hermon, à Massitissi, à Béthesda, à Morija, etc. Et, bien que nous ne puissions pas encore dire quels en seront les résultats acquis, nous avons recueilli là plus que de bonnes paroles qui ne coûtent rien : des témoignages tangibles d'intérêt.

Vous pouvez penser si nos Zambéziens sont impatients. Pauvres garçons ! après le service de Morija, ils étaient dans ma chambre, m'obsédant de questions. Ils auraient voulu savoir le jour du départ, quitter immédiatement l'école pour venir s'y préparer, comme s'ils avaient de grands préparatifs à faire ! Karomba prétend être très fatigué de ses études, et il lui semble que, s'il se repose, le moment du départ approchera plus vite.

Léribé, 24 octobre 1883.

Notre réunion d'adieux avec les représentants des Églises du Lessouto est fixée au 25 novembre, et notre départ définitif au 5 décembre. Nous sommes déjà au milieu de nos emballages comme si nous nous préparions à prendre le train pour le Zambèze ! Ce n'est pas le « rapide », encore moins l' « éclair » qui nous emportera dans ces régions lointaines, mais nos serviteurs bucoliques, qui sont le symbole de la *patience*. C'est ici pour nous un temps de fatigue et d'anxiété. Il faut trier ce qu'on laisse, ce qu'on prend, prévoir les besoins futurs, non seulement les siens propres, mais ceux de chaque membre de la caravane. Aussi tous les jours demandons-nous à Dieu toute la sagesse dont nous avons besoin.

Les membres de notre troupeau sont tristes à la perspective de notre prochaine séparation. Nous ne le sommes pas moins. Mais l'arrivée de M. et Mme Weitzecker consolera nos gens, et quant à nous, Celui qui nous appelle et nous envoie nous soutiendra et nous fortifiera. Nous avons maintenant les quatre wagons qu'il nous faut, et nous attendons encore que des amis nous procurent l'attelage qui traînera le chariot du bateau.

Le temps est donc venu pour nous de mettre courageusement la main à l'œuvre ; mais il est venu aussi de faire un sérieux appel à tous nos amis et aux Églises dont nous sommes les mandataires. Le moment de l'action est arrivé ; avant de nous lancer, nous jetons un regard en arrière, nous cherchons le corps de l'armée, ceux qui nous suivent ou nous soutiennent.

Léribé, 19 décembre 1883.

Combien de difficultés sont venues nous entraver successivement ! Parfois, les ténèbres nous semblent si épaisses, que nous serions réduits à marcher à tâtons si le Maître n'était devant nous et si nous n'entendions sa voix. Cette voix ne nous a jamais fait défaut, et nous l'avons perçue au milieu de tout le bruit plus ou moins sympathique, plus ou moins hostile, qui s'est fait autour de nos projets.

J'ai trop à cœur l'œuvre que nous allons faire pour la compromettre par manque de précautions. A part cela, le succès appartient à Dieu. Si je meurs à la peine, avant même d'avoir eu la joie de voir le drapeau de l'Évangile définitivement planté dans ces régions lointaines et sans avoir la consolation de voir les Églises de ma patrie marcher résolument à la conquête de l'Afrique intertropicale, qu'importent les jugements des hommes ? Je mourrai avec la conviction de n'avoir fait que mon devoir. Ne voyez aucune bravade dans ce que je dis. Il n'y en a pas l'ombre dans ma pensée. Je ne suis ni un enthousiaste, ni un amateur d'aventures. Je suis un soldat, ma feuille de route est signée, j'obéis et je pars ; si je tombe, d'autres prendront ma place ; en tout cas, avec Christ, la victoire est certaine.

Nos amis Weitzecker sont arrivés enfin. Et au moment où nous pensions atteler nos voitures, une nouvelle difficulté et tout à fait inattendue a surgi. La petite vérole a éclaté dans quelques parties du Lessouto, loin, bien loin de nous. Malheureusement, c'est au Lessouto quand même. Et la panique est telle, qu'on a fait le blocus de ce malheureux pays. Trois jours plus tôt, personne ne se fût opposé à notre passage. Mais nos amis Weitzecker n'étaient pas arrivés. J'ai fait des démarches auprès des autorités de l'État-Libre, et j'attends leur réponse. Toute notre caravane est prête ; nos wagons sont chargés ; nos emballages finis, et pourtant nous nous demandons encore si, au 1er janvier, nous pourrons partir !

Dimanche dernier, nous avons eu une bonne congrégation que notre temple n'a pu abriter, et j'ai pu présenter mon successeur à la tribu. On lui a fait un accueil cordial et qui me permet d'espérer que bien des difficultés que nous appréhendions lui seront épargnées. M. et Mme Weitzecker gagneront vite la confiance et l'affection de nos gens. Dimanche prochain, nous aurons leur installation, des baptêmes et nos adieux.

XVII

Le départ. — Nous avons besoin de forces. — A travers le Transvaal. — Un discours du général Joubert. — Sécheresse dangereuse. — Notre personnel.

6 janvier 1884.

En route pour le Zambèze ! Oui, enfin. Ce n'est plus en perspective, mais bien en réalité. Nos préparatifs, nos dernières réunions, nos derniers adieux, nos derniers entretiens, avec toutes leurs fatigues et leurs émotions, tout cela est derrière nous. Nous avons repris à cinquante ans le bâton du pèlerin, et nos visages sont tournés vers les régions d'au delà du Zambèze. Déjà ce Léribé, l'œuvre de notre jeunesse et de notre carrière, notre Béthel et notre Ebenézer, est loin derrière nous. Déjà les crêtes bleues des belles montagnes de notre seconde patrie ont disparu à nos yeux. Et, quand nos chers Mikéa, Zakéa et Maréka, qui nous accompagnent jusqu'à Bethléhem, auront pris congé de nous, ce sera le dernier câble nous rattachant au rivage qui se brisera, et nous serons lancés en pleine mer. Mais Jésus est et sera là. Il ne restera donc plus que la douleur de déchirements dont on ne parle pas, et que tout le monde comprend. Il comptera encore nos allées et nos venues et nous guidera de son œil.

Notre départ a été la fin d'une longue agonie de plusieurs mois. Nos projets ont dû passer au creuset et notre foi au crible. Jusqu'au dernier moment Satan a tout fait pour nous entraver. A peine voyions-nous une difficulté s'aplanir, qu'il en suscitait d'autres plus embarrassantes encore et plus formidables.

Nous partons, nous, sans la moindre arrière-pensée. Nous avons pour nos amis la plus vive affection, et, dans l'expérience qu'ils ont déjà acquise ailleurs, la plus grande confiance. Nous leur léguons joyeusement le fruit de nos sueurs et de nos labeurs ; personne n'était plus digne de les recueillir ; les travaux matériels, nécessaires à un établissement missionnaire, sont tous finis. Ils n'auront plus qu'à entretenir et à réparer. Nous confions à leurs soins un troupeau que nous chérissons, et qui, malgré les désastres spirituels de la guerre, n'a jamais cessé d'être intéressant et affectueux. J'envie mon jeune collègue de pouvoir aller au Zambèze sans avoir vécu de longues années au Lessouto, à Léribé surtout. Nous avons défriché, nous ; nous avons semé, et Dieu sait avec quelles larmes ! Nos amis vont continuer l'œuvre et récolter. Oh ! puissent-elles être riches et abondantes les gerbes qu'ils déposeront aux pieds du Sauveur ! Et après les labeurs de la journée, ceux qui auront semé et ceux qui auront récolté se réjouiront ensemble devant Dieu. Personne que le Maître ne sait ce que c'est pour nous que de quitter le Lessouto, la mission, cette famille missionnaire si unie, ces frères bien-aimés avec lesquels il est permis de différer quelquefois de vues et de sentiment sans que, pour cela, on cesse de s'estimer et de s'aimer. On se sent fort quand on fait partie d'un corps pareil. Mon départ ne laisse aucun vide. Soyez bénis, frères, collègues vénérés ! Soyez bénis, amis de mon cœur ! Soyez bénis ! Léribé ! non, n'en parlons plus. A Dieu ne plaise que nous cherchions à faire valoir le peu que nous avons le privilège de faire pour Jésus ! Ah ! que ne comprenons-nous mieux, que ne mettons-nous mieux en pratique la parole de David, dans une circonstance mémorable : « Je n'offrirai point à l'Éternel des sacrifices qui ne coûtent rien ! »

Pour nous, pas de faiblesse au moment de l'action. L'Éternel, qui nous envoie, nous a ceints de force, couronnés de sérénité et de joie ; il nous chaussera, s'il le faut, de fer et d'airain. Notre force durera autant que nos jours. Est-ce là le langage de la présomption ? Dieu me le pardonne. Nous laissons à d'autres de discuter et critiquer notre entreprise. Nous obéissons, nous, c'est notre devoir pur et simple. Et j'espère que mon Maître me rendra toujours invulnérable contre les paroles louangeuses et contre la critique la plus hostile. Nous avons besoin de nous fortifier en Dieu en allant au-devant de ce vaste inconnu qu'on appelle la mission du Zambèze. Un vent glacial qui a soufflé depuis mon départ de France a flétri, hélas ! dans bien des cœurs la confiance qu'on nous avait accordée et l'intérêt dont on nous avait entourés. Et je le crains, il a tari plus d'une source sur laquelle comptait non seulement notre œuvre, mais l'œuvre générale. Il est dur pour des soldats qui courent à l'assaut et qui ne peuvent plus reculer, de s'entendre crier par ceux qui les ont encouragés : « Allez, mais il est peu probable que nous puissions vous suivre. »

Vous, chrétiens, qui priez chaque jour pour que le règne de Dieu vienne, nous abandonnerez-vous ? Est-ce avec cette perspective qui accable et attriste nos cœurs que nous devons aller lutter avec les difficultés dont notre entreprise est hérissée, nous mesurer avec tout ce que les puissances du paganisme ont de plus formidable, avec la maladie, la mort? Non, vous ne le ferez pas, et, avant que nous n'arrivions au Zambèze, vous nous donnerez encore des preuves tangibles de votre coopération, et de ces paroles du cœur qui vont au cœur, y relèvent le courage, y fortifient la foi et y entretiennent la vie.

Prétoria, 5 février 1884.

Prétoria, c'est une date à marquer. Quand on a déjà vécu quelques semaines à la bohémienne, qu'on a le Vaal derrière soi et qu'on se trouve ici, on commence à réaliser qu'on est sérieusement en route, et qu'on a fait du chemin, et un mauvais bout encore. En effet, le Calédon, avec ses berges et ses sables, nous a arrêtés deux jours, malgré la vigoureuse assistance de nos gens de Léribé; puis des ravins, des bourbiers, des marécages d'où nos attelages, doublés, triplés même, ne pouvaient toujours arracher nos fourgons, trop pesamment chargés. Je ne sais combien de fois nous avons dû décharger nos bagages pour sortir d'un mauvais pas, et les porter à dos. De loin, il serait possible d'encadrer ces aventures d'une auréole de poésie. Nous, nous sommes blasés, et nous n'avons plus l'élasticité d'il y a quelques années.

Notre départ de Bethléhem a été plein d'émotion. Plusieurs amis s'étaient donné rendez-vous à notre campement, et des larmes coulaient, pendant que, debout, nous chantions en sessouto notre cantique d'adieu et qu'agenouillés ensuite, nous entendions le pasteur wesleyen nous recommander à la garde de Dieu dans une prière pleine de ferveur. Le pasteur hollandais, M. Théron, nous avait, par lettre, recommandés aux Boers de son district, et certainement pas en vain. A Heidelberg, où nous ne connaissions pas une âme, notre passage fit sensation, et, de tous côtés, on nous entoura d'égards et d'intérêt. C'était le pasteur hollandais, dont les vues théologiques sont aux antipodes des nôtres, qui nous envoyait un gros mouton gras; c'étaient des marchands, le boucher et le boulanger, de pauvres gens qui, touchés en entendant parler du but de notre expédition, nous envoyaient du lait et des fruits de toute espèce. On se sent bien petit et bien indigne quand on est l'objet de tant d'égards. Nous croyons, nous, que c'est l'Éternel qui fait briller sur nous la lumière de sa face.

Si nous avons eu de la peine à arriver à Prétoria, nous n'en avons pas moins à en sortir. J'avais demandé au Gouvernement de nous exempter des droits onéreux qu'il prélève sur toute espèce de marchandises. Après beaucoup de tracas et une correspondance qui risquait de compromettre nos intérêts, j'obtins une audience du conseil exécutif. Quelques heures après, une dépêche officielle m'annonçait que, vu le caractère essentiellement évangélique de notre mission, et pour nous la faciliter autant que possible, nous étions exemptés de tous droits. Nous devons cette faveur, en grande partie du moins, à l'influence et aux efforts de notre infatigable ami, M. Bosman, le pasteur hollandais. Il parvint même à organiser une réunion missionnaire. La salle était comble. C'est le général Joubert, le vice-président de la République, qui la présidait. Il nous présenta au public de Prétoria dans un discours plein de feu, où il ne manqua pas d'exprimer ses vues « sur les missionnaires évangéliques et sur ceux qui, tout en prêchant l'Évangile, se mêlent aussi de politique et amènent le trouble dans les rapports des blancs avec les noirs ». Nous étions, nous, classés parmi les premiers, et les vœux que son « Honneur » exprima pour le succès de notre entreprise, de même que la nouvelle de la faveur que nous avait faite ce jour-là même le Gouvernement, furent accueillis avec de bruyants applaudissements. La collecte produisit 402 fr. 40 c. Après cette première réunion, où un souffle d'enthousiasme a passé, il a fallu en avoir une deuxième chez les Wesleyens. Malheureusement, un orage épouvantable et une pluie torrentielle l'ont fait à peu près manquer. En arrivant, nous avions de nouveau planté nos tentes près de la prison, — cette même prison où notre première expédition, il y a près de huit ans, a été incarcérée. Qui aurait jamais prophétisé l'accueil qu'on nous a fait aujourd'hui? Dieu soit loué!

Une difficulté aplanie, en voici une autre. La sécheresse est telle que nous ne savons pas trop comment nous allons voyager pour arriver à Mangouato. Et puis là, dit-on, règne une affreuse famine. En temps pareils, je me souviens d'y avoir acheté un sac de farine pour la somme de £ 5,10 (137 fr. 75 c.) et du maïs et des pommes de terre à £ 3 (75 fr.) le sac. Quelle perspective pour notre expédition! Il a fallu, au dernier moment, nous faire violence, et renoncer à passer par la station de notre frère Gonin. C'est un pays si sec, que, faute de pâturage et d'eau pendant plusieurs jours consécutifs, nous risquerions de faire des pertes sérieuses de bétail. Nous allons prendre un chemin qu'on nous assure être moins mauvais. J'ai l'expérience du passé; aussi me suis-je empressé de m'assurer les quelques sacs de farine que les marchands se disputaient ici, et de me procurer trois grands tonneaux pour notre provision d'eau. Ces tonneaux ont des robinets à clef. Je garderai les clefs dans ma poche, de sorte que nous serons sobres et raisonnables.

Notre expédition actuelle diffère sensiblement de la première. Il y a sept ans, non seulement nous étions portés par un courant d'enthousiasme qui nous rendait tout facile; tous ceux qui nous accompagnaient, à peu d'exceptions près, faisaient partie de la mission et partageaient, en quelque mesure, ma responsabilité. Aujourd'hui, l'enthousiasme s'est calmé en France comme au Lessouto; notre personnel se compose presque entièrement d'hommes dévoués sans doute, mais dont nous payons fort cher les services et qui n'ont aucune responsabilité. Esaïe, un excellent jeune homme de Béthesda, et Léfi, un digne évangéliste de Morija, sont les seuls qui se soient donnés à la mission. Mais ce dernier, incapable de manier le fouet, n'est guère qu'un passager avec sa famille. Du reste, je me hâte d'ajouter qu'il nous eût été difficile de choisir un meilleur personnel. Tous nos hommes, à une ou deux exceptions près, font profession de connaître et de servir Dieu. Nous avons une variété d'échantillons de caractères. L'un est sérieux, presque mélancolique et taciturne, l'autre, par contre, causeur, plein d'entrain et pétillant d'esprit. Celui-ci doux et soumis, celui-là énergique et plein d'initiative. Pendant ces six semaines de voyage, nous nous sommes bien étudiés les uns les autres, et la conclusion à laquelle je suis pour ma part arrivé, c'est que chacun a non pas seulement, comme on le dit, les défauts de ses qualités, mais aussi les qualités de ses défauts. Avec un peu de bonne volonté, on peut aisément le reconnaître. Il a fallu coordonner les éléments divers qui composent notre caravane, — chose d'abord assez difficile. Pour ne parler que d'une chose très prosaïque, qui joue un si grand rôle dans notre vie, la nourriture, l'un ne peut pas manger du pain de millet froid, l'autre prétend que le maïs lui fait mal à l'estomac, un troisième assure même que la farine de froment le rend tout à fait malade; la viande de porc ne convient pas à l'un, le lait caillé à l'autre. Que faire? on ne peut ni brusquer ces braves gens, ni pourtant se laisser gouverner par tous leurs caprices. Le fait est que maintenant tous se sont mis au pas, moi comme tout le monde, je suppose, et que, si ce n'étaient *les dépenses* qui me hantent comme un horrible cauchemar, la tâche serait assez facile.

Nous avons eu la joie de nous rencontrer ici avec nos amis Creux, qui sont en route pour la Suisse. Nous avons eu la communion ensemble hier soir. Aujourd'hui il faut se dire adieu, un long adieu. Nous voudrions les charger des messages les plus affectueux pour une multitude d'amis de France et de Suisse.

XVIII

Pluies diluviennes. — Routes effondrées. — Saul's Poort. — Un gué du Marico. — Epreuves. — Le passage. — Mangouato. — Séléka. — Baptêmes. — Une grande cérémonie à Mangouato. — La poste.

Mangouato, 18 mai 1884.

Ce que je redoutais nous est arrivé. Les interminables délais de notre départ nous ont jetés en pleine mauvaise saison. On aurait dit que notre départ de la capitale du Transvaal fût de mauvais augure : nous quittions à peine la dernière de ses rues, que soudain survint une pluie battante, une vraie trombe qui inonda le pays et transforma le ruisseau qui coulait devant nous en un torrent impétueux. Nous ne le traversâmes pas sans peine. Nous murmurions tout le temps contre la municipalité — s'il y en a une — de cette cité, enfonçant dans la boue jusqu'à mi-jambes, doublant nos attelages et excitant nos bêtes jusqu'à extinction de voix. Nos amis Creux, Constançon et d'autres, toute une petite cavalcade, étaient là en habits d'été. La pluie ne faisant pas mine de cesser, on se dit adieu précipitamment, eux pour gagner leur logis et se mettre au sec, nous pour continuer notre route. De souper, de feu, point, personne n'y songeait. Nos pauvres gens passèrent la nuit sous les voitures, les pantalons retroussés et essayant de dormir, comme des hérons, sur leurs jambes.

Tout le pays, à notre lever, n'était qu'une immense nappe d'eau. Ainsi s'inaugurait le trajet de Prétoria à Mangouato. Ah! que nous apprécierions aujourd'hui les bienfaits d'une voie ferrée! Quand s'étendront-ils aussi jusqu'à nous? Patience, on s'en occupe. M. le major Machado, un officier portugais dont nous fûmes heureux de faire la connaissance, a travaillé huit mois à faire le relevé d'une ligne qui doit mettre le Transvaal en communication directe avec la mer par Inhambané. Ce n'est pas encore le Zambèze, mais c'est un pas de fait. En attendant l'accomplissement de ce beau rêve, pauvres routiers, nous cheminions lentement et le cœur noir entre les averses. Quels chemins! quels marais! quels bourbiers! quelles fondrières! Et affronter tout cela avec des fourgons chargés! Je vous fatiguerais bien inutilement si j'avais le temps de vous conter nos aventures. Chaque fois que les bœufs s'arrêtaient dans un mauvais pas, on se disait : « Bon, nous y sommes ! » On regardait le soleil, on doublait, on triplait l'attelage, puis on mettait l'épaule aux roues. Si rien ne bougeait et que les bœufs devinssent récalcitrants, on déchargeait tout bonnement, on portait à dos les bagages hors du mauvais pas pour les recharger ensuite. La fatigue alors était interdite.

Le chemin le plus court, — pas précisément le meilleur, — traversait la rivière Apies, longeait la Mathlabasé et traversait le Limpopo. Nous avions décidé de le prendre. De nuit, nous nous trompâmes, et nous nous aperçûmes trop tard pour retourner en arrière, — ce qui ne se fait jamais, — que nous avions pris, après tout, le chemin de Saul's Poort, la station de M. Gonin. Nous y vîmes une direction de la Providence et nous n'eûmes pas lieu de regretter notre erreur. Nos amis Gonin nous reçurent, comme on dit, « le cœur sur la main ». Les quelques jours passés avec eux nous firent du bien ; leur dévouement, leur renoncement, nous édifièrent ; leurs bontés nous touchèrent.

Au sortir de Saul's Poort, la route, — cela semble une amère ironie, — était devenue impraticable ; impossible d'avancer. On ne sortait avec peine d'un bourbier que pour tomber dans un autre. Un jour, grâce aux bras vigoureux et à la forte poitrine de mon brave Jonathan, ma voiture avait franchi un kilomètre au plus d'une affreuse fondrière. Celle de Léfi, qui nous suivait, s'enfonça jusqu'au plancher. Quatre attelages de seize bœufs ne parvenaient pas à la faire bouger. C'est que les pauvres bêtes s'enfonçaient jusqu'au ventre et ne pouvaient plus tirer. En vain essayâmes-nous jusqu'à la nuit, il fallut abandonner la partie.

Le lendemain, après quelques heures d'un lourd sommeil, la première chose fut d'aller au trône de la grâce. Nous le fîmes avec confiance. « Envoie, disait l'un de nous, envoie tes anges à notre secours ! » Retrempés, ceints de courage, nous combinions nos plans, lorsque arrivèrent des hommes à cheval et à pied, les uns avec des bœufs, les autres avec des wagons. C'étaient les chrétiens de Saul's Poort qui, ayant appris notre embarras, volaient à notre secours. C'étaient les anges de Dieu que nous avions demandés. Quand l'avons-nous jamais invoqué en vain, ce Père plein de tendresse ? Les voitures furent vite allégées et le mauvais pas franchi. Ces bons amis, de leur plein gré, voyagèrent avec nous quinze jours, frayant un nouveau chemin pour éviter autant que possible les marécages du Limpopo. Ils nous amenèrent jusqu'à la jonction du Marico (le Malikoé) avec le Limpopo, et voulaient aller plus loin. Malheureusement, ces deux rivières coulaient à pleins bords ; le gué de Marico avait plus de quarante pieds de profondeur ! Quand sera-t-il guéable ? Dans l'incertitude et pour ne pas nous être un surcroît de charge, nos amis se virent obligés de nous planter là et de s'en retourner.

Quand ils nous eurent fait leurs derniers adieux, que leurs wagons eurent disparu dans les bois et que le cahotement de leurs roues eut cessé de parvenir à nos oreilles, quelque chose comme une angoisse me saisit. Je voyais cette énorme rivière infranchissable devant nous, ces nuages qui s'amoncelaient sur nos têtes et devaient plus d'une fois nous inonder, le marécage, dont je redoutais, sans pouvoir le fuir, le voisinage pestilentiel. Puis, la famine était là, ce spectre hideux nous montrait les dents. Pour comble de tristesse, des Bushmen nous volèrent nos deux chèvres. Adieu la goutte de lait que nous appréciions tant. Nos chevaux mouraient l'un après l'autre, et si subitement, que nous ne pouvions rien faire. Et que faire ? Les plus expérimentés y ont depuis longtemps perdu leur latin. C'était une épreuve que de perdre des montures, sans doute, mais voir nos bœufs de trait tomber comme des mouches, voilà qui était bien plus grave. C'était le changement de pâturage qui les tuait ainsi. Des nuées de vautours, qui ne nous quittaient plus, de nuit comme de jour, se battaient sur les charognes. Des bandes de ma-Saroa venaient disputer à nos horribles hôtes des lambeaux de chair en putréfaction. Pour mettre le comble à notre tristesse, c'était Léfi, puis Ésaïe, qui luttaient avec la dysenterie ; Middleton aussi, qui ne comprenait pas que la fièvre osât l'attaquer, lui si actif, si nécessaire ! Et, avec tout cela, il fallait se rationner. Ce fut chose facile pour nous, — moins pour nos gens, parmi lesquels nous avions une ou deux mauvaises têtes. Mais quand ils virent ma femme pétrir gaiement une petite miche de pain avec toutes les recoupes et tout le son, et cette miche, cuite dans un pot en fonte, être la ration de pain de toute une semaine pour six personnes, ils comprirent et poussèrent plus loin que nous n'aurions osé l'exiger, le soin scrupuleux du peu de nourriture qui nous restait.

Dans une position pareille, c'était à qui apporterait chaque matin les premières nouvelles de la rivière. On y allait dès l'aurore et vingt fois le jour. On examinait les morceaux de bois qu'on avait plantés la veille au bord de l'eau. Un jour, on constatait un grand écoulement et on faisait déjà des calculs pour le passage ; le lendemain, la rivière avait de nouveau monté. Ainsi se passèrent quinze jours. Il nous fallait de la distraction. Les uns soignaient le bétail, d'autres prenaient leurs fusils, couraient les bois et effrayaient le gibier; ceux-ci ajustaient les engins de pêche, et allaient voir couler l'eau et guetter les crocodiles, qui ne se montraient pas. On sortit le bateau portatif que nous a donné la Société africaine de Paris. Nous pûmes ainsi, de l'autre côté de la rivière, visiter des voyageurs arrêtés comme nous, échanger avec eux quelques provisions, nous procurer même, de temps en temps, un peu de lait. Dieu bénisse et fasse prospérer la Société africaine! elle a acquis des droits sacrés à notre affection, elle a nos meilleurs vœux.

Enfin, le jour de la délivrance luit. Un messager, que j'avais envoyé à Mangouato, nous amenait des bœufs du chef et des wagons que les marchands avaient envoyés pour alléger les nôtres. Jugez de l'entrain avec lequel nous prîmes la pioche et la bêche pour aplanir les berges, et la hache pour combler les bourbiers de tronçons et de branches. La rivière est encore profonde, les bœufs nageront, le courant est rapide et lavera l'intérieur des voitures. N'importe, nous fermons les yeux à tout danger, nous lançons les chariots l'un après l'autre et nous passons sans mauvaise aventure. Dieu soit loué! nous commençons à respirer. A voir les chemins défoncés et les ornières de nos devanciers, nous comprenons maintenant; la main de notre bon Dieu nous avait arrêtés au Marico. Si nous avons mis six semaines pour faire un voyage de douze à quinze jours, d'autres gens rompus au métier et qui ont pris le chemin le plus direct, n'ont pas pu arriver avant nous. Et, quant à nos bœufs, on nous estime fortunés de ne pas en avoir perdu davantage. C'est pauvre consolation, n'est-ce pas? et pourtant c'est la consolation qu'échangent les voyageurs.

Dès lors nous voyageâmes plus rapidement, et, au bout de quelques jours, nous saluâmes les collines de Mangouato. Un jour, à la halte de midi, pendant qu'on faisait cuire le déjeuner, nous étions à l'ombre, étudiant un cantique de circonstance; nous entendons derrière nous un trot de chevaux. Je me retourne : c'est Aaron qui vient, avec le gendre de Khama, à notre rencontre. On se serre la main avec l'effusion de vieilles connaissances; on s'assied et on se bombarde de questions. Ce bon Aaron avait quitté Séléka depuis onze jours et était venu à pied pour nous rencontrer. Il nous apprenait la mort assez récente de sa petite Caroline. Cette chère petite, qui avait huit ans et n'avait pas peu contribué à égayer notre premier voyage, fut mordue de nuit, dans son lit, par un serpent et mourut après deux jours d'agonie. C'était une enfant, paraît-il, qui aimait le Sauveur. Tout le monde la chérissait. Quand sa mère la vit mourante : « Que dirais-tu, remarqua-t-elle, si ce serpent-là était un messager du Seigneur pour t'appeler à Lui ? — Oh ! ma mère, je serais heureuse, j'aime tant le Seigneur ! »

À Mangouato, il fait bon retrouver des amis comme Khama, MM. Whiteley, Masson et autres. Khama est toujours le même. Il était hors de joie de nous revoir. Son « veau gras » était là : un gros mouton de race africaine, avec une queue dont la graisse est très estimée et qui pèse de dix à quinze livres ou plus. Il s'occupa de notre bétail, nous envoya chercher immédiatement deux grandes charges de bois à brûler. Tous les matins il venait à notre camp, la figure souriante, s'informer de notre santé. Au jour fixé pour nos salutations officielles, nous nous rendîmes tous en corps au lékhothla, où le chef nous attendait entouré de ses gens. Il reçut mon petit speech, phrase à phrase, avec un « *É Rré* » (oui, mon père) bien accentué. Je lui transmis les messages d'une foule d'amis d'Europe ; puis vint le bouquet : une jolie boîte à musique à six airs des cantiques de Sankey et autres, et faite tout exprès pour lui à Genève. On me la passe, je la découvre ; toutes les têtes s'allongent et tous les yeux sont braqués sur moi et sur le mystérieux objet. Je mets la main à la poche, pas de clef. Je cherche, cherche partout, cherche encore ; rien : la clef est perdue. Nous faisions tableau. Un peu de calme et d'aplomb sauva la situation. Ce malencontreux incident ne fit qu'aiguiser la curiosité, et le lendemain l'affluence et l'excitation furent d'autant plus grandes, quand tout à coup retentit l'air et les charmants accompagnements de ce doux cantique : « Sur toi je me repose, ô Jésus, mon Sauveur ! » Naturellement, tout le monde voulut ensuite entendre chanter la boîte.

Quatre ou cinq jours après notre arrivée, nous partîmes, M. Jeanmairet et moi, pour Séléka. Le chef nous donna des bœufs, un de ses frères son wagon. Nous voyageâmes, aller et retour, à marches forcées, pour ne pas passer de dimanche en route. Ce voyage nous prit deux semaines. Notre but était de relever, ou plutôt de supprimer définitivement le poste de Séléka. Asser est retourné au Lessouto avec sa nombreuse famille ; André a reçu un appel de nos frères vaudois à Valdézia et attend qu'ils le fassent chercher. Proche parent de certains chefs ma-Kololo, et surtout d'un homme qui, tout récemment encore, a gravement compromis le nom de cette tribu défunte en conduisant des hordes de ma-Tébélé contre le chef Morémi, au lac

TRAVERSÉE DU MARICO (RIVIÈRE MALIKOË)

Ngami, André craint que sa présence parmi nous ne porte ombrage aux ba-Rotsi, et il a raison. Aaron, lui, va avec nous. Arrivés le samedi à Séléka, nous partions déjà le mardi. Mais, pendant ce temps, il ne fallut pas se croiser les bras. Notre première entrevue avec le chef Kobé fut caractéristique. Personne que nous ne put pénétrer dans l'enceinte de sa cour. Par mesure de précaution, son fils s'accroupit à travers l'entrée, assez exiguë, du reste. La porte de la hutte seigneuriale était soigneusement fermée, de sorte que nous n'eûmes pas le privilège de voir le visage de Son Altesse. Il était là, pourtant, en dedans de la case ; car, à chaque période de mon discours, nous entendions un grognement sourd, une voix rauque, qui, lorsque j'eus fini, s'éclaircit un peu : « Allez-vous-en avec la pluie, et que la pluie vous suive partout ! Que Dieu vous inonde de pluie ! — Merci ! » Et c'est là tout le regret qu'il éprouve de voir partir les évangélistes.

Le lendemain, tout le village se rassemblait pour le culte du matin : deux cents personnes, tout compté, tout au plus. M. Jeanmairet baptisa l'enfant d'Aaron et celui d'André. Je baptisai un jeune garçon de quatorze ans environ, Mosénéné (le serpent, la couleuvre). Il prit le nom de Zakéa. C'est le seul fruit actuel de la mission de Séléka. Trois hommes sont retournés au monde, trois autres ont émigré sur une station allemande. Nous hésitâmes d'abord en voyant la jeunesse de Mosénéné, mais quand nous l'eûmes entendu confesser sa foi et répondre avec intelligence à toutes nos questions, nous n'hésitâmes plus. C'était touchant de voir ce jeune garçon se lever au milieu de cette assemblée pour faire une déclaration publique de sa profession, et puis s'agenouiller pour recevoir le sceau du baptême. Des bruits absurdes circulaient au sujet de cette cérémonie. Aussi chacun voulait voir de ses yeux ce qu'adviendrait de Mosénéné quand nous lui donnerions à manger de la chair d'enfant et à boire de la cervelle humaine. Depuis lors, Kobé nous a envoyé ce jeune garçon avec deux hommes, ici, à Mangouato, pour que nous l'expédiions à l'école au Lessouto. « Il reviendra nous instruire dans un an, » dit-il.

Le service de l'après-midi fut peu nombreux, et cependant les évangélistes faisaient leurs adieux. Aaron, lui, le fit en vrai Boanerges ; André avec non moins d'autorité, mais plus de douceur. On sentait bien que ces hommes-là avaient pris une position et qu'on regardait un peu à eux comme les ba-Souto regardent à nous. Du reste, nos évangélistes ont fait des expériences qui leur ont été salutaires et leur ont fait comprendre notre position, à nous. Ils ont travaillé à Séléka. S'il y a eu peu de conversions, j'ai été frappé du nombre de ceux qui savent lire et écrire, et de l'entrain qu'ils mettent dans le chant. Nous avons eu la pénible impression que les gens de Séléka sont durs et que nous les soulagions en leur enlevant ces témoins de la vérité. Ils se disputaient déjà le chaume de leurs demeures et les obsédaient par leur mendicité. C'est à Séléka que nous dûmes nous séparer de Filipi, un homme de par ici qui s'est converti à Bérée, — et surtout de Jonathan, qui s'en retourne à Valdézia avec son fils et un garçon qui l'a accompagné au Lessouto. Il nous en a coûté de dire adieu à notre cher Jonathan. L'expédition perd une partie de son âme, ou tout au moins son bras droit. Jonathan est notre fils en la foi ; il nous rend, je crois, toute l'affection que nous avons toujours eue pour lui. L'énergie de son caractère, impétueux quelquefois, le place toujours au premier rang. Il a voulu nous amener jusqu'ici et n'a accepté, pour lui et ses deux garçons, que la moitié des gages que les autres ont exigés. Six hommes nous ont quittés ici, d'après notre accord préalable. Qui les remplacera ? Khama m'assurait qu'à cause des bruits de guerre, il ne fallait pas regarder à lui. Ce fut une autre de ces vagues que nous voyons, sans trop frémir, se briser contre notre foi. A notre retour, Khama me montra qu'il ne nous avait pas oubliés. Il nous prête trois hommes, et, pour nous éviter de trop grandes dépenses, il envoie trois messagers avec nous, qui, outre le message qui leur est confié pour le roi des ba-Rotsi, seront chargés de nous aider en route.

Il y avait aussi des nouvelles du Zambèze. Deux jeunes gens, qui y avaient fait une expédition commerciale, en revenaient minés par la fièvre. Ils avaient apporté tout un courrier. M. Arnot est toujours à la capitale, et a commencé une école qui a déjà passé par toutes sortes de phases. Robosi lui-même écrit à Khama, lui demandant son alliance, et, pour gage de son amitié, une de ses filles en mariage et un chien noir ! Il lui annonce que les jésuites sont allés chez lui, mais qu'ils ne sont pas selon son cœur, ni selon le cœur de ses gens, et qu'il leur a refusé l'entrée de son pays. « Celui que nous attendons, ajoute-t-il, c'est M. Coillard, que l'on m'assure être maintenant en route, et je vous demande comme une faveur de l'aider, afin qu'il arrive au plus vite. » Ne fondez pas trop d'espoir sur ces bonnes dispositions d'un chef païen qui ne sait rien de l'Évangile. Paul, en obéissant à l'appel du Macédonien, a trouvé une prison en Macédoine. Mais qu'importe, si cette prison est la porte de l'Europe !

LA MISSION SE FONDE.

Nous voulions attendre le retour de M. et Mme Hepburne, qui reviennent d'Angleterre, avant de présenter à l'Église de Chochong le beau service de communion que nous a procuré le Comité des Dames de Paris. Nos amis n'arrivant pas, il a fallu le faire sans eux. C'est avant-hier que la présentation a eu lieu, très simplement, mais très cordialement. Les discours de remerciements nous font bien sentir que nous ne sommes plus au Lessouto, la Grèce du sud de l'Afrique. Ils n'en ont pas eu moins de valeur pour cela. Le discours de Khama, c'étaient deux bœufs de trait qu'il nous amenait le lendemain ; un autre nous donnait une vache ; un troisième, deux moutons. L'amitié, le *setsouallé*, comme nous disons en sessouto, est ici une grande institution. Tout nombreux que nous sommes, chacun a son *motsouallé*, son *tsala*, son ami. Cette amitié entraîne toutes sortes de devoirs et de privilèges, surtout ceux des présents. Lors même qu'il y a famine à Mangouato, nos « amis » ne nous laissent pas manquer de pastèques, canne à sucre, lait caillé, etc. Mon ami à moi, c'est naturellement Khama. Il avait préparé une belle fourrure de chacal pour mon arrivée, et une de léopard pour ma femme. Nous serons riches quand nous quitterons Mangouato.

J'oubliais de mentionner la poste. La poste ! ah ! comme elle fait vibrer le cœur ! Un ami, nous sachant au Marico, nous avait envoyé un paquet de lettres par occasion. Celui qui s'en était chargé passa toute une soirée avec nous, fut des plus aimables ; nous parlâmes de tout, excepté de la poste. Quatre jours plus tard, en arrivant à Mangouato, nous apprîmes que cet excellent homme avait nos lettres ! Il avait oublié de nous les remettre. Nous fûmes dédommagés, car, outre l'exprès qu'il fit partir quinze jours plus tard, M. Dawson, en venant nous souhaiter la bienvenue, était suivi d'un homme qui portait sur la tête une grande corbeille, toute pleine de journaux et de lettres. Il faut voir comme on se presse autour de la corbeille et comme les yeux pétillent !

Maintenant, nous sommes à la veille de nous remettre en route. Il a fallu faire ici un dépôt de nos bagages, trier, prendre l'indispensable, laisser le reste. Grand travail donc de déballages et de remballages, grande tristesse à la vue de marchandises avariées, d'objets cassés. Mais enfin les wagons sont de nouveau chargés, on les couvre de peaux de bœuf pour les garantir un peu des épines et des branches qui obstruent le chemin. Les bœufs morts servent encore à quelque chose !

XIX

De Chochong à Kané. — Un départ émouvant. — A travers le Kalahari. — Le froid. Un envoi de Khama. — Mon cinquantième anniversaire. — Pandamatenga. — M. Westbeech. — Les jésuites, leur installation et leur œuvre. — Une séparation en perspective. — Nos artisans.

Kané, 25 mai 1884.

Obligés d'alléger nos voitures à cause des sables profonds que nous devons labourer dans le désert, il a fallu tout déballer, trier, remballer, charger, décharger souvent, pour recharger encore, et faire toutes sortes de combinaisons. Chaque caisse, chaque objet a dû être inspecté, et son importance, son utilité ou sa nécessité être mise en quelque sorte dans les plateaux de la balance. Nos vêtements, nos effets personnels nous ont donné peu de peine. Par ce temps-ci, nous avons déjà appris à nous dépouiller petit à petit de ce que nous appelons volontiers le nécessaire et à nous contenter de peu. Notre ami Jeanmairet a laissé une bonne partie de ses effets pour faire place à des objets d'une utilité plus générale. Il l'a proposé de si bon cœur, il l'a fait de si bonne grâce, que nous en avons vraiment été édifiés.

Malgré tout ce triage, nous avons encore des chargements qui nous donnent du souci. La bourse du Zambèze est malheureusement encombrante : ces ballots d'étoffe, ces caisses de verroterie, ce bazar parisien en miniature, que ne donnerait-on pas pour les réduire en francs et en centimes ! Et puis, nous charrions aussi le grenier et l'épicerie de toute la caravane, ce qui n'est pas peu de chose. Savez-vous combien nous sommes ? Vingt-neuf, sans compter les ma-Saroa que ce digne Khama a mis à notre service, et dont le nombre est laissé à notre discrétion. La famille d'Aaron, l'évangéliste de Séléka, s'est adjointe à nous avec tous les appendices indispensables d'un wagon de plus et d'une troupe de bétail. Mais Aaron n'est pas homme à trôner sur la caisse de devant, avec une ombrelle blanche sur la tête et un mouchoir pour s'éventer. Il nous apporte un précieux élément d'énergie et de vigueur, et a pris sur lui une bonne part de responsabilité, de sorte qu'il est un grand soulagement pour moi. Il a laissé le soin de conduire son wagon à Ézéchiel Pampanyané, et lui s'est courageusement chargé du tombereau. Ce n'est pas peu de chose, car il est traîné par deux bœufs qui supportent le timon, et par six ânes qu'il a fallu dresser. Rien de plus drôle que ce singulier attelage. Les bœufs, qui se sentent disgraciés, donnent des coups de cornes ; les baudets ne s'émeuvent pas, ils sont placides à l'excès. On les harnache, on les pousse, on les bat, leur humeur ne sort jamais de son assiette. Ils ne s'arrêtent pas dans les mauvais pas, il ne faut pas non plus les presser en bon chemin. Si vous ne savez pas la patience, ils vous l'apprendront. Karoumba, le trompette de la caravane, est chargé d'aider Aaron à conduire cet équipage, dont tout le monde rit. Mais Waddell et Middleton et même Jeanmairet donnent aussi volontiers un coup de main.

Notre départ de Mangouato a été, comme tous les départs, profondément triste. Et pourtant, j'ai bondi de joie en contournant les collines qui dérobaient Mangouato à notre vue et en respirant l'air du Kalahari. La veille, nous avions célébré la Cène. C'était le soir, à 9 heures, dans la chambre de notre digne ami Whiteley, qui est à la tête d'une des premières maisons de commerce d'ici. Aux membres de l'expédition s'étaient joints les anciens, le chef Khama et quelques Européens, membres de l'Église. Moment solennel que personne de ceux qui étaient là n'oubliera. De ce nombre était Zakéa Mosénéné, le jeune garçon que nous avons baptisé à Séléka. Il m'était arrivé depuis quelques jours. Après le départ de ses évangélistes, le chef Kobé, mesurant alors les conséquences de notre abandon, nous envoyait Moséné et deux hommes, avec la requête expresse de compléter son éducation, de le « faire grandir », pour en faire son évangéliste en propre. Il ira à l'école biblique de Morija quand nos ba-Souto s'en retourneront[1].

Nous ne pûmes être prêts que le lendemain au soir, le mercredi 21. Vous nous auriez vus alors sur la place publique, nos six wagons attelés, entourés de toute la population européenne de l'endroit et d'une foule de ba-Mangouato. Selon notre coutume journalière, quand nos bœufs sont déjà sous le joug, et avant de donner l'ordre de se mettre en marche, nous étions là,

---

1. Après quatre ans passés à l'école biblique de Morija, Moséné est retourné parmi les siens, qu'il a trouvés non plus à Séléka même, d'où la guerre les avait chassés, mais dans le Transvaal, sur les rives du Limpopo. Ses lettres montrent que comme instituteur-évangéliste il y fait une belle œuvre. Il a en effet « grandi » et il a le feu sacré. (Déc. 1896.)

tous debout, la tête découverte; au milieu d'un profond silence nous entonnâmes *notre* cantique :

> Ka linako tsotlé
> Moréna ka !
> Oho ou nkopolé
> Kia rapéla ¹ !

Puis, tombant à genoux, nous nous recommandions mutuellement à Dieu et à la parole de sa grâce ! Enfin vinrent les poignées de mains, les derniers adieux ; la nuit qui tombait cachait l'émotion générale, mais je ne sais quel courant nous saisissait irrésistiblement et faisait vibrer les cordes les plus secrètes de nos cœurs.

Après avoir passé les dernières huttes de la ville et congédié les derniers de nos amis, nous cheminions silencieusement. Le ciel était étoilé, l'air frais et vif. On n'entendait que les cahotements des roues, les coups de fouet et les « trek » des conducteurs ; on ne se sentait pas d'humeur à causer. « Quel digne homme que ce Khama ! quel ami que Kouaté ! » disait quelqu'un de temps à autre sans commentaire. Et je crois bien. Vous auriez dû être là pendant la journée. Voyez-vous ces deux bœufs de trait ? C'est la salutation de Khama ; cette belle génisse noire ? celle de Kouaté. Ces trois vaches laitières viennent de M. Whiteley ; ce sac de maïs, cette viande salée, de M. Beaumont, le boucher de Mangouato : ces huit poules viennent de la bassecour d'un jeune commis, et les poules sont rares ici. Ces chèvres, ces moutons à grosse queue sont l'expression des bons vœux de M. et Mme Clark et des principaux membres de l'Eglise. Voilà encore des citrouilles, des pastèques, du lait caillé, du millet et que sais-je ?

Et ces braves gens nous donnent tout cela en nous disant sur tous les tons qu'ils seront si tristes, si tristes quand nous serons partis !... Chacun a voulu nous montrer que nous sommes aimés pour l'amour de l'œuvre que nous allons faire. « Depuis que je connais le Seigneur, me disait un ami, aucune œuvre ne m'a intéressé comme la vôtre ; l'aider, c'est un doux privilège, et j'appelle de tous mes vœux le jour où je pourrai la servir plus effectivement. » C'est un marchand qui fait de nos projets, de

---

1.
> Partout et toujours
> Mon Seigneur
> Oh ! tu m'as délivré.
> Je t'invoque !

notre mission, un sujet constant de prières. Ce n'est pas le seul qui nous ait montré combien on sympathise avec nous dans notre sérieuse entreprise. Cela a de la valeur dans une communauté où l'on juge autrement qu'en Europe des voyageurs et des missionnaires. Notez, de plus, que Mangouato est un endroit des plus secs et des plus arides. C'est une amère ironie pour le missionnaire que de décorer du nom de jardin l'enclos qui est devant sa maison. Ce n'est qu'une aire brûlée par le soleil, il n'y croît que des chardons et deux ou trois mimosas rabougris. Ceux qui ont la passion du jardinage essaient, à force de soins, de faire croître un seringat, un oléandre, une grenadille, un chou qui ne pomme jamais, et deux ou trois têtes de salade qui sont dures en naissant. Peut-on le croire ? Nous avons eu des légumes à Chochong ! Chacun qui le pouvait s'en privait pour nous en envoyer.

Du reste, c'est de règle ici : on ne vend jamais ces délicatesses, on les envoie aux amis. Et quand par bonheur on amène à Mangouato des pommes de terre, des oignons et des fruits secs, on les achète pour toute la communauté. Malheureusement, les affaires vont mal, les temps sont durs. Le commerce qui s'épuise ira chercher fortune du côté du Zambèze. Les autruches et les éléphants portent plus loin leurs plumes et leur ivoire. La terreur qu'inspire le nom des ma-Tébélé et qui, depuis des années, garde les ba-Mangouato sur le qui-vive, leur interdit la chasse. Les marchands disent hautement qu'ils ne vivent que sur leurs économies, et chacun cherche à liquider et à quitter le pays. Khama, lui aussi, a ses plans.

Nous avons voyagé assez rapidement depuis que nous avons quitté Mangouato. Le lendemain, plusieurs de nos amis, par des chemins de traverse, sont encore venus nous voir, et deux d'entre eux nous ont remis encore des moutons. Nous en avons maintenant vingt-six, plus cinq vaches, sans compter le petit troupeau d'Aaron, et vingt ânes, grands et petits. Vous le voyez, nous voyageons en style patriarcal. Nos ânes ont multiplié pendant mon séjour en Europe. J'espère les dresser et en faire un bon attelage pour les régions infestées de la tsetsé. Mais quelle sérénade ils nous donnent !

Kané est le Béerséba du désert. Il s'y trouve bien au moins sept puits. Ce ne sont pourtant pas des sources. Quand nous avons passé ici, il y a cinq ans, nous ne trouvâmes qu'un peu de boue dans ces trous, et force me fut d'acheter de l'eau des Bushmen avec du tabac. Aujourd'hui les puits sont pleins. J'avais l'intention d'aller plus loin passer le dimanche. Mais nous avons eu tant de peine à sortir des sables, même en doublant les attelages, que nous ne sommes arrivés ici qu'au milieu du jour. Et puis est survenue une pluie qui n'a pas cessé. Le thermomètre, qui il y a peu de jours marquait 35° centigrades, est tombé à 15. Nous sommes réduits à nous recroqueviller de notre mieux dans nos wagons humides. « Tant pis pour le thermomètre, s'écrie gaiement Jeanmairet, il fait froid. » Et personne ne le contredit; mais la naïveté de cet aveu provoque un éclat de rire et nous réchauffe. « Il n'y a pas de tropiques, je n'y crois pas », disait-on en s'affublant de son manteau.

Ce changement si grand et si subit de température est des plus éprouvants. On ne peut jamais, dans ce pays, mettre de côté ses habits d'hiver. Un des conforts dont je jouis, c'est une paire de galoches que j'ai apportée de France. Je plains ceux qui n'en ont pas, et je ne sais pas comment j'ai pu m'en passer pendant vingt-trois ans.

Au moment où j'écris, voici un messager de Khama qui arrive. Il a fait ces dix-huit ou vingt lieues, par une pluie battante, pour nous apporter un petit paquet et les salutations du chef. Il retournera demain avec cette lettre.

En réponse à la dépêche de Robosi, le roi des ba-Rotsi, qui demandait entre autres choses que Khama nous aidât en route, celui-ci envoie Makoatsa et quatre hommes pour nous accompagner jusque chez Robosi même. L'un a charge du bétail en laisse, un autre des moutons, un troisième des ânes; le quatrième soigne le beau cheval que Khama envoie à Robosi avec une belle carabine. Et Makoatsa doit veiller à ce qu'ils fassent bien leur service, et prennent soin de nous. « Si vous ne vous acquittez pas bien de votre devoir et que vous tracassiez l'ami du chef, lui ne voudrait pas porter la main sur vous, car c'est un homme de Dieu; mais je suis Makoatsa, moi, et je vous ferai manger du bâton, et au retour, c'est au chef que vous aurez affaire! » Ç'a été là son speech en me présentant ces hommes, que Khama nous donne sans salaire. En attendant, l'un d'eux, qui nous servait de guide dans la nuit, a failli nous perdre dans les bois et nous causer de graves accidents, et aujourd'hui il a égaré les bœufs.

Tous les jours, nous n'avons qu'à nous féliciter d'avoir avec nous ma femme et ma nièce. Les complications que leur présence occasionne ne sont rien à comparer aux bienfaits qu'elle nous procure. Ma femme a repris sa place de mère et de diaconesse parmi nous. Elle est souvent notre providence.

Pandamatenga, 17 juillet 1884.

Je sais que, si quelqu'un pense à moi aujourd'hui, c'est bien vous. Eh bien! chers amis, vous mettez à une bonne banque les vœux et les prières que vous offrez pour nous, soyez-en sûrs. Nous vous répondons de tout notre cœur par cette voie télégraphique dont les lignes aboutissent au cœur même de notre Père céleste. Voilà donc ma cinquantième année accomplie. Que me reste-t-il encore de temps ici-bas pour servir mon Maître? Je suis tout prêt, s'il veut que je le glorifie soit par ma vie, soit par ma mort. Le désir de mon cœur, que je soumets à sa sainte volonté, c'est pourtant qu'il m'accorde quelques années pour fonder l'œuvre que nous entreprenons. Quelle joie ce serait pour moi de voir, avant mon départ pour le ciel, des ba-Rotsi convertis et l'Évangile pénétrer parmi d'autres tribus. Si vous saviez quel bonheur j'ai éprouvé en arrivant ici! Nous ne sommes pas encore au Zambèze, mais nous n'en sommes pas loin. D'ici, de grand matin, on peut voir les colonnes de vapeur du *Mousi oa thounya*[1]. Encore quatre ou cinq jours de voyage en wagon, et nous planterons de nouveau nos tentes à Léchoma. Nous ne serons plus alors qu'à trois ou quatre lieues de ce Zambèze, que nous longeons déjà de loin et dont nous approchons en faisant une diagonale.

Pandamatenga, que nous avions trouvé si charmant et si frais il y a cinq ans, est devenu triste et désolé. L'établissement Westbeech est toujours là, flanqué de quelques huttes indigènes et augmenté de l'établissement des jésuites; mais le bois du Mapané est à moitié détruit, l'herbe est desséchée et même en partie brûlée, car c'est l'hiver. Et comme il y a eu même de la gelée, les palmiers sont flétris. Il y a cependant un petit coin sur lequel les regards s'arrêtent avec plaisir: ce sont les champs de blé d'un vert tendre de M. Westbeech et des Pères jésuites, et le jardin potager de ces derniers. Voir un morceau de terrain, à Pandamatenga, bien cultivé et bien propre, avec des plates-bandes tirées au cordeau, des choux, des pommes de terre, des pois, de la salade, c'est ravissant pour des gens qui ont cheminé pendant près de deux mois dans les sables, les bourbiers, les steppes et les forêts du désert.

---

1. *Fumée tonnante*, nom indigène des chutes Victoria.

M. Westbeech, avisé par des natifs de notre approche, guettait notre arrivée. Jusqu'à dix heures du soir, il était à sa porte avec des lanternes pour nous donner du courage. Nous, nous étions dans des fondrières épouvantables où nos wagons s'étaient enfoncés et embourbés jusqu'aux essieux. Et après avoir lutté, travaillé, crié et malmené nos bêtes jusqu'à minuit, nous ne parvînmes qu'à amener nos wagons sur un endroit moins fangeux, où force nous fut d'attendre le retour du matin. M. Westbeech vint à notre rencontre, et les nouvelles qu'il nous donna du Zambèze nous fortifièrent. « Tous les chefs sont pour vous, me disait-il. Mais j'avoue que, tout en essayant de leur faire prendre patience, j'avais moi-même perdu tout espoir. Impossible de comprendre vos délais. »

Les jésuites sont ici fort bien installés : chapelle, maisonnette simple, mais gentille, huttes et hangars comme dépendances, belle basse-cour, joli jardin ; c'est un petit hameau qui serait prospère comme station, s'il y avait une œuvre à faire ici... Mais quelle œuvre peut-on faire où il n'y a pas de population ? Ces messieurs prennent au vol les quelques conducteurs de wagons et domestiques qui suivent leurs maîtres dans ces parages. C'est peu dire, car ils ne sont pas nombreux. Ce que j'ai admiré chez les jésuites, c'est leur personnel si complet. Ils ont jardinier, cuisinier et économe, menuisier, etc. Ce sont les « frères » qui sont chargés du matériel de l'établissement ; les « Pères », eux, s'occuperont du spirituel, quand il y aura lieu. Leur jardin est une petite oasis ; il est bien cultivé, bien arrosé. On y trouve toutes sortes de légumes dont ces messieurs se montrent très généreux envers les voyageurs. Ce dont ils se plaignent, c'est que la plupart ne montent pas en graine ou que les graines ne parviennent pas à maturité. Il faut donc tous les ans renouveler sa provision de semences. Nous avons, M. Jeanmairet et moi, été leur faire une visite. L'un des Pères, accompagné d'un frère, était allé voir la grande merveille du pays, les cataractes. Le supérieur était là, le P. Kroot, un Hollandais, avec deux frères, un Milanais, qui est jardinier, et l'économe, qui est Anglais. Ces messieurs furent très courtois avec nous. Ils me cédèrent même deux sacs de blé indigène pour nourrir mon monde. C'était un grand service à me rendre, car nous étions à bout de provisions pour la caravane, et M. Westbeech ne pouvait rien me céder. Ils poussèrent l'amabilité jusqu'à m'envoyer des légumes : un beau chou, quelques poireaux et de la salade ; tout cela, à leur insu, pour servir au petit festin de mon anniversaire. Mais quand ils l'apprirent, le P. Kroot voulut absolument sortir une bouteille de Bordeaux, et il fallut trinquer et boire à ma santé. C'était d'autant plus beau de leur part, que notre présence ici doit leur être une épine dans l'œil. Je leur en sais gré et leur veux du bien. Je comprends toujours mieux qu'il faut combattre des principes, des doctrines, mais respecter les personnes. Du reste, je ne crois pas que nous l'ayons jamais négligé dans la pratique[1].

Nous allons pousser jusqu'à Léchoma, y installer ma femme, et puis partir pour le Haut-Zambèze. Vous le comprenez, cette séparation de trois mois, qui serait peu de chose au Lessouto, est sérieuse et solennelle pour nous deux. Ma femme devra rester avec un fardeau qui n'est pas léger. Si vous saviez ce que c'est que d'avoir à nourrir une bande de natifs comme la nôtre! Du moment que les conducteurs mettent leurs fouets de côté, non seulement il n'est plus question d'aucun travail, quelque minime qu'il soit, mais il faut encore que quelqu'un cuise leur nourriture et puise leur eau. Encore n'est-il pas facile de les contenter. Je voudrais envoyer tout ce monde au Lessouto et à Mangouato. Mais comment? Mes bœufs sont éreintés, et je frémis en pensant aux dépenses et à tous les tracas d'un prolongement de leur séjour avec nous. Malgré tout cela, je suis content qu'ils soient venus jusqu'au Zambèze, et j'espère qu'ils n'emporteront pas de fâcheuses impressions avec eux.

Mais tout cela est du passé, et il nous faut faire face aux difficultés nouvelles qui nous attendent.

---

[1]. J'avais déjà appris que le personnel de cette mission avait essuyé des désastres. C'était, tant pour nos amis d'Europe que pour nous, une mauvaise note pour le climat des régions zambéziennes. Le P. Kroot me rassura quelque peu. De sept membres de la mission, un est mort de chute de cheval, deux se sont noyés, deux sont morts de faim et de fatigue, un sixième est mort de consomption, le septième seul a eu la fièvre chez les ba-Toka, encore croit-on qu'il est mort empoisonné. Quoi qu'il en soit, dans ces climats pestiférés, on mourra toujours de la fièvre, on n'admet pas d'autres maladies.

XX

Le désert des Makarikari. — Les ma-Saroa. — L'évangéliste Léfi. — Encore la température. — La tombe de Khosana. — Campement à Léchoma. — Au gué de Kazoungoùla. — Messagers de Séchéké. — Contretemps. — Pénible attente. — A Séchéké. — Pauvre hospitalité. — Un messager du roi. — Joie de courte durée. — Partirons-nous ? — Une révolution à la Vallée. — Une mésaventure de Ben. — Le paganisme.

Léchoma, 7 août 1884.

Léchoma ! Nous nous arrêtâmes ici dans nos pérégrinations, il y a six ans. Au milieu de préoccupations, d'angoisses et de luttes que Dieu seul connaît, et, à la lueur d'un rayon d'espoir, s'ouvrirent alors devant nous des horizons nouveaux. C'est une date importante dans notre carrière. Il fait bon de revenir à Léchoma, de s'y arrêter et de se recueillir pour adorer les voies de l'Éternel et célébrer sa bonté et sa fidélité.

Le voyage à travers le désert a été long. Nos bœufs venaient de loin, nos wagons étaient lourds, nos gens fatigués et sans entrain ; aussi, malgré toute la détermination possible, nous cheminions lentement, plus lentement qu'on ne le fait ordinairement. De fait, notre première étape à Kané se fit avec tant de difficultés que j'avais dû renvoyer à Mangouato une partie de nos bagages. Cela nécessita de nouveaux triages, et de nouvelles réductions dans notre notion du « strict nécessaire ». Notre ami M. Whiteley se hâta de venir lui-même avec son wagon et un attelage du chef Khama. Pendant ce délai forcé, il pleuvait à verse. Nos réservoirs se remplissaient, si bien que dans le désert nous avons trouvé de l'eau en abondance et avons à peine su ce que c'est que la soif.

La vue des Makarikari a un peu ranimé l'entrain de nos compagnons de voyage. Ils sentaient comme nous que nous avions fait du chemin. Et puis, disons-le, il y a quelque chose de nouveau et de saisissant dans le panorama sauvage qui se déroule à vos yeux avec ses lacs et ses sables, ses plaines immenses parsemées de bosquets, et ses solitudes silencieuses et sans vie. C'est à peine si une autruche ou une gazelle en fuite venait un moment interrompre la monotonie du tableau. Le lion même n'a daigné nous honorer que de son rugissement nocturne. Les hyènes affamées seules s'en prirent à nos ânes et nous causèrent du tracas.

Les ma-Saroa, eux, les enfants du désert, sachant que nous avions avec nous des gens de Chochong, se cachaient à notre approche. Ils osaient à peine venir nous vendre un peu de miel. A en juger par ce que nous avons vu de nos yeux, les ba-Mangouato ne badinent pas avec eux. A l'insu de leur chef sans doute, ils les dépouillent du peu qu'ils possèdent, leur arrachent le produit de leur chasse, les fruits et les racines sauvages, et même les grosses chenilles et les chrysalides dont ces pauvres hères font leurs délices. C'est dans ces plaines que viennent se perdre certains cours d'eau, le Nata, par exemple, qui, après un trajet assez court, disparaît sous le nom de Soua. Le sol des Makarikari était si détrempé, que nos voitures s'enfonçaient d'une manière désespérante. A peine sortis de ces fondrières, il nous fallait sillonner ces sables profonds, qui seront toujours le cauchemar des voyageurs dans ces parages.

C'était pitié de voir nos pauvres bœufs avec leurs cous pelés, tirer la langue et s'affaisser sous le joug. Passe encore quand nous creusions nos sillons en rase campagne. Mais dans ces fourrés d'épines, littéralement impénétrables, et où il était absolument impossible au conducteur de manier son long fouet, nos bœufs prenaient leur revanche, et nous n'en triomphions qu'à force de nous égosiller.

Dans les forêts vierges que nous traversons, la route n'a pas été tracée par un ingénieur. Le premier wagon qui y a passé s'est faufilé de son mieux, faisant des zigzags sans fin pour éviter les gros arbres. Un second a suivi ces premières traces, puis un troisième, puis d'autres, puis les nôtres enfin. Comment contourner tous ces obstacles avec nos énormes attelages? Il faut être constamment sur le qui-vive. Notre pauvre Léfi en sait quelque chose, lui. Il a bien fallu que, bon gré mal gré, il vainquît sa répugnance et prît le fouet à son tour. Nous proposions-nous de faire une longue traite de nuit, ou de grand matin, à peine en marche, nous étions sûrs d'entendre derrière nous le cri d'alarme: *Hihou! hihou! Koloï é tsoueroé!* (le wagon est arrêté!) Il fallait revenir sur ses pas, la hache sur l'épaule, se demandant quelle pouvait être la gravité de l'accident. Hélas! c'est une boîte à chapeaux, que nous trouvons tout aplatie, une caisse de mercerie tout en pièces. On ramasse les chapeaux, les bobines de coton, les paquets d'aiguilles et de galon épars, on raccommode les ballots déchirés, et on se remet en marche.

Chacun a eu sa part de dégâts. Un rameau desséché fait une entaille à la tente du wagon de M. Jeanmairet, les branches en profitent pour balayer tout ce qu'elles peuvent atteindre : livres, trousse de dentiste, trousse de toilette, etc.

Mais personne n'a été aussi maltraité que notre ami Waddell. Un portemanteau, une malle, une caisse d'outils composaient tout son avoir. Le portemanteau et la malle y passèrent l'un après l'autre. « Au moins, disait notre jeune Écossais avec satisfaction, ma caisse d'outils a échappé. » Il en était fier de cette caisse en acajou, avec ses divisions et ses compartiments ingénieux, son premier travail d'apprenti. Elle reçut bien des coups, eut bien des fractures, mais toujours notre menuisier trouvait le moyen de la rafistoler. Un jour, un nouvel *hihou! hihou!* de Léfi nous fit accourir tout haletants à son wagon. La caisse précieuse n'était plus! les éclats en gisaient épars sur le sol. Cette fois, le malheur était irrémédiable. Pauvre Waddell! il jouait à force de bras de la cognée pour dégager du tronc d'un gros arbre le reste de ses outils. Nous, nous étions tristes et silencieux. « N'y faites pas attention, Monsieur, la boîte est perdue, mais les outils sont sauvés. » — Et un sourire essayait d'illuminer son visage rouge d'émotion. Il y a de l'étoffe dans un homme de cette trempe. C'est un plaisir de le voir travailler, car il aime son métier. Si aucun accident ne réclame l'adresse de ses bras vigoureux, il s'en va, la hachette à la main, explorer la forêt, et revient avec des échantillons de bois de toutes espèces et de toutes couleurs. « Voilà de l'acajou, Monsieur, du vrai acajou, s'écrie-t-il tout radieux, et voici du teak, puis une espèce de cèdre, et encore quelque chose qui ressemble à l'ébène! Si Dieu nous accorde force et santé, vous verrez quel bon parti nous tirerons de tous ces trésors! » Et à l'entendre aplanissant toutes difficultés, abattant des arbres, sciant des planches — *des planches!* — nous voyons déjà une chaumière s'élever comme par enchantement avec tout un petit mobilier que le cher homme se plaît à prophétiser et qui fera oublier à Mme Coillard le presbytère de Léribé. On sent que Waddell a été l'enfant chéri de sa mère. Il a besoin d'être entouré d'affection, et de se donner avec abandon. Mon collègue Jeanmairet, Middleton et lui, Waddell, ont été, chacun dans sa sphère, un réconfort pour nous. Nos artisans sont bien entrés dans l'esprit de l'expédition, ils sont pleins de bonne volonté, mettent la main à tout. De fait nous nous disons souvent : Que ferions-nous sans eux?

Ajouterai-je encore une silhouette? Nos deux évangélistes Aaron

MASOTOANE

Un des chefs de la province de Mousi oa Thounya
(Grandes cataractes de Victoria).

et Léfi se complètent admirablement l'un l'autre. Comme nous tous, ils ont les défauts de leurs qualités. Aaron est actif, énergique ; il a beaucoup d'entrain et d'initiative ; mais il est susceptible et vif de tempérament. Léfi est un homme intelligent, d'une grande égalité de caractère. Il est sobre dans ses paroles comme dans ses habitudes et a plus d'instruction qu'Aaron. On découvre bien vite qu'il est le fils d'un chrétien — le premier du Lessouto — et qu'il n'a guère connu le paganisme que par contact ou par tradition. Il fait bien ce qu'il fait, mais il n'a pas beaucoup d'initiative. Ses méditations nous font du bien. Il me semble que je ne saurais mieux le faire connaître qu'en donnant un extrait d'une lettre qu'il m'écrivait avant notre départ. « Je te fais savoir, me dit-il, que ta lettre m'est bien parvenue. Je l'ai reçue avec joie. J'ai compris ce que tu me dis. C'est une exhortation et un encouragement dont je te remercie. Oui, mon père, celui qui est chargé d'une mission comme la nôtre devrait être digne de la plus grande confiance. Si même les chefs, qui ne sont que des hommes, cherchent à envoyer en pays ennemi des messagers obéissants et fidèles, qui suis-je, moi, pour avoir des arrière-pensées quand c'est le Roi des rois qui m'envoie ? Les chefs envoient leurs messagers, mais ils restent chez eux. Mon Roi à moi ne reste pas derrière. Il dit : « *Suis-moi !* » Donc il marche le premier. Oh ! si seulement j'arrivais à pouvoir me décharger sur lui de tous mes soucis ! Si je possédais la pleine confiance qu'il me dirigera, et qu'il travaillera par moi ! par moi qui étais perdu sans espoir et qui ne suis devenu un *homme* que par sa grâce ! Homme de Dieu ! Qu'il soit béni le voyage que nous entreprenons en son nom seul ! Ma femme et moi nous avons consenti à ce que notre Père nous emploie à son œuvre. Nous sommes faibles, mais nous l'entendons dire : « Ma force s'accomplit dans votre infirmité. » Nous sommes sans intelligence, mais il est dit que Jésus a été fait *notre sagesse ;* nous sommes pécheurs, mais il a été fait *notre justice*. Qui donc nous a enfantés pour que nous soyons ainsi rendus accomplis ? Car de nature nous sommes pécheurs, enfants de pécheurs. Je loue la miséricorde de Dieu, je loue sa grâce qui fait de *moi* un messager de la nouvelle du salut ; *moi, Molatlégi !* (perdu). Molatlégi, c'était mon nom d'enfant. C'était le nom qui, de tous, me convenait, à moi qui étais perdu. »

Les femmes de nos évangélistes présentent aussi dans leurs caractères des contrastes tout aussi frappants que ceux de leurs maris. L'épouse de Léfi est une toute jeune femme de peu d'expérience. Celle d'Aaron, Ma Routhi, a grandi dans notre maison ;

notre affection mutuelle est donc de vieille date. La grâce de Dieu a fait son œuvre dans son cœur. Elle est missionnaire dans l'âme. Tous les jours, dans le voyage, elle enseignait à ses propres enfants et à ceux de Léfi à lire et à chanter, et elle ne perd aucune occasion de parler du Sauveur aux païens qu'elle rencontre.

Nous sachant sous les tropiques et en juillet, vous nous croyez sans doute à moitié rôtis. Rassurez-vous. C'est l'hiver ici. Le thermomètre, qui de jour est rarement monté jusqu'à 20 degrés centigrades, est fréquemment descendu jusqu'à 3° au-dessus de zéro à l'intérieur du wagon. Ceux qui savent combien les natifs sont frileux, peuvent seuls se faire une idée de la peine que nous avions tous les matins à mettre la caravane en branle. Oh! ma pauvre cloche et le clairon, comme on leur en voulait! On ne savait pas comment, dans mes insomnies habituelles, je pesais, pour ainsi dire, chaque minute du sommeil de mon monde, et ne sonnais le réveil qu'au dernier moment! Un des bienfaits du dimanche, c'est que cloche et clairon étaient muets, et nos pauvres hommes en profitaient à cœur joie dans l'intervalle de nos réunions d'édification et de chant.

C'est le 26 juillet, à la même date, il y a six ans, que nous sommes arrivés à Léchoma. Nous n'avions nulle intention d'établir notre campement au même endroit que nous avions précédemment occupé. Il fallait pourtant y faire un pèlerinage d'affection. Laissant donc les voitures en arrière, nous prîmes les devants à pied, ma femme, ma nièce et moi. Nous descendîmes le vallon, puis, tournant à gauche, gravissant le coteau que nous connaissions si bien, nous y cherchâmes longtemps l'emplacement de notre premier campement. Plus de taillis, plus de hutte, plus de palissade, — tout avait disparu dans les fourrés d'une végétation luxuriante; le charbon seul, qui couvrait encore le sol, c'est tout ce qui en restait. Je me trompe. Tout près se trouve un acajou gigantesque, et son tronc porte encore gravée dans ses fibres, et aussi fraîche qu'au premier jour, cette simple épitaphe:

KHOSANA

mort

13 — ix — 78

Cela ouvre un grand chapitre dans nos souvenirs!

La mouche meurtrière, la tsetsé, qui infestait naguère ces bois, s'est retirée et a suivi le buffle dans sa retraite devant le fusil des chasseurs. Nous pûmes donc aller camper plus loin, à 10 kilomètres seulement du Zambèze. Le site où nous avons planté nos tentes est charmant, et c'est certainement le moins insalubre que nous eussions pu choisir. C'est un coteau sablonneux de 30 mètres au-dessus du vallon et de 1,000 au-dessus du niveau de la mer. Délicieusement ombragé sans être étouffé, il se trouve sur la lisière d'une forêt vierge et sans limites, un parc splendide que notre Père nous a préparé et dont personne, pas même le lion, ne nous a encore disputé la jouissance. Devant nous, au couchant, et à droite en suivant la vallée, ondoyent des collines boisées jusqu'à une longue ligne bleue qui borne l'horizon. Cette ligne bleue sur laquelle s'arrêtent instinctivement nos regards, c'est le Trans-Zambèze, notre champ de travail, pour nous une nouvelle patrie. Dans la vallée un ruisseau, le *Léchoma*, coule, se perd, reparaît pour couler encore, et forme quelques beaux étangs d'eau limpide qui nous promettent le luxe inappréciable de bains à peu de frais.

Un des désavantages de ce lieu, et nous en découvrirons bien encore quelques-uns sans doute, c'est un sable noir, fin, qui pénètre les tissus de nos vêtements jusqu'aux pores, rend désespérément insuffisantes toutes nos mesures de propreté, et nous menace d'une consommation extraordinaire d'un article introuvable ici, donc précieux d'autant plus, le *savon*. Il faudra apprendre à le fabriquer nous-mêmes; et notre pauvre ménagère, à qui cela donne du souci, s'est déjà munie de recettes. Pour voisins, nous avons à 200 pas un marchand; et de l'autre côté du vallon des chasseurs indigènes. Le hameau de ceux-ci et l'établissement de celui-là font très bien dans le paysage.

Mlle Coillard a bientôt découvert dans ce voisinage, parmi les enfants de l'expédition et les garçons zambéziens qui travaillent pour nous, les éléments d'une école intéressante. Elle la fait tous les matins et tous les soirs avec l'énergie qui lui est propre, et avec autant de zèle et d'affection qu'elle faisait celle de Léribé.

Qui dira avec quels sentiments de soulagement, de joie et de reconnaissance nous avons tout de bon dételé nos voitures, et planté nos tentes? Oui, le voyage a été long, dispendieux et difficile. Ce qui nous en reste, c'est une profonde lassitude physique et morale; il nous semblait parfois que les ressorts étaient détendus et que les sources de la vie se tarissaient. Mais jour après jour et dans chaque circonstance, Dieu nous a donné la mesure de grâce nécessaire. Tout le long du chemin nous avons trouvé des cœurs sympathiques chez les noirs comme chez les blancs, chez les Boers comme chez les Anglais. Là même où on ne nous prédisait qu'hostilité et entraves, on nous a comblés d'égards et entourés d'intérêt. Nous n'avons pas eu de maladie sérieuse, pas d'accident grave, pas même de fâcheuses aventures. Nous avons vu le spectre de la faim et redouté la soif; mais Dieu a pourvu à tous nos besoins, et a rempli pour nous les étangs du désert. Nos difficultés les plus grandes ont aussi été les canaux des bénédictions les plus précieuses. Auprès de l'Ebénézer que nous élevons ici au nom de Celui qui a compté nos allées et nos venues, le passé nous inspire l'adoration et la louange; l'avenir, le calme et la confiance. Guidés par l'œil de l'Eternel, conduits par sa main toute-puissante, un pas à la fois nous suffit.

Séchéké, 19 août 1884.

Séchéké! Comment le tracer sans émotion, ce nom-là!... C'est ici que mon Maître m'a conduit il y a six ans, et m'a fait entrevoir le nouveau champ de travail que nous cherchions. C'est ici qu'il m'a arrêté après m'avoir fait passer par de douloureuses alternatives de joie et de déception. *Son temps,* à lui, n'était pas encore venu. C'est ici que notre cher Éléazar Marathane a fini sa carrière et qu'il repose!... Toutes les expériences de mon premier séjour me reviennent à l'esprit. Le temps, par une dispensation de la Providence, a adouci ce qu'elles avaient alors d'amer et de douloureux; les bénédictions seules sont aussi douces qu'alors.

Je ne puis m'empêcher de plonger un regard dans l'avenir... A quoi bon? L'avenir est à Dieu, à nous le présent. Le présent! il est sombre. Notre chemin est hérissé de difficultés que j'avais bien prévues, mais dont il ne m'était pas possible de mesurer toute la grandeur... Mais courage! c'est quand le patriarche fugitif et solitaire reposait sur une pierre sa tête fatiguée, que le Seigneur, dans une vision glorieuse, soulevait pour lui un coin du voile de l'avenir, et lui faisait entrevoir les multitudes qui devaient se réclamer de son nom. « Ne crains point, dit le Seigneur à Paul dans la ville de Corinthe, parle et ne te tais point, car je suis avec toi... *J'ai un grand peuple dans cette ville.* »

Mais revenons à Léchoma. Une fois campés, nos bœufs renvoyés à Gazouma, à deux jours de distance, pour y paître et se reposer, il fallait voir le Zambèze; on n'y tenait plus d'impatience.

Nous laissions ma femme et ma nièce se débarrasser de leur

mieux d'un cauchemar qui les hantait depuis Mangouato : la *lessive*. Après une vie missionnaire de vingt-cinq ans, c'était encore pour Mme Coillard un apprentissage à faire, un apprentissage redouté. Jamais encore elle ne s'était vue réduite à cette nécessité. Et de penser à cette accumulation de linge de voyage ! Les femmes de nos évangélistes, par pitié autant que par affection, consentirent bien à donner un coup de main. Mais il est évident que ce n'est pas un secours sur lequel on puisse compter.

Nous partîmes, M. Jeanmairet et moi, accompagnés d'une partie de notre monde, légèrement équipés et assez légèrement approvisionnés. Nous suivons le vallon, qu'une conflagration récente a couvert d'un triste linceul. Deux heures et demie de marche, et, au sortir d'un taillis, un large ruban qui serpente dans la plaine, se faufilant à travers des jungles impénétrables, paraît à nos yeux. C'est le Zambèze ! Il vaut la peine de s'arrêter un instant. Arrivés au gué officiel de Kazoungoula, nous nous annonçons — selon la coutume du pays — par des coups de fusil. Pas de réponse. Nous tirons encore et encore sans plus de succès. C'est l'usage. Nous nous disons que le vent souffle si fort, le cours de la rivière est si moutonné, que les canots ne pourraient traverser sans danger. Satisfaits de cette explication toute gratuite de notre part, nous passons le reste du jour à chasser des oiseaux, à admirer ce majestueux fleuve, à y chercher des hippopotames et des crocodiles qui sont invisibles, et à guetter la gymnastique curieuse des martins-pêcheurs. La nuit survient, nous nous serrons la ceinture, car nous avions compté sur un meilleur hôtel, et nous nous blottissons de notre mieux sous un méchant abri de roseaux, hanté par la vermine et par les souris. Le froid était si intense, 3° centigrades au-dessus de zéro, que tous, à une ou deux exceptions près, allèrent chercher le vêtement des pauvres : le *feu*. De sommeil, point. Dès le matin du lendemain, nous tirons de nouveau ; mais pas plus de réponse que la veille ! Et pourtant pas la moindre brise aujourd'hui, pas une ride sur l'onde : c'est une glace polie. Que veut dire ce silence ? Las d'attendre, et déjà à demi affamés, nous plions nos couvertures et reprenons le chemin de Léchoma. Voilà notre première visite au Zambèze, un seau d'eau froide sur nos jouissances anticipées. Plus tard, tout s'expliqua. Le batelier *Singandou,* n'ayant reçu aucun ordre à notre sujet, avait couru chez son chef. Il revenait avec des ordres positifs pour nous faire traverser immédiatement, quand la nouvelle se répandit que les ma-Tébélé approchaient. La panique avait saisi tout le monde.

Peu de jours après arrivaient des messagers de Séchéké. Les lettres par lesquelles j'avais annoncé au roi notre arrivée à Chochong d'abord, à Pandamatenga ensuite, avaient été arrêtées par les « seigneurs de Séchéké » et attendaient la « salutation », autrement dit le présent, qui devait les accompagner. Et moi qui les croyais à la capitale ! Quelle tuile ! Je refusai carrément de nouveaux présents avant d'avoir vu le roi. On m'a assuré que, depuis, les chefs ont expédié mes lettres, mais par un esclave à pied, comme quelque chose de peu d'importance. Quel cas en fera le roi ? Quand viendra sa réponse ? — Pour utiliser le temps et rompre la monotonie de notre vie, nous organisâmes une excursion aux cataractes de « Mousi oa Thounya ». Au dernier moment je me vis forcé d'y renoncer et de laisser partir notre ami Jeanmairet avec Middleton et Waddell, accompagnés de nos ba-Souto et de porteurs.

Nous, nous regardons vers le nord, la ligne bleue au delà des forêts. Le regard se perd dans les profondeurs de cette perspective. A mesure que les jours se succèdent, nous nous demandons si l'horizon ne s'obscurcit pas. Il est difficile d'attendre quand on voudrait courir. Il arrive souvent des troupes de Zambéziens à Léchoma, mais ils n'apportent pas de nouvelles ; ce sont des esclaves envoyés pour trafiquer. Ils apportent du millet, du sorgho, des arachides, des haricots, quelquefois un peu de miel sauvage ; tout cela dans des calebasses de toutes grandeurs. Chaque calebasse vaut plusieurs colliers de verroterie ou bien un *setsiba*, deux longs mètres de calicot. C'est exorbitant. Il faut donc que ma chère femme passe des heures à tenir tête à ces troupes bruyantes et très impertinentes parfois ; il faut qu'elle réponde calmement, marchande avec prudence, explique avec douceur pour congédier avec satisfaction ce monde tapageur. C'est une rude besogne. Léfi et Joël, qui d'abord avaient volontiers accepté la tâche de seconder « leur mère », s'en sont bientôt aperçus, et se sont retirés l'un après l'autre, la laissant se tirer d'affaire toute seule. Il ne s'agissait pas seulement de pourvoir à la nourriture journalière des évangélistes et de leurs familles, de nos conducteurs et de nos ouvriers indigènes, mais aussi de faire les provisions nécessaires pour le retour de nos gens de Mangouato et du Lessouto, et surtout de pourvoir aux besoins de l'expédition pendant la saison des pluies et jusqu'à la récolte prochaine. Acheter ainsi soixante sacs de céréales, sans parler du reste, cela représente une somme formidable d'activité, d'énergie, de patience et de fatigue pour qui n'est pas roué à ce petit commerce chicaneur de

LA MISSION SE FONDE.

grains de verroterie et de morceaux de calicot. Souvent triste d'une perte de temps si précieux, et épuisée, la femme missionnaire ne se plaint pas. Tout en désirant quelques jours de répit, elle se dit : « C'est pour le Seigneur. » Oui, et « pour le Seigneur », elle fait face à d'autres devoirs, et reparaîtra demain au marché qui lui est imposé, retrempée dans la lutte et dans la prière.

Quand les achats se terminent de bonne heure, notre œuvre à nous commence. Nous faisons répéter à nos Zambéziens un verset de la Parole de Dieu, et chanter une strophe de cantique que nous leur expliquons. S'il est tard, nous leur disons quelques bonnes paroles. Ils nous quittent tout étonnés ; nous les suivons du regard dans la vallée, et, par la pensée, au delà de la ligne bleue où nous voudrions être.

Un jour, c'était le dimanche 9 août, nous apercevons, dans l'après-midi, une longue file qui serpente dans la vallée et se dirige vers nous. En tête, nous reconnaissons bientôt Karoumba, qui était retourné chez ses parents. Il nous annonce que les trente jeunes gens qu'il amène sont envoyés, avec six canots, par les chefs de Séchéké pour nous chercher. Voilà donc une éclaircie dans notre ciel gris. Dieu soit béni ! Mes préparatifs furent bientôt faits, et je partis sans arrière-pensée. Je laisse à deviner si j'étais heureux en traversant le Zambèze. Le soleil se couchait alors, son disque flamboyant se baignait dans l'onde et la colorait de ses feux, tandis que les rives boisées, avec leurs panaches de palmiers, s'y mirent comme dans une glace. Tout était paix et harmonie. Le lendemain matin, à mon réveil, je crus le charme brisé ; mes canotiers étaient en grève et déclaraient bruyamment ne vouloir pas bouger avant d'avoir reçu des *setsiba* de leur goût. Je parvins à les calmer sans céder, et j'eus avec ces jeunes gens le trajet le plus agréable. Nous n'étions pas pressés. Ils pêchaient, ils chassaient des oiseaux dans les jungles, et le soir je leur enseignais à chanter. A notre dernière étape, je leur fis une distribution de *setsiba* de calicot rouge. Après un bain, ils s'en affublèrent tous chacun à sa fantaisie et de la manière la plus grotesque. Des coups de fusils nous annoncèrent, et quand notre petit cortège arriva au port et se rendit au *lékhothla,* grands et petits étaient dehors et nous envoyaient force « *luméla monéré! changoué! changoué! —* Bonjour, monsieur, notre père, notre père ! » un terme de politesse.

Vous vous souvenez que Séchéké est la résidence de douze à quinze chefs. Dans notre langage européen, ce seraient des gouverneurs ou des préfets; ce sont des ba-Rotsi, promus au gouvernement de nombreuses peuplades tributaires. Ils assument les noms et les titres de leurs prédécesseurs, et ils forment un conseil sous la présidence du chef principal. Ce chef, aujourd'hui, n'est pas le *Morantsiane,* le vieillard que j'ai connu il y a six ans et que j'aimais, mais son fils à moitié abruti par l'abus de la bière et la fumée du chanvre. Le village n'est plus le même non plus. Il a été incendié pendant la guerre de Ngouana-Ouina. On l'a rebâti depuis, mais il a l'apparence délabrée et malpropre. Je n'y vois plus les doubles huttes, si spacieuses et si bien aérées (pour des huttes), que j'y admirais. Du reste, c'est bien encore Séchéké avec ses dignitaires, les Morantsiane, les Tahalima, les Rataou, les Mokhélé, les Katoukoura, Nalichoua, etc. Quelques-uns de ces titres sont aujourd'hui portés par de nouvelles têtes. Cependant, je compte encore nombre de connaissances parmi ces seigneurs. A en juger par leurs salutations démonstratives, ils sont heureux de me revoir. Les petits discours officiels terminés de part et d'autre, nos causons longtemps ensemble. Eux me racontent tout ce qui s'est passé dans leur pays depuis notre passage, et moi je réponds aux questions dont ils m'assaillent et leur parle de mes voyages et de ma mission. Il fait bon tout de même arriver à Séchéké.

Mais on m'annonce que mon bagage est déjà porté à la case qui m'est destinée. Je prends donc congé de mes amis et me rends *chez moi* pour me reposer. A la porte, Aaron et moi reculons de dégoût. C'est un chenil que cette hutte et cette cour. La saleté en est telle que personne ne veut y mettre la main pour la nettoyer. Je m'assieds sur un de mes ballots, dehors. C'est là que je passerai la nuit. A la fin, un de mes canotiers, touché de pitié, s'en va chercher une pauvre petite esclave qu'il pousse de force dans la hutte, pour lui faire enlever le plus gros des immondices. Demain, Aaron et Ben feront le reste. Décidément, nos chers Zambéziens ne sont pas hospitaliers.

Nous couchons, avec la faim, devant ce taudis inhabitable. Le lendemain, avant mon lever, j'étais assailli par une foule de vendeurs turbulents et par les principaux chefs qui avaient tenu conseil pendant la nuit, et m'en apportaient le résultat. Ils regrettaient d'avoir expédié ma lettre par un esclave, et, pour réparer cette erreur, l'un d'eux allait se mettre en route pour la capitale. Je leur demandai instamment de m'y conduire aussi. Mais la loi est là qui nous barre le chemin, c'est la grande muraille de la Chine. Pas d'alternative, il faut *patienter.*

Nous entreprenons de visiter les gens à domicile, et subissons de notre mieux les assauts de ces infatigables mendiants. Ils réussiront certainement à nous piller honnêtement. Ils n'ont pas de honte, et poussent la persistance jusqu'à l'impudence et à l'exaction. A l'ombre d'un gros arbre, tout près de notre demeure, M. Jeanmairet, qui m'a rejoint, et moi, nous essayons de réunir tous les matins les gens du village. Nous leur racontons des histoires bibliques, nous leur parlons du Sauveur, et leur faisons répéter quelque verset, puis l'Oraison dominicale; nous leur apprenons à lire, c'est-à-dire à répéter l'alphabet. On nous regarde avec étonnement, et on imite scrupuleusement les mouvements qu'on surprend chez nous; on bat la mesure comme nous, on prend les mêmes intonations de voix, on répète chacune de nos paroles. Les uns sont couchés, les autres sont assis; on prise, on cause, on rit; on se salue en claquant des mains. Nous les arrêtons, leur recommandant le silence et la bienséance, et n'en continuons pas moins notre œuvre avec sérieux. Ce qui nous donne du souci, c'est la rapacité désespérante de ces gens-là. Comment aller à la Vallée, pillés comme nous le sommes déjà?

Sur ces entrefaites arrive un messager du roi. C'est un petit chef, lui aussi, avec une suite nombreuse. M. Arnot est allé avec Silva Porto chercher des secours médicaux à Benguela; donc personne n'a pu lire mes lettres et on me les renvoie. Cela explique pourquoi aucune mesure n'a été prise pour nous conduire sans délai à Léalouyi. Le message apporté par Mosala revient à ceci : si les jésuites sont les auteurs de la lettre, le roi leur permet d'aller chercher le bagage (outils et marchandises surtout) qu'ils ont laissé chez lui l'an passé, mais il déclare qu'il ne prêtera de secours ni en canots ni en hommes; ils peuvent venir en wagons. Si la lettre vient de moi, Mosala a charge de nous conduire immédiatement à la capitale. La joie que nous causa cette nouvelle fut aussi vive qu'elle fut de courte durée. Le même jour le bruit courait que les ma-Tébélé avaient traversé le Zambèze; ce fut une panique générale. Les canots qui devaient nous conduire chez le roi, on les envoyait chargés d'ivoire pour acheter de la poudre et des fusils. On dressait le bétail à la nage pour le mettre en sûreté, et tout le monde se préparait à prendre la fuite. Que ferons-nous dans ce cas sans canots, sans rameurs? Et de penser que je me suis chargé de 7 ou 8 caisses de M. Arnot pour l'obliger! Comment retourner à Léchoma? Comment rester seuls à Séchéké? « Quoi qu'il en soit, mon âme se repose sur Dieu!... »

Séchéké, 4 septembre.

Encore et de nouveau à Séchéké, le « bourbier du découragement ». Par quelles alternatives d'espoir et de désappointement nous avons passé en peu de jours! En temps pareils, la présence du Sauveur est une réalité précieuse. Au milieu du chaos de nos dernières aventures, il m'est difficile de rattraper le fil de ma narration. Derrière nous, elles paraissent peu de chose, ces vagues qui faisaient trembloter ma foi comme un roseau dans un étang.

Je disais que les canots envoyés pour nous prendre revinrent avec la poudre et les fusils. Nous ne pensions plus qu'à partir, mon ami Jeanmairet et moi. Malheureusement, les rapports des espions donnaient toujours plus d'importance à l'imminence de la guerre dont les ma-Tébélé nous menaçaient. Les chefs consultaient les devins et le sort, se vaccinaient avec certain spécifique qui devait les rendre invulnérables, cherchaient des charmes de toute espèce et passaient le reste de leur temps à dresser le bétail à la nage, et à boire. Personne ne s'occupait de notre voyage. En l'absence du Morantsiane, je réunis les vieux chefs, leur annonçai que nous avions décidé de partir à pied; ils nous approuvèrent et promirent des porteurs. A son retour, Morantsiane fut alarmé de cette nouvelle. C'était un blâme jeté sur lui. A travers les brouillards de la boisson, il vint immédiatement offrir à « son ami » Jeanmairet une calebasse de miel et à moi deux peaux de marmouset. S'enhardissant alors : « Morouti, tu ne feras pas ce voyage à pied, à ton âge et par une chaleur pareille. Que dirait le roi? Demain tu auras mon canot. »

Nous cédâmes, mais plusieurs jours se passèrent et nous étions encore là, attendant les rameurs qui « devaient arriver d'un moment à l'autre ». Ils arrivèrent enfin. C'était samedi. Rataou et Tahalima chargèrent nos pirogues, préparant nos sièges avec un soin minutieux, firent faire à nos rameurs un petit trajet d'essai et se déclarèrent satisfaits. Quelques paroles d'adieux à la foule assemblée, une prière sur le rivage avec Aaron et Joseph qui allaient à pied sous la conduite de Mosala, et Jeanmairet sauta dans sa barque, moi dans la mienne, et nous gagnâmes immédiatement le large. Là, le fleuve, contournant une île, forme une belle baie. Nous n'étions pas embarqués depuis cinq minutes que notre esquif se remplissait d'une manière effrayante. Deux hommes qui puisaient l'eau avaient de la peine à le tenir à flot. Le danger devenait de plus en plus imminent. Il n'est pas dans ma nature de retourner en arrière. Je me mis aussi à puiser et nous pûmes, non sans peine, aborder à la plage opposée. Tous mes bagages étaient mouillés, trempés. Rien ne me fit plus de chagrin que la perte de mes médecines et de trois douzaines de plaques photographiques. Rataou envoya immédiatement un deuxième canot, et, après avoir séché nos bagages, nous poussâmes jusqu'au poste de bétail de Tahalima, où nous passâmes un dimanche bien employé. Le lundi de grand matin, nous réparions activement notre pirogue avec du papyrus et des feuilles de palmier, quand les chefs de Séchéké m'envoyèrent par un exprès l'ordre de retourner immédiatement à Séchéké. Le messager me priait confidentiellement de ne pas hésiter et me disait que des ordres pareils avaient été envoyés à Aaron et même à Makoatsa, l'ambassadeur de Khama. Qu'était-il donc arrivé ?

Rataou était chagé de nous l'annoncer. Une révolution venait d'éclater à la Vallée, et le roi, qu'on voulait assassiner, avait pris la fuite. C'étaient de graves nouvelles. Il paraît qu'ici les chefs les attendaient; c'est là sans doute la raison secrète de tous nos délais. Que faire maintenant ? Comment entreprendre un si long voyage dans une contrée où règne l'anarchie ? Si même, en temps ordinaire, il y a si peu de sécurité dans ce pays de pillage et de rapine, qu'est-ce maintenant qu'il n'y a plus d'autorité reconnue ? Et puis, vers qui aller ? Qui sont les chefs de la révolution ? Il fallait donc suivre les conseils de la prudence et se décider à... *attendre*. Quelle leçon dure que celle-là !

Il est difficile pour nous de découvrir les vraies causes de la révolution. Ce qu'il y a de certain, c'est que Robosi faisait peu de cas de la vie des principaux de la tribu. Il en massacra sept en un seul jour dans un banquet auquel il les avait conviés. Dernièrement il faisait encore mettre à mort un chef respecté et une des femmes de feu Sépopa ; puis il prenait ses mesures pour se débarrasser de la plupart des chefs de Séchéké, quand ses desseins furent découverts. Un complot fut ourdi et Robosi ne dut son salut qu'à son sang-froid et à la fuite.

Les chefs de Séchéké ne purent contenir leur jubilation. Tous tuèrent des bœufs, firent une énorme quantité de bière, et pendant plusieurs jours ce ne fut à Séchéké qu'une série d'orgies. Après 10 heures du matin, il fallait renoncer à trouver un homme à jeun. Nous eûmes à en souffrir de plus d'une manière. Un de nos hommes, Ben, s'était lié d'amitié avec un chef du nom de

Kanyanga. « Voici mes deux filles, lui dit celui-ci, ce sont tes femmes. » Ben prit la chose comme une plaisanterie. Mais non pas Kanyanga. Un jour, Ben passa devant la femme de Kanyanga sans claquer de la langue. C'est le « pardon » d'ici. Kanyanga en fut furieux. Comment! un gendre manquer ainsi de respect à sa belle-mère! Il court tout droit à notre hutte, entre et s'empare de mon meilleur fusil, vociférant des menaces d'incendie et de meurtre, lui Kanyanga, un de nos meilleurs amis! Nous passâmes une nuit d'angoisse. Ce même Kanyanga, tout récemment et en plein jour, avait tué de sa main une de ses femmes et son frère pour une cause tout aussi futile. Pour racheter mon fusil, le pauvre Ben se dépouilla; manteau (ce manteau auquel il tenait tant!), couverture, chemise, calicot, tout y passa pour assouvir la rapacité de cet homme aveuglé par la passion. Cet incident pouvait avoir pour nous les suites les plus graves. Je portai donc le cas devant le conseil des chefs, et le résultat de cette investigation publique fut de laver Ben et par conséquent la mission de tout blâme. Malgré cela, pas une voix n'osa s'élever pour condamner publiquement la conduite de Kanyanga. Les chefs ba-Rotsi, toujours exposés à un assassinat clandestin, sont naturellement ombrageux et ont peur les uns des autres. L'épée de Damoclès est toujours suspendue sur leurs têtes, et quand des messagers arrivent de la capitale, nul ne sait si, outre le message ostensible qu'ils apportent, ils ne sont pas chargés d'une mission meurtrière. Aussi les chefs, en se rendant au lékhothla, sont-ils toujours accompagnés d'une suite nombreuse, armée non pas de sagaies, car ce n'est pas reçu au forum africain, mais de casse-têtes. Pour peu que les soupçons paraissent fondés, ils dorment dehors et s'entourent de toutes sortes de précautions. Cela vous donne une idée du coupe-gorge où nous apportons l'Évangile de paix.

A cet égard, nos expériences ont été dures pendant notre séjour à Séchéké. En vous racontant l'incident de Ben, je côtoyais un abîme de paganisme zambézien dont la vue seule remplit d'effroi. Il faut une grâce toute particulière de Dieu pour garder nos évangélistes au milieu de la corruption générale qui s'affiche ici en plein midi, et des tentations effrontées dont hommes et femmes assaillent les étrangers. J'ai vu de près le paganisme au Lessouto, chez les Zoulous et parmi d'autres tribus, et il était horrible. Ici il dépasse toute conception. Un historien distingué dit, en parlant de George IV, que, si on l'avait dépouillé des gilets dont il avait la manie de s'affubler, on aurait en vain cherché un *homme*. Je ne dirai pas la même chose de nos Zambéziens;

je crois que, sous l'amas de tout ce que j'ai vu de plus hideux et d'odieux dans le paganisme, nous trouverons des *hommes* et des hommes que nous pourrons aimer. Du reste, nous faisons l'œuvre de Celui qui est venu chercher et sauver « ce qui était perdu » — « non les justes, mais les pécheurs », ne l'oublions pas.

XXI

Retour à Léchoma. — La langue. — L'esclavage. — Un messager du nouveau roi. — La vie à Léchoma. — L'école. — A Séchéké. — Frayeur universelle. — Un voyage encore ajourné. — Retour à Léchoma. — Un orage africain. — Un appel du nouveau roi. — Le voyage décidé.

Léchoma, 15 octobre 1884.

Pour faire diversion aux préoccupations politiques et employer utilement le temps des interminables visites de mes désœuvrés amis, les chefs, je leur proposai de nous faire un filet. C'est le travail privilégié des grands et nullement au-dessous de la dignité du roi. Eux seuls ont le droit de pêcher au filet; le peuple doit se contenter de barrages en roseaux et d'autres engins tout aussi primitifs. C'était chaque jour une occasion de m'instruire et d'évangéliser. Nos conversations étaient quelquefois d'un si grand intérêt, quand nous parlions de Nyambé (Dieu), que les mains s'arrêtaient et les yeux se fixaient sur nous.

Malheureusement, mon ami Jeanmairet traînait l'aile et, sans être alité, il me donnait de l'inquiétude. Je le dosai fortement de poudre de Dover et de quinine, et la fièvre s'arrêta. Notre régime sévère de sorgho et de café noir n'était guère de nature à ramener l'appétit et les forces de notre cher convalescent. Nous profitâmes donc du calme plat de la politique pour retourner à Léchoma. Le changement d'air, un régime plus régulier et les soins de ma chère femme produisirent bientôt un effet salutaire.

Que Léchoma est donc beau en revenant des sables brûlants de Séchéké! Tout est si frais, si verdoyant ici! C'est le printemps. Les bois se revêtent de leurs habits de fête aux nuances les plus variées et les plus luxuriantes. Ils ne les mettent qu'une fois l'an, aussi ne se lasse-t-on pas de les admirer. Léchoma, c'est une ruche d'abeilles. Dès l'aurore, la cloche — car nous avons une cloche — rassemble tout le monde pour la prière, puis chacun va à son travail. Personne n'est oisif. Nos évangélistes Aaron et Léfi occupent déjà leurs maisonnettes; celle de M. Jeanmairet et celle de nos artisans sont à peu près terminées; notre chaumière de deux chambres, l'œuvre exclusive de Waddell et de Middleton, avance aussi grand train. De sorte qu'à côté de nos tentes, que la

TRAVAUX PRÉLIMINAIRES A LÉCHOMA (1885).

M. Jeanmairet.   Ngonane-Ngombé.   Kambourou.   M. Waddell.

chaleur rend insupportables et que nous devons réserver pour d'autres campements, s'élève déjà un hameau des plus rustiques. Ces abris de pieux et d'herbe sont une mesure sanitaire, et, quelque chétifs qu'ils soient, ils nous paraissent, après notre vie de bohémiens de neuf mois, tout ce que nous pouvons désirer en fait de luxe, de confort, dans nos circonstances actuelles. Le tout sera peu coûteux. Nous comptons d'ailleurs que Léchoma sera pour longtemps encore le dépôt et le sanatorium de notre mission.

J'ai remporté de Séchéké des impressions profondes. Plus nous voyons de près l'œuvre qui est devant nous, plus aussi elle prend de grandes proportions. Dès mon arrivée, je me suis mis à l'étude du sé-rotsi. Mais j'ai bientôt découvert que cette langue n'est comprise que d'un nombre de gens très limité, des chefs surtout. Il en est de même des autres dialectes. Le sé-toka seul paraît avoir quelque importance et se recommandera nécessairement à notre étude. La langue de la contrée, à partir des chutes Victoria jusqu'à 400 kilomètres en amont et au delà, c'est le sé-souto (sessouto). Toutes les tribus de serfs la parlent ; ils la parlent un peu comme les paysans chez vous parlent le français ; cela nous fait rire quelquefois ; mais ils comprennent parfaitement le bon sésouto, le sé-souto classique. Je savais tout cela, et pourtant ce fait me frappe toujours plus.

Il est une question sociale que je n'ai pas encore pu approfondir ; elle est plus compliquée que je ne l'avais d'abord cru : c'est celle de l'esclavage. D'après Serpa Pinto, c'est un des fruits du commerce des Portugais avec les ba-Rotsi. Je ne sais. Toujours est-il qu'on éprouve un étrange serrement de cœur la première fois qu'on voit de ses yeux cette horrible plaie. A Séchéké, on m'offrit un enfant de huit à neuf ans. On voulait en avoir un fusil de 125 fr... J'aurais pu l'avoir à moins.

L'autre jour, ici, je recevais le billet suivant : « Cher monsieur, voici un jeune garçon qu'on offre à vendre. Si vous le désirez, vous pouvez l'acheter, car pour ma part j'en ai assez. Le prix qu'on veut pour lui, c'est un chapeau, un gilet, deux ou trois mouchoirs et de la verroterie. Si vous désirez l'avoir, dites-le-moi et je vous l'enverrai. Il est de la taille de mon petit Jonas. »

Je le fis venir. C'était un enfant de douze ans à peu près, arraché à ses parents et à son pays dans l'incursion des ba-Rotsi chez les ma-Choukouloumboué. Ses beaux yeux et ses dents d'ivoire étaient mis en relief par son visage d'ébène. Ses cheveux étaient plus épais et moins laineux que ceux des gens d'ici. Son dos était tout cicatrisé des coups qu'il avait reçus. Celui qui le vendait louait ses qualités; il était bien bâti, robuste: c'était un bon berger, et il ferait certainement un excellent serviteur.

Ma femme ne pouvait détourner les yeux de ce pauvre enfant. Elle avait le cœur gros. Le vendeur s'en aperçut et voulut en tirer parti. Poussant rudement l'enfant : « Dis donc que tu aimes beaucoup madame, » fit-il. « Madame, je t'aime beaucoup et je voudrais bien rester avec toi, » reprit le pauvre petit esclave en fixant sur elle des yeux mélancoliques et suppliants. Il fallut mettre fin à cette scène émouvante. Un chapeau, un gilet, du calicot et de la verroterie, le prix d'un être humain pour la rançon duquel le Fils de Dieu a donné son propre sang! Si nous n'avions consulté que nos sentiments, nous n'aurions pas hésité; mais ouvrir un nouveau marché d'esclaves, nous ne le pouvions pas. Le vendeur, envoyé par un chef de Séchéké, en fut vexé, et partit immédiatement avec le petit mo-Chikouloumboué. Nous le suivîmes des yeux, le pauvre enfant, à travers la vallée, jusqu'à ce qu'il eût disparu dans les bois avec ses cruels gardiens. Qu'en fera-t-on?...

A notre retour de Séchéké, une grande surprise nous attendait : *la poste!* Oui, la poste, que nous n'avons pas reçue depuis plus de cinq mois. Même chez un vieil Africain blasé, le cœur bat en ouvrant ce paquet d'une soixantaine de lettres! Pas de journaux, car le marchand obligeant qui nous a servi de facteur avait quitté Mangouato à cheval pour rejoindre les wagons et n'avait pu se charger d'un sac plein de gazettes et de revues. Donc, à plus tard les nouvelles du monde extérieur, politiques, religieuses et littéraires. D'ailleurs, nous n'avons pas à nous plaindre, car nos amis y ont suppléé avec sollicitude. Pas une mauvaise nouvelle n'est venue nous attrister; pas de comptes à payer. Je voudrais avoir soixante plumes à ma disposition, pour dire à tous ces amis à la fois le bien qu'ils nous ont fait. Une lettre qui vient de Hollande, de Suisse, d'Italie, de France, d'Angleterre, d'Europe enfin, acquiert du prix lorsqu'elle arrive au Zambèze. On la tourne et on la retourne, on en regarde l'écriture, on en examine les timbres, on la lit, et puis on la met soigneusement de côté pour la relire à loisir. C'est un tête-à-tête qu'on se promet avec tel ami... Malheureusement, notre courrier de retour doit être préparé tout à la fois, et en quelques jours. Que nos amis n'exigent pas trop de nous; qu'ils veuillent bien prendre leur part de cette longue lettre, et suppléer ainsi aux lacunes de notre correspondance particulière. En écrivant ceci, bien des noms se pressent sous ma plume, et nombre de localités passent devant mon esprit. Nous n'écrivons pas dans le vague, croyez-le, chers amis.

Quand recevrons-nous la prochaine poste? Et plus tard, combien de fois par an? Une ou deux fois? Je ne sais. Écrivez-nous *quand même,* écrivez-nous *d'autant plus.* Vous priez pour nous, vous travaillez avec nous, vous nous aimez; mais nous avons besoin que vous nous le disiez.

Nous plaçons l'œuvre du Zambèze sur vos cœurs, bien chers amis. Souvenez-vous que nous sommes au seuil de l'intérieur; devant nous s'étend un champ que nos ressources et votre zèle seuls limiteront. Notre expédition est terminée; les plus grandes dépenses sont faites. Et maintenant que nous entrons dans notre champ de travail, soyez sûrs que nous désirons tous le faire dans l'esprit de notre Maître : esprit d'humilité et de renoncement. Je ne crois pas exagérer en disant que nous sommes prêts à tous les sacrifices qui nous attendent encore. Nous sommes unis et heureux. Pour être au Zambèze avec notre Maître, nous ne sommes pas encore des martyrs.

30 octobre.

Je rouvre ma lettre pour vous donner nos « dernières nouvelles ». Nos ba-Souto sont partis avant-hier avec les gens qui retournent à Mangouato. Les Zambéziens qui sont mal à l'aise chez eux et qui, par quelques privilégiés comme Karoumba et Séjika, entendent dire que le monde ne finit pas précisément à la rivière ni même à Pandamatenga, sont dévorés du désir de sortir de leur coquille et de voir ce qui se passe au dehors. Il a fallu se montrer ferme, presque dur, pour empêcher une légion de jeunes gens de s'adjoindre à notre petite caravane au même titre que les vampires. Mais je crains bien que bon nombre n'aient pris des sentiers de traverse pour atteindre les wagons plus loin. Le même jour arrivaient une quinzaine de jeunes gens envoyés par les chefs de Séchéké pour nous chercher. Un nouveau roi est élu — Maïna[1]; — une ambassade est en route pour Séchéké pour mander les chefs. Un messager l'a devancée pour qu'ils se préparent sans délai à aller rendre hommage au nouveau souverain. D'où les canots et cette tribu de rameurs qu'ils nous envoient. Malheureusement, c'est l'été, le temps s'est mis à la pluie; nous avons de constants orages et passons rapidement par les températures les plus diverses. Le beau temps d'hiver est passé. Aller à la Vallée, faire ce long voyage de deux mois avec des alternatives de cha-

---

1. Connu plus tard sous le nom de Fatira.

leur et de pluies, et dans des canots qui ont toujours des voies d'eau, ce n'est pas précisément attrayant. Mais si *sa* présence va avec nous et si la lumière de *sa* face nous éclaire, tout sera bien. Nous avons cru qu'il valait mieux ne pas exposer M. Jeanmairet à un voyage aussi pénible et à une fièvre inévitable, *humainement* parlant. J'irai donc tout seul avec Aaron, notre évangéliste. Nous pensons partir demain dimanche. Ce n'est pas la fièvre qui m'effraie, dans ce voyage, ni les difficultés, mais la rapacité de ces pauvres Zambéziens, qui ne trouvent rien de plus naturel que de vous planter sur un îlot jusqu'à ce qu'ils vous aient extorqué force présents. Nous voulons nous tenir près du Sauveur et puiser en lui patience et amour.

Léchoma, 1er décembre 1884.

A la dernière date, je congédiais nos conducteurs ba-Mangouato et ba-Souto, et je me mettais une fois de plus, et un peu précipitamment, en route pour Séchéké. A l'heure qu'il est, selon toute apparence, je devais être à Léalouyi. Oui. C'était un de ces éclairs qui ont quelquefois traversé nos ténèbres. C'est aussi un échantillon des espérances et des mécomptes dont nous avons sans cesse été les jouets depuis notre arrivée ici. Il ne faut pas céder à la tentation de ne broyer que du noir. Nous ne nous sommes pas arrêtés dans les solitudes sylvestres de Léchoma pour y prendre racines. Ce n'est pour nous qu'un poste d'attente. Nous nous croirions sans doute mieux à notre place et bien plus utiles au delà de la rivière, en plein service actif, que d'être réduits au service passif de nous asseoir simplement sous notre kikajon à *attendre !* Mais Dieu le veut ainsi.

A Léchoma, les jours se succèdent et se ressemblent. L'activité qui règne parmi nous les fait seule passer assez rapidement, et brise la monotonie de notre vie. Nous avons plié nos tentes ; à leur place se sont élevées des cases simples, mais qui sont un confort que nous ne rêvions pas. Notre établissement de trois mois fait l'étonnement de tout le monde, et représente presque autant d'années de travail au Lessouto, où les matériaux de construction manquent. Chacun de nous a sa tâche. Middleton et Waddell se sont essayés à scier de long. M. Jeanmairet a mis bas l'habit et a commencé son apprentissage. Un si bon exemple a entraîné Aaron. Malheureusement, notre scie est trop mince et le châssis trop faible, et il a fallu que le pauvre Waddell se torturât le cerveau pour faire des planches d'un mètre avec une scie destinée à un tout autre objet. Peut-être un jour aurons-nous une belle scie circulaire que fera marcher la force des eaux du Zambèze. Quel rêve! C'est qu'hélas! faire des planches, c'est un cauchemar qui n'a jamais laissé de me hanter l'esprit depuis que nous parlons de la mission du Zambèze.

L'école de ma nièce s'est aussi enrichie de quelques enfants ma-Saroa. Mais ce n'est pas sans peine que nous les y avons amenés. « Pensez un peu, nous disait la femme métisse d'un chasseur, cette petite fille-là (une esclave) veut toujours m'accompagner quand je vais entendre l'Évangile. Qu'est-ce qu'un *ma-Saroa* a à faire avec les choses de Dieu? Comme si Dieu s'inquiétait des ma-Saroa! » Ces pauvres enfants étaient tout ravis qu'on leur permît de venir à l'école. Mlle Coillard eut bien d'abord un peu de peine à les amener à s'asseoir avec les autres et à se soumettre à la discipline, assez légère du reste, de la petite communauté. La première visite de tous les Zambéziens qui viennent, esclaves et chefs, est pour l'école de *Missi* (Mlle Coillard). M. Jeanmairet, qui partage assidûment avec elle la classe du soir, apprend aussi à semer son pain sur la surface des eaux. Plusieurs jeunes gens ne restent avec nous qu'un mois, puis retournent chez eux. Ils ont appris quelques lettres de l'alphabet, quelque cantique et un verset de la parole de Dieu, et ils s'en vont, apparemment pour tout oublier, pendant que notre ami commence à nouveau avec d'autres, probablement pour arriver aux mêmes résultats. C'est un écolage pour lui aussi.

La poste sera toujours un événement au Zambèze. Coïncidence providentielle! la veille même de mon départ, au soir, deux messagers venaient de Pandamatenga, et nous remettaient un gros paquet de lettres qu'un *trader* avait eu l'obligeance d'apporter de Mangouato. Ne fallait-il pas que, dans son billet, le brave homme ajoutât qu'il avait encore pour nous « tout un sac de journaux et un tas de lettres dont il n'avait pu charger les porteurs »? Quel supplice de Tantale!... C'est égal, nous jouirons de ce que nous avons, et nous dépouillons notre courrier. Adieu le dîner! Fi le sommeil! Les heures silencieuses de la nuit passent vite pendant que nous écoutons les nouvelles, et recevons avec avidité les messages qui viennent de si loin.

Ainsi retrempés, nous partîmes, Aaron et moi. Avec quelle gaieté de cœur, cela se comprend. Le trajet, cette fois, fut désagréable au possible. J'étais si fatigué que je ne pouvais me tenir éveillé; il pleuvait, il ventait avec des alternatives d'un soleil ardent; la rivière était toujours belle, mais elle était « courroucée » ; nous ne fendions pas impunément les ondes agitées, les vagues se vengeaient en venant se briser contre nous. Tout le jour accroupis et les pieds dans l'eau, le soir nous dépliions nos couvertures, pour les trouver, hélas! toutes trempées. C'est miracle que nous n'ayons pas eu la fièvre.

Nous arrivons enfin à Séchéké. Le village est silencieux et désert ; plus d'enfants qui s'amusent bruyamment, plus d'esclaves affairés, de femmes qui construisent des huttes, et de chefs qui discutent les affaires au lékhothla ou autour des amphores de bière. L'herbe croît partout dans les cours. Morantsiane est seul avec quelques personnages et quelques esclaves. Qu'est-il donc arrivé ?

Quelques minutes d'entretien avec le chef et tout s'explique. Quand les chefs de Séchéké nous envoyèrent des canots, ils attendaient incessamment des messagers de Léalouyi qu'on savait en chemin ; ils espéraient qu'à mon arrivée nous pourrions tous nous mettre en route pour la capitale. Non seulement ces messagers n'arrivaient pas, mais des bruits sinistres couraient sur leurs faits et gestes. On se contait à voix basse qu'ils étaient secrètement chargés d'une mission meurtrière, on montrait du doigt les victimes désignées ; on savait qu'ils avaient en route mis à mort un des chefs de leur bande ; on assurait que plusieurs personnages importants avaient subi le même sort, et que même Makoatsa, l'ambassadeur de Khama, qui se rendait avec sa suite à la capitale à pied, pendant que nous remontions le fleuve en canot, avait été pillé, puis impitoyablement massacré. La peur avait saisi tout le monde, et chacun avec ses pénates, sous un prétexte ou un autre, s'était enfui dans les champs et dans les bois pour guetter le cours des événements.

A notre arrivée, Tahalima, Rataou et plusieurs autres se hasardèrent à venir nous voir, mais en s'entourant de toutes sortes de précautions. Nous tînmes conseil, et, du premier coup d'œil, nous pûmes juger la situation. Il était hors de question que l'un des chefs nous conduisît en personne à la Vallée, tous se déclaraient incapables de nous donner la moindre protection, ce dont nous-mêmes nous étions encore plus convaincus qu'eux. Aussi, bien qu'ils missent canots et rameurs à notre service, notre voyage à Léalouyi dans les circonstances actuelles était une impossibilité. Le temps n'était pas encore venu. Rester tout seuls, Aaron et moi, dans un village abandonné, nous ne le pouvions pas non plus. Nous n'avions donc plus d'autre alternative que de retourner de nouveau à Léchoma. Ce que nous regrettons, ce ne sont pas nos peines, mais bien ces *setsiba,* ce calicot qu'on mesure à grandes brassées et qu'il faut distribuer aux canotiers. Malgré cela, nous revenons de Séchéké avec de bonnes impressions. Chaque fois que nous sommes mis en contact avec les chefs, il nous semble que nous faisons un pas de plus dans leur confiance. Ils sont plus communicatifs, plus prévoyants, un peu plus hospitaliers, et surtout moins *mendiants.*

Un petit incident vint clore ce voyage d'une semaine. Aux rapides de Mambova et de Mpalira, Aaron, qui n'aime que tout juste un trajet en canot, désira couper court à pied, le fusil sur l'épaule, et accompagné par Karoumba. Je descendis les rapides en canot. Arrivé au rendez-vous, je cherche : pas d'Aaron. Je lui laisse un canot, passe outre et vais l'attendre au gué de Kazoungoula, à 8 kilomètres plus bas. Quel n'est pas mon étonnement de voir une heure plus tard arriver la pirogue sans Aaron ! Les canotiers m'assurent l'avoir cherché, appelé, longtemps attendu, mais en vain.

Je les fis traverser la rivière et les renvoyai à pied à sa rencontre. C'était le milieu du jour. Survint bientôt et subitement un de ces orages, comme on n'en peut voir que sous les tropiques. Les éclairs nous éblouissaient, le tonnerre roulait de colline en colline, la pluie battait avec une violence peu ordinaire. Le cristal du fleuve s'était brisé, les vagues rappelaient celles de la mer ; le vent les tourmentait, les balayait, les emportait, et les grosses gouttes de pluie les criblaient comme des balles. Le spectacle était nouveau pour moi et grandiose. Mais mes bagages ! Et moi-même je me recroquevillais sous les plis d'un mackintosh trompeur qui buvait l'eau comme une éponge — je n'ai jamais encore trouvé un imperméable qui résiste au climat d'Afrique. — Je sentis tout à coup quelque chose me tomber sur la tête. C'était une natte dont un brave garçon me couvrait à ses dépens. Il est vrai qu'il n'avait pas grands vêtements à mouiller. Tout de même cet acte de considération me fit plaisir.

Deux heures ! trois heures ! quatre heures ! cinq heures ! il pleut toujours, le soleil baisse ; impossible d'aller à Léchoma, impossible aussi de construire un abri pour la nuit qui approche. Et Aaron, où est-il ? A la brune, nous découvrîmes un abri de branches abandonné. Tout à coup, Aaron parut sur la rive opposée — et dès que le vent eut baissé, il traversa et me rejoignit. Pauvre Aaron ! Il paraît qu'arrivé au rendez-vous, ne trouvant personne, personne ne nous ayant vus passer, il s'était imaginé que nous avions dû chavirer dans les rapides. Le pauvre homme, alors, de retourner avec Karoumba jusqu'à Mambova, longeant les rives, questionnant en vain les passants et cherchant les épaves de nos pirogues avec une anxiété qui peut mieux se comprendre que se décrire.

Dieu est bon, il nous avait gardés l'un et l'autre.

Léchoma, 9 décembre 1884.

Le moment que nous attendions depuis si longtemps est enfin arrivé. Un nouveau roi, *Akoufouna,* a été élu. C'est un jeune homme qui a grandi en exil et qui a dû d'abord agir avec prudence et s'initier aux devoirs de sa position. Dès qu'il s'est senti établi, il a pensé à nous. Il désire nous voir même avant les chefs subalternes du pays.

Deux bandes de messagers sont arrivés à Séchéké avec des messages plus pressants l'un que l'autre. Les chefs de Séchéké nous les ont transmis sans perdre de temps, et trois d'entre eux sont descendus en canot pour nous attendre au gué de Kazoungoula. Ils nous envoyaient une vingtaine de jeunes gens pour porter nos bagages. C'était trop d'honneur ; les setsiba m'ont fait peur. Je les ai congédiés amicalement. Je mettrai nos paquets sur le dos de nos baudets. Ce sera plus humble et plus économique. Les chefs, ne comprenant rien à l'inutilité de leurs messages, finirent par venir eux-mêmes nous voir. C'était un acte de courage, car ils ne s'aventurent guère de ce côté-ci de la rivière, où en tout temps ils craignent les ma-Tébélé et, aujourd'hui, Robosi, qu'on dit être quelque part sur le Qouando. C'était aussi une amabilité dont nous leur savons gré.

La saison n'est pas la meilleure. Nous avons des pluies presque journalières qui alternent avec un soleil ardent : puis vont arriver aussi les grandes pluies qui amènent les inondations annuelles. Un long voyage, dans de telles circonstances, et qui entraînera une absence de plus de trois mois, sans possibilité de communication aucune, est sérieux. Se reverra-t-on ? Pour ma part, j'ai bonne confiance. D'un côté, dans notre impatience, nous avons frappé à la porte jusqu'à l'enfoncer ; d'un autre, il m'est impossible de retarder de huit à neuf mois. Le Seigneur sait tout cela ; et, s'il nous donne l'ordre de partir maintenant, pourquoi hésiterions-nous ?

Nous nous en tenons à notre décision antérieure. Nous ne voulons pas exposer plus d'hommes qu'il ne faut. Jeanmairet et

Léfi resteront donc à Léchoma. Aaron, et Middleton à ses instances, iront avec moi. Inutile d'assurer nos amis que nous prenons nos précautions et serons prudents.

Ah ! si vous saviez ce qu'on éprouve de se trouver sur le seuil de cette Afrique centrale où pas le moindre rayon de l'Évangile n'a encore pénétré ! Si les amis qui blâment notre imprudence pouvaient, même de loin, apercevoir ce que nous voyons et comprendre ce que nous sentons, ils s'étonneraient les premiers que les rachetés du Christ aient si peu de dévouement, connaissent si peu l'esprit de sacrifice. Ils seraient honteux des hésitations qui nous entravent... Elles sont assises dans les ténèbres de la mort, ces tribus innombrables dont celle des ba-Rotsi n'est que la porte ; ils périssent en païens, pendant que nous avons la lumière et la vie que nous leur devons. Souvenons-nous-en, ce n'est pas en intercédant pour le monde dans la gloire du ciel que Jésus l'a sauvé. *Il s'est donné.* C'est une amère ironie que nos prières pour l'évangélisation des nations aussi longtemps que nous ne savons donner que de notre superflu, et que nous reculons devant le sacrifice de nous-mêmes !

XXII

En route pour Léalouyi. — Soucis et préoccupations. — Le chef Mahaha. — Arrivée à Séchéké. — Le nom de la peuplade. — Photographie. — Voyage sur le Zambèze. — Les rapides de la Mort. — Ravages des ba-Rotsi. — Les ma-Khalaka. — Les cataractes de Ngonyé. — Tombeaux de rois. — A Nalolo. — La reine Maïbiba. Arrivée à Léalouyi. — Réception officielle. — Sites offerts pour la station. — Projets d'avenir. — Retour à Léchoma. — Mes impressions.

Léchoma, 10 décembre 1884.

Le soleil touche à l'horizon. Il y a quelques heures, nous étions tout activité, achevant nos paquets et les chargeant sur nos ânes — ce qui n'était pas chose bien facile, car nous n'avons que deux bâts — et nos ânes sont d'une taille si minuscule qu'on ne peut leur mettre que très peu de chose sur le dos. J'ai expédié Middleton et Aaron avec nos bagages. Ils vont bivouaquer au gué de Kazoungoula, et communiquer avec les chefs chargés de nous conduire à Séchéké. Cela me permet de rester ici jusqu'au dernier moment. Après leur départ, tout est bien tranquille ici.

Les derniers temps ont été pour nous des temps de visitation. La plupart des membres de l'expédition ont eu une attaque plus ou moins grave de la fièvre. Le Seigneur a voulu que nous fissions ensemble nos premières expériences de patients, de médecins et de gardes-malades. Il a voulu aussi nous demander une confiance plus entière dans son amour et dans sa puissance. Pendant trois jours, ma chère femme m'a donné de l'inquiétude. Je ne savais quelle tournure prendrait la maladie. Et messages sur messages nous arrivaient de la rivière où les chefs nous attendaient; les pauvres gens semblaient ne pas comprendre que la maladie d'une femme pût être un obstacle à mon départ, quand c'était « le roi, *le roi lui-même,* qui m'appelait ». Les chefs Rataou et Tahalima, Lisoane, etc., vinrent nous faire visite et manifestèrent pourtant une sympathie qui nous fit plaisir. Loin de nous obséder de leurs importunités mendicantes, ils nous témoignèrent la plus grande déférence. « Ne crois pas que nous soyons venus ici pour te presser et t'importuner. Notre mère est malade, et c'est elle que nous sommes venus voir. Soigne-la, et quand tu seras prêt à partir, tu trouveras des canots et des gens qui t'attendront au gué. » Heureusement, ma chère femme va mieux.

Ne vous étonnez-vous pas avec nous de voir comme l'ennemi nous entrave à chaque pas et nous dispute chaque pouce du chemin que nous faisons ? Il n'est pas à bout de ressources. Les circonstances qui ont barré notre chemin et retardé à tant de reprises notre départ de Léribé, c'étaient des épreuves de notre foi qui se sont, sous d'autres formes, renouvelées à Prétoria, et à Mangouato surtout. Ce ne devaient pas être les dernières. Nous avons passé quatre longs mois à Léchoma, quatre mois d'attente et d'espérances suivies d'amers désappointements. Au dernier moment, quand l'horizon s'éclaircit, il faut que la maladie survienne et cause de nouveaux arrêts. Je présume que ce ne sont pas là les dernières épreuves qui assailliront notre foi avant que nous soyons définitivement fixés chez les ba-Rotsi. Mais *douter serait indigne de nous.*

Je pars l'esprit hanté de soucis et de préoccupations. Jeanmairet, par prudence, reste à Léchoma ; la saison est mauvaise et Dieu a permis que ce voyage fût dépouillé de tout ce qui le rendait attrayant, afin sans doute que nous pussions juger plus calmement des hommes et des choses. Nos délais ont déjà eu un avantage, c'est que nous avons été à même de faire bonne connaissance avec tous les chefs de ces parages. Ce sont autant d'*amis* pour nous. Je vous surprendrais fort si je vous faisais la confidence d'un de mes soucis. Je vais à Léalouyi comme un oiseau auquel chacun s'apprête à arracher les plumes, malgré les coups de bec et de griffes qu'il ne manquera pas de donner. Dans quel état reviendrai-je ? Dieu le sait. Les marchands de ce pays, dans le but unique de se faire un beau nom et de s'assurer le monopole du commerce de l'ivoire, ont prodigué leurs présents. La crainte d'une concurrence imminente et la rapacité des chefs les ont forcés de multiplier ces prodigalités. Aujourd'hui, malgré tant de ruineux sacrifices, le monopole risque de leur échapper ; mais l'éducation qu'ils ont faite à la tribu va portant ses fruits amers. On ne peut attendre que les ba-Rotsi comprennent notre mission et fassent aujourd'hui une différence entre les marchands et nous. Et comme nous ne pouvons absolument pas imiter les libéralités extravagantes de ceux-ci, on nous regarde avec un certain dédain. Pour faire notre position ici, nous avons à détruire toute une longue éducation déjà montée en graine, et à lutter contre le courant de l'opinion publique. Les commencements seront durs, mais Dieu nous aidera.

Séchéké, 15 décembre.

J'ai donc quitté les miens ! Dieu veille sur eux ! Ma chère femme s'est montrée à la hauteur des circonstances : Dieu l'a admirablement soutenue. Je devais partir une semaine plus tôt quand elle est tombée malade. « Demain j'irai mieux, me disait-elle, et tu pourras partir. Je ne serai pas dans ton chemin quand Dieu t'ouvre la porte et t'appelle. » Il y avait donc un arc-en-ciel sur notre séparation, car Dieu avait exaucé nos prières. Le cher Jeanmairet m'a accompagné un bout de chemin, et puis, comme Serpa Pinto m'a plaisamment représenté en Europe, j'ai continué ma route tout seul, avec un Zambézien, ma canne à la main. Aaron avait mon fusil. On m'attendait à Kazoungoula. Mais le vent soufflait si fort, que nous dûmes attendre jusqu'au soir ; et encore ne fut-ce pas sans danger que nous nous accroupîmes dans nos pirogues. Nous passâmes la nuit chez l'un des deux chefs chargés de nous conduire à Séchéké. L'autre me frappait par ses manières respectueuses et prévoyantes. Chaque fois que je le regardais, je rencontrais ses yeux fixés sur moi ; il écoutait tout ce que je disais avec un singulier intérêt. C'était *Mahaha,* un petit chef que nous avions connu avec ma femme et nos évangélistes, dans un îlot, il y a six ans. Le digne homme nous avait reçus avec la plus grande cordialité, et il était si désireux d'entendre les choses de Dieu, qu'immédiatement après la salutation d'usage, il me demandait : « Chantez-nous donc Jésus. » Et nous avions entonné à l'unisson le cantique que nous chantions alors à toutes les étapes :

A ré binéleng Yésou,
Goba ké Eéna Moloki [1].

L'impression de notre visite et de nos chants ne s'est pas effacée chez ces gens, paraît-il. Et Mahaha, en m'en rappelant tous les petits incidents, ajoutait avec une figure radieuse et plongeant ses yeux dans les miens : « *Yésou* nous a bénis : nous avons eu des pluies abondantes et des récoltes splendides. Nous avions du maïs de cette hauteur ! de cette grosseur (faisant de la main un

---

[1]. Chantons les louanges de Jésus,
Car c'est Lui notre Sauveur.

signe significatif)! du mabélé! du millet! Jamais nous n'avons vu chose pareille! » Dès qu'il avait appris notre arrivée à Léchoma, cette année, il s'était empressé d'envoyer un jeune garçon pour nous aider dans nos travaux d'installation, et, pendant mon absence, il envoyait fréquemment à ma femme du blé, du miel, etc. Aussi, jugez de son bonheur de nous escorter aujourd'hui jusqu'à Séchéké. Dieu soit loué! tout n'est pas mauvais au Zambèze.

A Mpalira, nous rencontrâmes *Makoatsa*, l'ambassadeur de Khama, qu'on avait dit massacré, et qui revenait chargé de fourrures pour son maître. Là aussi se trouvaient les trois petits chefs que le roi a envoyés pour nous chercher : hommes aimables, pleins de considération pour nous et qui, d'emblée, nous ont gagné le cœur. Ils se rendaient à Léchoma, où ils me savaient détenu par la maladie de ma femme. Ils voulaient avoir la satisfaction de nous voir et de nous transmettre personnellement les messages dont ils étaient chargés pour nous. Je décidai de rester à Mpalira ce jour-là et le lendemain, qui était dimanche, afin de causer à l'aise avec eux et Makoatsa surtout, et évangéliser. Nous n'eûmes pas lieu de regretter ce délai, car nous eûmes de grandes réunions et des conversations intéressantes.

A notre arrivée à Séchéké, les chefs, comme on dit vulgairement, se sont mis en quatre pour nous. On nous a donné une nouvelle hutte, spacieuse et propre; ils nous ont apporté en présents des provisions de route, et le matin et le soir ils aiment à s'assembler dans notre cour et à causer. Nous en profitons pour leur parler des choses de Dieu, au sujet desquelles ils nous font les questions les plus étranges; pour recueillir des renseignements sur l'ethnologie, l'ethnographie, etc., et étudier la langue des ba-Rotsi. Quand j'ai épuisé mon humeur loquace, je me mets tout simplement à lire ou à écrire, et tout est dit. On ne se lasse jamais de voir ma plume courir sur le papier. C'est merveilleux, dit-on, et on se demande quelle peut être la médecine mystérieuse qui vous initie à cet art étrange. Aaron aussi s'est mis à l'étude du sé-rotsi, et c'est à qui de nous deux fera le plus de progrès. Voyez ma prétention de lutter avec un de ces philologues africains qui semblent apprendre une langue sans y penser! C'est qu'ils ont une mémoire de fer : tout s'y grave et rien ne s'efface. Tout de même, je fais quelques progrès, à la grande satisfaction de mes professeurs. Que j'en profite pour vous transmettre une petite leçon très élémentaire, mais très utile. Le nom de la tribu n'est pas du tout « ba-Rotsi », c'est le nom que lui ont donné les ma-Kololo en corrompant le vrai qui est :

Morouyi, morotsi, pl. *arouyi.* — *sé-rouyi,* la langue. — *borouyi,* l'espèce.

Léalouyi — le pays, et nullement *Lua-Lui,* ni même *Lua-Luyi,* comme je l'ai écrit d'abord. La confusion qui résulte de la manie qu'ont les voyageurs d'angliciser, portugaiser, franciser les noms indigènes, est telle, dans la géograpie africaine, que je suis déterminé à rendre la prononciation indigène aussi fidèlement que possible. Livingstone lui-même, que j'admire plus que jamais depuis que j'ai lu sa vie, est tombé dans plus d'un écart. Il avoue lui-même qu'il n'avait pas l'oreille musicale. Donc j'écrirai Léalouyi, nous souvenant que *l* et *r* se prononcent indifféremment l'un pour l'autre.

Depuis que j'ai commencé ma lettre, on m'a apporté les trois caisses et les ballots que j'avais laissés ici aux soins d'un excellent homme, le chef Tahalima. Quelle ne fut pas notre stupéfaction de trouver qu'on avait tout ouvert. On s'est servi libéralement de verroterie, de poudre, de calicot, de bonnets de laine rouges et noirs, etc. Le voleur s'est amusé à endosser mes chemises de laine et mes vêtements de flanelle blanche, tout couvert d'ocre et de graisse qu'il était, et, les trouvant sans doute trop petits pour sa taille, les a tordus de son mieux et remis dans la caisse pêle-mêle avec des médecines en flacons, du plomb, etc. L'affaire des chemises nous a fait rire, et nous nous sommes dit : 'Si seulement le coquin avait eu l'obligeance de nous laisser un morceau de savon ! Mais la perte de notre verroterie et de nos étoffes — notre argent de poche pour la route — nous place dans une grande difficulté. Vous voyez que nous n'avons pas fait fausse route en apportant l'Évangile au Zambèze.

Dans un de mes voyages précédents, j'ai pris les portraits de plusieurs des chefs, et j'ai assez bien réussi à les imprimer. Des jeunes gens à qui je les ai montrés à Léchoma ont publié la chose. Aussi, dans chaque village où nous passons, il faut voir tout le monde accourir et me demander d'exhiber « les chefs que j'ai dans ma poche ». Il faut voir l'excitation des femmes, les exclamations bruyantes des hommes, les remarques curieuses de tout ce monde enjoué : « Eh ! Rataou ! vous voyez ses charmes, son bandeau, ses rides ! Quel nez ! Yo ! Yo ! — Yo ! voici Masotoane ! Ne le voyez-vous pas avec son œil fermé ! Regardez donc son oreille déchirée ! Voyez ses pendants, ses perles ! Il va parler, et vous allez l'entendre dire, en clignant l'œil et avec sa toute petite voix : *Ka Sébétoane! Koenyama! Oh! louméla Masotoane!* » Ici, l'intérêt est au comble. Si jamais j'en fais des copies et les exhibe avec ma lanterne magique, que sera-ce ?

Mais on entre en foule dans la cour. Les chefs m'amènent les jeunes gens qui doivent nous conduire à Léalouyi. Il faut donc attacher les paquets et se préparer sérieusement.

Léchoma, 5 mars 1885.

Vous saviez, par nos dernières lettres, notre départ pour Léalouyi. Aujourd'hui je me hâte de vous annoncer notre retour et de vous donner quelques détails sur notre voyage. Je l'avoue, nous le redoutions bien un peu, ce voyage, par la saison des pluies; mais comme les événements qui l'ont retardé s'étaient produits complètement en dehors de nous, le chemin du devoir était clair. Nous avions le droit de compter sur la bénédiction de Dieu avec la confiance que donne une obéissance joyeuse. Nous n'avons pas été déçus. Le voyage a été des plus heureux et des plus prospères. Il a duré deux mois jour pour jour, au lieu de trois et même de *quatre,* comme on nous le prédisait. Aaron et moi, nous nous sommes portés à merveille. Middleton seul a été malade. Avec le manque de prudence qui le caractérise, il s'est dès le début brûlé les pieds au soleil dans son bateau. Non seulement il en fut impotent tout un mois, mais sa constitution en reçut un tel choc que son état nous causa du souci. Au retour, grâce à Dieu, il s'est rétabli promptement.

Sous la conduite de chefs qui nous entouraient d'égards, avec un vieillard nommé Mokhèlé, un de ces dignes païens que l'on aime à connaître, un voyage sur le Zambèze ne pouvait pas manquer entièrement de charme. La rivière elle-même est toujours belle avec les monstres qui s'ébattent dans ses abîmes, et les nuées d'oiseaux aquatiques qui animent ses plages sablonneuses; avec ses îlots verdoyants, ses rives, ici irrégulières et dénudées, là bordées de coteaux couverts de forêts, avec ses rapides et ses chutes. A chaque contour, c'est un nouveau panorama. Il n'y a précisément rien de pittoresque; la végétation elle-même n'a rien de remarquable; mais elle est là, se mirant dans le cristal du fleuve et bordant l'horizon. A certains endroits j'aurais pu me croire sur le lac de Côme ou sur le lac Majeur.

Après tout, disons-le franchement, l'attrait de la nouveauté s'use assez vite. Adossé à son bagage, pelotonné sur une natte humide, dans le tout petit espace que lui laissent ses 5 ou 6 canotiers, bercé tout le jour au grand soleil, le voyageur se lasse d'admirer, se fatigue de lire, lutte contre le sommeil et finit par céder à la fatigue. Ce n'est plus le Lessouto où l'on enfourche sa monture et où on la dirige à son gré par monts et par vaux. A un certain âge, l'apprentissage du canot zambézien est dur; mais on s'y fait tout de même. On risque de s'impatienter quand les avirons battent les flots avec nonchalance, que les nautoniers se livrent, en prisant à leur aise, à un bavardage étourdissant, et qu'on n'avance pas. Quand la navigation devient difficile et dangereuse, alors, l'intérêt se réveille, le babil cesse, pas de réponse à une question inopportune. On n'entend plus que la cadence des rames qui font bouillonner l'onde. On est sur ses gardes, car le Zambèze est ombrageux; un sifflement suffit pour exciter son courroux, appeler le vent, moutonner les eaux et soulever les vagues qui font chavirer les pirogues.

On part généralement au point du jour, après la prière en public, et quand chacun a pris sa place à son poste. A part deux ou trois courtes haltes sur la berge, on ne s'arrête que pour camper. A deux heures de relevée, on discute déjà le lieu du bivouac, puis plus tard, vers quatre heures, on amarre les barques, on construit les abris et on prépare le repas du soir et la nourriture du lendemain. Je parle d'abris! Ce ne sont que des chenils de roseaux et de paille où nos jeunes gens s'entassent. Survient-il un ouragan pendant la nuit? les abris s'effondrent immanquablement. Les Zambéziens y sont habitués et prennent la chose stoïquement. Les uns s'enfouissent sous ces amas d'herbe mouillée, les autres se couvrent des nattes sur lesquelles ils étaient étendus, celui-ci sommeille accroupi et bat la mesure avec une écuelle de bois sur la tête en guise de capuchon, tandis que celui-là, affublé des haillons d'un vêtement de peau, ronfle à ses côtés. Si les estomacs ne sont pas vides, il suffit au réveil d'échanger un regard pour que tout le monde parte d'un éclat de rire.

Le Zambèze serait une des grandes artères du commerce s'il était navigable. Il le serait sans ses rapides; mais ces rapides! nous n'en avons pas passé moins de vingt-quatre de Ka-tima-Mollo au Séoma de Ngonyé, une distance, d'après le pédomètre, de 120 kilomètres. Nous avons admiré la prudence et la sollicitude des chefs non moins que l'adresse de nos canotiers, soit quand on remontait péniblement le fleuve, soit à la descente; le canot franchit comme une flèche ces flots écumants qui se disputent le passage parmi les rochers dont le lit du fleuve est obstrué.

On les dirait frappés de démence. Malheur au canot qui pirouette parmi ces récifs et au milieu d'un courant irrésistible ! Un de ces rapides porte le nom lugubre de Lochou (*la Mort*), à cause des accidents nombreux qui y arrivent. C'est là que les jésuites, se rendant à la capitale en 1881, perdirent un de leurs confrères. L'infortuné, qui ne comprenait pas la langue, voyant les canotiers se mettre à l'eau pour dégager la pirogue, s'imagina qu'il y avait du danger. Il sauta du canot et disparut instantanément dans le tourbillon des vagues bouillonnantes. On ne parvint pas même à retrouver son cadavre. Les *rapides de la Mort!* Nous y passâmes une triste nuit, campés par la pluie sur un îlot, au milieu d'une jungle en fermentation et d'essaims innombrables de moustiques enragés, écoutant bon gré mal gré les récits des malheurs qui ont fait la célébrité sinistre de ces lieux. C'était à apercevoir le spectre de Caron et sa barque dans l'épaisseur des ténèbres, et à vous donner le frisson. Aussi ne vous étonnerez-vous pas des démonstrations bruyantes de joie auxquelles nos Zambéziens se livrent quand ils ont franchi sains et saufs ces endroits dangereux. Ils s'empressent d'abord à la première plage de sable, se saisissent mutuellement les deux mains, se livrent à une danse passionnée, puis se pressent autour de leurs chefs et de nous ; tout le monde agenouillé bat des mains, tous s'entre-répondent : *Changoué! Changoué!* et puis, se levant, s'alignant comme en présence d'une divinité invisible mais réelle, et étendant les mains, ils s'écrient de toute la force de leurs poumons : « *Yô-cho! Yô-cho!* » C'est la salutation, l'action de grâce, strictement réservée pour le souverain. Pour nous flatter, ils ajoutaient tout radieux : « Vous le voyez, Jésus nous a gardés ! »

En amont de Séchéké et au delà de Katongo, j'ai été frappé de la beauté et de la fertilité de cette région que je crois être la plus salubre de la contrée. A en juger par la quantité de champs en friche, elle était relativement très peuplée. Aujourd'hui, elle est déserte et n'est plus qu'une immense solitude. Le chef Mokhèlè m'assure que ce sont les ba-Rotsi en voyage, leurs subordonnés surtout, qui, par leurs exactions et leurs procédés, ont chassé toutes ces populations et les ont refoulées dans l'intérieur des terres. Nous avons pu nous en convaincre nous-mêmes. Apercevait-on le canot solitaire de quelque pêcheur mo-Soubya, c'était une course, une vraie chasse de pirates. « A moi sa javeline ! à moi le poisson ! à moi sa nourriture ! » s'écriaient-ils à qui mieux mieux en fondant sur leur victime. Arrivait-on en vue d'un village de ma-Khalaka, nos jeunes gens, sourds à toutes remontrances, l'envahissaient comme une horde de brigands et s'emparaient de tout ce qui tombait sous leurs yeux. Ils forçaient ces malheureux à enlever les toits de leurs propres demeures, et à les leur apporter au bivouac. Les ma-Khalaka offraient-ils de la nourriture? ils la plaçaient devant ces petits-maîtres, se tenaient à distance, prosternés et frappant des mains. « Chiens de ma-Khalaka! leur criait-on, comment osez-vous nous insulter en nous apportant cette poignée de maïs et ces mauvais fruits? Ne savez-vous pas que nous sommes les serviteurs des seigneurs de Séchéké? N'étaient les barouti (les missionnaires), nous vous étranglerions sur-le-champ! Mais attendez, nous vous ferons payer tout cela. » Et ces malheureux, tremblant de peur, redoublaient leurs battements de mains et leurs *Changoué*. Nous dûmes intervenir plus d'une fois pour prévenir des voies de fait. Que se passe-t-il, quand il ne s'exerce aucune surveillance morale? A la vue de nos canots, tous les hommes d'un village prenaient la fuite. C'était navrant.

Il y a une autre pensée qui vous obsède en traversant des régions si vastes, si belles, si fertiles, si riches et pourtant sans habitants — à part les quelques hameaux de ma-Khalaka que l'on trouve de loin en loin. On pense involontairement à un coin de notre globe où l'homme, luttant pour l'existence, ne trouve pas même de place au soleil. Dites-le-moi, ces solitudes africaines et nos grandes cités d'Europe, ces monstrueuses fourmilières d'êtres humains qui, à côté de l'opulence, renferment tant de pauvreté et de misère, entrent-elles vraiment dans les vues de Celui qui, bénissant les hommes, leur a dit : « Croissez et multipliez et *remplissez la terre ?* »

Le 26 décembre, nous arrivons au Séoma de Ngonyé. Il nous fallut attendre quatre jours avant qu'on pût rassembler les ma-Khalaka, dispersés par la famine dans les bois, pour transporter nos bateaux au-dessus des chutes. J'en profitai pour aller les visiter. Il vous souvient que le major Serpa Pinto en fait une description poétique. Somme toute, elle est juste. La cataracte est formée par une muraille de basalte, sur laquelle le fleuve se roule, fait une chute de cinquante pieds en formant plusieurs belles cascades d'une grande étendue. Ces nappes argentées, ces flots bouillonnants sont mis en relief par des remparts de rochers noirs, contre lesquels ils se brisent, et par une belle végétation qui, à l'arrière-plan, forme la ligne de démarcation entre l'azur du ciel et celui du fleuve. La lumière éblouissante d'un soleil tropical qui inonde ce tableau en fait ressortir tous les contrastes.

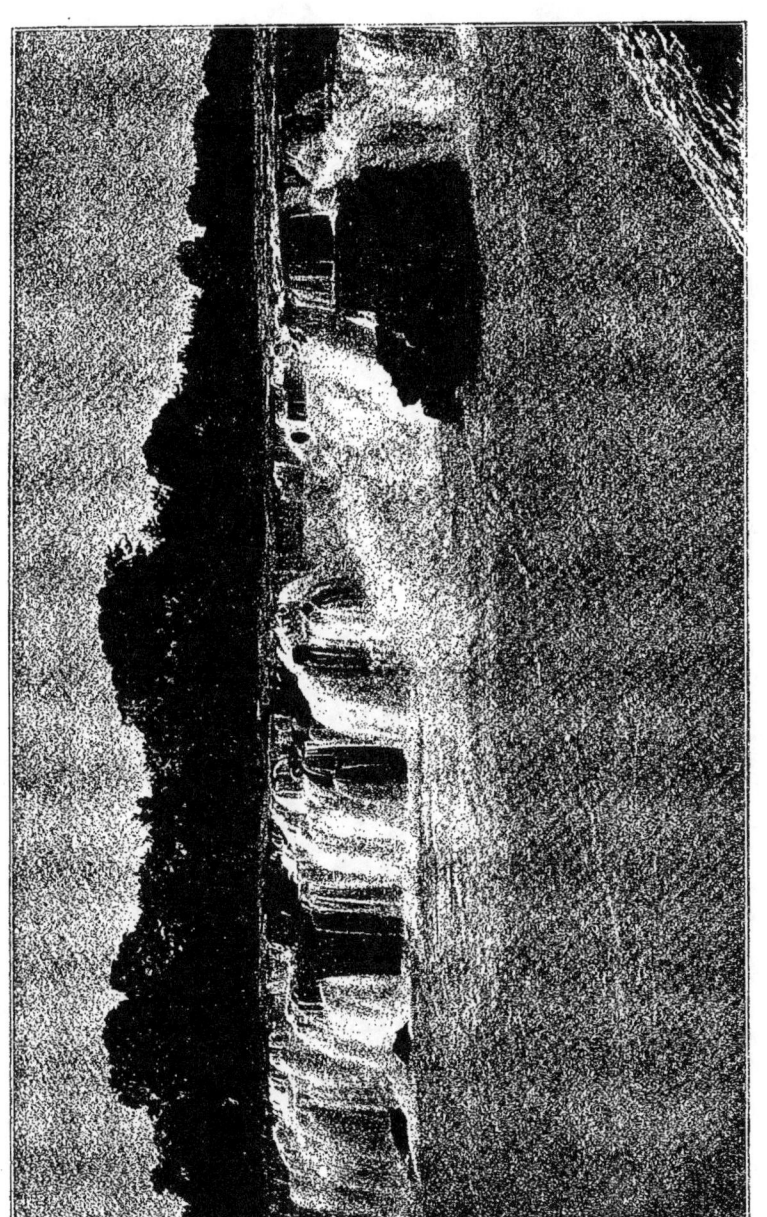

CHUTES DE NGONYÉ, PRÈS SÉOMA

Ne comparons pas *Ngonyé* avec *Mousi-oa-thounya*[1]. Il n'y a pas deux *Mousi-oa-thounya* au monde. Là tout prend des proportions colossales, dont l'ensemble donne le vertige et saisit d'effroi. C'est, dirait-on, l'entrée des régions infernales. Pourtant, on admirerait, en tous pays, les chutes de Ngonyé : c'est un tableau qui enchante. C'est un roulement de tonnerre étourdissant, mais il n'y a pas de ces coups de foudre ni de ces canonnades qui font tout trembler sous vos pieds. Et cependant les indigènes d'ici ont une aussi haute idée de leur divinité que celle que les voisins de Mousi-oa-thounya ont de la leur; et jamais ils n'oseraient approcher de l'abîme sans offrande. J'eus la témérité de ne pas me conformer à la coutume établie. Aussi, courant de roches en roches, cherchant un point de vue à photographier, je glissai, tombai et roulai jusqu'au bord du torrent, qui allait m'emporter comme une paille, quand je me cramponnai à temps à une saillie de rocher. J'en fus quitte pour une foulure à la main. Cet accident fit sensation. A mon retour, j'allai sur l'autre rive pour avoir une autre vue des cataractes. Chemin faisant, un de mes guides me demanda confidentiellement si au moins, cette fois, je m'étais muni d'une offrande. Je lui dis que non. Il en fut ébahi, et j'eus de la peine à le décider à me suivre. Du moment que nous fûmes en vue des chutes, il se prosterna sur un rocher, et, frappant des mains, il commença de longues incantations sur un ton qui dénotait autant de sincérité que de tristesse : « Oh! Nyambé, toi qui habites ces abîmes, disait-il, apaise ton courroux! Ces blancs sont pauvres et n'ont rien à t'offrir. S'ils avaient des étoffes et de la verroterie, nous le saurions bien, nous, et je ne te le cacherais pas. Ils sont pauvres, ils n'ont rien. Oh! Nyambé, ne te venge pas, ne les engloutis pas, apaise ton courroux, Nyambé!... »

Quel soulagement pour ce brave ma-Khalaka lorsque nous reprîmes, sains et saufs, le chemin du retour! Je suis sûr qu'il n'avait pas même remarqué que j'avais pris la précaution d'enlever mes souliers pour courir sur les rochers polis par les eaux.

Mais hâtons-nous. Le 1er janvier, nous remontions la rivière, admirant les forêts qui la bordent, avec l'impression qu'elles allaient cesser. Tout à coup, en effet, pour me servir de l'expression des indigènes, ces belles forêts « s'enfuirent à droite et à gauche », jusqu'aux coteaux que l'on distingue à peine à l'horizon. Devant nous, une plaine s'étend à perte de vue. C'est une vaste prairie où le Zambèze serpente limpidement, envoyant ici et

---

1. Nom indigène des chutes Victoria.

là un de ses bras, et, à l'entrée de la vallée, s'élargissant comme un lac. Le coup d'œil est étrange, mais pas aussi désagréable que je l'aurais cru. Le riche tapis de verdure rachète un peu la monotonie du paysage. On se croirait facilement en Hollande, si on pouvait découvrir au moins un clocher et un moulin à vent au milieu d'un village d'une propreté proverbiale. Les inondations annuelles ont déjà commencé et envahissent les parties basses de la plaine. Nous quittons donc le fleuve, et rien n'est curieux comme de voir nos canots glissant sur l'herbe et d'entendre nos gens demander aux passants quel est le *chemin* qui conduit maintenant à la capitale.

Mais, doucement. Ce n'est pas ainsi, clandestinement, que l'on pénètre dans la vallée des ba-Rotsi. Un soir, les chefs, s'entourant de toutes les formes possibles de l'officialité, viennent me voir. S'adressant à Aaron, qui était à mon côté, ils comptent sur lui comme mo-Souto pour m'expliquer l'affaire importante qui les amène. « Il y a, dans le voisinage, le tombeau de *Ngouana-Mbinyi,* l'un des plus anciens rois du pays. Personne ne passe sans y faire un pèlerinage et y déposer une offrande de perles blanches ou un morceau de calicot de la même couleur. Tous les voyageurs, même les blancs, se soumettent à cette coutume nationale et sacrée; ils comptent que nous nous y conformerons aussi, et déclarent que, vu mon âge, ils accepteront un compromis et iront eux-mêmes déposer mon offrande sur le tombeau de Ngouana-Mbinyi. » On devine facilement ma réponse. Les chefs, voyant qu'ils n'avaient rien à gagner, nous prédirent toutes sortes de malheurs, dont notre entêtement nous rendait seuls responsables. Le lendemain, tout notre monde était morne et silencieux, et ils éclatèrent en invectives quand nous passâmes à distance devant le tombeau du vieux roi. Mais le soir, au bivouac, grâce à une grande abondance de viande, de maïs vert et de lait caillé que des chefs hospitaliers nous avaient donnés, tout le monde avait oublié le tombeau de Ngouana-Mbinyi, et chacun avait repris sa gaieté habituelle.

Que je remarque en passant que la vallée est parsemée de ces tombeaux des rois des ba-Rotsi. On les reconnaît de loin aux magnifiques bosquets d'arbres toujours verts qui les ombragent. Des chefs, avec un certain nombre de gens, vivent là et entretiennent ces tombeaux avec beaucoup de soin. Le roi régnant, seul, avec son *Gambella* ou premier ministre, a le droit d'entrer dans l'enceinte sacrée, formée de belles et fortes nattes de roseaux. Du reste, le roi mort depuis des générations est traité avec autant de déférence que s'il vivait et régnait encore. On lui fait des libations de lait et de miel, des offrandes de verroterie et de calicot blanc. On prend congé de lui avant de se mettre en voyage, on vient au retour le saluer et lui conter les nouvelles. Voilà donc pour nous un puissant levier pour prêcher la résurrection des morts et la vie éternelle. C'est une des nombreuses questions qu'il sera intéressant d'étudier au point de vue scientifique comme au point de vue missionnaire.

Le 5 janvier nous arrivons à Nalolo, la seconde capitale du royaume, celle de *Khosi éa Mosali*, la reine. C'est une ancienne coutume des peuplades de ces régions, à laquelle Sébétoane a donné une vigueur toute nouvelle, en plaçant sa fille Ma-Mochésane comme *reine* au pays des ba-Rotsi. J'aurai un jour, je l'espère, l'occasion de vous parler avec plus de loisir des attributions de ce personnage important. Qu'il me suffise aujourd'hui de vous faire faire connaissance avec *Maïbiba*. C'est une femme qui a passé la première jeunesse. Elle est aimable, gracieuse, intelligente et causeuse. Sa dignité ne lui est pas un fardeau. Elle siège au *lékhothla* avec beaucoup de grâce, et traite les affaires entourée de ses conseillers. Aucun d'eux n'a le droit de s'asseoir sur un siège en sa présence, pas même son mari, qui porte le titre de *Mokoué-Tounga*, le gendre de la nation, mais qui cède le pas aux principaux conseillers. Tout le monde lui adresse la salutation royale, en criant à distance et debout : *Taou-touna!* — le gros lion, le lion mâle proprement.

Maïbiba nous reçut avec la plus grande affabilité. Après s'être remise d'un peu de gêne bien naturelle, elle nous fit toutes sortes de questions sur les pays d'où nous venons et sur l'objet de notre mission. Elle nous pressa de rester le lendemain pour faire plus ample connaissance et parler à ses gens de l'Évangile de paix que nous apportons. Elle m'écoutait avec un intérêt intense mêlé de surprise, quand je lui parlais de la souveraineté de Dieu, et de ses devoirs, à elle, envers Lui et envers la nation. « Notre pays, remarqua-t-elle avec mélancolie, est un pays de sang; les rois et les chefs s'y succèdent comme des ombres. On ne les laisse pas vieillir. Si vous revenez dans quelques mois, nous trouverez-vous encore au pouvoir? Après tout, les ma-Khalaka sont à envier (les serfs et les esclaves); les révolutions ne les atteignent pas. — Ah! ajouta-t-elle en soupirant et en s'adressant à ses conseillers, Robosi n'est plus roi, et il a tout perdu, mais s'il a été recueilli par des gens comme ceux-ci, il peut s'estimer heureux, il n'a rien à regretter. »

Comment se défendre d'un sentiment de pitié en présence d'une personne comme Maïbiba qui a toujours — et elle le sait — suspendue sur sa tête l'épée de Damoclès? Toute la nation s'accorde à louer les belles qualités de Maïbiba, son affabilité, son horreur du sang, son intelligence des affaires, son hospitalité princière. Ce n'est pas nous qui les contredirons, car, malgré la famine qui désole la vallée, nous avons eu l'abondance au camp, outre le bœuf de rigueur. La reine avait tant à cœur le succès de notre voyage qu'elle expédia immédiatement, à notre insu, un message confidentiel au roi son frère, et se proposa de se rendre elle-même auprès de lui. De tous les chefs, c'est la seule personne qui se soit sérieusement enquise du pillage de nos marchandises à Séchéké, et qui l'ait déploré. Tout ce qu'on dit de cette intéressante personne, et que j'ai moi-même observé, me remplit d'estime pour elle. On voudrait la voir investie du pouvoir suprême, et alors il y aurait de l'espoir pour ce malheureux pays.

Je désirais extrêmement prendre son portrait. Mais elle ne se souciait pas trop d'être exhibée comme les chefs de Séchéké dont les portraits, à première vue, ne l'effrayèrent pas peu. C'est du reste la seule qui ne se soit pas montrée disposée à s'asseoir devant ma chambre noire si mystérieuse. Dans tous les villages on venait en foule. Il fallait dix fois le jour recommencer l'exhibition des photographies, et entendre les mêmes remarques et les mêmes éclats de rire. Puis c'était le « soleil » que j'avais dans ma poche (une montre), ensuite le portrait de ma femme que je porte dans un médaillon. Pensez, un homme qui aime sa femme au point de voyager avec son portrait! Et puis, c'était mon miroir que les jeunes femmes n'oubliaient jamais, car ces dames noires aussi ont une petite dose de vanité. Elles se croient belles, très belles même, et elles ne pensent pas précisément que la race blanche ait le monopole de l'esthétique. Une vieille femme, qui ne pouvait pas croire que tout mon corps fût blanc comme ma figure, s'écria, à la vue de mes bras mis à nu, avec un accent de compassion qui me toucha : « Est-il possible! il est comme un enfant qui vient de naître [1]! »

A partir de Nalolo, un jour de voyage encore, et le lendemain nous arrivons à Léalouyi. Ma première impression est de celles qu'on voudrait oublier. Décidément la guerre, la guerre civile surtout, rend les hommes fous; elle en fait des bêtes féroces. De la belle ville indigène de Robosi, il ne reste plus que deux grandes

---

[1]. On sait que les enfants nègres naissent blancs.

huttes en ruines ; tout le reste a été détruit de fond en comble. Une jungle épaisse a tout envahi. La capitale actuelle ne se compose que de méchants abris à moitié ensevelis dans une herbe luxuriante. C'est à peine si l'on peut découvrir les sentiers tortueux qui conduisent d'un quartier de village à l'autre. Après la fuite de Robosi, les chefs pillèrent ses trésors, la populace et les esclaves s'en mêlèrent. Des épaves de ces richesses je n'ai trouvé que son fauteuil (son trône !) et son marchepied couverts de peaux de léopard. Il paraît que sa barque royale même, un vrai chef-d'œuvre d'industrie d'après les descriptions qu'on en fait, a été coulée, pour qu'il ne reste rien du roi expulsé. La propriété des jésuites a trouvé le même sort. Ces messieurs m'avaient demandé de m'en occuper, et d'en rassembler les débris s'ils en valaient la peine. Je ne trouvai qu'un peu de ferraille sans valeur, et une caisse de médicaments dont les flacons avaient été vidés pour en faire des tabatières. C'est tout ce qui restait.

Le bruit s'était répandu que nous arrivions ; aussi trouvâmes-nous à la capitale la plupart des chefs les plus importants qui nous attendaient. Le lendemain de notre arrivée eut lieu notre réception officielle. Le jeune roi, drapé d'indienne portugaise à grands dessins, siégeait sur la place publique. Derrière lui étaient ses serviteurs, devant, les joueurs de sérimba et des tambours qui faisaient un tintamarre étourdissant, tandis que tous les chefs avec leurs suites étaient assis en cercle autour de lui, à une distance de 150 à 200 mètres. Le coup d'œil avait quelque chose de sérieux et de comique tout ensemble, et me rappelait ce que j'avais vu à Séchéké lors de ma première visite. *Mataha*, Gambella ou premier ministre, avait endossé un habillement de drap noir et une chemise blanche ! les autres étaient affublés de tuniques d'uniformes de toute provenance ; ici, c'était celle d'un agent de police de Kimberley, là celle d'un dragon, plus loin celle d'un officier de marine, et à côté l'habit défraîchi depuis longtemps d'un haut fonctionnaire du gouvernement portugais. Nous eûmes le loisir de faire nos observations pendant que la musique royale nous rompait la tête. A un moment donné, tous les chefs furent mandés près du roi les uns après les autres ; une fois le conseil au complet, les sérimba et les tambours se turent, et la cérémonie commença.

Les chefs Mokhèlé et Waroubita nous présentèrent, et rendirent compte de leur mission en racontant minutieusement notre voyage. Nous prîmes ensuite la parole pour saluer le souverain et son conseil, et expliquer le but de notre voyage et son caractère. Tous les chefs répondirent les uns après les autres par des discours bien inférieurs à ceux qu'en pareille circonstance nous aurions entendus au Lessouto, mais où l'on sentait un souffle de grande satisfaction et de sincérité : « Soyez les bienvenus, serviteurs de Dieu, dit Mataha ; vous qui nous apportez la pluie et la paix, l'abondance et le sommeil. C'est au nom de la nation tout entière que nous vous recevons. Nous vous avons attendus de longues années, et croyions que vous nous aviez abandonnés ; aussi est-ce avec joie que nous voyons vos visages, et que nous vous entendons dire qu'aujourd'hui vous ne venez pas seulement nous visiter, mais vivre parmi nous avec vos familles. Vous découvrirez bientôt que nous avons des *cœurs jaunes,* que notre pays est un pays de sang. La nation est fatiguée, elle soupire après la paix ; elle languit. La voici, nous la plaçons devant vous, sauvez-la. Vous le voyez, notre roi n'est qu'un enfant : sois son père, entoure-le de tes conseils. Nous ne demandons pas de présents, nous ne cherchons pas vos marchandises, si vous en avez. Ce que nous vous demandons, c'est votre enseignement ; ce que nous voulons, c'est la paix !... » Les autres parlèrent dans le même sens.

Le lendemain de ce jour-là, nouvelle mise en scène, mais qui faillit se terminer en queue de poisson. Il s'agissait d'offrir nos présents au roi. Les chefs ba-Rotsi voulurent absolument que la chose se fît dans les règles. Ils formèrent une longue procession qu'ouvrait le vieux Mokhèlé avec beaucoup de dignité. Waroubita le suivait, portant le précieux paquet. Malheureusement, le roi souffrait d'une ophtalmie ; il avait quitté le lékhothla et s'était retiré dans la hutte ; une hutte royale, mais une hutte après tout. C'est là qu'accroupis, entassés, à demi suffoqués, nous accomplîmes cette importante cérémonie. Le public privilégié remplissait la cour et bloquait la porte. J'étais contrarié ; car je comptais sur cette occasion pour donner publiquement à Akoufouna, le jeune roi, des conseils. Pendant que je déployais le grand manteau Saint-Cyr que j'ai acheté à la Belle-Jardinière, Gambella, suant à grosses gouttes, essayait d'introduire ses pieds dans une paire de bottes qu'il avait convoitée. Le manteau émerveilla tout le monde. Gambella, jetant ses bottes, le mit sur les épaules d'Akoufouna, qui se pavana un instant devant nous.

On m'écouta silencieusement quand, m'adressant au roi, je m'efforçai de lui montrer que, devant Dieu, il n'est qu'un serviteur qui devra rendre compte de son administration, que ses sujets sont les créatures de Dieu et que lui, Akoufouna, tout roi qu'il est, n'a nullement le droit de mettre à mort qui que ce soit sans jugement préalable. « C'est bien dit, voilà un conseil de père », disaient à demi-voix les chefs. Mais quand je parlai du vol et de la nécessité de l'extirper, tous éclatèrent de rire. — « De quoi riez-vous? Ai-je dit quelque chose de drôle? » — « Eh, Morouti, tu parles de punir et d'extirper le vol, mais ici tout le monde vole ! » — Tout en riant, ils étaient sérieux. En voici la preuve. Quelques jours après, devant m'absenter pour un seul jour, aucun d'eux ne voulut prendre la responsabilité de mes bagages, bien que je laissasse deux garçons pour les surveiller. — « Ici, me répétait-on, on vole de jour comme de nuit, rien n'est en sûreté. » — Force me fut de les transporter chez un jeune homme d'origine écossaise et de passage à Léalouyi.

Ce jour-là nous partions de bonne heure avec Gambella et Makoubésa pour inspecter l'emplacement qu'on nous proposait pour la station. Livingstone, paraît-il, y avait jeté les yeux, et on l'avait plus tard offert aux jésuites. Nous trouvâmes que l'eau est à une grande distance de la colline, grande complication pour les bâtisses et les ménages, et que la colline elle-même est toute couverte de champs — source de tracas interminables avec les natifs. — Gambella tua un bœuf, nous le partagea, puis nous sautâmes en canot pour arriver de jour, si possible, à la capitale. Il se faisait déjà tard. Bientôt nous nous perdîmes de vue dans cette steppe où nous nous frayions un chemin avec peine. Le soleil se couche, pas de crépuscule ici, pas de clair de lune, pas de jalons pour nous orienter. Nous errâmes longtemps dans les ténèbres, sans pouvoir trouver le canal que nous avions suivi ; partout nous aboutissions à la terre ferme. De guerre lasse, nous nous dirigeâmes vers un feu : c'était celui d'un pêcheur. L'îlot n'avait pas cent mètres carrés, l'odeur putride du poisson était insupportable. Mais nous n'avions pas le choix. Nous plantons nos rames pour faire un abri : d'un seul coup elles s'enfoncent d'un pied et font jaillir l'eau ; des nuées de moustiques tourbillonnent, trompettent autour de nous et nous *lancinent* sans pitié de leurs dards ; la faim nous ronge l'estomac, et la poignée de roseaux secs que nous donne le brave pêcheur suffit à peine pour rôtir un ou deux épis de maïs.

Quelle nuit ! et avec quel bonheur nous saluâmes les premières lueurs de l'aurore ! A 8 heures nous étions enfin à la capitale et mettions fin aux inquiétudes de nos nouveaux amis. Nous apprîmes que Mokoubésa était heureusement arrivé dans la soirée, étonné de ne pas nous voir. Quant à Gambella, il avait passé toute la nuit avec son équipage complètement désorienté, errant en canot, et ce n'est qu'au matin que, le son des tambours royaux parvenant à son oreille, il put prendre la bonne direction et arriver un peu avant nous.

Les chefs nous désignèrent un deuxième endroit, et deux d'entre eux nous y conduisirent. Arrivés au village le plus rapproché du lieu en question, on abattit un bœuf, et pendant qu'on l'apprêtait, nous allâmes explorer le site proposé. Nous dûmes patauger dans des mares, traverser le ruisseau Séfoula par trois fois, dans l'eau jusqu'à la ceinture. Survint ensuite une pluie battante qui nous transperça en un instant. Nos guides étaient affublés de longues chemises portugaises d'indienne qui leur traînaient aux talons, et collaient à leurs membres ; l'un d'eux s'était donné le luxe d'une ombrelle de même étoffe vieillie et dont la charpente avait une forme impossible. La pluie y passait comme à travers un tamis. Qu'importe ? C'était une ombrelle, et notre mo-Rotsi en était fier et n'en démordait pas.

Le lendemain, par un temps magnifique, nous pûmes, Aaron et moi, examiner l'endroit plus à notre aise, et nous convaincre qu'il présente pour un établissement comme le nôtre des avantages incalculables. Reste encore la question de la salubrité, qu'un séjour seul à *Séfoula* peut résoudre.

Ce sera là, en tous les cas, notre pied-à-terre en nous installant à la Vallée. Il est convenu qu'au mois de mai, dès que l'inondation aura passé, et que le pays sera assez sec pour voyager, les chefs enverront des canots pour le transport de nos bagages. Nous nous diviserons en deux bandes, et pendant que les uns remonteront le fleuve, les autres feront le voyage par terre. Ce n'est pas une petite entreprise ; mais nous aurons tout l'hiver devant nous. Une dernière requête que nous ont faite les chefs en nous accompagnant à nos canots, c'est de ne pas laisser nos ba-Souto en arrière ; ils veulent les avoir à la Vallée. Le respect et l'estime que les ba-Rotsi ont conservés pour leurs anciens maîtres est quelque chose d'extraordinaire. Un chef ne se croirait pas chef s'il n'avait pas pour première femme une ma-Kololo ; aussi, quand on le visite, il ne manque jamais de vous la présenter. C'est ce qui explique comment la langue des ba-Souto a conservé la prééminence dans ce pays. Tous les chefs importants voudraient avoir des évangélistes ba-Souto. On comprend leurs motifs, mais le fait n'en est pas moins significatif, surtout après le bruit qu'on avait répandu que les ba-Rotsi verraient avec méfiance des ba-Souto et un certain nombre d'étrangers s'établir dans leur pays. La présence d'Aaron à la capitale fit sensation ; les chefs le courtisaient, les femmes lui envoyaient de la nourriture, et on venait de loin pour le voir. C'est une popularité qui a ses dangers, mais le fait est là ! Ah ! si seulement les églises du Lessouto comprenaient la mission que Dieu leur a préparée !

Le voyage de retour se fit par des pluies incessantes qui nous retardèrent beaucoup. Nous étions impatients d'arriver à Séchéké, car nous savions que nous y aurions des nouvelles de Léchoma. Nous ne nous trompions pas. Nous avions à peine mis pied à terre qu'un jeune étourdi s'en vient vers nous, et sans autre préambule dit à Aaron : « Philoloka, ta petite fille est morte il y a un mois ! » Le pauvre Aaron, pétrifié, se laissa choir sur son tabouret sans pouvoir parler. Du moment qu'il put se retirer dans notre hutte, il éclata en sanglots. Cela le soulagea et nous pûmes prier ensemble. Une lettre de ma chère femme confirmait cette douloureuse nouvelle ; les chefs de Séchéké qui avaient fait une visite à Léchoma nous en faisaient un tableau bien sombre. Tout le monde y était malade, et nous nous demandions *qui* nous trouverions encore en vie.

Nous ne perdîmes pas de temps, et le 11 février au soir nous étions de retour à Léchoma... Ces moments-là ne se décrivent pas. — Notre ami Jeanmairet seul était venu à notre rencontre. A l'ouïe de nos coups de fusil, les autres se traînèrent hors de leurs cases et de leurs lits pour nous recevoir. Léchoma était devenu un hôpital. Il y avait là des figures cadavéreuses qui faisaient peur. C'est que pendant mon absence la fièvre avait sévi et n'avait épargné personne, ma chère compagne moins que qui que ce soit. Et cependant c'est sur elle que retombaient les soucis du commissariat, la charge des ouvriers, le soin du bétail. « Je bénis Dieu, me dit-elle dans sa lettre, de ce que j'ai toujours eu la tête libre, ai pu aller et venir, donner des médecines et des conseils à qui en avait besoin. » Nous avons parmi nous un ou deux hypocondriaques désespérés, et c'était là une source de beaucoup d'angoisses ; mais ma nièce, toujours gaie, s'occupant du ménage et de son école quand elle était assez bien, et M. Jeanmairet luttant énergiquement contre l'abattement que cause la fièvre, et dirigeant la petite œuvre qui se fait ici, ont fait tout ce qu'ils ont pu pour se créer quelque distraction et adoucir ces temps d'épreuve.

Bientôt après mon arrivée, l'hôpital s'est transformé ; nos patients se sont rétablis, et maintenant, malgré des hauts et des bas, l'état sanitaire de la caravane est satisfaisant. Si la fièvre s'est attaquée à nous sans nous donner de répit, c'est du moins sous une forme des plus bénignes.

Résumerai-je, maintenant, mes impressions en peu de mots ?

1. A dire vrai, l'état politique du pays m'inspire peu de confiance. Mataha, le chef de la révolution, est aveuglé par l'ambition. Le roi n'est qu'un jeune homme imberbe qui est né et a grandi dans l'exil. Il est un parfait étranger parmi les tribus qui l'ont appelé à gouverner. Il ne parle pas encore la langue des ba-Rotsi ni celle des ma-Kololo. Le pouvoir pour lui, c'est le plaisir. Les affaires le préoccupent peu. Le mécontentement perce déjà. Les uns regrettent le roi expulsé, les autres regardent à un autre chef. Sans être pessimiste, je crois prévoir une révolution nouvelle. Mais j'ai lieu d'espérer qu'elle n'éclatera pas avant que nous soyons à la Vallée, et qu'elle se fera sans effusion de sang.

2. Plus on voit les Zambéziens de près, plus ils sont noirs, et guère n'est possible de les noircir davantage. Mais ne nous décourageons pas ; envisageons l'œuvre qui est devant nous dans sa réalité prosaïque. L'œuvre qui se fait avec des dévouements admirables dans les égouts de la société de nos grandes cités, nous la ferons ici. Puissions-nous la faire dans le même esprit ! Mais quelle tâche ! quel défrichement ! que de choses à démolir et combien d'autres à déraciner ! Qu'il est bon de savoir que, si nous portons l'Évangile dans des vases de terre, cet Évangile, ce trésor, c'est la puissance même de Dieu !

3. Et enfin, que le champ est vaste !... Pendant que je plaidais en Europe pour cette mission, les jésuites arrivaient dans ce pays, et — sans aucune influence étrangère — ils réussirent à se rendre impopulaires et à se fermer la porte. Si les ba-Rotsi nous ont accueillis avec tant d'empressement, ce n'est pas qu'ils se fassent une juste idée de l'Évangile que nous apportons. Ils soupirent après quelque chose qu'ils n'ont pas et qu'ils ne connaissent même pas. Ils cherchent en tâtonnant celui qui seul peut donner la paix et sauver : « Jésus, le désiré des nations. » Nous sommes ici à l'extrême limite qu'ait atteinte l'Évangile. Devant nous s'étendent ces régions immenses ensevelies dans des ténèbres où pas une étincelle n'a encore jailli ; là souffrent et meurent des populations nombreuses qu'enchaînent les superstitions horribles et sanguinaires d'un paganisme odieux... Amis chrétiens, dites, ne ferons-nous pas un suprême effort ? Si les horreurs de l'esclavage ont ébranlé l'Europe, se pourrait-il que le cri de douleur du monde païen ne parvînt pas à émouvoir les enfants de Dieu d'une vraie compassion et restât sans écho ?...

XXIII

Nos évangélistes et l'école. — Mésaventures d'un courrier. — Épizootie. — Nouvelles d'Europe. — La fièvre. — L'hiver et la fièvre. — La vie à Léchoma. — Nos aides Kambourou et Ngouana-Ngombé. — Départ des jésuites. — Révolte contre Akoufouna. — Nous manquons de canots. — Préparatifs de voyage. — Fiançailles de M. Jeanmairet.

Léchoma, 9 avril 1885.

Nous avions avec nos évangélistes des plans d'évangélisation que viennent toujours contrarier de légers accès de fièvre chez les uns ou chez les autres; aujourd'hui que les chefs sont tous partis, nous devons les ajourner. Je le regrette pour les évangélistes.

Notre ami Jeanmairet, qui a transformé l'école du soir en école du jour, a essayé de leur faire une petite part dans son travail. Mais les indigènes n'ont pas tout à fait du devoir la même notion que lui, et ils trouvent que c'est fort peu intéressant de faire répéter A, B, C, à un ou deux de ces Zambéziens encore bouchés et qui ne se soucient pas d'apprendre. Il ne faut pas que cela vous étonne, mais il n'y a pas beaucoup de ressort chez nos indigènes. Quand tout va bien, ils ont de l'entrain, mais ils se découragent facilement. L'évangélisation sera pénible et laborieuse à cause de la dissémination de la population. Si seulement j'avais un cheval, un de mes chevaux que j'ai perdus en route! Il y en a bien ici, mais savez-vous quel en est le prix? De 1,900 à 2,000 fr.! Ce ne sont pas des montures missionnaires, celles-là. Il faut, quand on les admire, se répéter le dixième commandement: « Tu ne convoiteras point. » Ce n'est pas facile quand on voit ces chevaux paître sans rien faire, ou bien montés par des gamins qui les éreintent pour montrer qu'ils savent mieux les faire courir que leurs maîtres qui en ont peur.

Nous avions, il y a dix ou quinze jours, écrit jusqu'à nous enfler la tête et nous crever les yeux pour expédier à Mangouato un courrier volumineux. J'avais loué à bon compte un Griqua, chasseur désœuvré qui promettait de revenir en moins de deux mois. Nous nous frottions les mains de bonheur. Au soulagement d'une liquidation de correspondance venait s'ajouter la perspective de recevoir, avant notre départ pour la Vallée, la poste qui s'accumule à Mangouato depuis des mois. Quelques jours se passèrent. Un matin à mon réveil, une ombre passe devant ma porte. Je me frotte les yeux pour bien voir. Mais je ne me trompe pas, c'est bien Yantji, mon facteur, qui revient et rapporte nos lettres ! Et nous qui les croyions déjà en plein Kalahari !... Quelle tuile ! Un marchand, envers lequel je suppose que Yantji est endetté, prévoyant que la chasse à l'éléphant, fermée par la révolution du pays des ba-Rotsi, allait se rouvrir, avait arrêté mon homme au passage, et me renvoyait notre courrier. Les Pères de la mission jésuite, qui partagent notre désappointement, m'envoient leurs condoléances et m'annoncent qu'ils expédieront un wagon à Tati ou à Mangouato fin de mai ou commencement de juin. Merci ! A ce compte-là, avec les délais africains, vous recevrez nos lettres en octobre ou en novembre.

Sur ces entrefaites sont arrivés les wagons que nous attendions, avec une masse de nouvelles, beaucoup de lettres, et un sac tout plein de journaux et de publications.

Les nouvelles, elles, ne sont pas gaies. Nos jeunes Zambéziens, qui revenaient tout radieux, nous apprenaient que, de leurs compatriotes qui, malgré tout ce que nous avions pu faire ou dire, s'étaient obstinés à suivre Makoatsa retournant à Mangouato, cinq sont morts de faim et de soif. Deux d'entre eux avaient quitté notre service. — Un soir, se laissant choir sous un abri dans le désert, l'un de ceux-ci dit à son compagnon : « C'est fini, je ne puis pas aller plus loin, je me meurs. C'est ta faute, c'est toi qui m'as entraîné contre mon gré... » On se leva de nuit, et on abandonna là le malheureux qui sommeillait encore ! Peut-on se figurer son réveil ? Peu de jours après, c'était le tour de son compagnon.

Parmi nos bœufs de trait aussi, nouveaux désastres. Je ne m'étais pas trompé dans mes prévisions ; l'épizootie qui a sévi ici avec tant de violence les avait fauchés. Nos wagons seraient encore à Mangouato dans l'impossibilité de bouger, si nos chers amis Musson et Whiteley, au détriment de leur commerce, malgré leurs pertes et leurs besoins, ne nous avaient prêté des bœufs pour les ramener au Zambèze.

La mort d'une partie de nos bœufs amène de nouvelles complications pour notre voyage à la Vallée, et nous cause un grand souci. Sûrement notre Père céleste ne permettrait pas de si sérieux embarras s'il n'y avait lui-même pourvu. C'est quelquefois difficile, mais il faut pourtant que la foi surnage au-dessus de tous les flots. *L'Éternel y pourvoira !* c'est là notre devise.

Et ce sac de journaux, avec quel plaisir nous l'ouvrons, trions les différentes publications, et les collationnons par dates ! Si vous saviez comme nous soupirons après quelque chose de nouveau, de *frais* à lire. Notre bibliothèque est si limitée qu'intellectuellement aussi nous errons dans les solitudes arides du désert. Ce n'est pas la moindre de nos privations, celle-là. N'en déplaise à certains amis qui ont de nous une trop bonne opinion et nous croient au-dessus de ces choses; mais tout ce qui nous tient au courant du mouvement des esprits en Europe, soit en politique, soit en littérature, soit en religion, nous intéresse vivement. De loin, votre monde nous paraît plus agité que jamais, il est en travail. Nous ne sommes pas des spectateurs impassibles, croyez-le; chaque journal, chaque nouvelle nous fait passer par de nouvelles émotions.

Je viens de lire le rapport. Ce qui m'y captive surtout, c'est la liste des donateurs et de leurs dons. Je l'analyse, mon journal d'Europe à la main. M'en blâmerez-vous? J'y cherche les unes après les autres toutes les localités que j'ai visitées, celles surtout où l'on avait battu la grosse caisse pour attirer le grand public. On était si fier d'exhiber un voyageur protestant, un lion récemment venu du Zambèze ! Que la langue française était belle quand, dans un élan chaleureux d'enthousiasme, un orateur plaçait sur les cœurs d'une assemblée sympathique l'évangélisation de l'Afrique tropicale !... On promettait beaucoup. J'ai le droit de le demander au rapport : Qu'a-t-on fait ici ? Qu'a-t-on fait là ! Ici *peu*, là *rien*. Une entreprise missionnaire, ce n'est pas un ballon qu'on gonfle de gaz, qu'on lance en l'admirant dans les airs et qu'on abandonne à son sort; non, c'est une œuvre qui demande une coopération énergique, personnelle et constante... Je l'ai bien senti dans mes voyages, et je sais où gît notre force. Si elles sont rares les Églises qui, comme celles de Marseille et de Nantes, nous secondent d'une manière collective, il y a des amis, des *amies*, quelques riches et beaucoup de pauvres qui nous portent sur leurs cœurs; des orphelinats, des écoles du dimanche, de chers enfants qui veulent avoir une part dans notre œuvre. Chaque don, quelque minime qu'il soit, chaque nom, c'est un message qui nous dit silencieusement qu'on aime la mission du Zambèze et qu'on prie pour elle. C'est un lien puissant qui nous unit. Avec tous ces bien-aimés collaborateurs riches et pauvres, grands et petits, français et étrangers, le faix du jour est moins difficile à porter et le succès nous paraît plus certain.

17 avril.

Je renvoie demain les bœufs de nos amis de Mangouato. Nous en avons déjà perdu deux et je crains des pertes plus grandes. C'est donc une occasion pour la poste et je ferme cette lettre. Je puis à peine tenir la plume. Moi aussi, je viens d'avoir une attaque de fièvre assez violente ; j'espère qu'elle sera courte. Depuis que j'ai écrit ce qui précède, j'ai été avec nos deux évangélistes de l'autre côté de la rivière, avec l'intention d'y faire une course d'évangélisation de quinze jours. Mais l'état de mon monde à Léchoma m'inquiétait trop. Aussi, après avoir béni publiquement le mariage de Karoumba, je laissai les évangélistes et revins à la maison. Ma femme était, comme toujours, malade. Vous ne la reconnaîtriez pas, elle est si amaigrie et si faible. Elle n'est plus à un âge où la constitution supporte des secousses si fréquentes.

Léchoma, 24 juin 1885.

Une nouvelle désastreuse nous arrive de Saul's poort. Dans leur voyage de retour au Lessouto, nos conducteurs, l'évangéliste André et sa famille ont perdu plusieurs bœufs. Un coup de foudre en tua sept. André et Joseph furent renversés, insensibles. Lorsqu'ils revinrent à eux-mêmes, le jeune Zakéa Mosénéné, à la tête de l'attelage, était aussi par terre, et, en regagnant ses sens, il s'écriait : « Seigneur Jésus, reçois mon esprit ! » Il n'y eut personne de tué, grâce à Dieu. Mais ces pertes, ajoutées à toutes les autres, font pour nous un douloureux oreiller de tristesse et de soucis.

Nous sommes maintenant en plein hiver. Le thermomètre, descendu le matin jusqu'à 7 degrés centigrades, s'élève, au milieu du jour, à 25 degrés. Les grandes chaleurs et la vive lumière de l'été sont donc passées, et avec elles la fièvre, cet hôte importun dont nous n'avons pu nous débarrasser pendant les six derniers mois. Quand souffle le vent du nord-est, il nous arrive imprégné des miasmes des parages des chutes Victoria. Les appétits languissent alors, les maux de tête, les frissons et tous ces lugubres symptômes, qui nous sont maintenant si familiers, nous attaquent plusieurs à la fois ou tous simultanément. C'est la fièvre. Mais elle est bénigne et de courte durée. Nous nous sentons revivre, l'entrain renaît avec le courage, l'avenir même s'illumine devant nous, comme s'il ne devait plus y avoir de printemps ni d'automne, c'est-à-dire de mauvaises saisons. Sans doute, au Zambèze, on est bien un peu trappiste malgré soi. Tout vous dit et vous répète chaque jour l'avertissement solennel : « Frère, souviens-toi que tu dois mourir. » Quelque bienfaisante que soit cette pensée, nous partageons l'illusion de tout le monde, et nous croyons que le moment n'est pas encore là, puisque nous n'avons pas encore fait notre œuvre.

Quand on demande à un mo-Souto s'il va pleuvoir, il prend la mine d'un sage, regarde les nuages, considère le vent, et il répond invariablement avec toute la gravité d'un oracle : « Si la pluie aime tomber, elle tombera ; si elle n'aime pas tomber, elle ne tombera pas. » Et vous voilà bien avancés ! Je demandais l'autre jour aux marchands qui ont passé des années dans ce pays s'ils considèrent que cette année a été bonne ou mauvaise quant à la fièvre. « Eh bien ! me dirent-ils, après des saisons pluvieuses comme après des saisons sèches, nous avons eu des années bonnes et nous en avons eu de mauvaises aussi. » Les yeux fermés, j'aurais cru que c'était la réponse de quelque philosophe du Lessouto. Mon impression à moi est que nous avons eu une bonne saison. Lors de notre premier voyage, en 1877, nous avons passé ici la meilleure partie de l'année : nous avons été constamment et dangereusement malades, et nous avons perdu deux hommes. Du reste, j'ai la conviction que si la « peste meurtrière » ne s'est pas approchée de nos tentes, c'est que les prières des enfants de Dieu nous ont entourés.

La vie de Léchoma est nécessairement triste et monotone. L'attente et l'incertitude de l'avenir la rendraient insupportable, si chacun n'avait ses occupations régulières. Notre « parc » n'a ni allées ni sentiers. Sous les arbres rabougris, ce ne sont que des fourrés hantés par les serpents. On n'y entend guère que le cri rauque des perroquets et le ramage d'une volée d'oiseaux qui attaquent occasionnellement quelque hibou attardé et surpris par le jour. La population à proximité ne se compose, vous le savez, que de quelques familles de chasseurs métis et de celle du marchand Blockley avec les ma-Saroa et les Zambéziens qui sont attachés à leur service. Des bandes de ma-Soubyia, de ba-Toka, de ma-Nangow, de ma-Chapatane, etc., vont et viennent constamment pour chercher un peu de travail et vendre leurs denrées. Le cœur se serre en voyant ces pauvres gens faire un voyage de six jours et plus (aller et retour) pour échanger une ou deux calebasses de millet ou d'arachides contre un morceau de calicot ou quelques colliers de verroterie. Quand notre provision est faite, il faut les renvoyer, au lieu de les prendre à notre service, ce qu'ils ne comprennent pas. Nous saisissons ces occasions pour leur faire connaître quelque chose de l'Évangile. Bon nombre de ceux qui ont travaillé chez nous sont partis avec une connaissance plus ou moins complète de l'alphabet et aussi de quelques cantiques.

Nous avons à notre service deux jeunes gens qui sont un peu plus avancés. L'un d'eux, Kambourou, est notre factotum et aussi notre blanchisseur. Il frotte impitoyablement le linge jusqu'à le trouer, ou bien le rapporte à peu près dans le même état qu'il l'a pris. Il n'a jamais été à Paris, ce Kambourou, il ne connaît pas l'eau de Javelle : il fait le désespoir de notre ménagère. L'autre est notre marmiton, éveillé et intelligent : c'est Ngouana-Ngombé, le « veau »! Comme Kambourou, il était loué pour un mois ; en voici dix que les deux sont avec nous. Ngouana-Ngombé a pris goût à la cuisine, qui se fait en plein air. Il va puiser son eau, chercher son combustible dans la forêt, et pile le maïs qu'il fait cuire tous les jours sans sourciller. Quand on l'appelle, il accourt sautant sur une jambe : on sait qu'il est de bonne humeur ; le contraire, c'est l'exception. Il a une montre dans la tête, ce garçon-là, et elle ne se détraque jamais. A sept heures, à la minute, tous les matins, le café (mêlé à du maïs rôti) et la « polenta » sont sur la table, et, à cinq heures, le dîner. Il ne faut pas que je le loue trop, autrement il pourrait bien me donner un démenti. Cela m'est déjà arrivé plus d'une fois. Ce qui nous fait plaisir, c'est que ces deux garçons, sous les soins de ma nièce d'abord, de M. Jeanmairet ensuite, vont bientôt lire couramment, et écrivent déjà joliment. Je demande instamment les prières de nos amis pour eux, afin que leurs cœurs s'ouvrent à la grâce de Dieu.

Notre vie est un peu plus primitive ici qu'au Lessouto, c'est naturel. La fabrication de la bière, du vinaigre, des chandelles, etc., présente peu de difficultés. Mais un de nos soucis, c'était le savon. Le mauvais savon qu'un marchand vous vend quelquefois par faveur coûte 2 fr. la livre, souvent plus. C'est sérieux pour une expédition comme la nôtre. Il a donc fallu se procurer peu à peu les ingrédients nécessaires : cendres, chaux, graisse, et puis Mme Coillard a fait son apprentissage. Quel travail que de faire bouillir pendant six à huit jours cette mixture! Mais aussi quelle satisfaction de sortir du pot, car nous n'avons pas de chaudière, les tranches du précieux savon! Tout le monde s'y intéresse et *se* félicite du succès.

Notre but, c'est de nous servir autant que possible, tant pour la

CHÈVRE A VENDRE

nourriture que pour le ménage, des produits ou des ressources du pays. Nous cultiverons notre blé ; nous pourrions même faire croître notre café et fabriquer grossièrement notre sucre, si nous avions des bras et du temps. J'ai l'impression qu'une fois installés nous ne serons pas pour nos collaborateurs d'Europe un trop lourd fardeau. Le casuel, le point noir, hélas ! c'est celui du roulage et des voyages... Nous n'aurons pas, sans doute, de pertes de bœufs tous les ans ; mais c'est désolant que nos désastres se succèdent ainsi à nos débuts. Nous le sentons vivement.

Les jésuites quittent définitivement le pays. Ils ont complètement renoncé à leur projet de mission parmi les ba-Rotsi ; ils ont déjà abandonné *Tati,* que les mineurs ont une fois de plus déserté, et ils vont se retirer tout de bon de Pandamatenga. Ces messieurs ont été extrêmement bons et obligeants envers nous. Nos rapports avec eux ont été des plus agréables, j'allais presque dire amicaux. Ils m'ont fait savoir qu'ils pourraient me céder à bon compte certains objets dont nous pourrions avoir besoin. J'attelai donc mon tombereau et partis avec Middleton ; ce voyage nous prit une semaine. Le P. Booms avait dû conduire à Tati le P. Kroot, tombé gravement malade. Je trouvai donc le frère de Saadeleer tout seul. C'est un Flamand, un homme au cœur chaud, plein d'énergie, et un vrai chrétien. Avec mon tombereau, j'étais tout à fait indépendant ; cependant, ce digne homme rivalisa d'égards envers nous avec M. Westbeech. Vous auriez été bien étonné de me voir, moi, huguenot de race, m'entretenant sérieusement, avec ce disciple de Loyola, des expériences de la vie chrétienne, de l'évangélisation du monde, de l'Afrique surtout, du prochain retour du Sauveur, de la vraie conversion et de la manière la plus efficace de traiter les indigènes.

Nous ne pouvions pas être d'accord sur tous les points, cela va sans dire. Pour les indigènes, ces messieurs ne reculent pas devant le « christianisme musculaire », la bastonnade, à l'occasion. Nous le répudions, nous, ce système-là ; nous croyons davantage à l'influence morale que nous devons nécessairement exercer si nous marchons avec Dieu. Les marchands, comme les jésuites, nous trouvent trop indulgents. On dit partout, de l'autre côté de la rivière, que les « Marouti » ne battent pas les gens, et il se peut que nos pauvres esclaves, qui ne croient qu'à la brutalité, s'en prévalent. Ils ont certainement le secret de vous provoquer ; mais, cependant, c'est chose sérieuse que de prendre la loi entre ses mains et de se faire justice soi-même. Le P. Booms est revenu à Pandamatenga pour procéder à leur déménagement. A son invitation, je vais de nouveau partir pour lui faire visite et voir quelles transactions je puis faire avec lui. N'est-ce pas extraordinaire que les jésuites se retirent en nous laissant le champ libre, quand, pendant six ans, ils ont été seuls dans ce pays et menaçaient de nous fermer la porte ?

Depuis que je vous ai écrit la dernière fois, de nouveaux troubles ont éclaté à la Vallée. Une forte coalition s'est formée contre le jeune roi Akoufouna, qu'on méprise et qu'on taxe d'étranger, de mo-Khalaka. Les partis en sont venus aux mains ; celui du roi a triomphé après une bataille sanglante. Comme toujours en pareilles circonstances, des massacres de chefs ont eu lieu, et de sinistres rumeurs ont jeté la terreur dans le pays. Ceux qui ont survécu se sont réfugiés, avec le reste de leurs partisans, dans une grande île ; de sorte que la voie du fleuve n'est plus sûre. Il est donc fort douteux que les canots que l'on nous avait promis, et qui devaient arriver ce mois-ci, puissent nous être expédiés. Nous sommes toujours dans l'attente. Le bruit court que les chefs de Séchéké, qui ont été rendre hommage au nouveau roi, sont sur leur retour, à pied, bien entendu. Donc, nous aurons bientôt des nouvelles. Nous redoutons de nouveaux délais. La saison avance, la seule pendant laquelle nous puissions voyager et construire ; la perdre, c'est nous exposer à perdre encore toute une année. Aussi, vous comprenez nos inquiétudes. Cependant, nous sommes bien déterminés à faire tous nos efforts pour traverser le fleuve au plus tôt, dussé-je laisser ensuite les wagons à Séchéké et me rendre de nouveau à la capitale. MM. Westbeech et Blockley m'ont assuré leurs services. C'est une terrible épreuve de patience et de foi. Cela nous rejette d'autant plus sur le Seigneur.

Si, dans vos courses, il vous arrivait de rencontrer quelque ami qui voulût faire quelque chose de tout spécial pour moi, il est bon que vous sachiez que la première chose dont nous ayons besoin, ce sont des *canots* pour voyager et évangéliser. Il nous en faut quatre pour commencer. Je pourrais mentionner d'autres choses, mais, pour aujourd'hui, cela suffira.

11 juillet 1885.

Nous attendons toujours le retour des « seigneurs de Séchéké ». Ils sont partis depuis plus de deux mois pour rendre hommage au roi Akoufouna. Peut-être se battent-ils déjà pour lui, qui sait ? On assure que le parti de Robosi, défait par Mataha, s'est réfugié

LA MISSION SE FONDE.

dans l'île de Sampété, s'y recrute et guette le moment favorable pour reprendre l'offensive. En attendant, ils ont bloqué la route du fleuve, de sorte que par cette voie toute communication est devenue impossible entre cette partie du pays et la Vallée. Voilà pourquoi nos bateaux ne sont pas arrivés. Dès que les chefs de Séchéké seront de retour, nous ferons passer un ou deux wagons et ferons le trajet par terre. Nous prendrons peu de bagages, car, dans l'état actuel du pays, il y a moins de sécurité que jamais. Et puis frayer une route à travers les sables et les bois, ce n'est pas petite affaire, surtout si, au lieu de passer le fleuve à Kazoungoula, au confluent du Linyanti (Chobé) et du Zambèze, nous sommes obligés de remonter et de traverser ces deux rivières l'une après l'autre, en démontant nos voitures chaque fois. C'est là, du reste, un petit souci; ce qui nous inquiète à nous donner des cheveux gris, c'est la question de nos bœufs. Ils sont presque tous morts. Pour nous, c'est là un point bien noir, parce que c'est une question de finances.

Quoi qu'il en soit et de quelque manière que ce soit, nous irons nous installer dans la Vallée. Notre ami Waddell, qui a maintenant repris sa bonne mine et ses forces, s'est mis avec courage à scier de l'acajou et à faire de petites fenêtres pour notre établissement de Séfoula. Le luxe d'une fenêtre avec des vitres! C'est maintenant que nous l'apprécierons! Pendant six mois de l'année, le vent du sud-est souffle vers l'équateur : c'est le vent de la fièvre. Rien ne peut nous en garantir, ni les nattes, ni les couvertures que nous clouons aux ouvertures de notre chaumière. Nous avons, avec Middleton, fait un nouveau triage et préparé nos paquets. Nous sommes prêts. Je reviens d'un nouveau voyage en tombereau à Pandamatenga avec Middleton. Les jésuites, qui sont sur le point d'évacuer complètement le pays, nous ont donné l'hospitalité la plus cordiale. Cela n'a pas empêché que, comme précédemment, nous ne prissions la fièvre. Léchoma est décidément le point le plus salubre que nous eussions pu choisir. Et qui sait? Ces délais, qui nous font bouillonner d'impatience, n'auraient-ils pas pour but de nous acclimater, si tant est qu'on puisse s'acclimater au Zambèze? J'ai pu me procurer du blé, des brebis et des chèvres des jésuites et quelques autres objets dont M. Jeanmairet et moi nous avions besoin. Savez-vous ce que j'ai payé ces chèvres? 3 fr. 75 c.! Ces messieurs y ont amplement trouvé leur compte, et nous aussi. Ces chèvres sont d'une race si abâtardie, si rachitique et si microscopique, qu'on pourrait en mettre une tout entière au pot pour faire de la soupe maigre. Quand, comme maintenant, en hiver, elles sont en mauvaise condition, leur carcasse pourrait servir de lanterne, et le goût du peu de viande qu'on y trouve est repoussant.

La saison a été extraordinairement sèche, tous les étangs sont taris, et c'est presque une impossibilité de traverser le Kalahari. On dit que, depuis deux mois et plus, Khama est devenu sujet britannique, et que les frontières des possessions anglaises s'étendent maintenant jusqu'au Zambèze ! Le commerce et la prospérité vont maintenant renaître avec la chasse et surtout avec la sécurité jusqu'ici troublée par les ma-Tébélé. D'un autre côté, des rumeurs sur les intentions de Lobengoula, au sujet des ma-Choukouloumboué et des ba-Rotsi, ne sont pas très rassurantes. Mais nous pouvons rester tranquilles du moment que nous savons que c'est Dieu qui règne.

J'ai à vous communiquer la nouvelle des fiançailles de ma chère nièce avec M. Jeanmairet. L'époque du mariage ne sera fixée que quand nous aurons des nouvelles de la Vallée. Cet événement-là nous permettra de fonder dès l'abord deux stations : une à Séchéké, et l'autre à Séfoula. Les plans que nous avions ébauchés en seront nécessairement modifiés, et il serait prématuré de vous faire des communications qui ne seraient après tout que des conjectures. Mais je tremble à la perspective de perdre notre bonne Élise. Ma chère femme est celle de nous tous qui a le plus souvent la fièvre ; elle n'est plus robuste. Nous n'avons pas de fille dans la maison : que faire en cas de maladie et quand je devrai m'absenter ? Et l'école, qui s'en chargera ?

XXIV

Troubles politiques. — Une délivrance. — Projets pour Séchéké. — Fête de baptême. — Passage du Zambèze. — Le premier dimanche sur le bo-Rotsi. — Mort de Monyaï. — Projets d'avenir et appels aux Églises.

Kazoungoula, 23 août 1885.

Kazoungoula et la rive gauche du Zambèze ! C'est un pas de plus dans notre long pèlerinage. Nous avons franchi le fleuve, et nous sommes, enfin, dans le pays qui, depuis plus de six ans, était devenu l'objet de nos pensées et le but de nos aspirations. Je laisse à deviner si nos cœurs débordent de joie et de reconnaissance. Vous vous réjouirez avec nous, chers amis, et bénirez le Seigneur. Ce pays sera-t-il pour nous le pays de la promesse ou bien la fosse aux lions ? L'un et l'autre, sans doute ; mais le Dieu de Daniel, qui était celui des patriarches, est aussi le nôtre. Notre confiance est en lui. Nous nous inquiétons peu de l'avenir, le présent nous suffit.

Il y avait, si je m'en souviens bien, un petit nuage qui planait sur ma dernière lettre. Nous attendions des canots qui n'arrivaient pas, et de nouveaux troubles politiques avaient éclaté à la Vallée. On s'était battu, le sang avait coulé ; mais il était douteux que la victoire remportée par les partisans du nouveau roi fût décisive. Nous attendions avec impatience le retour des chefs de Séchéké. Nous aurions voulu retenir le temps favorable qui fuyait avec la saison d'hiver. Le séjour de Léchoma, qui menaçait de se prolonger indéfiniment, nous devenait tous les jours moins supportable. Aussi nos réunions de prières avaient-elles pris un caractère extraordinaire de sérieux et d'unité. Dès que nous apprîmes le retour des chefs, nous envoyâmes Middleton et Aaron demander à Morantsiane du secours pour traverser la rivière, et en même temps étudier la route que nous aurions à ouvrir. Nous nous attendions à toutes sortes d'objections et de délais, malgré nos ardentes prières. C'est toujours l'histoire des chrétiens de Jérusalem priant pour la délivrance de Pierre, et ne voulant pas croire qu'il était déjà là, frappant à la porte. Oh ! gens de peu de foi ! Morantsiane répondit que les chefs se tiendraient à notre service dès que nous le désirerions.

En même temps le chef exprimait le désir que l'un de nous restât à Séchéké. Notre ami Jeanmairet était tout désigné pour ce poste important. Dans une réunion solennelle, il fut proposé qu'Aaron irait à la Vallée fonder une annexe, pendant que Léfi resterait à Mambova, chez Mokoumba, à une distance raisonnable de Séchéké. « Ayez pitié de moi, nous disait Léfi, je ne suis pas vaillant, moi, je suis poltron. Je n'ai pas peur de la maladie qui est envoyée de Dieu; mais j'ai peur de vivre tout seul parmi ces sauvages-là. » Nous ne le pressâmes pas, voulant lui donner le temps de réfléchir. Mais après avoir prié, et avant de nous séparer, Léfi nous dit : « J'ai honte d'avoir parlé comme je l'ai fait. C'est un manque de confiance en Dieu. Je suis prêt à aller n'importe où. Je m'en remets à votre jugement. » C'était un beau triomphe de la foi chez un homme aussi pessimiste que cet ami.

Aaron, lui, semblait n'avoir aucune arrière-pensée. Il disait à Léfi : « Mon frère, Dieu est puissant pour nous garder. Si nous sommes encore aussi malades la saison prochaine que nous l'avons été la dernière, je dirai : Nous serons *toujours* malades, c'est notre lot, et nous l'accepterons comme venant de Dieu. Et quant aux Zambéziens, lors même qu'ils sont de terribles sauvages, Dieu touchera leurs cœurs, et nous trouverons parmi eux des amis compatissants, qui s'attacheront à nous. Ç'a été notre expérience à Séléka. Dieu ne nous abandonnera pas. »

La question d'Ésaïe était plus difficile à résoudre. Nous avons décidé qu'il resterait provisoirement à Séchéké pour aider M. Jeanmairet à ses travaux d'installation. Aaron restera cette année à Mambova avec Léfi, et nous rejoindra à la Vallée l'année prochaine, si telle est la volonté de Dieu.

Une fois ces arrangements faits, le triage de nos bagages et nos emballages terminés, nous n'étions pas au bout de nos difficultés : nos hommes tombaient malades, ma nièce avait un érésipèle... Les santés rétablies, c'était la question des bœufs qui nous désespérait. Un de nos attelages est parti avec nos conducteurs ba-Souto et l'évangéliste André. Des quatre autres, un seul nous reste. J'en ai acheté un à Mangouato, qui vient d'arriver avec notre wagon; mais les bœufs de Léchoma, qui meurent de faim, et ceux qui viennent de voyager, tous n'ont que la peau sur le dos et sont d'une si grande faiblesse, que tous les matins nous devons en soulever un certain nombre sur pieds pour les faire paître. Comment les pauvres bêtes pourront-elles traîner les voitures? Et de quelles charges peut-il être question? Notre embarras est extrême.

Un rayon de soleil fut le dernier dimanche que nous passâmes à Léchoma. C'était ce qu'on appelle au Lessouto, une *fête,* le baptême de la femme de Léfi et celui de la petite fille d'Aaron, née à notre retour de la capitale, et peu après la mort de Philoloka. La chère enfant a été baptisée sous le nom significatif de *Matséliso,* « consolation. » Un grand nombre de Zambéziens, je veux dire une centaine, étaient présents. Qu'ont-ils compris à cette cérémonie que nous avons essayé de leur expliquer, et quelles impressions en ont-ils recueillies ? Je l'ignore. Pour nous, elle était solennelle. Mais plus solennel encore fut le repas sacré qu'une fois de plus et pour la première fois en public nous partagions ensemble... Dieu était là.

Enfin le jour du départ arriva. C'était le vendredi 14. Nous avions déjà envoyé au gué de Kazoungoula deux petites charges de bagages. On entasse ce qui reste dans le wagon de famille et une voiture de transport ; deux jougs empruntés à nos attelages vont traîner le tombereau transformé en une vraie arche de Noé ; petits chiens, chats, poules, canards, cochons, tout y a place. C'est un charivari qui aurait amusé les gens de loisir. Le soleil a disparu à l'horizon, le temps presse, car la mouche tsetsé hante encore les bois sans routes que nous devons traverser. Une fois les gros wagons attelés, on pense au tombereau. Ce sera l'affaire d'un instant... Nos Zambéziens, qui ont peur des bœufs, se sont cachés, et ce n'est pas sans peine que nous le remettons à leur poste. Mais on a beau chercher, on ne trouve que trois bœufs : le quatrième s'était avisé de se jeter dans une fosse que nous avions faite pour scier de long. Nous en abattons les bords, nous soulevons la bête, on lui mord la queue, on la tire par les cornes, rien n'y fait. Elle ne se prête à aucun de nos efforts. Force nous est d'abandonner la partie et de laisser le tombereau pour un autre voyage.

Il est huit heures et demie, quand les voitures se mettent en branle, et pas de clair de lune. — « Ho ! Ho ! » — Qu'est-il donc déjà arrivé ? Mon wagon s'est jeté contre un pieu qui supportait mon pluviomètre et ce coquin de pieu a fracassé un marchepied que nous avions arrangé pour ma femme. Après cela nous roulons précipitamment au pied du coteau. Nous sommes en route. Patience ! Derrière nous retentit le cri d'alarme. Bœufs et wagons, nous crie-t-on, se sont précipités dans le parc aux cochons ! Pauvre Ésaïe ! il est loin d'être passé maître au métier de conducteur. A une heure et demie du matin, nous n'étions encore qu'à mi-chemin. J'aurais voulu faire la contre-partie du miracle de

Josué, car nous étions en pleine région infestée par la mouche. Nous eûmes bien des incidents risibles dans ce court trajet. Ce qui n'empêche pas que nous arrivâmes épuisés et transis de froid, à quatre heures, au gué de Kazoungoula.

Voilà un bout de chemin qui compte. Heureusement que, dans peu de temps, la tsetsé aura complètement disparu et que l'on pourra faire le trajet en plein jour. Le chemin est ouvert, et il est bon, grâce à nos haches et à nos bêches. Les marchands ont fait tout ce qu'ils ont pu pour nous faire prendre une autre destination. Ils sentent que le monopole du commerce risque de leur échapper, et l'un d'eux parle déjà de venir s'établir ici. Du reste, je dois le dire, MM. Westbeech et Blockley se sont montrés obligeants. Mokoumba, Rataou et d'autres chefs inférieurs arrivèrent bientôt avec une multitude de gens. Notre première entrevue me convainquit bientôt que c'était leur intention de nous tondre sans pitié. Nous convînmes de donner tout le travail à soixante-dix hommes pour autant de *setsiba*. Mais, après deux jours de quelques heures de travail, ils réclamèrent leur paiement. Ce fut une grève générale et force nous fut d'accepter un compromis. Prévoyant le retour de pareils ennuis, nous engageâmes un nombre d'hommes plus restreint, que releva une autre bande, et dès lors tout se fit avec ordre et entrain, si bien que nous pûmes même jouir de la nouveauté et de l'étrangeté des scènes animées qui se renouvelaient à chaque instant. C'était intéressant de voir les canots se croiser, chargés de nos colis, transportant nos chèvres, faisant nager chaque bœuf en lui soutenant la tête hors de l'eau par les cornes; mais plus imposant encore de voir les tentes de nos wagons avec les planchers qui faisaient radeaux, flotter entre les canots zambéziens à la remorque de notre bateau. Le passage s'est effectué jusqu'ici sans le moindre accident. Mais il n'a pas duré moins de huit jours, car le vent s'en est mêlé, et quand le vent souffle, que la rivière se courrouce et que les vagues s'amoncellent et écument, aucune pirogue n'oserait s'aventurer à prendre le large.

C'est vendredi dernier, le 21, que nous avons tous traversé, excepté les évangélistes et leurs familles. Nous prenions notre repas du soir dans un abri ouvert à tous les vents, quand les chefs soulevèrent la natte qui nous sert de porte et se blottirent près de nous parmi nos ballots. Ils nous apportaient des nouvelles. Elles n'étaient pas bonnes. D'abord Rataou m'annonçait qu'un de ses villages était brûlé, et, chose étrange, c'était le village et la hutte même où avaient été déposés les bagages que j'ai apportés pour M. Arnot. Ils sont détruits, mais c'est là le moindre des soucis de l'ami Rataou, qui demande que je le console de ses pertes à lui par un gros présent. Le même malheur m'est arrivé à Séchéké aussi, il y a sept ans. Les bagages alors étaient du moins les miens. Des nouvelles plus graves, c'est que les partisans de Robosi se sont retirés, que ceux d'Akoufouna ont couru aux armes, et qu'on se bat du côté des chutes de Ngonyé. Un exprès est venu appeler les chefs qui étaient ici, mais avec ordre de nous laisser un certain nombre d'hommes sous l'autorité d'un brave vieillard du nom de Pélépélé. Nous ne perdons rien au change. Mais l'horizon est sombre et gros d'orages. On nous dit : « Vous êtes au pays maintenant, allez vous établir où bon vous semblera. » Mais où? Il s'agit d'abord d'arriver à Séchéké, et puis nous verrons. Dans ce coupe-gorge, nous avons autant ou aussi peu de sécurité dans un endroit que dans un autre. Quand je me plaignais à Rataou de la conduite de ses gens : « Ah! *morouti* (missionnaire), répondit-il, nous, *marèna* (chefs), nous avons le pouvoir d'étrangler et de tuer ces esclaves, mais nous n'en avons pas assez pour nous faire obéir d'eux. »

Tout cela ne nous émeut pas outre mesure. Je bénis, nous bénissons Dieu que de telles nouvelles ne soient pas venues nous retenir à Léchoma ; car il eût été difficile à la plupart d'entre nous, de croire à la sincérité des ba-Rotsi dans leurs rapports avec nous. Dieu peut nous garder dans une caverne de voleurs comme dans un désert. Nous croyons que nos vies seront respectées ; nos bagages le seront-ils ?

Mardi soir, le 25.

Dimanche dernier, c'était le premier dimanche que nous passions sur le territoire des ba-Rotsi. Un beau jour, s'il en fut. Le vent qui avait soufflé tous les jours précédents s'était apaisé, et le ciel était serein. Après la prédication du matin, nous partîmes tous en bateau et allâmes visiter notre vieil ami Mahaha, dont vous vous souvenez. Il est malade et ne sort pas de sa cour. Quel beau trajet ! Le grand îlot que nous côtoyions semblait flotter sur les ondes et porter comme un diadème les palmiers dont il est parsemé. Une légère brume recouvrait le panorama tout entier comme d'un voile de gaze et laissait entrevoir des perspectives lointaines. Le brave Mahaha ne contenait pas sa joie en nous voyant chez lui. A tout bout de champ, il nous saluait individuellement de nouveau. Il voulait savoir l'opinion que j'avais d'Akoufouna ; il ne me cachait du reste pas la sienne. « Il a, répétait-il, l'étoffe qui fait les *batlounka* — les ministres, — mais pas celle qui fait les rois, non. » Nous nous comprenons sans plus d'explication, car la cour s'est remplie des habitants du village, qui sont ravis de nous revoir.

Après un court service à la portée de nos auditeurs, Mahaha s'écria : « Sera-t-il dit que notre mère est venue chez nous et n'y a trouvé que la faim ? » Aussitôt les femmes de se lever et d'apporter chacune un petit plat de sorgho, le déposant aux pieds de ma femme en claquant des mains. C'était joli. Puis tout ce monde nous escorta jusqu'au rivage, et longtemps après que nous avions repris nos places et nos rames, leurs bruyantes remarques, leurs claquements de mains et leurs « changoué » parvenaient encore à nos oreilles. Ce ne fut pas le seul plaisir de cette douce journée. Dès le matin nous avions cherché en bateau Ma-Routhi et les enfants des deux familles de nos ba-Souto. Quelle joie, quelle fête pour ces chers enfants, de voguer sur le Zambèze enfin et de le traverser dans notre joli bateau, le *Lengosa la Khotso!* Nous jouissions de leur bonheur. Quand nous les reconduisîmes et que nous les déposâmes sur la berge : « Oh ! que c'était bon, disait Monyaï, l'un d'entre eux, si nous pouvions retourner ! » Qui eût pu présager que ce cher enfant était sur le point de s'embarquer pour le ciel et l'éternité ? Le lendemain, il se plaignait de maux d'entrailles. Cette maladie, qui chez lui était constitutionnelle, marcha à pas de géant, et le matin il rendait le dernier soupir, malgré nos remèdes et nos soins. Après en avoir fini avec le passage de la rivière, il nous restait encore à retourner sur nos pas, et là, sur la rive droite du grand fleuve, à l'ombre d'un bosquet, à creuser une fosse et y déposer, avec tendresse et émotion, la dépouille mortelle de ce petit ami ! Il avait neuf ans, avait le caractère doux de son père, et pétillait d'intelligence. Mais les maux d'entrailles fréquents dont il souffrait avaient imprimé à sa figure un air de maturité précoce. Une fois de plus notre œuvre doit à son début être consacrée par la souffrance. Cher Monyaï ! c'était touchant de le voir couché dans son tombeau, enveloppé de sa légère couverture de coton pour tout cercueil, comme un jeune soldat qui tombe sur le champ de bataille et que l'on couvre des plis de son manteau !

Kazoungoula, 29 août 1885.

N'est-ce pas admirable que le passage du Zambèze se soit effectué si facilement après tout et sans le moindre accident ?

C'était une grande montagne devant nous; Dieu en a fait une plaine. Pas un bateau n'a chaviré, pas une pièce de nos voitures n'a manqué, pas un seul colis n'a été perdu ou même avarié! Et puis nous avions quelques caisses — d'outils surtout — grosses et très lourdes; nous n'avons pas eu à les déballer. Ceci est un grand point de gagné. Lundi soir, nos trois wagons étaient remontés, le tombereau aussi, et prêts à rouler.

Aujourd'hui, ils sont chargés; mais comme nous n'avons pas assez de bœufs et qu'ils sont dans un état affreux de maigreur, nous envoyons deux petites charges avec MM. Jeanmairet et Middleton à Séchéké, et nous resterons ici jusqu'à ce que les pauvres bêtes reviennent nous chercher. Les évangélistes, eux, sont déjà chez Mokoumba, à Mambova, où nous les avons conduits. Vous le voyez, notre expédition a pris fin.

Nous ne serons donc plus tous ensemble. Il se peut que l'état du pays, ou celui non moins grave de nos bœufs, nous force de prolonger notre séjour à Séchéké, où M. Jeanmairet va commencer ses travaux d'installation; mais j'ai bon espoir que nous pourrons au moins *arriver* à Séfoula avant la saison des pluies. Comme nous soupirons après le moment où enfin nous pourrons arrêter nos voitures! Quelquefois nous trouvons le pèlerinage un peu long. Mais nous ne murmurons pas. C'est le comble de nos vœux que nous soyons enfin au nord du Zambèze.

Si l'expédition a réussi, ce n'est pas que Satan nous ait laissés tranquilles. Vous le savez, depuis plus de trois ans, il nous a suscité obstacles sur obstacles, et disputé chaque pouce de terrain. Souvent on croyait qu'il allait triompher et que notre expédition crèverait comme une bulle de savon. Dieu a permis tout cela pour purifier et affermir notre foi. Si l'expédition a réussi, la mission réussira aussi. C'est une date dans l'histoire de l'évangélisation de l'Afrique que le jour où nous avons traversé en famille et avec nos wagons le Zambèze, cette muraille jusqu'à présent infranchissable aux étrangers — aux étrangers surtout qui auraient voulu se fixer au nord du fleuve. Sera-t-il demandé aux chrétiens d'Europe de grands sacrifices d'hommes et d'argent? C'est possible. Mais l'Évangile ne reculera pas. On nous pillerait, on nous tuerait qu'avant peu d'années les messagers qui iront publier la bonne nouvelle du salut jusqu'au cœur même du noir continent seraient une grande armée.

Dites et redites aux amis que la force et le développement de la mission dépendent entièrement de leur coopération. Qu'ils n'attendent pas que la mort affaiblisse notre petit personnel pour nous envoyer du secours. Ce que je demande à Dieu, c'est que nous n'ayons pas une mission rachitique qui soit toujours entre la vie et la mort, et ne sache que pousser des soupirs et des cris d'angoisse. Le monde chrétien est en droit d'attendre quelque chose de plus qu'un feu de paille dans la mission du Zambèze. Il faut non seulement nous soutenir, mais nous développer. Il *faut* que nous allions de l'avant. Ce pays n'est que la porte de l'intérieur. Le champ qui est devant nous est sans bornes. Il faut que le Christ soit prêché, il faut que la bonne nouvelle soit publiée, le temps presse. Ne nous laissons pas devancer par les marchands. Montrons que les disciples du Christ, eux aussi, sont capables de nobles entreprises et de grands sacrifices ; qu'eux aussi savent se dévouer. A propos des regrets qu'exprimait la reine Victoria sur la mort de John Brown dont elle vantait le dévouement, un critique remarquait : « Y a-t-il, peut-il y avoir du dévouement à servir une reine ? » Ah ! que parlons-nous donc de sacrifices et de dévouement, nous, quand il s'agit du Roi des rois que nous avons l'insigne honneur de servir ! Les anges même nous envient.

XXV

La mission jésuite. — A Séchéké. — La contre-révolution. — Akoufouna en fuite. — Anarchie et guerre civile. — Isolement. — Un voleur. — Un mariage missionnaire. — Les représailles de Robosi. — Terreur et anarchie. — Projets de visite à la capitale.

Séchéké, 12 décembre 1885.

Cette lettre, qui vous dira que nous avons fait un pas de plus dans notre pèlerinage vers l'intérieur, devait être confiée à l'obligeance des pères jésuites qui viennent de quitter définitivement ces régions et se retirent vers le Sud. Quelle mission désastreuse a été la leur! Récemment encore on nous annonçait le décès du P. Kroot, cet homme de cœur avec lequel nous avons eu les meilleurs rapports de voisinage. Il était allé au pays des ma-Tébélé mourir d'une maladie qui le minait. De fait, la mission jésuite n'a guère existé qu'en expectative. Elle avait été conçue dans des proportions qui lui ont donné un grand éclat.

En 1879, le P. Depelchin visita la capitale des ba-Rotsi, et y reçut un accueil qui lui promettait plein succès. L'année suivante, le P. Burghergqe allait commencer la nouvelle mission avec deux « frères », dont l'un se noya dans les rapides de Lochou. Malheureusement pour eux, ni lui ni son compagnon ne connaissaient la langue. Dès le début ils se rendirent impopulaires, on leur reprochait surtout leur manque de sociabilité, qu'on prenait pour de la méfiance et du mépris; le roi, lui aussi, par calcul, assure-t-on, se montrait exigeant et rapace. Survinrent bientôt des malentendus qu'attisaient la malveillance de certains chefs et la duplicité des domestiques des missionnaires. Bref, après un séjour de quelques mois à Léalouyi, et sans avoir pu commencer les moindres travaux d'installation, les jésuites se virent contraints d'évacuer le pays. Ils se retirèrent à Pandamatenga. Après cinq années d'isolement, ils quittent enfin ce poste d'attente. S'ils n'ont pas réussi, ils laissent au moins derrière eux, avec plusieurs tombeaux comme gages de leur dévouement, le souvenir d'une hospitalité généreuse qu'ils ont exercée à chaque occasion avec la plus grande cordialité.

Avant les jésuites, la Société des missions de Londres, elle aussi, avait eu des martyrs chez les ma-Kololo, à Linyanti, en 1859, et avait dû se retirer. Aujourd'hui c'est notre intrépide jeune frère M. Arnot qui vient à son tour de quitter définitivement le pays des ba-Rotsi, pour visiter d'autres tribus plus au nord. Tous ces échecs ne sont pas précisément de bon augure pour nous. Nous ne prétendons pas à plus de dévouement, ni à plus de sagesse que nos devanciers ; nous n'avons pas en hommes et en fonds de bien grandes ressources. C'est vrai. Que Dieu nous donne d'autant plus l'*audace de la foi!* Nous en avons besoin.

Quant à nous, nous sommes à Séchéké depuis près de trois mois. Si nous avions eu des bœufs de trait, Aaron et sa famille ne seraient pas restés à Mambova, ni nous ici. Nous serions depuis longtemps à la Vallée, y travaillant activement à la fondation de notre établissement, et la mission occuperait déjà, au lieu de deux, quatre postes importants. Dieu sait combien nous soupirons après une vie plus sédentaire et une œuvre plus régulière. La vie de Bohémiens que nous menons depuis deux ans dessèche singulièrement l'esprit et le cœur. On a de la peine à s'y faire.

Il vous souvient que plusieurs chefs étaient venus présider à notre passage de la rivière. L'alerte qui les dispersa subitement n'était pas, après tout, sans fondement. Une contre-révolution avait éclaté à la Vallée. On s'était battu. Robosi, qui s'était réfugié et avait établi son quartier général dans un îlot de la Machi, un des affluents du Linyanti, rentrait à la capitale et s'emparait du pouvoir. Akoufouna, impopulaire, surpris et délaissé, prenait la fuite. Mathaha, le gambella de la Révolution, choisit alors Sékoufélé, le chef de Lékhoakhoa et le principal représentant de cette branche de la famille royale. Celui-ci, croyant le parti de Léwanika complètement écrasé, venait tranquillement prendre possession de la capitale, quand Léwanika, arrivé de la veille à la tête d'une forte armée, fondit sur lui. La bataille, qui a duré tout un jour avec des alternatives diverses, a été des plus sanglantes. Presque tous les chefs des deux partis ont péri, Séroumba, Mathaha, etc. Une troupe de marchands noirs venus du Bihé ou de la côte, des ma-Mbari comme on les appelle, se sont jetés dans la mêlée, et ont assuré à Robosi une victoire décisive. Mais le carnage, même pour des gens habitués à répandre le sang, a été épouvantable. Faut-il après cela s'attendre à de nouveaux massacres ? On le craint. Il sied à la royauté d'être vindicative et sanguinaire ; l'opinion publique, paralysée par la terreur, ne proteste pas. Comment expliquer que tant de tribus, qui

TATIRA ou AKOUFOUNA

gémissent sous le joug des ba-Rotsi, ne profitent pas de circonstances pareilles pour gagner leur indépendance? Elles se livrent bien au pillage et à des actes de vengeance et de cruauté, mais c'est tout. Rien ne prouve mieux tout ce que l'esclavage a d'avilissant.

Ces commotions politiques ont eu leur contre-coup à Séchéké. Dès les premières rumeurs du retour de Robosi, les chefs se sont divisés en deux camps. Les esprits s'échauffant, se passionnant, aiguillonnés par des jalousies et des griefs personnels, une petite guerre civile était devenue imminente. Soit peur et méfiance les uns des autres, soit aussi le besoin de mûrir dans l'ombre des plans d'attaque ou de défense, il y eut une débâcle générale. Les uns se réfugièrent dans leurs villages respectifs, où à la faveur des bois ils pouvaient au besoin opérer leur retraite avec plus de sécurité, traverser la rivière et quitter le pays; les autres se massèrent dans les îles du fleuve, que l'on considère comme des forteresses naturelles. Toute communication fut interrompue, et alors commença un système d'espionnage, de tracasseries, de fausses rumeurs et de paniques que l'on ne connaît qu'en Afrique. Notre frère Jeanmairet, qui nous avait devancés à Séchéké, a été témoin de cette débandade. Il lui fallait du courage pour rester tout seul avec Séajika, dans un endroit déserté, et avec des bagages qui invitaient au pillage. Car les coquins et les vagabonds qui foisonnent ici en temps ordinaire, ne manquent pas d'audace en des temps pareils, vous pouvez le croire. Mais Dieu a veillé sur notre ami, sur cette petite tente solitaire et sur les bagages sans protection aucune qui l'entouraient.

Notre arrivée ne changea rien à cet état de choses. Les chefs nous montraient beaucoup de déférence, ils envoyaient régulièrement demander de nos nouvelles, venaient, eux, avec quelques présents pour souhaiter la bienvenue et nous visiter. Nous aussi, nous allions les voir à leurs camps respectifs; ils écoutaient respectueusement nos conseils. Mais tous nos efforts pour amener une réconciliation avortèrent. « Vos intentions sont bonnes, répondait-on, vous êtes les serviteurs de Dieu, des hommes de paix, vous avez vu des nations où règne la justice. Mais vous ne nous connaissez pas encore, nous, ba-Rotsi. Nous sommes des hommes de sang, nous nous massacrons tout en buvant, causant et riant ensemble. » Hélas! ce n'est que trop vrai.

C'est pourtant quelque chose, si, comme on nous l'assure, notre présence ici a empêché les deux partis d'en venir aux mains et de s'entre-tuer. — La station — car station nous avons maintenant — est un terrain neutre, une ville de refuge. Les uns et les autres ont le sentiment qu'ici on n'oserait tuer personne. Quand les chefs des deux partis se rencontrent, ce n'est pas au village situé à un jet de pierre, ni dans leurs propres maisons qu'ils vont; ils préfèrent s'arrêter ici même et s'y construire des abris s'ils doivent passer la nuit. A les voir assis ensemble à l'ombre d'un gros arbre, sans armes — si ce n'est un bâton qui dans leurs mains est une arme formidable — prisant, causant ensemble, se claquant mutuellement les mains, se prodiguant les « changoué » d'usage et toutes les démonstrations possibles de politesse, vous croiriez que ce sont les gens les plus inoffensifs et les amis les plus intimes. Mais dès que l'obscurité succède au crépuscule, les uns se méfiant des autres, ils prennent leurs armes et s'enfuient. C'est de part et d'autre un sauve-qui-peut général. Il est triste de voir ce grand village de Séchéké désert, silencieux et tombant en ruines. Malgré les visites dont je viens de parler, nous sentons vivement l'isolement.

On dirait que les bêtes sauvages nous savent sans protection. Les crocodiles foisonnent dans la baie, ils s'attaquent à tout; nos cochons ont été leur proie depuis longtemps, et nos chiens aussi, ces beaux chiens de Terre-Neuve que tout le monde admirait, qui faisaient si bonne garde. Ils tenaient si vaillamment en échec les hyènes qui ne nous laissent pas de repos la nuit, et en veulent avec acharnement à nos chèvres! C'est pour nous une perte irréparable. Les alertes se renouvellent toutes les nuits. On a beau tirer, on ne tue rien, et pour peu que cela continue, nous serons bien obligés de recourir à la strychnine.

Et si seulement nous n'avions à batailler qu'avec les crocodiles, les hyènes et les léopards! Mais ce sont les voleurs qui ne nous donnent pas de répit. Ils ne sont pas plus nombreux que d'ordinaire, sans doute; mais, depuis qu'il n'y a plus d'autorité suprême reconnue, ils sont d'une audace vraiment inqualifiable. De jour, ils viennent nous visiter, demandent à priser, causent et font les aimables, et trouvent le moyen, là, sous vos yeux, de se faire glisser sous l'aisselle un couteau, une hache, des serviettes ou du calicot. De nuit, ils forcent les plus fortes serrures et les meilleurs cadenas. Ils ne respectent rien. Ne nous avaient-ils pas pris une *tente* pour en faire des *setsiba!* A qui porter plainte? Qui fera justice?

L'autre jour, notre berger, un charmant garçon du nom de *Sakoulala,* arrive tout essoufflé. Un voleur, et ce n'était pas le premier, avait, en plein midi et à portée de fusil, volé une de nos meilleures chèvres, puis avait gagné le bois. Je lançai sur ses traces quatre ou cinq jeunes gens qui travaillaient pour nous. Rien ne pouvait leur plaire davantage. Le soir, ils revenaient en triomphe, amenant le voleur avec les restes de la chèvre. C'était un fort jeune homme; mais il avait une entaille à la tête et la figure tout ensanglantée. A la vue de ses poursuivants, il avait, paraît-il, pris la fuite et voulait vendre cher sa liberté, quand un coup de massue l'étendit presque insensible. Pauvre hère! Il était là, agenouillé devant nous, essuyant en silence les invectives que ses compatriotes surexcités faisaient pleuvoir sur sa tête. Sans nous, ils l'eussent assommé de coups : « Un voleur, c'est un chien; pas de pitié pour lui! » Les honnêtes gens, eux! Ma femme, émue de pitié, le prit à part, lui lava le visage et banda ses plaies. Les Zambéziens n'en revenaient pas d'étonnement. Le voleur, lui, revenant de sa frayeur, essaya d'exploiter la pitié de ma chère compagne. « Je suis un honnête homme, ma mère, j'ai même été en service à Mangouato, chez vos amis les Hepburn. Ce qui m'est arrivé aujourd'hui est un accident. C'est Dieu qui l'a voulu. » Je mis le coquin dans un bateau avec les restes de sa proie, sous la garde de ceux qui l'avaient saisi, et je l'envoyai à son chef. Celui-ci, furieux, ordonna qu'on le mît à mort. Je l'avais prévu, et j'avais envoyé Séajika pour intercéder pour lui. On étranglait déjà le malheureux, quand le chef se laissa fléchir. « Va, lui dit-il, c'est au morouti que tu dois la vie. » Il alla se jeter à l'eau, plongea à plusieurs reprises. Il avait trouvé grâce auprès des dieux, puisque les crocodiles ne l'avaient pas dévoré! Il vint s'agenouiller ensuite devant son maître, frappant des mains : « Changoué! changoué! » Le chef lui répondit, lui aussi, en frappant des mains, et tout fut dit.

J'en suis quitte, moi, pour la chèvre, dont on s'arrachait les débris, et pour la récompense donnée au brave Lékhoa qui avait si courageusement capturé le voleur. C'était un bon travailleur et un jeune homme respectueux et obéissant que ce Lékhoa : nous l'aimions beaucoup. Nous n'avions jamais eu un meilleur Zambézien à notre service, et, quelques jours après, quand, son mois fini, il nous quittait pour retourner chez lui, nous le regrettâmes beaucoup. — Quelle ne fut pas notre stupeur de découvrir, après son départ, que lui non plus n'était pas parti les mains vides! Il avait convoité une taie d'oreiller, des essuie-mains et que sais-je? Mais, assez; fermons ce chapitre et n'y revenons plus...

A notre arrivée ici, le 24 septembre, après un voyage aventureux, nous avions l'intention de passer outre et d'essayer d'atteindre la Vallée avant la saison des pluies. Personne ne s'y opposait. Nous n'avions pas de temps à perdre, car nous devions nous frayer un chemin à travers des bois épais infestés de tsetsé, des sables profonds, des rivières et des marécages, sur une longueur de 450 kilomètres. Faute de bœufs, nous ne prendrons qu'un wagon, et, pour la sixième fois depuis que nous avons quitté Léribé, laisserons nos bagages derrière nous et n'emporterons que l'*indispensable*. Avec de l'herbe et des roseaux, un abri est vite fait...

Une grosse question qui nous préoccupe, c'est le mariage de notre chère Élise. Bref, nous décidâmes de l'avoir le 4 novembre. Nous lui donnâmes toute la publicité possible. Les chefs de Séchéké, ravis de cette nouvelle, nous envoyèrent d'avance quelques présents de nourriture pour l'occasion. Nous espérions même que ce serait un moyen de rapprocher les deux partis et d'amener une réconciliation. La veille du grand jour, arrivèrent des messagers de Robosi, qui firent leur pied-à-terre de la station et mandèrent les chefs des deux partis. Tout annonçait une belle fête. J'abattis deux bœufs; nous avions décoré de feuillage et de drapeaux français la charpente du presbytère en construction. L'heure approchait, quand, tout à coup, des bruits sinistres se répandent. Les chefs ne viennent pas; on ne parle que de se battre. La panique s'empare de tout le monde, même des envoyés du roi, et, en quelques instants, nous étions laissés tout seuls.

Nous nous regardions en silence. Que faire? Notre résolution fut bientôt prise. J'allais sonner la cloche suspendue pour l'occasion, quand j'aperçus à la lisière du bois des nuages de poussière. C'était Morantsiane et ses gens. Tous ceux qui s'étaient enfuis revinrent, et la cérémonie eut lieu devant une grande assemblée. De la viande crue fut ensuite distribuée aux chefs, ce qui est tout à fait dans les mœurs du pays, et, pendant que leurs esclaves, accroupis autour de feux flamboyants, la faisaient cuire ou la rôtissaient, bavardant à tue-tête, et que les chefs causaient au lékhothla, nous avions notre repas de noces sous la tente. Aaron était des nôtres. Les *speeches* de rigueur ne manquèrent pas. Middleton et Waddell trouvèrent chacun une bonne parole pour l'occasion. Nous étions en famille. Il y avait peu d'excitation parmi nous, mais nous jouissions d'une atmosphère de calme, de sérénité et de bonheur, comme celle dont jouirent, sans doute, les convives de Cana. Des jeux, des courses remplirent agréablement l'après-midi. Le soir, ce fut la lanterne magique. Et quand on croyait tout fini, il se trouva que Middleton nous avait ménagé la surprise d'un petit feu d'artifice : une chandelle romaine, un ou deux feux de Bengale, une petite roue de Sainte-Catherine (je crois que c'est le nom); et quand, pour bouquet, il lança une magnifique fusée, il y eut une explosion étourdissante de surprise et d'enthousiasme. On avait entendu les vieillards conter les exhibitions de Livingstone; ces récits légendaires avaient aiguisé la curiosité. Aussi l'effet produit par cette soirée est quelque chose d'indescriptible. « Voilà, voilà le fusil du bon Dieu! » s'écriaient-ils hors d'eux-mêmes, en suivant dans les airs la fusée et son bouquet d'étoiles de toutes couleurs. Au milieu du brouhaha, quelques chefs vinrent vers moi et, d'un ton confidentiel : « Morouti, firent-ils, tu sais tout; dis-nous donc qui va vaincre, de Robosi ou de Thatira? Tu as trop d'affection pour ton fils Morantsiane pour lui cacher cela. Tu peux compter sur notre discrétion. »

Robosi, qui nous croyait encore à Léchoma, envoyait des ordres pour qu'on nous fît traverser la rivière sans retard et qu'on nous amenât à Séchéké. Nous fîmes avec les chefs des arrangements pour poursuivre notre voyage. Malheureusement, les messagers du roi nous avaient à peine quittés que la situation s'empira. Ce ne furent qu'alarmes et paniques. Ceux qui s'étaient aventurés à aller cultiver leurs champs s'enfuyaient de nouveau, tous nos gens nous abandonnaient. De la Vallée nous arrivaient des nouvelles confuses et contradictoires; les pluies du printemps qu'on avait saluées avec joie se transformaient en pluies diluviennes et incessantes. En dix jours, je recueillis 9,75 pouces de pluie, et encore mon pluviomètre avait-il été renversé deux fois par le bétail; on assure que les rivières sont pleines, que les vallons sont maintenant des marais, qu'aucun chef n'oserait quitter son poste dans les circonstances actuelles. Il en fallait moins pour nous dire que le chemin était une fois de plus bloqué, et que, bon gré mal gré, nous étions détenus à Séchéké jusqu'à l'hiver prochain.

Vous dirai-je le sentiment de tristesse et de découragement qui s'est emparé de nous? Mais nous ne pouvions pas y céder longtemps. Les pluies torrentielles nous forcent à l'action. Nos tentes, brûlées par le soleil et constamment submergées, ne nous abritent plus. Et, quand le soleil brille et que la chaleur fait monter le thermomètre jusqu'à 44°, elles sont également intenables. Construire, donc, il le faut. On coupe des pieux, on amasse de l'herbe et du roseau, et, en trois semaines, nous avons une chaumière de deux chambres, qui sera pour nous un petit palais quand elle sera crépie et sèche. Ce contre-temps nous permet de donner un bon coup de main à notre ami Jeanmairet. Il n'y a que trois mois que nous sommes ici et nous avons déjà trois bâtiments avec cuisines et autres dépendances. Tout cela n'est que du provisoire, mais du provisoire qui peut durer des années. N'êtes-vous pas émerveillés de voir avec quelle rapidité nous construisons? Je crois que nous laissons les maçons de Paris eux-mêmes derrière nous. Nous ne disons rien de l'architecture.

Nous avons pu, avec les couvertures et les étoffes achetées en Europe, nous procurer une dizaine de jeunes bœufs que nous avons domptés, et des vaches. Au Lessouto, rien de plus difficile que d'acheter une vache ou une chèvre. C'est la banque des troupeaux. Ici, c'est tout le contraire. A quoi bon les troupeaux en perspective quand on peut être tué d'un jour à l'autre? Il vaut mieux jouir de ce qu'on a, tuer les bœufs et les moutons et vendre les vaches et les brebis. Nous nous en sommes bien trouvés. Avec l'abondance de laitage, sont revenus l'appétit et les forces. Notre ami Waddell a repris ses couleurs et des chairs, et, à part quelques indispositions passagères, l'état sanitaire de vos amis du Zambèze n'a jamais été meilleur. Ce n'était pas le cas, l'an passé, quand je partais pour la Vallée. Redisons-le, Dieu est bon.

Un régime simple, mais régulier, est, je crois, un des meilleurs fébrifuges. Et c'est à la présence de nos dames que nous devons cela. Notre atmosphère politique s'éclaircit un peu. Robosi s'affermit. De nouveaux messagers viennent de sa part arranger les affaires ici et mander les chefs et nous à la capitale. Il est donc probable qu'au commencement de janvier, je me mettrai de nouveau en route. Et maintenant, si vous me demandiez quels sont les sentiments qui prédominent en nous, je vous dirais que ce sont ceux de la joie et de la reconnaissance. Léchoma, c'était notre prison de Césarée, à nous. Maintenant, nous avons traversé le Zambèze, nous sommes parmi les tribus zambéziennes, nous sommes à l'œuvre. Nos évangélistes, eux aussi, à Mambova, près du confluent du Zambèze et du Linyanti, sont à la tâche. Aaron nous écrivait dernièrement que la prière publique et la prédication du dimanche sont bien suivies. Ils ont même essayé d'organiser une école journalière et ont de l'encouragement.

Séchéké, 1er décembre 1886.

L'autre jour, j'écrivais de Léchoma, où j'étais allé réparer notre logis et expédier notre wagon qui va à Prétoria. Je suis rentré après dix jours d'absence, après un trajet aventureux. J'ai eu la joie de trouver mes bien-aimés en bonne santé. Notre horizon politique qui, à notre départ, semblait s'éclaircir, s'est tout à coup de nouveau assombri. Le calme précédait la tempête. Les messages réitérés du roi nous assuraient qu'il avait proclamé une amnistie générale et regrettait les massacres qui avaient eu lieu. Il avait, à plusieurs reprises, envoyé de gracieux messages au chef Morantsiane, que sa parenté avec Mathaha, le chef de la révolution, avait compromis; il lui mandait de rentrer à Séchéké, d'y labourer ses champs et d'y vivre en paix. La sœur de Robosi, *Khosi éa mosali,* la reine, pour consolider l'alliance des deux partis, avait déclaré vouloir épouser Morantsiane et venir s'établir à Séchéké. La paix était apparemment rétablie. On en était venu à se visiter d'un camp à l'autre; les chefs échangeaient du tabac; on moulait du blé, on préparait vigoureusement les canots et les provisions de route, et dès que la lune deviendrait obscure (pour arriver avec la nouvelle), tous les chefs devaient partir ensemble pour aller rendre hommage au roi. Partout ce n'était que vie et entrain. Les chefs, Rataou et autres, avaient quitté l'île et étaient rentrés chez eux avec femmes, enfants et bétail. Les alertes avaient donc pris fin, nous commencions à respirer. Pendant mon absence, un messager de Robosi vint, avec une suite nombreuse, s'établir sur la station, déclarant qu'ayant charge de me conduire à la capitale, il attendrait patiemment mon retour. Le croiriez-vous? tout cela n'était que pour cacher un complot.

Dès que la lune commença en effet à s'obscurcir, dans la nuit du 26 au 27 décembre, les chefs du parti de Robosi avaient massé leurs gens dans les bois; ils tombèrent sur le village de Morantsiane, qui avait débandé ses guerriers, sur celui de Nalichoua et d'autres, et s'y livrèrent à cœur joie au carnage et au pillage. Morantsiane s'ouvrit un chemin à travers les esclaves qui le cernaient, et, échappant à la vue des chefs ba-Rotsi, il parvint à gagner les bois. Mais on a saisi tous les canots de la rivière, on garde soigneusement tous les gués, et on a lancé sur les traces de l'infortuné chef des troupes de jeunes gens qui vont le traquer comme une bête fauve. Ne se trouvera-t-il pas une âme compatissante qui sauve la vie à ce pauvre fugitif qui n'a plus ni feu ni lieu? Mathaha, paraît-il, a commis, non seulement sur les partisans de Robosi, mais sur ses femmes et ses enfants, des atrocités que la plume se refuse à décrire. Robosi a juré de se venger et de n'épargner ni la position, ni l'âge, ni le sexe de quiconque appartient à la famille de Mathaha.

La terreur est au comble parmi l'aristocratie du pays. Les esclaves, eux, jubilent : ils n'ont qu'à changer de maîtres, et ils se pressent à la suite des « vainqueurs », comme on les appelle, et veulent avoir leur part de meurtre et de pillage. Les jeunes gens à notre service — excepté Ngouana-Ngombé et Kambourou — n'ont pu résister à l'entraînement général et sont partis. Le pays est dans une affreuse confusion. Nous ne savons où s'arrêteront les massacres, ni ce qui sortira de ce chaos. Quand on vit parmi de telles gens, dont les pieds sont si légers pour répandre le sang, on sent sa dépendance vis-à-vis de Dieu. Nous faisons ces temps-ci des expériences dures et humiliantes. Les chefs, en général, sont aimables avec nous, et plusieurs se vantent de notre amitié. Mais nous sommes entièrement à la merci de leurs esclaves. Ils peuvent nous tromper, nous insulter, nous voler, tout faire sans qu'aucune autorité s'émeuve pour nous faire justice et nous protéger. C'est peut-être le point le plus noir de notre vie au Zambèze. Mais voilà, « celui qui habite dans la retraite secrète du Souverain est logé à l'ombre du Tout-Puissant ».

L'individu qui est venu me chercher de la part du roi est aussi celui qui était chargé de le délivrer de ceux qu'il appelle ses ennemis. Les pluies ont commencé de bonne heure cette année, la rivière monte, les parties basses du pays sont déjà submergées et le canotage devient de plus en plus difficile et dangereux. D'un autre côté, Middleton est en route pour Prétoria (ceci le rejoindra à Léchoma), et il est douteux qu'Aaron puisse m'accompagner cette fois. Les mêmes raisons de prudence que l'an passé retiendront encore Jeanmairet ici. Il me faudra donc aller seul avec ce chef mo-Rotsi quand il aura accompli sa mission sanguinaire. Dieu me gardera. Qu'il amollisse le cœur de Robosi. Tout ce qu'on raconte de lui nous fait l'impression que c'est un homme intelligent, généreux à l'occasion, mais aussi un tyran vindicatif, ombrageux, et, hélas! altéré de sang. Il est absolument nécessaire que je le voie, avant de nous mettre définitivement en route pour la Vallée. Malgré tous les messages pleins d'amabilité qu'il nous a envoyés depuis qu'il est de nouveau au pouvoir, nous prévoyons bien que notre position auprès de lui ne sera pas précisément un lit de roses. Mais soyez sans inquiétude à notre égard.

XXVI

Appels de Léwanika. — Départ pour Léalouyi. — Parmi les rapides. — Les ma-Khalaka. — De Sénanga à Nalolo. — La sœur du roi. — Au lékhothla. — Une visite royale. — A Léalouyi. — Première rencontre avec Léwanika. — Réception officielle. — Coutumes du lékhothla. — Conversation avec un potentat. — Origine des ba-Rotsi. — Lieux de refuge. — Caractère de Léwanika. — Retour à Séchéké.

Séchéké, 19 avril 1886.

Je reviens d'un second voyage à la capitale. Depuis que la contre-révolution l'a ramené au pouvoir, Robosi ou, comme je l'appellerai désormais[1], Léwanika nous envoyait messages sur messages, nous demandant instamment de le visiter. De notre côté, nous le désirions non moins ardemment, non seulement dans l'intérêt de notre mission, mais aussi à cause du pillage et des meurtres qui désolent la contrée. N'ayant pas de canots à nous, nous étions à la merci des chefs de Séchéké. Ceux-ci, absorbés, démoralisés par l'exécution des vengeances du roi, tergiversaient, nous renvoyaient d'un jour à l'autre. Des semaines se passèrent ainsi. Je pris patience jusqu'au 26 février, qu'à vrai dire je n'étais pas fâché de passer en famille, puisque c'était notre vingt-cinquième anniversaire de mariage. Mais une fois ce beau jour passé, je me décidai à partir à pied avec deux ou trois ânes et fis mes préparatifs sans bruit.

Les chefs en eurent vent et s'en émurent. J'eus bientôt mon équipage et deux canots, l'un pour moi, l'autre pour le petit chef qui devait m'accompagner et les paquets de ses gens. Il n'en faut pas beaucoup, de ces paquets, pour encombrer les *auges* que l'on appelle des canots. Chaque homme a sa natte, sa gourde, son écuelle, et quand tout est entassé dans la pirogue, on se demande si elle ne va pas chavirer.

La place de notre cher Jeanmairet était toute désignée : il devait rester à Séchéké. Je ne me souciais pas de m'embarrasser de Léfi, qui n'est pas voyageur, et Aaron, malgré son grand désir de

---

[1]. Robosi ou « réchappé » était le nom que sa mère lui donna à sa naissance, parce qu'elle était alors en fuite devant les ma-Kololo. A son avènement au pouvoir, il prit celui de Léwanika.

m'accompagner, ne le pouvait pas. Les chefs ne manquèrent pas de faire du zèle ; ils protestaient de leur inquiétude en me voyant partir seul. Je les tranquillisai facilement. En faisant la revue de mon équipage, je fus content de voir qu'on avait apparemment fait un bon choix. Mes dix ma-Soubiya étaient pour la plupart des hommes faits. Mon Mentor, homme jeune encore, était un petit chef de nos voisins avec lequel nous avions eu d'excellents rapports.

Une séparation dans ce pays a toujours quelque chose de particulièrement douloureux et solennel. Mais cette fois elle était loin d'être ce qu'elle était l'an passé. Les circonstances ont changé. Nous étions dans le pays enfin, et nous nous portions tous bien. Nous pouvions donc nous dire au revoir avec la sérénité que donnent la fidélité au devoir et une entière confiance en Dieu.

C'est le 6 mars que nous partîmes. Je ne m'étais pas trompé sur mes ma-Soubiya. Ils se montrèrent animés d'une bonne volonté qui ne s'est pas démentie. Ils se piquaient d'honneur de me faire plaisir. Mokoumoa-Koumoa, le chef, donnait l'exemple. Dès que nous débarquions, il était le premier à dresser ma petite tente, à construire des abris, à chercher du bois. Je chassais les oiseaux aquatiques, lui nous fournissait du gros gibier : un zèbre, une antilope, de sorte que nous n'avons pas manqué de viande. Le soir, au bivouac, je leur enseignais un cantique, et nous causions des choses de Dieu, quelquefois longtemps et d'une manière intéressante.

A cette saison, qui est celle de la crue des eaux, la navigation du fleuve est difficile et, aux rapides, particulièrement dangereuse. Aussi, fidèle à la promesse que j'avais faite en partant à ma chère femme et à ces chefs de Séchéké, qui semblaient si préoccupés de la sûreté de ma personne, je mis consciencieusement pied à terre à chaque endroit dangereux. Au début du voyage, la chasse nous avait fait perdre du temps, mais, une fois notre but atteint, je voulais pousser de l'avant, et mes gens s'y prêtaient volontiers. Un jour, nous arrivons, dans la région des rapides, au petit village de Matomé. En un clin d'œil, tout mon monde disparaît, et lorsque enfin Mokoumoa-Koumoa et les canotiers arrivèrent, ce fut pour m'annoncer, avec de longues figures, que nous devions coucher là cette nuit. Il n'était que deux heures. Je protestai, mais inutilement ; pas un des rameurs ne voulut prendre sa place, et à la fin je dus me rendre. Je ne comprenais rien à cette singulière grève. Une fois que nous fûmes campés, Mokoumoa-Koumoa vint s'asseoir près de moi : « Mon père, dit-il, nous aurions dû t'avertir d'avance. C'est ici le village de Matomé, et, malgré la meilleure volonté du monde, nous ne pouvions pas passer outre. Tu ignores peut-être que dans ces parages se trouve un serpent, un monstre énorme, à plusieurs têtes. Si on a le malheur de passer près de son antre, il fait soudain bouillonner l'eau d'une manière terrible, et puis engloutit tout : canots, rames, bagages et rameurs. Rien n'échappe. Comme nous ignorons le gîte de ce monstre, Rataou et les chefs de Séchéké nous ont ordonné de prendre Matomé pour nous piloter. Malheureusement, Matomé est absent. Que faire ? »

Le lendemain, à défaut de Matomé, deux de ses fils nous servirent de guides. Ils étaient assis dans un tout petit canot, que le courant, quand nous passions d'une rive à l'autre, emportait comme une coquille.

Aux environs du conflent de la rivière *Loumbé*, ils ralentirent leur course, puis, s'arrêtant et nous montrant au rivage opposé un grand banc de sable, ils nous dirent à voix basse : « C'est là qu'il est ! » Je voulus faire une question : « Chut ! on ne parle pas de lui quand on est sur l'eau. » Je demandai plus tard si *eux* avaient jamais vu le monstre. « Vu ? non. Il n'est connu que du roi seul et des grands personnages du royaume. Eux possèdent un spécifique dont ils gardent le secret. L'hydre attaque-t-elle un de leurs canots, le maître aussitôt de lui faire l'offrande de sa ceinture. L'on voit alors le canot et son équipage vomis et lancés jusqu'au rivage comme une flèche. »

M. Westbeech, qui m'avait devancé à la Vallée, me raconta que son canot, un jour, échoua sur un banc de sable mouvant. Chaque coup de rame faisait bouillonner l'eau d'une manière extraordinaire, mais ne dégageait pas la pirogue. Tous ses gens étaient paralysés de terreur. M. Westbeech prit la pagaie et parvint, non sans peine, à remettre la barque à flot. Ses canotiers commencèrent alors à respirer. Et il fallait les entendre raconter l'aventure !

On ne se lasse pas d'admirer la région des rapides, que je vous décrivais l'an passé. On dirait que le fleuve, fatigué de ses sauts et de ses luttes parmi les rochers, se prépare à de nouveaux combats, en coulant limpidement entre ses rivages verdoyants. La végétation arborescente, qui n'a rien de tropical, est cependant relevée ici et là par des dattiers sauvages, portant des fruits dont les indigènes sont très friands. Ce sont là aussi les parages hantés par les éléphants, les buffles. etc. C'est le paradis des chasseurs. Souvent, sur un petit coup de sifflet, nous poussions nos barques dans les roseaux, et en mettant pied à terre avec précaution, nous pouvions voir des troupeaux de buffles et d'antilopes, qui, au moindre bruit, partaient au galop. J'y ai aussi trouvé plus de villages que l'an passé, ce qui ne veut pas dire que le pays soit peuplé.

La nouvelle de mon passage s'était ébruitée, aussi les pauvres ma-Khalaka, au lieu de s'enfuir et de se cacher comme de coutume, étaient tout heureux de venir causer avec nous. Un jour, nous rencontrons trois petits canots. C'était le maître d'un village qui s'en allait rendre hommage à ses nouveaux chefs. Le digne homme voulut immédiatement rebrousser chemin pour aller nous préparer des provisions de route. Il fallait nécessairement coucher chez lui, ce qui dérangeait tous mes plans. Mais je n'eus pas lieu de le regretter, car, outre l'accueil que ce brave homme nous fit, ce fut une occasion de plus pour parler de l'Évangile. Le lendemain, un autre chef mo-Khalaka m'attendait, lui aussi, au port de son village, avec un plat de citrouille, et me pressait de passer la journée chez lui. Je dus refuser. « Dans ce cas, pourquoi n'êtes-vous pas venu passer la nuit chez Matokoméla (son nom)? Croyez-vous que je ne sache pas, moi aussi, recevoir les voyageurs? » Gardons-nous bien de généraliser des faits pareils, ou de leur donner une importance qu'ils n'ont pas. Ces pauvres gens n'ont aucune idée de l'Évangile, mais ils ont le sentiment que ceux qui le prêchent sont des hommes de paix et les protecteurs des malheureux. C'est là le secret de leur hospitalité.

A Séoma, nous rencontrâmes deux grands canots et des hommes que le roi, impatient, envoyait pour nous chercher. Dans la nuit, un de mes bateaux, restés en aval des chutes, fut emporté par le courant. Au culte de famille, je demandai à Dieu de nous le rendre. « C'est bien inutile que tu tourmentes Dieu pour cela, me dirent les ma-Soubiya; le Zambèze d'ici ne badine pas. Jamais on ne retrouve les embarcations qu'il emporte. » Je pris un des bateaux du roi et nous poursuivîmes notre route.

Nous arrivâmes en deux jours à Sénanga, l'entrée de la Vallée. L'inondation, quoique très en retard cette année, était telle cependant, que nous quittâmes la rivière et tirâmes en droite (!) ligne sur Nalolo, à travers la plaine. Nous nous trouvâmes bientôt engagés dans des massifs de roseaux, des jungles inextricables, où nous étions ensevelis tout debout, et d'où nous ne sortions qu'avec force égratignures. Où l'herbe et les joncs étaient plus courts, chaque coup de pagaie faisait tourbillonner des nuées de moustiques, de moucherons et d'insectes de toute espèce, qui vous pénétraient dans les yeux, dans les oreilles, dans les narines. Une vraie plaie d'Égypte. Il y avait aussi des poissons qui prenaient leurs ébats, des tortues d'eau qui exploraient leurs nouveaux domaines, et de temps à autre un serpent qui nageait et essayait invariablement de sauter dans nos barques. Tout cela causait un peu d'excitation parmi nous et brisait la monotonie du voyage. Le soleil était ardent. Rester assis, c'est-à-dire accroupi dans le canot, c'était se condamner à suffoquer. Je me tins donc debout, au risque de faire un plongeon. Pas un village, pas un hameau en vue; devant, derrière, à droite et à gauche, rien que la plaine avec des roseaux, des joncs et l'eau qui, de place en place, avait pris le dessus et reflétait le soleil comme une glace. Rien de plus mélancolique que ce trajet. De temps en temps, cependant, nous débouchions comme par surprise sur un étang. Un vrai jardin, que Dieu fait fleurir dans ces solitudes, sans doute pour l'admiration de ses anges. La nappe d'eau était invariablement couverte de nénuphars bleus, roses et blanc de neige. Il y en avait de jaunes et même de verts. Quelques-uns étaient gros et doubles comme des roses, d'autres étalaient coquettement sur le tapis vert de leurs feuilles leurs pétales, comme cinq petites plumes en miniature et d'une délicatesse extrême; tous embaumaient l'air de leur parfum. Mes ma-Soubiya n'avaient aucun sens pour apprécier un tableau qui me ravissait. Eux, ils tombaient sur les plantes aquatiques, en arrachaient les tiges pour les brûler et les mêler à leur tabac et les racines pour se régaler. Hélas! le vandalisme est partout.

Le 20 mars, un samedi, nous arrivâmes à Nalolo. C'est, vous vous le rappelez, la deuxième capitale du royaume. D'ancienneté c'est la coutume des rois ba-Rotsi de s'adjoindre dans le gouvernement de la nation une de leurs sœurs, quelquefois leurs mères. Cette reine a sa cour, ses tambours, ses *sérimba*, et s'entoure de tout le cérémonial en usage à la cour du roi. Elle siège au *lékhothla*, discute les affaires, juge les procès. On la salue comme le roi: *Taou-tôna!* On l'acclame: *yo cho!* (la salutation royale par excellence). On se prosterne devant elle, et personne, en sa présence, n'a le droit de s'asseoir, pas même son mari, le *Mokoué-Tounga* (le gendre de la nation), qui n'est qu'un serviteur qu'elle peut congédier à son gré. Ce serait peut-être un peu forcé de dire qu'elle est polyandre.

Quand Sa Majesté ne siège pas au lékhothla, elle se retire dans une hutte entourée de deux cours. C'est là qu'elle donne ses entrevues privées. De quelque côté que l'œil se porte, il tombe sur des charmes de toutes sortes. Il s'y trouve généralement de jeunes esclaves attachées au service de la reine et occupées, sous sa direction, à tisser des nattes de fantaisie ou à faire des travaux de verroterie. C'est là que Mokouaé me reçut. Mokouaé n'était pas une étrangère pour moi. Je l'avais vue, l'an passé, prisonnière chez Mathaha, où elle aurait été réduite à la condition d'une esclave, sans cette bonne Maïbiba, qui était alors reine malgré elle. J'avais trouvé le moyen de causer un peu avec Mokouaé. Cela l'avait consolée et avait relevé son courage, paraît-il. — Cette fois-ci, je la trouvai assise sur une natte, sous un pavillon de chaume. Dès qu'elle me vit, elle se mit à rire; elle me tendit la main et me fit asseoir en face d'elle. Elle me regarda fixement pendant quelques moments, souriant toujours et, à la fin, trahissant le cours de ses pensées, elle s'écria d'un ton qui me fit tressaillir: « Mathaha! Mathaha! nous l'avons tué, lui et tous les siens! »

Elle me présenta ses enfants, qui, entre parenthèses, ne l'appellent jamais leur mère, mais *Moréna,* s'assoient toujours derrière elle et jamais sur sa natte. Puis, pendant qu'une charmante petite fille, entre mes genoux, jouait avec ma chaîne de montre, nous nous trouvâmes bientôt engagés dans une conversation des plus captivantes. Elle me racontait toutes les péripéties de la révolution, sa fuite du village de Mathaha, le dévouement de ses partisans, qui, pendant que la fortune de la guerre était contre eux, l'emmenèrent à marches forcées à Séoma; de là, pour plus de sûreté, jusqu'à la rivière *Machi,* un des affluents du Linyanti, où son frère la rejoignit plus tard. Elle poursuivit son récit, palpitant d'intérêt, jusqu'à la grande victoire de Léalouyi, qui a affermi le pouvoir de Léwanika. Elle le termina en s'écriant, avec de gros éclats de rire: « Mathaha et sa clique, nous les avons exterminés, et leurs os blanchissent au soleil! Et l'impertinence de quelques-uns de ces *sorciers* d'oser demander grâce! Grâce! Ah bien, oui! Nous les avons jetés en pâture aux vautours! Voilà notre grâce, à nous! » » — Ces éclats de rire, ces accents d'exaltation, cette vengeance insatiable, qui s'affichaient, me donnaient le frisson. J'avais les yeux rivés sur cette femme. Je l'écoutais et je rêvais. Je la connaissais déjà. Il y a un peu plus de deux ans, son premier ministre, du nom de Pakalita, lui portait ombrage. Un jour qu'elle donnait aux gens de sa ville un régal de *yoala,* elle fit appeler Pakalita dans sa maison privée, causa quelque temps avec lui, lui présenta un pot et le laissa seul avec une bande d'hommes qui devaient le massacrer. Mais, en présence de ce vieillard vénérable et généralement respecté, les esclaves étaient intimidés. Elle attendit longtemps dans la cour l'exécution de ses ordres. Impatiente, elle rentre enfin : « Comment, s'écria-t-elle, on vous donne des ordres et c'est ainsi que vous les exécutez ? Saisissez-le ! » Puis, s'armant d'un vieux sabre portugais, elle trancha elle-même et d'un seul coup la tête du vieillard. Elle fit jeter le cadavre dans une cour voisine et alla s'asseoir au lékhothla comme d'habitude. Vers le soir, le crieur public se faisait entendre : « Hè ! Hè ! La reine vous fait savoir qu'elle s'est arraché une mauvaise épine du pied ! » — On comprit ; la sensation fut grande. Ce fut une des causes de la révolution. — Mokouaé a pourtant ses partisans et ses admirateurs.

Elle nous reçut avec cordialité ; le soir, elle nous envoyait le bœuf de bienvenue, gros et gras.

Le lendemain, une grande assemblée se réunissait au lékhothla pour écouter la prédication de l'Évangile. On était étonné, sérieux et attentif. Je me sentis soutenu et béni. Je chantai et prêchai sans fatigue. Mokouaé, ensuite, m'invita à l'accompagner chez elle. Dans la cour, quelle ne fut pas ma surprise de la voir se dépouiller de sa robe d'indienne devant trois ou quatre marchands bihénais. Ces messieurs étaient évidemment des tailleurs. L'un examinait les manches, l'autre lui pinçait les épaules, un troisième lui ajustait la taille. « Et pourvu, me disais-je, qu'on n'aille pas demander mon avis ! » Pendant cette scène, je ne savais trop que faire de mes yeux. Je me sentis soulagé quand je me trouvai seul avec Mokouaé. Elle m'invita dans sa maison, spacieuse et d'une propreté admirable. Pendant que des jeunes filles faisaient leur service, je m'assis sur un rouleau de nattes, en face de la reine. Celle-ci me passa un vieil accordéon à la voix fêlée. « Allons, fit-elle, joue-moi donc quelque chose ! » J'en tirai volontiers un air, puis un second, puis un troisième... Des souvenirs d'enfance, pour moi sacrés, surgissaient dans mon esprit. La mélancolie me gagna. Je rendis l'instrument à Mokouaé. Elle s'en empara d'un air triomphant, et, faisant courir ses doigts sur le clavier avec une agilité surprenante, elle en tira une cacophonie qui charmait évidemment son oreille. S'excitant, elle se mit à chanter. Je passai une bonne demi-heure à écouter, tout ébahi, cette étrange sérénade. Étonnée de mon calme, sans doute, elle finit par poser l'accordéon et me dit d'un air satisfait : « Tu vois que, moi aussi, je sais jouer ? » Je le crois bien, elle m'avait tout à fait éclipsé.

Elle me demanda ensuite la permission de me visiter à l'îlot où j'étais campé. J'eus la précaution d'envoyer cacher les objets qui pouvaient exciter sa convoitise. Je la reçus de mon mieux, avec une tasse de café noir et sans sucre qu'elle s'efforça, par politesse, d'avaler. Je lui fis présent d'une jolie couverture bariolée, qu'elle accepta avec sa brusquerie ordinaire. Mais il fallait voir sa figure et son excitation quand je lui montrais mes photographies. A la vue de celle de Mathaha, elle recula d'effroi : « Séfano ! Séfano ! criait-elle, l'infâme ! l'infâme ! Ces gens-là (parlant de moi) sont redoutables ; ils ont dans leurs poches les vivants et les morts ! » Puis, se ravisant et riant de son rire cynique, elle répétait : « Mais nous l'avons exterminé, ce Séfano ! »

Quel contraste entre elle et sa cousine Maïbiba, que je vous faisais connaître l'année dernière ! Pauvre Maïbiba ! Après la chute de Thatira (Akoufouna), elle a pris la fuite. Mais Léwanika, qui a une grande estime pour elle, s'est laissé aisément fléchir et l'a envoyé chercher pour la ramener au pays.

Le lundi 22 mars, au point du jour, nos canots étaient chargés et nous partions pour Léalouyi. La matinée était belle, la brise fraîche, le soleil radieux. Après les pluies de la veille et la tente humide, l'entrain et la gaieté renaissaient parmi nous. Vers les deux heures de l'après-midi, en approchant d'un village, nous y remarquâmes des groupes d'hommes, des canots et une grande animation. C'était le roi qui, avec une suite assez nombreuse, faisait depuis plusieurs jours un grand pèlerinage aux tombeaux de ses aïeux. Nous avions entendu ses tambours toute la matinée. Comme nous approchions, une pirogue cingla les eaux comme une flèche et fut bientôt à nous : « Halte-là, n'avancez pas ! Le roi fait demander qui vous êtes. »

Je fus pétrifié de voir que celui qui me parlait ainsi n'était autre que *Mokano*. Or, ce Mokano, pendant une de mes absences de Léchoma, s'était conduit envers nos dames d'une façon si grossière que je dus le traduire devant le lékhothla des chefs de Séchéké et lui adresser de vertes réprimandes. « Me reconnais-tu ? » dit-il en me saluant. — « Oh ! oui, Mokano ; va dire au roi qui je suis. » Un instant après, il était de retour : « Le roi te fait mander au village pour prier un des dieux de la nation. Prends avec toi une offrande de calicot, peu suffit. » — « Dis au roi que nous ne prions pas les morts. Je suis venu pour l'enseigner à prier le seul vrai Dieu, le Dieu vivant. » Mokano semblait voler ; il revint : « Le roi comprend tes raisons et te dispense d'aller prier au tombeau. Il te demande seulement la valeur d'un mètre de calicot blanc et il priera pour toi. — Dis-lui, répondis-je, que je désire le voir et parler moi-même avec lui. » Mes canotiers ne purent contenir leur indignation plus longtemps; ils ne comprenaient pas mon entêtement. Mokano, lui, jubilait. Je n'eus pas à attendre longtemps la réponse de Léwanika : « Le roi ne peut pas te voir; il faut que tu lui donnes d'abord le petit morceau d'étoffe qu'il te demande; il le lui faut. » Bon, me voilà donc engagé dans une chicane que Mokano ne manque pas d'attiser, et sans la possibilité d'un tête-à-tête avec Léwanika pour lui expliquer mes raisons. Je donnai le mètre de calicot. Bientôt de bruyants *yo cho!* qui retentirent dans les airs me dirent ce qu'on en avait fait. Les dieux des ba-Rotsi se contentent de peu, un chiffon de calicot, un collier de perles; mais il faut que ce soit du blanc; c'est obligatoire. On ne tolère pas d'autres couleurs dans leur élysée.

Une barque couverte d'un pavillon de nattes glissa bientôt à côté de la mienne. Un homme en sortit, de trente-cinq ans environ, robuste, de belle taille, à l'air intelligent, avec des yeux protubérants, la lèvre inférieure pendante. Il portait pour tout vêtement, autour des reins, des paquets de peaux de petits fauves. Il me tendit la main en souriant : « *Louméla morouti oa k'a, ntate*[1] *!* » Cette apparition royale avait pris mon monde par surprise. « Prosternez-vous donc, leur criait-on de tous les canots qui nous avaient entourés, *mo chouaélélé!*[2] » Mais non, ils étaient interdits, chacun agenouillé à son poste, frappant nerveusement des mains. Mokoumoa-Koumoa, lui, à l'avant de son canot, faisait la chose en règle. Debout, levant les mains en l'air, il criait pour tout le monde : « *Taou-tona! yo cho!* » puis s'agenouillait, puisait de l'eau dans ses mains, se la versait sur les bras, sur la poitrine, se frottait le front au fond de son canot, frappait des mains et débitait une foule d'épithètes louangeuses à l'adresse de Léwanika. C'est là ce qui s'appelle *chouaéléla*.

Le roi paraissait ne faire aucune attention à toutes ces démonstrations. Il exprima le plaisir qu'il avait de me rencontrer, s'informa de nos santés, de mon voyage, m'offrit de partager avec lui une oie rôtie; puis, comme il devait continuer son pèlerinage, il me donna rendez-vous à la capitale. Ce fut alors une course en canots. Il y en avait une quinzaine. Celui de la femme du roi

---

1. « Salut ! mon missionnaire, mon père ! »
2. « Faites la salutation royale. »

était monté par neuf hommes. Tous ces canotiers étaient chamarrés de peaux de bêtes sauvages et d'étoffes aux vives couleurs flottant sur leurs épaules. A l'arrière, se trouvait le canot portant d'énormes tambours et des grosses caisses, que des hommes battaient furieusement. On ne bat jamais les caisses qu'en temps de guerre, et pour une occasion comme celle-ci. Le bruit en est étourdissant et s'entend de très loin. Nous suivîmes quelque temps le cortège royal, puis, pendant qu'il se dirigeait vers d'autres tombeaux, nous tirâmes sur Léalouyi, où nous arrivâmes vers les cinq heures. L'arrivée du roi, plus tard dans la soirée, mit toute la ville en émoi; mais j'étais trop fatigué pour sortir de ma hutte.

La réception officielle eut lieu le lendemain matin au lékhothla. M. Westbeech était là. Le roi fit placer nos chaises de chaque côté de la sienne. Gambella et ses principaux ministres étaient agenouillés devant lui. La cérémonie fut des plus simples. Léwanika écouta patiemment tout ce que j'avais à dire sur le but de notre mission, nos délais, nos pertes, etc. A son tour il m'exprima la joie qu'il avait de me voir enfin chez lui après m'avoir attendu si longtemps, son mécontentement des délais qu'on nous avait fait inutilement subir, son indignation au sujet des vols... Il me dit sa reconnaissance des bontés que nous avions eues envers certains membres de sa famille et quelques-uns de ses partisans dans le malheur. Il me présenta avec une visible satisfaction ceux des chefs et même de ses serviteurs qui l'avaient accompagné dans l'exil, et puis me raconta avec entraînement, presque avec passion, sa fuite, son exil, l'hospitalité de Libébé, sa première rencontre avec ceux de ses partisans qui l'avaient cherché, ses batailles et ses victoires, la défiance invincible qu'il a conçue, même de ses propres partisans, et la vengeance qui lui ronge le cœur. Il me raconta aussi la visite de Morémi, le chef des ba-Tawana, du lac Ngami. Morémi est l'ami de Léwanika. Depuis longtemps, ils échangeaient des ambassades et des présents quand la révolution éclata. Plus tard, lorsque Morémi apprit que Léwanika voulait rentrer dans son royaume, il se hâta de venir en personne lui porter secours. Il arriva trop tard. Léwanika avait déjà vaincu ses ennemis. La visite du fils de Letsoulathébé eut donc un caractère purement pacifique. Ce n'est pas qu'à la tête d'une forte troupe d'une centaine de cavaliers bien armés il n'inquiétât passablement les ba-Rotsi. Un jour, il se joua une petite comédie qui risqua d'avoir un dénouement tragique. Un grand pitso eut lieu. Morémi et ses gens étaient d'un côté, Lé-

LÉWANIKA EN 1885

wanika et ses ba-Rotsi de l'autre. Morémi, se prévalant de la grande liberté de parole qu'ont les bé-Tchouana dans leurs pitsos, se mit à tancer vertement les ba-Rotsi sur leurs propensions révolutionnaires; puis, s'avançant vers Léwanika, il lui dit: « Tu es mon frère et mon ami, ces gens-là te tueront un jour; lève-toi, prends ton fusil et viens avec moi ! » Léwanika se lève et prend son fusil. Les ba-Rotsi s'émeuvent, protestent de leur attachement à leur roi. Morémi, renchérissant sur son discours, fait une nouvelle tentative pour enlever Léwanika; nouvelle démonstration. A la troisième fois, les ba-Rotsi, piqués au vif, courent aux armes, cernent les ba-Tawana, les accablent d'injures, et le sang eût certainement coulé sans l'intervention de Léwanika lui-même.

Pendant que nous y sommes, disons un mot du lékhothla, qui diffère essentiellement de celui des ba-Souto et des bé-Tchouana, tant par le cérémonial que par la manière d'y traiter les affaires. La liberté de discussion n'existe pas ici, et, au lékhothla comme ailleurs, le potentat de la Vallée peut dire, lui aussi : « L'État c'est moi. » — Dès les 7 heures du matin et à 3 heures de l'après-midi, le roi, suivi de tambours, de sérimbas, de ses serviteurs, quelquefois aussi de ses ministres, se rend en procession sur la place, où il s'assied à l'ombre. Il est généralement vêtu d'une longue chemise de coton rouge à grands dessins, qui lui descend aux talons, avec le bonnet de laine bariolée si cher aux ba-Rotsi. L'étiquette veut, paraît-il, qu'il change fréquemment d'habillements, mais sa garde-robe est au minimum, et comme il n'a pas d'ivoire, il est dans la pauvreté. Le peu de vêtements européens qu'il a pu se procurer, il les a distribués à ses ministres et aux *mokoué tounga* (les maris de ses sœurs), et c'est à la générosité de Morémi qu'il devait l'habillement blanc de serge, la chemise blanche, les souliers et le chapeau qu'il avait mis en mon honneur... Dès que les tambours se font entendre, tous les hommes accourent au lékhothla et s'asseyent à une distance du roi qui varie selon leurs rangs. Ceux qui viennent de loin accomplissent toutes les cérémonies serviles du *choualéla*, comme notre Mokoumoa-Koumoa, puis viennent en file et en s'agenouillant déposent une offrande aux pieds de Sa Majesté, une peau de loutre, un coquillage très estimé du nom de *mandé* ou même un simple collier de perles. — Mais l'offrande est de rigueur, et pendant qu'ils recommencent à choualéla, un des officiers s'écrie : *Pouma noko!* Le roi est satisfait ! — Et moi je pensais à cette parole de Dieu à Moïse que nous, chrétiens, laissons dans l'oubli : « *Nul ne se présentera à vide devant ma face.* » Le roi, lui, paraît étranger à tout cela, il ne répond à aucune salutation : il donne ses ordres, il envoie ses messagers, il distribue son travail ; il écoute les cas que lui soumettent ses ministres et rend des arrêts. S'il mande quelqu'un, il se contente de prononcer son nom, et aussitôt quatre, cinq, six hommes se lèvent et crient ce nom dans toutes les directions. Ceux qui les entendent répètent le nom jusqu'à ce qu'il retentisse dans tout le village.

Il règne au lékhothla, près de la personne du roi, une très grande animation. Dans l'intervalle des séances, il se retire *chez lui*. Sur un des côtés de la place publique se trouve un vaste enclos, circulaire naturellement. C'est son harem. Les huttes de ses femmes sont rangées le long de la paroi intérieure de l'enclos, et séparées par des cours de roseaux. Au milieu se trouve une belle hutte, spacieuse et entourée d'une autre cour, c'est son « cabinet » privé. Personne n'a le droit d'en approcher, excepté ses ministres, encore n'entrent-ils qu'avec sa permission expresse. C'est là que presque tous les jours, quand il ne venait pas chez moi, je passais des heures avec lui. Je lui enseignais l'alphabet et nous causions. Permettez que je vous fasse assister à un de nos entretiens. Léwanika, content de ses progrès en lecture, riait de bon cœur et se roulait sur sa natte. Puis, devenant plus sérieux :

— Je pensais venir te visiter aujourd'hui. J'ai toute sorte de choses à te demander : chandelles, café, médecines des yeux, médecines de la tête, etc.

— Inutile de venir chez moi pour cela. Je n'ai apporté que l'essentiel et je ne pourrais pas, si je le voulais, satisfaire à tes demandes.

— Mais quand tu viendras en wagon, tu auras toutes tes richesses, n'est-ce pas ?

— J'aurai, j'espère, ce dont nous avons besoin pour notre propre usage et quelques objets d'échange.

— Et s'il me faut chemises, pantalons, chapeau, souliers, il faudra bien que tu me les procures, si j'en ai besoin.

— Non pas nécessairement, puisque je ne suis pas un marchand. Du reste, nos objets d'échange ne consistent guère qu'en verroterie et en calicot ; le reste n'est pas de notre ressort.

— Comment ! tu n'apportes pas d'habillements ? Que feras-tu quand les tiens seront usés ?

— J'ai ce qu'il me faut pour moi, rien de plus.

— Est-ce à dire que, si j'ai besoin de vêtements, tu me donneras les tiens, puisque tu ne les vends pas ?

Je lui dis que c'est à des marchands comme M. Westbeech qu'il devait s'adresser, puisqu'il leur vend son ivoire.
— Mais toi, reprit-il, qui te donne ces choses ?
— Je les achète.
— Avec quoi ?
— Avec de l'argent. (Il voulait voir de l'argent.)
— Mais où prends-tu cet argent ?

Je lui expliquai de mon mieux que ce sont les « croyants » de mon pays qui nous donnent du leur pour pourvoir à nos besoins. Il poussa une exclamation de surprise et garda quelque temps le silence. Puis il reprit :

— Morouti, tu as de l'âge ; donne-moi des conseils pour gouverner mon pays et affermir mon règne.

— D'abord pose la sagaie et la laisse dormir (remets l'épée au fourreau), et renonce une fois pour toutes à la vengeance. Applique-toi à gagner la confiance de ton peuple, et à inspirer aux plus petits un sentiment de parfaite sécurité. — Punis le vol. — Et surtout accepte l'Évangile pour toi-même et pour la nation, etc.

— Quelle est la richesse d'un pays ? La mienne, c'est l'ivoire. Mais l'ivoire diminue tous les ans et, quand les éléphants seront exterminés de la contrée, que ferai-je ?

Je pensais au grand mot de Colbert. Mais l'industrie ici, au point de vue commercial, est nulle. Je lui montrai la fertilité de son pays, et que si les chefs voulaient s'adonner à la culture du coton, du tabac, du café, de la canne à sucre, etc., ils trouveraient bientôt que ce serait là pour eux une source de richesse inépuisable.

Il me fit alors des questions sur Lobengoula : A-t-il des missionnaires ? Y a-t-il des croyants dans son pays ? Lui-même est-il croyant comme Khama ? Pourquoi n'est-il pas chrétien ? — Puis, faisant évidemment allusion aux intentions d'invasion que l'on prête à Khama et à ses propres razzias chez les ma-Choukouloumboué :

— Est-ce que Khama, dit-il, qui est un roi chrétien, fait encore la guerre et peut envahir un pays qui n'est pas le sien ?

— Je ne pourrais en répondre, car Khama est homme, et puis il ne gouverne pas seul, — le conseil de la tribu est là.

— Mais, est-ce mal de faire la guerre ?

— Pour défendre son pays, non.

— Et si je me trouvais engagé dans une entreprise guerrière, m'accompagnerais-tu ?

— Non, notre mission est une mission de paix.

— Tu me prêterais du moins tes fusils et me donnerais tes munitions ?

— Non ; ce serait encore participer à la guerre.

— Comment, et tu vis dans mon pays, tu es mon père ! Et si tu t'étais trouvé ici quand Mathaha s'est révolté contre moi, qu'aurais-tu fait ? En entendant les coups de fusil, ne serais-tu pas accouru pour prendre ma défense ? Et si je t'avais envoyé demander tes armes et tes munitions, me les aurais-tu refusées ?

— Oui ; mais j'eusse prié pour toi.

— Et en attendant, dit-il en riant aux éclats, Mathaha m'aurait tué. Beau secours, que celui-là. Et si je m'étais sauvé chez toi, qu'aurais-tu fait ?

— Je t'eusse reçu dans ma maison, je t'eusse donné de la nourriture et des vêtements, et, à défaut de serviteur, j'eusse moi-même fait ton feu.

— Ça, c'est bien. Mais si les gens de Mathaha m'avaient poursuivi et t'avaient dit : Livre-nous Léwanika, que nous le tuions ?

— Je me fusse tenu à la porte et leur eusse dit : Ceci est une ville de refuge ; si vous voulez la violer, vous me tuerez d'abord.

— Ça, c'est admirable.

Ce squelette d'un long entretien de plusieurs heures vous donnera quelque idée de l'homme. Comme tous les petits potentats d'Afrique, il a une idée singulièrement exagérée de sa dignité. Jamais l'homme ne m'a paru aussi avili qu'en sa présence. On lui attribue une puissance magique ; il peut se rendre invisible et invulnérable, assurer par certaines médecines à lui connues le succès de la chasse, etc. Et je l'ai entendu en plein lékhothla revendiquer ce singulier pouvoir. Il est religieux à sa manière, c'est-à-dire extraordinairement superstitieux. Il a près de son sérail « un bocage », entouré soigneusement de nattes, où il fait aux mânes de ses ancêtres ou au soleil des prières, des sacrifices et des libations. J'ai été témoin à Léalouyi de coutumes et de cérémonies étranges que je ne puis raconter. J'ai été frappé surtout de la fête de la *nouvelle lune*. C'est un jour de repos *strict* qu'on célèbre par des danses et des chants particuliers, auxquels tous les hommes sans distinction de rang et d'âge, prennent part, pendant que les femmes, à distance, les acclament de leurs cris stridents. On tue des bœufs qui se cuisent et se mangent sur la place publique, et on salue bruyamment le disque argenté dès qu'il montre sa silhouette. D'où leur viennent ces coutumes et tant d'autres ? Il y a là des questions intéressantes à étudier ; mais il faudra de la patience et de la prudence.

D'où viennent les ba-Rotsi? Eux disent de l'est. Ils ont remonté le Zambèze, vaincu les ba-Wéwé qu'ils ont trouvés dans ce pays et se sont fondus avec eux. Ce que je leur ai dit des ba-Nyaï les porte à croire que c'est bien là la souche de leur nation. Et, chose étrange, ils comprennent parfaitement mon petit vocabulaire de sé-Nyaï. De fait, c'est la même langue. Ils racontent qu'à leur arrivée dans cette contrée, un dieu épousa *Bouya-Mamboa*, et que cette femme a donné naissance aux rois des ba-Rotsi. Les tombeaux de ceux-ci et ceux des reines, dispersés dans tout le pays, sont au nombre d'environ vingt-cinq. Plusieurs sont ombragés de bosquets et entretenus avec le plus grand soin; tous sont des lieux sacrés, des *villes de refuge* qu'on a respectés même pendant la révolution. Une autre ville de refuge non moins importante, c'est celle de la reine, aujourd'hui Nalolo. J'y ai rencontré un chef de Séchéké gravement compromis, que Mokouaé a gardé jusqu'à ce qu'elle ait obtenu sa grâce de Léwanika. A la capitale elle-même, la hutte de Gambella pour ses pairs, et l'enclos de la cour du roi, sont des refuges respectés.

Mais c'est surtout au *Natamoyo* que l'on regarde en cas de danger. Ce natamoyo, un des principaux ministres, a la charge d'apaiser la colère du roi, d'y mettre un frein et de protéger ceux qui sont menacés d'en être les victimes. L'enceinte de sa maison, toujours à proximité du lékhothla, est sacrée. Quelqu'un est-il attaqué par les ordres du roi, poursuivi par une foule de ses émissaires, s'il peut mettre le pied dans la cour du natamoyo, il est sauvé. Aussi, lorsque le roi veut s'assurer la mort d'un homme, il prend ses mesures pour que le natamoyo n'en sache rien, et pour que l'individu n'échappe pas.

Hélas! malgré toutes ces sages précautions, il est peu de pays qui soient plus souillés de sang humain. En m'asseyant au lékhothla, je passais en revue ces centaines d'hommes, je n'en retrouvais pas un seul de ceux dont j'avais fait la connaissance l'an passé. « Ils ont été jetés en pâture aux vautours et leurs os blanchissent au soleil. » A peine trouve-t-on parmi les chefs actuels une tête qui grisonne. On ne vieillit pas ici. On a commis sur les petits enfants et sur les femmes enceintes des atrocités que la plume se refuse à décrire. Les femmes qui ont échappé à ces hétacombes ont été partagées comme une partie du butin, et sont tombées au pouvoir des meurtriers de leurs maris. Mais elles paraissent s'en consoler facilement, car quelques-unes d'entre elles, passées ainsi de mains en mains, en sont à leur cinquième, sixième ou même leur dixième maître. C'est navrant. — Oh! chers amis, si seulement vous aviez une idée du paganisme tel que nous le voyons ici !...

Après nos conversations, Léwanika était curieux d'entendre la prédication publique de l'Évangile. Sur le conseil d'un chef qui avait été à Mangouato, et à l'exemple de Khama, Léwanika, dès le vendredi soir, fit proclamer par le crieur public que le lendemain chacun eût à se préparer, car le surlendemain était le jour du Seigneur, et personne ne pouvait ni moudre, ni aller aux champs, ni voyager, ni travailler. Le dimanche matin, il se rendit au lékhothla sans ses tambours, et rassembla ses gens à cri public. Ce fut un bel auditoire, sérieux et attentif. Je chantai et je prêchai comme à Nalolo, je me sentis soutenu et béni. Jamais de ma vie je n'ai tant désiré avoir une bonne et forte voix. Il y avait, je vous assure, quelque chose d'électrisant et de profondément émouvant à parler du Sauveur et de Dieu à cette masse de païens. La lecture paraphrasée des dix commandements frappa Léwanika, mais je remarquai qu'il resta assis quand tout le monde s'agenouilla pour la prière. Quels que soient ses motifs, il a un grand désir de nous voir nous établir dans son pays. « Combien êtes-vous ? me demandait-il. — Deux missionnaires et deux aides. — C'est tout ? Mais comment pourrez-vous enseigner ma nation ? » Il me montra le fils de Mokouaé, un tout jeune homme qu'il destine au poste de Morantsiane, à Séchéké. « Eh bien, ajouta-t-il, il faut que ton collègue reste à Séchéké pour instruire et diriger ce jeune homme. Il faudrait un autre moruti à Séoma, un autre à Nalolo, un autre à Libonta, etc. *Quand donc en viendra-t-il pour vous aider ?* » Je souligne la question et la renvoie à vous, chers amis, et aux Églises du Lessouto.

Il se montra plein de bonne volonté pour le choix d'un site, tellement qu'il voulait lui-même visiter avec moi les différents lieux qu'il croyait les plus propres à notre établissement. Il en fut empêché. Ce fut Gambella qui m'accompagna. A part *Séfoula,* qu'occupera un jour le missionnaire de Nalolo, j'ai été favorablement impressionné par *Kanyonyo,* un endroit que l'an passé nous avions trouvé encombré de champs de blé et de manioc. C'est un petit vallon tout près de Mongou, non loin de la capitale. L'inondation annuelle n'y arrive jamais, et le vent du sud-est, qui souffle pendant les six mois les plus mauvais de l'année, doit en éloigner les miasmes paludéens dont il s'imprègne ensuite en balayant la vallée marécageuse. Séfoula se trouve dans les mêmes conditions. Aussi sont-ce, je crois, les endroits *les moins insalubres* que je connaisse à la Vallée. Je me fonde sur notre expérience de

Séchéké qui est au nord, et de Léchoma qui est au sud du fleuve. Séchéké est aussi salubre que Léchoma l'est peu. Cette année, pendant que nous jouissons tous d'une excellente santé ici, tous les membres de l'expédition du Dr Holub étaient malades à Léchoma et l'un d'eux y mourait.

Léwanika, apprenant nos pertes de bœufs, envoya l'ordre aux chefs de Séchéké de m'en donner dix-sept. L'ordre sera-t-il exécuté ponctuellement? Reste à savoir. Pour nous éviter des frais et à la suggestion de M. Westbeech, il a déjà envoyé des escouades d'hommes pour déblayer le chemin du wagon à travers les forêts que nous devons traverser. Il voudrait, lui, que nous pussions partir immédiatement. Nous devons forcément attendre le dessèchement des eaux. Ce ne sera pas avant juillet que nous pourrons nous remettre en route.

Le voyage de retour ne nous prit que huit jours. En passant à Séoma, je m'informai de mon bateau perdu et j'appris qu'on l'avait découvert en aval des premiers rapides, parmi des roseaux, où le courant l'avait conduit. Jugez de l'étonnement de mes gens. Il fallut que tous, en signe de reconnaissance, vinssent me serrer la main. La même cérémonie se renouvela au port de Séchéké où nous débarquions le 17 avril. Tous nos bien-aimés étaient là, bien portants et tout radieux, et les nouvelles que je reçus de nos évangélistes étaient aussi excellentes. Que le Seigneur est bon! Nous sommes pénétrés de reconnaissance. Il a exaucé nos prières, et les vôtres surtout, chers amis, qui formez une muraille tout autour de nous.

Le coût de mon voyage pourrait peut-être vous intéresser. En voici le détail :

Dix couvertures de coton à 12 schellings . . . . £	6	»
Bonnes-mains en calicot pour rameurs	1	10
Calicot et verroterie pour présents et achat de nourriture. .	2	10
Total . . . . £	10	»

soit 250 fr.

Les couvertures ne sont pas un nouveau déboursé; nous les avions. Si, parmi nos achats d'Europe, il en est qui ne nous ont pas été aussi utiles que nous le pensions, nos étoffes, au contraire, nous ont rendu le plus grand service et ont été une grande économie. C'est la bourse qui a nourri l'expédition jusqu'au commencement de cette année, qui a payé tous nos travaux d'installation à Léchoma, puis à Séchéké, tous nos voyages, nos frais de communication, l'échange de douze bœufs de trait ici. Le ballot de pagnes qu'on nous a donné à Rouen nous a rendu les plus grands services.

Je n'en dis pas davantage. Vous louerez Dieu de ce qu'il a béni et fait prospérer mon voyage. Si j'ai rendu fidèlement mes impressions, vous comprendrez que de grandes portes nous sont ouvertes, et que *vous et nous sommes appelés de Dieu à faire de nouveaux efforts et de plus grands sacrifices*. — L'œuvre qui est devant nous est grande. Elle sera difficile, et j'ai le pressentiment que des tribulations nous attendent. Mais Jésus l'a promis : « Voici, je suis avec vous jusqu'à la fin du monde. »

XXVII

L'arrivée du courrier d'Europe. — La Maison des missions. — Les vengeances de Léwanika. — Le vol. — Le cri du Macédonien. — Perspectives. — Une course à Kazoungoula. — M. et Mme Holub. — Retards forcés. — Il faut partir — Nos conducteurs. — Les chefs de Séchéké. — Roi mendiant. — En route. — Mésaventures du wagon. — Dans la région de la tsetsé. — Des mécontents. — A Kalangou.

Séchéké, 4 mai 1886.

C'est pour éviter de la confusion que j'écris de Séchéké. De fait nous l'avons quitté depuis plusieurs jours, Jeanmairet et moi. Nous avions un grand désir de visiter nos évangélistes à Mambova ; car ces amis ont eu une vie monotone et difficile depuis notre départ pour la Vallée. Pauvres gens, quel rayon de soleil pour eux ! Une fois à Mambova, nous avons fait une pointe avec Aaron jusqu'à Léchoma pour visiter nos bagages. Et nous profitons d'un moment de répit pour compléter la poste, en réponse à celle qui vient d'arriver.

Laissez-moi vous le dire tout d'abord, nous avons été émus *jusqu'aux larmes* en lisant et relisant des messages si pleins de cœur — *tout brûlants* — et aussi cette nomenclature de dons qu'on nous signale. Je ne le cache pas, jamais encore, non, jamais depuis que nous avons mis la main à l'œuvre du Zambèze, nous n'avons passé aussi subitement par l'étonnement, la joie, la reconnaissance et l'humiliation comme alors.

Un cher frère, qui a pour moi personnellement une affection de vieille date et bien éprouvée, me disait dernièrement et avec une franchise pour laquelle je le remercie : « Il ne faut pas trop vous étonner si vous ne trouvez pas partout pour votre entreprise l'entrain que vous désirez. Votre ardent désir de fonder l'œuvre du Zambèze vous a fait triompher de toutes les difficultés. Si d'un autre côté vous avez été suivi de près par quelques-uns, tel n'a pas été le cas du grand nombre. Beaucoup vous ont donné leur adhésion avec hésitation, vu la difficulté qu'une telle œuvre entraîne. Dieu vous accorde de trouver un bon emplacement pour y fonder une station qui offre des garanties moyennes de salubrité ! On se rapprochera de vous et on vous accordera une adhésion basée *non sur la foi, mais sur le succès.* (C'est moi qui souligne.) N'en soyez ni surpris ni affligé. Tout le monde se réjouira de voir votre foi couronnée de succès. » Mais je n'ai jamais promis le *succès*. A nous l'obéissance et la foi, a Dieu seul le succès. J'en appelle à tous ces chers amis de nous connus personnellement ou non, et je leur demande de donner aux sages conseils de mon digne et vénéré ami une contradiction éclatante qui soit toute à la gloire de Dieu.

Et maintenant vous dirai-je notre joie en apprenant la réouverture officielle de la Maison des missions, et la résolution d'avoir enfin un local spécial, le *home* de notre œuvre. Les détails qu'on nous donne sont palpitants d'intérêt. Pour moi, comme pour mes anciens condisciples, ce récit évoquera bien des souvenirs personnels. Je vois encore les hommes de Dieu qui sont sortis de la première maison. L'Église vénère leurs noms. Ils ont passé, et leur exemple nous redit éloquemment, à nous qui les suivons : « Travaillez pendant qu'il fait jour... Nos prières comme notre ardente affection vous sont acquises. Que Dieu fasse luire sa gloire sur votre école de prophètes, non, *d'apôtres*. Qu'elle soit la « chambre haute », où tous, professeurs et élèves, « seront « des hommes remplis de la puissance du Saint-Esprit ! »

Vous savez que la contre-révolution qui a ramené au pouvoir Léwanika a été des plus sanglantes. Malheureusement, l'insatiable vengeance du roi a poursuivi et poursuit encore à outrance les rebelles qui ont cherché leur salut dans la fuite ou qui ont couru le risque de se jeter à ses pieds et d'implorer grâce. Il a juré d'exterminer jusqu'au dernier rejeton la maison des *Kouanocha*. Ses émissaires depuis des mois parcourent le royaume dans tous les sens avec des missions secrètes; puis des chefs qui sont mis dans le complot tombent de nuit sur tel ou tel village, pillent, massacrent à cœur joie, et rentrent triomphants avec des troupeaux de bêtes à cornes, de femmes et d'enfants. Ils se partagent les femmes en attendant que le roi dispose de ce butin de créatures humaines.

Quant au bétail, maîtres et esclaves le volent et le gaspillent à qui mieux mieux. Nul ne s'en étonne et nul n'oserait élever la voix pour désapprouver : « *Ké léroumo!* c'est l'épée, la guerre civile ! » Il semble qu'alors tout soit permis... Je l'ai dit ailleurs, la plume se refuse à donner des détails sur les atrocités qu'on a commises, à Séchéké même, comme à la Vallée, sur des femmes enceintes et de petits enfants. C'est écœurant. Et vous allez croire que la mine sauvage de ces gens accoutumés à tremper leurs mains dans le sang de leurs chefs et de leurs frères est de nature à nous inspirer de l'effroi? Pas du tout. Ce sont les gens les plus polis du monde, et je crois même qu'ils l'emportent sur les Parisiens. Un maître appelle toujours ses esclaves, même des gamins, *changoué*. Jamais un esclave ne parlerait à un autre sans se servir du même terme.

Pas plus tard que la semaine dernière, à Séchéké, on a massacré un petit chef que pendant des mois on a flatté et bercé d'une fausse sécurité. On le nourrissait, on prétendait le recevoir dans la confidence du lékhothla. Léwanika, craignant que la chose ne parvînt à nos oreilles, avait mandé que cet homme fût entraîné à la chasse et exécuté loin de nous. Rataou et les autres chefs (quelques-uns ses parents) n'approuvèrent pas ces mesures de précaution. « Qu'est-ce que c'est que de tuer un homme! s'écriat-il. L'affaire sera vite faite. Les *barouti* savent d'ailleurs que notre pays est un pays de sang. » Le lendemain soir, au retour d'une visite que quelques-uns des chefs nous firent avec l'infortuné Makapane, ils se rendirent chez Rataou, où on avait organisé une fête de *yoala*. On but, on causa gaiement, puis soudain un homme se lève derrière Makapane, lui assène à la tempe un coup de massue; puis on l'éventre... et on le jette en pâture aux vautours. Rataou sentit le besoin de venir me conter l'affaire; mais, pour nous empêcher de donner la sépulture au pauvre homme, il me certifia qu'ils avaient jeté son cadavre aux crocodiles. Hélas! les vautours, qui planaient au-dessus de la forêt, lui donnèrent bientôt le démenti. Pendant que j'essayais de faire comprendre à Rataou l'énormité de son crime, et que je lui appliquais la parole divine, que « celui qui tue par l'épée, périra par l'épée », il frappait des mains devant moi avec autant d'entrain que si je l'eusse comblé d'éloges, l'hypocrite!

Dans cet épouvantable débordement des passions, nous aussi nous avons eu et avons encore à souffrir. De jour comme de nuit, nous sommes exposés aux vols les plus effrontés. On ne respecte ni nos wagons, ni notre bercail, ni nos maisons. Sans protection, sans défense aucune, c'est vraiment un miracle de la bonté de Dieu que nous n'ayons pas encore été complètement dévalisés. Les esclaves volent pour leurs maîtres et sont d'une audace effrayante. Les chefs, eux, viennent honteusement à chaque occasion balbutier quelques paroles d'excuse ou de sympathie; ça coûte peu.

C'est dur de voir notre bétail et nos moutons volés et tués en plein jour, à deux cents pas du village, et de reconnaître nos propres chemises et nos étoffes sur le dos graisseux des chefs de deuxième ou troisième ordre. Que faire? N'allez pas croire que j'aie rouvert ce triste chapitre pour nous plaindre. Non. Mais priez pour que Dieu nous rende capables, par sa grâce, d'accepter « joyeusement le pillage de nos biens », et de nous délivrer de tout sentiment d'aigreur... Cela prendra fin un jour; et, en attendant, notre Maître ne nous laissera jamais manquer du nécessaire.

Que dites-vous des remarques de Léwanika sur notre petit nombre? Ce « *quand viendront-ils?* » n'est-ce pas le cri du Macédonien? Faites-le donc retentir, ce cri, dans nos facultés, dans nos unions chrétiennes, et surtout dans les localités récemment visitées par des ondées de bénédictions. N'est-ce pas quelque chose d'anormal et d'*extraordinairement anormal* que les réveils en France produisent si peu de vocations missionnaires? Voyez donc ce qui se passe en Angleterre, ce flot d'ouvriers qui, une fois leur salut hors de doute, envahissent partout le champ du Seigneur, en Chine, aux grands lacs d'Afrique, au Congo, etc. L'expérience de l'année qui vient de s'écouler nous impose comme mesure de sagesse de nous adjoindre chacun un des évangélistes. Léfi ira rejoindre Jeanmairet, et Aaron nous accompagnera à la Vallée. Donc deux stations seulement dans cette immense contrée, *deux!* — Aussi longtemps que les Églises du Lessouto n'entreront pas franchement dans notre œuvre en nous envoyant des ouvriers et en *les soutenant elles-mêmes*, nous hésitons à faire un appel à des évangélistes. La position d'Aaron et de Léfi, qui n'ont aucun rapport avec les Églises de leur pays et qui sont exclusivement soutenus par des chrétiens d'une autre race avec lesquels ils n'ont pas la moindre communication, est des plus pénibles. Ils en souffrent, et s'en plaignent, et je ne serais pas étonné qu'un jour un profond découragement ne s'emparât d'eux. Ce qui fait notre force à nous, c'est le gros de l'armée du Christ qui est derrière nous et nous soutient. Cette question nous a vivement préoccupés, et je crois bien que, par des raisonnements différents, Jeanmairet et moi sommes arrivés à la même conclusion : c'est que la partie indigène de notre mission, si elle doit continuer à exister et à se développer, doit être au point de vue financier l'œuvre exclusive des Églises du Lessouto.

Séchéké, 1er juillet 1886.

Je vous avoue que parfois je suis stupéfait, quand je vois le jour sous lequel les ba-Rotsi nous montrent la nature humaine.

Je n'ai encore rien vu de pareil. Les Zambéziens n'ont guère de commun avec les bé-Tchouana qu'un fonds de superstitions, la peau noire et le patois de leur langue.

Plus je vais, plus je crois que des tribulations nous attendent. Le martyre de l'évêque Hannington dans l'Ou-Ganda, et peut-être aussi celui des autres missionnaires, donne à penser. Nous sentons toujours plus le besoin de nous cramponner à Dieu et à ses promesses, arrive que pourra. Si Dieu est pour nous, qui sera contre nous? Dans un milieu tel que celui-ci, la présence de ce Sauveur glorifié qui nous a envoyés et à qui toute puissance est donnée non seulement au ciel, mais aussi sur la terre, donc au Zambèze aussi, est une glorieuse réalité, nous le sentons. Soyez donc sans inquiétudes à notre égard. Nous suivons l'Homme de douleur : le suivrions-nous *de loin* et avec des cœurs partagés? Mais cet Homme de douleur, *tout genou* doit fléchir devant lui, *toute langue* doit confesser son nom. Je comprends que le monde taxe d'enthousiastes ceux qui suivent le Sauveur avec amour. Je ne comprends pas que j'aie pu le suivre si longtemps sans enthousiasme.

Nous aimons toujours compter comme David les bénédictions de Dieu. Elles sont nombreuses, bien plus nombreuses et bien plus grandes que nous n'osions l'espérer. Pouvez-vous croire que, grâce au blé des jésuites, nous n'avons pas encore manqué de pain? Il est vrai qu'on n'en est pas si prodigue au Zambèze qu'à Paris. Nous avons aussi du lait, ce qui dans un ménage comme le nôtre est une ressource immense. Et puis, surtout, nous jouissons d'une bonne santé. C'est sans doute en réponse aux prières d'un grand nombre d'amis. Ma chère femme est de nous tous la moins robuste; il faut dire aussi que c'est elle qui de nous tous a la vie la plus active et la plus dure.

Je viens de faire une absence de quinze jours. L'ami Middleton m'avait fait savoir qu'il venait d'arriver de Prétoria au gué de Kazoungoula, après une absence de cinq mois. Il paraissait non moins heureux que moi de notre revoir. Je passai près de quinze jours et des plus agréables avec lui. Le vent soufflait si fort que les canots ne pouvaient manœuvrer. Mais enfin, avec une vingtaine d'hommes de bonne volonté et une brassée de *setsibas,* je pus faire passer sans trop de tracas bœufs, wagon et marchandises.

Puis, je retournai à Séchéké, laissant Middleton pour veiller aux bagages et attendre que le pays soit assez sec pour que les wagons puissent voyager. Hélas! nous voudrions retenir ces beaux jours qui s'enfuient. Que ne sommes-nous déjà à la Vallée pour commencer nos travaux d'installation, et nous abriter avant les pluies ! On brûle le pays un peu partout ; brûlera-t-on aussi le chaume dont nous avons besoin pour nos constructions ? C'est un de nos soucis ; ce n'est pas le seul.

A Kazoungoula, j'ai rencontré le Dr Holub, qui venait lui aussi de passer le Zambèze et attendait des porteurs pour se diriger vers le pays des ma-Choukouloumboué et l'intérieur. Son expédition a été fort éprouvée. Il a eu de grandes pertes de bœufs, comme nous, et a beaucoup dépensé. Deux de ses meilleurs hommes sont morts, l'un à Léchoma, l'autre à Pandamatenga ; un troisième a dû retourner en Autriche, tous les autres ont été très éprouvés par la fièvre. L'expédition est donc réduite à trois Européens, Mme Holub et le docteur lui-même. Ils se sont défaits de tout ce qui ne leur était pas d'une nécessité absolue ; leur régime est sévère, mais tous sont pleins d'entrain. J'ai pris près d'eux plus d'une leçon de renoncement et de courage. Il y a quelque chose d'attendrissant à voir cette jeune femme suivre à pied son mari à travers des peuplades sauvages et dans un climat meurtrier, pour partager ses fatigues et ses dangers. Je lui offris un de mes ânes. Ah ! pourquoi l'Évangile n'aurait-il pas des missionnaires aussi intrépides que ceux de la géographie ? Pourquoi les jeunes chrétiens de France ne se réveillent-ils pas ? Ils dorment et les païens meurent !... En réponse à mes témoignages de sympathie, Mme Holub rougissait, l'émotion la gagnait. Le docteur, lui, me disait : « Oui, ce sera dur et difficile... Mais, ajoutait-il avec un visage tout radieux, *si* nous réussissons et si nous pouvons retourner en Autriche... oh ! alors... notre fortune est faite !... »

Eh bien, pensai-je en moi-même, je suis mieux partagé. Pour nous pas de *si*. Au service de Jésus la réussite est certaine, quoi qu'en pensent les hommes ; car réussir, c'est faire son devoir. Et après le faix du jour, quand nous arriverons au terme du voyage, à la maison paternelle, oh ! alors...

Séchéké, 29 juillet 1886.

A cette date — qui en doutait ? — nous devions certainement être arrivés à notre destination définitive, Léalouvi, et y pousser avec vigueur nos constructions provisoires. Et, hélas ! nous voici encore à Séchéké, comme des prisonniers impuissants, condamnés à l'attente et à l'inaction ! L'hiver, la bonne saison, la seule, celle de la santé, des voyages et des travaux, s'envole rapidement, il nous échappe déjà. Nous sommes parfois tentés de trépigner d'impatience comme de mauvais enfants. Pour peu que ces délais se prolongent, la possibilité du voyage et de notre installation à la Vallée avant les pluies qui commencent en novembre est une question qui va se poser. On ne sait pas tout ce qu'elle soulève de soucis et d'anxiété dans nos esprits. L'expérience n'est pas nouvelle pour nous, heureusement. Notre passé a ses dates. Ce sont les jalons de la route qui nous rappellent tout ce que Satan aux abois nous a suscité de malveillance, d'ennuis, d'entraves et d'opposition; mais aussi la tendresse et la fidélité de notre Dieu, les délivrances et les victoires qu'il nous a accordées. Donc confiance et courage!

Notre ami Middleton a fait une absence de six mois pour aller renouveler nos approvisionnements. A Mangouato, où, par le temps qui court, le commerce est à peu près ruiné, et où presque toutes les boutiques sont en liquidation, il ne trouva rien, pas même une pièce de calicot, *la monnaie indispensable* du Zambèze. Il dut pousser jusqu'à Prétoria. A son retour je m'empressai d'aller à sa rencontre à Kazoungoula pour faire passer bagages, bœufs et wagon, toujours une grosse affaire.

Malheureusement, la grande plaine de Kasaya était encore submergée et tout à fait impraticable. Middleton dut faire à Kazoungoula une quarantaine de six semaines. Ce retard nous jette dans un embarras extrême. Ma nièce, Mme Jeanmairet, qui a l'espoir de devenir bientôt mère, devait aller avec nous à la Vallée. Son mari l'y aurait rejointe un peu plus tard, ce qui lui eût fourni l'occasion de faire la connaissance du roi et des principaux chefs du pays. Il faut maintenant renoncer à ce plan et à tous ses avantages. Mais que faire? Prolonger notre séjour ici, et retarder encore de toute une année la fondation de notre établissement à Léalouyi, c'est absolument inadmissible. Pour nous, maintenant, une année compte pour dix. Nous n'entrevoyons qu'une seule alternative, et nous en frissonnons, mais rien qu'un moment. Le devoir est clair, notre décision est prise sans hésitation. Je partirai seul pour la Vallée avec nos deux artisans pour commencer nos travaux d'installation; les wagons reviendront chercher ma femme, qui devra faire aussi, seule, le voyage avec Aaron et sa famille. Une fois ce point réglé, nous éprouvons un certain soulagement.

Middleton enfin arrivé, nos préparatifs sont vite terminés et nos voitures chargées. Sur quatre, nous avons mis l'équivalent de deux charges à peine. Nous partageons nos bœufs. L'an passé, à la suite de nos voyages de Kazoungoula à Séchéké, nous en avons perdu par la piqûre de la *tsetsé*. La prévoyance généreuse de dignes amies nous a, par bonheur, mis à même de refaire un peu nos attelages. Nous avons maintenant, en comptant les vieux, les maigres et ceux que l'on dresse, tout juste le *minimum* des bœufs qu'il nous faut. Mais qu'il n'en périsse pas un seul en route ! Et les conducteurs, maintenant ? Mon wagon n'a jamais manqué de bras quand il a dû rouler pour le service du roi. Voici deux hommes de Mangouato qui se chargeront chacun d'un wagon. L'évangéliste Aaron s'offre à conduire le mien ; Middleton aidé de Kambourou prendra le quatrième, et Waddell, avec Ngouana-Ngombé, le tombereau transformé une fois de plus en arche de Noé. Ce n'est pas tout d'un coup que nous sommes arrivés à cette solution. L'an passé nos évangélistes s'étaient un peu tenus sur leur dignité ; ils craignaient sans doute que les Zambéziens ne se méprissent sur leur position vis-à-vis de nous. Une petite faiblesse que nous avons comprise et facilement excusée. Aussi sommes-nous d'autant plus heureux du bon esprit qui a poussé Aaron à nous offrir ses services, non seulement pour mon voyage, mais aussi pour celui de ma chère compagne.

Reste encore à trouver des « leaders », des garçons qui courent devant les attelages pour les guider. Où les trouver, ces garçons ? Séchéké et les villages des chefs sont toujours abandonnés et en ruines. Ceux des ma-Soubyia des environs sont aussi, en cette saison, complètement désertés. Hommes, femmes et enfants, tous sont dispersés dans les bois et dans les îles pour la chasse et pour la pêche. Rencontrons-nous par hasard quelqu'un à qui nous parlons de notre voyage, *bo-Rotsi ké naga éa léroumo, léroumo lé teng!* « C'est un pays de meurtre et de sang, répond-il avec un visage tout décomposé, nous avons peur d'y aller. » La frayeur qu'inspirent les ba-Rotsi est telle, que même nos bergers ont voulu nous donner congé. Les parents de Kambourou et de Ngouana-Ngombé sont aussi accourus pour les arrêter. Mais ceux-ci nous sont restés fidèles, bien que leur engagement soit terminé.

Kambourou, lui, va s'essayer au long fouet de conducteur. « Comment pourrait-il abandonner son père dans la difficulté ? Il ne sait pas le métier, mais il fera de son mieux. » On ne peut pas demander plus. Il a un petit grain d'ambition, Kambourou. Avec les loques de toute provenance, dont il s'affuble à l'occasion, il est en train de se métamorphoser en *motambesi*, une dignité que revêtent les Hottentots et les métis qui suivent les Européens dans ces parages. Un jour ses aspirations le conduiront à Mangouato, aux Champs de Diamants, au Lessouto, qui sait? pour chercher un peu de travail, de la civilisation, la liberté — et... beaucoup d'argent.

Quant à Ngouana-Ngombé, il veut rester avec nous. Contre notre attente, il a su résister aux obsessions de ses frères aînés, et à celles surtout de la femme de Mokoumba, qui a envoyé messagers sur messagers et mis tout en œuvre pour l'arracher de notre maison. « J'attends le retour de mon maître de Léalouyi, je veux m'instruire, moi », répondait-il avec respect, mais aussi avec la fermeté qui le caractérise. Et, dans son programme, n'allez pas croire qu'il ne fait entrer que la lecture, l'écriture, le calcul? Non. Pour lui, s'instruire, c'est se familiariser avec tous les travaux qui se font sous ses yeux : pétrir et cuire à point le pain dans une marmite, faire des chandelles, scier de long, raboter des planches, coudre, repasser le linge, laver des plaques de photographie, et que sais-je encore? Pas de fausse honte. Sa grande énergie lui rend facile toute espèce de travail. Son rire joyeux avec un bon coup de main va souvent donner de l'impulsion à des entreprises qui ne sont nullement de son ressort. Ce cher enfant écoute avec avidité la prédication de l'Évangile. Pendant mon deuxième voyage à la capitale, je lui avais envoyé une petite lettre qu'il reçut étant malade. « Ma mère, disait-il à ma femme, je comprends. Moi aussi je voudrais être un enfant de Dieu, je voudrais me convertir. » Jusqu'à présent il n'a pas encore fait le pas décisif. — S'il nous quittait, ce serait pour nous une perte probablement irréparable. Nous tremblons surtout à la pensée que ce garçon si bien doué, d'une nature si ouverte et si heureuse, soit, malgré lui, refoulé dans l'abrutissement et les malheurs du servage. Mais nous ne devons pas intervenir. Notre affaire, à nous, c'est de confier les intérêts de cette chère âme au Sauveur qui a donné sa vie pour la sauver.

Séchéké, 8 août.

Les seigneurs de Séchéké, si longtemps annoncés et attendus, sont enfin arrivés hier. La population fugitive des environs s'est armée de courage et s'est réunie ici pour l'occasion. On a de part et d'autre brûlé une grande quantité de poudre. On nous amène toute une légion de nouveaux dignitaires, les nouveaux Nalichoua,

Liamine, Mokoro, Lésouani, etc., tous de Séchéké, jeunes hommes de notre connaissance, et qui, pour dire le moins, nous font trembler pour l'avenir. *Kaboukou*, le Morantsiane élu, est lui-même un garçon de 18 à 20 ans. C'est le fils de la reine Mokouaé. A Léalouyi, Léwanika me l'avait confidentiellement montré comme le vice-roi désigné de Séchéké. Le pauvre garçon, il est comme perdu parmi les Rataou, les Tahalima, les Mokhélé que le contraste rend encore plus vieux. Il ne sait trop comment porter le poids d'une dignité si nouvelle. Il fait des grimaces comme une fille coquette, il cligne de l'œil, tord la bouche, badine avec une corne de rhinocéros pour occuper ses mains qui l'embarrassent; il boit du *mpoté*, une bière au miel, qu'on dit être aussi forte que l'eau-de-vie, et s'entoure du cérémonial en usage à la cour de Léalouyi. Il n'était pas une demi-heure sur la station qu'il montrait déjà le bout de l'oreille d'un mendiant roué au métier. Il avait toutes sortes de besoins à satisfaire. Il convoitait surtout une de nos chaises de bois, et ne se tint pas pour battu par deux refus.

Il revint à la charge avec tant d'instances que je finis par me rendre. Et maintenant, ce siège, luisant d'ocre et de graisse, est porté devant lui, comme le symbole de sa haute position. Les vieux chefs eux, nos anciens amis, sont, devant le jeune prince imberbe, aussi vils et rampants qu'ils étaient hautains. Ils nous font l'effet de hauts fonctionnaires disgraciés et déchus, mais desquels on ne peut encore complètement se passer. Lors de leur visite à la capitale, le roi ne leur a point tué une seule tête de bétail, il ne leur a donné que du poisson à manger. Aussi sont-ils sombres et peu communicatifs. Léwanika a fait le partage des femmes de tous les chefs massacrés ou en fuite; mais tous les enfants, — ces chers petits enfants, dont quelques-uns sont si intelligents et si aimables, — tous ont été impitoyablement mis à mort jusqu'au dernier. On nous donne des détails navrants sur cette horrible tragédie.

Nous parlons affaires. Le roi est toujours pressant dans ses messages, et les chefs, qui ont reçu des ordres, nous promettent des hommes sans retard. Pour le moment, la grande préoccupation de leurs seigneuries, c'est le choix du site de la nouvelle Séchéké. Ils ont consulté les *litaola*, — jeté les dés, dirions-nous en français; ils ont immolé des bœufs aux mânes des anciens chefs de Séchéké; ils sont allés à l'aube du jour, en procession et conduits cérémonieusement par une femme, prier sur tous les tombeaux d'importance, et puis, le dimanche après midi, ils sont

UNE HALTE A NALISA

Un bras du Zambèze, près des rapides de Kanma-Mollo.

venus en corps prier le Dieu des missionnaires. Donc rien ne manque maintenant pour assurer la prospérité de la nouvelle capitale de la province. Quelles leçons ils nous donnent tout de même, dans leur ignorance, ces pauvres païens !

Mokoumba, lui aussi, est de retour. Il s'est empressé de venir nous voir. Ngouana-Ngombé déposa à ses pieds son salaire de deux années de service, et, agenouillé devant lui, frappant des mains, il disait sur le ton de la supplication : « Mon maître, mon temps est fini, mais je voudrais rester avec les barouti (missionnaires) et m'instruire..... mon maître..... » Il tremblait d'émotion et de grosses gouttes de sueur ruisselaient sur la peau transparente de son visage. C'était là une scène d'un intérêt psychologique extrême. Mokoumba garda quelque temps le silence, puis, se choisissant une belle couverture de laine aux couleurs flamboyantes et lui passant le reste : « Mon enfant, dit-il enfin, je suis Mokoumba. Ce n'est pas moi qui t'enlèverai à ton père et à ta mère. Ils t'aiment, tu les aimes, tu es heureux, reste avec eux. Plus tard tu reviendras vers moi. » La figure de notre garçon s'illumina comme d'un éclair ; il remerciait et frappait nerveusement des mains. Il semblait qu'il respirât déjà les premières brises de la liberté, et entrevît des horizons tout nouveaux. Tous ses amis vinrent le féliciter. Nous, nous bénîmes Dieu.

Séchéké, 14 août.

Les chefs ont tenu parole, et ils ont mis à nous obliger un empressement qui nous étonne. Ils nous ont amené une troupe d'hommes et de jeunes gens et nous en promettent encore un plus grand nombre. C'est dans leur intérêt, car les gages de l'esclave et du serf reviennent de droit à son maître, et chacun de ceux-ci doit recevoir une couverture de coton et du calicot. A ce compte-là un ballot ne va pas loin... Du reste, nous connaissons assez nos Zambéziens pour savoir que ce n'est pas le grand nombre qui fait le plus et le mieux. Nous choisissons donc et inscrivons très solennellement les noms de ceux qu'il nous faut et nous congédions les autres poliment. Cela ne fait pas l'affaire des chefs, ils discutent vivement et témoignent leur désappointement et leur déplaisir en nous tournant à moitié le dos, en fronçant les sourcils et en claquant la langue. Mais nous n'en avons cure. Nous sommes habitués à ce genre de boutades.

18 août.

C'est avant-hier enfin que nos fourgons se sont mis en branle au milieu du concours bruyant de toute la population actuellement à Séchéké. Ils n'allèrent pas loin. Ils s'ensablèrent à deux kilomètres de la station. Le jeune Morantsiane, perché sur le cône d'une fourmilière, et escorté de gamins, prétendait que c'était lui qui nous enrayait ainsi, pour se venger de l'affront que je lui avais fait en lui refusant mon couteau de poche. Le lendemain, il m'envoya un message un peu plus poli. Il avait consulté les *litaola,* les osselets divinateurs, et l'oracle avait répondu que Sépopa — un roi fameux qui a rétabli le pouvoir des ba-Rotsi après la chute des ma-Kololo, — était irrité contre moi, parce que je ne lui avais jamais encore rendu l'hommage qui lui est dû. Ce qu'il exige maintenant, c'est l'offrande d'un bœuf, d'une chèvre, d'un mouton, de calicot, etc., et alors, « il me donnera le chemin ». A la stupéfaction de mes amis séchékéens, je déchargeai tout bonnement une partie des bagages, que je ramenai à la station. Pendant que les wagons, ainsi allégés, continuaient leur route sans plus d'entrave, je restai pour passer la journée avec les miens. La maison était déjà bien vide sans Middleton et Waddell ; que sera-ce quand je serai définitivement parti, moi aussi? Cette journée-là avait des ailes ; quatre heures sonnèrent, nous nous jetâmes à genoux. Et puis, — était-ce un rêve ? — je me trouvai tout seul, chevauchant lentement avec un cœur gros. Mes regards se tournaient involontairement en arrière, et cherchaient encore à distinguer certaines formes, l'agitation d'un mouchoir... Mais non, c'est de la faiblesse. En avant! et, donnant de l'éperon, je m'enfonçai résolument dans le bois.

Mon excellent bidet m'amena aux voitures grand train. Nous voyageâmes une grande partie de la nuit, et avant l'aube nous étions de nouveau en marche. Mais quelle ne fut pas ma stupeur, en découvrant ce matin que, malgré des réparations assez récentes, les deux roues de droite de mon wagon menaçaient de s'affaisser ! Les moyeux sont complètement pourris, on y enfonce une lame de canif comme dans du liège ; les rais y jouent du piston les uns après les autres. Pour ma consolation, on dit, on répète et l'on crie sur tous les tons autour de moi, que la voiture est condamnée, qu'elle s'effondrera pour sûr et n'arrivera jamais à la Vallée. J'aurais pu souffleter ces prophètes-là. Non seulement *il faut* que mon wagon me conduise à la Vallée, mais qu'il y amène aussi ma chère femme. Et alors, il aura bien mérité de la mission et de ses amis. Il est peu de wagons missionnaires qui aient tant roulé, peu qui aient donné tant de satisfaction à ses voyageurs. Dix ans de service par des pays sans routes, parmi les bois, les rochers et les sables brûlants, sans être jamais abrité des rayons d'un soleil tropical, des vents et de la pluie, c'est beaucoup. Comment le remplacer, notre bon vieux wagon, notre *home* de tant d'années dans le désert !... En attendant, réparons-le de notre mieux. Raccourcir la circonférence des roues, serrer la bande de fer et les rais avec des coins de bois, c'est le travail de quelques heures. Avec cet arrangement boiteux, nous continuons notre route, les regards inquiets souvent fixés sur les malheureuses roues.

Mosikili, 22 août.

A 80 kilomètres seulement de Séchéké et toute une semaine de labeurs ! Mais, patience ! une fois en train, nous voyagerons mieux. Notre passage a fait sensation dans les villages de Rataou, de Katoukoura, Kouénane, etc., car ces pauvres gens n'ont jamais vu des bœufs sous le joug, ni de maisons roulantes. Le 20, nous atteignions Loanja, dont nous avons tant entendu parler. C'est le grenier du pays. A certaines saisons, le Loanja est une rivière, un lac plutôt ; maintenant c'est un immense marais sur tout son cours, d'une largeur moyenne d'un kilomètre. Son vallon est d'une grande fertilité. On y cultive toutes les céréales de ces contrées. Pour le manioc et les patates, on fait sur les bords du marécage des plates-bandes entourées de profondes rigoles pour les drainer. Ce n'est pas facilement que nous parvenons à éviter ces fossés bourbeux, non plus que les pièges à gros gibier qui abondent à la lisière du bois. Heureusement que ces fosses ne sont pas garnies de pieux pointus, comme chez les ba-Nyaï. Quelle richesse que celle de ce pays entre les mains d'agriculteurs européens !

Parvenus aux confins des parages hantés par la *tsetsé*, nous demandons, au nom du roi, du secours et un guide à un petit chef qui se moque de nous. De nos prétendus guides, pas un ne connaît le chemin et n'a le pouvoir, dont nous le croyions investi, de nous procurer le secours en hommes dont nous avons besoin. Ils nous sont un tourment par les airs qu'ils se donnent. Monibothale est un tout petit chef de village, mais quand il parle de lui-même, ce qui est assez fréquent, il est un *Ngouana-Moréna,* un prince, un *Khosi é kanakana,* un si grand personnage ! Pourquoi les chefs de Séchéké ont-ils mis tant d'insistance à nous faire prendre cette route plutôt que celle que Léwanika a dû faire ouvrir du côté de chez Lékosi ? Nos gens n'y voient qu'intérêt sordide et méchante ruse.

Comme nous devons maintenant voyager de nuit, Middleton et Waddell, avec deux indigènes, offrent de prendre les devants pour déblayer le chemin. Les trouvant trop peu nombreux pour un si grand travail, j'eus la malheureuse inspiration de partir avec ma hache sur l'épaule. Waddell avait un accès de fièvre et se traînait péniblement. Nous bûchâmes fort. Nous allumâmes de place en place de grands feux pour montrer la direction de la route. A dix heures, nous atteignîmes Mosikili, où nous devions attendre les wagons. Mes compagnons, fatigués, s'étaient recoquillés autour du feu, car il faisait froid, et s'étaient bientôt endormis.

Seul, debout, je veillais, plongeant le regard dans l'épaisseur des ténèbres, tendant l'oreille au moindre bruit, jusqu'à ce que je crus entendre les clochettes des bœufs et se dessiner devant moi des silhouettes confuses. Illusion. Rien. A deux heures du matin, j'expédiai deux hommes pour voir ce qui était arrivé. Ils revinrent à cinq heures avec les attelages et la nouvelle qu'Aaron, ayant manqué notre chemin, avait embourbé sa voiture dans le marécage. Ayant immédiatement fait passer le bétail sur un îlot, où il paîtra tout le jour en sûreté, je retourne aux wagons. En effet, le mien était bien là, presque couché sur le côté dans la vase, — accident qui eût été impossible de jour. Les hommes étaient sombres et tristes. L'échange de quelques paroles amicales et un bon repas qu'on prépara à la hâte les remirent vite, et ces pauvres hommes travaillèrent toute la journée dans la boue avec un entrain admirable. — La voiture soulevée, relevée par des crics avec une peine inouïe dans ce bourbier sans fond, on pava le terrain spongieux de pieux couchés et de branches d'arbres. Heureusement que tout cela pouvait se faire de jour. Le soir à huit heures, les bœufs arrivent. Je ne comprends pas comment ces gens peuvent trier les différents attelages, puis les bœufs de chaque joug par une nuit aussi obscure, car de clair de lune, point. Ils ont une vue de lynx. A dix heures nous sommes hors des marais, et à deux heures du matin, à Mosikili. Là, hélas ! nouvel arrêt. Mosikili est un îlot. Pour y arriver, il faut traverser un bras du Loanja avec de l'eau par-dessus le genou, et de 3oo mètres de large ou plus. Ne faut-il pas que notre dernière voiture s'y embourbe ! — C'est en vain qu'on double les attelages et que tout le monde, transi de froid, crie à se rompre la poitrine. Les premières lueurs de l'aurore blanchissent déjà l'horizon, et, bon gré mal gré, il nous faut abandonner la partie jusqu'à la nuit suivante et sauver nos bœufs.

Qu'elle est donc capricieuse tout de même cette mouche meurtrière ! Peut-on le croire ? Ses essaims pullulent dans les forêts qui bordent le Loanja, tandis que sur les îlots à quelque 400 mètres de là, il n'y en a pas trace. Ces îlots sont des refuges sûrs et connus, où les ba-Rotsi, en voyage, parquent toujours leur bétail.

Je n'ai pu m'empêcher de sourire en entendant parler d'une théorie curieuse et originale. On se serait, paraît-il, étrangement mépris sur la nature de la *Glossina morsitans*.

Sa piqûre, dit-on, est parfaitement inoffensive. Les désastres qu'on lui attribue sont tout simplement les effets d'un climat miasmatique. Ainsi, les bœufs seraient sujets aux fièvres paludéennes comme leurs maîtres. Eh ! que de tonnes de quinine il faudrait pour les sauver ! — Et si pourtant c'était vrai, que de fatigues et de soucis nous seraient épargnés ! Il est de fait que la tsetsé est encore fort peu connue. Elle suit le buffle dans ses migrations, c'est certain. M'est avis qu'elle dépose ses œufs dans sa bouse et qu'elle suce son sang ; car, au dire des chasseurs, du moment qu'ils ont abattu un gros animal, la carcasse est immédiatement couverte d'essaims de tsetsé.

22 août.

Qu'elle est donc difficile l'éducation de nos Zambéziens, surtout quand ce sont des ma-Thambézi qui s'en mêlent. « Gens de la rivière », passionnés pour les canots et la pêche, tout autre travail leur répugne et celui-ci tout particulièrement. Ils ont peur des bœufs, ils abhorrent les wagons et les trajets nocturnes. Et voilà deux nuits consécutives qu'eux non plus n'ont pas dormi. Ils sont frileux, ce qui les rend de mauvaise volonté ; on ne les fait bouger qu'à force de gronderies. Pourvu qu'ils aient de la nourriture, du feu et du sommeil, peu leur importe le reste. Qu'on avance ou non, que les bœufs s'égarent et que les wagons s'embourbent, cela les touche peu. Une scène eut lieu ce matin où les ma-Thambézi déversèrent tout leur fiel. Les Zambéziens se mirent décidément en grève ; ils roulèrent leurs nattes et se disposaient à retourner chez eux.

« Partez ! criaient les conducteurs à la fois, partez vite. Si ce n'était le morouti, nous vous rosserions comme des chiens. Allez-vous-en, *renards,* filez! » — Et s'ils étaient partis?... J'appelai les récalcitrants, leur adressai de vertes réprimandes, qu'ils recevaient d'un air câlin, répétant à chaque phrase « Ntaté! Ntaté! »

L'orage était donc pour cette fois conjuré. Ce qui n'empêche pas que les garçons font leur service de mauvaise grâce.

La voiture embourbée nous a retenus une grande partie de la nuit, et nous sommes forcés de rester ici pour le dimanche.

Kalangou, 24 août.

Kalangou, c'est le nom d'un petit chef de ma-Totéla qu'on étend aussi à son village. Ce digne vieillard, apprenant que nous étions à Mosikili, envoya une bande de jeunes gens à notre rencontre pour nous guider, de peur, disait-il, que nous ne soyons surpris par le jour au milieu de la tsetsé. Nous voyagions royalement, c'était plaisir. Tout à coup le cri d'alarme vient de l'arrière. Nous accourons avec nos lanternes. « Les bœufs ne veulent plus avancer, dit piteusement Kambourou, nous n'en pouvons plus venir à bout. » Une minute d'inspection, et nous découvrons que plusieurs ont la chaîne de trait sous le ventre et se laissent traîner par le reste de l'équipage! Pas étonnant qu'ils ne veuillent pas avancer! Ce petit incident ne refroidit pas l'entrain de la caravane. Nos ma-Totéla couraient en avant avec des tisons embrasés, ils criaient, beuglaient, jappaient comme une troupe de chacals. Était-ce pour effrayer les bêtes sauvages ou pour annoncer de loin notre arrivée? Notre principal guide a pris pour devise qu'il ne faut pas donner à un blanc de renseignements exacts sur le chemin. Et il a si bien endoctriné les autres que, quand nous demandons à quelle distance nous sommes de Kalangou, on nous répond invariablement: « Oh! c'est encore loin, loin, *très loin.* — Eh bien! détélons les bœufs, qu'ils se reposent un peu! — Comment, dételer? s'écria mon mentor tout ahuri, mais nous sommes arrivés! C'est ici, tout près. » Et c'était vrai. Il était deux heures du matin. Comme d'habitude, nous faisons passer le bétail sur un îlot et cherchons un peu de sommeil. A mon réveil, la curiosité avait rassemblé toute la population. Bonne occasion pour parler de l'Évangile: et ce ne fut pas la seule, car nous dûmes passer deux jours à Kalangou pendant qu'on déblayait le chemin devant nous. Deux jours agréables avec ces gens si sociaux, mais, hélas! deux jours de délai!

XXVIII

A travers bois et marécages. — Une éclipse de soleil. — L'expédition du Dr Holub.
Le wagon versant dans la rivière. — Un beau dimanche. — A Séfoula !

25 août 1886.

Douze heures sous le joug ! de six heures du soir à six heures du matin ! Je ne me souviens dans ma vie de missionnaire que d'une seule circonstance où chose pareille m'est arrivée ; c'est quand les ma-Tébélé nous ont faits prisonniers chez les ba-Nyaï. Les gens de Kalangou nous conduisirent avec un bruyant entrain à 15 kilomètres, et nous remirent à Moangou, petit chef de ma-Totéla, qui nous attendait. Il nous fournit des hommes et nous continuons notre route. C'est maintenant que commencent nos difficultés. Le chemin n'a pas du tout été taillé, et nous sommes obligés de le faire à mesure que nous avançons. Nous longeons la forêt à gauche, et le marécage à droite dans la direction du nord-nord-ouest. Nos nouveaux guides disent qu'il fait froid, ils s'allument des feux, font un somme pendant que nous travaillons ou que nos chariots s'enfoncent dans d'inévitables bourbiers. Impossible d'obtenir d'eux le moindre secours. Je consultais ma montre, nous regardions les étoiles avec une anxiété toujours croissante. « Hâtons-nous, le jour va nous surprendre ! » C'était le cri général. En effet, l'aube parut et nous étions encore à quelque distance d'une île qu'on nous avait désignée. Pendant que nos Zambéziens se rôtissent au feu, nous dételons à la hâte, et Aaron avec un autre conducteur font courir nos bêtes éreintées vers l'île en question. Mais quels soucis !

Nous étions près d'un ruisseau profond et dont les abords marécageux nous faisaient peur. Après un déjeuner forcément frugal, il nous fallut chercher un passage, le paver de bois et de branches. Malgré toutes nos précautions, la nuit suivante, nous n'en sortîmes pas avant une heure du matin. Voilà donc toute une semaine de grandes fatigues pour traverser la région de la tsetsé. Et nous pensions le faire en deux nuits ! Dieu soit loué pourtant, nous voici aux confins de cette région. Mais encore faut-il atteler avant l'aurore pour plus de sûreté, voyager tout le jour par un soleil de feu et dans des sables brûlants pour arriver à l'eau. Ce trajet-là achève hommes et bêtes; on ne marche plus, on se traîne. Aussi saluons-nous d'un cri de joie une éclaircie qui nous laisse entrevoir une nappe d'eau. C'est *Matsa*[1] !

Au ruisseau Siboya, 30 août.

Les gens de Moanza nous donnent une infinité de tracas; ils ne veulent rien faire; la nuit, ils ne voyagent pas, eux; le matin il fait trop froid pour jouer de la cognée; au milieu du jour, il fait trop chaud. J'ai vainement essayé de me défaire de ces vampires gloutons; ils attendent des *setsiba*, du calicot. Ils ont pourtant réussi à nous égarer sciemment dans les bois, loin de notre direction, dans le voisinage d'une zone de tsetsé. Dieu sait où ils nous eussent conduits, si certains chefs de Séchéké, qui vont à leur tour saluer le roi, ne nous avaient envoyé de bons guides. La forêt était épaisse, le sable profond et nos bœufs épuisés; c'était samedi et il fallait à tout prix arriver à l'eau. Nous laissons deux wagons et prenons tous les bœufs pour traîner les deux autres. Nous nous taillons courageusement notre chemin dans les fourrés; mais impossible de savoir la direction générale que nous devons suivre, et de l'est à l'ouest, et *vice versa*, nous faisons des zigzags à tous les points de la boussole.

Nous arrivons pourtant à la brune près d'un charmant ruisseau qui coule au nord et porte ses eaux dans un affluent du Ndjoko. Nos jeunes gens, fatigués, se mettent en grève et refusent tout service. Le lendemain fut un triste dimanche, car il nous fallut chercher les autres voitures laissées dans un désert sans eau. J'avais la tristesse dans l'âme. A quatre heures de l'après-midi, nous jouîmes du spectacle imposant d'une éclipse totale de soleil. C'était splendide. Nos garçons, cachés dans les bois, accouraient tout atterrés. « Yo ! nous allons périr ! » Les poules se perchaient, les chiens aboyaient, les étoiles brillaient au ciel. Au milieu de mes ennuis j'avais complètement oublié le phénomène, et je m'en veux. Nous eûmes une bonne réunion ensuite; je parlai sérieusement à nos garçons et les menaçai de me plaindre d'eux à Léwanika. Je sentis que cet argument-là était une balle perdue. Quoi qu'il en soit, ils promirent de mieux faire. La journée se termina mieux qu'elle n'avait commencé.

---

1. Pluriel de *letsa*, étang.

LA MISSION SE FONDE.   263

31 août.

Quelle surprise ! Le messager que j'ai envoyé à Séchéké vendredi dernier est déjà de retour. En quatre jours et demi, ce n'est pas mal. Il nous a fallu deux semaines, à nous. Je lui donne joyeusement son setsiba, et me retire à l'écart avec les précieuses missives qu'il m'apporte. Bonnes nouvelles des miens. Dieu soit loué ! Ma chère femme, qui a été malade toute une semaine après mon départ, va mieux, et essaie de se faire à son petit ménage de veuve. Les Jeanmairet vont leur train... Le nouveau Morantsiane promet d'être une écharde pour eux, et, comme le remarque ma femme, « il faudra à nos amis toute la grâce de Dieu pour savoir être fermes et bons tout à la fois. »

Et quelles nouvelles de l'expédition du Dr Holub ! Pillée, complètement pillée par les ma-Choukoulomboué, non sans représailles sanglantes ; elle est de retour à Kazoungoula dans un état déplorable de maladie et de dénuement. Pas de calicot, pas de couvertures à leur envoyer, car j'ai tout pris. C'est notre bourse. Mais notre bonne « Dorcas », avec le concours de nos « enfants », a réussi à faire un bon paquet de robes, linge, savon, etc., pour venir en aide à M. et Mme Holub. Il y a dans cet échec certains détails que je ne m'explique pas bien. Mais la sympathie des gens de cœur ne fera pas défaut. Je puis bien me mettre à la place du Dr Holub, car nos ma-Totéla et nos ma-Ngnété ne valent pas mieux que les ma-Choukoulomboué, et ils nous feraient pis s'ils l'osaient. « Oh ! comme je pense à la bonté de Dieu, écrit ma femme à ce sujet. Il ne nous abandonne pas à nous-mêmes ; il nous guide par son conseil. Et quand les ténèbres nous environnent, si épaisses que nous ne savons vraiment pas si nous devons aller à droite ou à gauche, il nous dit : « C'est ici le chemin, marchez-y ! » Le contraste entre l'expédition Holub et la nôtre est tout un sermon pour moi. Je pense beaucoup à ce qui nous est arrivé chez Masonda, et je me dis combien il eût été facile pour nous, par la plus légère imprudence, de nous placer dans la position où se trouvent maintenant les Holub. C'est parfaitement vrai.

Rivière Séba, un des affluents du Njoko, 2 septembre.

Nous avons travaillé, tous ces jours-ci, jusqu'à ce que la hache nous tombât des mains. Nous sommes tous noirs comme des charbonniers, et nous pouvons à peine nous regarder sans rire. Depuis que nous avons quitté Séchéké, le pays, bois et plaines, récemment brûlé, est tout couvert de cendres qui, soulevées par les bœufs, nous enveloppent d'un nuage épais. Nous respirons quand, de places en places, nous trouvons l'herbe de l'an passé épargnée par la conflagration générale. Nous n'avançons pas. C'est un grand travail que d'ouvrir un chemin à travers les fourrés, et puis il reste toujours ces sables d'Afrique que les bœufs labourent avec tant de peine.

Quand arriverons-nous? Sera-t-il possible à ma femme de faire ce voyage cette année? Mon Dieu!...

Ndjoko, 3 septembre.

Nous cheminions lentement et péniblement dans les bois pour atteindre un gué lointain, quand les chefs de Séchéké, dont j'ai déjà parlé, et qui nous servaient d'avant-garde volontaire, nous firent mander qu'ils avaient trouvé un passage tout près. Gué fort bon, fond pierreux, berges nulles, peu d'eau et surtout pas de bourbier! Nous allâmes l'inspecter, et bien qu'il ne fût pas précisément ce que l'on disait, nous le crûmes praticable. La rivière en cet endroit est de quatre-vingts mètres de large, et d'un courant rapide. Nous lançons mon wagon traîné par trente-deux bœufs. Il était huit heures du matin. A dix heures tout serait fini, pensions-nous, et après la halte ordinaire du milieu du jour, nous partirions, voyagerions à marches forcées pour aller passer le dimanche au Loumbé. Malheureusement, comme toujours en pareil cas, il arrive des enchevêtrements, des bœufs dételés, des jougs détachés, des clefs cassées, et puis, au moment de sortir de l'eau, les roues de derrière s'enfoncent si bien que l'un des moyeux disparaît dans la boue. Devant nous, une montée courte, mais rapide, les bœufs se refusent à tout effort: les cris, les coups, les différents angles auxquels on met la chaîne de trait, rien n'y fait. Le chariot, deux fois entraîné à reculons au milieu de la rivière va, pour éviter le bourbier à droite, se buter à gauche contre une berge de sable. Mais nous mettons aux roues chefs et ma-Totéla; quelques coups de bêche, un coup de collier et nous sortirons aisément. Oui, seulement les bœufs sont devenus récalcitrants et têtus; ils n'entendent et ne sentent plus rien. Les uns tirent en arrière, les autres, d'un habile coup de tête, tournent le joug par-dessous leur cou et regardent avec défi le maudit wagon; celui-ci se détache et se sauve, celui-là se couche, s'étrangle avec opiniâtreté, écume, mugit et fait le mort. « Mords-lui la queue ! » On a beau lui mordre la queue, il reste insensible. Enfin, l'ordre rétabli et chacun à son poste, nous tentons un dernier effort avant de décharger. Nos ma-Totéla trouvent que c'est moins pénible de travailler de la langue que des épaules ; ils font un vacarme épouvantable. Les bœufs, exaspérés, se précipitent à droite avec une impétuosité que personne ne peut arrêter. On voit les roues de gauche se lever : le danger est imminent, les gens affolés perdent la tête ; les uns se jettent sur les roues, les autres se ruent sur les bœufs. Et, en moins de temps qu'il n'en faut pour le dire, la voiture avait perdu son centre de gravité, était lancée hors de son train, et, renversée, gisait sur le côté dans la rivière. Au vacarme étourdissant succède un morne silence ; les indigènes, frappés de stupeur, la main sur la bouche et cloués sur place comme des statues, se regardaient, me regardaient ; ce n'était certes pas le moment de perdre la tête. Nous dételons les bœufs et courons au wagon culbuté. Mon cœur se serre à la vue de ce naufrage et en pensant au voyage de ma femme. Et le courant de l'eau, roulant des sables parmi le chaos de nos bagages, rit à haute voix comme pour insulter à notre malheur.

Dégager nos caisses jetées pêle-mêle, pêcher la literie, les ballots, les sacs de provisions, ce fut une tâche laborieuse et de plusieurs heures que s'imposèrent Waddell et Middleton. Il était trois heures de l'après-midi ; Waddell était blanc comme un linge, il chancelait, et je crus qu'il allait s'évanouir. Je me souvins alors que nous n'avions rien pris depuis la veille. Je courus lui chercher une goutte de vin pour le réconforter un peu. Nos bagages sortis de l'eau, j'aurais voulu fuir ce spectacle écœurant. Voici ma boîte d'instruments scientifiques jetée sens dessus dessous, le couvercle brisé, les instruments épars ; voici ma literie, mes vêtements de rechange, mon linge, et tout cela ruisselant d'eau et rempli de sable. Voilà nos provisions, café, thé, graisse, miel, dont notre bonne ménagère avait eu soin tout particulièrement de nous pourvoir, du vermicelle, de l'*arrow-root,* très soigneusement gardés pour les temps de maladie, tout cela répandu, mêlé, trépigné dans la boue. On retire du fond de l'eau un sachet de farine qui devait nous durer des mois, puis le sac de sel, le sac de sucre. Mais les sacs sont vides. Sel et sucre complètement fondus ! C'est encore ma petite bibliothèque de voyage : bibles, cantiques, ouvrages scientifiques, livres de médecine, de littérature, journaux et revues de la dernière poste, papeterie, une masse de pâte molle et boueuse. Et le tout jeté à l'avenant hors de la rivière, sur une rive fraîchement balayée par le feu et couverte d'une couche épaisse de cendres noires.

Mais laissons les bagages et songeons au wagon. Nous démontons le train pièce à pièce, ce qui est facile. Il faut ensuite sortir la tente immergée, ce qui l'est moins. Il faut surtout la porter, la lever à bout de bras au-dessus des grandes roues pour la remettre sur le train, ce qui faillit dépasser nos forces. L'eau et le sable en avaient doublé, triplé le poids, et nos ma-Totéla nous laissaient à peu près seuls faire des efforts à nous rompre. A force de prières, de gronderies et de patience, nous en vîmes pourtant à bout, et la tente finit par tomber en place sur les essieux, au milieu de hourras étourdissants. Le voilà donc encore une fois sur pied, mon pauvre wagon. Bon vieil ami, notre *home* ambulant de tant d'années dans des contrées lointaines et inconnues, au milieu d'aventures si diverses, que tu as donc l'air triste et déchu avec tes côtes enfoncées, ta visière en lambeaux, tes fenêtres brisées (deux petites fenêtres à coulisses), ta tente déchirée et boueuse, ton frein et tes caissons tout en pièces !...

C'était maintenant la brune. Tout le monde s'était dispersé sur le coteau voisin pour faire les arrangements du bivouac. J'étais resté tout seul au milieu de mes épaves. Ce qui se faisait jour dans le tumulte de mes pensées, c'était une impression très vive de la bonté de Dieu. Sans doute j'aurai à payer, un peu cher, les services des chefs de Séchéké, mais ils nous ont été d'un grand secours, leur conduite nous a fait plaisir. Qu'aurions-nous fait sans eux, à la merci des ma-Ngnété et des ma-Totéla? Qu'aurions-nous fait surtout si pareil accident nous fût arrivé dans les marécages du Loanja, de nuit, au milieu de la tsetsé, ma femme avec nous, loin de tout village et de tout secours possible? L'accident eût pu être dix fois, cent fois pire, et tout à fait irrémédiable. Aussi, je sentis le calme et la reconnaissance jaillir dans mon cœur, et mon âme bénit l'Éternel. Au bivouac, les ba-Rotsi m'avaient, avec quelques branches et un peu d'herbe, fait un abri contre le vent qui soufflait. Waddell m'offrait sa couverture écossaise, que je ne pouvais pas accepter ; Middleton me procurait une ou deux couvertures de coton ; Kambourou m'avait trouvé un peu d'herbe pour ma couche. Aaron me donnait son oreiller, et Ngouana-Ngombé, tout malade qu'il était, m'avait fourni le vêtement des pauvres : un feu flamboyant. Ainsi choyé par tout mon monde et exténué de fatigue, je m'étendis et dormis d'un profond sommeil jusqu'au matin. Il fallut alors recommencer la besogne, porter à bras tous nos bagages sur le plateau, et au milieu d'un concours toujours croissant de curieux, qui ne sont pas plus discrets ni plus honnêtes qu'il ne faut, vider les caisses, étendre robes, vêtements, linge, coupons, vraies loques qui ont déteint les unes sur les autres, objets d'échange, provisions, épiceries, tout cela avarié et déjà en fermentation ! Quelle exhibition ! C'est alors que je pus constater l'étendue de nos pertes... De quel prix ne nous sera-t-il pas désormais, chaque objet qui nous arrivera sain et sauf à la Vallée ? C'est au milieu de cette triste lessive que je prêchai l'Évangile à un auditoire de deux cent cinquante personnes. Les hommes m'écoutaient avec attention, mais le caquet des femmes ne se donna pas de répit; leurs oreilles étaient fermées à la prédication. C'est notre friperie qui absorbait leurs regards et leurs pensées. Cela me rendit profondément triste.

A la rivière Loumbé, 11 septembre.

Le trajet est des plus laborieux; les haches ne se rouillent pas, mais les bras se lassent. Le sable est tel, et les bœufs sont si fatigués, que nous faisons à peine 2 kilomètres à l'heure. L'attelage de Middleton de quatorze est réduit à dix; nous sommes obligés de laisser son wagon en arrière pour le chercher ensuite, ce qui double nos étapes. Au lac Kambé, Waddell a abattu une antilope, un khokong[1]. J'en étais fier pour lui, car c'est son premier coup de grosse chasse, et content pour nous à cause de la viande.

Nous dirigeant au nord-nord-ouest, à travers un bois, nous débouchons sur le lac desséché d'Issoumou, puis dans le vallon spongieux d'un ruisseau tributaire du Loumbé. A sa source, ce n'est qu'un marais, à deux kilomètres plus bas ce sont des étangs, et, plus loin, se joignant à un autre affluent du Loumbé, il forme des marécages impraticables et qui s'étendent à perte de vue. Impossible d'aborder le Loumbé. A neuf heures du soir, nous nous arrêtons à la lisière d'une forêt pour y passer le dimanche. « Le Loumbé, nous disent nos éclaireurs, n'a qu'un seul gué connu, et ce gué est profond; on y a de l'eau jusqu'au cou. » Tristes nouvelles s'il en fut. Une visite que nous y fîmes le lendemain nous convainc que ce rapport est bien au-dessous de la vérité. Pour aborder la rivière il faut traverser des mares, longer des étangs

---

1. Le gnou, *catoblepas Gorgon*. Il y en a au Jardin des plantes.

profonds sur un terrain détrempé. C'est matériellement impossible à première vue. Que ferons-nous? Faudra-t-il tout décharger, tout démonter, porter bagages et voitures à bras, et passer le tout en canots? Et combien de jours cela nous prendra-t-il? Je n'ose pas y penser.

Au Loumbé, rive droite, 20 septembre.

Quel délicieux jour de repos nous avons eu ici hier! le premier depuis que nous sommes en voyage. Il faut avoir travaillé comme nous le faisons toute la semaine pour comprendre avec quelle joie nous saluons le jour du Seigneur. Après le déjeuner et le culte, chacun de chercher un coin ombragé, isolé, et dort, dort comme s'il n'avait jamais encore dormi. Je me retire aussi; je lis, j'écris, je médite, et d'un bond me voici voyageant dans d'autres parties du monde. Je suis à Léribé..... en Europe, en France..... Je vois ces bonnes réunions qui de loin m'apparaissent comme des festins spirituels. Mon ciel s'assombrit bien un peu, la solitude se fait plus grande autour de moi, je me sens « dans une terre déserte, altérée et sans eau ». Satan n'est pas loin. Mais en laissant cours à mes pensées, une vision vient soudain tout illuminer. M'élevant plus haut, je ne vois plus seulement des lieux connus et aimés, les Béthels de mon pèlerinage, mais je passe en revue les pays du monde entier où retentit la prédication de la Bonne Nouvelle. Il me semble entendre monter vers le ciel, des cités populeuses et des déserts, des villes et des hameaux, des continents et des îles perdues dans l'Océan, un concert universel de louanges où s'harmonise la multiplicité des langues humaines. Il me semble que le jour va luire où tout genou se pliera devant Jésus, où toute langue confessera qu'il est le Seigneur à la gloire du Père. Je reprends courage alors et je bondis de joie. Autour de moi, c'est vrai, c'est encore le silence et les ténèbres. Mais que sera-ce quand les tribus zambéziennes et les nations de l'intérieur verront la grande lumière et joindront aussi leurs joyeux accents à ce puissant concert!...

D'ici nous pouvons encore voir notre campement de la semaine dernière; nous avons cependant fait un grand pas, car nous étions alors sur la rive gauche et nous voici sur la rive droite. Le Loumbé est une rivière profonde et que ses rives ne peuvent contenir. Elle se répand dans une plaine dénudée de plusieurs kilomètres de large, où elle se divise en une infinité de branches séparées par des marécages impraticables qui sont particuliers aux rivières des régions intertropicales et équatoriales de ce continent. Elle coule parallèlement au Ndjoko du nord au sud, et à trente lieues d'ici se jette dans le Zambèze du haut d'une muraille de basalte où elle forme une série de chutes. Pendant deux jours, qui à cheval et qui à pied, nous en avons exploré le cours sans trouver d'autre gué que celui qui était devant nous. Découvrant cependant un endroit moins marécageux, où les wagons pouvaient aborder la rivière sans trop de danger, nous décidâmes d'y passer nos bagages en canots, et risquer ensuite nos wagons vides. De petits chefs, attirés par l'appât des setsiba, accourent bientôt avec quelques hommes. « La rivière était presque vide, me dit un vieillard, mais, depuis cette merveille effrayante de l'autre jour, elle se remplit de nouveau. » Malheureuse éclipse, quelles calamités ne lui attribue-t-on pas ! Les canots qu'on amène sont tout petits. Un seul individu avec un rameur peut s'y agenouiller, à condition de bien garder l'équilibre. L'idée me vint de les attacher deux à deux, et nous passâmes ainsi tous nos bagages sans le moindre accident. Le passage du gué fut bien plus dangereux, mais nous avions pris nos mesures. A l'aide de grosses cordes du pays, nous parvînmes, non sans peine, à empêcher que les attelages et les voitures ne fussent emportés par le courant. Voilà le travail de toute une semaine. Avec un pont c'eût été celui de quelques minutes. Pauvre Afrique ! Heureux les pays civilisés !

Nos provisions sont au plus bas, et il y a famine au pays. Impossible de nous procurer des vivres avant d'arriver au Rouyi[1]. Et comment y arriver avec des bœufs épuisés ? Nous prenons une grande résolution : nous choisirons les meilleurs bœufs, prendrons deux wagons et laisserons les deux autres, que nous viendrons chercher ensuite. Nous donnons à Franz et à Kambourou ce qui nous reste de nourriture, du calicot et de la verroterie et nous leur disons adieu. Nous voyageons mieux. Nous avons fait sept lieues aujourd'hui vers le nord-est, en suivant toujours le vallon, la plaine plutôt, du Loumbé. Elle n'a pas moins de quatre à cinq kilomètres en moyenne. Elle est bordée, de chaque côté, de bois, qui s'avancent comme des promontoires de sable que nous ne pouvons pas éviter. Le sol est riche en minerai, et nous

---

1. Les Zambéziens font de l'*l* et de l'*r* une confusion remarquable. Les indigènes ne paraissent pas s'y tromper ; mais la nuance nous échappe encore. Nous entendons indifféremment *Lobosi* et *Robosi*, le nom de jeunesse du roi Léwanika, *Roumbé* et *Loumbé*, *Rouyi* et *Louyi*..... L'euphonie semble donner la préférence au son *l* dans *Léalouyi*. Cela donne lieu parfois à des contresens amusants. Ainsi *loula* veut dire s'asseoir, et *roura* voler ; par la confusion fréquente des deux consonnes *l* et *r*, ils font avec la plus grande facilité *asseoir* les oiseaux et *voler* les hommes.

trouvons ici et là des débris de fourneaux où on le fondait autrefois. Nous ne sommes pas loin des mines célèbres de *Kachenjé,* d'où les ma-Totéla de toute la contrée vont tirer le fer tant pour leur propre usage que pour leur petit commerce et le tribut qu'ils doivent au roi. La vallée du Loumbé, comme celle de tous les affluents, paraît avoir été autrefois exploitée sérieusement. Il s'y trouvait évidemment une forte population, à en juger par les champs en friche et les couches exhaussées, entourées de rigoles couvertes d'herbes où l'on cultivait le manioc et les patates. A distance on dirait des tombeaux.

Que sont devenues toutes ces populations? Problème douloureux à résoudre. Quand je voyageais en canot sur le Zambèze et que je m'étonnais du dépeuplement d'une contrée aussi riche, mon guide me disait que, pour plus de sécurité, les habitants s'étaient retirés à l'intérieur des terres. Et maintenant encore, on me les indique du doigt plus au nord. A Séchéké on nous disait que nous voyagerions parmi des tribus nombreuses, *machaba-chaba*[1]*!* Où sont-elles? Çà et là, un village, un hameau caché dans les bois, voilà tout. La conquête du pays par les ma-Kololo a commencé cette œuvre de destruction que continue encore la rapacité insatiable des ba-Rotsi.

Entre les mains de colons européens, ce pays serait d'une richesse inépuisable. On pourrait tout y cultiver, les produits des climats tropicaux, comme ceux des climats tempérés. Le point noir, c'est la question des débouchés, ce sont les voies de transport. Toujours est-il que, pour des commerçants philanthropes, il pourrait y avoir une œuvre à faire. Au point de vue missionnaire, si nous étions riches en hommes et en fonds, il y aurait lieu de fonder un établissement missionnaire dans les environs du Ndjoko. Il s'y trouve déjà plusieurs villages, il est à croire que la population éparse se grouperait autour d'une station. Ce serait un trait d'union entre Séchéké et Léalouyi.

22 septembre.

Un malheur n'arrive jamais seul, dit-on. C'est un mouton qui meurt, puis une chèvre, puis un veau. Adieu le lait! puis c'est un bœuf qui se casse la jambe et qu'il faut abattre. Tout cela n'est rien. Mais voici ma *montre,* mon compagnon inséparable de nuit comme de jour, ma montre à répétition, le souvenir d'un ami

---

1. *Séchaba* signifie « peuple »; plur., *li* ou *machaba!*

maintenant au ciel, mon unique montre qui est détraquée et ne veut plus marcher. J'ai beau la regarder, la caresser, la remonter, c'est fini, son pouls a cessé de battre et me voilà sans montre ! J'en avais bien une autre ; j'ai dû la donner en reconnaissance de services qui nous ont été rendus. Je suis tout dépaysé. Comment un tel malheur a-t-il donc pu m'arriver ? Serait-ce au Loumbé ? en maniant la hache dans les bois ?...

Autre désagrément. Les guides que nous a donnés le chef Moana-Moari nous ont égarés. Parvenus à un sentier qu'ils nous assuraient être le bon chemin, nous quittons le Loumbé pour nous enfoncer dans la forêt. Nous travaillons d'arrache-pied toute l'après-midi et le lendemain matin à ouvrir le chemin. Mais le sentier se dirige du sud-ouest au sud. Ce n'est pas notre direction ; je conçois des doutes. Près d'un abri de feuillage, un feu brûlait encore et il s'y trouvait les restes d'un repas tout récent. Ce sont évidemment des voyageurs qui viennent de s'enfuir à notre approche. Vite Aaron enfourche le cheval. Oh ! ce bon cheval, quels services il nous a rendus ! Dieu vous bénisse, amis inconnus qui nous l'avez donné ! Aaron atteint les voyageurs, calme leur épouvante et apprend d'eux que le sentier que nous suivons conduit aux mines de Kachénjé ; le chemin du Rouyi est plus loin. Bon, voilà du travail perdu. Nous rebroussons chemin et poussons à 12 kilomètres plus loin. Des voyageurs qui conduisent une troupe de jeunes filles pour le service de la maison royale nous rassurent. « C'est le grand chemin de la capitale, il n'y en a pas d'autre. » Ce grand chemin n'a pas deux pieds de large. C'est que les indigènes, quelque nombreux qu'ils soient, ne marchent jamais de front, mais toujours à la file, en observant strictement les règles de la préséance. Nous nous remettons au travail et allons déboucher au chott Isiki. C'est un de ces nombreux lacs égrenés entre le Loumbé et le Rouyi, dépressions peu profondes du sol, qui se dessèchent en partie au printemps, mais qui, lors de la crue, forment d'immenses nappes d'eau du trop-plein du Zambèze. Je parviens à acheter un peu de blé des voyageurs que nous rencontrons, et même du sel. Du sel ! Aaron, qui l'a flairé avant moi, s'en va secrètement en acheter une toute petite calebasse dont il me fait présent. Ce sel est encore tout plein de sable et de terre ; tout de même c'est du sel, et quand on en a été privé pendant des jours, on pourrait le croquer comme du sucre.

A la rivière Motondo, 29 septembre.

Nambora ka Nkoli! C'était notre cauchemar depuis Séchéké. Tout le monde en parlait avec effroi. Nambora ka Nkoli, c'est la forêt où « l'on ne boit que l'eau de sa gourde »; ce sont des fourrés, des sables et la soif. Les Zambéziens ont une peur terrible de la soif, et ils la supportent mal. L'eau de leur fleuve est délicieuse et ils la boivent par plaisir. En être réduit à sa gourde, c'est une calamité. Il fallut deux jours pour frayer un passage à travers cette forêt mal famée. Heureusement que Middleton, qui n'a plus son wagon, peut prendre ma hache et me soulager. La forêt n'a que 30 kilomètres de large; nous y entrons à deux heures du matin, et au coucher du soleil nous l'avions derrière nous. « Plus de difficultés, nous avons passé Nambora ka Nkoli! » Nous débouchons en effet dans une éclaircie. Ce n'est ni un vallon ni une plaine. Cela tient de l'un et de l'autre. C'est une immense traînée herbeuse de 4 kilomètres de large qui paraît au nord-nord-est à l'horizon entre de petites collines et va disparaître dans le lointain au nord-ouest entre d'autres collines bleues aussi. C'est un vaste marécage où le Motondo, sans berges, s'épanche sur un terrain qu'il imbibe de ses eaux comme une éponge. Il forme ici et là des étangs profonds, se divise et se subdivise en plusieurs branches qui essaient de se creuser chacune son lit. Sur les bords de ce marécage immense, il se forme une croûte légère qui rebondit sous vos pas. Malheur si elle se brise sous les pieds des bœufs ou sous les roues du wagon; c'est un bourbier sans fond. Hélas! c'est ce qui nous arriva, et, bien que nous eussions passé nos charges en détail avec le tombereau, mon wagon vide s'enfonça les quatre roues à la fois jusqu'au plancher, et ce ne fut qu'après deux jours d'un travail inouï que nous l'en sortîmes comme par miracle. Sur le bras principal du Motondo subsiste encore une masse confuse de pieux fourchus où nous voyons des natifs grimper encore, glisser, sauter comme des singes. Ce sont les ruines d'un pont, rustique s'il en fut, que Léwanika dans une de ses expéditions avait fait construire pour faire passer ses armées.

A la rivière Rouyi, 1er octobre.

Après le Motondo, voici le Rouyi dont nous sépare un bois de 8 kilomètres. Le Rouyi, c'est la répétition agrandie du Motondo :

une plaine marécageuse de même apparence où le Rouyi s'égare, s'épanche, forme des mares, des étangs, des lagunes et des ruisseaux. Je prends les devants et me dirige vers un îlot couvert de huttes, comme les grains éparpillés d'un chapelet. A la vue de mon singulier quadrupède, de grands garçons qui paissaient du bétail interrompent leurs jeux, ramassent leurs vaches et prennent la fuite en poussant des cris perçants. Les hommes du village, plus raisonnables, viennent me rencontrer et me conduisent à travers ce labyrinthe d'étangs et de courants d'eaux que l'on appelle le *gué*. L'alluvion emportée par la crue des eaux, il ne reste plus qu'une couche de sable sur un fond d'argile. Nous aurions donc passé sans difficulté si, au courant principal, nous n'étions tombés dans du sable mouvant. — Le chef Kouangou-Mouné arriva bientôt à notre secours avec des hommes et des canots. Ce vieillard vénérable se jeta immédiatement à l'eau, et sans nous saluer débita avec volubilité des prières et des imprécations aux dieux qui nous sont hostiles. Il s'aspergeait les bras, la poitrine, le front, il crachait sur les bœufs, crachait sur le wagon pour les exorciser, pendant que tout le monde le regardait avec révérence. La cérémonie terminée : « Vous sortirez maintenant, me dit-il en me saluant avec bonhomie, je les ai conjurés. » Je lui donnai raison, car, à l'aide de ses canots et de ses gens, je déchargeai immédiatement le chariot. Quand il sortit du banc de sable, la nuit était avancée. Je découvris le lendemain que l'eau était entrée dans nos caisses et nous avait causé de nouvelles pertes, et aussi qu'à la faveur de la nuit, les gens de Kouangou-Mouné nous avaient volés. Cela jeta un nuage sur notre entrevue. Il m'apportait des vivres comme salutation et je lui faisais un présent digne du sien. Mais je refusai péremptoirement les setsiba que ces pauvres gens exigeaient de moi pour leurs services de la veille, jusqu'à ce que le voleur fût découvert et les objets rendus. Inutile d'ajouter que nous en sommes quittes pour nos pertes. Nous passâmes là le dimanche pour faire reposer hommes et bêtes, et, avec les guides que nous fournit Kouangou-Mouné, nous continuâmes lundi notre fatigant pèlerinage.

Aux sources du Séfoula, 9 octobre.

Voilà une date au moins qui fait tressaillir de joie. Une autre étape, une grande, dit-on, et nous serons arrivés ! C'est à en rêver.

On nous disait : « Rouyi est la dernière rivière, la toute dernière », mais on ne nous disait pas que nous avions passé les derniers mauvais pas. Mais n'en parlons plus. Ces longues étapes nocturnes avec des chariots qui s'embourbent ou vont se briser contre de gros arbres; les marches de jour avec un soleil de feu, où les bœufs portent si tristement le joug et sillonnent si péniblement les sables pendant que les conducteurs se traînent avec effort et dirigent leurs attelages comme s'ils avaient renoncé à s'en faire obéir; les murmures déraisonnables et les soucis angoissants, tout cela va passer. Ce sera peut-être un soulagement que de se trouver aux prises avec des difficultés d'un autre genre.

Du Rouyi, nous dirigeant au nord-ouest, nous passons le lac Mokangou avec une belle nappe d'eau, puis celui de Kataba, puis le ruisseau de Moalé, séparés les uns des autres par des bandes de bois, et communiquant avec le Zambèze dont ils reçoivent l'excédent des flots.

Le pays lui-même présente partout à peu près le même aspect, de Séchéké jusqu'ici : des plaines, des sables, des bois, des éclaircies dénudées et des marais; vastes solitudes si silencieuses de jour qu'on a de la peine à les croire habitées, panorama mélancolique d'une monotonie extrême et où il est difficile de s'orienter. Les monticules qui longent le Ndjoko et le retiennent resserré dans son lit font seuls exception. Avec des ma-Ngnété intelligents, ces bois interminables ne manquent pas tout à fait d'intérêt. Ils vous font volontiers, les braves gens, connaître la grande variété de fruits sauvages qu'on y trouve, les différentes espèces de miel qu'on y recueille, etc. Ils vous montrent l'arbre à caoutchouc, — un magnifique arbre de la famille des figuiers que les ba-Rotsi aiment à planter sur le tombeau des rois, et d'autres espèces encore dont ils ne connaissent pas la valeur commerciale. Vous êtes frappé surtout de la grande proportion d'arbres qui sont revêtus d'une écorce de liège. Ce n'est pas que ce liège soit bon à quoi que ce soit; mais une culture intelligente pourrait l'améliorer. — Je ne parle pas des gommes, ni du coton sauvage que l'on trouve partout, ni de fibres précieuses dont l'industrie européenne ne manquerait pas de tirer parti. Toutefois, il ne faudrait pas que ces forêts zambéziennes rappelassent à l'esprit celles de l'Équateur, encore moins celles d'Europe ou du Nouveau-Monde. Non, nos forêts sont ce que les Anglais en Australie appellent *bush* : une masse d'arbres et d'arbustes tourmentés par les vents, rabougris et en général d'une vétusté précoce. La vie y languit et s'éteint sans effort. Les sables dont nous avons tant à nous plaindre recouvrent une couche d'argile très dure et imperméable. Cela explique tout à la fois la fertilité étonnante de ces champs sablonneux où l'irrigation n'est pas possible, ainsi que la paralysie — il y a des exceptions — de la végétation arborescente. Par infiltration, toutes ces dépressions du sol, ces réservoirs naturels qu'on appelle *matsa* communiquent les uns avec les autres et donnent naissance à de nombreux cours d'eau comme le Séba, le Siboya, le Séfoula, le Kanyonyo, etc. La géologie nous révèlera un jour les richesses minérales de ces contrées.

Séfoula, du 16 au 23 octobre.

Des sources du Séfoula, il fallut quatre jours à une bande de douze hommes pour nous ouvrir un passage à travers la forêt de Kanyonyo. Et alors, quel déboire de trouver que le petit vallon et les hauteurs avoisinantes étaient tout couverts de champs verdoyants, et qu'il ne nous était pas possible d'y trouver un pied-à-terre. De là des pourparlers et de nouveaux délais. « Établissez-vous à Kanyonyo, nous faisait dire Léwanika, irrité contre ses gens, le val est à vous, ils le savaient. Fermez les yeux et les oreilles, paissez vos bœufs parmi ces champs, n'en ayez cure. » Et dans cinq ou six semaines, ces gens qui meurent de faim — car il y a famine — commenceront à manger leur maïs, leurs patates et leurs citrouilles !

Au lieu de cela et sans hésiter davantage, je tournai mon timon vers l'emplacement que nous avions choisi il y a deux ans. Nous y arrivions le 11 octobre au soir, après une journée fatigante et aventureuse.

Après deux mois pour faire à peu près cent et quelques lieues, nous avons donc cessé de rouler. Cela nous paraît étrange. Ni ma femme ni moi n'avons de goût pour les voyages en wagon, ce qui les rend nécessairement d'autant plus prosaïques et ennuyeux. Si nous avons eu une vie missionnaire si ballottée et si errante, ce n'est pas par choix, mais simplement par *devoir*. Nous soupirons après quelques années de halte dans notre pèlerinage, après un petit coin qu'il nous soit encore permis d'appeler ici-bas *notre home*, et surtout après quelque travail autre que d'entasser des briques et du mortier, défricher et planter pour nos successeurs...

Nous bivouaquons sur un coteau de sable, couvert de broussailles épaisses récemment brûlées, au milieu d'un bois qu'on a saccagé sans pitié, de l'aspect le plus triste et sans ombre. De cent pieds de hauteur, la vue plonge sur le Séfoula, dont les jungles et les fourrés cachent le courant ; elle suit les ondulations verdoyantes des bois d'au delà, puis va errer sur les collines lointaines dont le bleu se confond avec celui du ciel. C'est le sud. A l'ouest, elle s'échappe à travers quelques tronçons desséchés et des arbustes mutilés sur cette vaste étendue dénudée qu'on appelle *la Vallée*. Le bo-Rotsi n'est pas le Lessouto, Séfoula encore moins Léribé... Nous nous y habituerons. Des gens occupés ne savent pas ce que c'est que la nostalgie. Mais, hélas ! à Séfoula, tout est à créer et nous ne sommes plus jeunes... Y aurons-nous jamais un arbre fruitier, un seul ? une maison ? — Nous aurons le loisir d'en rêver. La grosse question du moment qui m'absorbe et me préoccupe, c'est la possibilité qui nous menace, ma femme et moi, d'être séparés pour toute une année ! Par quel moyen puis-je la chercher, la faire voyager au milieu des pluies, et l'amener ici avant que l'inondation ne nous surprenne dans le désert ? — Comment pourrons-nous nous abriter pour la saison pluvieuse ? — Il faudrait voler pour faire en un mois le voyage de Séchéké, aller et retour, et un wagon à bœufs, par des chemins pareils, ne vole pas. Je n'ose penser à la rivière avec ses rapides, ses dangers, ses canots toujours à moitié pleins d'eau...

La famine est telle ici que nous ne pouvons pas trouver d'ouvriers. Chacun court les bois ou va à la pêche pour pourvoir aux besoins des siens. Nous-mêmes, nous ne vivons, comme tout le monde, que de poisson sec que nous achetons cher et de cassave. Le pays est brûlé, la saison est avancée et nous n'avons pas encore pu trouver de chaume pour mettre un toit sur nos bagages ou sur nos têtes. Tout est sombre. Mais des ténèbres aussi jaillira la lumière. Je le connais, Celui qui m'a cent fois dit : « Invoque-moi au jour de la détresse, je t'en délivrerai et tu me glorifieras. » Il tient toujours parole. Quand le chrétien est à bout de ressources et se rejette entièrement sur son Dieu, le secours n'est pas loin. « Il est bon d'attendre, même en se tenant en repos, la délivrance de l'Éternel. »

XXIX

Travaux d'installation. — Rapports avec le roi. — Un bon dimanche. — Léwanika et le travail manuel. — De Séfoula à Séchéké. — La famille réunie. — Séparation en perspective. — Une date. — Attendre de grandes choses. — Départ de Séchéké. — La *dame blanche*. — Arrivée à Séfoula. — Les tributs du roi. — Visite royale. Le caractère zambézien.

Séfoula, 10 novembre 1886.

Me voici donc à Séfoula, sur le petit plateau sablonneux que je vous ai dit, au milieu d'un bois saccagé, et dans une petite tente qui rit et tamise tour à tour la lumière, le vent et la pluie. Je l'ai plantée sous un gros acajou pour avoir de l'ombre. Autour de moi, maintenant, tout est activité. Voici deux garçons qui déracinent des massifs de buissons pour faire place à notre chaumière; en voilà un autre qui carbonise des pieux pour nos murs, ce qui les préservera de l'humidité et des termites. Au milieu de ce groupe, là-bas, des jeunes gens mesurent avec une satisfaction bruyante les *setsiba* qu'ils viennent de recevoir pour la construction d'une hutte; en voici d'autres qui apportent en file des perches et de l'herbe pour en faire une seconde. Elle me coûtera, comme la première, dix mètres de calicot; cinq garçons en auront rassemblé tous les matériaux et l'auront terminée en trois jours! A cent pas de distance, c'est un bercail qui se bâtit, et, plus près, dans une autre direction, ce sont nos amis, Middleton et Waddell, qui scient à force de bras avec un entrain qui fait plaisir. Quant à moi, je vais, je viens, je dirige et surveille, mets la main au plus nécessaire, j'achète du roseau, je marchande du mil, des citrouilles et du manioc, j'échange quelques mots avec mes visiteurs et reprends mon travail. Plus de poisson maintenant, les pluies ont avarié toutes les provisions. La cuisine, qui, jour après jour, répète à peu près le même menu, me donne peu de souci, grâce à Ngouana-Ngombé, qui s'entend mieux que moi à faire de la cassave[1] à l'eau et à faire bouillir du *mabélé* pilé. Sa montre à lui ne se détraque jamais, et nos repas sont *presque* aussi réguliers que si nous avions notre bonne ménagère.

Notre plateau a déjà l'air un peu moins sauvage. Nous nous y

---

[1]. Sorte de bouillie ou *polenta* préparée avec la racine râpée du manioc.

habituerons. Petit à petit, les tronçons cornus et les broussailles disparaîtront ; des eucalyptus, déjà semés, et d'autres arbres prendront leur place. Et si jamais nous sommes assez riches pour avoir une pompe hydraulique et amener l'eau de la rivière sur notre coteau, vous verrez quel joli jardin potager nous aurons ! Des *fleurs,* il en faudra chercher ailleurs et des *fruits* aussi.

Nos rapports avec le roi sont des plus agréables jusqu'à présent. Le surlendemain de notre arrivée, il s'est empressé de nous visiter, accompagné de ses principaux hommes à cheval et d'une suite nombreuse à pied. Il paraissait vraiment heureux de nous voir. Il est parti sans avoir mendié et sans que ses suivants nous aient volé la moindre chose. Ce n'est pas peu dire. J'ai ensuite été passer le dimanche chez lui et j'ai eu de bons auditoires. J'ai remarqué avec peine cependant que les femmes, au service du matin, se sont cachées derrière la cloison du *lékhothla,* et que pas une n'est venue au service de l'après-midi. Contrairement à la coutume établie, Léwanika a voulu me recevoir chez lui, au lieu de me laisser aller chez Gambella, le premier ministre. Il fallait que j'étrennasse sa maison. C'est une construction toute récente, l'œuvre de marchands ma-Mbari[1] et dont il n'est pas peu fier. Ce sentiment-là est bien partagé par tous ses gens. Quelqu'un à qui je demandais le chemin que j'avais perdu, me disait : « Va droit devant toi, et, de l'autre côté de ces arbustes, avant même de voir la ville, une grande maison se dressera devant toi et *t'appellera.* » Quand Léwanika, tout radieux, m'introduisit dans ce palais, je lui dis en plaisantant que j'étais tenté d'en prendre possession pour ma femme. Il repartit en riant et avec toute la courtoisie d'un gentilhómme : « Ce ne serait que naturel, la maison est la vôtre, mon père ! » Elle se compose de trois pièces de seize ou dix-sept pieds carrés, crépies et plâtrées à la main, avec des plafonds de roseaux si bien faits et si forts qu'on peut se servir du grenier. L'une des chambres a son plafond en pavillon. Tout le bâtiment est construit en pieux et en roseaux, sans *un seul clou,* car où trouver un clou dans le pays ? Ce sont des fourches qui s'enchevêtrent ingénieusement les unes dans les autres et qui sont tenues en place par des liens d'écorce. Les murs sont de quatorze pieds de haut, avec une petite véranda qui donne à l'édifice un aspect quelque peu imposant. Ce qui le dépare, c'est le toit. Aucun des ma-Mbari ne savait couvrir, et les ba-Rotsi ont dû le faire à leur manière, c'est-à-dire à l'inverse de la nôtre.

---

1. Nom donné à tous les métis demi-civilisés de la côte du Benguela.

Léwanika nous écraserait volontiers d'apprentis, d'hommes faits, qu'il voudrait voir apprendre à faire en un mois ou deux tous les travaux possibles qu'exécutent les blancs. Il a fallu mettre un frein à tant de zèle, car la famine est le maire de notre commune. Le roi lui-même s'essaie à tous les outils qu'il voit. Il était en train de faire une échelle quand j'étais là ; mais il est si brusque qu'il m'a cassé une tarière. Je ne l'en ai pas grondé, bien entendu ; je ne l'en ai pas remercié non plus.

C'est lundi dernier que j'ai pu enfin renvoyer les wagons à Séchéké pour chercher ma femme. Je vais suivre en canot pour gagner du temps. Ce n'est pas notre plan primitif. Je devais rester ici pour activer nos travaux d'installation, pendant que ma chère compagne eût fait le voyage toute seule. C'est à ses instances que je m'étais soumis à cet arrangement. Mais le trajet à travers les régions de tsetsé, les sables, les mauvaises rivières et les marécages, est bien autrement difficile et laborieux que nous ne le supposions alors, et la saison est si avancée qu'il faut absolument sacrifier quelque chose, faire un effort désespéré.

Le roi est venu voir partir les wagons et donner ses instructions à trois petits chefs et leurs gens qui sont chargés de nous conduire, nous montrer les gués et surtout rassembler les ma-Nqnété et les ma-Totéla pour déblayer le chemin à travers les bois. Il m'amenait un beau jeune bœuf, que l'on mit immédiatement sous le joug pour le dresser, et un autre qu'il tua. Il avait beaucoup à dire et passa la nuit avec nous. Nous discutâmes surtout la question de sa capitale, et, le lendemain, nous chevauchions ensemble pour explorer la vallée dans les environs. Il choisit un endroit, à trois ou quatre kilomètres d'ici, où il s'installera en janvier pendant l'inondation, et s'il répond à ses besoins, il s'y établira alors définitivement, ce qui est à peu près certain. Voyez comme Dieu arrange tout pour faire prospérer son œuvre.

Séchéké, 10 décembre 1886.

Voilà, de Séfoula à Séchéké, un grand saut de 478 kilomètres ! Mais il m'a fallu du temps pour le faire. Après avoir expédié mes wagons, construit mes huttes et mon « kraal », fait mes arrangements et mis le travail en train, je me suis occupé de mon voyage. « Rien de plus facile que d'avoir des canots, me disait Léwanika ; tu en veux deux, je t'en donnerai quatre. » Mais les jours passaient rapidement, — pas de canots. A chaque message, je recevais la même réponse : « Demain ! » et demain c'était encore demain, — mais pas de canots. J'étais sur les épines. Si j'avais eu deux chevaux, je me serais mis en route et j'aurais rejoint les wagons ; mais que pouvais-je faire avec un seul ? Enfin, le 16 novembre au soir, arrive Louchanana, un des favoris du roi, qui a charge de ma personne et de l'expédition. Le 17, au point du jour, Middleton attelle le tombereau et me conduit au gué : 10 kilomètres au moins à travers des mares et des étangs. Quelle n'est pas notre stupéfaction de n'y trouver qu'un seul canot ! Le deuxième, nous le trouverons en route, le troisième nous suivra plus tard et le quatrième, le mien, est resté en arrière, et il faut l'aller chercher à 15 ou 16 kilomètres de là !

Me voici donc sur un petit îlot de sable, rôtissant au soleil, répétant tout le jour l'A B C de la patience, — une dure leçon pour un écolier comme moi. Mon voyage est organisé d'une étrange manière. Si c'est ainsi que l'ami Léwanika dirige les affaires du royaume, je ne m'étonne pas qu'il y ait des révolutions. La pirogue arrivée, — une pirogue royale de 13 mètres de long, — mais si vieille et qui a des voies d'eau telles qu'on a de la peine à la maintenir à flot, nous partons. Je fais en passant une visite intéressante à la reine.

Nous voici décidément en route. Mais non ! Mon mentor est un chasseur passionné et, bien qu'il m'ait promis de fortes étapes pour racheter le temps perdu, qui ne se rachète jamais, il glisse inaperçu hors du bateau et disparaît pour toute la journée ; il chasse à cœur joie, puis va en pèlerinage à quelque tombeau prier pour la pluie et la prospérité de notre voyage. Il reçoit mes réprimandes avec respect, mais sa passion pour la chasse l'emporte sur ses promesses. Comment résister à la tentation de poursuivre un troupeau de buffles ? Comment lui faire grise mine, quand il revient au camp triomphant avec deux ou trois belles antilopes ? Un soir, un troupe d'éléphants vint s'abreuver près, tout près de notre bivouac. Aussitôt on éteint tous les feux, on se met à l'affût : Bang ! bang ! bang ! — Un cri plaintif nous fait croire que les balles ont porté. L'animal, resté évidemment seul, va se baigner ; nouvelle fusillade, nouveaux gémissements. Le lendemain, des mares de sang disent que nous ne nous sommes pas trompés. On se met donc à la piste, et une heure après l'animal gisait par terre, criblé de balles et transpercé de javelines. Adieu le voyage, car il faut dépecer le pachyderme monstre, — grosse besogne. Du reste, outre la chasse, mes rameurs ne passent pas un village de ma-Khalaka sans le mettre à réquisition, ce qui nous fait perdre un

LA MISSION SE FONDE. 281

temps immense. Ils ne comprennent pas que je sois pressé. « Si nous n'arrivons pas ce mois-ci, nous arriverons le mois prochain ; patience, nous allons notre petit train. » Aux chutes de Ngonyé, il nous faut laisser ma barque, qui menace à chaque instant de sombrer, et transporter l'autre en aval des cataractes. Du moment qu'ils nous ont aperçus, les ma-Khalaka se sont dispersés et cachés dans les bois, et ce qu'il faut de menaces, d'insultes pour les rassembler et les contraindre à faire leur corvée, c'est inouï. Ce sont de nouveaux délais. Une partie de la bande va à pied, l'autre doit l'attendre et les étapes sont courtes. Et puis le fleuve est au plus bas, la navigation des rapides est fatigante et périlleuse. On n'avance pas. Et moi qui aurais voulu arriver et qui étais attendu pour le 28 novembre, pour une petite fête de famille. Aiguillonné par la pensée que chaque jour de retard menace de rendre tout à fait impossible notre voyage en wagon !... j'envoyai un express à ma femme : deux garçons avec un petit canot. Ils me promirent d'être à Séchéké en trois jours. Huit jours après nous les trouvions dans un village, à un jour de distance : un hippopotame avait culbuté et mis en pièces le canot, les garçons avaient failli se noyer, et ma lettre avec le sachet de cuir était au fond de l'eau ! Et pendant ce temps les wagons étaient arrivés ; ma chère femme et tout notre petit monde conçurent de telles alarmes, qu'ils envoyèrent des gens pour s'informer de moi jusque chez Sékosi, et se préparaient à d'autres démarches.

Je trouvai ma compagne un squelette, mais du reste en bonne santé, de même que tous les membres de notre petite colonie. Pas de fièvre cette saison ; nous en bénissons Dieu. Pendant mon absence, les voleurs, que personne ne punit, ont pris de l'audace ; ils sont même entrés de nuit dans la hutte où couchaient la femme d'Aaron et ses enfants, et ont volé des vêtements, tout ce qu'ils ont pu. A mon retour nous avons porté l'affaire au *lekhothla*. Les chefs ont ri de nos plaintes, ont parlé d'une amende que nous pouvions, *nous,* demander. Mais comme nous insistions pour qu'on punît les coupables, on nous promit de les envoyer chercher, et l'affaire en est restée là.

Nos cœurs se serrent à la pensée que nous allons laisser les Jeanmairet seuls avec la famille Léfi. Leur position n'est pas des plus faciles, et ils auront à se rappeler souvent, comme nous, que Dieu est notre *retraite,* notre *refuge,* notre *secours* dans les détresses. Ce qui nous désole, c'est la difficulté des communications. J'espère pourtant que nous pourrons arriver à échanger des lettres tous les deux mois. Mais en *deux mois,* en soixante jours, que de choses peuvent se passer! Nous devrions être deux familles sur chaque station, *pour commencer*. C'est une mesure que nécessitent la prudence et la sécurité, et les besoins du pays nous imposent une station à Séchéké aussi bien qu'à la Vallée. Nos circonstances ne sont pas précisément brillantes, et je n'ose rien dire encore de la perspective qui est devant nous. Nous sommes sans protection humaine, dans ce pays de meurtre et de rapine. C'est en Dieu seul que nous devons mettre toute notre confiance. Il ne nous fait jamais défaut.

Oh! que de fois nous aussi nous pouvons dire : « Il m'a fortifié *de force* en mon âme », et quand nous sommes assaillis par des essaims de soucis : « Le Seigneur achèvera tout ce qui me concerne. » Quant aux païens eux-mêmes, nous ne pouvons pas être désappointés, car nous savions d'avance qu'ils n'ont jamais eu l'Évangile. Pour ma part, quand je vois les revers de tant d'expéditions, le pillage et le meurtre d'explorateurs, je suis pénétré de reconnaissance envers notre Père céleste pour la mesure de sécurité et de santé dont nous jouissons.

Vous vous serez réjouis, n'est-ce pas ? de savoir que Léwanika se propose de s'établir tout près de Séfoula. Nous pourrons, je crois, avoir une belle école du moment que nous aurons une maison. Mais qui se chargera de cette école ? Aaron est mieux doué pour l'évangélisation que pour l'enseignement; nous n'avons plus ma nièce avec nous, et ma chère femme, qui n'est plus forte, a toute la charge et les soucis d'un grand ménage sur les bras. Moi, je devrais être un peu libre pour diriger les travaux et visiter les villages... C'est encore aux collines éternelles d'où nous vient tout secours qu'il nous faut regarder.

Séfoula, 15 janvier 1887.

Séfoula, sur le haut Zambèze et dans la vallée des ba-Rotsi, n'est pas précisément un Eldorado ; ce n'est pas non plus la fin de nos difficultés, tant s'en faut. Mais Séfoula, c'est le terme d'un voyage de trois ans et d'une vie errante de dix années. C'est en 1877, en effet, que nous quittions notre paisible presbytère de Léribé pour le pays inconnu des ba-Nyaï. Nous nous doutions fort peu que ce voyage, qui ne devait durer que quelques mois, aboutirait au Zambèze, au sacrifice (pour nous) d'une œuvre aimée et à la fondation d'une mission nouvelle. Depuis lors, nous n'avons plus posé le bâton de pèlerin. Si nous avions prévu tout ce qui était devant nous, le courage nous eût probablement manqué.

Mais Dieu, dans sa grande bonté, nous a conduits pas à pas ; les difficultés ont surgi une à une, mais une à une aussi elles ont été surmontées. C'est par degrés, et pour ainsi dire insensiblement, que nous sommes arrivés à l'angle de la route où notre vie missionnaire a pris une nouvelle direction et où se sont ouvertes devant nous des perspectives inattendues dans le champ missionnaire. Dieu s'accommode ainsi à la faiblesse de ses enfants. Il les ménage tout en faisant leur éducation ; il aplanit leur chemin et leur rend tout facile, et eux, soutenus par « les bras éternels », allant de « force en force », sont tout étonnés, quand ils jettent un regard en arrière, de constater les progrès accomplis et les résultats obtenus. C'est de Lui que vient toute grâce excellente et tout don parfait ; qu'avons-nous que nous ne l'ayons reçu ? A Lui donc, à son nom seul soit toute louange et toute gloire !

Ce n'est pas sans émotion que j'inscris cette date qui ouvre une ère nouvelle dans l'histoire de notre mission. Elle y figurera longtemps dans l'avenir, j'en ai l'assurance, comme notre *Jehovah-Jireh* et comme un monument international de foi et d'union. C'est notre *Eben-Hezer* à nous ; en l'érigeant, nos cœurs débordent de joie et de reconnaissance pour le passé, et nous plongeons les regards dans l'avenir sans inquiétude, avec une sereine confiance. Gardons-nous d'un zèle spasmodique qui subit les caprices de la mode et de la nouveauté. Pour vous qui donnez et priez, comme pour nous qui sommes à la brèche, l'œuvre qui nous est confiée est éminemment une œuvre de patience, de persévérance et de foi ; soyons prêts à la faire au milieu des dangers les plus sérieux, des désappointements les plus vifs, comme aussi des sacrifices les plus coûteux. Ne reculons devant rien. Les désastres de l'expédition du Dr Holub, le martyre de l'évêque Hannington, celui d'un missionnaire wesleyen et de sa femme à la côte d'ouest, le massacre du comte Porro et de M. et Mme Barral, et d'autres faits semblables nous disent clairement que ce n'est pas impunément que la science, la civilisation et le christianisme attaquent le continent noir, une des principales forteresses de Satan.

Dans nos aspirations pour l'avenir de cette mission, mettons de côté toute timidité et modestie humaines ; osons être téméraires et audacieux. Ad. Monod, de vénérée mémoire, a dit : « Prions comme si nous ne pouvions *rien* ; travaillons comme si nous pouvions *tout*. » L'œuvre grandit toujours plus à nos yeux en étendue comme en difficultés. Nous sentons plus que jamais notre faiblesse et notre insuffisance ; mais les promesses immuables de Dieu sont là dans toute leur réalité et sans d'autres limites que notre foi et la puissance de l'Éternel. La conversion des âmes les plus dégradées et les plus abruties, et la transformation des peuples par la prédication de la folie de la croix, ne sont plus des miracles qu'il soit permis au plus sceptique de révoquer en doute ; ce sont des faits accomplis que l'histoire a déjà maintes fois constatés depuis le commencement de notre siècle, sans remonter plus haut. Attendons donc de *grandes choses,* et nous verrons de *grandes choses.* « *Si tu crois,* tu verras la gloire de Dieu. »

Il vous souvient peut-être que c'est le 16 août que j'avais quitté Séchéké pour faire à la Vallée le premier voyage en wagons. Jamais nous ne nous étions séparés, ma chère femme et moi, pour un temps aussi long et dans des circonstances aussi sérieuses. Ce « veuvage » a été une rude épreuve. Nous avons extrêmement souffert des entraves sans nombre qui ont failli faire manquer tous nos plans. Si l'on m'eût dit d'avance que nous ne quitterions Séchéké que le 15 décembre pour aller à la Vallée, j'aurais probablement partagé le pessimisme de tous ceux qui affirmaient l'impossibilité d'un tel voyage à cette saison ; car l'an passé, à même date, ma voiture n'avait pas pu traverser les plaines inondées du Kasaya et du Nguési pour aller à Mambova. On taxait mon entreprise de folie, et on se disait tout haut ce que j'appréhendais moi-même secrètement, que l'inondation nous surprendrait en route, que nous ne pourrions ni avancer ni reculer, et que nous serions retenus dans les marais jusqu'à l'hiver.

Notre départ de Séchéké fut des plus tristes. C'était par une nuit obscure et avec une pluie battante. Depuis plusieurs jours, la crue des eaux du Zambèze augmentait nos inquiétudes. Je ne dirai rien de notre séparation d'avec notre chère nièce et son mari, avec la perspective de plus de cent lieues de distance entre nous et d'un revoir que le climat et les circonstances rendent difficile, sinon problématique. Nos cœurs se serrent en pensant à nos bien-aimés, à leur isolement et à leur position tout particulièrement délicate et pénible. Je ne saurais trop demander pour eux vos instantes supplications. Séchéké, comme chef-lieu d'une immense province et la porte du pays, est un poste qui ne le cède en importance qu'à celui de Léalouyi même. Que nous ne soyons qu'à deux pour les occuper, c'est dérisoire. Nous attendons impatiemment le renfort que nous avons demandé à Dieu et à vous. *Quand viendra-t-il ?* Que Dieu veille sur Séchéké et sur ses serviteurs !

Malgré les prévisions les plus sinistres, nous avons fait un voyage heureux et rapide. Il a plu, c'est la saison, il a plu beaucoup, mais généralement pendant la nuit, le dimanche ou pendant les haltes. La pluie ne nous a pas fait manquer une seule étape. Les rivières débordaient et nous ont causé de la peine ; nous nous y attendions. Il a fallu à chacune passer nos bagages en canots, et une fois même démonter complètement nos voitures comme à Kazoungoula ; mais partout les ma-Ngnété et les ma-Totéla ont fait preuve de bonne volonté et ont montré de l'empressement à nous aider. Ils nous saluaient joyeusement comme de vieilles connaissances. Non seulement ils se sont contentés de fort petites rémunérations, mais ils ne nous ont rien volé, ce qui est beaucoup dire.

Il faudrait que nous pussions mettre un canot sur chacune de ces rivières. Mais les canots sont difficiles à trouver aussi longtemps que le roi et les principaux de la nation ne sont pas encore pourvus. Me prévalant des dons spéciaux qui nous ont été faits dans ce but, j'en ai commandé plusieurs ; j'ai fait aussi une forte commande d'objets d'échange qui nous arriveront probablement vers la fin de l'année. Que nos amis prennent patience et reçoivent encore ici nos remerciements.

Outre une dizaine d'hommes, Léwanika avait envoyé trois petits chefs ma-Totéla « pour prendre soin » de ma femme et « l'amener en sûreté à la Vallée ». Ils appartenaient au clan des *Mayéla-fatsé*, les Mange-par-terre, ainsi nommés parce que le roi Sépopa, dont ils étaient les serviteurs personnels, les nourrissait en versant par terre les restes des écuelles royales. Ils surent gagner la confiance de leur maître au point que celui-ci les établit au milieu de la tribu des ma-Kouengoa dont il n'était pas sûr. Nos petits personnages, fiers de leur mission, levaient la tête, parlaient haut et contraignaient les ma-Ngnété à leur donner abondance de nourriture et à porter leurs paquets. Pour nous, ils étaient pleins d'égards. Pauvres ma-Ngnété ! quelle pitié nous éprouvons pour eux ! Kalangou, qui est un de leurs principaux chefs et un homme très respectable, me confiait ses peines et me suppliait d'exercer mon influence sur le roi — car il croit que j'ai de l'influence — pour améliorer leur condition. Les chefs de Séchéké venaient de faire une grande chasse de dix jours dans les environs ; « ils avaient passé comme une nuée de sauterelles », ne laissant rien derrière eux. « Nous ne nous plaignons pas, disait-il, ce sont nos maîtres. » Vint ensuite un des principaux officiers de la maison du roi — un Sékoumboa — qui, mécontent de la quantité de vivres que Kalangou s'empressa de lui envoyer, saisit ceux qui les lui apportaient et le propre fils de Kalangou et les étrangla à la manière des ba-Rotsi.

Le 10 janvier au matin, nous débouchions dans le riche et beau vallon où le Séfoula prend sa source. Il fallait voir la sensation que produisit notre apparition. On accourait de tous les villages, grands et petits, les femmes surtout, hors d'haleine. On prenait les devants à nous barrer le chemin pour mieux voir la *dame blanche,* un phénomène vivant qu'on n'avait jamais vu dans toute la contrée, et puis c'était un roulement de claquements de mains et une fusillade de : « *Changoué! Khosi! luméla ma rona!* » (Salut, seigneur, bonjour, notre mère!) Ce fut au milieu d'une foule bruyante, qui grossissait à chaque pas, que nous arrivâmes à la station. Depuis lors, des troupes nouvelles se succèdent chaque jour et plusieurs fois par jour. Quelques personnes apportent de petits présents de bienvenue, des produits de leurs champs et tous des salutations cordiales. Somme toute, nos impressions sont bonnes en étudiant les figures qui nous étudient aussi. Nous cherchons involontairement parmi ces gens « les frères et les sœurs » qui nous sont promis et que la grâce de Dieu nous révélera un jour. Nous cherchons à découvrir aussi parmi eux des ressemblances avec ceux que nous avons quittés, mais que nous portons toujours sur nos cœurs, et nous plaçons mentalement sur leurs têtes des noms qui nous sont chers. Nous les aimerons, ces ba-Rotsi, non-seulement comme des créatures humaines pour qui le Sauveur est mort, mais comme des individus sociables. Nous pourrions même espérer de gagner bientôt leur confiance et leur affection, n'était le régime de tyrannie et de méfiance sous lequel ils vivent.

Nos chers amis, Middleton et Waddell, étaient en bonne santé. Ils ont eu la vie dure pendant mon absence, et rien d'étonnant à ce qu'ils aient eu quelques attaques, assez légères du reste, de fièvre. C'est avec une émotion mal contenue qu'ils souhaitèrent à ma femme la bienvenue à Séfoula. Ils avaient perdu tout espoir de la voir arriver avant l'hiver. Malgré les pluies incessantes et de grandes difficultés, ils ont réussi à mettre un toit de chaume sur une cabane de deux chambres faites de pieux et de roseaux. Il s'agit maintenant de la crépir, d'en faire les parquets de terre battue et de la laisser sécher, ce qui prendra des semaines. En attendant, le wagon nous sert de chambre à coucher; nous prenons nos repas dans une hutte d'herbe ouverte à tous les vents et infestée le soir de moustiques et de toutes sortes d'insectes qui rendent tout travail et même la lecture impossibles. La forêt où nous bâtissons et que j'avais laissée toute noire, grillée par le feu, est devenue un fourré de broussailles qui croissent vigoureusement. C'est à peine si, à cinquante pas de distance, on pouvait distinguer le toit de la chaumière au milieu de ce taillis. C'était à étouffer. Je m'étonne que nos aides missionnaires aient pu y vivre pendant deux mois. Ces broussailles épaisses, où foisonne un petit serpent noir qu'on dit être très dangereux, sont en même temps hantées par les hyènes et les panthères. Elles ont fait de fréquentes incursions nocturnes au camp, et on a dû leur faire une chasse sérieuse. Il fallait voir la joie de Ngouana-Ngombé et de mes autres garçons quand ils me contaient comment ils avaient tué deux de ces monstres à quelques pas de nos huttes. Hélas! dans un village voisin, une jeune esclave qui mourait de faim avait volé de nuit quelques épis de maïs. Elle les rôtissait au feu de nos bergers endormis et les dévorait sans bruit, quand, tout à coup, une hyène fondit sur elle et l'emporta dans les bois. Le lendemain, on ne trouva d'elle que quelques lambeaux de chair et des os épars!

Il faut donc nous fortifier de bonnes palissades et déblayer les broussailles, un travail considérable. Le croirait-on? il m'en coûte de déraciner même un de ces arbustes, moi qui, pendant vingt années, au Lessouto, ai planté des arbres, espérant m'y ensevelir comme dans une forêt.

Plus de famine maintenant; il y a abondance de nourriture qui permet d'attendre les récoltes. Nos jeunes gens peuvent toujours grignoter quelques épis de maïs vert qu'on leur donne en passant. Nous pouvons nous pourvoir à bon marché de pourpier des champs, de citrouilles, de jeunes gourdesédibles, etc. Seulement le calicot file. Une pièce est à peine entamée qu'on tremble de la voir finir. Quoi qu'on en pense, le système du troc n'est pas économique. Les frais de transport sont considérables; notre petite monnaie, ce sont des mouchoirs et des *setsiba* surtout. On ne peut presque rien acheter, ni obtenir le moindre service sans le setsiba. C'est un cadeau de rigueur pour ce que j'appellerai la bourgeoisie du pays; l'aristocratie est naturellement plus exigeante. On comprend que nous fassions une assez grande consommation de calicot, et que, malgré nos calculs, nous soyons souvent à court. L'âge monétaire, que Léwanika appelle de tous ses vœux sans le comprendre, n'a pas encore lui pour nous.

Ces temps-ci, on voit dans toutes les directions de longues files de gens chargés de fardeaux. Comme au temps de Salomon, c'est le tribut du roi : du miel, des fourrures, des fruits sauvages, des engins de pêche, des nattes, etc., le produit des champs, de la chasse et de l'industrie. La reine a son tribut comme le roi. Le tout, porté au lékhothla en grande cérémonie, est partagé entre les chefs de la nation. Cela donne à Léwanika beaucoup d'occupation et de préoccupation, car il lui faut ménager la jalousie et la rivalité, aussi bien que la rapacité de ces personnages qui font et défont les rois selon leurs caprices.

22 janvier, samedi.

Jeudi matin, le tambour et le sérimba annonçaient de loin l'arrivée du roi. La panique fut telle, que les gens qui étaient venus travailler, vendre ou visiter, avaient presque tous disparu en un clin d'œil. Cela n'empêcha pas que, bientôt après, il y avait foule, et une foule qui se renouvelait à chaque instant pour rendre hommage au souverain. Le va-et-vient, les bivouacs, les feux, les conversations animées, les jeux pleins d'originalité et la musique royale, qui, de jour, vous étourdit, et, de nuit, chasse impitoyablement le sommeil avec les mauvais esprits; toute cette confusion, cette cohue et ce vacarme, qui n'ont pas manqué d'intérêt, ne nous ont pas épargné des fatigues de plus d'un genre. Et maintenant que le cortège royal a repris le chemin de la capitale et disparu dans la plaine, c'est un soulagement de nous trouver seuls et paisibles.

Léwanika venait faire à Mme Coillard une visite de bienvenue, et il croyait que c'était de bon ton, sans doute, de s'entourer du cérémonial de la cour. Pauvre homme! il n'est pas sans soucis, et il a besoin d'un ami à qui il puisse librement les confier et sur qui il puisse s'appuyer. Il se méfie de tout le monde, même de ceux qui l'ont ramené au pouvoir, et, malheureusement, il ne le cache pas. Il a ainsi affermi de vagues appréhensions qui nous hantaient l'esprit; c'est qu'il existe parmi les chefs un parti hostile aux étrangers et qui voit d'un mauvais œil notre présence dans la contrée. Demandez, avec la protection du Seigneur, la sagesse qui vient d'en haut, afin que, soit à Séchéké, soit à Séfoula, nous sachions conquérir et maintenir notre position et même gagner de l'influence.

Sombre et soucieux en privé, Léwanika en public est causeur et gai. Il avait amené avec lui, non seulement sa détestable bande de musique, mais aussi ses clowns. L'un d'eux, revêtu d'une peau d'hyène, imitait avec tant de perfection les cris, les ricanements et les allures de cette bête fauve, que les chiens même s'y méprirent et lui firent la chasse. Ces sortes de jeux sont très populaires ici et les acteurs sont toujours sûrs de leurs pourboires; ils

M. WADDELL ET SON DÉSAGRÉABLE VISITEUR.

n'abandonnent jamais la partie, d'ailleurs, dussent-ils s'échiner pendant deux jours. Les Zambéziens ne savent pas parler en public, ni traiter les affaires avec le décorum des ba-Souto ; ils aiment la plaisanterie, et, chez eux, personne n'est à l'abri des traits acerbes de la moquerie et du ridicule. On a de la peine à se figurer que des gens d'un naturel si enjoué soient en même temps si cruels. Hélas ! nous ne pouvons pas faire un bout de promenade sans heurter du pied un crâne fracassé ou quelques ossements humains calcinés. Léwanika nous montrait les restes du combustible qui, récemment encore, à dix pas d'ici, avait servi à brûler des sorciers. Oui, « les lieux ténébreux de la terre sont pleins des repaires de cruauté ». (Ps. LXXIV, 20.)

XXX

La station de Séfoula. — Un pitso. — La mission officiellement installée. — Procès de sorcellerie. — La prédication de l'Évangile. — L'école fondée. — Mœurs zambéziennes. — Superstition et cruauté.

Séfoula, 1ᵉʳ février 1887.

Trois semaines que nous sommes à Séfoula ! C'est un arrêt, mais pas un repos. Ma chère femme est brisée de fatigue. Il nous en coûtait de nous remettre sitôt à rouler pour visiter Léalouyi, la capitale, à 24 kilomètres d'ici. Mais nous l'avions promis. Le lundi donc, de grand matin, nous serrions la main à nos amis Middleton, Waddell et Aaron, et nous nous mettions en route. Kambourou était conducteur d'office. Ngouana-Ngombé, en culottes courtes, mon vieux feutre sur la tête, pataugeait dans les mares et effrayait les oiseaux à coups de fusil : il prétendait chasser. Des hameaux qui bordent la vallée on accourait, autant pour voir la maison roulante que pour nous saluer. Des troupes de gens qui revenaient de la capitale se croisaient avec d'autres bandes qui s'y rendaient, chargées de fagots et de corbeilles de céréales pour leurs maîtres. Le wagon était vide, la plaine et les flaques d'eau qui la parsèment n'offraient aucune difficulté ; le temps était superbe ; nous pouvions donc jouir de ce petit trajet comme d'un jour de congé. Le roi attendait notre visite ; cela n'empêcha que, conformément à l'étiquette, j'envoyai Naroumango pour nous annoncer. Longtemps avant qu'il fût de retour, une foule turbulente était accourue à notre rencontre, se ruait vers le chariot, au risque de se faire écraser, le prenait comme d'assaut, et malgré nous, l'envahissait de tous côtés. C'est escortés, harcelés par cette cohue toujours croissante, que nous nous arrêtâmes sur la place publique. Là il faut faire antichambre ; ce n'est pas agréable, le soleil est ardent et la poussière nous étouffe.

Arrive enfin mon messager avec un *sékomboa* du roi, un de ses chambellans, dirions-nous en français : « Le roi vous cherche encore une maison et vous prie d'attendre. » Bien, attendons. Bientôt, nouveau message : « Je suis chargé de vous conduire à votre logis à dix pas d'ici. » C'est un chenil délabré que les immondices rendent presque inabordable. Ces ba-Rotsi, ces seigneurs qui sont si exigeants quand on les reçoit, quand comprendront-ils les rudiments de l'hospitalité? Je me sens contrarié, mais à quoi bon? Le mieux, c'est de prendre la bêche et, avec mes garçons, de me mettre à déblayer. Sur ces entrefaites arrive le roi, accompagné de ses conseillers, pour nous souhaiter la bienvenue. « Comment, fit-il avec embarras, on vous a mis dans un vilain endroit. — Bon, me dis-je intérieurement, la leçon a été comprise. » — Un peu plus tard, je dus céder à ses instances; notre voiture était traînée, presque portée par tous les hommes du village, chefs et serfs, près d'une grande hutte royale, entourée d'une vaste cour mise à notre disposition, et située à l'ombre d'un bosquet. Ce petit bocage est un lieu sacré, soigneusement entouré de nattes. Il se compose de *mothata,* arbres à caoutchouc, d'euphorbes, de bananiers, de quelques plantes grimpantes, etc.; il s'y trouve un nombre infini de cornes de gazelle remplies de mystérieux spécifiques, de charmes de tous genres; une corde tendue comme nos fils télégraphiques semble avoir pour but d'éconduire en pleins champs les mauvais esprits et les sortilèges. C'est le sanctuaire de Léwanika, c'est là qu'il va régulièrement entretenir commerce avec les dieux. Pauvre Léwanika! son oreiller est plein de soucis plus que de plumes. Son expédition projetée chez les ma-Choukouloumboué rencontre de l'opposition, et l'opposition l'irrite. Il était très agité; il allait et venait; il finit par rester au wagon jusqu'à une heure très avancée. Il me disait de temps à autre une banalité en sessouto, roulait ensuite avec une volubilité surprenante des torrents de sérotsi, puis faisait tout à coup une sortie en sessouto, avec de gros éclats de rire que ses serviteurs favoris, agenouillés devant lui, accueillaient avec d'incessants claquements de mains. « Eh bien! morouti, s'écria-t-il en se tournant vers moi, c'en est fait de mon expédition, tu l'as désapprouvée, et mes gens n'en veulent pas. Ah! fit-il avec aigreur, en claquant la langue et en poussant un profond soupir, tout est difficile avec ces gens-là. Si je parle d'un champ à labourer, *ba nyanda,* — ils murmurent; d'une maison à bâtir, *ba nyanda;* d'une chasse, *ba nyanda. Ba nyanda ka metla, ba nyanda kaoféla, ba nyandéla tsotlé, bontsou boo!* — Ils murmurent toujours, ils murmurent tous, ils murmurent pour tout! *Cette gent noire-là!* » Il me faisait pitié.

Le lendemain matin, dès sept heures, les tambours, les sérimba, le brouhaha des salutations annonçaient que le roi siégeait au forum — le lékhothla. Nous nous y rendîmes. Un pitso avait été convoqué en notre honneur; il y avait foule. A la requête de Léwanika, j'ouvris la séance par une allocution où je m'attachai à montrer le caractère de notre mission et les bienfaits de l'Évangile pour un peuple. Je m'attendais à ce que le roi parlât à son tour. Quelle ne fut pas notre stupéfaction de voir Gambella, le premier ministre, se lever ensuite et crier à plein gosier : « Ba-Rotsi, vous voyez les barouti devant vous, vous les avez entendus. Si vous n'en voulez pas, ne craignez pas de le dire et ils s'en retourneront chez eux. Parlez franchement, vous en avez l'occasion. Ne dites pas que le roi vous impose une chose que vous n'aimez pas. Parlez ! » Le silence ne dura que quelques minutes ; mais ces minutes me parurent des heures. Se pourrait-il que nous fussions tombés dans un piège comme les jésuites ? Pourquoi remettre notre acceptation même en question ? Et si on allait publiquement déclarer qu'on ne veut pas de nous ?...

L'attente ne fut pas longue, heureusement. Le premier orateur s'indigna qu'on doutât des bonnes dispositions de la tribu. « Gambella, disait-il, tes insinuations sont une insulte à nous et au roi. Quand nous a-t-il jamais donné quelque chose de mauvais ? S'il a cherché un morouti, n'est-ce pas parce qu'il sait que c'est une chose bonne ? N'entendons-nous pas dire que toutes les nations noires ont leurs missionnaires pour enseigner aux jeunes gens et à ceux qui gouvernent la sagesse des blancs ? Et vous voudriez que nous, ba-Rotsi, nous restions dans un trou ténébreux ? Vous ne le pensez pas. Remercions plutôt Robosi de nous avoir cherché la lumière. *Na ké ithumetsé Moréna.* Moi, je remercie le roi. »

Le ton était donné et plusieurs parlèrent dans le même sens. Nous respirions. — « Mais quoi ? s'écria un petit bout d'homme tout criblé de la petite vérole, vous parlez ainsi ? ba-Rotsi, vous êtes des poltrons et des menteurs. Non, vous ne les aimez pas, ces étrangers-là ; vous n'aimez pas à les voir dans votre pays, vous avez peur d'eux ; mais vous n'avez pas le courage de le dire à la face du roi. Eh bien ! je parlerai, moi. Ces étrangers-là apportent avec eux la malédiction. Ne sont-ce pas eux qui ont fait pourrir le soleil (éclipse totale de soleil) et qui nous désolent par la sécheresse ? Laissez donc mensonges et flatteries, parlez franchement, déclarez que vous ne voulez pas de ces blancs-là, et, sans hésiter, renvoyez-les chez eux. »

— « Non, reprit un autre, nous ne chasserons pas les missionnaires, ils apportent le *lengolo* (l'Écriture) et la sagesse, la paix et la prospérité. Je comprends, moi, que nous aurons une mine d'étoffes et des wagons ; mais comment les traîner, puisque nous n'avons pas de bœufs et que le morouti désapprouve notre expédition chez les ma-Choukouloumboué ? »

— « C'est ça, interrompit un nouvel orateur, l'enseignement, c'est chose qui convient aux femmes et aux enfants (*ntho éa malapa*); les bœufs, c'est l'affaire des hommes, du lékhothla. Laissons donc Litia, le fils de Léwanika, et les garçons de son âge avec le morouti, et nous, allons nous approvisionner de bétail : nos familles meurent de faim. »

— « Vous n'y entendez rien, reprit Liomba, un sage qui a vu le monde, pendant un séjour qu'il a fait à Mangouato. Notre expédition chez les ma-Choukouloumboué n'a rien de commun avec la question des barouti. Les barouti sont les pères de la nation. Je l'ai bien vu à Mangouato. Tous les jours, au lékhothla, le grand chef Khama cousait des fourrures : « C'est pour mon missionnaire « et ami, nous disait-il, M. Coillard, qui est allé au Zambèze. » Khama est chrétien et tous ses gens aussi. (Vous ne le croyez pas, n'est-ce pas ?) Ils sont tous habillés à l'européenne ; ils ont tous des fusils à culasse et des canons rayés. On ne se marie pas chez eux comme ici. Attendez ! Quand notre fils Litia prendra femme, ce sera une grande fête nationale. Nous les conduirons chez le morouti, tous les deux parés de vêtements magnifiques, et le morouti leur fera promettre toutes sortes de bonnes choses et leur donnera ses conseils paternels. Puis on tuera force bœufs, et tout le monde se réjouira. Accueillons les barouti, non pas comme des étrangers, mais comme des ba-Rotsi et des bienfaiteurs. Aidons-les, donnons-leur nos enfants, mais commençons nous-mêmes à écouter leurs enseignements. C'est à nous, *chefs*, que toutes nos tribus regardent. »

Je répondis à tous ces discours par une allocution de clôture. En terminant, je racontai certains incidents de voyage qui firent rire aux dépens des faiseurs de pluie, de celui qui nous rendait responsables de l'éclipse de soleil et de la sécheresse. On rit, c'est vrai, mais ne nous faisons pas illusion sur la situation. Il s'est fait jour un élément d'opposition latente avec lequel nous pouvons un jour nous trouver aux prises. Mais prévoir la lutte et s'y préparer, ce n'est pas du découragement.

J'ai essayé de donner aussi fidèlement que possible la physionomie de ce pitso. Il est intéressant et instructif à plus d'un point de vue. En trois heures, une vingtaine d'orateurs avaient pris la parole ; c'est vous dire qu'on est bref au Zambèze. Le forum des ba-Souto n'existe pas ici ; les Zambéziens, qui rampent devant leurs tyrans, n'ont ni vie publique, ni ressort politique. Les notions parlementaires qui, au Lessouto, forment, ont formé plutôt des orateurs et des personnalités, sont inconnues ici.

Les trois ou quatre jours que nous passâmes à la capitale furent bien remplis. Comme Mokouaé, la reine, et plusieurs chefs du dehors étaient venus pour l'occasion, la ville regorgeait de monde. Comment faire la police quand des centaines d'esclaves sont là, affamés et ne mangeant que ce qu'ils peuvent attraper? Aussi tous les soirs, à la brune, le crieur public se faisait entendre : « Ho! ho! ba-Rotsi aux cœurs jaunes (pleins de convoitise), écoutez! Vous avez des cœurs jaunes; mais sachez qu'on tirera sur quiconque s'approchera de nuit du wagon du morouti. Et si quelqu'un s'avise de voler la moindre des choses, je le mettrai à mort, je l'ai juré. Tenez-vous pour avertis, ba-Rotsi aux cœurs jaunes. »
— Mais, rassurez-vous, on ne tira sur personne et personne ne fut mis à mort, malgré une ou deux alertes qui mirent tout le village dans la plus grande excitation.

10 février 1887.

Jamais nous n'avons encore senti comme ces jours-ci que nous sommes bien en plein dans l'empire du prince des ténèbres. Léwanika a un enfant de huit à neuf ans, né épileptique. On le croit ensorcelé. Il eut plusieurs crises pendant que nous étions là. Il y a eu aussi parmi les chefs, ces derniers mois, quelques morts qu'on ne s'explique pas. Le matin même de notre départ de Léalouyi, on annonçait la mort subite d'un chambellan qui, la veille, plein de santé, nous avait servi de cicérone dans le village et au harem du roi. On garda la nouvelle secrète jusqu'après notre départ. Alors on cria à la sorcellerie; on désignait tout haut un autre *sékomboa,* Moëyanyana, homme jeune encore, aimable, intelligent et très aimé du roi. On s'assemble tumultueusement au lékhothla, un pot est mis sur le feu, et un des esclaves de l'accusé, par substitution, plonge ses mains dans l'eau bouillante. L'effet ne tarde pas à se manifester. Moëyanyana est donc sorcier. Qui peut encore fermer les yeux à l'évidence? Qui en douterait encore après « ce jugement de Dieu » que nos pères pratiquaient de la même manière au moyen âge? Aussitôt les assistants de saisir le malheureux, de le lier fortement de cordes, de lui arracher de prétendus aveux par toutes sortes d'indignités et de le conduire au supplice. Il passa la nuit attaché à un pieu. Le lendemain matin — un beau dimanche — l'échafaud, un grossier chevalet de quatre pieds de haut, fut vite dressé, le feu allumé, le *moati* — un poison violent — préparé et administré, et l'infortuné chef luttait bientôt avec la mort au milieu des insultes et des malédictions de la foule surexcitée. Le roi avait défendu qu'on brûlât son serviteur favori. On le traîna donc et on le jeta dans une mare voisine. De nuit le supplicié revint à lui-même. En vain Léwanika essaya-t-il de lui sauver la vie. Ceux qui devaient le conduire à Séchéké parmi les siens le massacrèrent tout près d'ici de la manière la plus révoltante. Hélas ! ce n'est pas un cas isolé. Le cœur saigne à l'ouïe de tant d'horreurs. Elles prennent une épouvantable réalité quand elles se commettent pour ainsi dire sous vos yeux et que vous avez personnellement connu les victimes.

28 février.

Nos dimanches deviennent intéressants. Nos voisins commencent à compter les jours de la semaine et à se souvenir du jour du Seigneur, le *tsipi*, la cloche (bien que nous n'ayons pas de cloche), ou bien « le jour où l'on meurt [1] ». Nous avions hier 150 auditeurs. La grande attraction, c'est notre harmonium. Mais qu'il est difficile en plein air de captiver ce monde remuant ! C'est le vent, le soleil ou la pluie. C'est un oiseau qui vole, une poule qui caquette, les chiens qui aboient et se battent. On se salue aussi, on cause, on prise, on va et vient, on rit. Il faut tout doucement réprimer ces licences et maintenir l'ordre ; ça n'inspire guère. Il y aurait de quoi balayer de la mémoire le sermon, si on l'avait écrit ! Cependant, il arrive aussi quelquefois que ces pauvres gens écoutent. Hier, je racontai le déluge ; on me comprenait ; l'attention était rivée. Aussi, quand, après avoir parlé de ce déluge de feu prédit par saint Pierre, je fis appel à mon auditoire et m'écriai : « Où fuirez-vous alors la colère de Dieu ? » — « Vers toi, morouti, notre père ! » répondirent plusieurs voix à la fois. « Et pourquoi fuirions-nous ? demanda un vieillard avec sérieux, qu'avons-nous à craindre ? Nous ne sommes pas des sorciers ! » — Oh ! qu'il nous tarde de voir une âme s'ouvrir aux rayons de la grâce ! Ngouana-Ngombé nous donne parfois de l'espoir. Je l'ai souvent surpris, ce cher garçon, caché dans les buissons et priant à haute voix. Dieu, qu'il cherche ainsi à tâtons, ne l'entendra-t-il pas ?

Kambourou, lui, est comme figé. Ne m'annonçait-il pas hier soir *qu'il est marié !* « Marié ! depuis quand ? Avec qui ? Non, pas possible ! — Eh ! oui, je suis marié, répondit mon garçon avec

---

1. Allusion à l'attitude recueillie que l'on prend en priant, et que les païens comparent à l'immobilité de la mort.

son bon sourire, et la figure toute illuminée. — Et c'est ainsi que ça se fait chez vous? — Oui, mon père. » Dans son voyage de Séchéké ici, il a rencontré une jeune femme qui n'en était pas à son premier mari; elle lui plut; il lui trouva une matrone dans le voisinage, la fit chercher et... le mariage était conclu. C'est assez simple.

Au Lessouto et parmi d'autres tribus de l'Afrique, avant l'introduction du christianisme, le mariage par bétail [1] était un bienfait. C'était une digue contre la corruption et un contrat civil. Ici rien. Une femme quitte son mari pour un autre, un mari chasse sa femme avec la plus grande facilité du monde, et personne ne s'en étonne. Un homme s'éprend-il de la femme d'un quidam? il s'abouche avec elle, la fait venir chez lui, et tout est dit. Si c'est un chef, la chose est encore plus facile. Dans bien des cas, ce sont les femmes elles-mêmes qui prennent l'initiative. Un fait très remarquable et que je ne puis qu'indiquer ici, c'est que les ba-Rotsi ont en général des familles peu nombreuses. Il est vrai aussi que la mortalité parmi les enfants est grande.

28 mars-2 avril.

Les nouvelles politiques assez inquiétantes qui nous viennent de Séchéké nous ont dernièrement valu la visite de Léwanika. Il était négligé sur sa personne, bourru et peu communicatif. Le mécontentement perce çà et là. Il n'a pu encore organiser sa grande chasse annuelle; ceux qui le peuvent, prétextant la famine, se soustrairaient à ses ordres. Ses émissaires font des battues dans les villages, on se sauve à leur approche. Quel monde !

Voici un messager du roi. Bonnes nouvelles, sûrement; il vient tout rayonnant; il rit de plaisir. Depuis l'affaire de Moëyanyana, que Léwanika s'est donné la peine de me faire savoir dans tous ses détails, je me défie un peu des rires des ba-Rotsi. Kambinda s'en aperçoit et, en bon comédien, prend un air sérieux. « Le roi, dit-il, n'est pas indifférent à tes conseils. Tu l'as réprimandé de ce qu'il gouverne avec une javeline cachée sous son manteau (tue les gens clandestinement), tu lui as dit que Dieu hait l'effusion du sang. Eh bien ! il te fait savoir aujourd'hui qu'il a jeté la sagaie cachée loin de lui et ne répandra plus le sang. L'autre jour, on a

---

[1]. Nom donné par les missionnaires à la coutume indigène qui exige plusieurs têtes de bétail, que la famille du marié paie au père de la mariée.

découvert dans les bois et capturé sept enfants, dont une femme de Mokoubésa, l'un des chefs de la révolution. Léwanika les a fait venir en plein lékhothla et leur a servi un pot de bière empoisonnée sous leurs yeux. « Vous êtes d'une race maudite, leur a-t-il « dit, vos pères ont tué les rois qui les avaient comblés de biens, « ils ont massacré mes propres enfants. Le jour de la vengeance « est venu pour moi. Je ne vous casserai pas la tête, je ne vous « transpercerai pas de la sagaie, mais vous allez tous boire cette « bière empoisonnée de moati. Et si votre dieu peut vous sauver, « c'est son affaire. » Ils burent, ou plutôt on leur fit avaler la potion fatale, on les mit dans un canot, et on alla les abandonner sur un îlot désert pour y mourir ! »

Depuis notre arrivée ici, ma chère femme est d'une faiblesse extrême. Le voyage en wagon l'a beaucoup éprouvée. Nous avons longtemps logé dans notre vieille voiture qui ne garantit plus ni du vent, ni de la pluie. Notre chaumière en roseaux est terminée ; bien crépie en dedans et en dehors, elle a de la peine à sécher et, quoiqu'elle soit infestée de termites, nos deux chambrettes sont pour nous un vrai petit palais. Nous sommes étonnés de ce que nous possédons pour la rendre confortable et gentille, et nous nous sentons pénétrés de reconnaissance envers notre bon Père céleste. Mokouaé, la reine, d'abord, puis Katoka, sa sœur, sont venues passer plusieurs jours avec nous. Il a fallu plus d'une fois les faire circuler dans nos deux chambres avec toute leur suite. Elles étaient tout émerveillées, comme nous jadis dans le palais de Versailles. Ce qui les étonnait le plus, c'étaient nos croisées, notre glace et nos chaises. En s'extasiant devant chaque objet séparément, Mokouaé demandait : « En avez-vous fait part au roi, mon frère ? » Elle se prélassait, ou siégeait fièrement sur sa natte dans une robe d'indienne à grand dessin que ma femme lui avait donnée. Elles apprécièrent nos petits cadeaux, se conduisirent, somme toute, avec discrétion, et nous laissèrent une bonne impression.

4 mai.

Le grand événement du mois, c'est l'*école*. Il y a longtemps que nous la désirions, cette école. Nous aurions voulu la commencer en arrivant. Mais il fallait d'abord se loger, même provisoirement. Encore aujourd'hui, l'école se fait au milieu de travaux de construction qui nous absorbent ; elle se fait en plein air, mais elle se fait, et se fait régulièrement tous les jours. Elle compte déjà une vingtaine d'élèves inscrits. C'est le 4 mars, en présence de la reine, que nous l'avons ouverte. Léwanika nous a envoyé deux de ses fils et cinq de ses neveux ; d'autres chefs ont suivi son exemple. On a, non sans peine, construit une hutte pour Litia, les autres se sont fait des abris, le tout entouré d'une palissade. C'est peut-être l'embryon de notre future école normale. Vous ne sauriez croire de quelle sollicitude nous entourons cette école, et avec quelle joie, Aaron surtout, et ma femme et moi alternativement, lui consacrons tous les jours une partie de notre temps. Nos deux élèves les plus avancés sauront bientôt lire ; ils ont tous quelques notions d'histoire biblique et de géographie. Mais ce sont de piètres chanteurs. Chacun de nos petits personnages est venu avec un nombre plus ou moins grand d'esclaves, quelques-uns de ceux-ci suivent l'école et se placent derrière leurs maîtres. Mais nous ne sommes pas encore parvenus à leur faire comprendre que l'enseignement est aussi pour eux.

Ce qu'il y a de bien plus grave, c'est la question de savoir comment nourrir toutes ces bouches. Les jeunes chefs, à force de menaces, ont d'abord obtenu l'abondance. La source se tarissant, les gens de Litia épiaient les passants pour les dévaliser ou bien fondaient sur ceux qui osaient nous apporter leurs denrées. Force nous fut d'intervenir souvent. Mais la terreur que la présence de ces princes inspire est telle que notre petit auditoire du dimanche est dispersé, que nous avons eu la disette et qu'il nous a été presque impossible d'avoir des ouvriers. Nos chers élèves ne nous ont pas épargnés. Pour nous remercier des vivres que nous leur donnions autant que nous pouvions, ils se sont mis à manger nos moutons ; mais ils l'ont fait *délicatement,* comme des pick-pockets roués au métier. Pour obvier à toutes ces coquineries, il nous faudrait un internat où tous les élèves seraient sur le même pied, et constamment sous la surveillance du maître. Cela viendra aussi. En attendant, ne méprisons pas les petits commencements, mais bénissons-en Dieu.

25 mai.

Le roi est depuis quinze jours revenu de la chasse ; chasse malheureuse s'il en fut. Ses émissaires avaient beau parcourir les villages, et par les procédés qui leur sont propres entraîner des recrues et semer l'épouvante, la chasse, je ne sais pourquoi, n'était pas populaire. Et puis l'inondation, cette année, est à son minimum, les bas-fonds seuls de la vallée sont submergés. C'est une

UNE DES NOTABILITÉS DU ZAMBÈZE

calamité à plus d'un point de vue, et à celui de la chasse en particulier. Les antilopes courent les champs, on ne peut comme d'habitude, avec des centaines de canots, les cerner dans un îlot et en faire un carnage facile. Et comme les ba-Rotsi comptent sur cette grande chasse annuelle d'un mois ou plus pour faire leurs provisions de fourrures, on comprend leur déboire cette année. La faim les fit rentrer dans leurs foyers. Quelques-uns n'étaient plus que des squelettes vivants. De mémoire d'homme on n'avait vu chose pareille; comment l'expliquer, si ce n'est par la sorcellerie ? Certains incidents de chasse avaient aussi mis le roi et les principaux chefs de mauvaise humeur. Le lendemain de son retour, il trouva le parquet de sa maison tout aspergé de sang. Cette fois, plus de doute, on en veut à sa personne même. Mais quel était l'auteur de ces maléfices ? Léwanika n'allait plus au lékhothla et ne voyait personne.

La terreur saisit tout le monde et se répandit partout comme une vague. Les récalcitrants qui n'avaient pas pris part à la chasse, cachaient de nuit leur blé et leur petit avoir, et se sauvaient dans les bois. Gambella, les autres ministres et tous les chefs de la capitale ne se sentaient pas à l'abri des soupçons. Chacun tint à honneur de se laver en subissant l'épreuve de l'eau bouillante. A un jour donné donc, on mit sur le feu, au lékhothla, autant de pots qu'il y avait de chefs, et, toujours par substitution, leurs esclaves y plongèrent tour à tour les mains. Chose pour moi jusqu'à présent inexplicable, personne ne fut échaudé. Les femmes du harem eurent alors leur tour, puis ce fut celui des cuisinières et marmitonnes. Dès que ces nouvelles nous parvinrent, je pris un canot et me rendis à la capitale. C'était vendredi le 20. Le roi parut content de me voir, il avait le cœur tout plein ; il passa une grande partie de la nuit dans ma hutte à causer. Le lendemain, je passai tout le jour en entretiens privés avec ses principaux conseillers, et le soir ils étaient tous réunis chez moi avec leur maître. Mais cela ne suffisait pas. Le lendemain dimanche, aux deux réunions, je prêchai sur le sixième commandement : « Tu ne tueras point. » Je vous laisse à penser si on ouvrait de grands yeux en m'entendant poser en principe et développer cette vérité, ici si nouvelle et si étrange, que l'homme est la création, la propriété *exclusive* de Dieu, que les rois et les gouverneurs ne sont que les *bergers* des peuples et des serviteurs qui auront à rendre compte de leur administration. J'avais à me faire violence en dénonçant l'atrocité d'une superstition qui sacrifie si légèrement tant de vies humaines, et en flétrissant les menées qui ont produit les derniers événements. Je sentais toute l'importance de l'occasion et la grandeur de mon ministère. Oh! comme j'étais allé à Léalouyi en tremblant; comme je demandais à mon Maître la fidélité, la force et la puissance d'une ardente charité! On a compris mes discours aussi bien que le but de ma visite. Les gens étonnés disaient : « C'est ça ! » Le roi, qui baissait la tête, disait à Gambella : « Les paroles du *morouti* me sont entrées dans le cœur! » Les conseillers, eux, venaient en particulier me prier de les lui répéter ; et lui me demandait, à son tour, de les redire à ses ministres. Ils me firent tous de belles promesses : plus d'épreuves à l'eau bouillante, plus de poison, plus de bûchers !

Le lundi matin, un homme plantait, en plein lékhothla assemblé, deux bouts de roseaux avec des paquets de plumes de poule. C'était encore un cas de sorcellerie. Ces poules avaient subi l'épreuve préparatoire du *moati* et y avaient succombé. On renvoya ces gens en leur disant qu'ils troublaient la paix publique et la sécurité de leur village. Je ne sais pas si j'ai pu sauver la vie d'une vieille femme, une des cuisinières, qui s'était trouvée échaudée. Mais ne nous trompons pas, ce n'est pas du premier coup de bélier qu'on fera écrouler, qu'on peut même ébranler les murs de la superstition. C'est une des places de Satan les plus fortes. Mais nous redoublerons les coups, nous creuserons des mines, et heureux serons-nous si nous parvenons à y faire une brèche.

Vous voyez dans quelle atmosphère nous vivons ; notre ciel serait de plomb sans la lumière de la face de Dieu ; notre isolement serait insupportable sans la communion du Sauveur, et j'ajoute, sans la communion des saints.

XXXI

L'expédition est terminée. — Au travail !

Séfoula, 1er juin 1887.

« *MM. les membres du Comité des missions.*

« Messieurs et honorés frères,

« L'expédition missionnaire que vous m'avez fait l'honneur de me confier a maintenant rempli sa mission. Après les vicissitudes qui vous sont connues, elle a traversé le Zambèze, installé une partie de ses membres à Séchéké, et, avec les autres, a atteint enfin sa destination finale, la vallée des ba-Rotsi, trois ans après avoir quitté le Lessouto. C'est à Dieu, tout d'abord, que Mme Coillard et moi rendons grâce d'avoir fait prospérer une entreprise que nous avions à cœur, mais que nous savions hérissée de difficultés et pour laquelle nous nous sentions peu qualifiés. Mais, c'est à vous aussi, messieurs, à notre vénéré président, et à notre cher directeur, que nous nous sentons pressés d'exprimer notre reconnaissance bien sincère. Nous savions qu'avec votre confiance vous nous aviez donné votre affection. Vous nous avez portés dans vos prières, vous nous avez gagné les sympathies du monde chrétien, vous nous avez entourés de votre sollicitude, et, au milieu de nos difficultés et dans notre isolement, vos paroles ont toujours su arriver jusqu'à nous pour ranimer notre courage et fortifier notre foi. Vous avez fait l'œuvre avec nous quand des courants vous poussaient dans une autre direction. Aussi, si nous respectons en vous les mandataires de nos Églises et nos directeurs, il nous est permis de reconnaître en chacun de vous un ami et un collaborateur.

« Vous aurez sûrement vu la main de Dieu qui nous a si merveilleusement conduits pendant nos longues pérégrinations, et vous aurez lu en caractères frappants sa sainte volonté dans le succès qu'il nous a accordé.

« C'est donc sans la moindre hésitation et avec la plus grande confiance que je viens désigner les contrées zambéziennes comme nouveau champ de travail aux Églises de langue française, et en placer les intérêts sur vos cœurs. Adoptez-la, cette œuvre nouvelle, avec le surcroît de responsabilité, mais aussi de bénédictions qu'elle vous apporte. Vous m'avez déjà prévenu en nous envoyant du renfort.

« Qu'ils soient les bienvenus au nom du Seigneur, ces jeunes ouvriers! Je prendrai place parmi eux, *par inter pares*. Je ne l'ignore pas, il est bien des questions à étudier, des problèmes à résoudre, des difficultés à vaincre, des sacrifices à faire et des dangers à affronter; mais vous n'êtes pas au-dessous d'une si noble tâche, puisque Dieu vous la confie. Accueillez donc sans réserve cette œuvre du Zambèze, entourez-la de tendresse comme un enfant nouveau-né. Et puisse-t-elle être en immense bénédiction aux tribus de l'Afrique centrale et aux chrétiens eux-mêmes qui la soutiennent!

« C'est l'ardente prière de votre dévoué dans le Seigneur. »

TROISIÈME PARTIE

LA MISSION A SÉFOULA

XXXII

Isolement et soucis. — Travaux matériels. — L'école. — Ce que sont les Zambéziens. Arrivée des renforts. — Maladie de M. Dardier. — L'évangélisation. — Un deuil.

Séfoula, novembre 1887.

Une occasion en perspective pour la poste, c'est la porte de notre prison qui s'entr'ouvre. La pensée engourdie déploie alors ses ailes et s'échappe. Elle s'envole au grand air, vers les pays de la lumière, et la voilà qui se meut dans le vaste monde des vivants. La plume, elle, est plus lourde et plus lente. Elle a à compter avec toutes sortes de circonstances qui la gênent dans ses mouvements et qui glacent son ardeur. Oh! comme on la jetterait de côté si on avait encore à son service le téléphone des communications personnelles! Et cependant, c'est une loi du monde moral: pour recevoir il faut aussi donner. Eh bien! à défaut d'argent, donnons de notre cuivre, et vous, amis privilégiés, vous nous rendrez l'or de vos sympathies et de votre affection. La conclusion de tout cela, c'est que notre isolement, sans la moindre lueur d'une jouissance sociale, est une rude épreuve. Nous étouffons dans cette atmosphère de corruption, et nous courons le terrible danger de nous rouiller et de nous figer. Aucun mouvement intellectuel et moral ne nous soutient et ne nous élève; tout notre entourage nous tire en bas, et hélas! quand nous sommes dans la poussière, même alors nous sommes encore bien au-dessus du niveau des ténèbres et de la fange qui nous environnent.

Les occupations matérielles et les soucis qui nous écrasent et nous absorbent, sont une lourde croix que nous traînons souvent de mauvaise grâce. Le missionnaire que, malheureusement, sa position met en évidence et que votre affection place sur un piédestal, ne vit pas là-haut ; ce ne sont que les statues qui y restent. Sa vie à lui n'est non plus la vie contemplative du moine, ni celle d'un amateur d'aventures d'un héroïsme à grand éclat. Non. Elle est d'un terre-à-terre qui vous étonnerait. C'est un tissu d'humbles devoirs et de petits détails qui émiettent son temps, sa patience et ses forces. Le soir, un sentiment de tristesse s'empare souvent de lui quand il fait le bilan de ses occupations, et n'a guère rien à montrer que désappointements et fatigue. Même dans son sommeil, il est souvent hanté par la perspective des luttes du lendemain. Est-ce là, je me demande, la vie idéale d'un apôtre ? Quand Paul cousait ses tentes, était-il parfois obsédé des soucis qui tourmentent le commun des mortels ?

Voilà juste une année qu'accompagné de nos amis Waddell et Middleton, j'arrivais ici. Ma femme était restée à Séchéké. Nous plantions nos tentes au milieu des massifs de broussailles et de tronçons mutilés, sur cette colline de sable couverte d'une épaisse couche de cendres. Elle doit avoir eu une vingtaine de lunes au moins, cette année-là.

Nous commencions nos travaux d'installation au milieu des circonstances les plus défavorables. Satan n'était pas le seul à rire de nous. Mais notre Dieu, toujours bon et toujours fidèle, nous a soutenus par sa grâce et secourus selon nos besoins. Ce formidable voyage de ma femme, qu'on taxait de folie, a été rapide et facile. Sa santé, ébranlée par la vie si rude que nous menons depuis trois ans, s'est peu à peu rétablie. Nous avons eu encore des pertes de bétail qui ont sérieusement compliqué nos difficultés et entravé nos travaux ; mais tous nous avons joui d'une excellente santé, et les attaques de fièvre ont été aussi rares que bénignes. Nous marchons toujours dans un sable profond, les broussailles, les tronçons d'arbres décapités, nos jungles et nos marais sont toujours là, repaires des serpents, des hyènes et des léopards. L'endroit ne sera jamais pittoresque ; notre immense plaine sans végétation, le lit d'un lac desséché, avec ses marécages fangeux, ne sera jamais un canton de la Suisse ou du Lessouto. Il faut en prendre notre parti. Mais Séfoula peut devenir habitable et on peut y vivre heureux. Pendant que des travaux de drainage se poursuivent activement dans le vallon, nous avons commencé à déblayer nos massifs, et déjà, sur le coteau où naguère on brûlait vifs les sorciers, s'élèvent quatre petits bâtiments européens qui sont la grande merveille du pays. Elles sont pourtant bien modestes, ces cabanes temporaires de pieux et de roseaux et que les termites rongent déjà. Mais elles ont de petites fenêtres, de l'air et de la lumière. Vous ne sauriez croire quel intérêt nous avons trouvé à les élever, à les crépir, et à tirer parti de ce que nous avons pour les meubler et les rendre gentilles. C'est l'emblême de la vie que nous savons si éphémère et que nous essayons de rendre si belle.

Nos travaux matériels ne sont que commencés; les plus grands sont encore devant nous, et nous les envisageons avec une sorte de stupeur. Il nous faut pourtant des constructions plus stables que celles qui nous abritent maintenant. Il n'y a pas de pierres que je sache à 160 kilomètres à la ronde, et pour bâtir, force nous sera de faire des briques. Middleton a fait dans la Vallée un essai qui a assez bien réussi. Mais, à notre grand regret, il nous quitte pour retourner en Europe, et à moins de trouver un moyen mécanique d'activer ce travail, les difficultés qu'il présente sont telles, que je ne me sens pas de taille à l'entreprendre. Je ne serais pas juste si je ne rendais publiquement témoignage au dévouement de Middleton et de Waddell.

Voilà pour le matériel. Que dirai-je maintenant de l'œuvre missionnaire elle-même ? Nous sommes encore aux jours des petits commencements. Nous défrichons. C'est une période fort peu intéressante, car nous n'avons encore rien à montrer que notre sueur et nos mottes. Mais il faut bien défricher coûte que coûte si l'on veut un jour semer et plus tard moissonner. Ce qui importe pour le présent, c'est de ne pas perdre courage, c'est surtout d'avoir foi à l'œuvre.

Visitons d'abord l'école qui se tient là-bas sous le maigre ombrage d'un arbre creux. Elle s'est faite régulièrement depuis le commencement d'avril. De 35 le nombre des écoliers a baissé jusqu'à 20. Les esclaves déjà un peu grands de nos jeunes chefs se sont peu à peu fatigués de ce service passif, sans intérêt, et d'une discipline qui, si légère fût-elle, est gênante pourtant pour ces enfants de la nature. A part une ou deux exceptions dont nous tenons soigneusement compte, il nous a été impossible de faire des recrues volontaires parmi les villages des environs. L'école n'est encore considérée que comme celle des jeunes princes exclusivement, et ceux qui la suivent sont ou deviennent par le fait leurs serfs et leurs esclaves. C'est assez pour effrayer les parents et les enfants eux-mêmes. Cela changera avec le temps; pour le moment, c'est malheureux.

L'établissement de nos jeunes gens laisse beaucoup à désirer sous tous les rapports; la moralité n'y est pas exemplaire; la faim y est un des hôtes habituels, puisque ces princes sont à la charge d'un public qui ne les aime pas, et c'est la source de grands désordres auxquels nous ne sommes pas en mesure de remédier. Ils ont à peu près fini notre petit troupeau de chèvres et moutons, et nous sommes dans la détresse pour nous procurer un peu de viande. Dernièrement, pendant mon absence, ils m'ont volé mes deux baromètres anéroïdes, probablement pour s'en faire des tabatières. Pauvres enfants, ils se doutaient fort peu du mauvais service qu'ils me rendaient! Nous avons même dû pour un temps leur interdire l'entrée de l'atelier, d'où clous, vis et outils disparaissaient d'une façon alarmante.

Et cependant, si vous saviez de quelle sollicitude et de quelles prières nous entourons cette école! On ne saurait croire en Europe ni même au Lessouto la somme de patience et de persévérance qu'il faut pour enseigner cette bande de jeunes gens qui se croient tout permis et qui tournent tout en ridicule. Malgré nos occupations, nous consacrons tous les jours, ma femme et moi, un peu de temps pour seconder Aaron dans sa pénible tâche. Il est heureusement doué d'une forte volonté et de beaucoup d'énergie. Mais il ne suffit pas à la tâche. Cinq de ses élèves lisent déjà couramment, et d'autres aussi font des progrès. Ce qu'il nous faudrait ici, ce qui serait populaire et ferait énormément de bien, c'est une école industrielle. Le roi me tourmente pour prendre des apprentis. C'était d'abord une douzaine d'hommes faits, puis « ses fils » qu'il s'imaginait avoir bien outillés en leur procurant un rabot; puis d'autres encore, qui en quelques mois devaient devenir aussi habiles que M. Waddell lui-même. Il ne comprend pas que des raisons d'économie (car il faut nourrir toutes ces bouches) et la presse du travail me forcent à refuser ses apprentis amateurs, et il ne manque jamais l'occasion de m'en faire le reproche. J'ai dû céder et prendre enfin deux hommes intelligents, bien qu'ils soient pour nous un fardeau et une entrave.

Nous nous disons que cela aussi est une œuvre. Je ne puis pas m'aveugler, je vois toujours plus clairement les immenses services que l'industrie et le commerce entre des mains honnêtes et chrétiennes pourraient rendre à l'évangélisation de ce pays. C'est peut-être ce côté civilisateur que notre pénurie nous a fait trop négliger. C'est un sujet qui mérite l'attention des philanthropes chrétiens.

Nos auditoires du dimanche sont soumis à toutes sortes de fluctuations. Nous avions réussi à rétablir jusqu'à un certain point la confiance des gens qui venaient vendre leurs produits. Un jour, le roi nous visite, trouve que ses enfants sont amaigris, rassemble les chefs des villages voisins pour les réprimander, et voilà tout notre édifice de plusieurs mois de travail qui croule. Pendant que nos petits chefs profitaient d'une de mes longues absences pour se donner libre carrière, leurs gardiens et leurs suivants épiaient les gens qui venaient vendre leurs produits ou assister à la prédication de l'Évangile. Ils dépouillaient impitoyablement ceux-ci, et forçaient brutalement ceux-là aux travaux les plus serviles et les plus durs. Notre nid a plus de ronces que de ouate, vous le voyez. L'œuvre n'est pas facile.

Peut-être, dans ce sombre tableau, n'ai-je pas assez fait la part des circonstances. Comment attirer un auditoire régulier et voir prospérer une école quand nous n'avons pas même un toit pour nous abriter? Jour après jour, enseignement et prédication se font dehors, au vent, au soleil, à la pluie et au milieu d'une foule de distractions plus alléchantes les unes que les autres.

Je ne sais dans quel langage je pourrais traduire ma pensée, pour faire bien comprendre à nos amis que les sauvages — les nôtres — ne sont nullement les êtres doux, simples, affectueux et confiants qu'on se représente en Europe; qu'ils n'ont nul désir d'écouter et encore moins de recevoir l'Évangile. Ici comme chez nous, l'affection de la chair est inimitié contre Dieu; mais ici, qu'on ne l'oublie pas, cette inimitié se traduit souvent de la manière la plus grossière et la plus humiliante. Qu'on nous comprenne bien. Les chefs les plus intelligents ont des notions très vagues et très fausses de nous et de notre mission, et s'ils nous appellent dans leur pays, c'est généralement pour des raisons politiques et des intérêts personnels. Pour nous, quelle que soit la clef dont Dieu se sert pour ouvrir la porte, notre devoir, c'est d'y entrer, quand ce serait la porte d'une prison. — Nous ne pouvons pas nous attendre à être reçus avec enthousiasme ou en triomphe; mais qu'on nous *tolère,* c'est tout ce que nous demandons et sommes en droit de demander. On reproche souvent aux missionnaires de trop colorer leurs tableaux. Voudriez-vous que j'ajoutasse encore des ombres aux miens? — Jamais je ne trempe ma plume dans l'encre noire pour vous faire connaître ceux que nous sommes venus évangéliser, sans un grand serrement de cœur. Si je ne vous devais la vérité, j'aimerais mieux les couvrir du manteau de la charité. Nous ne vous donnons que des aperçus. Que diriez-vous de la réalité telle, hélas! qu'elle est et avec laquelle nous sommes toujours en contact!

Je viens de faire le voyage de Kazoungoula pour aller rencontrer nos amis Jalla, Dardier et Goy. Ces longues absences sans communications et si souvent répétées sont de mauvaises épines où il y en a déjà tant d'autres. Nous ne nous y habituons pas. Pendant mes voyages, Mme Coillard, déjà écrasée par ses propres devoirs, doit encore se charger d'une partie des miens et assumer toute la responsabilité. Ce n'est pas tâche aisée avec des Zambéziens. A Séchéké, les rumeurs sinistres d'une nouvelle révolution couraient le pays. En certains lieux, on disait confidentiellement tous les détails d'un complot, qu'on assurait ourdi par Gambella lui-même, et qui devait éclater incessamment. Le revirement soudain qui s'opéra dans la conduite de ma bande de rameurs, leur insubordination, la rapacité et l'arrogance de Makoumba et de ses gens, et d'autres symptômes aussi peu rassurants, venaient encore donner de la consistance à tous ces bruits. On assurait même qu'à la Vallée, et depuis notre départ, les insurgés avaient à deux reprises cerné la capitale, mais que, se trouvant numériquement trop faibles, ils s'étaient tranquillement dispersés. La révolution allait-elle donc éclater pendant mon absence, et le pays être jeté de nouveau dans l'anarchie ? Que ferait ma femme ? Comment la rejoindre avec cette bande de « brigands », comme on les appelait, à la merci desquels je me trouvais entièrement ? Mais on est calme quand on se confie vraiment à Dieu. « Je me coucherai et je dormirai en paix, disait le Psalmiste, car c'est l'Éternel qui me fait habiter en assurance. »

Mon voyage de retour se fit pourtant sans mésaventure. Au contraire, j'emmenais du renfort. Mes compagnons de voyage, MM. Dardier et Goy, paraissaient si heureux et jouissaient tant, qu'avec eux je me sentis tout rajeuni. A moins de deux jours de Séfoula, ils tombèrent malades. Je crus d'abord que c'était simplement une attaque de fièvre. C'était de fait, dans le cas de M. Dardier, une insolation, assez légère en elle-même, mais qui provoqua chez lui d'autres désordres. Ma femme, avertie à temps, envoya le tombereau pour la dernière étape. Ce fut la plus triste partie du trajet. Les enfants de l'école, sous la conduite d'Aaron, vinrent à notre rencontre en chantant des cantiques. Je mis pied à terre pour serrer la main à nos chers élèves. Cette simple réception au pays des ba-Rotsi m'émut, moi ; mais nos malades la remarquèrent à peine. M. Goy triompha vite de ce premier tribut payé à l'insalubrité du climat et reprit son énergie et son entrain, mais pas M. Dardier. Après avoir été sérieusement malade, il paraissait en pleine convalescence, quand certains symptômes sont venus l'alarmer. Maintenant, il nous quitte et retourne à Séchéké, en partie pour un événement de famille qu'attendent les amis Jalla, mais surtout pour sa santé. Reviendra-t-il jamais à Séfoula ? Notre tristesse et notre désappointement sont grands ; ils sont en proportion de l'immense joie que l'arrivée de ce renfort nous avait donnée et des espérances que nous avions conçues !

La question de l'évangélisation est une question difficile à résoudre d'une manière satisfaisante. Quelle méthode nous faudra-t-il inventer ? Il est évident que celle du Lessouto ne peut pas s'appliquer ici. Là, on se met en selle, on galope si l'on veut ; on visite, un, deux, trois villages, selon le temps dont on dispose, ou bien l'on fait une battue en règle de plusieurs jours. C'est magnifique ! Ici, c'est différent. Les villages, parsemés sur les ondulations de la plaine ou au milieu des marais que l'on cultive, sont tous d'un accès difficile. On ne peut les aborder ni en canots, parce qu'il n'y a pas assez d'eau, ni à pied à cause des tourbières, à moins de se débarrasser de ses vêtements, ce qui n'est pas toujours pratique. Je chevauche généralement au bord de la plaine ; j'appelle les chefs des hameaux ou les personnes que je connais, et beaucoup accourent avec empressement. Mais ce n'est pas toujours une visite à domicile et je n'atteins pas tout le monde que je voudrais. L'autre jour, je voulais, pour la cinquième fois, tenter de visiter le village de Namboata, que nous voyons à cinq kilomètres d'ici. J'avais pris mes mesures, fait venir un homme de mes amis et son fils pour me servir de guides. Tout alla bien jusqu'aux trois quarts de la route. Là, je me trouve bientôt engagé dans un marais bourbeux que traverse une espèce de canal. Au bord du ruisseau artificiel et profond, le cheval, qui s'enfonçait toujours plus, refuse obstinément d'avancer. Il se cabre, se jette à droite, puis à gauche, rue furieusement ; rien n'y fait, je me maintiens en selle. La pauvre bête frémissait sous les coups de ma cravache ; mais, tout à coup, elle enfonce les deux pieds de devant, pique du museau, et se met à ruer si bien, que me voilà roulant dans le bourbier, tandis que ma monture traverse le marais et se sauve à travers champs, mes deux guides après elle. En vain approchais-je de lui tout doucement, mon chapeau à la main, comme quand on le nourrit le soir. La ruse ne réussit pas cette fois, et le cheval part de plus belle et bondit au loin dans la plaine. Il me fallut donc humblement patauger dans les mares et gagner piteusement le logis. Il y a du comique dans cette petite aventure, qui n'est pas la seule de ce genre, mais elle m'amène à vous parler d'une autre, hélas ! bien différente. Il y a huit jours, un de nos petits garçons conduisait à l'eau et faisait paître à la longe mon cheval, un étalon qui se sauve toujours chez le roi. L'enfant s'amusait avec la longe, quand tout à coup l'animal prend ombrage et part au galop, l'enfant après lui. Aussitôt les ouvriers de M. Goy de courir après lui, criant à tue-tête à l'enfant de lâcher la longe. Le cheval, ruant furieusement, disparaît au galop dans le bois. Quand, quelques instants après, on le trouva, tout frémissant et couvert de sueur, dans la plaine, l'enfant était là, mais, hélas! ce n'était plus qu'un cadavre mutilé et sans vie. On découvrit qu'en s'amusant avec la longe il avait fait un nœud coulant et y avait passé le bras, quand le cheval, soudainement effrayé, partit au galop. Nous sommes dans une grande affliction. Cher petit garçon! pauvre Samotchésé! Il pouvait avoir douze ans. Depuis deux mois qu'il était chez nous, il avait gagné l'affection de tout le monde. Il était si actif, si soigneux, si aimable! Nous avions fondé sur lui de si belles espérances! Cette mort si affreuse et si subite a tout flétri. C'est le premier enterrement qui ait eu lieu à Séfoula, le dimanche matin, 13 de ce mois. Pardonnez-moi de vous entretenir si au long de ce deuil que tout nous rappellera longtemps encore. Pour nous, il prend de grandes proportions; et quand nous pensons à son père, à sa mère surtout, nous avons de la peine à nous consoler.

XXXIII

Anarchie et vengeances. — Plus de bétail. — « Chez les ma-Choukouloumboué ! » — La mobilisation. — Préparatifs d'une expédition guerrière. — Le grand conseil de la nation. — Départ de l'armée. — La *sébimbi*. — L'école débandée. — Tristes perspectives. — Deux enfants prodiques. — Troubles à Séchéké. — La vie matérielle à la Vallée. — Foi et obéissance.

Séfoula, 26 janvier 1888.

Un temps de révolution chez les ba-Rotsi, c'est l'anarchie poussée à sa plus haute puissance. C'est le temps des vengeances personnelles. Chacun pille, massacre sans courir le risque d'être jamais traduit en justice : « *Ki léroumo !* C'est la guerre civile ! » Cela justifie toutes les cupidités, tous les désordres, tous les crimes et toutes les atrocités.

Peut-on se faire quelque idée de ce qu'il devient, ce pays, où même en temps de paix les pieds de ses habitants sont si légers pour répandre le sang ? On dirait en vérité que c'est sur des tribus zambéziennes que se lamentait le prophète Osée quand il disait : « Il n'y a qu'exécration, que mensonge, que meurtre, que larcin et qu'adultère; ils se sont entièrement débordés, et un meurtre touche à l'autre. » J'ai déjà eu l'occasion d'en parler, qu'on me pardonne d'y revenir; mais qu'on s'en souvienne bien, nous ne dirons jamais tout; nos confidences et nos effusions seront toujours, oui, hélas ! toujours au-dessous de la réalité.

Un détail. Les ba-Rotsi ne sont nullement un peuple pasteur. Jadis, quand ils pouvaient prendre un bœuf chez les ma-Choukouloumboué, ils en faisaient un festin public, le grillaient sur les charbons, chair et peau tout ensemble, comme ils le font encore du zèbre; c'était exquis, le poil roussi assaisonnait le mets. Les ma-Kololo les initièrent un peu à la vie pastorale, mais sans leur communiquer rien de leur vénération pour la gent bucolique. A moins de cas extraordinaires, un mariage, une purification d'enterrement, un sacrifice aux mânes, il est rare qu'un mo-Souto s'accorde le luxe de se tuer un bœuf. Un veau, une vache, jamais ! Ce serait un sacrilège. Ici, on immole, et sans raisons spéciales, tout indistinctement : taureaux et génisses, bœufs et veaux. On tue et on mange, comme des enfants gourmands, en commençant par ce qu'il y a de meilleur. Quand le troupeau est fondu, on regarde son voisin, et on crie : « Chez les ma-Choukouloumboué ! »

Pendant les derniers troubles, on a presque exterminé la race bovine de la contrée, littéralement. Je ne l'eusse jamais cru si je n'en avais les preuves sous les yeux. Ce fut — je parle surtout de la Vallée — une boucherie générale. On tuait à qui mieux mieux.

Plus de maîtres ! On ne respectait la propriété de personne, pas même celle que s'étaient adjugée les chefs qui étaient au pouvoir. Même à Séchéké, les grands volaient de nuit; les petits, les esclaves le faisaient impunément de jour. Et nous en avons su quelque chose, nous. A ce gaspillage effréné a succédé la famine; il fallait s'y attendre. Alors, comme toujours, on a crié : « Chez les ma-Choukouloumboué ! »

Léwanika voulait céder à ces clameurs, croyant l'occasion bonne de gagner de la popularité. Mais la famine désolait le royaume, le ciel politique n'était pas non plus parfaitement pur, et Léwanika, à regret, dut se rendre au conseil des sages, et renoncer à l'expédition. Elle n'était qu'ajournée. Depuis lors elle est devenue le sujet des conversations, le rêve de la populace.

Voici maintenant la saison favorable. Les pluies tombent, les rivières débordent, les mares et les étangs sont devenus des lacs, et bientôt la Vallée sera submergée. Cela durera jusqu'en juin. Le vent du sud-est commencera alors à souffler, les eaux se retireront et la terre se séchera. Jusqu'à ce moment-là, les ba-Rotsi croient leur pays suffisamment protégé par les eaux contre une invasion, et avoir le temps d'aller faire leur razzia projetée.

Léwanika, qui me communiquait d'abord ses plans, se montre plus réservé maintenant qu'il connaît mon opinion. C'est la rumeur publique qui nous tient au courant de tout ce qui se trame.

A un jour donné, tous les chefs du pays se trouvaient rassemblés à Léalouyi. La reine Mokouaé, dont l'avis est d'un grand poids dans des questions de ce genre, s'y rendit aussi après s'être fait longtemps attendre.

Quelques jours après, nous y allions aussi, sur les instances du roi, M. Goy et moi. C'était la première visite de M. Goy à la capitale; il ne l'oubliera pas de sitôt. Le trajet fut aventureux. Trempés dès le début, et jusqu'à la peau, comme on dit, il nous fallut alternativement essuyer des averses, le soleil ardent et les froides bouffées du vent qui amoncelait les nuages. La nuit nous surprit. Nous errâmes longtemps dans ces interminables nappes d'eau sans le moindre point de repère, perdant dix fois notre route, la retrouvant pour la perdre encore. De dépit, nous abandonnâmes

BA-ROTSI ARMÉS EN GUERRE

enfin le canot dès que nous le pûmes amarrer dans les roseaux, et, comme au commencement du voyage, nous nous mîmes résolument à patauger dans l'eau et dans la boue pour plus d'une demi-heure, et nous arrivâmes à 10 heures, pieds nus, en caleçon — oh ! pardon ! — affamés et exténués.

La ville regorgeait d'hommes. Çà et là, c'étaient des bivouacs où l'on causait encore ; les feux de roseaux — car le combustible est rare à la Vallée — lançaient par moment un jet de flammes qui rendaient les ténèbres plus visibles et, en s'éteignant, les laissaient plus épaisses encore. L'enceinte du *kouandou* — la maison privée du roi au milieu de son harem — était comble. Notre arrivée causa de la surprise, car personne ici ne voyage à ces heures indues. Léwanika accourut en riant de plaisir, et nous eûmes bientôt une de ses maisons à notre disposition, des nattes, un feu qui nous faisait grelotter rien qu'à le regarder, et, pour réchauffer nos estomacs vides, une tasse d'un liquide quelconque. On nous dit, je crois, que c'était du café. Avec cela nous pûmes soutenir la conversation jusqu'à une heure très avancée. Notre royal ami, tout plein de son expédition, sentait le besoin de la justifier à nos yeux. « Ils ont maltraité le Dr Holub qui venait de chez moi ; c'est mon devoir de les châtier. Du reste, ce ne sont pas des êtres humains, ils sont tout nus. Et puis... ajoutait-il en hésitant, et puis... nous n'avons plus de bétail, et il nous en faut absolument. Mais, sois-en sûr, c'est là notre dernière expédition. A notre retour nous serons tout entiers à vos enseignements, et nous deviendrons tous des croyants, tous des chrétiens, *tous*... » Il avait bien mis l'accent là où il fallait, et, s'il ne nous avait pas convaincus, il s'était du moins soulagé.

Le lendemain, une grande animation régnait au village. De tous côtés les esclaves et les femmes allaient et venaient, se croisaient avec des messagers affairés ; on préparait activement les provisions de route, partout on entendait la cadence des pilons comme celle des fléaux de plusieurs granges ; les chefs, eux, à deux ou trois, tenaient à l'écart leurs petits conciliabules, pendant que les fous de cour s'agitaient en délire, faisaient de la musique avec des calebasses, criaient et beuglaient sans que personne y fît attention. Il arrivait à chaque instant de nouvelles escouades d'hommes armés. Le soir il y eut une grande démonstration martiale — ne disons pas une revue. Les guerriers sous leurs chefs respectifs se massèrent sur la place, drapés d'étoffes aux couleurs flamboyantes, chamarrés de plumes, de haillons européens, de peaux de panthères, de toutes sortes de fauves, grandes et petites, qui pouvaient donner à l'homme l'apparence d'un animal et un air de férocité.

Ils feignaient, par petits détachements, des attaques sur un ennemi imaginaire, faisaient quelques évolutions qui arrachaient aux spectateurs des applaudissements frénétiques, se remettaient en place, et toute cette masse noire bourdonnait lugubrement un chant de guerre d'une inspiration sauvage. Quelques-uns des commandants s'avançaient ensuite, haranguaient le roi sur le ton de la colère, puis au pas de course venaient s'agenouiller et planter leurs fusils et leurs boucliers devant les ministres, toujours pérorant avec aigreur et demandant que « ce roi tergiversateur et timide lâchât enfin ses bouledogues enragés ».

Ce qui m'étonna, ce fut la quantité d'armes à feu que ces gens possèdent. Il y en a de tous les calibres. Voilà, elles ne sont pas tout ce qu'il y a de plus moderne; les fusils à pierre y sont en majorité; n'importe, ce sont des *fusils!* Et pour un mo-Rotsi ce nom seul est magique. La javeline est bien encore l'arme de la nation, une arme redoutable; mais les boucliers de cuir — la copie de ceux des ma-Tébélé, que les ma-Kololo eux-mêmes avaient adoptés — y sont en petit nombre et mal entretenus.

Ici comme ailleurs, tout ce qui est purement national s'en va rapidement. C'est regrettable, car ce n'est pas toujours un signe de progrès.

Puisque nous en sommes à observer, jetons encore un coup d'œil sur l'auditoire du dimanche matin, que le crieur public assemble. Le roi, avec sa bande de musique et sa volée de *likomboa* (officiers et favoris attachés à son service personnel et qui possèdent une grande influence), a fait son entrée. Tout le monde s'agenouille et l'acclame. C'est plus que d'habitude, mais c'est qu'hier Sa Majesté n'a pas paru au khothla, et on la suppose courroucée, et « la colère du roi, a dit Salomon, est un messager de mort ». La place se remplit petit à petit et me fait l'effet d'un kaléidoscope. Je n'y trouve pas comme à Séchéké, il y a dix ans, les défroques de soldats, d'agents de police, d'officiers de marine, de hauts fonctionnaires avec leurs broderies et leurs galons fanés, que les dernières vagues du commerce avaient poussées jusqu'ici comme de l'écume. Non, mais, pour avoir changé, le spectacle n'en est pas moins curieux. Le bonnet de coton multicolore, si cher aux ba-Rotsi, est une rareté. Les hommes d'importance y suppléent en s'enveloppant la tête d'un mouchoir, qui ne garde pas longtemps sa fraîcheur; ils y ajoutent encore, si possible, un feutre qui n'est pas souvent de forme bien correcte.

Léwanika a troqué pour de l'ivoire toutes les marchandises que viennent de lui apporter M. Westbeech, d'un côté, et la caravane d'un marchand portugais, de l'autre, venu du Bihé. Tout le monde, à des degrés différents, a eu sa part des largesses royales, et, ne fût-ce qu'un chiffon d'une coudée, il est tenu de s'en affubler. On ne voit donc partout que *setsiba* neufs et oripeaux de toutes couleurs. Cela passe encore. Passent aussi les chapeaux et les chemises et les couvertures bariolées. Mais les vêtements de coupe européenne! Voyez donc ce vieillard dont les membres flétris dansent, comme des allumettes, dans les plis d'un habillement fait pour un hercule. L'hercule, le voici qui a réussi, je ne sais comment, à enfiler une culotte qui éclate! Ici, c'est un ventru qui s'est harnaché d'un gilet, là, c'en est un autre dans une jaquette de marin — vraie camisole de force. Il faut pourtant qu'il lève les bras en l'air pour acclamer le roi et le remercier de son martyre. Partout où tombe le regard, c'est du ridicule, du comique à vous donner le fou rire.

Tout à coup les regards se tournent vers une procession qui s'avance avec dignité. C'est la reine Mokouaé qui vient avec sa suite de jeunes filles, avec les princesses, les filles de Sépopa et les femmes de Léwanika. Toutes sont vêtues de robes d'indienne, de pièces de même étoffe aux vives couleurs qui flottent sur leurs épaules, et de grands mouchoirs sur la tête, rejetés en arrière comme des voiles; tout cela avec une profusion de verroterie et de bijouterie de quelque bazar parisien. Elles prennent gravement place derrière nous sur des nattes, et, après les claquements de mains de toute l'assemblée, le culte commence. Je parle sur ce texte : « Or, c'est ici la cause de la condamnation que la lumière est venue au monde, et que les hommes ont mieux aimé les ténèbres que la lumière, parce que leurs œuvres étaient mauvaises... »

Le lendemain, nous voulions partir de bonne heure, mais Léwanika désira que nous assistions au grand conseil de la nation. Nous cédons. Nous prenons place avec lui dans la hutte spacieuse du khothla, une espèce de hangar ouvert de tous côtés. Les chefs s'y entassent comme des harengs, tandis que la foule se presse au dehors, se serre et tend l'oreille. La séance dura de 8 heures à 1 heure de l'après-midi. Ce fut une succession de petits discours qui partaient comme des fusées. Décidément les ba-Rotsi ne sont pas des ba-Souto; ils ne savent pas parler, et Léwanika pas mieux qu'un autre. Les avis étaient partagés. Les grands chefs avaient consulté les osselets, l'oracle avait condamné l'expédition, et ils hésitaient. Léwanika le savait depuis deux jours et il en était furieux. A présent ils émettaient toutes les objections possibles, puis, pour pacifier le roi, ils vantaient sa sagesse et les prouesses des ba-Rotsi, et le conjuraient de partir sans délai. Les autres, fort peu nombreux, Natamoyo, Gambella surtout, avaient le courage de leur opinion et désapprouvaient franchement. La grande majorité demandait l'expédition à grands cris. C'étaient surtout les likomboa, les serviteurs favoris du roi, qui sont toujours en rivalité avec les ministres; ce sont eux surtout qui parlaient haut.

L'occasion était unique pour dire quelques vérités à ces gens-là, et je le fis. Je vis, d'après le discours de clôture du roi, que l'expédition était coulée tout de bon. Nous nous en réjouissions avec M. Goy et cela nous consolait d'être arrivés de nuit à la maison, brassant l'eau et piétinant dans la boue. Mais les likomboa étaient montés, et, soutenus par la masse des guerriers qui étaient là, ils attendirent notre départ, provoquèrent un autre conseil, et ils gagnèrent la partie. Un messager vint, deux jours après, nous annoncer que l'expédition était définitivement décidée, et que le roi se préparait à se mettre en campagne.

Le 16 février.

L'expédition est en route, décidément; jusqu'au dernier moment, j'avais compté je ne sais sur quelle éventualité qui la ferait avorter. Mais, non. On a eu beau parler au roi de la famine qui règne chez les ma-Khalaka, sur lesquels il compte pour approvisionner son armée; on a eu beau lui rapporter des bruits de révolution imminente. Rien n'y fit. On battit, toute la nuit, les gros tambours de guerre. Les guerriers, qui étaient chez eux pour préparer leurs provisions de route, commencèrent à s'assembler.

Le roi fit des dévotions. Des offrandes de calicot, de verroterie, d'eau, de lait ou de miel furent envoyées à tous les tombeaux royaux du pays, en même temps qu'une gerbe de javelines qui y restèrent déposées pendant quarante-huit heures, pour donner à ces dignitaires de l'autre monde le temps de les bénir.

Le 8, Lévanika quittait sa capitale en canot, campait à Mongou, complétait ses cérémonies religieuses au tombeau de Katongo, et le lundi il venait camper de l'autre côté du ruisseau de Séfoula avec 600 ou 700 hommes. Comme il nous avait prévenus à temps, nous allâmes tous au pied du coteau pour voir défiler son armée. Le son morne du tambour et celui des clochettes qui servent de clairons en annoncèrent bientôt l'approche. Nous apercevons d'abord à travers les arbres une file de jeunes gens portant, en guise d'étendards, les fameuses sagaies bénites et luisantes d'ocre. A leur tête marchent solennellement un homme d'âge et une jeune fille. Derrière eux viennent le roi, Gambella, une troupe de personnages curieusement chamarrés et le *moïfo,* la garde royale, puis la foule, une cohue d'hommes de tout âge, chargés de nattes, de gourdes, de vêtements, etc., marchant en désordre et débouchant de tous côtés à travers les broussailles.

La jeune fille dont j'ai parlé plus haut n'est pas la vivandière du régiment; c'en est la prophétesse. Choisie par les osselets divinatoires, elle est l'interprète des dieux. Rien ne se fait sans elle. C'est elle qui donne le signal du départ et de la halte. Elle porte la corne qui contient les médecines de la guerre et les charmes. Elle est toujours en tête de l'avant-garde, et il n'est permis à personne, même au repos, de passer devant elle. Qu'elle se fatigue ou tombe malade, c'est aux jeunes gens de la porter. En arrivant devant l'ennemi, c'est elle qui tirera le premier coup de fusil, et, tout le temps que durera la bataille, il ne lui est permis ni de dormir, ni de s'asseoir, ni de manger ou de boire. A la halte, elle dépose sa corne, les jeunes gens de sa garde fichent en terre les javelines sacrées : « *Tou ka yoyé, bakouétou!* » s'écrie-t-elle, et ses suivants de s'écrier: « *Tou ka yoyé!* » Et l'armée entière, à distance respectueuse, d'acclamer de toute la force de ses poumons : « *Tou ka yoyé! Tou ka yoyé!* Puissions-nous vivre, compatriotes! Vivent nos compatriotes! » Elle reprend : « *Ba ka foé!* » et sa suite et les troupes de rugir : « *Ba ka foé! Ba ka foé!* Qu'ils meurent, nos ennemis! » C'est le cri de guerre que les échos des bois vont répéter vingt fois le jour pendant des mois entiers. Au retour, en récompense de ses services, la jeune prophétesse deviendra une des *maori,* une des femmes du roi. Maintenant elle est sa concubine. Son titre est la *sébimbi,* et elle porte le *sékourouroumé,* la corne médicinale.

Une fois la halte ordonnée d'après les règles que je viens de décrire, Léwanika et les grands chefs vinrent nous saluer. Pendant que nous causions, une commotion qui paraissait bouleverser le camp attira mon attention. C'était Litia lui-même, le fils du roi, tous les garçons et tous les jeunes gens qui allaient pour la première fois à la guerre, qui couraient à toutes jambes, se précipitaient dans le marais, arrachaient du roseau, venaient le déposer aux pieds du roi, puis retournaient et revenaient sans prendre haleine et en s'écriant: « *Kamarié!* » proprement : une jeune fille; c'est-à-dire vous nous croyez des fillettes impropres à la guerre, eh bien! vous verrez que nous sommes des hommes et que nous méprisons la fatigue ! On dit que cette petite comédie se répétera à chaque halte.

La sébimbi donna le signal du départ, entra dans l'eau, s'aspergea ; toute l'armée l'acclama bruyamment, se leva et suivit son exemple. Nous l'eûmes campée à une portée de fusil pendant deux jours. Quelle cohue ! Et de penser qu'elle fait boule de neige ! Depuis lors, des bandes passent sans interruption et vont grossir ce torrent débordé. Je suppose que, quand les contingents du Motoulo, de Nalolo, de Mboéla et de la province de Séchéké seront réunis à la Machilé, Léwanika se trouvera à la tête de 10,000 à 12,000 hommes au moins. Peut-on s'imaginer ce que c'est que cette multitude d'hommes affamés, — car ils n'ont pas de commissariat, — voleurs, pillards, brigands par habitude, sans contrôle et sans frein ? Pour leur subsistance, c'est sur leurs pauvres ma-Khalaka qu'ils vont fondre, et déjà dans leur propre pays « la terreur les précède, la destruction les accompagne et la désolation les suit ». Que sera-ce chez les malheureux ma-Choukouloumboué ! Ce n'est pas seulement à leur bétail qu'on en veut, mais à leurs femmes et à leurs enfants, qui seront réduits au plus abject des esclavages. Quant aux hommes, eux, on fait leur affaire sans retard et on les jette en pâture aux bêtes des champs. On dit que les ma-Choukouloumboué, exaspérés, ne font pas plus de quartier que les ba-Rotsi eux-mêmes et qu'ils gardent, pour y boire la bière, les crânes de ceux qui tombent entre leurs mains.

Notre école est débandée. Nos élèves vont tous à la curée, compléter, hélas ! leur affreux apprentissage de brigands. Il nous semblait que leur éducation fût déjà faite, car, après avoir mangé nos moutons, tué nos ânes, volé mes baromètres anéroïdes, ils ont trouvé le moyen de soudoyer une de nos petites filles et de s'approprier nos meilleures serviettes, sans compter mille et un autres exploits dont se vantent ces jeunes chevaliers d'industrie. Et pourtant, nous les regrettons. Nous pensons avec tristesse aux mois qu'ils ont passés ici, au peu d'influence que nous avons gagnée sur eux. Nous ne nous faisons pas illusion sur le zèle qu'ils promettent d'apporter à l'école à leur retour. Nous savons aussi la valeur des belles professions de Léwanika. Pauvre Léwanika ! Aaron, lui aussi, lui a parlé avec la fermeté virile d'un Michée. Il sent bien qu'il fait mal. Pendant notre dernier entretien, il se tordait sur sa chaise et il finit par me dire : « Vois-tu, mon *morouti*, je ne suis pas mon maître, j'y suis poussé, j'y suis poussé. Mais, si tu as de l'affection pour moi, garde le silence, ne vas pas gâter mon nom dans le monde en écrivant que Léwanika est allé faire une razzia chez les ma-Choukouloumboué, et, à mon retour, tu verras ! »

Ah ! en pensant à ce retour, nous frémissons, nous. Qui peut prédire les conséquences morales — *immorales,* disons plutôt, et politiques aussi bien, de ces cinq ou six mois de dévergondage national, du déchaînement des passions de toutes ces tribus sauvages, et de cette terrible ivresse qui s'empare de l'homme dès qu'il trempe les mains dans le sang de son frère, et le transforme en une bête féroce, une hyène qui déchire en ricanant !...

Mars 13-22.

Léwanika, tout en drainant le pays pour son expédition, n'a pas pris tous les voleurs avec lui. Récemment, par une nuit obscure, quelques-uns de ces vagabonds nous ont fait l'honneur d'une visite. Ils ont fait une trouée à notre « kraal », en ont sorti un bœuf de leur choix, qu'ils ont tué et dépecé à loisir. Par politesse, ils nous ont laissé la carcasse, mais aussi bien curée que si une nuée de vautours avait été de la partie. Le roi l'a appris et, dans son indignation, m'a fait mander de saisir les coquins et de les faire tancer par je ne sais qui. Fort bien ; il oublie seulement que ces messieurs n'ont pas l'habitude de laisser leur adresse !

La reine Mokouaé, une ou deux des principales femmes du roi, et d'autres princesses, accompagnées du vieux Narouboutou, sont venues de Nalolo et de Léalouyi faire un petit séjour ici. C'était aimable de leur part, car elles pensaient que depuis le départ du roi nous devions nous ennuyer à ne pas savoir que faire de nous-mêmes ! Elles me consolaient du vol de mon bœuf en me disant platoniquement : « Ce sont des ba-Rotsi, les ba-Rotsi sont ainsi faits ; tu ne les connais pas encore ! » Eh bien, merci ! quelle bonne clientèle en perspective !

Depuis qu'il s'est mis en route, Léwanika nous a tenus régulièrement au courant de ses mouvements ; ses messagers se croisent. C'est aussi une distraction nouvelle que de nous envoyer de petits billets pour nous dire que son cheval boite, qu'il a oublié de me demander telle ou telle médecine, que son armée a passé telle rivière, etc. ; car il a maintenant un secrétaire d'État, voire même deux. Ce sont nos pauvres enfants prodigues : Karoumba et Séajika, qu'il a promus à cette dignité nouvelle. Il les a fait venir près de lui pour lui enseigner à lire, prier au besoin le Dieu des missionnaires, griffonner des messages, le mettre au courant des prix des marchandises dans les pays qu'ils ont visités dans leurs voyages, lui faire connaître la valeur de la monnaie qu'il a la toquade de posséder, et de l'assister dans ses transactions commerciales. Le roi fait des progrès rapides. Il connaît déjà tout l'alphabet, ce qu'il considère comme un grand triomphe ; il porte toujours dans sa poche, comme un talisman, soigneusement enveloppés, les deux abécédaires que je lui ai donnés. Il sait aussi qu'une brebis se vend à Mangouato 30 fr., une tête de bétail 250 fr., tandis que les marchandises y sont à vil prix. Je ne sais pas encore quel certificat nos deux jeunes renégats donnent de l'Évangile et de nous. Nous sommes assez bien en cour, eux-mêmes ne peuvent pas se passer entièrement de nous, le moment de nous dénigrer ouvertement n'est pas encore venu. Ce serait une mauvaise politique. Le roi les comble de faveurs ; Séajika a déjà reçu le don d'une femme, Karoumba va avoir la sienne ; au retour de l'expédition ils auront du bétail, des esclaves, des villages enfin !... Les voilà lancés. Que Dieu ait pitié d'eux !

Les derniers messagers du roi nous apportent de tristes nouvelles de Séchéké. Voici en deux mots ce que nous avons appris : il vous souvient de Sékabénga, qui occupait le poste de Morantsiane à notre arrivée dans la contrée, et qui est en fuite depuis la restauration. Menacé du même sort que l'infortuné Tatira (ou Akoufouna), la créature du chef révolutionnaire Mathaha, il avait fait cause commune avec lui et fini par trouver un asile chez Sagitéma, un petit chef de ba-Toka indépendants aux confins du pays des ma-Choukouloumboué. Là, son parti s'était accru de tous les mécontents qui fuyaient le despotisme de Kaboukou, son successeur. Même en exil, ces gens, traqués comme des bêtes sauvages, avaient un simulacre de cour. Tatira était roi, il avait des tambours et son petit cérémonial. Il trouva bientôt un rival en Kamorongoé, un jeune homme insignifiant, mais aussi de sang royal, qui s'était joint au parti révolutionnaire. Kamorongoé ourdit un complot, massacra Tatira, vendit sa vieille mère à des ma-Koupakoupé pour des munitions, et dès lors il fut reconnu roi sans opposition. Tout était réglé. C'est pourtant Morantsiane qui est l'âme du parti. Malgré sa chute et sa disgrâce, il est plus populaire que jamais. Non seulement les ba-Toka l'ont hébergé, caché et lui ont sauvé la vie ; mais ils favorisaient ses plans de revanche. Dûment avertis par des intelligences secrètes, lorsque Léwanika s'était mis en campagne, Morantsiane et Kamorongoé firent soudain et en plein jour leur apparition à Séchéké. On les prit d'abord pour des guerriers de passage qui s'en allaient rejoindre l'armée de Léwanika. Le vieux Talahima sortit pour les saluer, suivi d'un de ses fils et d'un serviteur. A la vue de Morantsiane, il resta tout interdit. « A genoux donc! Bats des mains! Acclame le roi, lui crie-t-on, c'est notre tour aujourd'hui. — Je n'acclame que Léwanika, répondit le chef avec sa dignité ordinaire, où est-il? » Sur ce, pleuvent sur lui et sur ceux qui le suivent les injures, les javelines et les coups de massue, et en un moment leurs corps mutilés, gisant dans leur sang, se tordent dans les dernières convulsions d'une horrible agonie.

Léwanika, à l'ouïe de ces nouvelles, est revenu sur ses pas et s'est dirigé vers Séchéké. Mais on dit que Morantsiane a déjà traversé le fleuve. Dans ce cas, que fera Léwanika? Renoncera-t-il à son expédition ou bien laissera-t-il le pays à la merci de cette bande désespérée?... La grande province de Séchéké ne tient que par un fil au royaume des ba-Rotsi. Ceux-ci, considérablement réduits par leurs guerres et leurs massacres continuels, sont haïs par les ba-Toka, honnis par toutes les tribus qu'ils oppriment. La politique facile du laisser-aller de Léwanika, l'ineptie de Kaboukou son neveu, qu'il a promu à un des postes les plus importants et les plus difficiles, ont irrité les esprits. Il ne faudrait que l'homme de la circonstance pour amener une déchirure irrémédiable. Léwanika sait tout cela. Une mesure énergique pourrait encore sauver la situation; mais elle demande une fermeté, une détermination qu'il n'a pas. Les têtes grises qui devaient former le conseil de sa nation ont été fauchées toutes à une ou deux exceptions près. Leurs places sont occupées par des hommes jeunes pour qui gouverner, c'est faire en gros et pour soi le métier de brigand. Aucun lien ne les unit les uns aux autres, ils se portent mutuellement ombrage. Le roi lui-même se défie des chefs, comme les chefs se défient du roi. — Mais Dieu, qui a envoyé à ces peuplades barbares son Évangile de paix et d'amour, a certainement envers elles des vues de miséricorde. Nous, nous jugeons les choses au point de vue humain, borné et sujet à toutes sortes d'influences. Dieu règne, il gouverne le monde, il veille avec non moins de sollicitude aux intérêts d'un peuple qu'au développement d'une plante. Du chaos il tirera l'ordre; des ténèbres, la lumière. *Post tenebras lux!*

Séfoula, 22 mars 1888.

.....Les difficultés de notre position sont bien grandes. Si seulement nos communications avec Séchéké étaient moins difficiles!

Nous ne pouvons faire nos transports qu'une fois l'an, et encore faut-il affronter la mouche tsetsé. Malgré toutes nos pertes, tous nos désastres, je devrais dire, je ne crois pas le chemin impraticable. Seulement, nous sommes à la merci de conducteurs qui n'ont nullement nos intérêts à cœur. La vie matérielle à la Vallée est des plus difficiles. Ce qui nous manque surtout, c'est la viande. Impossible de nous procurer même un chevreau pour mettre sous la dent. Le petit troupeau que j'avais amené est complètement fondu, sans que nous en ayons profité le moins du monde. Vivre des poulets rachitiques du Zambèze, qu'on avalerait presque d'une bouchée avec les plumes, et de temps en temps se bourrer de poisson qui ne se garde pas, ce n'est pas vivre, c'est vivoter. Ajoutez à cela le manque de lait, car nous avons aussi perdu nos vaches, et puis… Sachez seulement que la vie est dure, et la tâche d'une maîtresse de maison peu facile…

Séfoula, 28 avril 1888.

……Vous n'avez pas d'idée comme on invente dans ce malheureux pays. Le bruit a couru qu'on nous avait pillés complètement, brûlé nos maisons et que nous nous étions réfugiés dans un hameau voisin, dénués de toutes ressources et même de vêtements. Léwanika s'empressa de m'envoyer un exprès pour me mander de me rendre à son camp avec ma femme, et qu'à son retour, il nous réinstallerait à Séfoula. C'est fâcheux que, dans un temps où l'atmosphère est chargée des miasmes d'une révolution prochaine, l'idée ait été émise que nous puissions être pillés et incendiés. Cela ne tend pas à nous inspirer plus de sécurité qu'il ne faut. Si jamais nous sommes pillés et maltraités, ce sera par les esclaves, au profit des chefs, comme d'habitude. Mais nous ne sommes pas inquiets sur ce point-là ; nous avons d'autres soucis ; le plus grand de tous, c'est la perte de nos bœufs. Comment faire venir nos provisions de Séchéké ? Et pourtant, il nous les faut. Nous sommes à court de tout. Et ces pertes et ces difficultés vont-elles décourager nos amis ? Ici, vraiment, c'est dans la communion de Dieu qu'il faut se retremper, et fermer les oreilles quand les échos répètent : quel mauvais pays ! quelle vie dure ! car en effet la vie est dure et difficile. Mais Dieu nous donnera à tous, non seulement de tenir bon, mais d'aller de *force en force*. Si la vie ici est une lutte de chaque jour, c'est aussi une leçon journalière de confiance sans réserve en Dieu…

Nous traversons une de ces périodes — devrais-je dire une crise ? — où la foi est un combat de chaque instant, et où, bien souvent, le courage n'est qu'un lumignon qui fume encore. Les travaux matériels, avec leurs incessantes fatigues et leurs soucis rongeurs, nous écrasent. Il faut s'installer pourtant, et si précairement que ce soit. Nous sentons la vie s'en aller sans avoir la satisfaction de faire beaucoup... Mais n'allez pas croire cependant que je m'apitoie ou que je me plaigne. Un général français disait à son aide de camp que la politesse d'un soldat, c'est l'obéissance. Et je crois, moi, qu'en toutes circonstances notre devoir envers notre Maître, c'est la fidélité. Le témoignage d'une bonne conscience est une grande chose, et je comprends toujours plus pourquoi saint Paul y revient si souvent dans ses lettres à Timothée...

XXXIV

Le retour de Léwanika et de son armée. — Pendant l'expédition. — Les voleurs. — Les femmes. — Rentrée du roi. — Une prédication. — Le butin. — Détails sur la campagne. — Une observation inattendue du dimanche. — Les deux renégats. — Les évangélistes indigènes. — Mort de M. Dardier. — Épreuve de la famille Ad. Jalla. — Les besoins de l'œuvre. — La mission du Zambèze et les missions coloniales. — Maladie du roi. — Les prémices de la moisson. — Discours de Ngouana-Ngombé.

Séfoula, 5 août 1888.

L'autre jour, pendant que nous faisions l'école dans la cour, l'ami Waddell accourait, essoufflé, et nous criait du bout de la maison : « La poste ! » — La poste ? Vrai ? — D'un bond je suis sous la véranda, où trois grands gaillards de Séchéké déposent leurs sacs. Eh ! oui, c'est bien la poste, le premier courrier qui nous arrive depuis septembre 1887. Huit mois sans nouvelles, c'est long tout de même. Les paquets ouverts, les enveloppes déchirées, nous constatons que les dates les plus vieilles sont d'un an, les plus récentes de quatre mois seulement. Après tout, Séfoula n'est pas le bout du monde.

Le roi est de retour enfin. Son expédition chez les ma-Choukoulomboué a duré cinq mois, — cinq mois d'ennui, où ici, comme au temps des Juges, « il n'y avait pas de roi et chacun faisait ce qu'il voulait ». Les voleurs avaient beau jeu ; les femmes avaient de la peine à se faire obéir de leurs esclaves ; elles-mêmes, en temps pareils, n'ont pas la liberté de sortir de leurs villages pour visiter parents et amis ; elles n'osent pas même se couper les cheveux. Elles se les tressent et se les papillotent ; rien n'y fait, c'est une forêt grouillante et incommode même pour elles ; et, pour y faire une chasse effective, elles y introduisent d'infortunés coléoptères, qu'elles y retiennent captifs et qui meurent à la peine.

L'arrivée de l'expédition tombait mal, car la lune était à son déclin, et malheur à l'homme qui, revenant de voyage ou de la chasse, oserait rentrer à ses foyers quand « la lune va s'éteignant ». Le roi campa donc dans les champs jusqu'à la nouvelle lune, et fit alors son entrée à la capitale. Toute la population des deux sexes s'y était portée pour l'occasion, et je vous laisse à penser si la réception fut bruyante. J'en ai vu quelque chose. Il est vrai que, malgré ses instances, je m'étais abstenu d'aller le voir à son camp lors de son passage tout près d'ici ; mais j'allai plus tard passer quelques jours avec lui à Léalouyi. Mokouaé y arriva tôt après, et pas du tout *incognito,* je vous assure. C'était un dimanche, et nous avions déjà eu un service, c'est-à-dire une prédication. Heureusement, car tout le village fut bientôt dans l'agitation.

Avez-vous un brin de curiosité, et tenez-vous avec l'ami Waddell à voir ce qui se passe ? Eh bien ! venez. Toutes les femmes de la capitale sont allées à la rencontre de la reine, et ont grossi son cortège, pendant que les hommes, chacun avec ses pairs ou son chef, se sont massés en différents groupes sur la place publique. Il faut bien que les sérimba et les tambours, si affectionnés des ba-Rotsi, fassent leur tintamarre habituel. Que diraient-ils de nos vielles, de nos tambours et de nos grosses caisses d'Europe, ces bonnes gens !

Le cortège s'avance lentement : il arrive, Mokouaé en tête ; accoutrée d'indienne aux vives couleurs, elle exécute elle-même des récitatifs auxquels répondent en chœur les troupes de femmes qui l'escortent. Ce sont les louanges du roi, et je dois dire que ces chants tristes, comme tous les chants de nos pauvres Africains, ne manquent pas d'harmonie. Les hommes, groupe après groupe, l'acclament, se prosternent, battent des mains, et ce vacarme, plein de décorum, du reste, dure toute une heure. Les femmes reprendront leur partie au coucher du soleil, et Mokouaé, toujours le coryphée, chantera avec elles toute la nuit. En attendant, sur l'ordre du roi, elle se retire dans la cour spacieuse de sa maison. Les chants ont cessé, c'est maintenant un lever en règle. Léwanika m'invite à l'accompagner. Je donne vite une poignée de main à Sa Majesté et m'assieds près de la natte où elle trône. Léwanika, lui, se met à genoux, Mokouaé fait de même, ils se baisent sur les lèvres, se serrent les deux mains et se crachotent l'un sur l'autre, pendant que les femmes de la suite de Mokouaé, bien graissées d'ocre et chargées de verroterie, rangées contre la paroi de la cour, répètent en cadence et sur un ton mineur à faire tressaillir : *Ho chè ! Ho chè !* — Puis viennent les enfants, les proches parents, qui ont le bénéfice du crachotement royal, — puis les dignitaires, les hauts personnages, qui ont le privilège de baiser la main du souverain qu'ils visitent ou de la reine de Nalolo ; puis la bourgeoisie, qui se tient à distance de la plèbe en dehors de la cour, battant des mains avec la plus grande gravité.

Mais le soleil baisse ! on coupe court aux cérémonies, et, à ma prière, le crieur public convoque une assemblée double de celle du matin. Je prêche sur Gal., VI, 7. Tout en intercédant auprès de Dieu en faveur de cette nation sanguinaire, il était de mon devoir de flétrir publiquement une expédition que Léwanika, lui-même, appelle un *brigandage,* et je le fis. On ne se méprendra point sur la position que nous avons prise. Léwanika, plein de considération pour ses missionnaires, avait envoyé à nos amis de Séchéké dix têtes de bétail qu'il vient de butiner, dont deux délicatement offertes à Mme Jeanmairet, « notre fille », et je sais confidentiellement qu'il en a aussi un petit troupeau de choix en réserve pour nous. Mais M. Jeanmairet, dans une lettre belle et digne, tout en le remerciant chaleureusement, lui expose les raisons pour lesquelles ni lui, ni M. Jalla, ni Léfi, ne peuvent, comme chrétiens, accepter ce bétail-là. Léwanika s'attendait-il à ce refus ? — Il se contenta de répondre : « Je comprends ; mais que possèdent les ba-Rotsi qu'ils ne l'aient obtenu par le pillage et le vol ? »

La quantité de bétail capturé est énorme. On assure qu'il en est mort en route plus qu'il n'en est arrivé ici. Il paraît que les ma-Choukouloumboué, à l'approche de leurs ennemis, avaient chassé leurs troupeaux dans les bois où essaime la *tsetsé.* Le roi s'est réservé, tant pour lui que pour Mokouaé et les principaux membres de sa famille, des troupeaux considérables, qu'il a dispersés dans le pays. On assure pourtant qu'il lui faudra encore tout un mois pour distribuer le reste.

Ce qui navre le cœur, ce sont les jeunes femmes et les enfants qui font partie de ce butin. On m'en cache le nombre ; on m'assure même que le roi avait donné des ordres pour qu'on ne s'attaquât qu'à la gent bovine. Mais la vérité perce quand même. Des hommes, on n'en a pas amené un seul. En me promenant dans le village, je remarquai çà et là des faisceaux de javelines, dont la plupart recourbées, signe indubitable qu'elles ont répandu le sang humain. Il fallait donc les purifier. Gambella et d'autres de mes connaissances me montraient avec ostentation leurs haches d'armes. « Elles sont pures, me disaient-ils ; nous nous sommes souvenus de tes injonctions. » Mon ami Mabaha m'envoie même par Séchéké un message analogue. Quelle que soit la valeur de ces assertions, c'est déjà quelque chose d'entendre un Zambézien se vanter de s'être privé du plaisir d'éventrer un pauvre mo-Choukouloumboué. Le roi n'en est pas là, lui ; car, en me voyant entrer chez lui, il me disait en essayant de ricaner : « Ne va pas me gronder si l'on te dit que j'ai tué un homme de ma propre main. » Hélas ! il paraîtrait qu'il en a tué plus d'un. Là où les ma-Choukouloumboué faisaient mine de résister, c'est lui qui dirigeait l'attaque, puis, accompagné de quelques cavaliers, il s'élançait à la poursuite de ces malheureux, épouvantés par les armes à feu et par la vue de ce monstre sans nom : un quadrupède surmonté d'une forme humaine. Oh! qu'il sera terrible, le réveil de cet homme, quand l'Esprit de Dieu éclairera sa conscience et touchera son cœur! — Dans cette razzia, Léwanika a aussi fait preuve de magnanimité. Non seulement il a rendu la liberté à plusieurs femmes captives d'un certain âge, mais aussi le bétail, les femmes et les enfants à ceux qui eurent le courage de faire acte de soumission.

Il n'osa pas attaquer une *cheffesse* du nom de Nachintou, que les ma-Koloko avaient jadis fait prisonnière, et libérée ensuite. Ils n'avaient gardé que son fils, son unique, qui est devenu un des principaux manœuvres de Léwanika et le nôtre à l'occasion. Ce Samoïnda, comme tous les esclaves ma-Choukouloumboué, s'est distingué par sa cruauté envers ses compatriotes. Nachintou, comme Mochachi, est puissante par ses médecines et ses charmes. Elle a la boîte de Pandore ; elle dispense à son gré la sécheresse et la grêle, les calamités et les épidémies, et garde enfermé dans une urne le fléau terrible de la petite vérole. Elle possède enfin ce que nombre de dames du monde lui envieraient, le secret d'une jeunesse éternelle.

Vous serez surpris d'apprendre que, dans cette expédition, Léwanika a scrupuleusement observé le jour du Seigneur. Il a gardé près de sa personne (vous ai-je dit qu'il les avait fait venir de Mambova l'an passé ?) nos deux pauvres renégats, Séajika et Karoumba, pour lui apprendre à lire. Il en a fait ses *barouti* à titre égal de ses marmitons. Leur charge à eux, c'est de faire la prière, de chanter des cantiques et de *prêcher*. Et, pour les rendre plus dignes de leur office, il les prive de boissons enivrantes. Et cela se continue à Léalouyi. Ces deux malheureux jeunes gens se trouvent ainsi dans la plus équivoque des positions. Ils n'ont pas eu le courage moral de se confesser qu'ils n'étaient pas qualifiés pour prêcher des vérités qu'ils démentent par leur retour au paganisme et par une vie immorale connue de tout le monde, tandis que leur conscience les accuse non moins que notre présence. Il faut vraiment être Africain pour jouer et soutenir ce rôle impossible. Le roi, étonné de mon étonnement, me demandait : « Que faire le dimanche, que nous désirons observer, quand tu n'es pas là ? Ces garçons en savent plus que nous, et je les réprimande et les chasse quand ils ont trop bu. Peuvent-ils nous prêcher de mauvaises choses ? »

Le cas demande de la prudence, tout clair qu'il paraisse. Nous sommes trop loin de la capitale pour que j'y puisse aller souvent et régulièrement. Nous nous fussions établis plus près, à Kanyonyo, — ce qui n'était pas possible, — que la difficulté eût été exactement la même. C'est dans le village même de la capitale qu'il faudrait s'établir ; une impossibilité au point de vue sanitaire ; une impossibilité non moindre au point de vue pratique et économique ; car les ba-Rotsi ne vivent pas toute l'année dans la vallée ; au temps des inondations, ils vont s'établir sur les hauteurs qui la bordent. Et puis, ils changent aisément le lieu de leur résidence. Ce qui résoudrait cette difficulté et bien d'autres, ce serait d'avoir une bande d'évangélistes dévoués. Mais ces évangélistes, nous ne les avons pas. — Quant à Karoumba et à Séajika, de deux choses l'une : ou bien ils se rebuteront ou rebuteront Léwanika, et le mouvement tombera de lui-même ; ou bien le mouvement prendra de la consistance, et ils sentiront leur faiblesse, ils se repentiront et retourneront à leur Dieu. Mais combien nous eussions eu plus de confiance et de joie, si leur repentance et leur retour avaient été le point de départ et le mobile de leur activité ! Ne désespérons pas, Dieu se sert parfois de singuliers instruments, et ce ne serait pas la première fois que l'Évangile convertirait ceux mêmes qui le prêchent à leur façon, et sans le connaître expérimentalement.

Je parle d'une bande d'évangélistes qu'il nous faudrait, et, hélas ! nous sommes dans le deuil. Notre jeune docteur, M. Dardier, est mort. Pauvre jeune homme ! il avait tant joui de son premier voyage en canot ! Je le vois encore, pendant la halte, sauter dans une de nos embarcations, et, triomphant, gagner le large en dépit des protestations de nos canotiers qui, au fond, jouissaient de cette jeunesse si fraîche. Un jour, tout près de Nalolo, je vous l'ai dit, comme nous prenions notre frugal repas sur la berge, il s'écria tout à coup en se mettant la main sur la nuque : « Que le soleil est donc chaud ! » Il se remit en bateau, on lui donna une ombrelle, c'était trop tard. Il souffrait déjà des effets d'une insolation.

Il alla de mal en pis. Des symptômes alarmants accusèrent bientôt une maladie de cœur. Il prit Séfoula en dégoût et ne rêva qu'un prompt retour. Mais rien n'est prompt dans ce pays. Il arriva à Séchéké, où on le combla de soins. Après un mieux passager, son état empira de nouveau. Il avait hâte de quitter Séchéké. Il avait déjà franchi le Zambèze à Kazoungoula, là où je l'avais rencontré arrivant d'Europe quelques mois auparavant, et était l'hôte de M. Westbeech, quand la mort le surprit. Ainsi fut tranchée à son début cette vocation sur laquelle nous avions fondé tant d'espérances ! Le deuil de sa famille est celui des amis des missions, c'est aussi le nôtre. Ce sera probablement, mais à tort, une mauvaise note pour le Zambèze, qui commençait à se réhabiliter dans l'opinion du public chrétien. Sera-ce l'éteignoir sur des vocations naissantes de médecins-missionnaires ?

Ce sombre nuage n'est pas le seul qui ait obscurci notre ciel. M. et Mme Jalla vous auront dit qu'il a plu à Dieu de consacrer leur ministère par l'affliction en leur retirant l'enfant qu'il leur avait donné. M. Middleton nous a définitivement quittés. Léfi[1], l'évangéliste, lui aussi, n'y tient plus. « Voilà sept mois, m'écrivait-il il y a déjà longtemps, que ma femme ne sort plus de la chambre et quitte à peine le lit. » Le pauvre homme n'est plus qu'un garde-malade, il désire se rapatrier tout de bon, et nous devons, dès cette année, prendre des mesures dans ce but. Aaron, lui, est encore des nôtres ; mais son départ n'est qu'une question de temps et à courte échéance. Lui aussi trouve la vie dure au Zambèze. Et pour qui ne l'est-elle pas ? L'école du renoncement nous met sous une discipline contre laquelle notre vieille nature est toujours prête à se révolter. On accepterait volontiers, avec joie même pour soi, les privations qu'on supporte douloureusement pour les siens. Passer des mois sans une goutte de lait pour le ménage, sans un morceau de viande, et dépendre entièrement d'une pièce de calicot qui se fond pour se procurer par-ci par-là un oiseau coriace, du poisson dont on se dégoûte vite, des légumes du pays, du millet, du manioc insipide, ce n'est pas gai, surtout quand on a des enfants, confessons-le. A Séfoula, nous en sommes tous au même régime ; aussi nous partageons-nous généralement ce que nous pouvons acheter pour varier notre ordinaire. Mais notre ami a à lutter contre d'autres ennuis qui lui sont particuliers. Il a une jeune fille de quatorze ans, pour laquelle il ambitionne une éducation qu'on ne pourrait pas même lui donner au Lessouto. Et voilà la famille royale qui s'est mis dans la tête d'en faire la femme de l'héritier présomptif du pouvoir, Litia. Les ba-Rotsi ne se tiennent jamais pour battus, et ils mettent à cette affaire une agaçante persistance. Aaron, qui n'a pas pour eux plus d'estime qu'il ne faut, va envoyer sa fille à

---

1. Léfi, devenu veuf au Lessouto pour la deuxième fois, s'est remarié, et cédant à ses instances et à sa persistance, nous avons dû cette année le laisser retourner au Zambèze avec MM. Coisson et Mercier (1897).

Mangouato et m'a signifié son intention de retourner bientôt dans son pays.

Léfi et Aaron sont des hommes chez lesquels, pas plus que chez nous, il n'est besoin de microscope pour découvrir les défauts. Mais ils ont l'un et l'autre, et chacun dans son genre, des qualités qui en font de précieux aides. J'ajoute sans flatterie et sans phrase qu'il nous sera difficile d'en trouver de meilleurs. Je l'avoue, c'est pour moi une rude épreuve. Aurons-nous jamais d'autres évangélistes ba-Souto ? Je l'ai dit, je l'ai répété avec d'autres, je l'ai cru : « Si l'Afrique doit jamais être évangélisée, elle doit l'être par ses propres enfants. » Je comptais sur les ba-Souto chrétiens.

Je leur ai toujours reconnu comme évangélistes, partant, comme *missionnaires*, des aptitudes spéciales que nous autres, Européens, ne possédons pas au même degré. Leur niveau social et intellectuel les rapproche plus que nous des populations que nous évangélisons. Nous sommes-nous donc trompés ? Nos théories, si belles et si séduisantes, n'étaient-elles qu'un rêve que nous voyons s'évanouir aujourd'hui ? Non. L'esprit de Dieu souffle parmi les Églises du Lessouto, et, nous le savons, là comme en France et partout, l'esprit de vie, c'est l'esprit missionnaire. Si la misère a été grande dans ce cher petit pays, elle n'y est pas endémique. Le jour viendra, il n'est peut-être pas loin, où les ba-Souto chrétiens sentiront qu'ils ont envers ces peuplades du Zambèze, qui parlent leur langue après avoir subi leur joug, une dette que personne ne peut payer pour eux.

En attendant, qui fera l'œuvre ?

Nous avons l'occasion, unique peut-être, de prendre « possession du pays ». Tous les chefs, à peu d'exceptions près, paraissent bien disposés, le roi manifeste un grand désir de s'instruire et de faire instruire les tribus qu'il gouverne, ou, pour parler plus juste, la tribu des ba-Rotsi elle-même. Jusqu'à quand ces bonnes dispositions dureront-elles, s'il ne se convertit pas ? J'ai devant moi une liste de vingt postes d'évangélisation que nous devrions occuper au plus tôt. Les ba-Rotsi voudraient conserver pour eux le monopole de l'instruction, comme tous les autres monopoles, et c'est ce qui fait qu'une école journalière ouverte à toutes les classes rencontrera longtemps encore de grandes difficultés. Mais, si nous en avions le personnel et les moyens, et que nous pussions ouvrir un établissement pour les garçons et un pour les filles, nous aurions immédiatement un nombre d'élèves que nous serions obligés de limiter. Tous se soumettraient à une discipline que celle de la circoncision leur permet de comprendre. Je ne prétends pas que l'œuvre fût des plus faciles, mais elle est faisable. Pour l'entreprendre, il faudrait un personnel d'élite expérimenté ; des hommes et des femmes qui s'y donnassent sans réserve avec toute la force physique dont ils jouissent, tous les talents qu'ils possèdent, avec toute la puissance de leur amour.

Pour le moment, les fils et les neveux du roi vont revenir, avec — j'ai raison de le croire — un assez grand nombre des fils des principaux chefs du pays. Depuis longtemps aussi, le roi nous presse de recevoir *Mondé,* la fille aînée de Mokouaé. Elle ne viendra pas seule. Mais ces établissements-là, avec une foule d'esclaves des deux sexes, et sur lesquels nous n'avons aucun contrôle, sont des antres inqualifiables de dévergondage. Et comment, je vous le demande, mener de front l'école et l'évangélisation, tout en faisant face aux devoirs multiples qui réclament sans cesse une partie de notre temps et de notre attention ? C'est chose grave que de lancer des appels, surtout quand il s'agit de venir dans ces climats. Le Sauveur nous a indiqué la voie la plus sûre : « Priez le *Maître* de la moisson d'envoyer des ouvriers dans *sa* moisson. »

Je ne partage pas les craintes de certains amis qui pensent que « le Zambèze pourrait bien être mis de côté pour le Congo ». Pour *nous,* l'œuvre est la même où qu'elle se fasse. C'est de l'émulation, et non de la rivalité, qu'il y aura entre nous. Le Congo, — comme Taïti, le Sénégal et bientôt la Kabylie, — c'est l'explosion du patriotisme protestant chrétien, si longtemps contenu et refoulé par les autorités gouvernementales. Il est temps que chez nous, dans nos colonies, nous revendiquions le droit de servir la patrie et contestions au catholicisme le monopole du patriotisme et du dévouement qu'il a le tort de s'arroger. Rome, ce n'est pas la France, pas plus que ce n'est l'Évangile.

La mission du Zambèze, comme celle du Lessouto dont elle est la fille, c'est la manifestation du caractère essentiellement catholique, universel, du christianisme saisi par le cœur. Sans aucun calcul humain, comme le Bon Samaritain, des chrétiens, de n'importe quel pays ou quelle dénomination, mettent en commun leurs sacrifices et leur charité pour la rédemption des sauvages les plus abrutis et les plus dégradés qui fassent partie de la famille humaine. Plus haut que les préjugés, les intérêts et les drapeaux de leurs nations respectives, ils élèvent ensemble et font flotter l'étendard de la Croix. Et nous, enfants de huguenots, protestants et Français de cœur, qui avons pris l'initiative de cette grande œuvre de relèvement, dans un pays où aucune puissance européenne ne nous couvre de son égide, dites, faisons-nous honte à la France ? La renierons-nous, notre patrie, ou bien... nous renierait-elle ?

Séfoula, 18 août 1898.

Depuis quelques semaines, le roi est malade. Il a quitté le *Kouandou*, son appartement privé, et s'est séquestré dans une tente de nattes qu'on lui a élevée au fond d'une arrière-cour. A part ses serviteurs favoris, personne n'a accès auprès de lui, pas même ses ministres, Gambella, ni même Mokouaé, sa sœur, tant ces pauvres gens ont peur de ce qu'ils appellent « les mauvais pieds ». Pour arriver à la cour qu'il occupe, il faut en traverser trois autres où l'on trouve nuit et jour des groupes silencieux d'esclaves. Les principaux chefs qui sont à la capitale passent la nuit dans la première, et ses *likomboa* (les hommes plus importants du personnel de l'établissement royal) dans la deuxième. La troisième est réservée aux intimes. Les hommes passent au lékhothla comme des ombres, sans s'y arrêter ; les chefs y siègent quelques instants par devoir, mais on n'y rend pas la justice, on n'y traite aucune affaire, on n'y cause qu'à voix basse. On n'y allume plus le feu du soir, les tambours sont silencieux (ces chers tambours, comme ils doivent s'étonner de ce repos !). Personne n'ose aller travailler dans les champs, bien que la saison presse ; chacun est morne et méfiant, la crainte a saisi tout le monde. C'est Léalouyi tel que je l'ai trouvé la semaine dernière, quand, effrayé de la tournure que prenaient les choses, je m'y suis rendu en toute hâte.

Cette maladie ne serait-elle qu'un prétexte pour atteindre un but politique, c'est-à-dire pour se défaire d'une manière raisonnable de personnages suspects ? Mes appréhensions, hélas ! ne paraissent que trop fondées. C'est une névralgie qu'a le roi et qui lui prend la moitié du visage. Il ne donne des ordres qu'à voix basse à ceux qui s'accroupissent à sa porte ; mais, une fois que nous étions seuls tous les deux, il pouvait causer, rire, s'abandonner enfin comme toujours. Je lui demandais comment il se faisait que les osselets divinatoires choisissent précisément ses favoris pour leur donner libre entrée. « Bah ! fit-il vivement, les osselets disent ce que je veux ! » C'est clair, ce n'est pas rassurant.

Pendant que j'étais là, il y a eu un rapprochement entre lui et ses ministres Gambella et Natamoyo. Était-il sincère ? Nous le saurons bientôt. En même temps que Léwanika, le vieux conseiller *Narouboutou*, dont je vous ai envoyé le portrait, s'est aussi alité et pour le même genre d'indisposition. J'ai administré mes calmants avec tant d'assurance, que mes patients avouèrent un mieux réel. Je ne pus pourtant pas obtenir de Léwanika qu'il sortît de sa tente pour s'asseoir dans la cour, qui est bien abritée, tapissée et ombragée de nattes. On se dit à l'oreille qu'un complot contre Léwanika en faveur de Morantsiane a été découvert et que les principaux chefs de la Vallée, Gambella en tête, sont gravement compromis. Je n'oserais pas le nier ; mais je frémis à la pensée de nouveaux massacres. Je pense que Léwanika n'oubliera pas les entretiens que nous avons eus pendant les quatre jours que j'ai passés avec lui. Oh ! si seulement je pouvais lui inspirer l'horreur du sang ! Ce que je ne puis pas faire, moi, la grâce de Dieu le fera. Il y a de grandes contradictions chez cet homme. Il est despote, vindicatif et cruel tant qu'on veut, et avec cela il a du bon sens, du tact, de la générosité et de l'amabilité. Je pourrais facilement faire de lui deux portraits qui n'auraient rien de commun. Il y a plus d'un Léwanika dans le monde.

Je vous disais il y a quelque temps qu'à Séfoula il n'y a ni fleurs ni fruits. L'an passé, à mon retour de Kazoungoula, j'ai trouvé que tous mes eucalyptus avaient péri, et cette année, si nous en avons une vingtaine qui végètent encore, ce n'est qu'à force de les arroser. Une graine de pois de senteur, qui s'était égarée jusqu'ici, fut soigneusement plantée et barricadée d'épines devant la fenêtre de la chambre à coucher. Elle crût, elle poussa une fleur, une seule ; mais qu'elle était belle et qu'elle sentait bon ! Un matin, des poulets du Zambèze, d'une race minuscule et d'autant plus destructive, se glissèrent sous les épines, et... picotèrent la fleur, déracinèrent la plante ! Qu'y avait-il donc dans cette simple fleur qui nous faisait tant plaisir, et qui nous causa un moment de chagrin quand nous la vîmes fanée et détruite !

Cela me fait hésiter à vous parler d'une autre fleur autrement belle. Mais pourquoi n'en jouiriez-vous pas avec nous et ne nous aideriez-vous pas à l'arroser ? Si elle venait à se flétrir, ce qu'à Dieu ne plaise ! vous vous en lamenteriez avec nous, et votre sympathie serait une consolation.

Le 14 novembre 1887, je commençais ma classe de catéchumènes, d'*inquirers,* disent plus justement les Anglais. Cette classe ne se composait et ne se compose encore que de deux membres : *Routhi,* la fille de notre évangéliste, et *Ngouana-Ngombé.* C'est de ce dernier, qui vous est déjà connu, que je désire vous parler. Il y a plus d'un an que nous avons lieu de le croire converti. Il nous a toujours donné beaucoup de satisfaction, depuis quatre ans bientôt qu'il est dans notre maison; mais cela ne nous suffisait pas. Aujourd'hui, il est plus qu'un bon serviteur pour nous, il est un *fils*. Je crois vous avoir dit comment il nous est souvent arrivé de trouver ce cher garçon priant dans les fourrés du bois, et comment un soir il s'en vint timidement me demander en propres termes : « Que faut-il que je fasse pour être sauvé ? » Il y a longtemps qu'il professe d'avoir trouvé le Sauveur. Je voudrais que vous le vissiez, avec sa manière un peu laconique, parler aux gens qui viennent nous offrir leurs produits, ou rassembler le soir nos enfants et nos ouvriers. C'est un plaisir de le prendre pour une course d'évangélisation. Il est hors de lui de joie, il faut qu'il arrête les passants, qu'il crie à ceux qui travaillent dans les marécages et que nous ne pouvons pas atteindre, et qu'il appuie ce que je dis, ou qu'il le répète dans le patois du pays avec cette bonhomie qui le fait écouter. Tout le monde connaît Ngouana-Ngombé, tout le monde l'aime.

Il y a eu dimanche quinze jours, nous avions un bon auditoire de 140 à 150 personnes. Je parlais sur le *Dieu inconnu,* Act., XVII, 23. Quand j'eus fini, Ngouana-Ngombé, sous l'empire d'une grande émotion, se leva et me demanda la parole. J'ai transcrit son discours et je crois qu'il vous intéressera. Nous, il nous a touchés.

« Mes pères et mes mères, dit-il, vous vous étonnerez de me voir prendre la parole dans une assemblée comme celle-ci. C'est que je me sens pressé de vous dire que j'ai cherché longtemps le Dieu inconnu dont le *morouti* vient de parler. Je l'ai trouvé, il s'est révélé à mon âme, je suis un croyant. Vous me regardez avec étonnement; vous me connaissez tous. Je suis Ngouana-Ngombé, un *mochimane* (ici, un esclave). Mon père est mo-Soubyia, ma mère est mo-Toka, je suis le *mochimane* des *barouti* (missionnaires). Oui, mais je suis autre chose encore, je suis un croyant. J'étais perdu, Dieu m'a sauvé !

« Je n'ai pas toujours été ce que je suis. Hélas ! non. Il y a quatre ans, je n'étais qu'un enfant (il a maintenant quinze ou seize ans). J'allai à Léchoma demander au *morouti* de me recevoir à son service pour un mois, c'est un *setsiba* que je voulais. Le mois écoulé, je demandai qu'il me gardât pour un fusil. Il y consentit. Mais je n'aimais pas les choses de Dieu. Quand c'était l'heure de la prière, je mettais ma bouillotte sur le feu et je me sauvais dans le bois. Ceux qui m'ont connu alors savent que j'étais colère, que je ne supportais ni les injures ni la contradiction. A Séchéké, j'avais moins de répugnance pour les choses de Dieu, mais je ne les comprenais pas davantage. Ce que je désirais, c'était de m'instruire, voilà tout. Quand nous arrivâmes ici, le *morouti* retourna à Séchéké chercher notre mère et me laissa avec Waddell et Middleton. Nous ne savions pas s'il reviendrait. Middleton nous donnait bien régulièrement notre nourriture, mais plus de prières, plus de chants, plus d'exhortations ! Ces blancs travaillaient toute la semaine ; ils se reposaient le dimanche et lisaient sans doute la Parole de Dieu ensemble. Pour nous, les *bachimane,* le jour du Seigneur était comme tous les autres jours ; nous mangions, je cuisais, nous dormions, c'est tout. Un jour, j'avais le cœur plein de colère, je trouvais que notre vocabulaire d'injures ne me suffisait pas, et je demandai à Middleton de m'enseigner les plus gros jurons anglais et les malédictions les plus mordantes. Il me dit qu'il les avait oubliés depuis longtemps.

« Un dimanche, je lui demandai pourquoi il ne nous faisait pas lire. Il le fit ce jour-là, mais plus après. Je pense qu'il était fatigué. J'avais le cœur bien triste et je me lamentais à part moi. « Si « seulement j'avais profité des instructions de mon père et de ma « mère ! Et s'ils n'allaient plus revenir ! » Avec ces pensées qui me tourmentaient, j'errais à l'aventure dans la forêt. L'idée me vint subitement : « Et si j'essayais de prier seul ! Le *morouti* dit « que Dieu entend toujours. » Je me jetai à genoux, là-bas, sous ces arbrisseaux, et je criai : « O toi ! le grand Dieu que je ne « connais pas, aie pitié de moi ! » Un dimanche qu'il pleuvait et que je ne pouvais pas aller dans le bois, je proposai à Kambourou et autres jeunes gens de chanter des cantiques. « Volontiers, « dit Kambourou, mais nous allons d'abord chanter *bonyanga* « (un chant païen) et danser. » C'est ce qu'ils firent, et je m'en allai. Ils m'en ont voulu, ils se sont moqués de moi, m'ont donné toutes sortes de noms ; cela m'a poussé à prier davantage. J'étais dans une grande angoisse. Les conseils d'Aaron et de mon père m'ont aidé, et enfin j'ai trouvé le pardon de mes péchés.

« Allez-vous dire : « Voilà Ngouana-Ngombé qui veut devenir « un blanc ? » Comment deviendrais-je un blanc, moi qui suis né noir ? Dieu n'est pas le Dieu exclusif des blancs, tous les blancs ne sont pas des croyants, nous en avons déjà vu qui sont mauvais comme nous. Le *morouti* dit qu'au Lessouto c'est la même chose, il y a des ba-Souto chrétiens, comme Aaron, mais il y en a qui sont restés païens. Ce sont les ba-Souto chrétiens qui nous apportent l'Évangile qu'ils ont eux-mêmes reçu des chrétiens de France.

« J'entends des gens qui se moquent et qui disent : « Est-ce « que le *morouti* est donc monté au ciel, qu'il prétende connaître « Dieu ? » Non, il n'est jamais monté au ciel, il n'a jamais vu Dieu, il ne l'a non plus jamais dit. Mais Dieu s'est révélé par son Fils et par sa Parole. Je ne vous dirai jamais que j'ai vu Dieu, mais je vous dirai ce que je sais de sa Parole et comment il m'a sauvé. Non, le *morouti* n'est jamais monté au ciel. Mais il y va, et moi, son *mochimane*, je le suis. Je suis le premier, et j'aurais très peur si je n'étais croyant. Serai-je seul à le suivre ? Vous, mes pères et mes mères, mes *thaka* (gens de mon âge), ne viendrez-vous pas avec nous ? Interrogez-moi beaucoup, quand vous voudrez, ne craignez pas. Ce que j'ai voulu vous dire, c'est que j'ai trouvé le Dieu inconnu, le grand Dieu, et que je suis un *croyant*. »

Ce simple récit, qui, sous ma plume et par la traduction, perd tant de son coloris, fut écouté avec une profonde attention. Les hommes claquaient la langue d'étonnement, les femmes étaient immobiles, bouche béante ; nous, pris par surprise, nous étions émus et bénissions Dieu.

XXXV

Rencontre de M. Selous. — Ses aventures. — Une visite à Léalouyi. — La vie à la capitale. — Un pitso mémorable. — Questions politiques. — Scènes de mœurs zambéziennes. — Mme Coillard et ses élèves. — L'école à Séfoula. — La prédication. — Seuls !

Séfoula, septembre 1888.

Dimanche matin, au grand étonnement de tout le monde, nous arrive un monsieur à cheval. Ce premier Européen que nous voyions à Séfoula était comme une apparition. C'était un Anglais, M. Selous, Français de descendance et d'éducation. M. Selous est un Nemrod très connu. Voilà quinze ans et plus qu'il court l'éléphant, le lion et le gros gibier dans les solitudes de Linyanti, du Machonaland et des parages du sud du Zambèze. En 1877, il passa le fleuve, poussa une pointe jusqu'au Zoumbo et de là au nord. Nous nous rencontrâmes à Mangouato l'année suivante et fîmes connaissance. Il arrivait à Pandamatenga au mois de mai, avec deux wagons de marchandises ; mais, effrayé par les bruits, qui couraient le pays, d'une révolution imminente, il laissa ses chasses, et, avec une troupe de porteurs et de guides, passa le fleuve au-dessus des cataractes de Mousi-oa-Thounya, tira au nord, à travers le pays des ba-Toka, visant le lac de Bangouéolo. Il espérait contourner le pays des ma-Choukoulombué, où le Dr Holub a failli périr, et traverser le Kafoué. Mais il arriva que ses guides l'amenèrent justement dans un village de ma-Choukouloumboué. Il faut dire que, là surtout, la parenté des deux tribus est si grande, qu'il est difficile de les distinguer. Même nudité, mêmes mœurs, même langue. On parut l'accueillir favorablement. M. Selous tua deux ou trois antilopes. Les ma-Choukouloumboué firent des danses en son honneur. Mais la nuit suivante l'illusion se dissipa de la manière la plus inattendue pour les voyageurs : une fusillade leur crachait des balles en pleine figure, et une grêle de javelines tombait sur leur bivouac. A la faveur de la confusion qui s'en suivit et de l'obscurité, M. Selous parvint à s'échapper tout seul.

La même nuit, dévoré par la soif, il s'aventura dans un petit village, s'assit près d'un feu qui donnait ses dernières lueurs, et se sentait sommeiller, quand, dans une cour voisine, il entendit quelqu'un armer un fusil. Au même instant une poignée de chaume jetée sur le brasier par un nouveau venu produisit une flambée et éclaira à quelques pas de là la forme d'un homme qui le mettait en joue. Instinctivement, M. Selous étendit la main pour saisir sa carabine. Mais la carabine n'était plus là, on la lui avait soustraite sans qu'il s'en aperçût. D'un bond il était dans les hautes herbes et s'échappait encore, mais tout seul, sans armes et dénué de tout. Quinze jours plus tard, trois de ses hommes le rejoignirent, et il apprit alors que douze de ses porteurs avaient été tués ; les autres s'étaient dispersés.

Il y a une espèce de franc-maçonnerie entre voyageurs. Aussi, montrer de la bonté à un homme qui nous arrivait dans de telles circonstances, ce n'était que notre devoir. En l'entendant nous raconter ses aventures, je me sentais singulièrement attiré vers lui.

C'est chose grave que les ba-Toka et les ma-Choukouloumboué en soient venus à ne plus craindre de piller et de massacrer les Européens qui ont pénétré dans leur pays. Les aventures du Dr Holub et de M. Selous ne sont nullement des cas isolés. On parle de marchands portugais, du fils d'un missionnaire de notre connaissance et d'un jeune Anglais, son associé, qui ont aussi été massacrés par eux ces dernières années. Pour le moment, ce pays-là est fermé à la science et au commerce ; mais j'ai la confiance que c'est l'Évangile qui l'ouvrira avant longtemps.

Les ba-Rotsi en plein *pitso* m'interpellaient et me demandaient avec une curiosité intéressée si l'on pouvait impunément piller, tuer les Européens qui voyagent dans ces régions ; si ce sont des blancs perdus, « des aventuriers dont personne n'a cure, même dans leur propre pays ».

Les ba-Rotsi eux-mêmes n'auraient qu'un pas à faire pour en arriver là, à en juger par la manière dont ils ont traité des gentlemen anglais. Ces messieurs étaient venus d'Angleterre pour se donner le plaisir de quelques semaines de chasse au Zambèze ; ils avaient fait aux chefs de Séchéké et au roi des présents de grande valeur. Cela ne les a pas empêchés d'être pillés, tourmentés, harassés de telle sorte qu'ils ont quitté la contrée sans avoir chassé, n'emportant que l'amertume du désappointement et du dégoût. Le roi, mal renseigné, trompé, craignant peut-être de se rendre impopulaire, n'a rien fait, n'a même rien dit pour condamner les malfaiteurs.

Nos amis de Séchéké vous auront dit eux-mêmes la vie de

tracas et de lutte qu'ils mènent depuis que le village a été rebâti sur la station même. On peut à peine dire qu'ils sont chez eux. Pour nous, qui en savons quelque chose, nous comprenons tout ce que leur position a de pénible et nous en souffrons. Que Dieu donne à ses serviteurs et à ses servantes le courage et la force pour qu'ils puissent maintenir leur terrain et finalement triompher de tout !

Séfoula, octobre 1888.

C'est toujours avec plaisir que je visite Léalouyi. Je m'y trouve en contact avec des chefs qui viennent de tous les coins du pays, et j'y rencontre souvent aussi des représentants de tribus étrangères. J'espère y faire un peu de bien et j'y apprends toujours quelque chose. Mon chagrin, c'est que nous en soyons si éloignés, car chaque visite nécessite une absence de plusieurs jours et un dérangement considérable dans la routine d'une vie de station. Mais cet éloignement, ce sont les circonstances, la nature du pays et le climat qui l'ont voulu, nous n'y pouvons rien. Du reste, il a ses avantages aussi, et cela nous console. Puisque nous ne pouvons pas nous rapprocher de la capitale, nous espérons encore que la capitale se rapprochera de nous. Léwanika nous l'avait promis, il avait même choisi un emplacement et fait construire une écurie. L'écurie n'a jamais servi, elle est tombée en ruine et, depuis l'expédition chez les ma-Choukouloumboué, le projet paraît être abandonné. Je ne sais pourquoi. D'autres plans flottent dans l'air, et il ne m'est pas encore possible de prédire quelle forme définitive ils prendront.

Au commencement du mois, j'avais passé deux dimanches à Léalouyi, dix jours bien employés. Léwanika avait convoqué un grand pitso ; mais les chefs de la province tardaient tant à arriver, que je m'en retournai auprès de ma femme malade. Les estafettes furent vite sur mes talons, apportant leurs messages griffonnés sur des feuilles de papier fichées au bout d'un roseau. Car, en notre pauvre Séajika, le roi a trouvé un secrétaire d'État, pas très versé dans l'art de la calligraphie, c'est vrai, mais dont il est néanmoins très fier. Il en use et en abuse comme un enfant. « Tout le monde est rendu disait Léwanika, hâte-toi, les affaires pressent, et les gens meurent de faim ! »

Les gens meurent de faim ? A la capitale ! Cela vous étonne ? Pas moi, je n'y ai jamais vu l'abondance. Je ne connais guère dans toute l'Afrique méridionale qu'un endroit plus désolé et plus triste. Léalouyi, c'est la résidence du roi. Ses ministres y vivent habituellement, et les chefs y font occasionnellement des séjours, mais tous ont leurs propres villages à des distances plus ou moins grandes. Au temps de l'inondation, c'est un îlot où les maîtres se sentent eux-mêmes parqués tellement à l'étroit, qu'ils finissent par l'abandonner à quelques esclaves et se réfugient sur les dunes boisées des bords de la Vallée. C'est le temps des grandes chasses et des mascarades : les ba-Rotsi sont passionnés pour les mascarades. C'est aussi le bon temps pour les esclaves. Les canots sillonnent la plaine submergée, le service est facile. On est heureux de voir les huttes se baigner et les immondices disparaître. On voudrait seulement que cette purification bienfaisante fût plus complète. Au temps de la sécheresse, le village est repeuplé. Les esclaves ont la vie dure. Pas de champs dans les environs. Toute la nourriture, comme tout le combustible, vient de loin et est porté à dos d'hommes. L'eau — et quelle eau ! — s'y puise à 3 et à 4 kilomètres. On n'y garde que quelques misérables vaches pour les petits enfants des aristocrates. Les esclaves qui y pullulent ont beau se serrer la ceinture, ils ne parviennent pas toujours à tromper la faim, et s'ils ne volent pas, ils prennent la fuite. Si on les rattrape — et, hélas ! on les rattrape toujours, dût-il se passer vingt ans — on ne les nourrit pas mieux, on les étrangle seulement ou on les fustige plus libéralement. Ici, l'étranger et le voyageur, chacun pourvoit à ses besoins. En dehors du village, il ramasse du roseau et des brassées d'herbe pourrie et se fait un taudis pour lui-même et sa suite. Il y végètera de son mieux pendant des semaines sans que — à part quelques parents, s'il en a — personne s'occupe de lui.

S'il est un personnage de quelque importance, le roi lui donne un bœuf qu'on dévore en deux jours pour pâtir ensuite. Sinon, une cruche de bière à l'occasion, une corbeille de mil, un paquet de tubercules de manioc, une pioche même, une natte, un rien, et les devoirs de l'hospitalité sont une fois pour toutes remplis. A voir les courbettes qui s'en suivent, les démonstrations exagérées de remerciements, vous croiriez à des largesses, si vous ne saviez rien. Et qu'il est donc faux, le monde, avec toute sa politesse et ses adulations ! Essayez un peu d'appliquer ce genre d'hospitalité à vos hôtes, vous, et vous verrez si vous n'avez pas affaire à une tout autre race. Que de fois je voudrais pour un moment transmigrer dans l'esprit d'un de ces Zambéziens et nous voir avec leurs yeux, nous juger avec leur intelligence. Évidemment, ici, un blanc n'est pas un être comme un autre. Avec lui, on peut tout oser. On peut se permettre d'être un hôte exigeant, impérieux, impertinent même. Et s'il s'agit de troquer un *setsiba*, cet esclave zambézien, à l'exemple de ses maîtres, trie son poisson, ses patates, son millet mangé par le charançon et apporte le rebut. Il se dit en riant : « Ça, c'est bon pour les blancs ! » Il tamise sa farine, en garde la fleur pour lui-même, vous apporte sans rougir le son pilé à nouveau : « Ça aussi, c'est bon pour les blancs. » Et il en est de tout ainsi. Pour nous, c'est une souffrance morale devenue chronique. Nous nous disons : « Ils changeront en devenant chrétiens ! » Nous demandons à Dieu de faire abonder la charité dans nos cœurs.

Ah ! quelle digression, mes amis, à propos de la capitale où nous devons aller ! C'est indigne ! Hâtons donc nos préparatifs, et, surtout, gare la faim ! Cette fois, je suis déterminé à conduire ma femme à Léalouyi. Depuis longtemps elle le désire tant que c'est Dieu, je crois, qui le lui a mis au cœur. Le changement peut aussi lui faire du bien, qui sait? Seulement, est-ce possible ? Voici bien la wagonnette; mais conducteur et bœufs sont à Séchéké. Qu'à cela ne tienne ! Ngouana-Ngombé, l'homme à tout faire, quitte la cuisine et prend le fouet, Aaron nous donne un vigoureux coup de main, nous formons un attelage minuscule de veaux et de génisses et... en route ! Nos jeunes bêtes se couchent, se cabrent, se démènent à tout rompre, beuglent de désespoir et écument de rage sous les jougs; pendant huit jours, pour les dresser à faire ce petit voyage de six heures, nous suons sang et eau sous un ciel enflammé, dans les sables de nos dunes et dans les bourbiers de nos marais. Quelles scènes ! J'en ris encore. N'importe, nous ne nous rendons pas, nous atteignons notre but, c'est la grande chose. Notre arrivée à Léalouyi est un vrai triomphe. Pour le moment, nous oublierons le retour.

Dès le lendemain matin, je laisse ma femme confortablement établie dans une des belles huttes du roi avec la reine Mokouaé de Nalolo, sa sœur Katoka et plusieurs des princesses du harem en réunion de couture permanente, et je me rends au pitso. Lors même que je vous ai déjà parlé d'un *pitso* chez les ba-Rotsi, disons quelque chose de celui-ci ; il en vaut la peine, je crois.

Le roi prenait son siège au milieu du tintamarre étourdissant de ses tamtams et de ses sérimba, les ministres accroupis à sa droite, les chambellans — qu'on me pardonne ces grands termes pour de si petites choses — à sa gauche. Des troupes d'hommes, des chefs avec leurs suites débouchaient de tous côtés sur la place publique. C'était un roulement incessant d'acclamations comme celui du tonnerre, et pendant que les derniers arrivés le prolongeaient encore, les autres se prosternaient et prenaient leurs places parmi les groupes qui se formaient déjà autour du souverain.

Les tambours se taisent, le silence se fait. Gambella, le premier ministre, le torse nu, s'avance dans l'espace laissé libre, rend hommage au roi, puis fait un discours. C'est le « discours du trône », dirions-nous. Ce discours est écouté et accueilli dans un silence qui ressemble à de la stupeur. Savez-vous de quoi il s'agit? De quoi? Vous ne le devineriez jamais. De rien moins que du protectorat de « Satory », la reine Victoria d'Angleterre. Dans son exil, Léwanika en avait entendu parler; il s'imaginait que c'était là la panacée de tous ses maux. Nous avions souvent discuté la chose ensemble. J'avais essayé de rectifier ses idées et surtout de lui inculquer des vues plus larges et plus désintéressées. J'avais résisté à ses instances et maintes fois refusé d'en écrire à qui de droit, et l'on comprend mes raisons. Je lui avais conseillé de s'adresser d'abord au chef Khama, de mettre ses ministres et ses likomboa favoris dans sa confidence, de traiter ensuite l'affaire dans un conseil des grands chefs de la nation. Mais Léwanika a les tendances d'un autocrate, il est une des personnifications du droit divin. Il n'était pas sûr non plus de ces grands chefs. Il résolut de recourir tout simplement à une surprise. Il comptait sur mon crédit et ma bienveillance et croyait recommander son projet en l'identifiant avec la mission — c'est ce que font, par d'autres motifs, les détracteurs des missionnaires; ils se plaisent à montrer en eux des agents politiques.

« Ba-Rotsi, dit en substance Gambella, des ennemis nous menacent à l'intérieur et à l'extérieur. Vous êtes braves, je le sais, mais le danger est grand. Je vous ai cherché des missionnaires pour que vous ne soyez pas en arrière des autres peuples. Les avez-vous accueillis? En êtes-vous reconnaissants? Le chef Khama a des missionnaires, mais il a aussi des *masolé* (des soldats). Les uns vont avec les autres. Si donc vous tenez aux missionnaires, demandez à Satory de nous envoyer ses masolé. Le *morouti* (missionnaire) le fera pour nous. Hésiter, c'est rejeter les missionnaires eux-mêmes. Voudriez-vous que les *barouti* nous quittassent aujourd'hui? Parlez sans crainte, le *morouti* est ici, il vous écoute, et moi aussi. »

Ébahi comme tout le monde, j'étais curieux de voir comment ces pauvres gens prendraient la chose. Je me tus. Un orateur courageux rompit enfin le silence devenu fort embarrassant. « Léwanika, puisqu'il nous faut parler, voici: Nous sommes tes

CHAPELLE DE SÉFOULA

La première bâtie au nord du Zambèze

Prince Litia, debout. *Groupes d'enfants de l'école.*

chiens. Si ce sont là tes paroles, nous n'avons rien à dire, nous. Les *barouti*, c'est un bienfait émané de toi. Nous les avons reçus. C'étaient des étrangers, aujourd'hui ce sont des ba-Rotsi. Nous les connaissons, ce sont des gens de bien ; ils n'ont pas les cœurs jaunes, eux ; ils ne convoitent la propriété de personne, ils rémunèrent les services que nous leur rendons, nous portons tous leurs étoffes. Ils instruisent nos enfants, donnent des remèdes à nos malades, ce sont les pères de la nation. Nous devrions écouter leurs conseils et, s'il faut absolument recevoir les *masolé*, eh ! bien, recevons-les. »

« Mais que sont donc ces *masolé* dont nous parle le roi ? fit un second orateur. Sont-ce des *barouti*, eux aussi ? Que viendront-ils nous enseigner ? Les *barouti* nous apportent le *Lengoalo* (l'enseignement par excellence, l'écriture proprement, cela comprend tout). Leur enseignement n'est-il pas suffisant ? Ou bien, avons-nous donc refusé de nous y soumettre ? Nous les avons accueillis pourtant ; nous les aimons ; ils prient pour nous, ils nous donnent le soleil et la pluie. Je le demande, qu'est-ce que c'est que ces *masolé* ? »

Le branle une fois donné, ce fut une série de discours qui se répétaient et renchérissaient les uns sur les autres. A côté d'une inquiétude bien légitime au sujet de cette chose tout à fait inconnue et dont on entend parler pour la première fois, les *masolé*, rien d'équivoque dans la confiance générale qu'on nous témoigne. Aussi est-on tout yeux, tout oreilles, quand j'explique que, comme serviteurs de Dieu, nous n'avons absolument rien à faire ni avec les *masolé*, ni avec le gouvernement britannique, ni avec un autre gouvernement quelconque. J'insiste et je m'assure qu'on me comprend bien. J'ajoute que, parfaitement désintéressé dans la question, puisque je suis Français, j'étais prêt, s'ils le voulaient absolument, à les assister de mes conseils et à les seconder dans leurs démarches. Je termine en expliquant ce qu'est un protectorat, les chances qu'il entraîne, etc.

Léwanika à mes côtés trépignait d'impatience. Les discours qui suivirent montrèrent qu'on m'avait compris. « Si tu veux les *masolé*, disait-on à Léwanika avec une respectueuse fermeté, qu'ils viennent, mais seulement quand nous n'y serons plus. Nous te servons parce que tu es roi et souverain, mais si tu deviens le *motlanka*, le sujet d'un maître et d'un étranger, c'est une humiliation que les ba-Rotsi n'accepteront jamais. Nous avons accueilli les *barouti*, ils ont notre confiance et notre affection ; soyons dociles à leurs enseignements et voyons ce qu'ils feront de cette nation fatiguée par des querelles intestines et sanguinaires. Ce qu'il nous faut, à nous, ce sont les *barouti*, et nous les avons. »

Les chefs demandèrent d'acclamer en masse, selon la coutume qu'ils ont de clore les grandes questions, et donner ainsi une manifestation publique de la confiance de la nation dans ses missionnaires. Léwanika, contrarié, se retira.

A ma suggestion, il réunit le soir toutes les principales têtes au *kachandi* pour discuter plus librement la question. Mais la discussion n'était plus possible. Les chefs s'étaient concertés et avaient leur parti pris. Le roi était monté. De part et d'autre, tout en s'efforçant de maintenir le décorum obligatoire, on lançait des flammes. Nous étouffions dans cette atmosphère chargée d'électricité, et nous nous attendions à voir éclater un violent orage. « Les missionnaires, nous les comprenons; voilà nos hommes : nous leur donnerons nos enfants ; mais nous ne voulons pas d'étrangers pour nous gouverner. » « Demandez-moi donc pourquoi je les veux, moi ! » répliquait Léwanika. — Se tournant vers moi en les montrant du doigt, il ajoutait avec amertume : « C'est pour me protéger contre ces ba-Rotsi-là ; tu ne les connais pas, ils en veulent à ma vie. » Et ses likomboa (ses serviteurs favoris), s'enhardissant, vitupéraient : « Contrains donc cette gent-là d'avouer ses mensonges et ses complots ! Allez, nous savons tout et depuis longtemps. Demain, nous vous mettrons en jugement, nous vous forcerons de dévoiler vos menées, et nous verrons comment vous vous en tirerez ! » Les insultes ! c'est un vocabulaire étonnamment riche ici ; il y en a pour tout le monde. J'interposai quelques paroles de conciliation ; on m'écouta, je crus l'orage conjuré. Je me trompais.

Le lendemain, de bonne heure, la place publique était bondée lorsque le roi y parut. Séoli, un des ministres, qui doit sa grande influence à la force de son caractère autant qu'à sa position, ouvrit le pitso du jour par un violent discours. C'est, au su de tout le monde, un des plus compromis ; il se garde bien de protester de son innocence, mais il ose défier ses ennemis de prouver sa culpabilité. C'est sur un autre ministre, de sa parenté, qu'il jette le grappin. Liomba, homme d'un caractère doux, mais faible, proteste, s'explique, se défend. « Il n'a fait qu'avertir Séoli, son parent, des rumeurs qui couraient sur son compte et de le mettre sur ses gardes. » — « Eh ! bien, à toi maintenant de prouver ces rumeurs ! Prouve-les ! » lui crie-t-on de divers côtés. On a déjà le sentiment que Liomba est une victime et que sa cause est perdue d'avance. Les plus compromis sont ceux qui crient le plus fort contre « cette canaille qui invente et colporte ses calomnies, compromet la sûreté du roi, la vie de ses fidèles serviteurs et la paix publique ». Les partisans de Liomba ont bien d'abord pris sa défense ; mais ils se laissent intimider, finissent par se taire et baisser la tête. C'est alors contre lui un vrai déchaînement. L'excitation, devenue incontrôlable, monte comme une marée fouettée par la tempête. On le force de quitter sa place à l'ombre, et dépouillé de ses vêtements, la tête découverte, de s'accroupir dans l'enceinte du pitso, tout seul au milieu des huées de la foule, sur le sable brûlant et par une chaleur de 40° à l'ombre. Cette scène dura de sept heures du matin jusqu'à quatre heures du soir. De petits chefs, faisant du zèle et se croyant tout permis devant un homme sans défenseur, l'accablaient d'invectives, s'avançaient vers lui, le montrant du doigt, le menaçant de leurs cravaches. « Lions-le de cordes et finissons-en avec ce sorcier ! » s'écriait un vaurien de ma connaissance. Je suivais cette scène avec un intérêt intense. Natamoyo, le protecteur des accusés, était là, assis, impassible et béat ; pour lui, le temps d'intervenir n'était pas encore arrivé. Le roi, à une mienne remarque, repondait sèchement : » Laissez-les faire, ils mettent toutes ses calomnies au jour. » L'homme était perdu. Je me levai et m'avançai vers lui : « Ba-Rotsi, dis-je, un serviteur de Dieu est un Natamoyo. Vous ne tuerez pas cet homme-là, ou vous me tuerez d'abord. Vous l'avez insulté. Quel est son crime, dites ? Est-ce lui l'auteur de vos complots ? l'inventeur des bruits qui ont rempli la contrée et qui nous viennent par lettres et par messagers de Séchéké, de Pandamatenga, du lac Ngami, de chez Libélé, de partout ?... » On m'écouta silencieusement ; l'effervescence ce calma peu à peu, Gambella et Natamoyo parlèrent avec modération, la cause était gagnée. Le roi, pour donner quelque satisfaction à cette turbulente assemblée, imposa à Liomba l'amende d'un bœuf qu'il paya lui-même. En attendant que la bête arrivât, Liomba se réfugia chez Natamoyo et pendant trois jours ne sortit pas de sa cour ni le jour ni la nuit. Enfin, l'amende fut payée, le roi l'accepta, la donna au *lékhothla*. Liomba passa par la cérémonie du *chouaé-léla*, et à peine le roi avait-il prononcé son *pouménoko* que les parents du pauvre homme, ses amis, ses esclaves, ceux même qui avaient parlé contre lui quand ils l'avaient cru perdu, se pressaient autour de lui pour lui baiser les mains. Lui, ne se sentant pas encore en sûreté, se réfugiait chez moi à Séfoula.

Du temps de Tatira, nous avions déjà deux fois sauvé la vie à ce même homme.

Pendant que tout ceci se passait au lékhothla et mettait la ville en émoi, ma femme, malgré son état de grande faiblesse, avait ses journées, elle aussi, bien remplies. Elle essaya de faire deux ou trois visites à des malades ; on vint surtout vers elle. Les femmes et les jeunes filles assiégeaient la hutte, ou remplissaient la cour du matin au soir, et, bon gré mal gré, il fallait bien congédier les visiteuses indiscrètes pour avoir un peu de répit. Du reste, la plupart des femmes venaient avec des étoffes pour se faire tailler des robes et apprendre à coudre ; les autres regardaient et écoutaient le babil qui n'était pas toujours oiseux. D'autres aussi guettaient le moment favorable d'un tête-à-tête. Elle avaient des confidences à faire, des conseils à demander à cette femme missionnaire, une mère sur la discrétion de laquelle elles pouvaient compter. L'une expliquait au long sa maladie, une autre ses chagrins, une troisième s'enquérait des choses de Dieu.

Les femmes qui n'osaient pas pénétrer dans l'enceinte du harem où nous logions, échangeaient des messages. « J'aimerais tant venir vous entendre chanter ! » disait l'une d'elles. Ce fut un trait de lumière. Ma femme lui envoya ses trois fillettes pour chanter des cantiques.

D'une cour on les invite dans une autre, puis dans une autre encore, et partout on s'attroupe pour les entendre. Le dimanche, au service du soir, comme les ombres s'allongeaient, nous chantions. « J'ai trouvé, j'ai trouvé la voie (*Ké boné, ké boné tséla*). » Une voix argentine perçait toutes les autres, semblait planer entre ciel et terre. Elle était d'une douceur charmante. Tout le monde se tourna instinctivement vers ma femme, l'interrogeant du regard. Ce n'était pas elle ; on découvrit que c'était Sébané, une de nos élèves, qui chantait, et un sourire de satisfaction passa sur l'assemblée. Personne n'oubliera de sitôt cette trompette d'argent qui perçait cette masse de voix fêlées. Nous associons toujours depuis lors ce beau cantique avec le nom de Sébané. Cette chère enfant, qui a à peine douze ou treize ans, est, de nos trois filles, celle qui d'abord promettait le moins. Elle est devenue sérieuse, active, aimable et véridique. Puisse ce cantique devenir bientôt l'expression de ses propres sentiments ! Ces trois enfants ne sont que des esclaves ; mais elles ne sont plus ce qu'elles étaient il y a un an. Elles sont proprement habillées, elles cousent, elles lisent, elles font toutes sortes de petits travaux qui leur sont devenus familiers ; elles ont, en un mot, un petit air de civilisation qui les élève, au point que la reine Mokouaé, lorsqu'elles vinrent la saluer, s'oublia tout à fait et leur tendit la main !

Nous aurions pu retourner à Séfoula avec un grand nombre de jeunes filles, si nous l'avions voulu ou si nous l'avions pu. Mais comment résister aux instances du roi, qui nous suppliait de recevoir au moins sa propre fille, Mpololoa, une gentille enfant de dix ou onze ans ? Nous finîmes par y consentir, à la condition qu'elle viendrait toute seule, sans esclaves, et serait entièrement laissée à notre discrétion. Au lieu d'une, il en vint *trois*, et avec elles une suite d'esclaves digne de leur rang. « Comment! s'était écriée la princesse Katoka, nos enfants aller à Séfoula sans esclaves ! Jamais ! » — Nous eûmes beau les renvoyer, il en reste toujours qui se tiennent cois chez Litia et qui paraissent à l'occasion. Il fallut bien faire une exception pour deux petites esclaves de l'âge des enfants du roi, qui s'amusent avec elles et viennent à l'école, et une autre exception pour la bonne de Sanana, qui ne l'a jamais quittée. Vous le voyez, voilà déjà le noyau d'une école de jeunes filles ; nous avons également tous les éléments d'une école de garçons ; de fait, nous sommes débordés. Nous n'avons ni les forces, ni les ressources, ni le personnel pour une œuvre aussi grande et dont l'urgence s'impose toujours plus.

Pour le moment, sans parler des ouvriers que demandent nos travaux, nous avons, avec les garçons et toutes les petites filles qui vivent sous notre toit, les mains pleines. Il faut habiller, nourrir, occuper et instruire tout ce petit monde-là, y maintenir la discipline, si anodine qu'elle soit, et ce serait déjà une charge pour une personne en bonne santé.

Mais cette œuvre qui nous est imposée est une grande œuvre, et nous serions coupables de laisser échapper l'occasion de la faire. Mpololoa, qui, je l'ai dit, a à peine onze ans, est déjà fiancée à un homme qui pourrait presque être son grand-père et qui porte le titre de Mokoué-Tounga. C'est une douce enfant, mais qui, avec les inférieurs, affecte tous les airs hautains d'une grande personne. La plus jeune de nos nouvelles élèves n'a que sept ans, une petite espiègle s'il en fut. Quand Mme Coillard lui donna la première fois un chiffon pour apprendre à coudre, Sanana la regarda et lui dit : « Ma mère, pour qui ce vêtement ? Sanana ne coud pour personne ; elle ne coud que pour elle-même. »

Vous voyez qu'il n'y a pas seulement une éducation à faire, mais aussi toute une éducation à défaire.

Novembre 1888.

Notre école a recommencé le 1ᵉʳ octobre, avec 48 élèves inscrits. C'est un progrès numérique sur l'an passé. Grâce à Dieu, ce n'est pas le seul. Les garçons, qui nous donnaient tant de peine et nous causaient quelquefois tant de chagrin, nous sont revenus animés des meilleures dispositions, et d'un désir ardent d'apprendre. En voyant la maison d'école — encore du temporaire — que nous bâtissons, ils furent bien désappointés quand ils apprirent que ce n'était pas pour les y recevoir comme internes. Ils y comptaient, je ne sais pourquoi. « Nous nous soumettrions à n'importe quelle discipline, tu ferais de nous tout ce que tu voudrais, disait Litia, et le roi nous nourrirait. »

Le roi, en effet, entre tout à fait dans ces vues. Très actif lui-même, il voudrait que ces jeunes gens apprissent à travailler, et a peine à comprendre que notre ami Waddell ait autre chose à faire qu'à leur enseigner à travailler le bois. Il leur a procuré des rabots, des scies ; il ne leur épargne rien. Il parle de les envoyer chez les blancs, il ne sait où. Lui-même apprend avec zèle à lire et à écrire, et il a fait des progrès étonnants. Il s'est mis à son tour à enseigner ses femmes et ses serviteurs, de sorte qu'il y a tout un petit mouvement à la capitale.

Ce qui manque, c'est un évangéliste doué d'une forte tête et d'un bon cœur, qui y réside. Aaron et moi y faisons de fréquentes visites. Mais maintenant qu'il part, et que j'ai perdu mon cheval, que pourrai-je faire ?

Telle qu'elle se présente en ce moment, l'œuvre ici est certainement encourageante.

On écoute généralement la prédication avec attention ; avec attention, c'est tout. Il ne faudrait pas croire qu'il y ait déjà chez nos Zambéziens une soif vraie des choses de Dieu. Hélas ! il arrive souvent que, quand nous commençons à espérer, le moindre incident vient nous révéler que nos désirs ont prêté de fausses ailes à l'espérance — et cette révélation est pleine d'amertume. La prédication elle-même est quelquefois une rude tâche.

Dans nos services en plein air, nous sommes exposés à toutes sortes d'interruptions brusques, qui provoquent le fou rire. Que le roi éternue, c'est un tonnerre de claquements de mains. Voici des étrangers qui ne comprennent rien à cette étrange agglomération de gens qui chantent sans danser, et qui écoutent ce blanc qui pérore debout ; c'est gauchement, timidement qu'ils s'aventurent à faire le salut habituel. Cela aussi fait rire. C'est un fou qui se tient en face de moi et imite ma voix et mes gestes ; un enfant idiot à qui tout est permis, qui interpelle et bat tout le monde. Tout cela s'est produit lors de ma dernière prédication à Léalouyi. Et quand, gardant mon sang-froid, je croyais avoir surmonté et comprimé l'effervescence, voilà un caméléon tombé de je ne sais où, mais envoyé par le diable, qui jette la moitié de mon auditoire dans les transes, et l'autre dans les convulsions de rire. Nos pauvres ba-Rotsi ont le sens du ridicule ; ils se moquent de tout et de tous. C'est souvent avec une lutte intérieure terrible que je me prépare à affronter un pareil auditoire. Oh ! que n'y a-t-il ici un Philippe, un Étienne, un apôtre, rempli de la puissance du Saint-Esprit !

14 décembre 1888.

Nous voici donc tout seuls. Nos amis nous ont quittés depuis quinze jours, en route pour le Lessouto : notre ami Goy pour s'y marier, et Aaron pour y conduire ses enfants. Il y a toujours quelque chose de douloureux dans les séparations, et d'émouvant dans cette dernière prière que l'on a faite en commun pour se recommander mutuellement à la grâce de Dieu. Je m'imagine que nos circonstances ajoutaient encore à la solennité du moment. Nous avions calmement fait les préparatifs du voyage, subi, en voyant Aaron démolir ses armoires pour en avoir les planches, emballer ses effets et vider sa maison, tout ce qu'il y a de mélancolique dans un déménagement. Nous lui avions conduit les enfants de son école pour lui chanter un cantique d'adieu et recevoir la bénédiction du maître qui les quittait. Pauvre Aaron ! il ne fit pas de longs discours : « Mes enfants... je vous laisse avec mon père et ma mère ; ils ne sont plus jeunes, rendez-leur la tâche facile. » Il avait le cœur trop gros pour bénir à haute voix cette école qu'il aimait tant. Nous avions eu aussi notre communion d'adieu. Et cependant, jusqu'au dernier moment, je caressais le vague espoir de voir survenir quelque chose d'extraordinaire pour retenir nos aides. Illusion ! Le fil d'araignée s'est brisé, rien d'extraordinaire n'est survenu ; le samedi 1er décembre, nous nous étions définitivement dit adieu et donné rendez-vous au ciel. Nos amis avaient déjà fait leur première étape, et notre effrayante solitude était une réalité. C'est là, pour le moment, la plus dure de nos épreuves, la plus difficile à accepter avec soumission.

Aaron dit qu'il reviendra. Reviendra-t-il?... Et Léfi, lui?... Leur départ est-il vraiment la rupture du lien qui nous attachait encore au Lessouto? Faut-il reconnaître que nous nous sommes trompés en faisant, dans nos plans de mission au Zambèze, une large place aux Églises du Lessouto et à leurs évangélistes?

En Léfi et Aaron, nous perdons des chrétiens solides et des évangélistes d'élite. Avec une femme toujours malade et les dispositions peu favorables des gens de Séchéké, qui ont rendu impossible la création d'une école régulière, Léfi peut avoir été en pratique peu utile, mais, ce que personne ne niera, ils nous a été une force morale : c'est quelque chose.

Aaron, voilà dix ans qu'il a quitté son pays. A notre retour du pays des ba-Nyaï, il est resté avec Asser et André chez Séléka, où il a travaillé avec un rare dévouement, pourvoyant par son industrie aux besoins de sa famille quand la guerre du Lessouto les a privés de tout secours. Il nous a accompagnés au Zambèze, où il a travaillé sérieusement. Converti à un âge trop avancé pour suivre l'école, il s'est développé par ses propres efforts. Il sait peu de choses, mais il possède le précieux talent de bien enseigner aux autres le peu qu'il sait. Je voudrais pouvoir enseigner à lire avec le même succès que lui. Il avait acquis une grande influence dans le pays ; il laisse bien des regrets derrière lui, mais il laisse aussi en souvenir le beau tableau d'une famille indigène chrétienne. Nos évangélistes nous quittent avec une affection que nous leur rendons sincèrement. Ils ne seront pas perdus pour nous ; au Lessouto ils feront connaître le Zambèze et aimer la mission.

Une lettre de la conférence du Lessouto nous a fait du bien. Nos frères déplorent la misère qui force ces jeunes Églises « à tendre la main » à leurs amis pour soutenir leur mission intérieure. Matériellement, nous ne pouvons raisonnablement attendre que fort peu d'elles. « Mais si elles vous donnent des ouvriers, disent nos frères, elles auront déjà beaucoup donné. » Car, les ouvriers, eux aussi, sont rares. Ce que nous désirions ardemment, c'est que les Églises du Lessouto, comme Églises, eussent une part dans notre œuvre. Eh bien, si elles nous donnent de leur pauvreté en nous envoyant des ouvriers, Dieu les bénira, et nos amis feront le reste. La vie au Zambèze est difficile, mais les bas-Souto s'y adaptent beaucoup mieux que nous. Leurs besoins sont peu nombreux et plus simples, et ils peuvent vivre du cru du pays. Ils comprennent beaucoup mieux que nous ces populations sauvages et s'en font aussi mieux comprendre. Ce sont des *noirs,* il y a un degré de parenté entre eux et les Zambéziens qui favorise la confiance. Nour sommes des *blancs,* nous, des gens d'une autre race, dont on se défie, et non sans raison. La confiance de ces populations ombrageuses est pour nous, Européens, une conquête à faire, une conquête lente et longtemps douteuse.

XXXVI

L'école. — Progrès moraux. — Les chiens enragés. — Activité de Ngouana-Ngombé. — Bonnes dispositions du roi. — Visite à Léalouyi. — Sérieux entretien avec Léwanika. — Maïbiba. — Aux portes de la mort. — L'école prospère. — Un temps de crise. — Visite aux deux capitales. — Temps meilleurs. — Un enfant prodigue qui se repent. — Perspectives d'avenir.

Séfoula, 15 décembre 1888.

Encore seuls, et, en écrivant ces mots, je sens bien que la solitude s'étend immensément loin dans toutes les directions. Si nous avions besoin d'un secours immédiat, d'où pourrait-il nous venir ? Heureusement que nous savons depuis longtemps que Dieu est pour nous un refuge et un appui et un secours fort aisé à trouver. (Ps. XLVI, 2.)

J'avoue qu'avant le départ de nos amis, la perspective de rester seuls, tout seuls à la brèche, ne m'effrayait pas peu. J'avais peur surtout de cette école avec son implacable régularité. Dieu a eu pitié de nous, et de la tâche ardue pour laquelle nous sentions le besoin de nous ceindre de force, il a fait une source de jouissance. L'école ne pouvait perdre entre nos mains, bien que je reconnaisse à Aaron certaines aptitudes spéciales que je n'ai pas. Le nombre des élèves a augmenté, et continue à augmenter toutes les semaines. Nous avons maintenant soixante-cinq élèves qui tous vivent (à peu d'exceptions près) sur l'endroit même. Le roi a permis à quelques-uns de ses jeunes serviteurs de venir à Séfoula pour suivre l'école. L'entrain et un excellent esprit règnent parmi nos jeunes gens. Vous ne diriez pas les mêmes bandits de l'an passé qui nous faisaient tant souffrir. Ils sont respectueux et pleins d'égards envers nous. Au lieu de manger nos moutons — il est vrai que nous n'en avons plus à manger, — ils vont le samedi, jour de congé, chasser pour nous et se disputent toujours le privilège de nous rendre de petits services. Quand ils abattent un bœuf ou que leurs esclaves reviennent de la pêche, la part du père et de la mère est toujours là. Il ne faudrait pas attacher à tout cela une trop grande importance. Je signale simplement ces bonnes dispositions pour montrer que Dieu, en réponse à nos prières, se souvient que notre courage est une plante grimpante qui ne peut pas se soutenir par elle-même et qu'elle a besoin de supports; les supports, ils nous les donne.

Les trois heures (nous allons en donner quatre) que nous passons tous les jours avec ces enfants sont de belles heures, et nous éprouvons toujours un sentiment de tristesse quand nous les congédions. Nous croyons toujours que nous aurions pu mieux utiliser notre temps. C'est une rude tâche tout de même que d'enseigner soixante-cinq enfants avec trois tableaux, quatre livres et six ardoises! Et tout cela au grand air, au milieu des distractions de toutes sortes. Il faut s'ingénier et se multiplier. Le système des moniteurs nous sied à merveille. Il y a quelquefois du comique qui vient enfreindre la discipline. Ce sont des gens qui viennent vendre leurs denrées et qui, en débouchant du bois, sont tout étonnés de tomber au beau milieu de ces *bana ba maréna*[1], qui les détroussaient l'an passé. Vous les verriez alors déposer leurs corbeilles et venir frappant des mains. Et nos jeunes princes de leur dire qu' « à l'école il n'y a pas de princes », et qu'on ne les y salue pas.

Quelquefois c'est du sérieux aussi. Les ba-Rotsi ont ramené avec eux de chez les ma-Choukouloumboué une grande quantité de chiens. Mais tous ces chiens sont atteints d'hydrophobie. Ils courent le pays, attaquant hommes et bêtes. Déjà nombre de têtes de bétail et plusieurs personnes sont mortes d'hydrophobie à leur tour. Un jour que je parlais avec le roi, debout dans sa cour au milieu d'une foule d'hommes accroupis, un de ces chiens enragés vint me mordre à la jambe. Heureusement que j'avais un fort pantalon de toile et qu'il ne fit que me pincer; avant qu'il y revînt, on l'avait déjà assommé. Ici, sur la station, nous en avons tué au moins une vingtaine. Vous comprenez l'émoi que cause dans nos groupes l'apparition d'un de ces chiens.

Pour revenir à l'école, je crains que nous ne soyons bientôt complètement débordés. Le roi, contrarié des menées de Mokouaé pour donner à Litia, son fils, la fille d'Aaron pour femme, y a avisé et a choisi pour lui et ses neveux leurs futures épouses, des petites filles qu'il s'agit maintenant de dégrossir et de polir. Notre maison serait bientôt bondée. Ces braves gens ne peuvent pas comprendre qu'une dame missionnaire soit écrasée de travail et de soucis. « Recevez nos enfants, disent-ils avec instances, ils ont une foule d'esclaves qui travailleront pour eux, et nous leur donnerons de la nourriture. » C'est-à-dire un jour d'abondance pour

---

1. Enfants de chefs.

cinq jours de disette. J'hésite beaucoup à commencer pour les jeunes princesses un établissement comme celui de Litia et de ses compagnons. Avec cette bande de désœuvrés, esclaves hommes et femmes, tous plus paresseux les uns que les autres, et sans contrôle, un établissement pareil, vous le concevez, c'est une serre de méchanceté et de corruption.

Je devais à Léalouyi ma visite d'évangélisation mensuelle ou bimensuelle, suivant qu'on parle de théorie ou de pratique. Le roi ne me donnait pas de repos par ses importunités. Mais qui prendrait ma place ici pendant que je prêcherais là-bas ? — Après bien des hésitations, ma chère femme a pris son grand courage, et, plutôt que de renvoyer à vide notre petit auditoire, elle a bravement fait les services et expliqué la Parole de Dieu. Et je sais que tous ceux qui ont écouté ont été très intéressés. Quand je m'absenterai désormais, je saurai que Séfoula ne perdra rien, tant que ma femme ne sera pas alitée.

Ngouana-Ngombé, lui aussi, a pris sa petite part du deuxième service et a dit d'excellentes choses. Il parlait sur : « Ne soyez point en souci de ce que vous mangerez. » — « Quand je me suis mis au service du missionnaire, dit-il, c'est un fusil qui était l'objet de tous mes désirs. Je me demandais souvent quand j'aurais fini mon temps et pourrais le posséder ! Quand je l'eus, je me crus l'homme le plus heureux du monde ! Un fusil ! *Mon* fusil ! il ne sortait jamais de mes pensées. Je me levais de nuit pour bien m'assurer que je le possédais vraiment. Je l'admirais constamment. Mais depuis que je connais le Seigneur Jésus, c'est Lui qui a pris possession de toutes mes pensées et de tout mon amour, et j'oublie presque que j'ai un fusil. Il est là, suspendu à mon chevet des jours et des jours, sans que je le regarde. Quand j'entends quelqu'un parler d'un fusil, je me dis : Tiens, c'est vrai, moi aussi j'ai un fusil. Quand j'ai commencé à prendre goût à l'instruction, je désirais ardemment posséder une chemise. Aujourd'hui, j'aime les vêtements, mais ils me viennent sans que je m'en tourmente l'esprit. » — C'est un cher garçon. Je voudrais en faire un bon évangéliste.

Le roi aussi est bien disposé, mais c'est tout. Pourtant sa soif des choses de Dieu est quelque chose de bien remarquable... Quand Aaron et M. Goy sont allés lui faire leurs adieux, ils devaient revenir passer le dernier dimanche à Séfoula, et nous devions avoir la communion. Malheureusement, la pluie les arrêta et les retint jusqu'au samedi soir à Léalouyi. Le roi comptait qu'ils resteraient pour le dimanche ; nos amis ne se sentirent pas libres de le faire, et revinrent. C'était une faute dont je suis en grande partie responsable et que j'ai amèrement regrettée. Léwanika, lui, n'y comprenait rien. Il me dépêcha une lettre écrite par Séajika où il déversait sa tristesse. « Comment, deux missionnaires, nous quitter un samedi soir, quand nous nous réjouissions tant de les avoir pour le dimanche! je ne vous comprends pas!... »

Ces bonnes dispositions du roi, sur lesquelles toutefois nous ne nous appuyons pas trop, rendent bien des choses faciles. Les chefs, ceux qui nous entourent, tiennent à honneur d'être en bons termes avec nous. Ceux qui nous ont fait le plus souffrir l'an passé sont ceux qui cette année nous sont du plus grand secours pour nos travaux. Si seulement c'était la même chose à Séchéké !

Séfoula, 19 décembre 1888.

Visite de quelques jours à Léalouyi avec les plus grands de mes élèves. Le roi affable et causeur comme d'habitude. Si les ba-Rotsi n'étaient pas si flatteurs et si faux, je croirais qu'il n'est pas loin du royaume des cieux. Nous parlions un soir de notre vie à Léchoma et des difficultés sans nombre que me créaient les chefs de Séchéké. « Il n'y a rien là d'étonnant, remarqua Léwanika. Quand tu vins la première fois, il y a dix ans, les ba-Rotsi, soupçonneux de tes intentions, se hâtèrent de consulter les osselets et d'administrer le *moati* (un violent poison) à une quantité de poules ; les unes moururent, les autres pas ; d'où les messages ambigus qui te furent transmis. Ils n'osaient pas te défendre franchement l'entrée du pays, et pourtant ils avaient peur de te recevoir. Aussi s'évertuèrent-ils, par toutes sortes d'artifices, à te barrer le chemin et à te décourager. Le manteau que tu m'envoyas alors, pas plus que tes présents subséquents, je ne les vis jamais. On les avait déclarés ensorcelés, et on les arrêta en route. Ce qui m'étonne, moi, c'est que tu aies eu le courage de revenir et que tu sois ici. »

A propos de mon premier voyage à la Vallée et de ma visite à Tatira, Léwanika m'interrompant :

« Dis-moi donc, me demanda-t-il d'un ton qui attendait une réponse, que disait-on de moi? de quoi m'accusait-on? Des ba-Rotsi qui étaient restés ici, je ne reçois que des réponses évasives ; toi, je le sais, tu me diras la vérité. »

Je le regardai fixement.

« Ignores-tu vraiment de quoi on t'accusait? Et désires-tu en vérité que je te le dises?
— Oui, et je voudrais le savoir.
— Eh bien, on t'accusait de tuer les gens sans raison et sans pitié.
— Est-ce bien vrai? Et son visage s'assombrit... Combien de gens disent-ils que j'ai mis à mort?
— Un grand nombre. On racontait surtout comment tu as fait mourir de faim un de tes frères, dans un enclos construit exprès tout près du village, et comment, en un seul jour, tu as fait tuer sept chefs ba-Rotsi pendant qu'ils buvaient la bière que tu leur avais donnée pour les tromper. »

Après quelques moments de silence : « C'est vrai, dit-il, mais c'est la faute de Mathaha lui-même et de son parti. » Il me raconta alors comment son infortuné jeune frère, à l'instigation secrète de Mathaha, intriguait pour s'emparer du pouvoir, et comment Mathaha et ses partisans accusaient l'ancien serviteur de Livingstone, Machawana, et d'autres chefs, de comploter contre le roi, et ne se donnèrent point de repos qu'ils n'eussent obtenu leur arrêt de mort.

Pauvre Léwanika, je le plaignais profondément, car, lors même que nous causâmes longtemps et de beaucoup de choses, il y avait un gros nuage sur son front, et de temps en temps il laissait échapper des expressions qui trahissaient l'agitation de ses pensées. — Prenant enfin de l'empire sur lui-même, et affectant un ton de gaieté :

« Il faut, dit-il, que je te parle de deux absences que j'ai en perspective. Je vais d'abord à Rouéna tendre des pièges d'antilopes. — Ma seconde absence — m'interrogeant du regard — c'est un pèlerinage au tombeau de Katouramoa. Le gardien de ce village a rêvé que Katouramoa — un ancien roi — me fait appeler et demande le sacrifice d'un bœuf...

— Toi, aller prier les morts! Le brave homme aurait bien pu te demander un bœuf sans rêver, et sans t'obliger à le lui conduire toi-même, voyons! Et puis tu sais maintenant que prier les morts, c'est offenser Dieu.

— Tu as raison. Mais quand je serai croyant, je n'irai plus prier les morts, et tu verras si je ne tiens pas parole. En attendant, je dois céder aux ba-Rotsi, qui ne comprennent pas ton enseignement.

— Et quand deviendras-tu un croyant, Léwanika?

— Quand je saurai bien lire et que je serai mieux instruit des choses de Dieu.

— Pourquoi attendre, dis-moi? Ta conscience ne t'a-t-elle jamais dit que tu as fait mal et beaucoup de mal?»

Il devint pensif et baissa la tête.

« Ah! fit-il en soupirant, c'est une chose terrible que d'être roi. Quand je n'étais qu'un simple particulier, on disait que j'étais un jeune homme exemplaire. J'aimais la chasse, et quand je ne chassais pas, je travaillais le bois. Enfant, j'ai rossé une fois un gamin de mon âge, plus tard j'ai chassé la mère de Litia, ma première femme, à cause de sa conduite immorale. C'est tout. — En me faisant roi, on m'a ruiné, on m'a poussé dans toutes sortes de crimes. Je suis devenu un homme corrompu et souillé de sang... »

Il se tut. Après un de ces silences qui disent plus que des torrents de paroles, nous nous agenouillâmes et je priai pour lui.

J'étais à peine de retour à Séfoula que Mokouaé vint passer une dizaine de jours avec nous, et, comme toujours, avec une suite nombreuse. Si seulement elle pouvait voyager plus simplement. Ses jeunes filles sont si arrogantes! Elles se croient tout permis. Mokouaé a essayé de se rendre aimable. Elle a suivi avec intérêt, je crois, la classe de couture et l'école. Un jour, la pluie nous surprit, et nous dûmes chercher un refuge dans notre « tabernacle » qui est maintenant à moitié couvert. Pour maintenir l'ordre, j'y conduisis mes élèves en rang. Mokouaé se mit à la queue, puis, derrière elle, son mari, puis ses conseillers, puis ses servantes. Nous gardâmes tout de même notre sérieux. Un soir on vint en toute hâte m'appeler. « La reine a mangé du poisson, et elle s'étrangle! » Une bonne boulette de mie de pain, que je lui fis avaler, produisit bientôt l'effet désiré. Malheureusement, deux de ses hommes furent attaqués d'une ophtalmie qui sévit ici. Un troisième eut une attaque de fièvre. Il n'en fallait pas davantage pour épouvanter la reine et frapper son esprit, et se croire ensorcelée. Aussi, dès le lendemain au point du jour, ses paquets étaient faits, et elle prenait précipitamment congé de nous!

J'ai une fois intéressé nos amis d'Europe à Maïbiba, qu'on avait faite reine du temps de l'usurpateur Tatira et qui m'avait tant plu lors de mon premier voyage à la Vallée. Je m'étais souvent informé d'elle. Mokouaé me répondait toujours avec mauvaise humeur. Le roi, lui, m'assurait qu'elle vivait encore, qu'elle s'était enfuie au Lékhoakhoa d'où venait Tatira, et qu'il la ferait chercher.

Il tint parole. Qu'on juge de mon étonnement, l'autre jour, à Léalouyi, de la reconnaître parmi une foule de femmes qui pétrissaient de la boue pour crépir la belle hutte que Léwanika nous a fait construire! — Nos yeux se rencontrèrent. Son bon sourire la trahit tout de suite. « Eh ! comment ! c'est toi, Maïbiba ? — Oui, répondit-elle, je t'ai déjà vu, moi, mais tu ne m'as pas reconnue et je n'ai pas osé venir te parler. » — Les yeux de Mokouaé étaient braqués sur elle ; mais elle trouva bientôt l'occasion de venir me conter ses aventures.

Le roi a été bon pour elle. En la faisant chercher, il lui a laissé le choix d'un nouveau mari. « Laisse-moi dans l'ombre, lui avait-elle demandé, et bien loin du *borèna* (le pouvoir à tous les degrés) ; j'en ai eu toujours peur. » Elle se choisit un Mombunda qui n'est pas même chef de village, et elle se dit heureuse, pauvre créature ! Elle est bien toujours la même, ouverte et aimable, et on la traite avec respect.

1er février 1889.

Est-ce vraiment une lacune dans la vie que le ricochet qui presque d'un bond vous met au bord du tombeau ? Appuyé lourdement sur un bâton, enveloppé de ma robe de chambre, la tête me tourbillonnant, traînant péniblement une jambe derrière l'autre, je sens que je reviens des frontières d'un autre monde. Un coup d'œil me le dit en entrant dans mon cabinet...

Au milieu de nos fêtes du nouvel an, je sentis les premiers symptômes de ce que je croyais n'être qu'un accès de fièvre. Trois jours après, j'étais entre la vie et la mort. Qui ne sait combien il est salutaire d'être ainsi arraché aux scènes d'une vie active, où l'on a tant de peine à se retrouver et à se recueillir, pour être soudainement transporté dans l'isolement qu'impose la maladie, au seuil même de l'éternité ! Mais qui comprendra les angoisses de cette femme, seule avec une charge déjà trop lourde pour deux, seule à suivre et à combattre les progrès rapides de la maladie, et menacée de se trouver bientôt plus seule encore au milieu de ces populations sauvages, et si loin de tout secours !...

Mais Dieu est bon. Je n'étais pas indispensable à son œuvre, il veut bien pourtant se servir encore de moi. Il me ramène tout doucement à la vie. Tout le monde s'évertue à ne pas troubler ma convalescence. Nos écoliers ont abandonné leurs jeux, nos filles et nos garçons se font petits comme des souris.

Ngouana-Ngombé a pris la direction de nos ouvriers. Il pétrit le pain, bat le beurre, lave le linge de nuit. Au point du jour, il distribue la nourriture à tout le monde, fait la prière, sert le déjeuner, et, sans prendre même le temps de manger, s'en va, la bêche sur l'épaule, à la tête de sa bande. Et le soir, ce bon garçon nourrit tout notre personnel, prépare et sert le dîner comme s'il n'avait pas quitté la cuisine. Je ne sais pas vraiment de quoi il est fait. Et avec cela il grandit, grandit, grandit. Que Dieu le bénisse et qu'il le garde toujours humble et fidèle!...

12 février.

La main du Seigneur s'est appesantie sur nous. Séfoula est devenu un hôpital. Les forces ne me reviennent que lentement et voilà ma femme malade à son tour. Depuis longtemps elle ne faisait que vivoter, elle garde maintenant le lit. L'ami Waddell, qui se portait si bien, lui aussi traîne l'aile. Malgré ma grande faiblesse, me voici donc à mon tour garde-malade et médecin. Ce soir, Ngouana-Ngombé avait allumé une chandelle et servi comme d'habitude le dîner — un dîner tel que nous n'en avons pas souvent. Car Litia nous avait envoyé du bœuf, et Sépopa le produit de sa chasse. Cuire tout cela, il l'avait bien fallu, car rien ne se garde ici. Mais quand, pauvre convalescent, je m'assis tout seul à table, cette abondance me parut de l'ironie, et le courage me faillit.

24 février.

Recommencé l'école depuis quelque temps. C'est une grande responsabilité que d'avoir tant de garçons sur les bras. Le désœuvrement engendre toujours un mauvais esprit. J'avais peur aussi que mes élèves ne vinssent à se décourager et à se disperser. Je les ai d'abord rassemblés pour une demi-heure, et j'ai mis les plus avancés à enseigner les autres. Dès que le bruit s'en fut répandu, tous les absents revinrent, et notre liste s'est montée à 85. N'est-ce pas singulier que ce développement si remarquable de l'école coïncide avec toutes nos maladies et avec le départ d'Aaron, qui fait maintenant un stage de six ou huit mois à Séchéké, où l'on n'avait pas du tout besoin de lui!

Ma femme se traîne, elle aussi, maintenant, jusqu'à l'arbre qui ombrage notre école, et prend sa part de l'enseignement. Oh! cette école! comme elle nous a empoigné le cœur, et quelle place elle occupe dans nos pensées et dans nos prières!

La construction de notre « tabernacle » avance. J'ai eu l'idée de mettre nos élèves à porter du sable et à ramasser la bouse de vache pour en niveler le parquet et crépir les murs. Cela les occupe une heure tous les deux ou trois jours. Mais il faut voir avec quel entrain ils s'y sont mis, Litia et tous les jeunes chefs en tête. Quand ils ont fini leur petite corvée, ils s'attroupent eux-mêmes et passent la porte en chantant à deux parties :

> bo-Rotsi, fatsé la bontata rona
> Gar'a mafatsé, lé lethlé ké lona !

« Bo-Rotsi, pays de nos ancêtres, de tous les pays, c'est le plus beau. » Il faut bien être né mo-Rotsi pour pouvoir chanter cela comme ils le font. Pour le moment, il n'est pas de chant plus populaire à Léalouyi. On bâtit en ce moment la maison de Mondé, la fille aînée de Mokouaé. Elle est nubile, on va lui donner un mari, et puis elle viendra commencer son éducation. Likokoane, un des neveux du roi, vient de se marier, et sa femme, une douce jeune fille, suit l'école avec lui. Ce ne peut être toutefois que provisoirement, car le village de Likokoane est à Kanyonyo. Tous nos élèves, nés ba-Rotsi, tous, grands et petits, ont leurs villages. Autrement, je dirais que celui de la station prend de l'importance. C'est maintenant une agglomération de huttes, bâties en circonférence. Au milieu sont les maisons des « enfants du roi ». Combien de temps subsistera-t-il, ce village? Je n'en sais rien. Litia, selon les ordres de son père, s'entoure d'une étiquette qui empêche la familiarité et sauvegarde son autorité parmi cette foule de garçons et d'esclaves. Mais, à l'école, c'est maintenant chose admise, pas de distinction; maîtres et esclaves se mêlent dans les classes et s'enseignent mutuellement. Cela est un progrès. Le principe est si bien compris, que les filles du roi qui vivent dans notre maison ont appris non seulement à se passer de leurs servantes, mais même à faire les travaux du ménage, tout comme les petites filles (esclaves) qu'elles ont trouvées chez nous. Recommencé mes courses du samedi à travers les hameaux égrenés dans les marais qui bordent ce que nous appelons *la Vallée*. Nous n'avons guère d'auditoire que quand je vais ainsi le rassembler. La question de la famille, ici, c'est un bourbier sans fond. Que je demande à un mo-Rotsi d'envoyer ses enfants à l'école, il me répond bien quelquefois que l'école n'est pas pour les *serfs*, les *batlanka;* le plus souvent il prétexte qu'il n'a pas d'enfants; il en a eu un, deux, mais Nyambé (Dieu) les a fait mourir. C'est parfaitement vrai que nos Zambéziens ont peu de famille, et que — dans certaine classe du moins — on considère la grossesse d'une femme comme une telle infortune, que le divorce s'ensuit assez souvent. — Mais il est vrai aussi que ces pauvres gens cachent leurs enfants, comme les ba-Souto leur bétail, et on comprend pourquoi.

Premiers jours de mars.

Mondé nous était arrivée en fiancée royale, les bras chargés de bracelets d'ivoire, la tête et le cou couverts de verroteries. Sa suite était digne de son rang. Elle s'était vite mise au pas de l'école pourtant. De son propre gré, elle s'était débarrassée d'une partie de ses ornements, elle se mettait au rang des autres, se contentait d'une natte au lieu de se coussiner sur une esclave, et elle triomphait de l'A B C, quand des intrigues d'amourettes avec un cousin, qu'elle aurait voulu épouser, irritèrent le roi qui la fit mander immédiatement. La pauvre enfant! On lui a donné pour mari un jeune homme qu'elle ne veut pas. On l'a menacée de noyades, remède de commères employé en pareil cas et qu'on dit très efficace, mais rien n'y fait. Mondé a sa tête à elle. Le roi me demande conseil, je lui dis qu'il aurait dû le faire plus tôt. De tels cas ne sont pas rares dans ce pays; mais, comme le mariage se défait tout aussi facilement qu'il se fait, cela ne tire pas à grandes conséquences. Il n'y a pas de ménages malheureux ici. Si on ne s'accorde pas, le mari cherche une autre femme, et la femme un autre mari, et tout est dit.

La mort n'est jamais oisive au Zambèze, et elle fait généralement son œuvre avec une rapidité saisissante. Voilà le pauvre M. Westbeech; il vient de succomber en voyage, chez les jésuites, au Marico. Que de vides se sont faits depuis dix ans, depuis cinq ans même, dans ce petit monde du Zambèze! Tous les Européens que j'y ai connus, et presque tous les métis — des personnages aussi — ont passé : Westbeech, Blockley, le Dr Bradshaw, Afrika... la liste est déjà longue. Mamochésane aussi, la fille du puissant Sébétoane, que j'avais vue lors de mon premier voyage à la Vallée, est morte l'an passé, dans un état voisin de l'abandon et de la misère.

Je vous ai parlé des chiens enragés qui, depuis l'expédition chez les ma-Choukouloumboué, ont été le fléau de la contrée. Après les chiens, ce fut le tour du bétail; et chez la race bovine le mal était toujours fatal. Mais ce qui est plus grave, c'est qu'un désordre analogue sévit aussi parmi les gens. Chez les uns, c'est une insanité passagère; chez d'autres, c'est une rage; si bien qu'il faut les garrotter. Plusieurs y ont succombé. Ces jours-ci, c'est Séoli, un des conseillers les plus influents. Le même jour mourait aussi sa première femme ; le surlendemain, une autre de ses femmes. Il en fallait moins pour crier à la sorcellerie, et le sorcier était tout désigné par l'opinion publique : ce ne pouvait être que l'infortuné Liomba avec qui Séoli avait eu maille à partir, et on demandait tout haut son jugement et sa mort. Le roi, pour le soustraire, je crois, à ses ennemis, l'envoya avec Karoumba, vendre de l'ivoire à Kazoungoula. Liomba craignait un guet-apens et me fit part de ses terreurs, comme si j'y pouvais quelque chose. J'espère cependant que le temps des meurtres clandestins est passé, et que l'Évangile a apporté la paix et la sécurité dans ce triste pays.

5 avril.

Nous traversons un temps de crise. Le nombre de nos élèves avait dépassé la centaine. L'esprit était excellent ; il y avait chez tous de l'intérêt et de l'entrain, des dispositions toutes nouvelles de soumission à la discipline, et de respect envers nous. La tâche nous était devenue facile, c'était une vraie jouissance. C'était trop beau pour durer ; nous avions trop de soleil. Ce fut d'abord une vraie épidémie d'ulcères qui fit invasion parmi nos garçons, de ces ulcères africains qui résistent à tous les remèdes ordinaires, qui rongent les chairs d'une manière effrayante, et causent souvent la mort. Ils ont fait le désespoir de Livingstone, ils sont l'effroi des ba-Rotsi. Chose remarquable ! tous les garçons et les filles qui vivent dans notre maison y ont échappé. Nous avons perdu une vingtaine d'élèves qui sont retournés chez leurs parents pour se faire soigner.

Mais voici qui est bien autrement grave : Nalolo, qui ne nous a jamais été bien favorable, nous fait maintenant de l'opposition. Mokouaé est malade, très malade même, assure-t-on. Qu'ont dit les devins, les osselets et les dieux ? Je ne sais pas, mais évidemment rien de bon pour nous. Mokouaé a fait chercher ses enfants, et tous ses gens l'un après l'autre ont fait de même. Et ces enfants de Nalolo, la fleur de notre école ! Plus de trente sont déjà partis, sans même nous dire adieu. On les épiait au sortir de l'école, on venait même de nuit, on les mettait dans des canots, et on se sauvait avec eux. Pauvres ba-Rotsi ! ils n'ont pas grand courage moral. Ces procédés, qui nous prennent par surprise, nous affligent. Combien de temps les autres nous resteront-ils ? Il ne faut pourtant pas trop trahir notre tristesse, c'est pour le *secret* qu'il faut la garder. Avec le découragement au cœur, Dieu nous donne la grâce de pouvoir mettre encore de l'entrain dans cette école délabrée.

Une autre lettre du roi, la troisième je crois, peu faite pour nous rassurer. Les porteurs, chargés en même temps de messages verbaux, nous permettent de lire entre les lignes. « O mon missionnaire, écrit Léwanika, les ba-Rotsi disent que je deviens fou. Ils se moquent de Séajika et de son enseignement. Ils demandent ce que le *Livre* leur a apporté de bon. Jamais nous n'avons eu autant de calamités que depuis votre arrivée; jamais il n'est mort tant d'hommes!... » Je ne connais pas encore la cause de ces dispositions hostiles, mais elles sont bien réelles. Sépopa et Likokoane m'avouent que, lors de leur dernière visite à Nalolo, Mokouaé leur a interdit de chanter des cantiques dans son village; Litia m'apprend confidentiellement qu'un parti demande à grands cris notre expulsion, et, à deux reprises déjà, ils l'ont discutée au *Kachandi*. D'où les tristes lettres du roi. Et ce pauvre Léwanika, que nous savons si faible, tiendra-t-il bon pour nous?

10 avril.

La débâcle continue. Plutôt que de la laisser se fondre, nous donnons trois semaines de congé à notre école, et j'en profite pour aller visiter Nalolo et Léalouyi. Il faut que je m'éclaire sur la situation. C'est le *Mounda*, la plaine est partiellement inondée. Du moment qu'elle apprend mes intentions, Mokouaé m'envoie un de ses canots. Mais j'ai déjà pris mes mesures. Les plus grands de mes élèves, Litia le premier, insistent pour me pagayer, et ils le font joyeusement. Ils ne sont pas très experts, et mon auge roule et se remplit d'eau à rendre un peu nerveux. N'importe. Nous arrivons. Je ne fis pas longtemps antichambre. Mokouaé me manda près d'elle avec Litia. On nous conduisit à travers je ne sais combien de cours jusqu'à sa hutte de nattes. A chaque passage, un serviteur nous attendait pour verser de l'eau sur nos pieds et répandre des cendres devant nous. Après cette cérémonie d'exorcisme, qui nous fit bien un peu sourire, nous étions en mesure de paraître devant Mokouaé. Elle trônait sur une natte avec toute la dignité d'une malade de sa position, entourée de servantes et de courtisans favoris. Tous ces visages étaient de marbre. Le Mokoué-Tounga, le prince consort, diraient les Anglais, parlait peu et parlait sec. Je questionnai ma patiente, écoutai jusqu'au bout la description graphique de sa maladie, et satisfait de mon diagnostic, je pris congé. Le soir je retournai, administrai des pilules, préparai moi-même une tasse de cacao que Sa Majesté trouva extrêmement de son goût. Elle eut une bonne nuit. Le lendemain elle ne tarissait pas d'admiration sur mes pilules; elle en voulait une provision, et une bonne provision.

La glace était brisée, les visages s'étaient déridés, et les langues se délièrent. Mokouaé protesta qu'elle n'avait fait chercher ses enfants que pour les voir avant de mourir, car elle se croyait mourante, et m'assura qu'ils retourneraient à Séfoula aussitôt que moi. D'autres sources j'appris qu'un des griefs contre moi était d'avoir fait faire aux enfants ba-Rosi le travail des esclaves. Et puis mes courses d'évangélisation offusquent les chefs : eux qui ne se font obéir qu'à force de menaces, ils ne comprennent pas que les gens se rassemblent à mon invitation tout simplement. Autre grief encore : Mon enseignement ! Écoutez un peu ! Nous chantons : *Molimo mong a lefatsé !* — Dieu, le maître du monde (de la *contrée*, c'est le même mot) ! — La contrée n'appartient-elle plus aux ba-Rotsi ? — J'ai prédit toutes sortes de calamités, on attend du nord un déluge de feu qui balayera le pays. — J'ai promis que si les ba-Rotsi acceptaient l'Évangile, ils vivraient éternellement. Ils l'ont accepté et ils meurent plus que jamais ! Monaré est mort, Séoli est mort, et plusieurs autres personnages, etc... Et on n'a pas d'idée du sérieux avec lequel on conte ces balivernes et tant d'autres qui vous font sourire.

J'occupe avec mes garçons la hutte principale de l'établissement du *Mokoué-Tounga,* le soi-disant mari de la reine, — une hutte infestée de *tampanés,* une espèce de taons, qui vous infligent un martyre épouvantable. Les morsures de cette affreuse vermine, qui grouille par terre et pleut du toit, ne vous permettent pas de songer au sommeil. C'est après l'aube que l'on soupire en se tordant et en se déchirant sans pitié. Quand on subit ainsi plusieurs nuits blanches de torture, il y a de quoi tomber malade ; heureux encore si les morsures irritées ne dégénèrent pas en vilains abcès ! Les fourmis voyageuses et carnassières, et les puces microscopiques sont terribles. Mais les tampanés ! n'en parlons plus.

Masihou, le Mokoué-Tounga, s'est échappé pour quelques moments de la présence de Mokouaé pour me visiter. Il voulait me confier ses peines, car lui aussi a les siennes. Sa première femme, une excellente personne, dont il n'a jamais eu à se plaindre, avait eu une querelle avec Mokouaé. Les deux femmes étaient jalouses l'une de l'autre et se maudirent cordialement. Mokouaé fit acte d'autorité pour assouvir sa haine ; heureusement que le roi intervint à temps. La malheureuse Makabana eut la vie sauve, mais on l'arracha à son mari, on l'envoya dans une autre partie du pays, où le roi la donna pour femme à un autre homme. Elle a naturellement laissé des enfants derrière elle. « Que c'est donc triste ! » m'écriai-je, quand Masihou eut fini son récit. Il se mit à rire. « C'est ainsi que les choses se font chez nous, ajouta-t-il, — maintenant, c'est fini. »

J'étais désireux de rassembler les gens du village pour leur parler de l'Évangile. Les chefs n'osèrent pas s'y opposer, ils ne m'aidèrent pas non plus. Je m'assis sur la place publique, entouré de mes écoliers, et nous nous mîmes à chanter des cantiques. Les hommes s'arrêtaient à distance, et les femmes se groupaient à l'entrée de leurs cours, mais personne ne se joignit à nous. Et quand nous nous agenouillâmes, ce fut au milieu de grands éclats de rire. Au coucher du soleil, je tombai sur un autre plan. Je me rendis au lékhothla et je commençai à exhiber mes photographies. Il y eut bientôt foule. On se poussait, on se culbutait, on renversait la cloison pour mieux voir. Et il fallait entendre les remarques piquantes, les explosions d'enthousiasme à la vue de Léwanika et de Makouaé ! — A la brune, les photographies pliées, je fis asseoir tout ce monde, et je leur parlai du Sauveur.

15 avril.

Quitté Nalolo pour Léalouyi. J'ai laissé ma royale patiente en bonne voie de guérison et de bonne humeur. Sa reconnaissance est au superlatif : au moment de mon départ, elle m'offrit une calebasse de miel. Une fois, en pareille circonstance, elle avait envoyé à ma femme une natte rongée des termites, et à moi un pain de tabac tout pourri !... Du *tabac* à *moi,* la chère femme ! Nous en rîmes longtemps.

Quel trajet à travers les jungles de roseaux et de broussailles épineuses qui vous soufflettent, vous égratignent et vous couvrent de nuées d'insectes de toute espèce ! Araignées, moucherons, chenilles, tout y est. Le soleil était de feu. Nous arrivâmes le même jour à Léalouyi, mais j'étais si épuisé que, comme cela m'arrive assez souvent, j'avais de la peine à parler. Une tasse de thé me remit un peu. Lors même que nous nous comprenons bien, Léwanika et moi, nous eûmes une longue explication. Je lui reprochai de m'avoir tendu un piège en me confiant ses enfants. Il m'avait demandé de les discipliner et de les faire travailler comme mes propres enfants, lui qui savait combien les ba-Rotsi sont chatouilleux à l'endroit de leur dignité. « C'est vrai, dit-il, mais je comptais sur leurs bonnes dispositions. Depuis lors, il y a eu une grande réaction. Même mes femmes et mes serviteurs qui apprenaient à lire et à chanter se sont lassés, et, comme tout le monde, ils se moquent de moi, ils disent que je deviens fou. Je suis tout seul, je n'ai que Séajika. Je suis triste et découragé. »

Le roi était sur le point de partir en pèlerinage pour consacrer aux dieux nationaux la nouvelle barque royale, *Nalikouanda*. Il retarda son voyage à cause de ma visite. C'est un grand événement que la construction de cette nouvelle Nalikouanda. Il y a longtemps qu'on y travaille. L'ouvrage est généralement entouré d'un grand mystère. Personne que les ouvriers ne pénètre dans le chantier, qu'on a la précaution d'entourer d'une palissade de roseaux. Un beau jour que la plaine est inondée, on la voit tout à coup sortir de son enclos comme par enchantement et flotter sur les eaux. Léwanika est très fier de celle qu'il vient de construire et il tient à m'en faire les honneurs. Après que nous en eûmes minutieusement fait l'inspection, une foule d'hommes ornés de calottes, d'écharpes de toutes couleurs, de crinières de lion, etc., la prirent d'assaut, et au bruit des tambours, des clochettes et des harmonicas, elle fit son premier essai. Cette barque monstre, hérissée de pagaies, escortée de canots, faisant avec dignité ses évolutions sur la plaine verdoyante, présentait un tableau original. L'excitation était au comble : de tous les groupes que la curiosité avait attirés sur le rivage, c'étaient des battements de mains, des cris et des chants. Tous voulaient me faire partager leur admiration enthousiaste : « Eh bien, *morouti,* que dis-tu de Nalikouanda ? Tu vois que les ba-Rotsi sont des gens habiles, hein ? Les ba-Rotsi !... » et un claquement significatif de la langue disait qu'ils sont incomparables. Ces bonnes gens ! ils croient vraiment que je n'ai jamais vu pareil chef-d'œuvre d'industrie.

Étant données les circonstances, c'est en effet un travail qui fait honneur aux ba-Rotsi. La barque a soixante pieds de long sur neuf de large au milieu et trois de profondeur. Elle est faite d'une quantité de petits canots dont les pièces sont jointes et raccordées par de fortes ligatures, des bourrelets d'écorce douce comme de l'amadou recouverts de fibres artistement tressées. Ces bourrelets bigarrés, et qui courent dans tous les sens, forment un véritable ornement. Au milieu elle a un faux fond, elle est surmontée d'un spacieux pavillon de nattes, recouvert d'étoffe blanche et bleue, qui rappelle de loin la tente d'un wagon, ce qui n'est pas très poétique.

Nalikouanda porte, avec le roi et ses principaux conseillers, sa bande de musiciens avec les grosses caisses, sa cuisine, ses marmitons et de 40 à 50 rameurs, tous exclusivement ba-Rotsi et chefs. L'abord en est absolument interdit aux femmes. Nalikouanda doit toujours arriver le même jour au port désigné. C'est un grand honneur que de faire partie de l'équipage de Nalikouanda, mais c'est un rude labeur. Il arrive souvent que les chefs, peu habitués au travail, ont la peau des mains emportée. Malheur à qui trahit la fatigue! on lui passe un aviron entre les jambes et on le culbute dans l'eau où un canot va le pêcher. C'est une grande disgrâce.

Le dimanche passé à Léalouyi fut intéressant. Après la prédication du matin, Séajika demanda la parole. Il raconta très au long les circonstances qui l'ont conduit au Lessouto, il y a dix ans, et sa conversion, puis son retour au Zambèze et son retour au paganisme aussi. « Je suis tombé dans toutes sortes d'excès, dit-il, et vous le savez. J'étais redevenu l'un des vôtres, mais sachez aujourd'hui que je vous quitte et retourne à mon Dieu. » Ce retour que nous attendions, tout en nous causant de la joie, ne nous inspire pas encore une bien grande confiance. J'ai pris l'occasion d'adresser quelques paroles sérieuses à ce pauvre enfant prodigue. Mais si Dieu le reçoit en grâce, ce n'est pas nous qui voudrions jouer le rôle du fils aîné de la parabole.

22 mai.

Mon échappée aux deux capitales n'a pas été vaine. Notre école se remonte. Presque tous nos élèves sont rentrés. Il n'y a d'absences que pour cause de santé. Sous ce rapport nous sommes encouragés.

Mais voilà Kambourou qui revient de Séchéké, avec l'atterrante nouvelle que tous les bœufs que j'y avais envoyés l'an passé, ceux du roi et les miens, sont morts. Donc point de wagon, point de bagages, point de provisions! Tout cela, après tout, est peu de chose en soi. C'est l'avenir même de la mission qui nous donne de l'anxiété. Il est impossible de courir longtemps le risque de pareilles pertes. Ce nouveau coup de foudre nous a écrasés. Est-ce là la réponse à nos prières? Ah! pauvres gens que nous sommes! Nous étions tout prêts à faire le sacrifice de nos vies, mais, je l'avoue, nous ne l'étions pas à subir de si grandes pertes de bétail qui représentent les sacrifices de tant d'enfants de Dieu, les francs des riches et les sous des pauvres! Nous ne saurions traverser les grosses eaux, si les bras du Tout-Puissant ne nous soutenaient! « La foi, la vraie, est une grâce d'action, et elle a tant à faire qu'elle a toujours les mains pleines. »

28 juin.

Visites répétées à la capitale, d'où je reviens encore. Un M. Ware, représentant une Compagnie minière, est venu postuler de Léwanika une concession pour l'exploitation de l'or qu'on suppose abonder dans certaines parties de la contrée. La chose était si nouvelle, que le roi et ses conseillers, pris au dépourvu, se trouvèrent dans un grand embarras. Ils craignaient un piège, et étaient en même temps fascinés par les présents considérables de fusils Martini-Henri, de munitions, de couvertures et de vêtements, que M. Ware n'a pas oublié d'apporter. Il fallut rassembler toutes les grosses têtes de la nation, ce qui prit du temps, puis en conférer, ce qui n'en prit pas moins.

On convoqua une assemblée nationale, un pitso, à laquelle Gambella proposa la question avec le laconisme ombrageux des ba-Rotsi, tout comme on jette un os à un chien. Il s'ensuivit une fusillade de petits discours contradictoires et sans but. Je souffrais de voir les chefs vénaux et, déjà gagnés, laisser divaguer les pauvres gens. Je pris sur moi de leur expliquer de mon mieux de quoi il s'agissait. Je doute que j'aie été goûté des chefs qui m'entouraient. N'importe. Les discours prirent une forme plus raisonnable, et, à travers les labyrinthes de la logique africaine, ils arrivaient presque tous aux mêmes conclusions. « Nous avons des missionnaires pour nous instruire, et ce qu'il nous faut, maintenant que M. Westbeech est mort, c'est un marchand qui nous apporte des vêtements, achète notre ivoire et s'en retourne chez lui. Qui sont ces blancs? D'où viennent-ils? Qui les envoie? Qui leur a dit qu'il y a de ce minéral rouge dans notre pays? Êtes-vous bien sûrs, chefs, que leurs présents sont de bonne foi, et qu'en les acceptant vous ne vendrez pas notre pays? » — Et les chefs autour de moi de rire.

Ce n'était qu'une farce, que l'on répéta le lendemain. J'avais la fièvre. Je pus cependant prendre part au grand conseil des chefs où les affaires se traitèrent un peu plus sérieusement. La concession accordée, il s'agissait d'en déterminer les termes. Il suffit de dire que la concession est pour vingt ans, qu'elle comprend tout le pays des ba-Toka, tributaires des ba-Rotsi, à l'est de la petite rivière Madjilé et du Zambèze, jusqu'au pays des ma-Choukouloumboué. C'est immense, et M. Ware a lieu de se féliciter d'un si grand succès. Je crois cependant que les intérêts de Léwanika et de la nation n'ont pas été sacrifiés. — Il est probable que d'autres Compagnies minières — il y en avait plus de quatre-vingts l'an passé pour exploiter l'Afrique du Sud! — essaieront aussi d'obtenir quelques lambeaux de la contrée, car la région des Rapides jusqu'aux chutes de Ngonyé ne manquera pas de les amorcer irrésistiblement. Une Compagnie commerciale essaie aussi, par des offres assez séduisantes, d'obtenir le monopole du commerce. Elle se proposait de mettre de petits vapeurs sur le Zambèze, de canaliser les Rapides ou d'y construire un petit chemin de fer, et, sans parler du reste, d'établir avec Mangouato des communications postales *bimensuelles!* Pensez donc! Léwanika eut le bon sens de refuser ce qu'il n'était pas en son pouvoir de concéder. Mais il invita cette Compagnie à établir des comptoirs dans son royaume, lui promettant, comme à tout marchand honnête, son appui et sa protection.

Voilà donc les premières vagues de la marée envahissante de l'immigration européenne qui franchissent le Zambèze. Où s'arrêront-elles?

XXXVII

Un voyage de Séfoula à Séchéké. — Le départ. — Nalolo et la reine Mokouaé. — Un terrain dur. — Comment atteindre les femmes zambéziennes. — Séoma et les ma-Khalaka. — Un anniversaire. — Entretiens du bivouac. — Séchéké. — Kazoun-goula. — En conférence. — Le retour. — Une lettre de Léwanika.

14 juillet 1889.

La nécessité d'un voyage à Séchéké s'imposant, nous prîmes courageusement notre décision, et j'activai mes préparatifs. Le roi me prêta son concours de bonne grâce, choisit mes canots, rassembla mes pagayeurs, qu'il plaça sous les ordres d'un chef et d'un sous-chef et, quand tout fut prêt, il vint à Séfoula me présenter ma petite flottille et me faire ses adieux. Il passa le dimanche avec nous et, pour l'occasion, il étrenna l'uniforme de serge bleue garni de franges d'or qu'il avait reçu de M. Ware. Quand il entra dans l'église, qui était comble, tout le monde se retourna spontanément et ne put retenir un frémissement d'admiration. Ce fut, du reste, la seule démonstration, et j'éprouvai un vif plaisir en voyant mes chers Zambéziens réserver pour la sortie du service les salutations d'usage, bien autrement bruyantes. Dans la maison de Dieu, le roi prend le rang d'un *motlanka*, d'un subordonné. C'est un progrès.

Quitté Séfoula à 2 heures du soir. Ma pauvre femme, entourée de ses petites filles sous la véranda, me suivit du regard jusqu'à ce que les arbres vinssent s'interposer entre nous, et rentra, on peut se le figurer, avec le cœur gros, pour commencer son triste veuvage de trois mois. Et moi, je m'éloignai lentement, préoccupé et soucieux. Ngouana-Ngombé et Séajika m'amènent au port du village de Letsouélé, où m'attendent canots et canotiers. Ceux-ci s'empressent de me recevoir à genoux et en battant des mains, — ce qui fait rire mes garçons. Litia, lui aussi, arrive bientôt avec ses propres bateaux et sa suite. Nous sommes presque au complet. Chacun fait l'empressé, les tentes se dressent; les abris de broussailles se construisent sur la plage sableuse, les feux s'allument. Les conversations s'animent. On dort peu cette première nuit de bivouac.

Le lendemain, au point du jour, et après avoir tous ensemble imploré la bénédiction de Dieu, nous sommes en canots, et à 11 heures nous arrivons à Nalolo. Belle matinée après le froid de la nuit. Nous allions prendre sur le rivage le déjeuner que notre bonne ménagère nous avait remis la veille, quand la reine Mokouaé fit son apparition, suivie de son inséparable Mokoué-Tounga, qui lui sert de mari. Aussitôt nos hommes de se mettre en position et de faire un étourdissant salut. Ne les dirait-on pas les sujets les plus fidèles du monde? J'étais pris par surprise, car c'est chez elle, après avoir satisfait notre appétit, que nous nous proposions de lui présenter nos hommages. Sa Majesté, accoutrée d'une robe d'indienne, d'un châle et d'un mouchoir qui lui pend du cou, s'accroupit sur une natte près de celle qui nous sert de table. Elle inspecte nos mets, un regard suffit : « — Que mange le *morouti?* fit-elle. Un oiseau? » Mokoué-Tounga se fait son écho : « La reine demande ce que mange le morouti; est-ce un oiseau? — Non, mon maître, c'est un poulet! » Et l'écho répète : « C'est un poulet! » — « C'est dommage, fit Mokouaé avec humeur, la reine ne mange pas de poulet. » Par politesse, je lui offre ce que nous buvons nous-mêmes, une tasse de café noir et sans sucre. « C'est bien, donne! » Et la pauvre femme, par politesse elle aussi, de l'avaler non sans efforts et sans grimaces. Son fils Kaïba doit nous accompagner et, bien qu'il sût mon départ depuis trois semaines, il n'est pas prêt. Ce serait vulgaire qu'il m'attendît. Il lui faut au moins trois jours de préparation. Je lui donne jusqu'au lendemain matin. Mokouaé sourit d'un air incrédule; je souris aussi et nous parlâmes d'autre chose. Nous allâmes ensuite inspecter des canots neufs que l'on conduit au roi, et qui avaient déjà passé le port de Nalolo sans qu'on en avertît la reine. Irritée de cet affront, elle les avait fait revenir. Elle parla haut. Les hommes, conduits par un chef hautain de sa nature, avaient tous l'air pétrifiés. Ils rampaient devant cette femme; ils balayaient la poussière de leurs fronts, et recevaient humblement et en frappant des mains les reproches mérités de leur maîtresse. Celle-ci accapara deux des meilleures pirogues, accepta, comme amende, les paniers de provisions que les mécréants s'empressaient de lui offrir, et puis les congédia. Pour justifier sa conduite qui, je le savais, n'avait rien d'arbitraire, elle m'expliqua la coutume du pays. Quand les tributs de la reine passent à Léalouyi, on doit d'abord les présenter au roi, qui en prend ce qu'il veut. De même aussi, quand ceux du roi passent à Nalolo, Mokouaé en a le premier choix. « Mais, ajouta-t-elle avec aigreur, tout change maintenant, et cette gent noire-là se donne des airs, et voudrait nous ignorer. » — Tout en causant, nous étions arrivés au village, où nous restâmes assez longtemps. Elle nous donna une bonne quantité de lait caillé et deux bœufs qu'on abattit, et que mon monde passa presque toute la nuit à dépecer et à griller.

Le soir, nous retournâmes prendre congé d'elle. Je m'aperçus qu'elle mettait tout en œuvre pour exploiter mon compagnon de route ; mais comme ma présence la gênait visiblement, je retournai seul au bivouac. Elle voulait, en effet, paraît-il, une quantité de présents. Elle avait en tête une longue liste, mais elle craignait ma désapprobation. Ce qu'elle veut surtout, c'est une robe de velours bleu, avec des franges d'or, pour ressembler à son frère. Elle y a mis son cœur.

La soirée était belle ; la lune, dans son plein, inondait le ciel de sa lumière argentée et se mirait dans l'onde. Pas une ride sur l'eau, pas un souffle, pas le moindre bruit, pas le plus léger murmure dans la plaine. Partout c'était un calme parfait, une paix profonde qui ravissait l'âme. J'aurais voulu prolonger ce petit trajet d'une demi-heure en canot. Mes pensées reflétaient la mélancolie de ce beau clair de lune. Je pensais à l'œuvre, je pensais à Mokouaé. Comme toujours je remportais de ma dernière visite une pénible impression. Elle a beau être aimable et causeuse, cette femme, il y a un je ne sais quoi qui forme une barrière entre nous. Je n'ai pas encore gagné sa confiance. Avec elle, je sens d'une manière poignante le besoin de cette sagesse qui sait gagner les âmes. Du reste, je pourrais généraliser cette remarque. L'évangélisation des femmes zambéziennes est la partie la plus ardue de notre œuvre. Nous ne savons comment les atteindre, elles ne s'intéressent et on ne peut les intéresser à rien. C'est navrant. Nous taillons dans un roc bien dur. C'est aussi la douloureuse expérience de ma compagne, malgré les dons que Dieu lui a donnés.

Le lendemain matin, le fils de Mokouaé, Kaïba, qui peut avoir treize ans, me rejoignit avec sa suite sans trop me faire attendre. Il a trois canots ; Litia, lui, en a deux, ce qui représente une trentaine d'hommes. Nous voyageons vigoureusement depuis lors. Nous avons dépassé Itoufa dès le samedi matin, retardés un peu par le chef du lieu, qui se fit attendre et vint en grande cérémonie présenter à Litia des provisions de route, que celui-ci m'offrit à son tour par déférence.

Le même jour, nous passâmes aussi sans nous en inquiéter devant le tombeau de Moana-Mbinyi, ce qu'on ne fait jamais impu-

CAMPEMENT A SÉOMA

Esclave pilant et réduisant le blé en farine pour le repas du soir. M. et Mme A. Jalla, à l'ombre d'un figuier sauvage.

nément au dire des Zambéziens. Mes rameurs, n'osant pas amarrer les bateaux, s'imposèrent mutuellement silence, et passèrent en s'inclinant, se frappant la cuisse comme s'ils eussent été en présence de ce grand personnage. Le soir, nous allions camper pour le dimanche à Sénanga, à l'entrée de la Vallée. Nous y avons en abondance de l'ombrage et du combustible.

Séoma, 18 juillet 1889.

Arrivés ici le mardi 16, à 9 heures du matin, sans autre incident que celui d'une chasse fructueuse qui a réjoui tout le monde. — Campés tout au bord de l'eau sous un gigantesque figuier. L'ombre et la fraîcheur sont délicieuses. Mais quelle épouvantable invasion de chenilles! Une vraie plaie d'Égypte.

Nous trouvons ici un messager du roi qui nous avait devancés et nous attendait. Il avait, selon les ordres qu'il avait reçus, rassemblé les hommes du village et des hameaux avoisinants, et veillait à ce qu'ils ne se dispersassent pas. Utile précaution. Les ma-Khalaka de Séoma, tout près des chutes de Ngonyé et des environs, placés sous trois chefs ba-Rotsi, sont tenus de transporter d'amont en aval des cataractes et d'aval en amont tous les canots des voyageurs. C'est une corvée dont ils ne s'acquittent la plupart du temps qu'à force de menaces et de mauvais traitements. Dès qu'ils aperçoivent dans le lointain une pirogue, ils se dispersent clandestinement dans les bois, et c'est là que, pendant des jours, les ba-Rotsi doivent les traquer et les rassembler, la terrible cravache africaine à la main. J'éprouve une grande pitié pour ces pauvres gens. J'appelle de tous mes vœux la fondation d'une station missionnaire à Sémoa. On comprend qu'il me répugne extrêmement de recevoir d'eux un service rendu de si mauvaise grâce. Mais je ne puis l'éviter. J'avais une fois pensé à leur faire une distribution de calicot; mais le roi me fit remarquer avec justesse que ce serait là un précédent dont ils ne manqueraient pas de se prévaloir pour tourmenter les voyageurs. Il promit de le faire lui-même pour leur exprimer sa satisfaction, — ce qui n'aurait pas le même inconvénient. Ce qu'il faudrait, ce serait un char à bras qui faciliterait leur travail.

A notre arrivée, quand ils vinrent nous saluer, je leur annonçai que toute notre troupe, de 65 ou 66 hommes, aiderait au transport de nos pirogues. Ces pauvres gens en furent si étonnés, que le lendemain, dès l'aube, ils vinrent tous comme un seul homme commencer leur travail. Le soir, dix de nos embarcations étaient déjà en bas des chutes. Aujourd'hui les sept autres ont suivi, de même que tentes et bagages, et nous voici campés à Mamongo. Deux jours! Quand nous nous attendions à un délai de deux semaines!

Le 17 (mon anniversaire de naissance), que n'aurais-je pas donné pour que ma femme sût au moins que j'étais à Séoma? — Pendant qu'on transportait nos bateaux, j'allai avec mes garçons passer la journée aux chutes de Ngonyé, et les laissai gambader parmi les rochers, se baigner, s'amuser, chanter comme de vrais écoliers en vacances. — Mon fusil nous fournit des pintades que l'on mit au pot; un pot de confitures, un morceau de pain rassis, et la tasse obligatoire de café, composaient un menu de pique-nique qui ne laissait rien à désirer. Le soir j'eus au village une réunion nombreuse et attentive. Voilà pour l'extérieur. Intérieurement j'étais pénétré de reconnaissance et d'une joie sereine. Comment ne pas penser à la bonté de Dieu et ne pas se souvenir de tant de délivrances et de bénédictions?

Quelques années encore, et la soixantaine sera là. Un de mes bons amis avait une théorie — qui n'a la sienne? — Il maintenait qu'à soixante ans le missionnaire a fait son œuvre, que c'est un outil usé. Je regimbe contre cette vieille doctrine et je ne puis y souscrire. Je crois à *la vieille jeunesse,* moi. Ah! non, je ne demande pas à Dieu une longue vie; mes temps sont en sa main. Mais je lui demande le privilège de mourir à mon poste, sous le harnais, et de voir la mission du Zambèze consolidée et prospère.

Molémoa, 19 juillet.

Quitté Mamongo ce matin à huit heures. L'entrain et la bonne humeur se maintiennent. Mes chefs de bande sont pleins de prévoyance et d'égards. Ce sont eux qui plantent et plient ma tente, chargent mon canot et président à notre installation journalière. Litia, lui, comme un fils dévoué, met la main à tout; personne ne touche à mon lit que lui. C'est la tâche privilégiée qu'il s'est donnée. Du reste, moi non plus, je ne me croise pas les bras, et je veille à ce que tout soit bien fait.

Ces Zambéziens, quels géants, vraiment! Il faudra bien que je mesure les pieds de ce brave Mochowa qui est à l'avant de mon canot; jamais cordonnier n'en a chaussé de pareils. — Le soir, comme pendant que je trace ces lignes, quand nous avons l'abondance et que les feux flamboyants font grilloter les pots, notre bivouac ne manque pas d'animation. Les plus graves aiment à raconter des épisodes de l'histoire nationale, où ils se mettent en scène ; là c'est un grand cercle où un clown, une gourde à la main, exécute une danse nouvelle dont les contorsions étranges émerveillent l'assemblée. Plus tard une voix se fait entendre : « *Ako!* (Devine !) » — Quelqu'un répond : « *Amba!* — (Parle !) » C'est alors une charade qui doit se renfermer dans une seule sentence et dont voici un échantillon : « Le mien, c'est quelque chose qui se trouve sur le bord d'un bois. — Un oiseau ! — Non ! c'est quelque chose qui se trouve sur le bord d'une forêt épaisse. — Un chemin ! » — Ainsi de suite. Après plusieurs réponses qui ne sont pas acceptées, l'individu dit : « *Ké chouilé,* je suis mort. — Tu est mort? Eh bien, c'est l'oreille ! » — Ce n'est pas très spirituel, n'est-ce pas? mais c'est étonnant comme ils s'excitent à ce genre d'escrime. Il arrive souvent aussi qu'un individu ne peut pas dormir. Il prend alors son *kangobio* (petit instrument de musique à languettes métalliques tendues sur une planche et accompagné d'une calebasse pour le rendre plus sonore) — et le voilà sur son séant, jouant toute la nuit sans interruption et chantonnant ces airs si profondément tristes des noirs enfants de l'Afrique. Personne ne s'en plaint, on le croit en communication avec les dieux. C'est reçu.

Passé les rapides de *Kalé.* Un de nos bateaux a chaviré. Nous avons pourtant pu le sauver. — Acheté deux canots de Matomé. Il y a longtemps qu'il me les avait promis. Et, bien qu'il eût obtenu l'autorisation du roi, et qu'il se fût entouré de toutes les précautions possibles, il avait cru nécessaire de les cacher dans un îlot, au milieu des rapides, et quand il me vit entouré des jeunes princes et des chefs ba-Rotsi, ce n'est pas sans grande hésitation qu'il me les amena. Ils ne sont pas fameux, mais ils seront commodes. Comme disait le père Bost : « Quand on n'a pas ce qu'on aime, il faut aimer ce qu'on a. » — C'est sage.

Samedi, 20 juillet.

Journée malheureuse. Litia partit dès le matin pour la chasse avec quelques hommes, et je lui donnai rendez-vous au confluent du Ndjoko, où nous pensions arriver de bonne heure. Il faisait un froid si vif qu'à 8 heures et demie les hommes ne pouvaient plus tenir leurs pagaies. Nous poussâmes cependant de l'avant et arrivâmes bientôt aux rapides de Bomboé. Là se trouve un passage plus difficile que dangereux. Mes hommes en eurent peur, et jetèrent les yeux sur un autre passage loin du rivage, où le courant était plus profond, mais aussi plus fort. Un grand canot s'y aventure, une fausse manœuvre se fait, et le canot, emporté comme une paille, est bientôt enclavé dans les rochers. Tout le monde a conscience du danger; chacun se croit plus sage que son voisin; ce sont des ordres et des contre-ordres, si bien qu'en un clin d'œil je vois ces terribles moutons blancs s'élancer avec fureur sur la pirogue, l'envahir et la faire sombrer. Les hommes à portée se jettent sur le bagage qui surnage et sauvent ce qu'ils peuvent. Mais que m'importe cet insignifiant bagage! C'est le canot qu'il me faut. Le croirait-on? Pendant que cet accident absorbait mon attention, la plupart des autres canots avaient passé ailleurs, et tous les hommes, en aval, accroupis sur les rochers, nous regardaient en ricanant. Il me fallut faire acte d'autorité pour rassembler une dizaine d'hommes et les mener à la rescousse. J'avais moi-même trouvé mon chemin jusqu'au lieu du désastre et je dirigeais les opérations. Je voulais dégager la pirogue et la remettre à flot. Nous la poussons d'avant, de derrière, en l'air. Et quand nous essayons de la soulever, les deux côtés, brisés déjà par la violence du courant, nous restent dans les mains. Le naufrage était complet. Cela me rappela mes tristes aventures du Ndjoko. Mes Zambéziens, eux, commencèrent alors à se disputer en règle. Ils se montraient du doigt, criaient à tue-tête, et je vis le moment où là, au milieu des rapides, ils en viendraient aux mains. Je rétablis non sans peine le silence. Une heure après, notre vie nautonière avait repris son courant, comme les rapides sur notre naufrage. On causait, on prisait, on riait, et si on parlait encore de notre malheur, c'était pour se prodiguer des condoléances mutuelles. « *Changoué, ké noka, changoué!* Ah! mon frère, c'est la rivière! Le canot était vieux et pourri! » Les « changoué » pleuvaient de tous côtés. Les plus coupables étaient les plus flattés. J'étais indigné. C'est un principe admis ici qu'il faut à tout prix se concilier celui qu'on redoute ou qu'on offense; autrement, gare les représailles, la javeline de la prochaine révolution ou le bûcher des sorciers.

Ngamboé, 22 juillet.

Hier, délicieux dimanche passé sur un bel îlot. C'est de règle que tous les matins, au lever, nous nous réunissons pour la prière; puis on abat la tente et on charge les canots. Le soir, de même, les préparatifs du bivouac terminés, on se groupe autour de mon feu pour chanter des cantiques, répéter une partie de la Parole de Dieu et prier. Mais nos Zambéziens ont pour la prière une aversion invincible, et ils ne manquent jamais de prétextes pour l'esquiver. Le dimanche, pas d'excuse possible. Donc tout le monde est là. Je me suis senti heureux en leur expliquant la bonne nouvelle du salut. Une conversation de la veille sur les notions religieuses des ba-Rotsi, si captivante qu'elle s'est prolongée jusqu'à une heure avancée, nous y avait préparés les uns et les autres.

23 juillet.

Hier, le canot de Kaïba a failli sombrer. En descendant un rapide, il donna du bord au courant. En un instant les moutons bondirent dessus et le remplirent d'eau. Un petit gamin de son âge, qui ne quitte jamais Kaïba et qui se trouvait tranquille à ses pieds, eut la présence d'esprit de se jeter à l'eau, de soulever le jeune prince et de le déposer sur un rocher à fleur d'eau. Les hommes qui se trouvaient à portée volèrent au secours, remirent la pirogue à flot, pêchèrent les fourrures graisseuses, qui en furent quittes pour cette petite lessive. Aujourd'hui, même accident aux rapides de Lochou. Cela me rend un peu nerveux. Je ne tremble certes pas pour ma vie, mais bien pour celle de ces garçons qui me sont confiés. Et je ne suis pas le seul. Le danger passé, on amarra les bateaux, et tout le monde à la fois et à qui mieux mieux de tancer l'équipage de Kaïba. Il le méritait bien. Un autre incident vint heureusement faire bientôt diversion à nos émotions. Litia, qui a reçu de son père un beau Martini, nous avait devancés et venait d'abattre deux belles antilopes. C'était son premier coup de gros gibier. Aussi le cher garçon ne se possédait pas de joie. Les compliments pleuvaient sur lui comme grêle. Il eut aussi les miens. Un peu plus loin, on abattait aussi un buffle. Quelle fête! Tout le monde se rendit auprès de la bête, on alluma des feux, et, tout en la dépeçant, on grillait des lambeaux de viande qu'on s'arrachait quand ils n'étaient que roussis. Il fallut nécessairement camper. Et pendant que j'écris, les feux pétillent, on cuit les viandes, on les rôtit, on cause, on chante, on se taquine. Adieu le sommeil!

Séchéké, 25 juillet.

Quinze jours de voyage de Séfoula à Séchéké, haltes et dimanches comptés, ce n'est pas mal. En tout soixante et une heures de route. Voyagé avec entrain, malgré un froid très vif. Nous arrivons. Mes gens ont fait leurs ablutions, ils ont tiré deux ou trois coups de fusil, organisé la marche des canots, car eux aussi visent à l'effet, et font gémir les ondes sous les coups de la pagaie aux chants monotones des nautoniers.

Au premier coup d'œil, l'impression est pénible. A un détour, nous pénétrons dans la baie de Séchéké, où, au fond, sur la rive, est assise la station. Mais quoi? Est-ce bien la baie si belle que nous admirions tant? Ce n'est presque plus qu'une lagune. Elle se comble rapidement de sable; l'herbe et les roseaux l'envahissent déjà. Et quand les eaux seront au plus bas, je me demande si le petit canal par lequel nous entrons ne sera pas complètement obstrué. Les bâtiments, qui n'ont jamais rien eu de bien imposant, eux aussi, ont vieilli. On dirait qu'ils s'affaissent. Voici cependant une petite installation proprette avec ses cours de roseaux; c'est celle des Jalla. Et puis derrière s'élève la charpente de la nouvelle maison Jeanmairet. Cet aspect fait plaisir; il parle de vie et de progrès.

Dirai-je la joie et l'émotion de revoir ces chers visages après deux ans de séparation? Après les premiers épanchements, il fallut visiter les tombeaux où de chers petits anges ont laissé leurs dépouilles mortelles. J'ai du plaisir à revoir les Jalla; ils ont de l'initiative et de l'entrain. Un grain d'optimisme et d'enthousiasme est une heureuse disposition dans un milieu où tout conspire à vous abattre et à vous écraser. Il y a si peu de poésie dans la vie missionnaire que, pour peu qu'on s'y prête, on risque de ne faire que de très triste prose.

Kazoungoula, 3 août.

Mon neveu Jeanmairet m'avait devancé. Les wagons qui amènent nos bagages et nos provisions sont arrivés, et M. Jeanmairet a déjà commencé à expédier quelques caisses en canots. Il faut bien croire que les anges escortent ces frêles embarcations et veillent sur ces précieux colis. Je ne pense pas sans trembler à mon voyage de retour à travers les Rapides. Mes canots sont plus larges que ceux de Séchéké, soit, mais ce ne sont que des troncs d'arbres après tout, et la navigation est bien autrement difficile. Mes gens étant tous de bonne volonté, et ayant la promesse irrésistible d'un morceau de calicot extra, nous résolûmes de nous servir d'eux surtout. Cela blessa au vif les gens de Mambova et de Séchéké, qui se crurent lésés dans leurs droits, et nous créa quelques difficultés.

Le vent du sud-est s'est déchaîné et souffle avec violence. Nous grelottons sous nos manteaux et sous nos couvertures. L'atmosphère est obscurcie de nuages de poussière qui pénètre tout. Nos tentes tourmentées sont à chaque instant menacées d'être emportées. Le fleuve est agité comme la mer. Les vagues verdâtres se gonflent, se soulèvent, luttent et se brisent l'une contre l'autre, blanches d'écume. Toute communication est impossible avec l'autre rive (la gauche), où les chefs de Séchéké se sont établis, nous laissant seuls sur la rive droite, de la peur invincible qu'ils ont des ma-Tébélé. Et les ma-Tébélé sont à cinquante lieues d'ici !

Hier, grande fête de bière donnée dans l'île de Mpalira. On s'y rendit au petit jour et en masse à la suite des chefs de Séchéké. Mais, une fois là, on y fut pour la nuit, ce qui n'entrait pas du tout dans le programme. Le vent était si fort, que personne n'aurait pu s'aventurer en canot. Que ne feraient pas ces pauvres gens pour pouvoir s'accroupir devant un pot de bière !

18 août.

Il a venté, et beaucoup, mais les Zambéziens sont pleins de bonne volonté. Ils guettaient eux-mêmes les moments de calme, et chargeaint les pirogues de grand matin ou le soir même au clair de la lune. Tout jusqu'à présent s'est fait avec calme et entrain, et sans accident. Dieu est avec nous. Mon neveu m'a quitté pour permettre à M. Jalla de venir me rejoindre.

Une grosse question qui nous occupe et à laquelle les circonstances du pays donnent une grande actualité, c'est la fondation d'une grande station ici, à Kazoungoula. C'est la porte du pays, et c'est à M. Jalla que nous voudrions confier ce poste. Si Léwanika entre dans nos vues et établit un village ici pour garder le passage officiel de la rivière, cette station sera une des plus belles et des plus importantes du pays.

2 septembre.

Notre retour à Séchéké n'a pas été sans péril, surtout pour le frère Jalla, dont le canot était trop petit pour résister à la force des vagues et du vent. Depuis lors, les occupations n'ont pas manqué : sécher et mettre en ordre les bagages, charger les voitures que traînent des bœuf non dressés, expédier nos canots qui vont faire un dépôt à Séoma et reviendront ici. Et puis, le soir, nos séances de conférences ont été caractérisées par un grand sérieux et le sentiment de la présence du Seigneur.

Un de nos meilleurs entretiens roulait un jour sur la conversion et sur la vocation missionnaire. Nous parlions avec abandon de *nos conversions* à nous et de *nos vocations*. Nos expériences ne pouvaient pas entièrement se ressembler, car Dieu ne conduit pas tous ses enfants par le même chemin. J'ai partagé mon temps de loisir entre les Jeanmairet et les Jalla, cela va sans dire. Avec les Jeanmairet, je suis chez moi naturellement, et j'ai conçu une vive affection pour les Jalla. La mission du Zambèze a fait en eux une bonne acquisition. Je me suis souvent assis à leur table.

Séoma, 22 septembre.

Mon séjour à Séchéké appartient déjà au passé. Nous nous sommes séparés de nos amis, comme des gens qui peuvent ne plus se revoir. Mais nous nous sentons forts, car nous nous sentons unis. Nous nous comprenons et nous nous aimons. C'est la plus grande bénédiction que nous puissions désirer. Mais elle en amène d'autres avec elle.

Le trajet à travers les Rapides a été laborieux, comme je m'y attendais. Nous avons eu des canots submergés, des caisses et des ballots qu'il a fallu pêcher, puis déballer pour en faire sécher le contenu. Mais, par la bonté de Dieu, nous n'avons pas eu de naufrage comme en descendant. Nous avons eu des malades, mais c'est habituel au Zambèze, et on ne s'en plaint pas. — Voilà enfin des nouvelles de Séfoula. Ma pauvre femme est toujours malade et n'y tient plus. Avec tous les ouvriers qui travaillent avec Ngouana-Ngombé au canal, ceux de M. Waddell, nos garçons et nos filles et l'établissement de Séajika qui est venu s'ajouter au nôtre, elle a cinquante-trois bouches à nourrir tous les jours. La tâche l'écrase. Une lettre de Léwanika m'apporte sa réponse au sujet du placement de M. Jalla à Kazoungoula. Je m'attendais à une boutade de sa part, car il comptait sur M. Jalla pour Kanyonyo; au lieu de cela, il entre pleinement dans nos vues et donne d'ores et déjà des ordres pour la fondation immédiate du village que nous lui avons conseillée. C'est l'exaucement de nos prières et le sceau de Dieu sur notre décision.

Nalolo, 27 septembre.

Arrivés ici, à étapes forcées. Nos gens s'y sont prêtés de bonne volonté, malgré le vent et les vagues qui nous ont beaucoup contrariés. Un de mes soucis, c'était la nourriture de chaque jour qu'il me fallait troquer de village en village. Notre arrivée à Nalolo a été le signal d'une grande commotion, à cause du retour de Kaïba. Le pauvre enfant, affublé d'une longue chemise d'homme, faisait son entrée à la tête d'une longue procession et au milieu d'un tumulte étourdissant. Les femmes surexcitées accouraient sautant, dansant. Elles lui baisaient les mains, faisaient des contorsions impossibles en poussant des cris aigus. Les hommes, eux, attroupés sur la place publique, donnaient bruyamment le salut royal du *chouaéléla*. La contagion gagna nos rameurs, et eux aussi se mirent à chouaéléla. Après s'être fait longtemps attendre, Mokouaé sortit avec ses tambours et ses harmonicas, s'accroupit sur sa natte; son fils s'agenouilla devant elle, pour recevoir le crachat maternel. Puis nous vidâmes le sac des nouvelles. Ce fut bientôt fait.

Le lendemain de bonne heure, nous débarquions chez Letsouélé, où notre cher Ngouana-Ngombé m'attendait avec mon cheval. Bientôt après, je rentrais à la maison, après presque trois mois d'absence. — Ma pauvre femme avait été si malade, qu'elle ne comptait plus me revoir. Je la trouvai défaite et d'une faiblesse extrême.

Mes canotiers retournèrent immédiatement à Séoma, pour chercher les charges qu'ils y avaient déposées, et dix jours plus tard tous les bagages étaient arrivés. Enfin! Quel soulagement et quelle satisfaction! Ces caisses viennent un peu de partout, de Londres, de Paris, du Cap, de Léribé, et s'étaient accumulées à Mangouato. Les unes sont des provisions commandées depuis trois et quatre ans; d'autres ont été emballées à Léribé et en Europe depuis cinq à sept ans. Nous avions fini par ne plus les attendre. — Voulez-vous maintenant déballer avec nous? C'est le plaisir des marins; c'est aussi celui des missionnaires, dans les pays lointains, et il n'y en a guère de plus vif. Mais aucune jouissance d'ici-bas n'est pure. Les crève-cœur sont souvent pour l'enfant de Dieu une discipline d'autant plus nécessaire qu'elle est plus dure à accepter. — Voici une caisse attendue depuis deux ans; on ne l'ouvre pas sans palpiter. Mais quel spectacle! La pluie et les termites y ont pénétré. Il s'en exhale une odeur qui vous prend à la gorge. C'est un monceau de terre rouge devenue de la boue. En le grattant, on y trouve des lambeaux d'étoffe, tristes échantillons de robes et de vêtements qui n'existent plus, des bobines de coton, de la mercerie, des graines à tous les degrés de décomposition, des livres aussi, dont les feuillets rongés et illisibles ne peuvent pas même rappeler les noms des amis qui les ont envoyés.

En voici une autre. C'est de la papeterie qui n'a pas été mieux respectée, et qui dépasse toute description. Une troisième et une quatrième, ce sont des provisions. Les confitures ont fermenté et coulé; cette masse toute noire et nauséabonde, ces boîtes de fer-blanc rouillées à jour, d'où découle une encre dont l'odeur vous repousse, c'est du riz, c'est du macaroni, du vermicelle, des choses de luxe, pour les temps de convalescence. En voici d'autres encore... Mais non, jetons à la voirie tout cela, et ces fruits secs fermentés, et ces biscuits pourris, tous ces déboires sans noms, dont le transport seul nous a coûté tant de soucis, tant de peine et surtout tant d'argent. Oublions-les si possible. Ce n'étaient pas des nécessités, puisque notre bon Père nous les refuse.

Arrêtons-nous à loisir devant ces caisses bien faites, soigneusement soudées, et qui n'ont pour nous que des surprises et de la joie. — Voici en effet des vêtements aussi frais que s'ils venaient directement du Bon Marché et de la Belle Jardinière, des provisions de toutes espèces en parfait état. Voilà des matériaux de photographie, des envois précieux de quelques réunions de couture, et de nombreux souvenirs d'amis personnels. Il y a de quoi nous confondre, en faisant déborder nos cœurs de reconnaissance. Dieu est bon.

Au milieu de nos déballages, un messager de Franz est venu m'annoncer que mon wagon s'est effondré au Loumbé, à mi-chemin de Séchéké. Une des roues s'est complètement et irrémédiablement brisée. Et pas de roue de rechange! Tous nos wagons sont en piteux état. Les deux que j'ai achetés à Natal à mon retour d'Europe — et celui-ci en est un — sont complètement finis. Le climat les dessèche et les disloque, le sable et la pluie font le reste. C'est désolant. Il nous faudrait des chariots légers tout en fer, comme on en fait en Angleterre. Dans le cas présent, la seule alternative qui nous reste, c'est d'envoyer notre ami Waddell pour remettre de son mieux le wagon sur pied et l'amener ici.

La question de nos transports, de Séchéké à Séfoula surtout, sera toujours une montagne : les chemins sont peu praticables, les bœufs meurent, les voitures se brisent. Mais qu'on se le dise bien, la voie du fleuve sera longtemps encore un *pis aller*, un moyen tout à la fois peu sûr et très dispendieux. Je vous laisse à penser ce que peut être la charge d'une pirogue de — en moyenne — 25 à 30 pieds de long, par un pied et demi, deux pieds tout au plus à sa plus grande largeur, surmontée de quatre ou cinq hommes, *six même,* encombrée du petit bagage de chacun d'eux, et des provisions de bouche d'un long voyage. J'avais les canots du roi, le sien propre qu'il ne prête à personne, mais on ne peut pas toujours y compter.

Cette difficulté-là aussi, comme tant d'autres, s'aplanira. J'en suis certain.

En terminant, aimeriez-vous que je vous communiquasse une petite lettre de bienvenue que Léwanika m'écrivait à mon retour?

« Je te salue, me disait-il, je te salue d'un cœur joyeux, puisque j'apprends que tu es de retour et en bonne santé. Ici il y a, comme toujours, beaucoup de malades; mais moi je me porte assez bien. Je me réjouis de ce que tes bagages sont arrivés sans accident. J'avais grand'peur qu'ils ne se mouillassent. Tes bateliers sont venus en corps me saluer et chouaéléla. Ils avaient tous mis leurs couvertures blanches de coton, les *stetsiba* de calicot, et les mouchoirs rouges que tu leur as donnés. En les voyant, tout le monde a dit : « C'est cela, on voit bien qu'ils ont voyagé avec le *morouti!* » Mais moi qui savais par toi ce que tu leur as donné, je remarquai qu'ils en avaient caché une partie. Je leur ordonnai d'apporter le tout au *lékhothla,* les menaçant de leur confisquer tout, s'ils agissaient avec ruse. Je voulais que tout le monde vît que tu paies bien les gens qui te servent. Ils m'ont obéi, et je les ai réprimandés. Les ba-Rotsi sont des menteurs.

« Quant aux affaires, ici, elles ne manquent pas. Il y a trois questions qui me préoccupent surtout : celle des sorciers, celle de la bière et celle des adultères. Les ba-Rotsi d'autrefois, nos pères, ne brûlaient pas les sorciers; ils respectaient les femmes d'autrui et ne connaissaient pas la bière. C'est aux ma-Kololo que nous devons tout cela. J'ai convoqué un pitso. Si les ba-Rotsi n'entendent pas raison, c'est dire que je ne suis plus leur roi, et que je ne suis plus rien. Dans ce cas, il y aura du trouble, car je suis déterminé à agir. Les ba-Rotsi me tueront-ils? ou bien me chasseront-ils du pays? — Tu le sauras bientôt. Peut-être que ton Dieu que tu pries entendra. Je n'ai pas peur d'une révolution ; arrive que pourra. Mais si je suis en vie, et si je suis le roi du pays, il faut que j'extermine le jugement des sorciers (qui se fait par l'eau bouillante, le poison et le feu), l'adultère, le vol et l'ivrognerie.

« Likokoane me tourmente, il veut épouser une seconde femme. Je m'y oppose. Sépopa, lui aussi, est toujours après Mondé, sa sœur (sa cousine). Il n'abandonne pas son mauvais train. C'est Sasa qui le pousse au mal. »

XXXVIII

Le caractère des ba-Rotsi. — Constructions. — Concession d'un terrain. — Travaux de drainage. — L'évangélisation à la Vallée. — Retour de Séajika. — L'école. — Insalubrité de la Vallée. — Nos filles et nos garçons. — Litia. — Vente de livres. — Rapports avec Léwanika. — Un village de sorciers.

Séfoula, août.

Il est indispensable de jeter de temps en temps un regard en arrière et de tâcher d'avoir une vue d'ensemble de notre situation et de l'état de l'œuvre.

Une des sources de nos difficultés, c'est tout d'abord le *caractère* des tribus sauvages parmi lesquelles nous vivons. Avilis par l'esclavage sous les ma-Kololo, encore peu faits au pouvoir, les ba-Rotsi, il faut bien l'avouer, n'ont pas de noblesse de caractère, et, parmi les tribus qu'ils oppriment plus qu'ils ne les gouvernent, leur nom est un épouvantail et le synonyme de la fourberie et de la cruauté. Si jamais, en venant au Zambèze, nous avions compté sur des populations douces, s'émerveillant de tout et avides d'instruction, nous serions amèrement déçus. Mais nous savions mieux. Un ou deux chapitres de leur histoire nous avaient déjà préparés à voir dans les ba-Rotsi des sauvages sordides et farouches « dont les pieds sont légers pour répandre le sang ». C'est pourquoi une connaissance plus intime, un contact personnel et de chaque jour avec eux, ont tenu notre courage en éveil et trempé notre foi. Oui, si nous demeurons parfois comme ahuris en présence de tant de corruption et de duplicité, si nous nous demandons tristement comment la vérité pourra jamais pénétrer, à travers cette masse de superstitions et de ténèbres, jusqu'à ces intelligences et à ces cœurs paralysés, et atteindre ces consciences dont l'existence paraît presque douteuse, une chose nous soutient pourtant, c'est la foi : la foi que nous avons en Dieu et en ses promesses, la foi dans la puissance de l'Évangile que nous prêchons, la foi aussi dans la mission que le Maître nous a confiée.

Les débuts de notre œuvre à Séfoula vous sont connus. Le choix même du site avait été déterminé lors de mon tout premier voyage à la Vallée et après sérieuse considération. A mon second voyage, la seule raison qui me fit incliner pour Kanyonyo, c'était la proximité de la capitale. A notre arrivée définitive, un an plus tard, nous trouvâmes le vallon de Kanyonyo littéralement couvert de champs cultivés que le roi avait pourtant promis d'enlever. Notre établissement là, dans de telles conditions, était absolument impossible. Cela trancha la question en faveur de Séfoula. Ce n'est pas que Séfoula présentât beaucoup d'attraits. Je l'ai dit ailleurs, ce n'était qu'une dune de sable noir, couverte de broussailles incendiées et d'arbres mutilés, de l'aspect le plus triste. Au pied coulait le ruisseau à travers un vallon fangeux et des jungles impénétrables. Aujourd'hui encore, malgré tous nos travaux de déblayage, les broussailles tendent toujours à repousser et à reconquérir leur terrain. Cela donne à l'endroit un air peu civilisé, peu séduisant. Toutes nos constructions y sont provisoires, comme à Séchéké. Le presbytère est une petite chaumière de deux chambres, avec cuisine et paneterie, élevé si à la hâte dans des circonstances si adverses, qu'elle a déjà menacé ruine plus d'une fois.

Les dépendances se composent d'un atelier, d'un hangar, d'un magasin, des bercails indispensables, et enfin, d'un « tabernacle » qui nous servira de maison d'école et de temple, mais dont la construction n'est pas tout à fait terminée. Ce dernier local pourra aisément abriter un auditoire de 350 à 400 personnes. Que je rende ici hommage au zèle, à la bonne volonté, au dévouement humble de notre ami Waddell. Pour tous ces travaux, qui sont loin d'être de son ressort, il m'a été d'un secours dont je ne saurais assez bénir Dieu. J'ai profité du court séjour de M. Middleton à Séfoula pour faire des briques. Mais cette tentative n'a pas produit de résultats satisfaisants. Pour la qualité, ces briques, qu'on faisait à une lieue de la station, ne sont nullement en proportion de ce qu'elles nous ont coûté ; elles sont mal faites, mal cuites et d'une utilité douteuse.

J'ai, sans peine, obtenu du roi, pour la station, la concession d'un vaste terrain en friche, et, pour cela, nous avons eu la grande satisfaction de ne déposséder personne. A son arrivée, M. Goy s'est occupé du drainage d'une partie du vallon. Il a, sur un parcours de 800 à 1,000 mètres environ, détourné le ruisseau, travail que la nature sablonneuse du terrain rendait assez facile. Il avait même commencé à faire un taillis de la jungle et des fourrés. Si notre frère avait prolongé son séjour à Séfoula, il est probable qu'il eût complété ce travail à sa satisfaction. A son départ, nous avons dû, nous, le reprendre, et, en quelque mesure, le refaire. Pour assainir ce terrain spongieux, il nous a fallu creuser l'ancien lit de la rivière, déraciner les arbres qu'on n'avait que coupés. C'est un travail immense qui n'est guère que commencé, mais que j'ai l'intention de poursuivre dans la mesure de mes ressources et de mes forces. Voilà, en peu de mots, ce qui concerne les travaux matériels qui se sont faits à Séfoula depuis deux ans et demi que nous y sommes. Quant à ce qu'il y a encore à faire, il est évident que, dans nos circonstances actuelles, à mon âge et sans aide, M. Waddell excepté, je ne puis songer à entreprendre beaucoup. Une maison d'habitation est devenue d'une nécessité impérieuse, et, bon gré mal gré, je devrai m'en occuper.

Un travail important et que j'ai fortement à cœur, c'est un petit canal de 8 à 10 kilomètres, qui doit mettre la station de Séfoula en communication directe avec le Zambèze. Après un premier essai qui nous a encouragés, les travaux ont été commencés à la fin du mois de mai, mais entravés par le manque de bêches. Ngouana-Ngombé en a pris la direction. Et rien ne nous réjouit comme de voir le respect dont tous les ouvriers l'entourent malgré son jeune âge, et l'esprit de soumission, d'activité et d'entrain qui règne parmi eux. C'est que jamais aussi Ngouana-Ngombé ne commence sa journée de travail sans d'abord implorer avec toute sa bande la bénédiction de Dieu. C'est une douce compensation pour nous, qui nous sommes privés de ses services. Cette compensation, il nous la fallait. Mais si le canal réussit, il est impossible d'en exagérer les avantages pour l'évangélisation du pays, nos communications et transports.

Quant à l'œuvre proprement dite, elle s'est, dès le commencement, imposée à nous comme œuvre d'évangélisation et d'enseignement en même temps. Au milieu de toutes nos vicissitudes, nous avons essayé de faire marcher ces deux branches de front. L'*évangélisation* présente des difficultés particulières. Il n'y a point à la Vallée de grands centres de population. Les villages ne sont que des hameaux égrenés dans les marécages qui bordent la plaine, et généralement d'un accès peu facile. Et puis la plupart des ba-Rotsi changent plusieurs fois de résidence dans la même année. Ils vivent dans leurs marais quand ils y cultivent le maïs, les patates, le manioc, etc.; plus tard, ils s'en vont dans les dunes, ravager un coin de forêt pour y semer du millet, — sans parler de la chasse, de la pêche, des corvées qu'on leur impose, qui nécessitent des absences fréquentes et plus ou moins longues. Du reste, rien de moins stable qu'un village dans ce pays; les ba-Rotsi déménagent avec la plus grande facilité du monde et pour le moindre prétexte. Depuis bientôt trois ans que j'évangélise régulièrement les environs de Séfoula, nous n'avons pas encore réussi à former le noyau d'un auditoire sur lequel nous puissions compter. Nous n'avons guère d'auditeurs que quand j'ai réussi le samedi dans mes courses. C'est tout au plus si j'ose parler de deux ou trois femmes dont l'assiduité est à peu près la seule chose qui nous donne un peu d'espoir. S'il y avait un progrès à mentionner, ce seraient peut-être l'attention et le sérieux avec lesquels on écoute la prédication. De conversions, hélas! point encore! Nous sommes toujours la voix qui crie dans le désert. Il est une exception, une seule, celle de Ngouana-Ngombé, dont la profession ne s'est jamais démentie depuis dix-huit mois qu'il s'est converti. Je dois parler de ce cher garçon en termes d'autant plus mesurés que, par son affection, son dévouement et sa fidélité, il est pour nous une des grandes bénédictions que Dieu nous ait accordées au Zambèze.

Une autre joie, qui n'est pas tout à fait sans mélange, c'est le retour de Séajika. Nous l'attribuons surtout aux bonnes dispositions du roi qui, depuis longtemps, lui a imposé la tâche de lui enseigner à lire et de prêcher le dimanche. Léwanika, renonçant lui-même au *mpoté,* a aussi imposé la tempérance au prédicateur de son choix. Nous aurions voulu que le retour de cet enfant prodigue fût indépendant de telles influences; nous aurions voulu chez lui plus d'humilité, plus de cette tristesse qui est selon Dieu, et moins de calcul; nous aurions voulu, du moins, constater des fruits convenables à la repentance. Il peut être sincère, mais sa sincérité n'a pas encore passé au creuset de l'épreuve. Jusqu'alors nous devons accepter sa profession pour ce qu'elle vaut et en tirer le meilleur parti possible. Karoumba, lui, est un courtisan jaloux, mécontent et aigri.

L'*école* a été, sans contredit, le point le plus saillant de l'œuvre de Séfoula. Ce n'était d'abord qu'une bande de jeunes bandits qui ne respectaient pas plus notre propriété que celle des passants qu'ils détroussaient à l'envi. Leur établissement était un nid d'affreuse corruption. A Aaron revient l'honneur d'avoir fondé notre école avec ces matériaux bruts. Tâche ingrate s'il en fut, mais pour laquelle il avait des aptitudes spéciales. Depuis son départ et malgré toutes nos craintes, l'école a, jusque dernièrement, suivi une marche ascendante, et le nombre de nos élèves s'est élevé jusqu'à 107.

Un grand changement s'est aussi opéré dans les dispositions de nos garçons. Ils se sont appliqués à nous rendre la tâche facile, et tous ils se sont sans peine soumis à la discipline de l'école. Ce qui nous a malheureusement manqué et nous manque encore, c'est le matériel indispensable à l'enseignement. Tout récemment encore, nous n'avions, tout bien compté, que sept livres de lecture et six ardoises. Nos élèves écrivent sur le sable, et un couvercle de caisse recouvert d'un morceau de toile cirée fait l'office de tableau noir. Et ainsi du reste. Cela complique extrêmement la besogne, et il faut s'ingénier chaque jour pour occuper tout ce monde sans ennui pendant trois heures.

Depuis quelque temps, il s'est manifesté en faveur de l'école un mouvement remarquable. Le roi a donné le branle, en nous demandant avec instance de recevoir dans notre maison cinq de ses filles et futures belles-filles, ce qui a porté à huit le nombre de celles qui vivent chez nous. L'une d'elles vient de mourir chez ses parents. Outre les trois garçons que le roi nous a donnés, nous en avons quatre autres que la persistance de leurs parents nous a forcés de recevoir aussi pour les instruire. Mais nos ressources personnelles, comme nos forces, sont limitées, et nous avons dû refuser cinq ou six demandes de parents qui, en vrais ba-Rotsi, ne se tiennent pas pour battus et nous importuneront encore à mon retour de Kazoungoula. Que faire, dites-moi?... Je ne voudrais pas affirmer que ce mouvement-là fût tout à fait désintéressé; non, mais il est à noter. Les parents ont la plus grande répugnance à envoyer leurs enfants à l'école sous l'égide des fils du roi. Ils disent qu'ils perdent leur indépendance, qu'ils deviennent des esclaves avant le temps, qu'on leur rend la servitude dure, et qu'on les nourrit mal, ce qui est parfaitement vrai. Avec ces sept garçons et ces sept filles sur les bras, sans compter nos domestiques et un nombre plus ou moins grand d'ouvriers, il vous est facile de comprendre que notre tâche n'est pas légère. Ce qui s'impose toujours plus à nous, comme j'ai déjà eu l'occasion de le dire ailleurs, c'est, à Séfoula, la fondation de deux bonnes écoles pour garçons et pour filles. Le vaste terrain qui nous a été concédé, s'il était cultivé en vue de ces établissements, pourrait nous permettre de les entretenir à peu de frais.

Ce qu'il nous faut avant tout, c'est un personnel spécial et dévoué, et alors cette œuvre pourra se faire d'une manière sérieuse et satisfaisante. Quant à nous, nous ne suffisons pas. La crainte qui me hante, c'est que nous laissions échapper l'occasion, peut-être unique, de nous emparer de la jeunesse, et de donner à notre mission un affermissement et une extension que nous pourrions désirer en vain plus tard. Soyons sur nos gardes. D'autres plus riches, plus énergiques et plus sages, ne manqueront pas de remarquer nos fautes et de profiter de circonstances extraordinairement favorables que nous négligeons aujourd'hui. Le sujet mérite sans retard la considération la plus sérieuse.

Ceci m'amène à faire une autre remarque. La Vallée proprement dite, avec ses lagunes et ses marécages, n'est pas habitable pour les Européens, et le mode de vivre des ba-Rotsi et leur organisation sociale y rendent impossible un établissement missionnaire, tel qu'on le conçoit généralement. D'un autre côté, le morcellement de la population et la répugnance invincible des ba-Rotsi pour nos coteaux boisés isolent une station missionnaire et créent pour l'œuvre des difficultés qu'on ne connaît pas ailleurs. Nous venons d'en avoir un exemple frappant. Un temps fut où nous crûmes à la possibilité de rapprocher la capitale de Séfoula; mais les ba-Rotsi sont des amphibies; nous, nous vivons dans le sable : il y a donc incompatibilité, et la question n'a pas fait de chemin. Quand Léwanika vint placer son fils à Séfoula même, nous nous bercions de l'espoir que son établissement était permanent. Pas du tout. La passion du mo-Rotsi pour la plaine dénudée et la rivière l'a emporté. Aujourd'hui, on fonde à huit kilomètres le grand village de Litia, dont le roi veut faire la troisième capitale du royaume. C'est pour nous un temps de crise dont, à distance, il vous est peut-être difficile de saisir toute la portée.

Je ne dis rien de l'opposition que la reine Mokouaé et la princesse Katoka ont fomentée contre nous. La tourmente est passée, et tout annonce que notre école va prendre un nouvel élan.

Mon incessante prière, c'est que l'œuvre de Dieu s'affermisse et prospère entre nos mains !

Séfoula, 24 décembre.

Vous nous savez seuls à Séfoula depuis plus d'une année. L'école absorbe la plus grande partie de mon temps. Quand je ne suis pas à l'école, je visite les villages avoisinants. Et, en dehors de ces deux branches, les plus importantes de l'œuvre, une foule de petits devoirs se disputent et émiettent mon temps. Dans un isolement comme le nôtre, c'est certainement une grande bénédiction que d'être très occupé ; mais c'est pénible de sentir qu'on ne suffit pas à la tâche, qu'on fait peu et qu'on ne fait rien de bien. Le temps s'envole on ne sait comment. C'est souvent le noir dans l'âme que nous faisons le soir le bilan du jour. Et cependant, nous nous sentons l'un et l'autre si fatigués, que nous soupirons toujours après l'heure du coucher. Est-ce le climat ou la paresse? J'essaie bien de devancer le jour ; mais c'est alors le seul moment que je puisse appeler *mien*, et il passe vite.

Ma chère femme ne peut pas m'aider dans l'école comme elle le faisait il y a six mois. Elle n'est pas forte, elle est souvent malade. Et les charges de notre établissement tendent toujours à augmenter plutôt qu'à diminuer. Ainsi, cette année, nous avons deux filles du roi de plus sous notre toit. Ces neuf filles, on le comprend, donnent du travail et du souci à une maîtresse de maison. Ce sont déjà les matériaux d'une pension. Et il faudrait qu'une dame pût s'en occuper exclusivement. Outre les filles, nous avons des garçons, comme vous le savez. Je ne parle pas de nos vachers et domestiques, mais de garçons qui sont chez nous pour s'instruire. Parmi eux se trouvait un mo-Mbounda que nous aimions beaucoup. Mais les ma-Mbounda sont terriblement sauvages et indépendants ; ils ne pouvaient souffrir de voir un des leurs se métamorphoser, croyaient-ils, en un blanc. Ses parents lui ont cherché une femme — une enfant — et ils ont tant fait que le pauvre garçon nous a quittés. Nous en avons un autre, que nous considérons comme l'exaucement de nos prières. C'est un mo-Choukouloumboué, Nyondo, qui peut avoir 15 ou 16 ans. Marmiton du roi, il accompagnait souvent son maître dans ses visites à Séfoula. Et quand j'allais à Léalouyi, il ne manquait jamais aux réunions. Je ne veux pas dire qu'il ait des besoins religieux, le cher garçon ; cela viendra, j'espère ; mais il avait un si vif désir de s'instruire, qu'il demanda au roi de le laisser venir chez nous. Comment lui fermer la porte ? Il apprend avec tant de zèle que bientôt il lira couramment. Nous entourons ce jeune homme de beaucoup de prières. Qui sait si Dieu ne l'aurait pas choisi pour porter l'Évangile dans son pays natal à ses sauvages compatriotes ? — Depuis que je vous ai écrit la dernière fois, plusieurs bandes de ma-Choukouloumboué sont venues faire leur soumission et rendre hommage au roi des ba-Rotsi. Léwanika les envoie généralement à Séfoula, ce qui nous donne l'occasion de leur parler et de leur montrer quelque bonté.

C'est une tribu qui nous intéresse profondément et parmi laquelle nous espérons voir, d'une manière ou d'une autre, pénétrer l'Évangile.

Nous avons un autre jeune homme dans notre maison, non

moins intéressant. Il peut avoir 16 ou 17 ans. C'est Litia lui-même, le fils de Léwanika. Lui aussi a soif d'instruction, et il est bien doué. Depuis longtemps, il nous suppliait de le recevoir comme membre de notre grande famille. Son père, qui ne lui refuse rien, joignait ses instances aux siennes. Il faut connaître les natifs pour comprendre les raisons de notre refus. Nous avions peur de la suite de ce jeune prince, de son autorité à côté de la nôtre dans notre maison. Sa persistance finit par nous ébranler. « Je serai pour toi un autre Ngouana-Ngombé, me disait-il, je ferai tout ce que tu me diras, je ne serai pas un *Ngouana moréna* (un prince), mais un *mochimane* (un serviteur) ; si seulement vous vouliez me recevoir ! Pourquoi avez-vous reçu Nyondo (le mo-Choukouloumboué dont j'ai parlé plus haut) et pas moi ? J'avais pourtant demandé longtemps avant lui !... » Le pauvre garçon, malheureux dans son village, passait toute sa journée chez nous, s'associant à tous les travaux manuels possibles, s'intéressant à tout comme un enfant de la maison ; rien n'est au-dessous de lui. Son bonheur, quand il me quitte, c'est de lire avec Ngouana-Ngombé et de partager sa nourriture avec lui. Comment ne pas céder ? Avec tout cela, Litia n'est pas très communicatif, et longtemps nous nous sommes perdus en conjectures sur les vraies raisons qui l'attirent vers nous. Nous croyons parfois qu'il a des besoins religieux dont lui-même, peut-être, ne se rend pas bien compte. Son père voudrait l'envoyer à Mangouato pour voir un peu le monde. Mon désir, à moi, serait de l'envoyer à Morija.

Après avoir parlé de Litia, il est naturel que je vous dise un mot de notre école. Je l'ai recommencée à mon retour de Séchéké ; mais nous n'avons pas encore réussi à rassembler nos cent et quelques élèves d'il y a six mois. Le chiffre actuel n'est que de 70, c'est donc 37 de moins. Sous certain rapport, cette diminution est un avantage. L'esprit qui règne parmi « nos enfants » est excellent. Un fait bien réjouissant, c'est leur passion pour la lecture. Un jour de vacances, c'est pour eux un jour de privation, et généralement ils assiègent ma porte et encombrent ma véranda pour obtenir le prêt des livres d'école, dont, soit dit en passant, nous sommes obligés de prendre grand soin.

Parmi nos bagages, j'apportais de Séchéké une petite caisse de livres ; deux Bibles seulement, dont l'une fut publiquement présentée au roi, et l'autre réservée pour notre premier converti. Mais du moment qu'ils surent que les Nouveaux Testaments et les cantiques étaient en vente, nos élèves en jubilèrent. L'un amena son bœuf, un autre alla demander un veau à son père, et pour chacun on fit un petit paquet de livres et de vêtements de la valeur de son animal. Vous auriez dû voir un charmant petit garçon venir tout joyeux, l'autre jour, m'annoncer qu'il avait amené sa génisse. Bientôt après, en effet, une jolie bête de deux ans gambadait dans la cour. Toute l'école était là. Et quand j'apportai les livres avec une chemise et des morceaux d'étoffe, ce fut une exclamation générale de surprise. Notre petit bonhomme, lui, avait les yeux pétillants de joie, et il n'eut pas plutôt les livres en main, qu'il sautait et gambadait comme sa génisse et courait au village, suivi de tous ses camarades [1]. Il ne faudrait pas exagérer ma pensée, et voir déjà un réveil parmi ces enfants. Non, mais le germe peut être là. Pour nous, c'est merveilleux que des enfants païens, qui savent à peine lire, désirent posséder la Parole de Dieu. C'est non moins merveilleux que leurs parents païens leur fournissent les moyens de se les procurer, eux qui ne savent rien de l'Évangile. Aussi bien, nos cultes journaliers et nos réunions du dimanche ont-ils pris un attrait tout particulier. Chacun suit la lecture dans son livre, chacun se sert de son livre de cantiques. Il y a quelque chose de réel maintenant dans ce que nous faisons, et ces chers enfants y prennent un intérêt personnel. Dimanche dernier nous comptions dix-neuf Nouveaux Testaments et autant de cantiques ou plus au service. Et ce mouvement se continue. Il se continuera probablement, jusqu'à ce que tous ceux qui savent lire soient pourvus.

Nos rapports avec Léwanika sont des plus agréables. Il n'a pas encore eu ce réveil de la conscience que nous demandons pour lui, mais Dieu a incliné son cœur vers l'Évangile. Si nous y consentions et si nous le pouvions, nous aurions tous ses enfants dans notre maison. Non content de parler d'exemple, il voudrait pousser les ba-Rotsi (il n'est pas encore question chez lui des serfs) dans la bonne voie. C'est pour cela que, pendant mon absence, il cherchait conseil auprès de ma femme. Il voulait, disait-il, construire une grande prison. Elle se composerait, ne disons pas de *cellules,* mais de trois grandes pièces : l'une serait la prison des adultères, l'autre celle des ivrognes, et la troisième celle des accusateurs des sorciers. Depuis lors, il a fait une commande de menottes et de chaînes. Il a aussi convoqué un pitso dont il

---

[1]. Dix-huit petits veaux furent ainsi achetés, qui ont formé un bel attelage. La peste bovine les avait épargnés et Mme Goy devait s'en servir pour voyager du Zambèze à Palapchoué. — Décembre 1896.

m'a communiqué le résultat dans une lettre amusante. Je lui avais conseillé de restreindre son action quant à la bière, pour ne pas compromettre son autorité. Il fut décidé qu'on ne brûlerait plus les sorciers et qu'on ne se servirait plus du *moati* ; mais qu'un village spécial serait fondé — et il est actuellement fondé — où le roi enverrait vivre tous ceux qui sont accusés de sortilège, quels qu'ils soient et à quelque partie du royaume qu'ils appartinssent. Comment goûtez-vous l'idée d'une communauté de sorciers ? Généralement, ceux qu'on accuse de maléfices sont de mauvais coucheurs. Le nouveau village n'est pas loin d'ici. Quant aux adultères, quelle réforme d'Hercule ! Il a commencé par sévir contre un jeune homme de sang royal. Aussitôt, grande indignation parmi les ba-Rotsi. Un serf dans les liens, passe encore, mais un mo-Rotsi pur sang, un parent même du roi ! Léwanika y pensait-il ? Katoka, la sœur du roi, alla publiquement délier le jeune homme. Le roi, indigné, le fit attacher de nouveau ; mais l'opposition et les murmures dépassaient la mesure de sa force de résistance, et quand la reine Mokouaé envoya des messagers pour délivrer ce mo-Rotsi, Léwanika les laissa faire.

Il vous souvient que, l'an passé, il avait construit sa capitale du *Mounda* (l'inondation) tout près d'ici. Malheureusement, la crue des eaux fut si faible qu'il ne put pas quitter Léalouyi. Cette année, elle s'annonce mieux et on rebâtit le village. Quand ces lignes vous arriveront, Léwanika sera encore dans notre voisinage. Je demande instamment les prières des amis de notre mission pour que cette saison soit bénie et que l'évangélisation porte des fruits. Nous ne cessons de demander à Dieu la conversion de Léwanika.

Nous avons entrepris un travail formidable, celui d'un canal qui doit nous mettre en communication avec le fleuve et, par ce moyen, nous faciliter l'évangélisation de la Vallée. Ngouana-Ngombé a mis à ce travail toute l'énergie, la persévérance, la force de volonté dont Dieu l'a doué. C'est admirable de voir ce jeune homme conduire une bande d'ouvriers et leur commander le respect comme il le fait. Le canal est aux deux tiers achevé ; les travaux seraient finis l'année prochaine si nous n'étions à court de bêches. Il nous a fallu refaire aussi les travaux de drainage qu'avait commencés M. Goy. Pour la troisième fois, nous avons essayé de semer du blé européen. La première année, nous avons à peine récolté notre semence ; l'humidité du marécage d'abord, le soleil ensuite, ont fait manquer la récolte. La seconde année, nous avons récolté notre semence, et un peu plus. Cette année, nous avons mieux réussi, et la moisson a doublé notre semence. Nous avons récolté un sac et demi de blé. L'année prochaine, si Dieu nous garde, notre terrain sera mieux préparé, et nous aurons un peu plus d'expérience ; donc, avec la bénédiction d'En-Haut, nous espérons une meilleure moisson. Le jardinage, hélas ! personne ici n'a le temps de s'en occuper, et lors même que Litia m'y donne un bon coup de main au besoin, nous n'avons pas de légumes.

XXXIX

Le nouvel an à Séfoula. — Une fête d'école. — Hôtes royaux. — La lanterne magique. — L'influence européenne. — Progrès sociaux. — D'où viendra le secours ? — Un anniversaire.

Séfoula, 6 janvier 1890.

D'un bond nous voici en plein dans une nouvelle année ! Que de pensées, que de réflexions se pressent dans mon esprit et courent sous le bec de ma plume !

Le grand événement de notre petit monde, c'est notre fête d'école du jour de l'an. On en parlait beaucoup autour de nous, de cette fête. J'avais peu d'entrain, et ma femme était malade. Je redoutais un fiasco. Mais c'est étonnant comme le devoir vous maîtrise et vous pousse. Il vous force parfois même à vous oublier, ce qui est une grande bénédiction. Le roi me signifia son intention de venir avec une foule de gens. Il m'écrivait la veille dans un style amusant : « Je suis un grand roi, j'arrive avec quatre de mes princesses (ses femmes), avec de grands personnages et une suite nombreuse. Aussi je me demande comment tu vas t'en tirer pour recevoir dignement toutes ces foules. »

En effet, nous sommes envahis, et ce n'est pas peu dire quand il s'agit de gens sans discrétion. Le roi m'a gracieusement envoyé un bœuf, je lui ai rendu le compliment en lui en offrant un des miens. J'en ai abattu deux autres, puis, avec une distribution libérale de millet, de farine de manioc et de lait caillé, nous avons réussi à faire face aux exigences de l'hospitalité.

Le jour de l'an, après un court service, nous eûmes un examen public se composant surtout de lecture, chants et récitations. Léwanika, son livre à la main, suivait la lecture avec un grand intérêt, reprenant ici, encourageant là, car les examens, si insignifiants qu'ils soient, rendent nerveux même les enfants du Zambèze. Suivit une distribution générale d'étoffes, livres, cahiers, jouets, puis vinrent des jeux pleins d'entrain et dont notre ami Waddell était l'âme. Il essayait même d'enseigner à nos élèves le cricket, le fameux jeu national britannique. Un repas copieux, et, le soir, une exhibition de la lanterne magique, close par un coup de canon[1], terminèrent cette belle journée. Tout s'est passé calmement et naturellement. Après la distribution de nos cadeaux, Léwanika, qui n'est rien moins qu'orateur, a harangué la foule qui se pressait devant notre véranda, et a surtout tancé nominativement certains chefs qui n'ont pas encore envoyé d'enfants à l'école.

Le reine Mokouaé n'est arrivée que le lendemain, en grand style elle aussi, — elle est une grande reine ! Donc la fête s'est prolongée en son honneur. Nous avons même eu une deuxième séance de lanterne magique, une des mieux réussies que j'aie encore eues. C'est la première fois que j'ai pu intéresser mes gens à des choses sérieuses. C'était beau, au lieu du calme plat d'autrefois, d'entendre nos enfants s'écrier à l'envi : « Oh ! c'est Abraham offrant Isaac en sacrifice ! Voyez donc les liens, le couteau, l'ange, le bélier ! » — « Regardez donc, c'est Joseph, il songe... on le vend !... il est en prison !... Et ce grand seigneur, c'est encore lui, Joseph... » Cette soirée m'a fait du bien, elle m'a encouragé.

Le dimanche, notre temple était comble, l'auditoire était si pressé, si compact, que nous l'avons estimé à 500 personnes à peu près. C'est la première fois que je montais dans ma chaire de roseaux. Je n'en ai jamais occupé de plus confortable, même en Europe. Mokouaé, et avec elle bien d'autres aussi, s'étonnaient fort que je ne la partageasse pas tout au moins avec « le roi, mon frère et mon ami ». Le roi, lui, était troublé par d'autres pensées. Il ne pouvait admettre que les femmes entrassent avec les hommes dans cette maison. « Impossible ! me disait-il, elles s'assiéront dehors, se grouperont aux fenêtres avec Mokouaé et mes femmes, et nous, hommes, nous remplirons l'église. — Non, non, lui dis-je, la maison de Dieu est pour tous, et les femmes occuperont comme toujours le côté qui leur est réservé. » Il argumenta, claqua de la langue, mais vit bientôt qu'il n'avait rien à gagner. J'avais souvent discuté la question chez lui sans résultat ; ici, j'étais chez moi.

Du reste, le coup d'œil que présentait la congrégation était de nature à frapper quelqu'un de plus blasé. Mokouaé, quelques-unes de ses sœurs, les femmes du roi, et nos quinze ou seize jeunes filles, toutes vêtues de robes aux brillantes couleurs, formaient auprès de Mme Coillard un groupe intéressant, tandis que bon

---

[1]. Un canon ! de petit calibre, mais un canon quand même, que des marchands portugais avaient apporté et vendu au roi ; celui-ci n'en avait cure, et le laissait sur la place à moitié enfoui dans le sable et le jouet des enfants. Je l'obtins sans peine et l'emportai à Séfoula. Mon canon !

nombre de femmes qui ne peuvent ou n'osent pas encore s'habiller à l'européenne, avaient ceint sur leurs têtes le mouchoir dont les hommes réclament encore l'usage exclusif. Le roi en parut frappé. Quand nous entrâmes, ses vieux courtisans donnèrent le signal, et toute l'assemblée se mit à frapper des mains. Je fus vite sur les degrés de la chaire, et imposai silence, leur rappelant que c'était là la maison de Dieu, où l'on ne connaissait que Lui seul, et qu'une fois sortis du service, ils pouvaient à cœur joie faire honneur à leur roi. Je fis ensuite décoiffer tous les hommes. Les bonnets de coton et les mouchoirs disparurent en un clin d'œil, et j'eus un auditoire sérieux et attentif.

Comme toujours, nous jouîmes de la visite de Léwanika ; il en parut lui-même si satisfait qu'il me pria de lui laisser l'usage de l'établissement d'Aaron, jusqu'à ce qu'il eût pu se faire construire un autre pied-à-terre à Séfoula. Mokouaé resta quelques jours de plus pour voir « sa chère mère », en réalité pour lui faire tailler et coudre des robes. Ma pauvre femme, elle, si malade et si faible ! Mokouaé le savait bien, puisqu'elle ne la voyait se traîner hors de son lit que pour la recevoir. Mais de quel droit serions-nous malades, nous autres blancs ?

Séfoula, le 26 février 1890.

C'est une de ces dates de famille dont on aime à se souvenir. Nous sommes bien réunis cette fois, ma femme et moi, pour fêter le vingt-neuvième anniversaire de notre mariage. Nous sommes donc en fête. Malheureusement, ma pauvre femme n'est pas bien. Elle a passé toute la journée sur le lit. Elle n'est bien que là. Mais le devoir est impitoyable, il nous rudoie comme un caporal qui fait marcher ses hommes. Et ces efforts, répétés tous les jours, coûtent aussi tous les jours un peu plus.

Le croiriez-vous ? Nous avons cependant fait un pique-nique à deux cents pas de la maison, sous un bel arbre à l'ombre duquel nous nous disions qu'il ferait bon de nous reposer jusqu'au matin de la résurrection. Une petite allée y conduit. Nous sommes tout près de la maison et pourtant au milieu du bois. Ma femme y avait fait porter une natte et du thé, quand survint une forte averse. Nous la laissâmes passer et prîmes le thé, quand même, avec MM. Ad. Jalla et Waddell. Le soir, deux d'entre nous, sur quatre, avaient la fièvre. C'est le Zambèze. On voudrait bien, quelquefois, vivre au lieu de végéter.

8 avril 1890.

Nous sommes bien en train de nous métamorphoser. Avant peu nos solitudes zambéziennes pourraient fort bien devenir un nouveau centre de vie et de civilisation. Pourquoi pas ? Nous rêvons déjà, et c'est en plein jour que nous rêvons de télégraphes, chemins de fer, service de poste régulier et fréquent, roulage sans le cauchemar de la perte des bœufs. Non, vraiment, c'est un trop beau rêve. Et pourtant le rêve se réalise déjà. Pensez donc que nous avons reçu au commencement de mars les almanachs que nous ne recevons généralement qu'à la fin d'octobre !... C'est que le pays s'ouvre. Et il s'ouvre toujours plus, qu'on le veuille ou non. L'an passé, c'était une concession faite à une compagnie minière. Cette année, c'est une compagnie bien autrement puissante et qui, par une charte du gouvernement britannique, a reçu pleins pouvoirs pour acquérir, conquérir et gouverner tous les vastes pays qui s'étendent au nord des domaines de Khama, des possessions portugaises à l'est, aux possessions portugaises à l'ouest, et, vers l'Afrique centrale, sans limites. Elle s'est déjà assimilé toutes les compagnies existantes. C'est un formidable outil dans les mains du gouvernement anglais, et ses représentants, qui sont venus traiter avec Léwanika, ne cachent nullement que leur but est politique avant tout.

Quand nous jetons un regard autour de nous, nous frémissons d'horreur, tant les ténèbres sont épaisses et la corruption épouvantable. Un bien cher ami m'écrivait : « Le succès n'est pas seulement le bien que vous faites, mais aussi le mal que vous empêchez. » Le mal que nous empêchons, nous ne le saurons probablement jamais tout entier. Mais il nous est permis quelquefois d'en savoir quelque chose.

Je vous parlais du village de sorciers que le roi a fondé dans notre voisinage. Eh bien, il est digne de remarque que, depuis le meurtre atroce, que je vous racontais il y a trois ans, de Mohiyanyane, l'un des favoris du roi, personne, que je sache, n'a été mis à mort pour cause de sortilège. Le roi s'en glorifie à juste titre. Ayant lui-même renoncé aux boissons enivrantes, il voudrait contraindre tous les chefs de faire comme lui. Il y a longtemps qu'on ne boit plus de bière au *lékhothla,* et que Léwanika a formellement défendu qu'on en fît à la capitale. On a beaucoup grogné, mais on s'est soumis. Je pense que les ba-Rotsi prennent leur revanche quand ils vont dans leurs villages.

Une autre réforme qui a fait du progrès, c'est celle de l'esclavage. Le roi lui-même traite ses esclaves avec beaucoup de bonté. Cette année, une caravane de marchands noirs est venue du Bihé. Le roi apprit que, contrairement à sa défense expresse, ces ma-Mbari se faisaient clandestinement une bonne provision « d'ivoire noir ». Lorsqu'ils furent sur le point de partir, Léwanika libéra tous les esclaves et imposa une forte amende aux ma-Mbari, ou plutôt confisqua leur ivoire.

M. Ad. Jalla est notre hôte depuis deux mois et me donne dans l'école un vigoureux coup de main. Malheureusement, ce cher ami ne nous apporte qu'un secours temporaire, puisque, d'après nos décisions, il doit fonder sa propre station à Kanyonyo. Donc ce précieux renfort nous échappe, et nous n'en avons pas d'autre en perspective. Depuis le commencement de l'année, notre école a passé par toutes sortes de péripéties et de fluctuations. Depuis quelque temps, elle se remonte, et nous avons maintenant 70 élèves dont la plupart ne demandent qu'à avancer. Ma femme n'est pas capable de m'aider. Moi-même je n'ai pas, comme d'habitude, joui d'une bonne santé depuis le commencement de l'année. Quoi qu'il en soit, nous occuperons le poste et défendrons le fort jusqu'à ce que vous nous envoyiez du secours.

Nos auditoires du dimanche se maintiennent, et gagnent, je crois, en sérieux et en attention. Mais nous avons beau regarder, nous ne voyons pas encore apparaître « le petit nuage grand comme la paume de la main ». Nous avons eu simultanément, au commencement du mois dernier, une semaine spéciale de prières à Kazoungoula, Séchéké et Séfoula. Nous avons senti le besoin de serrer nos rangs, de nous soutenir mutuellement, — et certainement Dieu nous a bénis et nous a « fortifiés ». Mais c'est une ondée que nous attendons pour briser nos mottes et faire verdir nos guérets poudreux. M. Jeanmairet m'écrivait dernièrement : « Si Dieu m'accordait la joie de voir une seule conversion ici, ce serait pour moi comme un nouveau baptême. » Je le crois bien.

LE ROI LÉWANIKA (AUTREFOIS ROBOSI ou LOBOCHI)
En costume ordinaire

XL

En canot sur le Zambèze. — Un coup d'œil sur l'œuvre. — Les écoles. — Un baptême. — M. Adolphe Jalla. — Mœurs des ba-Rotsi. — Les événements politiques. — La Compagnie anglaise du sud de l'Afrique.

Sénanga (entrée de la Vallée), 13 juillet 1890.

Accroupi sur ma literie à l'avant de ma pirogue, je vais tâcher d'utiliser, comme je l'ai déjà fait plus d'une fois, les longues heures d'une monotone navigation pour mettre ma correspondance à flot.

Le mieux, je crois, c'est de nous asseoir par la pensée dans la petite cahute qui me sert de cabinet d'étude et, au risque de vous ennuyer par ma longueur, de feuilleter ensemble mon journal.

Une de mes dernières lettres, je crois, vous laissait sous les meilleures impressions. A voir nos chers élèves si empressés à s'acheter des livres, vous auriez pu les croire tout près du royaume de Dieu et vous imaginer que nous n'avions que du succès dans notre école. Loin de là. Nos élèves sont encore terriblement sauvages... Ils ne supportent pas longtemps la contrainte. La plupart d'entre eux ont leur propre bétail, leurs esclaves et leurs villages. Chez eux, ils sont maîtres. Aussi arrive-t-il souvent que sous les prétextes les plus futiles, ou sans prétexte aucun, ils s'en vont *l orotsi*, comme ils disent, jouir à cœur joie de la liberté de la pêche, du canotage, et des adulations serviles de leurs subordonnés. Quand ils reviennent *mosito* — dans les bois où nous vivons, d'autres s'en vont, et adieu les progrès.

Un jour, le fils de Mokouaé, Kaïba, n'était pas à la prière du matin. Avant que nous en connussions la cause, des messagers avaient de nuit couru à Nalolo annoncer à la reine que son fils était indisposé ; ils revenaient avec l'ordre de le transporter immédiatement chez elle. Le lendemain, Mokouaé appelait Litia en toute hâte. « Kaïba est malade, lui dit-elle, et les osselets divinatoires disent que c'est toi qui dois aller sacrifier aux tombeaux de nos ancêtres. » — « Moréna, répondit Litia calmement, je ne suis plus dans ces ténèbres-là, ce sont pour moi des masures abandonnées. Je ne prie plus les morts. » Mokouaé fit force remontrances et discuta longuement. Ne gagnant rien : « Eh bien, fit-elle, soit, tu n'iras pas en personne. On priera à ta place ; seulement tu prendras une poignée d'herbe imprégnée de médecine, et tu en aspergeras les offrandes. C'est tout, cela suffira. » — « Mais, Morèna, répondit respectueusement mais fermement Litia, je ne puis même pas faire cela, ce serait comme si j'allais moi-même en pèlerinage aux tombeaux. » — Mokouaé dut renoncer à la partie, mais, vivement blessée, elle lui interdit de chanter des cantiques dans son village.

Aucun de nos élèves ne partage les scrupules de Litia. Et si je vous disais que ce n'est pas la première fois que ce cher garçon a pris cette attitude hardie devant son père et devant Mokouaé, vous vous attendriez comme nous à le voir bientôt se déclarer pour le Seigneur. Je ne sais, en effet, ce qui l'arrête, car nous croyons que la grâce de Dieu fait certainement son œuvre dans son cœur. Il a depuis longtemps renoncé à une foule de pratiques païennes ; il a jeté ses ornements païens et ses charmes. Il a un goût prononcé pour tout ce qui sent la civilisation. Comme son père ne lui refuse rien, et bien que les vêtements soient rares et difficiles à se procurer dans ce pays sans magasins, il est toujours vêtu à l'européenne ; il est propre sur sa personne, intelligent, avide d'instruction, et habile à manier les outils ordinaires. Sous la direction de M. Waddell, naturellement, il s'est construit une maisonnette qu'il a couverte lui-même et meublée ensuite d'un lit, de sièges, de tables, d'étagères, le tout un peu primitif, mais de sa propre confection. Cette chambrette est toujours, à quelque heure qu'on la visite, un modèle d'ordre et de propreté. Une qualité précieuse pour la position qu'il peut occuper un jour, c'est une force de volonté peu ordinaire chez un jeune homme. Elle dégénère quelquefois en entêtement. Il exerce un grand empire sur son entourage, et, tout en devenant de plus en plus populaire, il ne permet à personne la familiarité. Moral, véridique et honnête aujourd'hui, il ne l'a pas toujours été. Et quand sa conscience se réveillera, il nous fera bien des aveux. Pour le moment, elle dort encore. Est-il surprenant qu'avec ces dispositions, et à peu près du même âge que Ngouana-Ngombé (dix-huit ans), il se soit lié avec lui d'une intime amitié ? Ils auraient partagé la même chambre et prendraient ensemble tous leurs repas, si par prudence nous n'y avions mis quelques restrictions. Si j'en ai tant dit sur ce cher jeune homme, c'est pour placer son nom sous un intérêt tout spécial dans vos prières.

Nos jeunes filles, dont le nombre est actuellement de dix, sont loin de nous faire autant de plaisir. Elles grandissent, et, en grandissant sans se convertir, elles sont plus difficiles à conduire. La fille aînée du roi, toujours entourée d'esclaves et cajolée de tout le monde, conserve ainsi un petit prestige qui souvent contrarie notre autorité. Le manque de droiture, de véracité et de commune honnêteté chez les enfants nous oblige à une grande vigilance et à beaucoup de fermeté. Avec un établissement comme le nôtre, et la mauvaise santé de Mme Coillard, la tâche nous déborde.

Dieu est bon. Il nous faudrait le répéter à chaque pas de la vie. L'arrivée de M. Adolphe Jalla à Séfoula en est bien pour nous une nouvelle preuve. Nous apprécions beaucoup l'acquisition précieuse que la mission a faite dans ce jeune frère. L'Église vaudoise a déjà de grands intérêts dans la mission du Zambèze, et elle a lieu de s'en réjouir. Ce sont de puissants liens qui s'ajoutent à d'autres pour nous unir à elle. M.-Adolphe Jalla nous est arrivé possédant déjà un beau vocabulaire de sessouto et il n'a jamais eu besoin d'interprète. Sans perdre de temps, et aussi, je pense, sans consulter ses goûts, il a endossé le harnais et s'est mis avec moi à enseigner l'A B C, ce qui n'est pas précisément très attrayant, et les éléments du calcul, de la géographie, une tâche aussi ingrate ici qu'elle est intéressante au Lessouto. Voilà, nous faisons le métier de serrurier, et si nous parvenons à mettre la clef de la connaissance entre les mains de la génération qui nous est confiée, nous n'aurons pas sué en vain.

L'œuvre que nous faisons ici, — et je ne parle pas de l'école, qui n'en est pas la branche la plus importante, — cette œuvre n'est pas facile. Plus nous apprenons à connaître nos ba-Rotsi, plus difficile encore elle nous apparaît. Nous apprenons ainsi toujours plus à nous défier de nous-mêmes. Je vous ai déjà parlé du mariage, cette union toute de caprices que la mauvaise humeur peut rompre du jour au lendemain. Serait-ce là vraiment l'idéal que des théoriciens et théoriciennes, qui se considèrent comme les grandes lumières du xixe siècle et les champions de l'humanité, osent proposer à notre vieille Europe ultra-civilisée et ultra-christianisée ? — Quel progrès !

Quand les meilleurs instincts de l'homme s'émoussent, il cesse d'être homme, et devient une brute de la pire espèce. L'infanticide le prouve assez. Les cas, ici, en sont d'une fréquence effrayante. La vie d'un petit être, qu'on chérit ailleurs, n'a pas grande valeur ; peu suffit pour la sacrifier. Il crie, il importune la mère, il est une gêne pour le père, un obstacle peut-être à un nouveau mariage. Qu'à cela ne tienne ! La mère ou la grand'mère lui bourre la bouche de cendres, ou lui plante ses ongles dans la gorge, et de nuit le pauvre petit cadavre est jeté à la voirie, où les bêtes fauves qui rôdent toujours se chargent de sa sépulture. Les détails sont trop écœurants pour être dits. Ce qu'il y a de plus navrant — car en Europe il se commet des crimes tout aussi horribles, — c'est que tout cela se fait ouvertement, au su de tout le monde. L'opinion publique ne flétrit point ces atrocités révoltantes. C'est reçu, et personne n'a rien à y voir. Il faut en accuser l'esclavage, qui abrutit et avilit, pétrifie le cœur et fait de l'homme une chose.

Mais rien de plus tyrannique ici que les coutumes. A la moindre violation, tout le monde est près de s'insurger. Chacun s'en croit le gardien attitré. Certaines lois lévitiques relatives à la femme et à ses devoirs, de quelque source qu'elles viennent d'ailleurs, sont en vigueur chez les ba-Rotsi et strictement observées. Il en est d'autres aussi que l'usage a établies. Une femme, par exemple, a-t-elle une fausse couche ? On la laisse dans les champs sous un misérable abri, où elle vit dans un isolement complet et mange la maigre pitance qu'on lui apporte chaque jour. C'est ainsi qu'elle est séquestrée jusqu'à la nouvelle lune. Pour la même raison, le mari est confiné dans la cour de sa maison : tout commerce lui est interdit avec ses voisins, de même que toute visite à son bercail et à ses champs. On craint qu'il n'exerce quelque influence malfaisante sur les hommes, les bêtes et les choses. Donc, toute la communauté veille à ce que la coutume soit rigoureusement observée. A la nouvelle lune, on le fera passer, lui et sa femme, par certaines lustrations, et, après s'être purifiés à la rivière, ils reprendront seulement alors le train ordinaire de leur vie. Karoumba s'est dernièrement trouvé dans ce cas, et lui et son ami Séajika se sont ponctuellement conformés à la coutume du pays. Tout un mois durant, Karoumba est resté prisonnier chez lui sans que son ami, passant devant sa porte vingt fois par jour, osât même le saluer.

Les idées d'humanité, de justice et de bonté font cependant leur chemin. Je vous ai déjà dit les efforts que Léwanika fait pour étouffer la sorcellerie et les crimes qu'elle enfante. Dernièrement, sa sincérité fut soumise à une rude épreuve. Pendant qu'il était à la chasse, un de ses serviteurs les plus fidèles, affairé par le prochain retour de son maître, pensait à ces mille et un détails qui échappaient aux autres. Ses compagnons, jaloux de la faveur dont il jouissait, avaient juré sa perte. L'occasion était trouvée.

Pourquoi cet air affairé, ces allées, ces venues là où les autres n'osaient pas même entrer? Ils portèrent accusation auprès du vieux Narouboutou, le conservateur des vieilles coutumes. Après l'administration fatale du poison aux poules, le vieillard se déclara parfaitement convaincu. « Hâtez-vous, mes enfants, disait-il, et faites justice de ce sorcier avant le retour du roi. » Recommandation bien gratuite à des gens pareils. Monaré, le serviteur inculpé, averti à temps, se sauva et se réfugia chez nous. Il nous conta son histoire; nous le reçûmes, bien déterminés à le sauver.

Messagers sur messagers ne tardèrent pas à venir demander que je livrasse la victime. — « Pas plus, leur répondis-je, que je ne vous livrerai quand votre tour arrivera, si vous vous réfugiez chez moi. Nous aussi, nous sommes des Natamoyo, des ministres de salut. » Je ne sais jusqu'à quel point mon argument porta. Ils respectèrent du moins assez mon autorité pour ne pas faire main basse sur Monaré qui était à mes côtés, expliquant sa conduite. Des jours se passèrent, le roi revint de la chasse. Nouveaux messages et sommations, nouveaux refus. « Tu me demandais un jour, répondis-je au roi, ce que j'eusse fait au cas où tu te serais réfugié chez moi et que Mataha m'aurait sommé de te livrer. Tu sais ma réponse. Le cas de Monaré est le même. »

Au bout d'une huitaine de jours de pourparlers et de protestations de la part du roi, jurant qu'il répondait de la vie de Monaré, j'envoyai celui-ci sous la garde de Litia, avec injonction de le faire échapper de nouveau au signe du moindre danger. Mais le roi tint parole. Il confronta publiquement Monaré avec ses accusateurs, démêlant sans peine et exposant la jalousie de ceux-ci, qui, une fois de plus, avaient failli le priver d'un de ses meilleurs serviteurs. Il les tança vertement, se félicitant publiquement d'avoir en ses missionnaires des hommes humains qui le secondaient; puis, s'adressant à Monaré : « Tu iras dans ton village, au milieu de tes enfants, et je verrai qui de cette canaille-là fera ton travail et prendra ta place. » Ainsi se termina l'incident.

Même progrès pour la question de l'esclavage. Récemment, un homme amenait un bœuf à son chef : « J'ai besoin d'un homme, dit-il, procure-m'en un, en voici le prix. » — « D'où viens-tu donc, lui répondit le chef, que tu crois que sous Léwanika on achète encore des esclaves ? »

En effet, l'an passé, — on s'en souvient, — des ma-Mbari, marchands noirs de Benguela et du Bihé, avaient acheté un certain nombre d'esclaves pour de la poudre, de la verroterie et des étoffes. Au moment où ils se disposaient à partir, Léwanika les fit arrêter, leur enleva leurs esclaves et confisqua leur ivoire. Il craignait même d'avoir été trop loin et me demandait mon avis. On le devine. Le fait est à noter, maintenant que l'influence britannique va pénétrer dans le pays.

Notre pauvre Léwanika! pourquoi faut-il donc qu'il s'arrête en si bonne voie? Un jour qu'il était des nôtres et que nous chantions des cantiques au choix de chacun, je lui demandai d'en choisir un aussi. — « Un! dit-il, mais tous sont pleins de Jésus! Prenons celui du *Motsouallé oa Moréna* (l'ami du Seigneur, dans le cantique: *Litaba tsé gnu imélang*). »

On fait parfois une curieuse application des idées religieuses. Assistez, si cela vous intéresse, à l'achat d'un bœuf qu'un homme amène de loin. Le prix, déjà fixé par l'usage, est vite établi, et le marché va être conclu. « Mais, remarque incidemment un de nos jeunes gens, ton bœuf boite! » — « Oui, dit le vendeur, il boite effectivement. A vrai dire, il boite depuis notre expédition chez les ma-Choukouloumboué. Il s'était un moment guéri, puis s'est remis à boiter. » — « Vraiment? » dis-je à mon tour. — « Oui, vraiment. » — « Mais, mon ami, je ne puis pas acheter un bœuf qui boite. » Le pauvre homme vit qu'il s'était blousé, comme on dit. Sans se déconcerter le moins du monde, il repartit: « Mon bœuf ne boite pas, regarde! » — « Ne viens-tu pas de dire devant tous qu'il boite depuis votre retour de chez les ma-Choukouloumboué? » — « Moi! jamais. Vous vous trompez. Mon bœuf n'a jamais été boiteux. » On saisit l'animal, on constata qu'il avait une épaule démise. N'importe, mon homme tenait bon envers et contre tous, — son bœuf n'avait jamais boité! Le pauvre homme resta trois jours pour me convaincre que son bœuf ne boitait pas.

Cette audace pour le mensonge déjà mis à nu n'est nullement un cas isolé. Ce serait risible, si ce n'était si profondément triste. « Serviteur de Dieu, disait l'individu en faisant appel à mes sentiments, ne romps pas le marché. Jésus, lui, ne ferait pas cela. Il accepterait mon bœuf. Jésus est bon. Il ne me renverrait pas à vide. Serviteur de Jésus, sois comme ton Maître. Il est bon, lui, Jésus. » Il faut quelquefois recevoir des leçons, même des fourbes et des flatteurs.

Le jour de la Pentecôte, le 25 mai, fut un beau jour pour Séfoula. C'était le baptême de Ngouana-Ngombé. Depuis quelque temps la fête s'était ébruitée. J'en avais à l'avance dûment averti Léwanika, et Mokouaé aussi qui se trouvait justement à Léalouyi. Tous les deux me promirent d'être des nôtres pour l'occasion. Léwanika, qui n'entend pas que le secrétariat soit une sinécure, ni que la plume de Séajika se rouille, m'envoyait lettres sur lettres pour me demander des détails et des explications sur la fête. Je crois qu'au fond il ne se souciait pas beaucoup de venir assister au baptême d'un mo-Toka, un esclave. Les circonstances l'aidèrent; les affaires politiques s'embrouillaient, et puis un corps d'armée revenait d'une expédition au Lékhoakhoa; elle mourait de faim, il fallait la débander, mais tout d'abord l'exorciser et la purifier, ce qui n'est que du ressort du roi. — Donc, celui-ci ne pouvait pas, « à son grand regret », être présent à la fête. — Nous sentîmes davantage l'absence de Karoumba et de Séajika, qui suivirent servilement le roi à ces cérémonies païennes.

Le jour même, dans notre voisinage, mourut une femme d'une parenté très étendue dans les environs. — Donc, personne ne put venir, pas même nos auditeurs habituels. De sorte que la congrégation réunie ce jour-là fut plus petite que de coutume. Mais le Seigneur fut avec nous, et notre fête fut douce et bénie. Je fis une prédication d'appel, adressée particulièrement aux jeunes gens de notre école et de notre maison. — Ngouana-Ngombé parla sous l'empire d'une émotion mal contenue et que justifiait assez la nouveauté de la circonstance. — C'est à ses *taka*, aux jeunes gens de son âge, qu'il s'adressa particulièrement, après avoir fait une fois encore le récit de sa conversion et une touchante profession de foi. En terminant, il disait : « Et vous, mes amis, pourquoi ne vous convertissez-vous pas? Vous dites qu'il n'est pas convenable que vous devanciez vos maîtres, que vous voulez jouir de la jeunesse et prendre plusieurs femmes. Vous avez peur aussi, car les choses de Dieu sont encore pour nous un abîme inconnu. Aussi, vous faites de moi un njoko, un singe. Vous dites : « Atten-« dons ! voyons d'abord où Ngouana-Ngombé va tomber, sur un « tapis d'herbe verte ou parmi les épines. » C'est ce que font les babouins. Quand ils vont à la curée et découvrent un endroit qui promet, ils y jettent un de leurs petits, pour voir s'il n'y a ni guêpes, ni piège. Si l'enfant est mordu, piqué, attaqué, s'il lui arrive quelque malheur, ils l'abandonnent à son sort et se sauvent à toutes jambes. Si, au contraire, il trouve la paix et l'abondance, ils s'élancent sur lui, le chassent et accaparent le butin [1]. J'ignore moi-même jusqu'à quel point je puis répondre de l'avenir, mais

---

1. Nous avons demandé plus tard à Ngouana-Ngombé quelques explications sur ce trait d'histoire naturelle, si nouveau pour nous. Il nous dit qu'ayant été élevé dans les bois, ses parents lui avaient souvent fait observer la chose, mais que, du reste, le fait est si généralement connu parmi ceux qui habitent les forêts, qu'il est passé en proverbe. On dit : « Ils font de cet homme un njoko ! » L'équivalent en français ne me vient pas à l'esprit maintenant. C'est à peu près : « Ils lui font tirer les marrons du feu. »

ce que je dis, c'est ceci : j'étais un pécheur, un grand pécheur, et Jésus m'a sauvé. Je suis à lui. »

M. Ad. Jalla, dans une allocution d'un sessouto très correct, lui a souhaité la bienvenue dans l'Église comme à un *frère;* une expression qui sonnait étrangement aux oreilles de nos Zambéziens. Il le fit avec cœur, d'une manière très touchante et pleine d'à-propos. Lui-même était ému. Je posai ensuite les questions, un peu modifieés, en usage au Lessouto et auxquelles Ngouana-Ngombé, debout devant l'assemblée, répondit d'une voix ferme et distincte ; puis, s'agenouillant, le cher garçon, il reçut, avec le nom d'André, le sceau du baptême.

A un second service, M. Ad. Jalla fit aussi un appel impressif. L'après-midi, vers le soir, nous eûmes, pour la première fois à l'église, la Cène du Seigneur. C'était un témoignage public que j'avais cru nécessaire, mais qui nous a beaucoup coûté. Ce fut pourtant un moment solennel et béni. J'avais pris la précaution de faire vider les premiers bancs et, malgré nos appréhensions, tout se passa avec ordre et dans le plus grand silence. Oh! si l'on savait quelle cruelle épreuve est la moquerie, et combien il est difficile de l'affronter ! Et, dans cet art, nos Zambéziens sont passés maîtres. Nous venions de recevoir de Mme Gonin, la veuve d'un de mes anciens condisciples et amis, pasteur à Brighton, le beau service de communion dont il s'était servi dans son église, et que Mme Gonin m'avait envoyé comme un pieux souvenir. Cette circonstance ajoutait à la cérémonie, pour moi personnellement, un élément de plus d'intérêt et d'émotion. Comme je l'ai dit, Ngouana-Ngombé a pris le nom d'André. Il y tenait parce que, disait-il, « c'est celui qui, le premier, a suivi Jésus ». De tous nos jeunes gens, Litia parut le plus impressionné. « Que tu es donc heureux, dit-il à son ami en sortant de l'église, que tu es heureux, toi ! » — « Et pourquoi ne le serais-tu pas aussi ? » lui répondit celui-ci.

Pendant que nous étions ainsi en fête dans l'église, nous passions par des agitations politiques et des temps de grande anxiété. Vous savez la formation de la grande Compagnie du Sud de l'Afrique. Elle a reçu du gouvernement britannique une charte qui en fait une puissance comme celle de la fameuse Compagnie des Indes. Elle a déjà étendu son protectorat sur le pays des ma-Tébélé. Elle envoyait aussi une expédition pour traiter avec Léwanika, et qui devait ensuite se rendre chez Msidi (Mosili), où travaille notre frère Arnot, et de là gagner le lac Nyassa et l'embouchure du Zambèze. Cette expédition, pour une raison ou pour une autre, se démembra en arrivant au Zambèze, et son chef seul, M. Lochner, avec un domestique, atteignit la Vallée, malade et dénué de tout. Lui offrir l'hospitalité à Séfoula, c'était un devoir qui s'imposait. M. Lochner est, probablement, plus fait pour la vie des camps que pour la diplomatie. Son arrivée dans le pays fut le signal, ou l'occasion, de menées et d'intrigues incroyables. Des gens malintentionnés répandirent le bruit, dans la province de Séchéké, que les missionnaires — cela me visait droit au front, moi — avaient déjà induit Léwanika à vendre une partie de son pays, et qu'ils s'apprêtaient eux-mêmes à vendre le reste. Cela courut comme le feu d'une prairie. Les soupçons — c'est le faible du caractère indigène — et le mécontentement général, celui des chefs en particulier, furent excités, attisés à tel point que nous pouvions nous attendre à tout, même à une révolution, à être nous-mêmes maltraités et expulsés du pays. Les chefs de Séchéké parlaient haut. Des messagers secrets, car rien ne se fait ouvertement ici, se succédaient sans cesse à Léalouyi, et tout présageait une opposition violente. Au milieu de toutes ces intrigues, le pauvre Léwanika, par moments, semblait tout éperdu. M. Lochner lui-même, dès l'abord mal conseillé, croyait de bonne politique de semer ses présents avec largesse. Les ba-Rotsi acceptaient tout avec empressement, riaient sous cape, et, derrière son dos, se moquaient de lui en disant : « Le simple homme, nous le comprenons, il essaie de se tailler un chemin dans notre jungle ! »

Le roi lui-même, excité et aigri, ne se montrait pas sous le meilleur jour, et ses rapports avec M. Lochner menacèrent plus d'une fois de se brouiller tout à fait. Je dus, à mon tour, parler haut et menacer le roi de me laver les mains de ses affaires, s'il ne les traitait pas avec plus de dignité et de droiture. Je lui donnais en même temps des conseils. Ces conseils, il les suivit. Il sentit, comme il le dit lui-même, qu'ils venaient de son meilleur ami. Il offrit au représentant de la compagnie, comme présent de bienvenue, quatorze bœufs de boucherie, refusa en même temps, avec politesse, les présents assez considérables que celui-ci le pressait d'accepter, et le pria d'attendre jusqu'à ce que les affaires fussent traitées. C'était sage de sa part. En même temps il vint à Séfoula, avec Mokouaé et bon nombre des principaux chefs, passer quelques jours, à l'invitation de M. Lochner, sous prétexte d'assister à une fête que celui-ci, en vrai Anglais, voulait donner en l'honneur de la reine d'Angleterre. Le 24 mai était passé ; nous étions au commencement de juin. Peu importe, M. Lochner tua trois ou quatre bœufs, et, le soir, après ma petite séance de lanterne magique en l'honneur de la visite des autorités du pays, il nous donna le spectacle de feux d'artifice. A la première fusée il y eut une commotion générale, et je commençais à craindre une débâcle et des accidents. Mais le calme se rétablit vite, et chaque fusée, chaque chandelle romaine, chaque feu de Bengale, tous plus merveilleux les uns que les autres, fut salué d'exclamations mal contenues, d'étonnement mêlé de stupeur.

On le comprend, le vrai but de la visite du roi était plus sérieux. Il s'agissait, pour lui et ses conseillers, avant la grande assemblée nationale qui allait être convoquée, de bien s'éclairer sur la question palpitante du jour. Je le désirais non moins qu'eux, et pour cela j'avais traduit par écrit tous les documents.

Le 20 juin, le pays étant submergé, les canots du roi vinrent nous chercher, M. Ad. Jalla et moi. — M. Lochner, à ma suggestion, nous avait devancés de quelques jours. Il importait d'éviter tout ce qui pouvait, aux yeux des natifs, nous identifier avec sa mission. Le pitso, ou assemblée nationale, et le conseil des chefs durèrent cinq jours, et cinq jours bien remplis. Nous nous attachâmes, M. Jalla et moi, à bien mettre l'accent sur le caractère définitif et perpétuel de la concession, sous certaines conditions. Tant dans l'assemblée de la nation que dans le conseil des chefs, je m'appliquai à bien définir la différence entre la concession de l'an dernier, qui a passé aux mains de la Compagnie, et celle dont il s'agissait maintenant. Je tançai vertement, avec toute l'autorité qui m'appartient, les chefs de Séchéké qui étaient présents, le roi lui-même et ses conseillers, qui prêtent l'oreille au premier venu quand il s'agit des affaires de la nation. J'en avais le droit. Quand je protestai de ma nationalité et de mon désintéressement dans ces transactions, on me répondit de divers côtés : « Oui, oui, nous le savons, tu n'es pas Anglais, tu es Français, tu es notre morouti, notre père, et tu veilles sur nos intérêts. » Je les exhortai à ne pas accepter et à ne pas rejeter aveuglément les propositions qui leur étaient faites, mais à faire à M. Lochner et à moi-même toutes les questions qui les préoccupaient. On en fit de bonnes, d'intelligentes, on en fit aussi de ridicules. Mais il était évident que l'opinion générale était en faveur du protectorat de la Compagnie. S'il est un homme qui comprît parfaitement la situation, c'est certainement Léwanika lui-même, et c'est sur lui et sur son conseil que doit reposer toute la responsabilité de ces importantes transactions. Le traité traduit, et expliqué je ne sais combien de fois, fut alors signé publiquement en plein pitso le vendredi 27 juin. C'était un curieux spectacle que la signature de ce traité. Tous, à divers titres, voulaient y apposer leurs griffes. Ceux qui étaient renvoyés s'en allaient en grognant; d'autres, accroupis devant la petite table, ne voulaient pas bouger jusqu'à ce qu'on leur eût mis la plume à la main. Les bonnes gens! ils s'imaginaient, je pense, qu'ils auraient ainsi leur quote-part du *mali,* — l'argent!

Le traité dûment signé et attesté, M. Lochner se leva, et, dans un petit discours bien tourné, offrit au roi les présents qu'il avait fait étaler sur la place publique : fusils de munitions, fusils Martini, mousquets, selle splendide, ballots de couvertures, etc. Gambella, assis, le haut du corps mis à nu, les présenta à la nation, et l'assemblée applaudit par force claquements de mains; puis, au nom du roi, il offrit à M. Lochner, pour les directeurs de la Compagnie, les ducs de Fife et d'Abercorn[1], les deux plus belles défenses que j'eusse encore vues. Elles pesaient plus de cinquante kilogrammes chacune, et, élevées sur la pointe par deux hommes, elles formaient une arche de plus de six pieds de haut. Cette petite cérémonie eut du cachet et jeta une auréole de dignité sur la clôture de ces importantes assemblées. Les ba-Rotsi, eux, Narouboutou, Gambella et tous les chefs en tête, se massèrent devant le roi et se livrèrent, à cœur joie, aux acclamations du *chouaéléla*.

C'était la fin. Pour le moment, je dois m'abstenir de toute réflexion. Nous avons nos craintes, nous avons aussi nos espérances. Pour ma part, je n'ai aucun doute que ce ne soit là, pour cette nation, la seule planche de salut qui lui restât. Il n'était pas au pouvoir de ces tribus, qu'unissent seulement les chaînes d'une servitude abjecte et honnie, d'opposer une digue permanente aux flots envahisseurs des émigrants et des chercheurs d'or. Aujourd'hui, ceux-ci frappaient à la porte et demandaient à traiter; demain, ils l'eussent enfoncée et eussent envahi le pays en maîtres. Les ba-Rotsi sont incapables de se gouverner, et, laissés à eux-mêmes, ils se fussent anéantis à courte échéance. Les complots ourdis contre Léwanika, et qui paraissaient éteints, couvaient encore sous la cendre. Il fallait, pour s'en rendre bien compte, voir l'attitude de Makoatsa, l'ambassadeur de Khama (le même qui nous a amenés ici), et entendre son message, une vraie menace. « Ba-Rotsi, disait-il, j'ai goûté un mets délicieux et je vous en ai fait part (les missionnaires); quel cas en avez-vous fait? Je vous

---

[1]. Le roi a protesté depuis que c'est à la reine elle-même qu'il avait offert ces défenses. La confusion s'explique par le fait que la compagnie, munie d'une charte du gouvernement impérial qui lui déléguait tous ses pouvoirs, se présentait avec un immense prestige, rehaussé encore par les chaudes recommandations des autorités coloniales.

ai envoyé des messagers comme Makoatsa, comment les avez-vous reçus? Aujourd'hui, j'entends de sinistres rumeurs; vous parlez de nouveau de révolution; prenez-y garde! Léwanika est mon ami, et si vous osez attenter à sa vie ou à son pouvoir, je suis Khama! vous me verrez de vos yeux et vous me connaîtrez! »

Un document intéressant, c'est la délimitation des frontières du royaume. Il se trouvait heureusement des chefs de toutes les extrémités du pays, — ce qui lui donne une grande valeur. D'une manière générale, la limite, prenant pour point de départ le confluent du Kafoué avec le Zambèze, remonte ce fleuve jusqu'à la jonction de la Chobé (le Linyanti ou le Quando). Elle remonte cette rivière jusqu'au vingtième degré de longitude est de Greenwich, à l'ouest[1]; au nord, elle suit la ligne du partage des eaux du Congo et du Zambèze jusqu'au Kafoué, dont elle suit le cours, à l'est, à travers le pays des ma-Choukouloumboué jusqu'à sa jonction avec le Zambèze. En gros, une superficie de deux cent mille milles carrés. Vingt ou vingt-cinq principales tribus sont dispersées dans ce vaste territoire; mais il ne faut pas en conclure que le pays soit peuplé ou que ces nombreuses tribus forment une nation homogène, sur laquelle le roi des ba-Rotsi exerce une autorité; on se tromperait gravement.

---

1. Voir les sources des nombreux affluents du Zambèze.

XLI

Encore une séparation. — Tristes nouvelles d'Europe. — Maladie de M. Jeanmairet. — Une alerte. — Séchéké désert. — Partis depuis huit jours. — Une compensation. — Encore un deuil. — Retour à Séfoula. — Temps difficiles. — Pertes de bœufs, de wagons, de bagages. — Hostilités et défiances. — La barque ne chavirera pas.

Sénanga, 13 juillet 1890.

On a beau dire, on ne s'habitue pas dans ce pays à ces longues absences où chaque pas fait le vide derrière vous. L'an passé, je m'étais bien promis qu'une fois rentré chez moi, il faudrait, pour m'en arracher de nouveau, des raisons majeures et des circonstances plus qu'ordinaires. Me voilà pourtant de nouveau en route, et mon absence de Séfoula va durer encore de deux à trois mois. C'est que la mission se trouve dans une impasse, et, pour ma part, j'ai rarement eu autant de dilemmes à résoudre.

Faut-il, mes chers et précieux amis, vous attrister encore en vous parlant des insurmontables — oui, *insurmontables jusqu'à présent* — difficultés que rencontre notre roulage de Séchéké à Séfoula? C'est une plaie aux flancs de notre mission et j'ignore quand et comment elle se cicatrisera. Elle fait ma douleur et mon désespoir. Au commencement de mars, j'avais envoyé Franz et Kambourou à Séchéké avec deux wagons et deux attelages en plus des bœufs du pays que je m'étais procurés par échanges, l'un destiné à Séchéké, et l'autre à Kazoungoula. Je me sentais justifié dans cette démarche par le succès d'un voyage précédent. M. Jeanmairet, qui depuis longtemps avait fait le plan de venir nous voir en famille, et qui pour cela avait besoin des services de Franz comme conducteur, crut hâter son retour à Séchéké en lui remettant les deux attelages susmentionnés. Hélas! au Loanja, à l'entrée des bois hantés par la tsetsé, à trois jours seulement de Séchéké, notre vieux wagon de transport s'effondra complètement. Franz dut faire la navette entre le lieu de l'accident et le Ndjoko, pour transporter à petites charges les colis des deux wagons. Ces colis, c'étaient des objets de troc, des fournitures d'école et de station. A la dernière charge, sur les bords de ce Ndjoko de néfaste mémoire, le second wagon se brisa à son tour. Pour comble de malheur, la mortalité a commencé à décimer les attelages, et Franz, qui est pourtant bien changé, mais qui n'a pas plus d'initiative qu'il en faut, attend là, sur les bords du Ndjoko, à 200 milles de Séfoula, le secours que, sans wagons et sans bœufs nous-mêmes, il n'est pas en notre pouvoir de lui envoyer.

Sur ces entrefaites, outre les orages et les préoccupations politiques qui rendent indispensable ma présence à mon poste, les nouvelles qu'exprès sur exprès nous apportent sur la maladie de M. Jeanmairet deviennent de plus en plus alarmantes. J'avais fait immédiatement dire à Franz de laisser ses charges dans les champs et, avec une partie des bœufs qui lui restaient encore, d'aller en toute hâte porter secours aux Jeanmairet. J'écrivais en même temps à ma nièce, tâchant de la dissuader de son projet de voyager dans la Colonie du Cap, seule en hiver, avec un petit enfant et son mari malade, et de venir à Séfoula. Nous pensions qu'un changement d'air, même au Zambèze, un repos complet et des soins assidus pourraient, avec la bénédiction de Dieu, rétablir mon neveu. Malheureusement, ma lettre se croisa avec un exprès nous informant que l'état de M. Jeanmairet allait s'aggravant, et, comme un chasseur anglais avait mis au service de ma nièce son wagon et ses bœufs pour quitter immédiatement le pays, celle-ci me demandait instamment de lui envoyer Franz, le seul conducteur que nous ayons dans la mission. Elle le croyait depuis longtemps de retour à Séfoula!... Que s'est-il passé à la suite de tous ces messages croisés et depuis les dernières nouvelles si alarmantes datées des *26* et *28 mai?* Une profonde obscurité s'est abattue sur nous. Puis il nous a semblé qu'il était impérieux que j'allasse moi-même à Séchéké, juger *de visu* de la situation. Donc plus d'hésitation. M. Waddell, avec ma wagonnette conduite par Karoumba [1], ira remettre sur pied, si possible, nos vieux wagons, et passera outre pour me rencontrer à Séchéké, pendant que je descendrai la rivière en canots.

Le roi, cette fois encore, s'est montré digne de lui-même. Nous venions de le quitter. Il s'empressa néanmoins de venir passer quelques jours à Séfoula, *go laéletsana,* une grande affaire chez les ba-Rotsi, où, en se crachotant mutuellement au visage, on se donne les dernières recommandations et on se dit adieu. Les chrétiens, eux, se recommandent réciproquement « à Dieu et à la parole de sa grâce ». Léwanika n'en est pas encore là. Mais cette considération de sa part et ce témoignage d'amitié ne m'en sont

---

[1]. A défaut de bœufs, on dressera quelques gros veaux en route, la wagonnette est légère.

pas moins précieux. Il a, vous le savez, le monopole des grands bateaux, et, quoi que je fasse, impossible de m'en procurer. Lui-même, le pauvre homme, ne peut satisfaire à toutes les demandes. Il lui en faut, et pas mal, pour le service de son harem ; il lui en faut aussi pour la chasse, pour la pêche surtout, il lui en faut encore pour le service public et les éventualités ; de sorte qu'il est souvent à court lui-même. Dernièrement, un marchand lui en faisait demander vingt. M. Lochner en emmenait douze ou treize. Pas étonnant donc que je ne pusse en obtenir que trois de lui. Mais il m'avait réservé le sien propre. Il mesure 13^m,50 de long, 0^m,70 à sa plus grande largeur, 0^m,30 de profondeur. Les troncs d'arbres qui donnent des canots d'un pareil calibre ne se trouvent plus que très difficilement de nos jours. Je voyagerai donc royalement. Litia, lui aussi, m'accompagnera comme de nécessité.

C'est au milieu de toutes ces préoccupations que nous est arrivé le courrier d'Europe. Il nous annonçait des deuils nombreux. La mort de M. Bersier a été un rude choc. Dix minutes pour terminer sa carrière, c'est bref. C'est une translation dans la gloire comme celle d'Élie. Ailleurs qu'au Zambèze, l'ange de la mort fait son œuvre avec une rapidité vertigineuse. Les plus belles fleurs qu'il cueille ici-bas dans le jardin de Dieu, il veut, dirait-on, les transporter, avant qu'elles ne se fanent, pour en orner les palais de gloire.

Et la mort de M. Jousse ! Ce fut un coup bien sensible pour nous. M. Jousse a été pour moi pendant plus de trente ans un ami fidèle. C'est lui qui, pendant mon premier séjour à Thaba-Bosiou, m'a initié aux détails pratiques de la vie missionnaire. C'est à son initiative que fut due la fondation de la station de Léribé. Dans toutes les circonstances je pouvais compter sur ses conseils, et j'étais sûr de le voir partager mes peines et mes joies. Français, resté éminemment Français, dans un milieu d'influences étrangères qui tendent plus ou moins à mitiger le caractère, c'était un lien de plus qui nous unissait. Il était à la fois homme de cœur et homme d'action. Et quand il revenait d'un jugement trop sévère ou prématuré, il le reconnaissait lui-même avec une admirable candeur. Il en a donné publiquement un exemple frappant au sujet de la mission du Zambèze. Il l'a désapprouvée, combattue même, cette mission. Sans être prophète, je lui écrivis une fois : « Vous combattez la mission du Zambèze aujourd'hui, frère Jousse, vous plaiderez vous-même un jour sa cause. » En effet, dans un ouvrage récent, il a laissé derrière lui un monument de sa sympathie pour notre œuvre. Il m'écrivait à ce propos : « Je fais passer sous presse mon *Histoire de la Mission du Zambèze,* c'est mon dernier effort et mon dernier travail ; après cela j'attendrai l'appel de mon Maître. Il ne tardera pas. » — Maintenant il est entré dans le repos, il a reçu la couronne de vie. Nous qui restons, attendant notre tour, nous versons des larmes sur sa tombe, mais nous conservons son nom enchâssé dans l'affection avec le souvenir d'une vie bien employée et d'une amitié qui a été riche en bénédictions pour nous.

Avec ce courrier-là nous arrivaient encore de Séchéké des nouvelles des plus tristes. Je hâtai donc mon départ. Au milieu de mes préparatifs nous eûmes encore une alerte dont je dois dire un mot.

M. Ad. Jalla avait dû, après le pitso, retourner à Léalouyi pour affaires importantes. Le lendemain, il rentrait tard à Séfoula ; le dîner l'attendait. Il était 11 heures quand nous nous séparâmes tous, fatigués de la journée. Vers minuit, de légers coups aux murs de notre chambre à coucher, que ferme un simple rideau, et la voix doucereuse de notre petite Sémochéta nous arrachaient subitement aux profondeurs du premier sommeil. « Mon père, le toit de la cuisine est en feu ! » D'un bond je fus sur les lieux, et ma femme m'y suivit de près. André Ngouana-Ngombé était sur le toit avec je ne sais qui, versant des seaux d'eau pour éteindre les flammes. Un épais nuage de fumée enveloppait le bâtiment et nous empêchait de nous rendre exactement compte du foyer de l'incendie. En un instant toutes nos filles et nos garçons, dirigés par ma chère femme et M. Jalla, rivalisaient de bonne volonté ; les uns couraient à la rivière, les autres cherchaient par toute la maison la dernière goutte d'eau, pendant que Litia et d'autres garçons passaient les seaux à André, qui luttait bravement sur le toit, malgré la chaleur qui était insupportable. On sonna le tocsin à la mode du pays, la forêt retentit de cris d'alarme. Quelques enfants de l'école, attirés par la curiosité, enveloppés de leurs couvertures et de leurs fourrures, car il faisait un froid intense, accoururent pour contempler cette scène lugubre, mais quand on les envoya à l'eau, ils se sauvèrent au village. Les plus grands d'entre eux, à deux exceptions près, étaient simplement restés au lit, « vaincus, dirent-ils le lendemain, par le froid et par le sommeil ». Comme la fumée allait toujours en augmentant, j'ordonnai à André d'arracher vigoureusement le chaume de la toiture. Puis, je passai à l'intérieur pour voir ce que nous pouvions faire avec une pompe à main. A ce moment-là, André faisait une trouée.

Une vive flamme jaillit instantanément du chaume et s'élança jusqu'au faîte. « C'en est fait, dis-je à M. Adolphe Jalla, la maison et les bâtiments vont y passer, sauvons ce que nous pouvons. » Je cherchai ma femme pour l'avertir. En passant dans la salle à manger je jetai les yeux sur notre harmonium, car nous vivrons encore pour chanter; mon choix, d'ailleurs vite arrêté, ne pouvait être que restreint. Ma femme, se possédant comme dans toutes les grandes circonstances, se mit calmement à l'œuvre. Revenant au siège de l'incendie, quelle ne fut pas ma surprise de voir que mes garçons s'étaient, une fois encore, rendus maîtres des flammes! Ils découvraient activement la cuisine, versaient l'eau à pleins seaux; nos enfants couraient à la rivière, se croisaient comme des fourmis, malgré le froid. L'imminence du danger d'abord, puis l'espoir de le conjurer, redoublaient leur entrain. Ngouana-Ngombé, Litia et d'autres garçons ne quittèrent pas leur poste, et c'est leur admirable sang-froid et leur courage qui, entre les mains de Dieu, ont été le moyen de nous sauver. A 3 heures et demie du matin, nous étions complètement maîtres de l'incendie. N'est-ce pas merveilleux! Au Lessouto nous avions du fer galvanisé sur nos têtes. Ici, du chaume, et du chaume chauffé extérieurement, pendant des mois sans pluie, par l'ardeur d'un soleil tropical, et, à l'intérieur, par le feu incessant de la cuisine. Avec nos murs de pieux et de roseaux, nos bâtiments peu espacés, sur ce coteau de sable à distance de l'eau et sans secours, quel peut être notre espoir de salut? Si on m'avait dit qu'un incendie de cette nature, et dans de telles conditions, pût être arrêté, je ne l'eusse jamais cru, à moins d'une intervention de la Providence. La cause, c'est un feu de cheminée que les étincelles communiquèrent au toit. L'intervention de la Providence, la voici : à ce moment-là — dix minutes après, c'eût été trop tard — une de nos filles sortit dans la cour, vit la flamme et poussa un cri d'alarme qui mit André sur pied. Ce qu'il y a de remarquable, c'est que cette jeune fille dormait *pour la première fois* chez nous. Kaboa — c'est son nom, — l'ancienne domestique d'Aaron, nous suppliait depuis longtemps de la recevoir. Nous ne le pouvions pas. Avec la permission du roi, elle vint s'établir à Séfoula pour suivre l'école et gagnait sa maigre pitance en travaillant pour le premier venu. Ma femme eut pitié d'elle, lui permit souvent de partager les travaux et la nourriture de nos filles. Et, à la fin, vaincus par ses instances, nous la reçûmes chez nous tout de bon. C'était sa première nuit; de joie sans doute, elle ne dormait pas — ou bien un ange la réveilla à point pour qu'elle sauvât nos propriétés et nos vies. Nous frémissons d'effroi à la pensée que nous pourrions être sans toit, sans vêtements, sans vivres, sans ressources quelconques, dans un pays aussi inhospitalier... « Voici, celui qui garde Israël ne dort point ni ne sommeille ! L'Éternel est celui qui nous garde ! » (Ps. CXXI, 4, 5.)

Kazoungoula, 1er août 1890.

Mon passage à Séchéké a été des plus mélancoliques. Les Jeanmairet n'y étaient plus, et tout le disait. Pas une âme pour nous souhaiter la bienvenue, pas un chien, pas même une poule pour donner un peu de vie à la station. Sur le rivage, les épaves de mon vieux bateau ; plus loin, des cloisons de roseaux renversées, des palissades arrachées, des photographies déchirées, des papiers partout, des tessons et que sais-je encore ? qui attestaient que quelque chose comme la mort avait passé par là. J'attendis longtemps avant que Franz, qui avait la clef, vînt m'ouvrir la porte de cette belle maison neuve qui a coûté tant de peine à mon cher neveu, et à l'intérieur, dans ces chambres vides ou encombrées d'articles de ménage rassemblés à la hâte, je me sentis saisi d'une tristesse si noire que je fermai la porte et allai camper à deux ou trois cents mètres de là. J'espérais encore atteindre M. et Mme Jeanmairet, à Kazoungoula ; un de mes vieux amis que je rencontrai revenant de là, voulant me faire plaisir et recevoir probablement un *setsiba* pour sa peine, me jura par ses dieux qu'il les y avait laissés installés dans leur tente. Sa description était si vivante que je fus presque tenté de le croire. Le lendemain matin, nous arrivions à Kazoungoula, et nous apprenions que mon neveu et sa petite famille avaient quitté depuis huit jours, et étaient déjà trop loin pour que je pusse songer à les atteindre à pied et leur donner un baiser d'adieu. Où vont-ils ? Dieu les conduira, et pourtant il nous faut faire un grand effort sur nous-mêmes, pour faire taire nos craintes et nos anxiétés. Reviendront-ils ? Quand ? — Dieu le sait. En attendant, nous passons par une terrible tourmente...

Une compensation à mon amer désappointement, c'est l'arrivée de Mlle Kiener. J'ai été bien frappé en lisant le « journal » que j'ai trouvé ici, et en causant avec elle, des voies admirables par lesquelles, sans que nous nous en doutions, nous, Dieu l'a conduite au Zambèze pour Séfoula. Elle vient, je n'en ai aucun doute, en réponse à bien des prières. Elle est l'expression vivante de votre sollicitude pour nous, comme de l'affection de ces enfants de Dieu que nous appelons *nos amis*. Elle sera donc certainement pour nous une aide précieuse, une force dans la mission et une bénédiction.

Un de mes amis de vieille date, et qui n'est ni Français, ni presbytérien comme moi, m'écrit que Dieu l'a abondamment béni dans ses affaires, et qu'il a fait fortune. « C'est un talent, me dit-il, que Dieu m'a confié, et tout mon désir est de le faire valoir. » Il désire entretenir deux évangélistes sous mes soins. Et ce qu'il y a d'étonnant dans tout cela, c'est que notre ami, avocat de profession, a toujours été, sans en avoir le titre, un évangéliste zélé, d'une autre dénomination, qui elle-même est très active au sud de l'Afrique. Sa prospérité n'a point diminué son zèle pour l'évangélisation, non seulement des blancs, mais aussi des noirs dans les grands centres des champs de diamants et des mines d'or.

J'ai été bien réjoui de revoir les chers amis Jalla, — *de chers amis* vraiment. Le dimanche, le premier que nous avons passé ensemble, a été doux, béni. A notre petit culte privé de l'après-midi, nous avons consacré à Dieu leur bébé par le baptême. En arrivant, j'avais trouvé l'enfant bien pâle, et peu bien. Les parents, pourtant, n'avaient pas de craintes sérieuses à son sujet. Le lendemain, vers les trois heures de l'après-midi, on m'appelait en toute hâte et j'arrivai à temps pour voir l'enfant s'éteindre à la vie de ce pauvre monde. Son âme s'envolait vers le ciel. C'était un douloureux privilège d'avoir à préparer le dernier berceau de cette petite dépouille mortelle. L'enterrement eut lieu le lendemain, en présence de deux ou trois Européens et de cinquante ou soixante Zambéziens, nos rameurs la plupart, et il me fut donné de dire à tous quelques paroles. Je parlai alternativement en trois langues.

Nos pauvres amis sont admirables de résignation et de calme. Ils m'édifient profondément. Il est impossible de compter tous nos petits tombeaux sans se dire que le climat du Zambèze est cruel...

Séfoula, 30 octobre 1890.

Je suis rentré chez moi le 18 septembre, après une absence de deux mois et huit jours. Si c'était une joie qui ne se dit pas de revenir au foyer, hélas ! les sujets de tristesse n'ont pas manqué non plus.

Mon voyage, moins bien organisé que celui de l'an dernier, n'a pas eu non plus le même succès quant au transport de nos approvisionnements et de nos bagages. Les canots, qui avaient conduit à Kazoungoula M. Lochner, le représentant de la *Chartered*

South African Company, devaient, à mon retour, passer à mon service. Mais tous ces canots étaient de petites dimensions et surchargés de pagayeurs; de sorte que, tout en encourant des dépenses plus fortes que l'an passé, j'ai pu effectuer beaucoup moins.

Nos voitures se détériorent d'une manière effrayante. Outre mon vieux wagon de famille qui n'est plus, nous avions deux wagons de transport tout neufs. Ils ont travaillé sept ans, et les voilà tous les deux une ruine complète. Et pourtant M. Waddell, avec sa grande habileté, les a souvent réparés et remis sur pied. C'était encore là le but de son voyage à Séchéké. Le pauvre homme croyait avoir remis en état de rouler une dernière fois au moins, jusqu'à Séfoula, une voiture qui s'était effondrée au Loanja, à une petite distance de Séchéké. Au premier mouvement, avant même de bouger de place, les roues tombaient en pièces. Les moyeux étaient entièrement pourris; ce n'était plus que de l'amadou.

Outre la question des wagons, il y a encore celle des bœufs. Nos pertes, cette année, sont ruineuses. J'avais envoyé à Séchéké, pour faire le service de Séchéké à Kazoungoula et *vice versa,* deux attelages de dix-huit bœufs chacun que j'avais troqués dans ce but. Malheureusement, M. Jeanmairet, qui se proposait de venir nous visiter en famille et qui avait besoin du conducteur Franz, avait cru hâter son retour en lui remettant de nouveau tous ces bœufs. De là un nouveau désastre qui éclipse tous les précédents et où, personnellement, je suis pour la plus grande part; presque tous ces bœufs ont péri. Voilà donc une voie que nous devons forcément considérer pour longtemps comme fermée. Reste celle de la rivière. C'est un pis aller qui ne résout pas encore la difficulté. Nous n'avons pas de canots (excepté deux que j'ai achetés l'an passé et à peu près inutiles pour le transport), et nous ne pouvons nous en procurer à aucun prix. Nous dépendons du roi et de ses caprices; mais tout le monde dépend de lui, et, comme il l'avoue lui-même, il a tout intérêt à servir d'abord les marchands qui lui apportent des marchandises et des munitions. Et comme les wagons n'arrivent au Zambèze qu'à une seule saison de l'année, il en résultera toujours pour nous de très sérieux embarras. Je ne dis rien des frais, qui sont considérables.

Mais je ne puis pas taire non plus les dangers de la navigation. Quatre de nos canots, cette année, ont chaviré dans les rapides. Les canots ont été sauvés, les colis même ont été pêchés, quelques-uns quinze jours après l'accident. Vous ne pouvez vous faire une idée de nos pertes. C'est ainsi qu'un gros ballot d'étoffes de couleur — notre monnaie de chaque jour — que mes canotiers avaient « mis au soleil pour le faire sécher » (!!!), se trouvait, trois semaines plus tard, quand je pus l'ouvrir, dans un état de fermentation et de décomposition qu'il est plus facile de s'imaginer que de décrire. Même chose avec des couvertures de coton et des pièces de calicot. Même chose, hélas ! avec la plupart de nos caisses. De quinze qui nous sont arrivées et dont quelques-unes étaient attendues depuis deux et trois ans, pas trois étaient intactes. Toutes les autres, ouvertes à la douane ou mal soudées, nous réservaient de ces crève-cœur qu'il faut voiler un peu par égard pour les amis. Et pourtant, il faut bien qu'on sache que le transport est onéreux. Du Cap à Kazoungoula, il ne nous coûte pas moins de 78 fr. les 100 livres de poids. Et à cela il faut ajouter encore les frais de frétage, de douane, d'entrepôt et d'agence, qui ne sont pas peu de chose ; puis, le canotage de Kazoungoula à la Vallée...

... M. Adolphe Jalla va partir pour Kazoungoula. Cet ami s'est montré un aide des plus précieux tout le temps qu'il est resté ici. Il a pris à l'école un si grand intérêt, que je me suis demandé s'il ne serait peut-être pas à sa place à Séfoula. Il nous faudrait une école, un internat pour les jeunes gens ; nous ne pouvons nous soustraire longtemps à cette nécessité, et pour cela il nous faudrait un homme, l'*homme* appelé et choisi de Dieu. Dans notre pensée nos écoles donneront un jour naissance à une école d'évangélistes, car c'est là, après tout, notre principal but.

Nous avons décidé d'envoyer Litia à Morija. Il va partir avec M. Jalla, accompagné de quatre autres garçons, tous de nos bons écoliers. Léwanika m'a déjà remis 1,250 fr. pour son voyage et son entretien. Son ambition, à lui, ce serait que Litia allât en Angleterre et pût voir la vie civilisée.

La conséquence immédiate du départ de Litia pour le Lessouto, c'est le démembrement de notre école. Nous nous y attendions bien un peu, mais la crise paraît plus forte que nous ne le pensions. Ce départ aussi nous crée pour l'avenir des difficultés que nous prévoyons et que nous ne pouvons éviter qu'en fondant, nous-mêmes, et sans retard, un établissement pour des jeunes gens.

XLII

Temps difficiles. — Agitation politique. — Une visite à la capitale temporaire. — Barques royales. — Un dimanche de Pâques. — L'école de Séfoula. — Tristes chutes. — Mlle Kiener. — La visite de M. et Mme Louis Jalla. — Le caractère zambézien.

Séfoula, avril 1891.

Parmi les amis tièdes de l'œuvre des missions, j'ai parfois entendu la remarque que les lettres des missionnaires sont, en général, des tableaux ensoleillés et sans ombres; ce qui, pour dire le moins, serait peu artistique, c'est-à-dire peu conforme à la nature. Je proteste contre cette assertion, qui n'a d'autre fondement que l'ignorance ou la généralisation de faits isolés. Et pourtant, je comprendrais bien cette tendance, pourvu qu'elle ne fût pas exagérée. Autant nous aimons à faire partager à nos amis nos espérances et nos joies, autant, n'est-il pas vrai? il nous en coûte de les attrister par de lugubres récits de soucis, de désappointements et de difficultés sans cesse renaissantes. Après tout, les amis, les vrais, ceux qui s'associent de cœur à nos travaux, qui prient et qui luttent, ont besoin de connaître tout, de lire entre les lignes et d'être ainsi initiés à la trame de notre vie. Pour eux comme pour nous, l'évangélisation du monde païen, où qu'elle se poursuive, n'est certes pas un tissu de mœurs étranges et d'aventures qui ont le piquant du roman, c'est une lutte acharnée avec le Prince des ténèbres et avec tout ce qu'il sait, dans sa rage, susciter d'entraves, d'ennuis, d'opposition et de haine, tant par les circonstances que par les hommes. C'est un labeur sérieux. Ah! ce devrait être une vie de consécration et de foi.

Vous entrevoyez déjà, n'est-ce pas? que nous avons passé par des temps particulièrement difficiles. Eh oui! quand les nuages s'amoncellent, tout noirs et tout gros d'orage, on a beau se dire que le soleil brille toujours radieux par delà, dans les hauteurs des cieux, on voudrait le voir, et, quand le brouillard s'épaissit autour de vous et vous envoie un frisson de glace jusqu'au cœur, n'est-il pas vrai qu'on aimerait fermer la bouche, s'enfouir dans les plis de son manteau et poursuivre sa route en silence jusqu'à ce que le ciel redevienne serein? Mais non, vainquons-nous et causons.

Tout d'abord, tous nos rapports ont risqué, et je ne sais pas s'ils ne risquent pas encore, de s'embrouiller avec cet homme pour lequel j'ai conçu une affection si grande, mais qui, hélas ! comme roi, est d'une incapacité désolante. C'est une girouette qui se tourne à tous les vents, une cire molle qui reçoit toutes les impressions, un homme désespérément à la merci des influences les plus contraires, notre pauvre Léwanika !... Vous savez la concession minière qu'il a faite de son pays à la *South Africa Chartered Company*. Or, des hommes intrigants, mus par des motifs que je n'ai pas à qualifier, ont mis tout en œuvre pour surexciter la nature soupçonneuse du roi et pour attiser sa colère; ils ont représenté ses transactions avec la Compagnie sous le plus faux jour, nous accusant nous-mêmes d'avoir abusé de sa confiance, de l'avoir trompé par calcul, d'avoir vendu nos services et notre influence à la Compagnie, nous qui n'avons pas même reçu la valeur d'un centime pour toutes les provisions que nous avons dû procurer à son agent et à sa suite. L'hospitalité, naturellement, ne se paie pas. Ces calomnies, et d'autres non moins absurdes, ont bouleversé le roi. Dans les vieux temps — temps vieux de cinq ou six ans ! — elles eussent tout compromis : notre propriété, nos vies, notre mission !...

C'est ainsi que nous nous sommes égratignés aux épines de la politique dans un champ qui n'est certainement pas le nôtre. Nous sommes tombés dans un nid de guêpes. Nous ne savons pas encore la tournure définitive que prendront les affaires. Ce que nous savons, c'est que Dieu règne, et qu'il fera concourir la malice des méchants aussi bien que les fautes des hommes, les événements et les circonstances, à l'accomplissement de ses desseins éternels.

La saison, cette année, a été exceptionnellement pluvieuse. Une triste saison, dans un sens, pour nous. Tout est imprégné de cette humidité tiède que l'on ne connaît que dans les tropiques. Nos chaussures, nos livres, même ceux d'un usage journalier, tout est moisi. Des comestibles, n'en parlons pas. Rien en aucune saison, rien au Zambèze ne se garde, qui n'est pas en canistres hermétiquement soudés. Et quand, par nécessité, on ouvre l'un de ces canistres, il faut, pour ne pas le perdre, se hâter de le finir. La viande, chez nous, un article si rare et si difficile à se procurer, ne se garde que deux jours ; le troisième, elle est déjà trop faite, et on en est dégoûté.

Voilà deux années consécutives que Léwanika avait choisi près d'ici un site pour sa capitale temporaire, mais, faute d'eau, les canots n'y purent aborder. Celle-ci est la troisième : en sera-t-il de même? C'est à n'y rien comprendre. Les osselets divinatoires furent ardemment consultés, et l'oracle se fit entendre. Les dieux étaient courroucés, et le redoutable Katouramoa surtout, de l'innovation inouïe de Léwanika. Qu'allait-il chercher dans le voisinage de ces blancs, quand « la tradition, d'ancienneté, a consacré une tout autre partie du pays pour la résidence du roi » ?

Ainsi faisait parler les dieux le parti conservateur, et il est influent ; le vieux Narouboutou le représente dignement. Léwanika, qui voulait tenir la chose secrète, fut surpris et mortifié quand je lui en parlai. Cette année, sous l'empire de ce même oracle, il s'était rendu. Il avait décidé de ne pas se mettre mal avec les mânes de ses aïeux, mais de se conformer à la tradition. Il faisait donc tranquillement ses préparatifs. Mais, à la suite d'un sérieux entretien que j'eus avec lui en janvier, il se laissa ébranler. Il tint conseil, et, chose étrange, les chefs aussi se rendirent, et ils résolurent de faire une dernière tentative cette année et d'installer la capitale temporaire à Sana, dans notre voisinage. Les travaux furent poussés vigoureusement, et à trois kilomètres, à vol d'oiseau, s'élève maintenant, sur un îlot, un village qui est la reproduction exacte de celui de Léalouyi, seulement en proportions plus modestes. Même plan, même disposition de l'établissement privé du roi, de son harem, de ses cuisines, de ses diverses dépendances, du *khothla* et des divers quartiers de la ville ; même labyrinthe de ruelles concentriques et d'étroits passages. Voilà donc un vieux désir qui s'accomplit et d'ardentes prières que Dieu daigne exaucer. Oui, mais l'inondation ? Elle est en retard, les pronostiqueurs jurent déjà qu'il n'y en aura pas. On a beau envoyer messagers sur messagers dans les pays d'en haut, rien. Décidément, nous ne sommes pas populaires dans le monde des esprits, et Katouramoa nous en veut.

Mais voilà qu'un beau jour un billet du roi m'annonce, comme une grande et bonne nouvelle, que l'inondation, venue un peu subitement, est déjà assez forte pour porter la monstrueuse barque royale, et qu'enfin il va venir à Sana tout près de nous. Bientôt après, voici un canot qu'il nous envoie avec un aimable message d'aller le rencontrer à Sébembi.

La vie est monotone au Zambèze : peu ou point de récréation. L'occasion est donc trop bonne pour ne pas se dérider un peu. Nous sommes bientôt en canots, Mme Coillard, Mlle Kiener, M. Waddell, André, les filles, les garçons, tous nos élèves grands et petits, et, pour la première fois, nous avons la joie de glisser sur les eaux de notre canal. Nous arrivons les premiers au rendez-vous. Nous entendons bien le bruit sourd des gros tambours de guerre, mais il est lointain. Et, pour ne pas regarder le soleil qui descend et les nuages qui commencent à s'amonceler, les dames font des visites à domicile, nous causons avec les hommes qui se groupent sur la place publique, puis tous ensemble nous chantons des cantiques. C'est notre cloche dans les villages, mais une cloche bien fêlée, je vous assure. Puis nous parlâmes du Seigneur Jésus à ces pauvres créatures. Pendant ce temps, les tambours s'étaient rapprochés. En un moment, nous sommes sur nos pieds, groupés sur le bord de l'eau, et plongeant de longs regards dans l'immensité de la plaine submergée. « Les voilà! les voilà! » crièrent et répétèrent plusieurs voix à la fois. Et, en effet, une masse noire paraissait à l'horizon, grandissait, grossissait à vue d'œil, se décomposait et prenait l'apparence d'une forêt qui flotte sur un lac. Les femmes, massées à l'écart, poussaient leurs cris stridents habituels, tandis que, dans les groupes d'hommes et de jeunes gens, les remarques les plus curieuses pétillaient comme des étincelles. « Quoi! deux *nalikouanda!* quand est-ce que la seconde est née? Voyez donc... » Et c'était vrai.

Les ba-Rotsi, comme de coutume, ont rafistolé et renouvelé la grande barque officielle, mais Léwanika s'est avisé de faire mieux. S'enfermant avec quelques ouvriers d'élite dans un enclos interdit au public, il se mit à l'œuvre. Le fond et les côtés de canots mis en pièces lui fournirent des planches. Puis, les ressoudant, les ajustant avec beaucoup d'habileté, il les calfata avec du caoutchouc du pays, fit un double fond, confectionna un pavillon garni d'étoffe blanche et rouge, et, aux regards émerveillés de ses gens, il lança sa *nalikouanda* à lui. Jugez si on l'admira. Je ne serais pas étonné que quelque poète l'eût déjà chantée.

De fait, plus longue, moins large que la barque officielle, elle est beaucoup plus légère, et fait honneur à Léwanika. Après avoir longtemps louvoyé dans la plaine, les deux merveilles de la marine des ba-Rotsi arrivèrent, escortées des canots des princesses que leurs pavillons de nattes distinguaient de ceux des conseillers, des chefs, des serviteurs favoris du roi, d'une nuée d'esclaves, en somme de plusieurs centaines de pirogues hérissées de pagayeurs, et répandues dans la plaine comme une immense fourmilière en révolution. Le coup d'œil, tout nouveau pour nous, avait quelque chose d'intéressant et d'agréable.

Mais le soleil touchait à l'horizon. Nous échangeâmes une poignée de main et quelques paroles avec Léwanika, qui était surpris et tout radieux de voir ces dames, fîmes un petit bout de route ensemble, et puis, pendant qu'il se rendait à ses nouveaux quartiers, nous remontâmes notre canal. A mesure que nous approchions de la station, le courant devenait plus fort et l'eau moins profonde; nous avancions lentement. Les nuages qui s'étaient amoncelés, gris et noirs, crevèrent : ce fut une trombe. Tous ceux qui le purent se sauvèrent à pied. Nous restâmes seuls avec notre petit équipage. Enveloppés dans des caoutchoucs durcis comme du carton et déchirés en lambeaux avant d'avoir servi, nous subissions ce déluge avec toute la bonne grâce possible, pendant que nos hommes tirent et poussent le canot de fort bonne humeur. C'est égal, malgré cette aventure, une fois rentrés à la maison, nous ne regrettâmes pas la journée.

Un problème qui se pose et me jette dans un grand embarras, c'est celui de concilier l'urgence de l'enseignement avec l'urgence de l'évangélisation. L'un de ces devoirs ne peut consciencieusement se faire qu'au détriment de l'autre. Je souffre de penser que notre sphère d'activité et d'influence est si restreinte, quand nous avons sans partage toute la nation devant nous. Il faut bien le confesser, on ne se reconnaît pas soi-même, car la moindre course à pied dans ces climats torrides, dans les sables et les bourbiers, vous épuise et vous la fait redouter. Du reste, ces courses ne peuvent rayonner bien loin ; comment atteindre les villages à distance ?

Le séjour de la capitale dans notre voisinage, avec le grand mouvement qu'il crée nécessairement, m'impose de nouveaux devoirs qu'il faut ne pas négliger. Il nous ouvre de grandes portes pour faire connaître le message de Dieu et nous offre des occasions précieuses, uniques, dont il faut absolument profiter. C'est la leçon que me faisait le roi, l'autre jour, avec un grain de mauvaise humeur. « Je me garderai bien d'engager les gens à aller à Séfoula. C'est à toi de les atteindre. Je suis fatigué de leur dire d'envoyer leurs enfants à l'école, ils m'en veulent. Je t'ai amené le cœur de la nation. C'est maintenant ton affaire, pas la mienne. »

N'est-ce pas étrange que ce soit juste au moment où l'œuvre exige de nouveaux efforts et où il faudrait se multiplier que je me trouve seul pour y faire face ? Pour comble de complications, je viens de perdre mon cheval, ce fidèle serviteur que je devais à la générosité d'un ami que j'ai souvent béni sans le connaître. Il ne me reste donc plus que mes jambes, qui ne sont pas très jeunes. Mais « nul ne va à la guerre à ses propres dépens ». Nous avons le droit de compter sur le Maître qui nous a envoyés ; il est riche en moyens et sa grâce est inépuisable.

Laissez-moi vous inviter à passer le dimanche de Pâques avec nous, et vous vous ferez une idée de ce que nos expériences peuvent avoir d'encourageant. C'était le premier dimanche que Léwanika passait à sa nouvelle capitale. Nous comptions sur lui et une grande affluence. Peut-être même nous serait-il impossible de faire le culte dans l'église. Le ciel était gris, mais pas de pluie ; assez bon signe. Au petit jour, selon notre habitude, la cloche des enfants de France annonce à grandes volées le jour du repos. A neuf heures et demie et à dix heures, elle sonne encore joyeusement pour rassembler notre auditoire. Mais, à part nos élèves, pas âme qui réponde. Quelques hommes et deux ou trois femmes entrèrent tardivement. Mais le Seigneur était avec nous, et le service fut remarquablement sérieux et intéressant. André prit le second service où il répéta, moulée à nouveau dans la tournure d'esprit qui lui est propre, la prédication du matin. Puis, je mis mes grosses bottes et nous partîmes tous, les dames exceptées bien entendu, pour la capitale. Le roi, amical et causeur comme toujours, prétextait une légère indisposition, et il me fut impossible de le décider à assister au culte. Je m'imaginai que peut-être il devait subir certaines purifications avant de pouvoir se montrer au *khothla* de sa nouvelle ville. Je le lui demandai directement : il rit, mais il ne me convainquit pas.

A sa requête, je lui indiquai la portion des Écritures que j'allais lire et expliquer, et je me rendis sur la place. La clochette avait fait le tour du village et avait cessé de sonner, le crieur public s'était tu, et je n'avais qu'une poignée d'hommes devant moi. Pas de femmes naturellement, puisque celles du roi n'y étaient pas, et celles-ci n'eussent pas osé y paraître sans ses ordres. De tous côtés on travaillait : on bâtissait, on brayait des peaux, on réparait des canots. Personne ne s'inquiétait de la réunion. Nous eûmes recours à notre dernière cloche : nous nous mîmes à chanter, et à chanter longtemps. Des hommes arrivèrent lentement, un à un ; je les comptais ! Et quand je commençai à prêcher, je pouvais avoir une soixantaine d'auditeurs. J'arrivai tard à la maison, fatigué et abattu. Mais, dans la soirée, nous eûmes entre nous une méditation bénie et la communion.

Depuis lors, nous avons été en wagon, avec nos dames, passer la journée à Sana, la capitale. Cela nous a amené, en retour, une succession de visites, et de longues visites qui durent les trois quarts du jour. Ce furent d'abord les femmes du roi, puis celles de Gambella et d'autres chefs. Le roi, lui, est tout entier à la chasse des antilopes, mais ses messagers ne laissent pas croître l'herbe sur le sentier de Sana à Séfoula. Nous sentons profondément l'importance de notre mission spéciale et de notre responsabilité pendant les trois mois qui sont devant nous. C'est là depuis trois ans le sujet d'ardentes prières. Nombre d'amis aussi se sont joints à nous pour demander au Seigneur la conversion de Léwanika ; nous sommes au guet, nous l'attendons. Comme il me le disait lui-même avant-hier, il connaît la vérité, il aime les choses de Dieu, mais Satan et le monde nous le disputent. Il est difficile à un *riche* d'entrer dans le royaume de Dieu.

L'école ! Elle a reçu un grand choc au départ de Litia pour le Lessouto. Ce cher garçon exerçait une bien plus grande influence que je ne me le figurais. Tous ceux de ses esclaves qui suivaient l'école avec lui l'ont maintenant abandonnée. Le village de nos jeunes gens, actuellement sans une autorité reconnue qui puisse s'exercer en dehors des heures d'écolage, est redevenu ce qu'il était jadis : un antre de bandits. Ce sont moins les élèves eux-mêmes que leurs esclaves qu'il faut accuser. Il y a eu une recrudescence du vol qui est un vrai débordement. Je m'étais donné beaucoup de peine pour ensemencer un champ ; nous n'avons rien récolté : maïs, courges, haricots, cannes à sucre, tout a été volé, même une clôture que j'avais entreprise et dont le dernier pieu aura bientôt disparu. Mes thermomètres à minima et à maxima ont pris le chemin de mes deux anéroïdes et, pour les voleurs, n'ont pas plus d'utilité.

A l'école même, il y a toujours un levain d'insubordination. Les élèves savent que nous n'avons aucune autorité sur eux, et que, quelque mal qu'ils se conduisent, personne, ni leurs parents, ni le roi, n'aura une réprimande pour eux. Aussi, la discipline est-elle chose délicate et difficile. Mais, somme toute, notre école est toujours le point lumineux de l'œuvre de Séfoula. Nos élèves font des progrès, et la tâche de les enseigner est devenue une tâche sérieuse. Ah ! si l'Esprit de Dieu soufflait parmi eux et qu'il y eût de vraies conversions, quel changement ! En attendant ces temps bénis, Dieu continue à nous donner, par sa grâce, de la patience. Nous sommes prêts à tout plutôt qu'à n'avoir pas d'école ; prêts à ne plus semer, s'il le faut, à ne pas nous plaindre si on nous pille… Il nous faut souffrir en silence, attendant des jours meilleurs. Ils luiront au Zambèze, comme ils ont lui au Lessouto, et alors nos épreuves et nos ennuis seront pour nos successeurs un sujet d'étonnement et une démonstration irréfragable de l'influence de l'Évangile.

Mes tableaux, aujourd'hui, ne manquent pas d'ombres, hélas ! Et cependant, il faut en ajouter une autre, la plus épaisse de

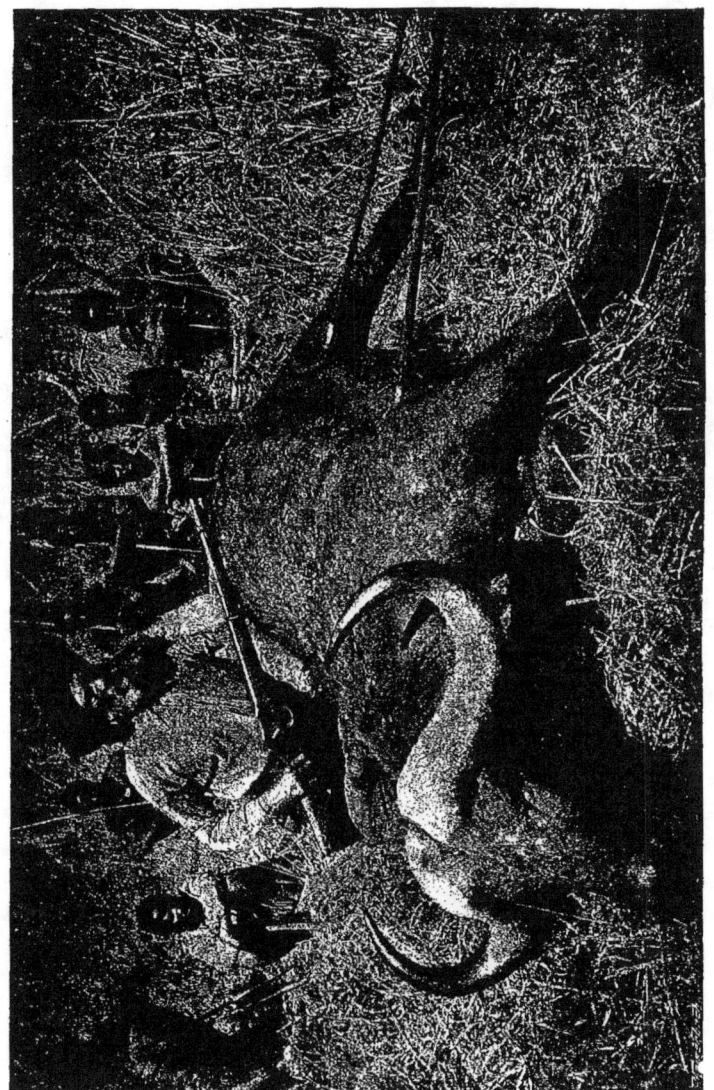

M. WALL ET SON BUFFLE

toutes, la plus noire. Je le fais avec confusion et avec douleur, mais je le fais pour être vrai et vous mettre à même d'entrevoir la nature d'un genre de nos difficultés. Il vous souvient qu'outre les filles de Léwanika, nous en avions trois autres sur lesquelles nous avions concentré beaucoup d'affection et fondé de l'espoir. Illusion et déception ! De ces trois, deux ont dû être sommairement chassées de notre maison. Elles sautaient de nuit l'enclos de la cour et, selon les mœurs du pays, allaient se livrer au désordre dans le village ; ou, trompant notre vigilance, en plein jour elles donnaient rendez-vous à leurs complices dans les bois. Vous devinez le reste. Cela est vite dit ; mais ce qui ne se dit pas et ne peut pas se dire, ce sont les souffrances, les tortures morales par lesquelles nous avons passé, ma pauvre femme surtout. C'est pendant mon dernier voyage à Séchéké qu'elle a commencé à faire ces atterrantes découvertes. Ses angoisses, ses larmes, ajoutées à son état de si grande faiblesse, ont failli la faire succomber. Nous avions souvent frémi d'horreur au contact de l'épouvantable corruption qui règne autour de nous et empeste notre atmosphère, mais nous ne réalisions pas encore complètement que c'est en pleine Sodome que nous vivons. La notion du péché n'existe pas encore, la conscience dort d'un sommeil de mort. Pas de pudeur ; jeunes et vieux se glorifient de ce qui fait leur honte. Qu'une jeune fille tombe, elle n'en est nullement déshonorée ; l'opinion publique n'a pas de flétrissure pour elle, et ses maîtres, si elle en a, se trouvent enrichis d'un esclave de plus. Pardonnez-moi de vous parler si crûment. Mais il est bon que vous sachiez que quand nous parlons à mots couverts de corruption, c'est un abîme que nous couvrons par déférence pour vous et par pudeur. Ce ne sont pas des lieux communs, une manière convenue de parler. Ce sont d'épouvantables réalités qui partagent nos nuits entre les insomnies et les cauchemars. Pour travailler ici sans perdre courage et sauver le lumignon fumant de la foi, il faut croire et croire fermement que l'Évangile du Christ est bien réellement la puissance de Dieu en salut à tout croyant. Qui en douterait ferait fausse route en venant au Zambèze, à moins que Dieu n'eût pitié de lui et ne lui dessillât les yeux.

Nos pauvres, pauvres enfants ! Voilà donc le résultat de trois années de labeurs !... Mais non, tout n'est pas désespérément perdu. Nous voulons croire que les larmes de notre pauvre Nyama avaient un grain de sincérité, que, bien qu'elle eût dû quitter notre maison en disgrâce, la bonne semence répandue avec tant d'amour dans son cœur germera un jour, et qu'elle deviendra encore une femme rangée et une chrétienne vivante. L'autre, Namousi, nous a encore plus douloureusement affligés par sa dureté, son effronterie et sa duplicité que par sa chute. A son retour à Léalouyi, le roi voulut faire un exemple. Il la mit en prison, lui enleva tous ses vêtements européens — sa garde-robe était bien montée et elle en était bien fière, la pauvre fille! — et il les distribua aux premiers venus. Figurez-vous notre impression l'autre jour, quand nous allâmes avec les dames à la capitale, de voir de grands jeunes gens affublés dans les camisoles de la malheureuse jeune fille et dans des setsiba faits de ses jupes! Dans l'amertume de ma tristesse, j'aurais voulu, moi, balayer de notre maison la dernière de nos jeunes filles. Ma femme, elle, avait d'autres sentiments, des sentiments plus élevés, plus purs, plus en harmonie avec ceux de l'Ami des pécheurs. Elle reçut de Léwanika trois nouvelles petites filles, et... nous allons recommencer! Peut-être que Dieu, dans sa miséricorde, nous réserve un peu plus de satisfaction et de joie!

C'est au milieu de cette terrible tourmente que nous est arrivée, comme un ange envoyé de Dieu, la chère mademoiselle Kiener. Le choc a été terrible pour elle, et sa vocation a dû, dès le début, passer au crible. Une vraie fille pour nous dans la maison, une amie tendre et dévouée pour ma femme, une aide active et capable dans l'école, elle nous a été déjà en grande bénédiction et elle se fait dans nos cœurs comme dans notre vie une place tous les jours plus grande.

C'est aussi dans ces circonstances que notre cher ami Ad. Jalla nous a quittés pour son long voyage dans le Sud, où il va rencontrer sa fiancée. Il ne nous a pas désertés; il a souffert avec nous.

Elle était loin d'être apaisée, cette tempête, quand nous sont arrivés nos chers amis de Kazoungoula, M. et Mᵐᵉ Louis Jalla[1]. Il est bon, notre Père céleste, de nous avoir préparé ce baume

---

1. Voici comment M. L. Jalla raconte lui-même cette visite dans une lettre personnelle (*Journal des Missions*, 1891, p. 243):

Le 18 décembre, à dix heures et demie du matin, nous arrivions au gué de la Séfoula, où la wagonnette de M. Coillard nous attendait. A midi, nous arrivions à la station où M. et Mᵐᵉ Coillard et Mˡˡᵉ Kiener nous firent oublier notre long voyage par leur chaleureux accueil. La station avait un air de fête. Nous eûmes peine à reconnaître Mˡˡᵉ Kiener, tellement la fièvre l'avait déjà transformée. Quels beaux arbres, à Séfoula! On ne voit la station qu'au moment même où on y arrive, tellement elle est cachée dans un nid de verdure. Nous avons compté plus de vingt grands arbres rien que dans la cour intérieure. La station de Séfoula est tout un petit monde où il me semble que le sentiment de solitude, si fréquent pour nous, doive être tout à fait inconnu.

Nous passâmes à Séfoula un mois entier de repos et d'intime jouissance, journées trop courtes qui compteront toujours parmi nos plus beaux souvenirs du Zambèze. Installés dans la gentille maisonnette où logeait naguère Litia, notre temps de vacances s'envolait en intéressantes causeries sur les amis européens et africains, sur les intérêts de notre œuvre, sur les plans à former

pour nos cœurs brisés. C'était bien la première visite d'amis que nous recevions à Séfoula. Dire que nous avons joui du petit séjour de nos chers amis, cela a l'air banal, et cependant c'est bien vrai. Ils nous ont été en bénédiction ; nous avons causé, nous avons prié ensemble. M. Jalla n'a pas été un visiteur oisif. Comme membre de la famille missionnaire du Zambèze, il est entré en plein dans l'œuvre de Séfoula, de même que sa chère compagne. Il a prêché, il a fait et dirigé l'école, comme il l'aurait fait chez lui, pendant qu'une légère indisposition me retenait à la maison. Je n'entre pas dans les détails. Comme les navires qui, sous les tropiques, labourent les ondes phosphorescentes, leur passage ici a laissé une traînée de lumière. Je suis heureux qu'on les connaisse, et je suis sûr qu'on les aime. Quel soulagement d'esprit ce serait de savoir qu'enfin le grand village de Mambova s'est transféré à Kazoungoula ! Nous y comptions. Léwanika, depuis deux ans, envoie ordres sur ordres ; mais il n'a pas le pouvoir de se faire obéir. C'est pourtant pour la nation un poste dont l'importance est indiscutable, puisque c'est la porte du pays !

Du reste, de grands changements auront lieu dans cette partie du pays, si, comme on le dit, la reine élit définitivement sa résidence à Séchéké.

Je suis triste de clore cette lettre sans pouvoir vous signaler le moindre symptôme d'un réveil des consciences autour de nous. Nous en sommes encore à déblayer. Et quel travail ! Nous défrichons et nous semons bien, mais la semence reste ensevelie sous les mottes et étouffée sous les ronces d'un affreux paganisme. Il y aurait de quoi perdre tout courage, si nous ne savions que

---

pour l'avenir, sur nos pauvres amis Buckenham*, etc., etc. Tantôt, nous sortions tous ensemble pour faire un petit tour dans le vaste jardin de Séfoula, admirant l'immense allée de bananiers plantés par M. Coillard. Tout est ici sur une grande échelle, sauf peut-être les revenus, ceux du jardin du moins. Quant aux maisons elles-mêmes, on y retrouve partout les traces de la main habile de M. Waddell, sans la présence duquel jamais Séfoula n'aurait pu prendre une telle extension, matériellement parlant.

J'admirai surtout la chapelle, qui est un chef-d'œuvre à mes yeux, étant données les conditions du pays. Et quel encouragement pour moi, pauvre solitaire de Kazoungoula, qui ai tant de peine à réunir des auditoires de quinze à vingt personnes, de parler à ces belles assemblées de Séfoula, où la chapelle se remplit presque toujours et où règne un recueillement qu'on n'obtient jamais en plein air. Je fus heureux de pouvoir employer une bonne partie de mon temps à l'école, qui a toujours un très grand attrait pour moi. Mlle Kiener y faisait ses premières armes, et j'étais parfois surpris de voir ces grands garçons, d'un naturel si turbulent, obéir à ses observations faites d'une toute petite voix timide et cependant ferme. Mlle Kiener a sa place toute marquée à Séfoula, et, une fois qu'elle sera mieux acclimatée et familiarisée avec la langue, sa présence sera d'un grand soulagement pour M. et Mme Coillard.

Après M. Waddell, c'est Ngouana-Ngombé qui est le bras droit de M. Coillard. Quel garçon précieux et en même temps désintéressé, mettant la main à tout, déchargeant ses maîtres de tout souci concernant les ouvriers, les marchés de toute espèce, et même la cuisine. Surtout, c'est grâce à lui que cet immense travail d'un canal réunissant la Séfoula au Zambèze, et permettant aux canots d'arriver jusqu'à cinq minutes de la station, a pu être achevé, et c'est nous qui l'avons inauguré.

* Nom du chef de la mission envoyée par les *Méthodistes primitifs* au nord du pays des ba-Rotsi. Cette mission a beaucoup souffert dans son voyage pour aller jusqu'au Zambèze.

c'est précisément sous terre, en secret et en silence, que le grain germe.

Ce qui nous frappe et nous afflige dans nos chers Zambéziens, c'est leur incroyable légèreté. Ils rient, ils se moquent de tout et de tous. Ils n'ont rien de ce décorum, de cette politesse grave et respectueuse qui fait le charme des rapports sociaux chez les bé-Tchouana en général et les ba-Souto en particulier. J'estime heureux les jeunes gens qui viennent directement d'Europe chez les ba-Rotsi sans avoir fait connaissance avec d'autres tribus. Bien des déceptions et des amertumes leur sont ainsi épargnées.

Les ba-Souto, comme les Athéniens, sont tous et toujours à la piste des nouvelles : *Taba ké lifé ?* — Quelles sont les nouvelles ? Là c'est la salutation invariable de deux étrangers qui se rencontrent. Ici l'un fuit et se cache de l'autre s'il le peut ; le plus fort insulte et pille le plus faible. Vous pouvez venir du bout du monde ; que leur importe ce qui se fait et se dit là-bas ? Léwanika est à ma connaissance le seul — sans exception — qui vous fasse de ces questions-là. Ici vivre, littéralement, c'est s'amuser. Tout n'est que frivolité, il n'y a rien de sérieux dans la vie, *rien*. Vous vous informez de la santé de quelqu'un ? On vous rit au nez, on se regarde et on se demande ce que vous dites. Allez-y plus directement, demandez si ce quelqu'un s'amuse. Aussitôt on vous répondra avec emphase : « *O nts'a bapala hanthlé.* — Oui, il s'amuse bien. » Rencontrez-vous quelqu'un qui vient de la capitale ? — Quelles sont les nouvelles ? — A moins que le roi ne soit alité, on vous répond invariablement : « *Moréna oa bapala, mérôpa é ntsé é léla ;* le roi s'amuse et les tambours continuent à battre. »

Malheureusement, les devoirs et les responsabilités de la vie subissent cette influence délétère. Les Zambéziens ont peu de joies, et les épreuves qui ailleurs labourent les profondeurs de l'âme et poussent au désespoir ne font guère qu'effleurer ces cœurs vides. Le vol, le mensonge, le meurtre, les atrocités, la corruption sous les formes les plus révoltantes, semblent n'étonner personne. *On s'amuse,* c'est dans les mœurs. Un père dont la fille, placée dans une maison missionnaire, est destinée déjà au harem d'un jeune chef, recommandait à notre frère de ne pas être trop clairvoyant, et de fermer un peu les yeux sur les rapports de sa jeune fille avec les garçons de l'établissement. Il disait, dans un langage qui ne se traduit pas en français : « Laissez-les *s'amuser.* » Il y a quelque chose de comique, à notre âge, de nous entendre gravement saluer : « *Salang ! lé Lapalé hanthlé !* Restez en paix et vous amusez bien ! » Quelquefois c'est d'un comique qui vous arracherait des larmes. Un jour, un homme venait de Séchéké et nous apportait la nouvelle de la mort de l'enfant de ma nièce. « Et comment as-tu laissé M. et Mme Jeanmairet ? s'enquit ma femme. — Mais bien, ils s'amusaient ! — Comment ! ils s'amusaient, et leur enfant vient de mourir ? » — Et l'homme part d'un gros éclat de rire.

Il y a là quelque chose de profondément triste, parce que c'est là, je crois, la clef du caractère des ba-Rotsi. Il n'y a rien de sérieux pour eux. Tout dégénère ou en amusement ou en dégoût. Aussi ne sont-ils pas susceptibles d'efforts intellectuels, et ne peuvent-ils endurer la moindre contrainte. On comprend aisément le peu de prise que les choses de Dieu ont sur ces natures frivoles.

« Fils de l'homme, ces os secs pourraient-ils bien revivre ? — *Tu le sais, Seigneur.* »

XLIII

Chasses royales. — Vacances improvisées. — Histoire d'un voleur. — En pleine tourmente. — Divisions politiques. — Les missionnaires méthodistes. — Mauvais symptômes. — « Pressés de toutes parts, mais non réduits à l'extrémité. »

Séfoula, 10 avril 1891.

J'ai du loisir, car il a plu à tous nos élèves, sans exception, de nous donner congé pour trois ou quatre semaines pour aller avec le roi chasser les antilopes à la Rouéna, et naturellement le roi n'a pas pu refuser. C'est une chasse monstre, les gens s'y rendent par escouades : on fait une grande battue, les antilopes, cernées de tous côtés, se réfugient sur un îlot ; les canots se rapprochent, le cercle se ferme, se restreint, et, à la première javeline lancée par le roi, c'est un massacre général qui enivre tout le monde. On grille de la viande à satiété, on a la chance de « ramasser » une fourrure ou deux pour l'hiver. Comment blâmer nos jeunes Zambéziens de donner un coup de pied à la monotonie et à la contrainte de l'école pour se donner à cœur joie de cette vie sauvage ?

Je les suivrai en canot dans dix ou douze jours, pour aller passer le dimanche avec eux et prêcher l'Évangile. En attendant, je continue à visiter la capitale, bien que je n'y trouve pas beaucoup d'encouragement pour mes réunions. Le roi est toujours amical, et les gens aussi. Mais les femmes sont tout horrifiées quand je les presse de venir. « Comment, nous, aller sur la place publique, sans pouvoir, comme à Léalouyi, nous dérober aux regards des hommes ! Sûrement le *morouti* n'est pas sérieux ! » Et, en effet, elles ne viennent pas, pas une ! L'œuvre est donc à faire de maison en maison.

J'ai été bien touché, en lisant le rapport de l'an passé, d'y voir une somme de 225 fr. donnée par un anonyme de Neuchâtel « pour le cheval de M. Coillard ». Comment cette personne pouvait-elle savoir alors qu'en 1891 j'aurais en effet besoin d'un cheval ? Eh bien ! en effet, j'ai perdu mon cheval, ce bon vieux serviteur qui me connaissait si bien, et sans lequel je ne faisais jamais de courses. Tout le monde le connaissait aussi. D'aussi loin qu'on voyait son habit blanc, on s'écriait : « Le *morouti !* » et tout le monde d'accourir, hommes et femmes. « Ah ! c'est demain le jour du Seigneur, n'est-ce pas ? Nous viendrons ! » Et les gamins, eux, de faire gaiement et bruyamment la course avec moi. Tout cela est un joli souvenir, un reflet un peu pâle, un reflet pourtant de ma vie au Lessouto.

Maintenant, ce sont mes vieilles jambes qui me porteront un peu moins lestement, un peu plus péniblement et peut-être un peu moins loin à travers nos sables et nos marécages. Si l'œuvre se fait plus modestement, elle se fera quand même. Et, en attendant que des jambes neuves arrivent, Dieu nous donnera force et courage.

Je parlais l'autre jour, dans une autre lettre, de la recrudescence du vol. J'avais posé la plume, et l'encre en était à peine sèche que tout de suite un voleur, bravant la pluie, faisait un voyage de quatre à cinq lieues pour s'enrichir à la manière des chevaliers d'industrie. Il avait bien fait ses observations assurément, à en juger par le soin avec lequel il avait fait son choix, tant dans mon cabinet d'études que dans ma chambre noire de photographie, dont il emporta même la portière de serge. Seulement, il avait oublié qu'avec la fin de la pluie et en courant, il imprimait ses traces sur le sable. Au point du jour, dès que j'eus donné l'alarme, tous nos garçons se mirent à la piste. Le voleur s'en moquait ; n'avait-il pas une petite corne magique qu'il agitait tout le long du chemin, croyant fermement que ceux qui le poursuivraient tomberaient de sommeil ou seraient frappés d'aveuglement ? Vers midi, il avait fait une halte à l'ombre, dans les bois, pour admirer son butin et jouir d'une sensation toute nouvelle, celle de se peigner et se brosser les cheveux, — car il était possesseur d'une trousse de voyage. Tout à coup il entend un bruissement dans les broussailles, il aperçoit une troupe de garçons armés, et, d'un bond désespéré, il cherche son salut dans la fuite. Inutile ; on le saisit, on le garrotte et on le ramène à la station. Le lendemain, je l'expédiai au roi. Le malheureux avait le malheur d'être un mo-Ngnété, et de n'avoir pas un mo-Rotsi pour maître. L'occasion était trop belle pour faire du zèle. Après l'avoir laissé tout le jour attaché au grand soleil, les chefs le condamnèrent à être lié pieds et mains avec deux gros blocs de bois attachés aux jambes, et jeté à la rivière. Par prudence le roi s'était retiré. Quand il eut connaissance de la sentence, il envoya à trois reprises demander aux grands chefs s'ils étaient sérieux. « Sérieux ! mais certainement. Il faut faire un exemple, il en est temps. — Bien, dit le roi ; attendons cependant l'avis du missionnaire. En attendant, garrottez-moi ce vaurien. » On comprit. On ficha deux poteaux en terre, à la plus grande distance possible ; on lui écarta bras et jambes qu'on lia à ces poteaux. On lui serra la tête et le ventre à des traverses ; une crucifixion dans toutes les règles, et là le malheureux fut laissé dans la plus affreuse situation, toute la nuit dévoré par les moustiques, tout le jour dévoré par les mouches et par la soif, et brûlé par un soleil ardent ; un spectacle qui attira et amusa une foule de curieux.

Vous comprenez, sans que je le dise, mon indignation et la nature des messages sur messages que j'envoyai au roi. J'allais me rendre moi-même au village, quand je reçus l'assurance qu'on avait délié l'infortuné. Des langues indiscrètes m'ont assuré, depuis, que malgré les ordres du roi on l'a laissé un jour et deux nuits ainsi crucifié, — trente-six heures ! — Ses plaintes, ses gémissements excitaient l'hilarité de la populace.

Ce qui m'indignait, c'est que, il y a quelque temps, le fils d'un mo-Rotsi avait commis un vol bien plus considérable et dans des circonstances bien autrement aggravantes. Pris en flagrant délit et conduit au *lékhothla*, les chefs, les grands chefs ne trouvèrent pas même un blâme à lui administrer. « C'est l'enfant d'un mo-Rotsi, dirent-ils, sa faute est la nôtre, nous paierons son amende. » Et l'individu se prélassa sans honte après comme avant. Je n'avais pas besoin de leur amende ; mais ces chères gens m'ont épargné l'embarras de l'accepter ou de la refuser. Ne me dites pas que la justice est aveugle au Zambèze. Elle voit joliment clair.

Dans la dernière visite que j'ai faite au roi, celui-ci est encore revenu sur son thème favori : une école industrielle. Il est tellement dévoré par l'idée d'avoir les garçons que nous avons dégrossis, qu'il soudoie les miens les uns après les autres et d'une manière qui ne lui fait pas toujours honneur.

Séfoula, 16 juin 1891.

Hélas ! nous sommes en pleine tourmente. Jamais encore nous ne nous sommes trouvés dans une rafale pareille, si furieuse et si persistante. Notre nuit est bien noire, les flots sont terriblement agités, et notre petite nacelle, à chaque vague qui la bat, est bien près de sombrer. Mais non, Jésus est là, nous entendons sa voix : C'est moi, ne craignez pas !

Ce sont toujours les affaires de la Compagnie de l'Afrique du Sud qui bouleversent les esprits. Sans être un saint Paul, moi aussi j'ai mon « Alexandre le forgeron » qui m'a fait et me fait bien souffrir. Il me fallait cette amère douleur et cette dure humiliation, et je prie chaque jour pour que je sois animé de l'esprit de David, qui, dans son malheur, supportait les injures de Siméï, et qui répondait à ceux qui auraient voulu le venger : « Dieu lui a dit : Maudis David. »

Les derniers incidents qui se sont produits me confirment de plus en plus dans la conviction que le traité fait l'an passé avec la Compagnie était la planche de salut, tant pour la nation que pour Léwanika lui-même. Mais, aujourd'hui, nous sommes tout seuls de notre opinion. Nos adversaires, qui se sont posés en champions et en sauveurs de la nation, ont représenté les choses bien différemment. Les insinuations, le faux jour jeté sur les faits et les calomnies ont trouvé dans la nature foncièrement soupçonneuse, excitable et vindicative de nos pauvres ba-Rotsi, un terrain riche et ont vite porté leurs fruits de défiance, de menaces et d'insultes.

L'excitation des chefs de Séchéké est au comble, et le roi lui-même, à tort ou à raison, disait que c'est en partie à cela qu'il faut attribuer les mauvais traitements qu'on a fait subir à M. Baldwin, et que M. Goy a si noblement — en partie, du moins — partagés. De sérieux dangers nous menacent. Qu'un *pitso* ait lieu, au retour de Mokouaé, avec les chefs de Séchéké, ou bien qu'une rumeur se répande que la Compagnie veut se prévaloir du traité et pénétrer par la force dans le pays, qu'adviendra-t-il de nous ? — de moi ?

Le roi, lui, me comprend : il est incapable de me faire le moindre mal ; mais il est plus incapable encore de nous protéger. Il tremble pour lui-même : de là sa persistance à rejeter sur moi tout seul toute responsabilité. S'il faut une victime pour assouvir la vengeance des ba-Rotsi, il la livrera plutôt que de s'exposer lui-même. Hélas ! il vient de nous en donner une triste preuve.

Les missionnaires méthodistes primitifs sont, depuis un an, dans le pays. Les pauvres gens ont eu toutes sortes de contretemps. Ils n'ont pas pu encore apprendre la langue, ce qui nuit à leur popularité. Sous un prétexte des plus futiles, l'un d'eux a été honteusement et cruellement maltraité chez la reine Mokouaé, près de Séchéké [1]. Cela a naturellement eu un grand retentissement dans la contrée.

---

[1]. J'emprunterai à M. Goy le récit de ce douloureux incident :

La reine avait laissé son palais sous la garde de quelques-uns de ses serviteurs ; or, un soir, un des missionnaires anglais, M. Ward, entra dans la cour pour parler aux gardiens ; le lendemain, il y revint encore, accompagné de son collègue, M. Baldwin ; et, voulant lui expliquer comment les ba-Rotsi bâtissent, il traça du pied quelques lignes sur le sable.

C'en fut assez pour éveiller la superstition des gardiens, qui accusèrent ces deux messieurs

C'est par Léwanika lui-même que je l'ai d'abord appris. Puis, sont venues les lettres, celles de nos frères L. Jalla et Goy, d'un sérieux et d'une élévation qui vous auraient plu. Je les lus au roi. Il me fut donné, à moi aussi, d'être fidèle, soit en privé, soit dans ma prédication du dimanche, au *lékhothla* (2 Cor. V, 20 : Nous sommes ambassadeurs de J. C.), et de dénoncer la conduite de Mokouaé et des chefs de Séchéké comme une grave offense contre Dieu, dont nous sommes les serviteurs. Le roi partageait certainement mes sentiments. Il était très contrarié de l'affaire, et c'est sur les chefs de Séchéké qu'il en reportait tout l'odieux. Mokouaé, selon lui, n'était qu'un instrument dans leurs mains. Il voulait leur envoyer une forte réprimande, mais se désolait de n'avoir personne d'assez courageux pour leur porter son message. C'est en vain que nous faisions ensemble la revue des principaux personnages de la Vallée. Les Séchékéens sont formidables, redoutés de tous. Léwanika, tout en s'opposant à ce que nos frères méthodistes allassent chez les ma-Choukouloumboué ou, comme je les en priais instamment, chez les ba-Toka, les laissait libres de

---

de sorcellerie, et informèrent aussitôt la reine de ce qui s'était passé. Celle-ci, furieuse, voulut juger elle-même un cas aussi grave et manda les accusés auprès d'elle. M. Ward étant retenu par la fièvre, M. Baldwin partit sans lui et, ces messieurs ne connaissant pas la langue indigène, je fus appelé comme interprète dans cette triste affaire.

Après quatre heures et demie de voyage en canot, nous arrivâmes à un petit îlot où la reine avait planté ses tentes. A notre première entrevue, elle fut très aimable avec moi ; mais elle ne voulut pas saluer M. Baldwin et lui ordonna de sortir de sa présence.

Un peu plus tard, cependant, les chefs réunis en conseil nous firent appeler, et je vis tout de suite que les esprits étaient montés contre nous ; mais j'étais loin de prévoir ce qui allait se passer.

On ordonna d'abord à M. Baldwin de s'asseoir sur le sable, ce qu'il refusa de faire. Il demeura debout, et la conversation s'engagea très vive.

Tout à coup un chef bondit sur mon compagnon en criant : « Saisissez-le ! » Aussitôt toute une bande sauvage, cinq cents hommes environ, l'entourent, vociférant à qui mieux mieux : « Etranglons-le ! Jetons-le à l'eau ! » et autres cris de mort semblables.

Voyant qu'on s'apprêtait à mettre les menaces à exécution, j'entourai M. Baldwin de mes bras, pensant qu'on ne lui ferait aucun mal tant que je serais ainsi cramponné à lui. Mais leur rage était telle, qu'ils se ruèrent sur nous et nous maltraitèrent de toutes les façons pour parvenir à nous séparer. Pendant que les chefs de Séchéké me retenaient, ceux de l'escorte de la reine emportaient M. Baldwin et le torturaient de mille manières. Un quart d'heure plus tard, cependant, il revenait auprès de moi, se traînant à grand'peine : on lui avait tordu les bras et les jambes ; il était méconnaissable, ayant la bouche et les yeux pleins de terre et de sang. Néanmoins il dut, dans cet état, s'asseoir sans chapeau sur le sable, au grand soleil, durant toute une heure.

Pendant ce temps, on m'insultait, m'appelant : « maître sorcier », et « le plus grand des filous », tout simplement parce que j'avais porté secours à M. Baldwin.

Puis Mokouaé me fit un long discours pour m'expliquer ses motifs de vengeance contre nos frères anglais. « Je consens à pardonner, fit-elle en terminant ; mais j'exige une amende ; vous autres blancs, vous savez bien punir les noirs quand vous les trouvez coupables. »

M. Baldwin consentit à payer l'amende pour avoir la vie sauve ; mais la nuit suivante me parut bien la plus longue que j'aie jamais passée de ma vie, car autour de moi on répétait d'un ton féroce : « Oui, nous le tuerons, ce blanc-là ! il a voulu ensorceler notre reine pour mieux s'emparer du pays. »

Heureusement pour M. Baldwin, il ne comprenait pas leur langue.

Vers le matin, la reine Mokouaé m'offrit des canots pour rentrer chez moi. Mais, craignant que cette méchante femme n'eût donné secrètement l'ordre d'abandonner en route M. Baldwin sur quelque îlot désert, j'insistai pour que mon compagnon fût embarqué sur le même canot que moi.

Mokouaé, on le voit, a une étrange manière de rendre la justice. Dans une autre occasion, la paix d'un jeune ménage étant troublée par la présence d'un petit enfant appartenant à la femme, la reine condamna l'enfant à être noyé. Personne n'osa protester ; cependant le mari de la reine alla lui-même retirer de l'eau le pauvre petit être.

rester au pays ou de partir. A peine étais-je rentré chez moi, que ses dispositions changèrent. Ses messages se succédaient tous contradictoires et plus amers l'un que l'autre. Il m'avait demandé, par lettre, d'écrire à ces messieurs dans le sens indiqué plus haut, puis me renvoya la lettre plein d'indignation, me disant, par la main de Séajika lui-même, qu'il ne m'avait jamais demandé d'écrire, que c'étaient les inventions et les mensonges de ce menteur de Séajika, que, comme c'était moi qui avais introduit ces frères auprès de lui, il me devait de me faire connaître le message qu'il leur avait déjà envoyé. Et ce message est très dur pour les méthodistes.

La conclusion, c'est que le roi leur rembourse l'amende que Mokouaé leur a fait payer, mais leur ordonne de quitter immédiatement son pays.

Mon impression, c'est qu'il a peur des chefs de Séchéké, et qu'il n'a pas le courage de prendre parti pour les missionnaires méthodistes. Il les sacrifie pour sortir d'embarras. Voilà qui n'est pas bien rassurant pour nous. Mais, soyez sans crainte, Dieu veille sur nous. Il règne, depuis quelque temps, un esprit de murmure et de mécontentement qui va se propageant, et qui ne présage rien de bon. Léwanika ne l'ignore pas, mais cela ne l'empêche pas de tout faire pour irriter au lieu de concilier ses gens. A sa dernière chasse, il y a eu deux grèves chez les milliers d'hommes qui l'avaient accompagné déjà à contre-cœur, et, par des nuits très froides, alors même qu'ils n'avaient pas leurs couvertures, il leur a interdit le camp. Ces jours-ci, tout notre quartier est encore en émoi. La panique a saisi tout le monde, et les villages sont déserts. C'est la *Léfounya,* la terreur du roi. Des messagers ont, à plusieurs reprises, fait une battue dans tous les villages, enlevant enfants, filles et garçons, assommant de coups les prisonniers d'un certain âge. Plus tard, ce fut le tour des femmes d'être prises de force, pour qu'il fût disposé d'elles selon le caprice du roi. Au *lékhothla,* on étrangla[1] les hommes en gros. Et tout cela, parce que des ouvriers qui sont en liberté ont pris des matériaux de la capitale temporaire que le roi a abandonnée pour retourner à Léalouyi. On dit à demi-voix qu'on accuse ces gens-là d'en vouloir à la vie du roi pour mettre quelqu'un à sa place.

---

1. Le supplice de la strangulation, très fréquemment employé au Zambèze, se pratique généralement de manière à causer un évanouissement prolongé de la victime, et assez souvent la mort. Les détails en sont trop révoltants, pour les décrire ici. Ce supplice est généralement réservé aux esclaves et pour les fautes les plus triviales. La fustigation et les amendes sont pour les hommes libres, ba-Rotsi de naissance.

Une nouvelle que Mokouaé envoie par exprès au roi, c'est que les ma-Tébélé ont traversé la rivière, en aval de Kazoungoula. Mokouaé a pris la fuite et revient à la Vallée. Que de complications dans ce malheureux pays ! Je ne crois guère à cette dernière nouvelle. Il y a si longtemps que l'on crie au loup ! Mais un beau jour, et quand on n'y croira plus, le loup pourrait bien faire son apparition.

27 juillet 1891.

L'œuvre est devenue singulièrement difficile. Sans cheval et sans canot, je ne puis pas faire grand'chose. Je suis vite à bout de forces dans ces sables. Et puis, je ne puis pas abandonner l'école aussi longtemps que personne n'y peut prendre ma place. Mlle Kiener est une aide précieuse et elle fait tout ce qu'elle peut. Mais nos grands garçons sont devenus difficiles à conduire.

Il y a, ces temps-ci, une recrudescence de paganisme effrayante. Il relève fièrement la tête. On dirait que nous avons perdu du terrain. Léwanika lui-même n'est pas toujours très aimable, ni avec ses sujets ni même avec nous. Et il nous faut une grande mesure de prudence et de charité pour maintenir entre nous de bons rapports.

Je vous disais que le roi avait envoyé à nos frères méthodistes l'ordre de quitter le pays, et que tous mes efforts en leur faveur avaient échoué. Depuis lors, Léwanika a cédé à mes instances : il a permis à nos frères de rester « pour apprendre la langue et les coutumes des gens d'ici ». J'en bénis Dieu. Car je savais qu'avec leurs pertes de bœufs, ces amis ne pouvaient pas partir, et je craignais que, s'ils restaient en dépit des ordres du roi, ils ne fussent exposés à toutes sortes de tracasseries. Le roi déclare qu'il ne veut pas leur permettre d'aller fonder une mission ni chez les ma-Choukouloumboué, ni chez les ba-Toka. Seulement, j'espère que, quand les esprits seront un peu calmés, et que nous pourrons discuter les affaires raisonnablement, il finira par céder.

Séfoula, 28 juillet 1891.

... Quoi qu'il en soit, *nous tiendrons la position*, aussi longtemps que nous le pourrons avec la grâce de Dieu.

Je sais combien vous pensez à nous ces temps-ci. Cette pensée seule nous fait du bien. Que nous avons donc besoin d'être soutenus! Vous qui, du sommet du coteau, nous regardez, luttant dans la plaine avec l'ennemi, ne vous relâchez pas, que vos mains ne deviennent pas pesantes; priez et redoublez d'ardeur. Par moments, on dirait que l'ennemi, en nous terrassant dans la poussière, va triompher. Nous savons bien que la victoire est certaine, mais la lutte est acharnée!...

Il faut qu'on sache que le soldat de Jésus-Christ ne cueille pas les lauriers de la couronne de vie dans un jardin ravissant où il se promène dans les allées sablées en pantoufles de velours...

Nous avons déjà appris bien des choses dans l'art de la guerre depuis que nous sommes au Zambèze, mais appris comme on apprend tout dans la vie pratique, aux dépens d'une expérience personnelle, souvent dure et humiliante. Et puis, quand nous commencerons à devenir de bons soldats, notre carrière sera fournie, il faudra poser les armes et céder la place à d'autres. Le regret ne peut pas être de poser les armes, mais de n'avoir pas au commencement de la bataille eu toute cette somme d'expérience qui eût fait de nous de meilleurs soldats. C'est triste d'être conscrit toute sa vie.

Ce qui me fait parler ainsi, c'est que, avec toute notre expérience du Lessouto, je crains que nous n'ayons pas encore parfaitement compris nos Zambéziens... On dirait que nous jetons les fondements de notre édifice sur le sable mouvant; nos efforts n'aboutissent pas, depuis six ans que nous sommes dans le pays. Quand nous croyons avoir édifié péniblement quelques pierres, survient un incident, insignifiant en apparence, et tout croule.

C'est ce qui arrive pour notre école, cette école qui nous a donné tant de peine et de joie. Depuis le départ de Litia, la débandade s'est mise parmi nos élèves; nous les avions ramenés un à un à force de persévérance et, des débris de notre belle école de l'an passé, nous avions encore fait quelque chose de respectable. Mlle Kiener s'est tout à fait associée à nous dans cette œuvre-là, c'est une œuvre que nous portons constamment sur nos cœurs et dans nos prières. Mais, ces jours-ci, nos élèves s'en vont, ils se dispersent, ils se plaignent de la faim. Souvent nous leur donnons de la farine, et du poisson que nous achetons. Mais je crois que c'est un prétexte.

Le vol est redevenu en vogue, comme il y a trois ou quatre ans. J'ai dû renoncer cette année à cultiver, parce qu'on nous pille tout, et nous ne pouvons rien sauver. On ne respecte pas même les cloisons qui renferment notre bétail, et cependant le combustible à notre porte ne manque pas. L'autre soir, deux pauvres jeunes filles esclaves furent surprises arrachant le reste de nos patates. Que leur faire ? Elles disaient avoir faim. Nous les retînmes deux jours et les nourrîmes bien, puis les congédiâmes avec une petite exhortation à elles et à leur jeune maître, un jeune prince de nos élèves. On ne nous pardonnera pas, je crois, d'avoir surpris ces voleuses en flagrant délit. De là, le bouleversement de notre école, mais on se garde bien de nous en dire la raison. Vous voyez si je n'avais pas raison de parler de sable mouvant. Cependant, plus profondément que ce sable, nous trouverons une couche solide et nous la cherchons. Nous recommencerons à nouveau, mais nous réussirons. Si jamais quelqu'un vient nous aider qui se donne à l'enseignement, nous augmenterons le nombre des garçons qui vivent chez nous et qui sont, de tous nos élèves, ceux qui nous donnent le plus de satisfaction. Ce qu'il nous faudrait, en attendant que nous ayons des pères et des mères de famille convertis, c'est d'avoir chez nous des élèves complètement sevrés du système d'esclavage en vigueur dans le pays.

En attendant, je me demande si le Seigneur n'a pas ainsi voulu diriger mon attention plus spécialement vers l'évangélisation. Je trouvais bien quelquefois prématuré de m'enfermer avec les garçons à faire l'école pendant que j'aurais dû parcourir le pays, annonçant l'Évangile. Mais Dieu m'avait évidemment donné cette tâche, et je l'ai faite. Si c'est maintenant la tâche qui s'impose plus spécialement, les moyens se trouveront. L'école se continuera plus petitement peut-être, quant au nombre, mais elle se continuera. Seulement j'aurai plus de temps pour l'évangélisation...

XLIV

Les derniers moments et la mort de M*me* Coillard. — Angoisses et fin triomphante. — Ce qu'*elle* a été. — Les obsèques. — Les consolations de Dieu. — M*lle* Kiener. — Les premiers fruits de la moisson. — L'arrivée du courrier. — L'horizon politique s'éclaircit. — Le déficit. — La foi sera toujours un combat.

Il a bien fait toutes choses.
(Marc VII, 37.)
(Texte morave du 28 octobre 1891.)

Séfoula, 31 octobre 1891.

Je suis encore tout étourdi du coup qui vient de me frapper. Il me semble que je rêve, que je suis sous l'empire d'un affreux cauchemar. Je me sens le cœur défaillir, et la plume me tombe de la main. Il faut bien que je vous le dise, pourtant, c'est un des douloureux devoirs qui m'incombent ces temps-ci. Ma femme, ma femme bien-aimée n'est plus ! Elle nous a quittés pour le ciel le 28 octobre, à dix heures du matin, et avant-hier, dans l'après-midi, nous accompagnions sa dépouille mortelle et la déposions dans son tombeau. Elle n'a été alitée que neuf jours, mais ces neuf jours, si riches en souvenirs, pour moi sacrés, valent une vie. C'était plus que le Pisga, c'était la gloire du Thabor ; car elle avait de son prochain départ un pressentiment qui semblait tenir d'une révélation, et, à part de courts moments, elle avait la pleine jouissance de ses facultés.

Sa mauvaise santé était, depuis longtemps, passée à l'état chronique ; mais, quand elle avait pu traverser la saison chaude, les mois de septembre et d'octobre surtout, et arriver à la mi-novembre, alors que commencent les pluies, elle se sentait généralement revivre. Cette année, la saison a été particulièrement accablante. Nous avions beau dormir portes et fenêtres ouvertes, nous étouffions dans notre chaumière, où se concentrait de nuit toute la chaleur du jour, et le sommeil n'avait rien de rafraîchissant. Nous soupirions après la pluie. L'avant-veille de sa mort, pour la seconde fois, le ciel s'était couvert de nuages, et quand, au milieu de la nuit, je répondis à ses pressantes questions que nous avions une ondée, il fallut que je la misse un instant près de la fenêtre, pour qu'elle entendît tomber « cette délicieuse pluie ». A l'heure que j'écris, elle tombe à verse ; elle a tombé depuis hier, et promet de tomber tout le jour. Le sol n'est plus embrasé, l'air est rafraîchi, on respire ; mais elle, elle est dans la tombe !

Quand, au commencement du mois, nous donnâmes vacances à l'école, elle me supplia de la conduire en wagonnette, avec Mlle Kiener, à Léalouyi. J'aurais voulu ajourner cette visite : je la trouvais trop souffrante. Mais elle y mit tant d'insistance que nous partîmes. Elle fit tout ce qu'elle put pour s'oublier elle-même et rendre le trajet agréable. Elle était si heureuse de pouvoir aller !... Elle sentait qu'elle le devait, qu'elle avait une mission à accomplir, et que le présent seul lui appartenait, pas l'avenir, même le plus proche. Elle était trop faible pour visiter les gens à domicile ; mais les femmes, les femmes du chef surtout, l'assiégèrent bientôt dans sa case, et elle se donna entièrement à elles. Les premiers jours furent bien employés à tailler et à coudre des robes, tout en causant amicalement des choses de Dieu. Elle était heureuse. Nous l'étions tous. Nous croyions que Dieu voulait bénir notre visite.

Le dimanche matin, accompagnée d'une de nos filles, elle dut faire une longue promenade dans les champs, et aller bien loin pour être seule. Survint alors un horrible oiseau de proie, — pas du tout le secrétaire ordinaire, mais un oiseau qui tient de la nature du vautour, et qu'on a apprivoisé au village parce qu'il tue et mange les serpents. Cet animal, excité sans doute par l'ombrelle de ma femme ou la couleur de sa robe, la poursuivit si furieusement et l'attaqua avec tant d'acharnement, que des hommes et des femmes, accourus à ses cris de détresse, eurent grand'peine à la délivrer. Ils étaient à peine partis, que ce mangeur de serpents revint à la charge plus furieusement encore qu'auparavant. Des passants accoururent, la délivrèrent de nouveau, et elle revint au village toute défaillante. Comme elle n'avait pas de blessures sur sa personne, nous crûmes qu'elle en serait quitte pour son ombrelle et pour sa frayeur. Elle se remit assez pour pouvoir assister aux deux services. Celui du soir, qui nous remplit tous d'une douce émotion, lui causa une joie indicible. Notre cher Litia, dans un discours simple et touchant, avait fait une profession publique de sa conversion, et pendant qu'il parlait, Mokamba, un jeune homme de la famille royale, pleurait aussi, puis éclatait en sanglots !... Un mo-Rotsi *pleurant...* et pleurant sur *ses péchés !*
« Mais c'est un spectacle pour lequel j'aurais voyagé cent cinquante lieues, et cependant, disait-elle, nous n'avons eu qu'à venir de

Séfoula ! » Elle répétait que c'était la plus belle réunion à laquelle elle eût assisté au Zambèze ! Je bénis Dieu pour le rayon de sa gloire dont il a illuminé le couchant de sa vie !

Le lundi, elle s'alita, et, le mardi, elle n'allait pas mieux. « Ramène-moi à Séfoula, me disait-elle, c'est là que je voudrais mourir; ne me laisse pas mourir ici. » Le mercredi, comme elle paraissait un peu mieux, nous en profitâmes pour retourner à la maison. Elle supporta le trajet mieux que nous ne nous y attendions. Elle descendit elle-même de voiture. En entrant dans la maison, elle se tourna vers Mlle Kiener, qu'elle aimait tendrement et que, contre toutes ses habitudes, elle tutoyait : « Me voici arrivée, ma chérie, dit-elle ; je ne me suis pas plainte, c'est vrai, mais j'ai bien souffert. Laissez-moi gagner mon lit. » Elle ne sortit plus de cette chambre à coucher. La fièvre, malgré mes efforts et nos prières, fit de terribles progrès. Mais j'étais aveuglé, j'avais de l'espoir; je croyais l'avoir vue plus mal. Elle, elle ne se faisait pas illusion, elle me le disait avec un accent de tendresse dont le souvenir me déchire le cœur : « Mon bien-aimé, disait-elle en me regardant longtemps fixement et les yeux remplis de larmes, bientôt tu n'auras plus ta Christina... Tu seras seul, tout seul... Mais Dieu est bon, et sa miséricorde demeure à toujours. »

Elle eut un jour de grande angoisse. Toute sa vie passait devant elle. Elle pleurait en épanchant son cœur : « Je suis misérable, oh ! si misérable ! une servante inutile, la dernière des servantes du Seigneur, la plus indigne !... Oh ! du zèle ! du zèle ! *Do be in earnest, do!* » disait-elle.

Dans les égarements momentanés de ses pensées, elle passait de nouveau par toutes les épreuves et les angoisses qui ont fait de cette année une année exceptionnellement dure. Cela m'était douloureux, mais, grâce à Dieu, n'a pas duré. Jésus était là. De son souffle d'amour il dissipa ces noirs nuages, et il inonda son âme de paix et de sérénité. « *Oh! Il est bon,* oui, *il est bon,* répétait-elle souvent, et sa miséricorde demeure *à toujours.* » Et elle parlait des choses d'En Haut comme quelqu'un qui est déjà sur le seuil du ciel, et pour qui la foi se change graduellement en vue.

Elle était très sensible aux souffrances physiques, et cet aspect de la mort l'avait souvent troublée. Nous en causions très librement et en priions souvent ensemble. La veille de sa mort, elle me disait : « Mourir, ce n'est pas si difficile que nous le pensions et que je le craignais, moi ; ce n'est pas douloureux, et puis c'est un passage si court... *Underneath are the everlasting arms* (lorsqu'on est porté par les bras éternels). » Ce beau passage (Deut. XXXIII, 27), d'une si grande douceur dans sa langue maternelle, l'avait souvent soutenue dans nos détresses. Et cet autre aussi du Psaume LXXIII qu'elle aimait à répéter et qui, comme un ruisseau d'eau vive, a rafraîchi toute sa carrière : « Tu seras toujours avec moi, tu m'as pris par la main droite, tu me conduiras par ton conseil, et puis tu m'introduiras dans ta gloire. »

Avant de gagner pour la dernière fois son lit qu'on venait de changer, elle me demanda d'écarter le rideau de la fenêtre qui était ouverte. Alors, plongeant le regard dans l'immensité du ciel à travers le feuillage que le vent agitait doucement, elle resta un instant muette en contemplation, puis elle s'écria avec un ravissement que nous n'oublierons jamais : « Oh ! que c'est beau ! que c'est donc beau ! *Oh ! how very beautiful !...* » Avait-elle une vision de cette gloire où elle allait bientôt entrer ? Elle gagna son lit avec peine. « Je suis enfin arrivée », dit-elle en mettant sa tête sur l'oreiller.

Ce furent ses dernières paroles. Elle avait passé toutes ces nuits sans sommeil, moi-même j'étais épuisé et très abattu par un gros rhume. Mais je me sentis si soulagé, quand je la vis enfin fermer les paupières et s'endormir paisiblement, que je ne pouvais m'éloigner d'elle. J'étais plein d'espoir. Hélas ! ce sommeil finit par m'inquiéter. Vers le matin, il se produisit un changement qui m'alarma. Je ne pouvais plus me tromper, c'était bien le sommeil de la mort. Dans mon angoisse, j'eusse encore voulu avoir une dernière parole, un dernier regard d'adieu. Mais non, je n'eus pas cette consolation. Mlle Kiener entra, puis Waddell, puis André, un petit groupe de désolés ; nous pleurions en silence, nous criions à Dieu, nous veillions. Le Seigneur était là. Bientôt le souffle devint plus irrégulier et plus faible, et puis il s'éteignit tout à fait. Elle s'était endormie sans effort, sans combat, dans la paix de Jésus. Dieu, dans sa miséricorde, lui avait épargné les souffrances d'une longue et douloureuse agonie.

Qu'il doit être doux pour elle, le repos éternel des saints ! Qu'elle se sentait donc fatiguée, elle autrefois si forte, si active, si pleine d'énergie ! Vous ne vous étonnerez pas que la question d'un voyage de santé se soit une fois présentée à mon esprit et que je lui en aie parlé sérieusement. Voyager pour sa santé ! Loin d'elle de condamner ceux qui le font, mais voyager pour elle-même lui paraissait de l'égoïsme et un manque de confiance en Dieu. « Non, la vie est trop courte, et l'œuvre trop grande, restons fidèles à notre poste jusqu'au bout. Le Maître *sait* que j'ai

Christina Coillard
(née Mackintosh)

besoin de santé, et il peut, s'il le veut, me la donner ici sans que j'aille la chercher ailleurs. » Et nous n'en parlâmes plus. Quand nous nous mariâmes, il y a un peu plus de trente ans, elle me dit cette parole : « Je suis venue en Afrique faire avec toi l'œuvre de Dieu, quelle qu'elle soit, où que ce soit, et, souviens-t'en, *où que Dieu t'appelle, jamais tu ne me trouveras en travers du chemin du devoir.* » C'était plus qu'une belle parole, ce fut le principe de toute sa vie. Si elle avait une passion, c'était celle de la vie intime et sédentaire du foyer domestique. Elle avait toujours soupiré après une maison qui fût son *home*. Et, pendant plus de quinze ans, nous vécûmes ensemble, bâtissant, relevant des ruines, vivant dans le temporaire et au milieu des guerres, voyageant au loin dans les déserts ou vivant en exil. Il y eut une éclaircie dans notre ciel : nous rentrâmes à Léribé, nous bâtîmes l'église, notre Ébénézer ; il y avait de la vie autour de nous, c'étaient de beaux jours. La maison aussi fut construite, je crus que c'était notre nid, et, pour l'amour d'elle, je le ouatai de mon mieux. Deux ans ne s'étaient pas écoulés que nous partions pour le pays des ba-Nyaï. « Nous avons levé l'ancre, disait-elle, nous voguons vers l'inconnu, Dieu sait où nous allons aborder. »

Qui eût dit alors que ce serait au Zambèze ? Le Zambèze était pour elle le poste du devoir ; il a été aussi celui de la souffrance. Elle y a souffert moralement plus encore que physiquement. Jamais, pendant les trente années de notre vie commune, nous n'avons eu des désappointements aussi amers, ni des épreuves aussi cuisantes et aussi douloureuses. Il fallait donc que notre œuvre aussi fût consacrée par la souffrance... Mais Dieu ne nous a pas oubliés. Des amis en Europe, connus et inconnus, nous ont entourés de leur sympathie et de leurs prières. André, M. Waddell et Mlle Kiener, chacun à sa place et dans la mesure de ses forces, nous ont, à elle surtout, témoigné une affection et un dévouement qui nous ont été en bénédiction, et dont se souviendra notre adorable Maître, qui a dit : « J'étais malade et vous m'avez visité... »

Je ne me sens pas bien. Mais soyez sans souci, je ne succomberai pas quand mon œuvre n'est pas finie. Je suis prêt à tout. Je boirai jusqu'à la lie, s'il le faut, la coupe que mon Père me donne. Je n'ai qu'un seul désir : faire sa volonté et glorifier son nom.

Même jour.

... Ses restes mortels reposent à l'ombre de ce grand arbre de la forêt où nous avions fait un pique-nique et où nous aimions aller quelquefois — lorsqu'elle en était capable — nous asseoir, causer, lire ou méditer. J'avais fait déblayer une espace tout autour, et fait un petit chemin pour y conduire. « Quel délicieux endroit ! Quel calme ! Quel repos ! Fais-moi reposer ici quand je mourrai, n'est-ce pas ? » me dit-elle un jour. Et c'est là, en effet, qu'elle repose.

... Dieu m'a soutenu pour ce terrible jour de l'enterrement que je redoutais tant. J'ai pu m'occuper de tous les détails de la cérémonie funèbre, grâce au concours affectueux de Waddell, d'André et de Mlle Kiener, chacun dans son département propre. J'ai pu lire, prier, exhorter et même chanter au bord de cette fosse qui me ravissait ce que j'avais de plus précieux au monde et qui engloutissait tous mes plans les plus chers. Oui, j'ai pu, sans éclater en sanglots, chanter le chant de triomphe et d'espérance : « Jésus est ressuscité des morts ! » C'est le cantique XXXIV de notre recueil sessouto. On a écouté mes appels avec une morne attention. Je devais paraître bien étrange à ces pauvres gens. Nous étions tous endimanchés, les enfants de la maison avaient des écharpes de calicot blanc en signe de deuil, le cercueil, garni de blanc, avait été orné d'une croix et de couronnes de feuillage par les mains affectueuses de Mlle Kiener, et nous chantions !

Léwanika avait envoyé les principaux chefs de la nation qui se trouvaient près de lui, Litia et quelques-uns de nos jeunes gens étaient là, de même que les femmes des environs qui ont eu assez de courage pour vaincre leurs craintes et leurs préjugés. Léwanika, indisposé et ne pouvant venir, m'envoyait un bœuf. C'étaient ses larmes. Il paraît que c'est l'habitude d'envoyer un présent quelconque quand on ne peut pas aller soi-même à l'enterrement d'un membre de sa propre famille. Je ne l'acceptai qu'après m'être bien assuré que ce n'était rien de plus qu'une pure et simple expression de sympathie. Mokouaé, elle aussi, envoya ses principaux personnages, et d'autres viennent les uns après les autres !... Pauvres gens ! ils ne peuvent pas donner ce qu'ils n'ont pas. J'ai été bien touché hier de voir un pauvre homme, à moi inconnu, venir me présenter, avec un petit discours de vraie sympathie, une paire de poulets !... Je ne le perdrai pas de vue, ce brave Matondo !...

12 novembre.

Il a plu à Dieu de me jeter au creuset de l'épreuve. Il m'a retiré celle qu'il m'avait donnée, pendant plus de trente ans, comme compagne de ma vie et de mes travaux. Il y a déjà quinze jours, quinze longs jours, quinze jours qui me paraissent des mois, que je suis seul. Ses précieux restes reposent dans la tombe ; elle est entrée dans ce repos après lequel elle soupirait tant ; elle contemple le Roi de gloire dans sa beauté, ce Jésus qu'elle a aimé et servi. Je ne voudrais pas, même si je le pouvais, la rappeler à cette vie de souffrance et de péché. Mais quand je l'ai suivie jusqu'au seuil de l'éternité, quand je l'ai vue déjà resplendissante de la gloire du ciel, et que le portail de la cité de Dieu s'est fermé sur elle, que je me suis trouvé seul, tout seul, dans les ténèbres et dans les larmes, mon cœur s'est brisé [1]...

Elle a vécu, elle a travaillé, elle a souffert comme peu de femmes missionnaires l'ont fait. Le Seigneur l'a prise, et il l'a fait avec tendresse. Pendant plus de trente ans, mêlant sa vie avec la mienne, elle a — après mon Sauveur et mon Dieu ! — été tout pour moi. Elle était tout près du centre de tous mes projets. Elle a, en les partageant, embelli mes joies, adouci mes peines, porté sa grosse part de travaux et de fatigues, dans la bonne et dans la mauvaise réputation, humblement, s'oubliant toujours avec un dévouement sans égal. Je perds en elle une *femme,* une vraie, dans toute la force du terme, que j'avais reçue comme « une faveur de l'Éternel ». Je pouvais toujours compter sur son jugement, sur la sagesse de ses conseils. Au début de notre vie de mariage, elle m'avait déclaré que jamais je ne la trouverais entre mon devoir et moi. Elle disait vrai. Si Dieu m'avait clairement appelé au

---

[1]. Un jour, un de ces jours inoubliables, au crépuscule, en attendant qu'on servît le repas du soir, je m'étais mis à l'harmonium et je chantais un de nos cantiques favoris. J'étais dans la salle à manger. Quel ne fut pas mon étonnement de la voir à mes côtés dans sa robe de chambre blanche ! C'était comme une apparition. Elle avait pu se lever et s'était glissée jusqu'à moi. — « Laisse-moi une fois encore jouer pour toi, et ayons encore un cantique ensemble. » — Elle choisit la « Porte d'or » (*the Golden Gate. Sankey et M⁰ Granahan's choirs and solos for men*). — « Voilà le mien ! » ajouta-t-elle. — Elle jouait, et moi je chantais. Nous étions seuls. Les paroles semblaient nous inspirer ; un sentiment de solennité nous pénétrait à mesure que nous chantions, et je ne pouvais me défendre d'une indicible émotion en interprétant au refrain le cri de joie et de triomphe du nautonier qui, après la tempête, « entrevoit enfin la Porte d'or » où il va entrer au port... Sa voix se tut, ses mains restèrent immobiles sur le clavier ; nous étions l'un et l'autre devenus pensifs. J'étais sous l'empire d'un pressentiment indéfinissable. Elle, toujours sereine, paraissait contempler une belle vision...

La domestique entra, le charme fut rompu. Elle poussa un profond soupir, je l'aidai à regagner son lit. Peu de jours après, elle avait passé « la Porte d'or ! » que sûrement elle avait entrevue ce soir-là.

bout du monde, elle m'y aurait suivi joyeusement, sans consulter ni ses goûts, ni ses aises. Ce fut pour elle un coup terrible de quitter Léribé, l'œuvre de notre jeunesse. Mais elle a fait le sacrifice sans murmurer, tout en me disant qu'elle n'aurait plus de *home* ici-bas, et qu'elle serait, désormais, étrangère et voyageuse sur la terre...

Ces sombres jours ont eu aussi leur arc-en-ciel; et au milieu de mes larmes, je puis bénir. J'étais à la maison, moi qui voyage tant. C'était une telle joie pour elle! Mon anniversaire de naissance, le 17 juillet, nous avait si souvent trouvé séparés, que, cette année, c'était plaisir de la voir si heureuse. Oh! quand je pense qu'au moment de son départ, j'aurais pu être en voyage, que Mlle Kiener eût pu n'être pas chez nous, mon cœur déborde de reconnaissance envers Dieu. Mlle Kiener a été une vraie fille pour elle. Ma pauvre femme, entre nous, se plaisait à l'appeler: *Dieu-donnée*. Elle l'aimait tendrement. Il y avait un fort courant de sympathies entre elles. Pendant toute cette année que cette chère sœur a passée à Séfoula, année exceptionnellement dure, pleine d'épreuves et de souffrances, elle lui a prodigué bien des soins, adouci bien des peines; elle nous a été en joie et en bénédiction...

Nous avions encore ce fidèle Waddell, lui aussi si affectueux et si dévoué, sans oublier notre cher André. C'est tout notre petit monde à nous; il est vite compté, mais il était au complet. Et puis, elle a eu le joie, la douce joie de voir les premiers fruits de la moisson. Que valent-ils? Que donneront-ils, ces premiers fruits? Je n'en sais rien. Mais enfin, pour le moment ils sont là. Outre André, *quatre* de nos jeunes gens professent d'avoir trouvé Jésus. Aurait-elle pu désirer un plus beau coucher de soleil?

L'année avait été rude. Jamais, pendant trente ans de vie commune, nous n'avions passé par tant de souffrances et d'angoisses. Elle le disait souvent: « Quelle année! Je me demande comment elle finira? » Tout semblait contre nous, tout. Un mauvais esprit d'hostilité, suscité par un homme qui, naguère, avait toute ma confiance et toute mon affection, — mon « Alexandre, le forgeron », — régnait partout, possédait le roi et bouleversait notre école. Nous perdions du terrain, nous le sentions. Litia, que nous nous réjouissions, un peu en tremblant, c'est vrai, de voir aller au Lessouto, avait, presque au début, des malentendus avec notre ami Jalla, et, après lui avoir rendu le voyage difficile, il le quittait à Mangouato et revenait seul, avec ses compagnons, au pays. Nous redoutions les effets de ce coup de tête et nous avions bien raison, car, quand la nouvelle arriva, nos élèves, en masse, nous quittèrent dès le lendemain; quant au roi, il ne daignait même plus répondre à mes messages. Nous continuâmes quand même, avec les enfants de la maison et les quelques élèves que nous pûmes recruter dans les villages voisins. Au bout de quinze jours de boutade, nos élèves revinrent, un peu confus de voir que nous pouvions avoir une école sans eux.

Mais l'esprit n'était pas bon quand même. Nous étions fatigués de la lutte. Eh bien, la dernière semaine avant les vacances, un petit garçon, un des esclaves du fils de la reine, qui suivait son jeune maître à l'école, se déclara pour le Sauveur. Quand il vint dans ma chambre pour me parler, je n'en pouvais pas croire mes oreilles. « *Morouti*, je viens avec de grandes nouvelles : *j'ai trouvé Jésus !* » Il avait été sérieux et troublé dans son âme pendant toute une année ; il avait même travaillé de ses mains pour se procurer les livres que d'autres recevaient de leurs maîtres, ou achetaient avec de jeunes bœufs. Quand je l'eus écouté, qu'il eut prié avec moi, je courus vers ma femme et lui dis : « Pense, chérie, quelle nouvelle ! Mpoutoutou vient de me parler : il dit qu'il a trouvé Jésus ! » Je vous laisse à penser la joie que ce fut dans notre petit cercle de famille. Pauvre Mpoutoutou ! Je ne sais pourquoi nous étions si surpris de sa conversion. Hélas ! c'est que, tout en priant avec ardeur, nous avions, après tout, bien peu de foi, et nous disions assez naturellement à Rhode, qui, hors de joie, nous annonce l'exaucement de nos prières : « Tu est folle ! » Nous ne valons pas mieux que les chrétiens de Jérusalem, si seulement nous valons autant ! Ce pauvre garçon, qui travaillait deux mois pour se procurer les livres que personne n'eût songé à lui donner, n'avait pas même quelques haillons de peau ou de natte pour coucher. Je n'en savais rien. C'était l'hiver ; il accompagna M. Waddell, loin, dans la forêt, pour couper du bois de charpente. Il faisait froid et, toute la nuit, on l'entendait grelotter et s'écrier : *Mawé ! Mawé !* l'exclamation de souffrance des ba-Rotsi. M. Waddel fit bien ce qu'il put pour cet esclave, qu'on traite pis qu'un chien. Mais ce souvenir me touche et me confond. Pourquoi ne travaillait-il pas plutôt pour une couverture ? On ne s'habitue pas à la souffrance. Mpoutoutou ne couche pas à couvert ; il est un de ceux qui couchent dehors, à la porte de son jeune maître. Sera-ce vraiment notre Philémon ?

Litia, lui, dont le retour, de Mangouato, comme je l'ai dit, nous peinait et nous inquiétait, nous l'attendions depuis longtemps aux pieds du Sauveur. Dès la première entrevue que j'eus avec lui, tout le brouillard de nos craintes se dissipa. « Mon père, me dit-il, rayonnant de joie, je ne suis p'us le Litia d'autrefois ; je suis converti, j'ai trouvé Jésus ! » Je ne sais pas encore jusqu'à quel point il a le sentiment du péché, et j'ignore si, dans la position qu'il occupe, il sera un chrétien conséquent. Pour cela, il faut que l'œuvre de la grâce de Dieu, dans son cœur, soit réelle et profonde. Mais, à en juger par les conversations que j'ai eues avec lui et par ses prières, je ne puis m'empêcher de croire à la sincérité de sa conversion. Il paraît que ce sont les exhortations et les prières d'un jeune homme de Mangouato qui ont fait tomber les écailles de ses yeux. Et, au dernier service auquel ma femme ait assisté sur la terre, quand le soleil touchait à l'horizon, le cher, cher garçon, debout au milieu des gens rassemblés sur la place publique de Léalouyi, faisait publiquement une simple, mais touchante confession de foi. Pendant ce temps, son compagnon de voyage, Mokamba, aussi de la famille royale, pleurait et sanglotait. Nous étions tous émus. « Oh ! si tu ouvrais les cieux ! » répétait souvent, en prière ardente, ma chère femme, pendant sa maladie. Eh bien ! voilà ce qu'elle a vu et entendu : les premières gouttes des ondées que nous attendons ; les premières notes du chant de victoire avant de quitter le champ de bataille.

... J'étais en train de terminer cette lettre, quand quelqu'un frappa à ma porte. C'était Nyondo, un intéressant garçon mo-Choukouloumboué. C'est un esclave du roi. Il avait conçu un tel désir d'apprendre à lire, que Léwanika lui permit de venir vivre chez nous. C'est bien, de tous, notre meilleur élève sous tous les rapports et, avant peu, il aura devancé tous ceux qui l'ont précédé à l'école, et il sera un des premiers. Sa conduite, à la maison comme à l'école, se dément rarement. Il est sérieux, obéissant, véridique surtout, ce qui est si rare ici, et respectueux. Nous nous sommes souvent demandé ce qui le retenait, et nous avons beaucoup prié pour lui. La mort de ma chère femme l'a ébranlé. Nous l'avons vu, à mes appels, se prendre la tête dans ses mains et essayer de cacher ses larmes. Inutile ! il se dit si labouré, si travaillé dans sa conscience, que plusieurs fois il est allé de nuit, et plus d'une fois dans la même nuit, vers André, pour lui demander le secours de ses exhortations et de ses prières. « Je ne dors pas, me dit-il, je veille et je pleure toute la nuit ; je suis malade au cœur, je ne puis pas même manger. Je l'ait dit à mes camarades, je suis malade, que me faut-il faire ? » J'ai parlé et j'ai prié avec lui. Mon âme, bénis l'Éternel[1] !

---

[1]. Il s'opéra alors un réveil des consciences dans le personnel de la maison, garçons et filles, et qui, à une ou deux exceptions près, ont tous persévéré. De ce nombre se trouve Semoenji, le pieux évangéliste qui m'a accompagné en Europe (1897).

P.-S. — J'ai reçu coup sur coup, après neuf ou dix mois passés sans recevoir de nouvelles, deux volumineux courriers m'apportant, au milieu de beaucoup de témoignages de sympathie, la nouvelle de l'établissement définitif du protectorat britannique sur le pays des ba-Rotsi et la reconnaissance, par la reine, du contrat passé entre Léwanika et la *South-African Compagny*. Cette nouvelle réduisait à néant les calomnies représentant ce contrat comme livrant purement et simplement le pays à l'exploitation d'une société commerciale, sans aucun des avantages qui résultent, pour une tribu indigène, du contrôle supérieur exercé par un gouvernement civilisé. En faisant connaître ces nouvelles à Léwanika, le gouverneur du Cap, sir H. Loch, m'annonçait que la reine avait nommé, comme son représentant auprès de lui, l'explorateur bien connu, M. Johnston, et que ce dernier viendrait se fixer à la Vallée dès qu'il le pourrait.

C'était tout ce qu'il fallait pour dissiper nos brouillards politiques... Léwanika dit qu'il s'en réjouit. Déjà, il avait reçu de Khama, par Litia, de sérieuses remontrances au sujet de son revirement... Ces dépêches arrivent en temps opportun, car on rassemble un grand *pitso* des chefs du pays...

Ce n'est pas à dire que nous entrions dans l'âge d'or. L'âge d'or n'existe que dans le passé des vieillards et dans l'imagination des poètes. Il y aura du mal, beaucoup de mal, à côté d'un peu de bien, c'est le salut de ces tribus par l'établissement d'un gouvernement ferme et équitable, c'est beaucoup, c'est tout... Depuis plus de trois mois, tous les gens de la Vallée et des environs travaillent sans relâche à des canaux, se nourrissant comme ils peuvent. Comme d'habitude, des émissaires du roi parcourent les villages, maltraitant ceux-ci, saisissant le bétail de ceux-là. Les pauvres gens sont poussés à bout. Tout cela pour venger une insulte essuyée par un messager de la reine, pendant qu'elle était à Séchéké... Et l'affaire n'est pas terminée. Tout le monde souffre et gémit; les gens ont de la peine à contenir leurs murmures et leur mécontentement. On le dit, et je le crois : sans nous, il y a longtemps qu'une révolution eût éclaté...

Tout cela pour vous faire un peu comprendre nos anxiétés, d'une part, et, de l'autre, notre joie de voir les affaires s'arranger, et notre reconnaissance envers Celui qui fait toutes choses bien...

Pourquoi faut-il que nous recevions maintenant les nouvelles angoissantes d'un terrible déficit, qui va nous paralyser, et cela au moment, unique peut-être, où nous avons encore tant de portes ouvertes et où il nous faudrait donner une nouvelle impulsion à notre mission?...

La foi sera donc toujours un combat! Par moment, je sens comme si elle était bien faible, bien timide, ma pauvre petite foi! Priez pour qu'il nous soit fait, non selon notre foi, mais selon les richesses de sa grâce à Lui!...

XLV

Une visite à Léalouyi. — Le *cœur jaune* des ba-Rotsi. — Pénibles défections. — Un visage ami au Zambèze. — Le Dr Johnston. — La mission méthodiste. — Projet d'établissement à la capitale.

Léalouyi, 23 novembre 1891.

Je suis venu à la capitale passer le dimanche. J'aurais dû y venir plus tôt, je ne l'ai pas pu, et, jeudi dernier, la veille de mon départ, j'étais encore si peu bien que j'ai craint un moment de ne pouvoir une seconde fois tenir ma parole. Quelle pauvre nature au service d'une si grande cause et d'un si sérieux Maître ! Pourquoi Dieu n'a-t-il pas choisi les anges et les archanges pour le plus sublime des ministères ? Par quel abîme de condescendance le Tout-Puissant jette-t-il les yeux sur les plus indignes de ses créatures pour les associer à la plus grande de toutes ses œuvres — l'œuvre de la Rédemption ? — Ah ! c'est qu'il faut avoir été soi-même perdu sans espoir et sauvé pour parler aux autres du Sauveur ! Il faut l'avoir soi-même entendue, cette douce parole : « Mon fils, va-t'en paix, tes péchés te seront pardonnés », pour pouvoir presser ses semblables de se réconcilier avec Dieu !

Il y a un mois, jour pour jour, que nous étions ici avec *elle,* dans ce village, dans cette même case. Les arrangements temporaires que nous y avions faits y sont encore intacts — jusqu'à ce petit enclos de nattes dans le corridor où je couchais. C'est là que, pour quelques instants, elle s'esquivait vingt fois le jour, et puis elle retournait toute souriante reprendre sa place au milieu de ces femmes babillardes et ricaneuses qui encombraient la maison. Pauvres femmes, qu'elles se doutaient donc peu de son état de faiblesse et de souffrance quand elle s'appliquait ainsi à tailler et à bâtir leurs robes ? J'entends encore sa conversation si pleine de douceur, et les exhortations si fraîches et si impressives qu'elle leur adressait en leur racontant la parabole de l'enfant prodigue. Pauvres créatures ! elles prétendaient ne rien savoir des saintes Écritures, absolument rien que la scandaleuse histoire de Cham, qu'elles ne se lassaient pas de commenter et dont elles s'amusaient beaucoup. Je *revis* les journées d'ineffaçable mémoire qui m'ont amené le 28 octobre. Tout me parle d'*elle,* tout me la rappelle, tout, jusqu'à cet horrible mangeur de serpents qui, juché sur le faîte d'une maison, me guettait au point du jour pour me poursuivre et m'attaquer comme elle. Vilaine bête ! elle a la vie dure ; mes coups de canne l'ont fait battre en retraite, mais ne l'ont pas assommée pourtant.

Léwanika, absorbé dans la construction d'une nouvelle *nalikouanda,* s'empressa de venir me faire une visite de condoléance. Il était vraiment triste, et je lui sus gré de son peu de paroles. J'avais un message pour lui. Ce fut ensuite sa mère, à qui son âge et sa position donnent des droits particuliers à mon affection ; puis sa sœur, la princesse Katoka, un cerveau vide, mais un assez bon cœur au fond ; puis ses femmes qui vinrent par groupes, bavardant, ricanant, se taquinant, feux follets qui me donnaient sur les nerfs. Accroupies sur une natte, elles me harcelaient à l'envi : l'une voulait du fil, une autre mendiait du savon, une troisième avait besoin d'un mouchoir et que sais-je ? Me trouvant sans doute plus silencieux que de coutume, elles me regardèrent fixement et devinrent sérieuses à leur tour. « Voyez donc, mes sœurs, comme il est triste ! » et toutes de s'attrister avec moi. Je leur rappelai alors *sa* dernière visite, *ses* dernières exhortations, je leur parlai de *ses* derniers jours... je leur dis avec quelle détermination et quelle joie elle avait sacrifié sa vie pour les ba-Rotsi, en la donnant sans réserve à son Maître... Ce fut alors une explosion, un lugubre chœur de lamentations...

Ces femmes parties, il en vint d'autres. Puis ce fut le tour des chefs, des grands serviteurs du roi, de mes connaissances et de *mes amis* de tous les degrés. Dieu me fortifia. Je sentais que c'était une de ces occasions uniques qu'il nous donne dans la vie pour « illustrer » l'Évangile et pour le glorifier. Toutefois, las de cette levée funéraire, épuisé par la course et par les émotions, j'allai faire visite à la principale femme du roi, Ma-Moroamboa, la seule personne ici, peut-être, en qui ma femme eût de la confiance. C'était une amie pour elle, et elles échangeaient souvent des présents. Séquestrée dans une hutte privée, pour un temps, par une coutume qui rappelle une des lois lévitiques, et ne pouvant venir chez moi, elle m'avait envoyé messages sur messages pour que j'aille la visiter chez elle, ce qui est parfaitement admis. Je la trouvai assise sur sa natte, entourée de compagnes et drapée dans une belle étoffe, le dernier cadeau qu'elle eût reçu d'*elle*. L'intention était bonne. Je m'accroupis sur une natte en face d'elle. Je sentis d'emblée que pour me faire du bien j'avais fait fausse route. Je la laissai causer de tout et de rien, faire de ces remarques indiscrètes dont les ba-Rotsi seuls ont l'audace et le secret.

Elle s'en tira à merveille, comme une femme sans cœur. Je ne lui répondis que par des monosyllabes ou par le silence. Mon sérieux paraissait l'intriguer et l'amuser. Elle ne croyait évidemment pas à la sincérité d'un homme qui souffre. Pour elle ce n'était qu'affaire de convenance. Aussi, quand j'essayai de lui parler sérieusement, elle se mit à faire des signes à ses compagnes, à cligner de l'œil et finit par éclater de rire. Elle me fit bien des excuses, mais j'avais reçu un dard dans la partie plus sensible de mon être, et j'allai chercher le baume des consolations dans une promenade solitaire et dans la communion de mon Dieu. C'était le crépuscule; l'obscurité était là; tout, au dedans et au dehors, s'était harmonisé et le calme avait succédé aux orages.

Séfoula, 30 janvier 1892.

Ils ont été de plomb ces trois mois, ils ont passé lourdement, lentement. Je croyais que ce janvier ne finirait jamais. Les jours, avec leurs occupations, passe encore, mais les nuits !...

Depuis le départ de ma chère femme, mes épreuves et mes chagrins n'ont fait que s'accumuler. C'est la lie de la coupe amère de l'affliction. Je me regimberais si je ne la recevais des mains mêmes de mon Père. Tout a été contre moi, les hommes, les circonstances, l'amitié, la raison, oui, tout, « *excepté la foi* ». A distance, il ne vous est pas possible de réaliser tout ce qu'ont d'épineux les détails de ma vie actuelle. Il se peut aussi que pour moi, dans mon isolement et sans distraction aucune, ils prennent des proportions démesurées. Mes ennuis : les uns datent de loin, d'autres viennent de sources d'où je ne les aurais jamais attendus. La crise dure longtemps; l'avenir est sombre, toujours sombre et menaçant. Mais *elle,* au moins, elle qui a tant souffert au soir de sa vie, elle est au port, elle est en sûreté, elle est en paix, et dans la gloire, elle jouit déjà du repos éternel des saints. Oui, tout est bien. J'adore et je bénis. Qu'importent la violence de la tempête et l'agitation des flots? avec Jésus comme pilote, j'ai confiance et je ne crains rien.

Laissez-moi aujourd'hui vous ouvrir un chapitre tout nouveau de nos difficultés. Ce ne sera pas inutile, malgré le caractère un peu terre à terre et un peu personnel qu'elles peuvent avoir à vos yeux.

Vous savez ce que les ba-Rotsi appellent le *cœur jaune*. C'est cette incurable maladie dont le contact nous a fait grandement souffrir. Je savais bien qu'ils convoitent tout, depuis les souliers que vous avez aux pieds jusqu'au chapeau qui vous couvre la tête ; qu'ils peuvent, sans le moindre remords, couper la gorge à un homme pour s'emparer de sa chèvre, qu'ils sont passés maîtres dans l'art de la ruse et de la dissimulation. Mais j'avais encore à apprendre.

Depuis qu'il avait vu le mien, Léwanika désirait ardemment posséder aussi un wagon. Je lui en procurai un au prix de tracas infinis et de pertes personnelles. Tout autre aurait cru me devoir une obole de reconnaissance. Pas lui. Il fut pris de la jaunisse du cœur et, pour donner un conducteur à ce wagon qu'il n'aurait pas possédé sans moi, il enleva tout bonnement Kambourou de mon service. C'était, après le départ de Franz pour Mangouato, me jouer un bien vilain tour. Il savait que je n'avais personne qui sût manier le fouet, que je me trouvais dans un extrême embarras, et paralysé du coup dans mes travaux. N'importe. Il possédait enfin un wagon, il avait jeté les yeux sur Kambourou pour en faire son conducteur, il le lui fallait, coûte que coûte, et il l'eut. Ce n'était pas le premier de nos serviteurs qu'il nous eût pris ; il en a plusieurs autres qui, à différents titres, se sont dégrossis et développés à mon service.

Peu de jours après le départ de ma chère femme, Litia, lui aussi, eut le *cœur jaune*. Par des moyens astucieux, dont je ne l'aurais pas cru capable, il enlevait de ma maison, pour son service personnel, un charmant garçon que nous avons eu plus de deux ans. Il le savait actif, obéissant, appliqué, extrêmement désireux de s'instruire. Il savait aussi que j'avais pour lui une grande affection et que, hélas ! je fondais déjà sur lui des espérances pour le développement de l'œuvre. Mais Litia est le fils de Léwanika ; n'importe le reste ; ses caprices et ses droits priment tout.

Aujourd'hui, c'est encore le tour de Léwanika d'avoir le *cœur jaune*. Et c'est mon André qu'il m'enlève. Depuis longtemps il connaît la valeur de ce garçon. Et comme il a le monopole absolu de tout ce qu'il y a de bon dans la contrée, il ne pouvait pas se résigner à le voir au service du morouti plutôt qu'au sien. Il mit donc Séajika et ses acolytes à sa piste. Car il n'aurait jamais eu le courage de faire acte d'autorité pour me l'arracher ouvertement, ce que je lui eusse plus facilement pardonné. André ne me cachait rien ; pendant longtemps il résista à toutes les tentations et à toutes les intrigues ; mais Léwanika et ses agents ne se tinrent pas pour battus. Séduit ou intimidé, André subit peu à peu le prestige du roi ; l'amitié de Litia et les flatteries firent le reste. Pauvre garçon ! Nous ne pouvions pas nous expliquer pourquoi il avait perdu son entrain, ni pourquoi sa réserve était devenue une gêne. Lui aussi fait son apprentissage dans l'art de la dissimulation. Certains petits incidents nous donnaient bien quelquefois de l'inquiétude, et il nous était bien arrivé de sentir occasionnellement la force d'un courant souterrain. Mais c'est ailleurs et bien loin que nous en cherchions l'explication et la cause. Du reste, nos rapports avec le roi s'étaient tellement améliorés, notre confiance en André était si grande, que je ne me doutais pas du coup qui m'était clandestinement préparé. Tout le monde autour de moi le savait, paraît-il, et à voix basse on s'étonnait de la fourberie et du sans-cœur du roi ; mais on se gardait bien de m'en souffler mot.

Nous avons eu le mariage de Litia. Nous n'avons rien épargné pour rendre cette fête heureuse et brillante. Heureuse et brillante, elle l'a été à souhait, grâce à Dieu, et je suis sûr qu'on en parlera longtemps. Pour nous, elle a un aiguillon qui m'est resté au cœur. Le croirait-on ? Non seulement la reine, au cœur jaune elle aussi, m'enleva brusquement un soir, et sans m'en avertir, le gardien de mon bétail, un jeune homme de confiance qui, du consentement du roi, était mis à mon service, ce qui me jeta soudainement dans une grande perplexité. Mais Léwanika lui-même profita de sa visite pour avoir des tête-à-tête avec André et s'assurer définitivement sa proie.

Huit jours plus tard, pendant qu'il me comblait d'égards à Léalouyi où j'étais allé passer quelques jours, il envoyait à André, toujours *secrètement*, car rien ne se fait en plein jour ici, l'ordre de se tenir prêt, et le surlendemain de mon retour à Séfoula, un canot venait sommairement le chercher. Ce coup de foudre nous bouleversa tous. André, tout honteux, déclarait lui-même n'avoir aucune raison pour me quitter. Il ne faisait pas même valoir le seul prétexte dont, à la rigueur, il eût pu se servir : mon refus péremptoire, mais motivé, de lui donner la chambre de Litia. Non. Mais quitter, il le fallait néanmoins. Et tout ce que nous pûmes dire vint se briser contre ce rocher. Le lendemain matin, ses paquets étaient faits, et avant midi il était réellement et définitivement parti !

Autour de nous l'étonnement est général, car lors même qu'on savait de longue date les menées du roi, et qu'on est habitué à sa manière d'agir avec ses propres sujets, on croyait encore qu'au dernier moment il hésiterait à me prendre un garçon qu'on considérait comme mon enfant. Pour moi, c'est un deuil, et un deuil dur à accepter à cause de la duplicité dont j'ai été la victime. Adieu donc le rêve de faire de notre premier converti un bon évangéliste! Il va, hélas! monter rapidement l'échelle sociale. Le roi, qui l'honore de sa confiance, lui a immédiatement donné un établissement indépendant, maison et esclaves, et pleine liberté de se pourvoir à sa cuisine privée, quand il ne le nourrit pas de sa propre main. Bétail et village sont en expectative, et surtout ce par quoi il l'a depuis longtemps mais *en vain* tenté, une femme. Qui sera-t-elle, cette femme? Une simple esclave, ou une fille de sang royal? Nous le saurons bientôt. Il ne négligera rien pour bien river la chaîne, c'est certain.

Pour comprendre ma tristesse, il faudrait savoir ce qu'André a été, pendant sept années, dans ma maison, pour ma femme et pour moi. On peut me reprocher d'avoir fait trop de cas de lui. Le reproche serait juste, si lui ne s'était pas montré digne de toute notre affection et de toute notre confiance. Bien qu'il soit aujourd'hui dans les liens, c'est encore mon fils en la foi, que mon amour et mes prières poursuivront dans ses égarements jusqu'à ce qu'il revienne dans le chemin de la vérité. Pour moi, personnellement, je le sais, il est bon d'avoir eu épreuves sur épreuves, d'être sevré de tout appui et de tout secours humain, autrement mon Père ne l'aurait pas permis. Mais, je ne le cache pas, il y a dans cette histoire d'André un aspect qui me donne de l'inquiétude. Quel sera le type de nos chrétiens dans un pays où une autocratie aveugle et tyrannique absorbe tout, et où l'esclavage physique et moral tue toute individualité?... Sera-ce celui des Thessaloniciens? C'est difficile à croire. Mais je ne désespère pas. L'Évangile de Christ et la puissance du Saint-Esprit ont déjà, dans tous les temps, fait d'aussi grands miracles et opéré d'aussi grandes transformations dans le monde.

Pardonnez-moi tous ces détails sur une affaire qui, au premier abord, peut paraître toute personnelle et toute de sentiment. Un moment de réflexion vous la montrera sous son vrai jour et vous en révélera toute la portée. Et alors vous ne regretterez pas un récit qui vous permet de toucher du doigt des difficultés bien réelles, d'une nature peu commune, et avec lesquelles, je l'avoue, je n'avais jamais compté.

Un rayon de soleil a, par la bonté de Dieu, brillé au milieu de tous ces brouillards. C'est la visite du Dr Johnston, de la Jamaïque. Je ne vous apprendrai probablement rien de nouveau en vous disant que, depuis quinze ans, il fait parmi les noirs de la Jamaïque une œuvre admirable. Elle est indépendante de toute Société et de tout comité, et se suffit à elle-même. M. Johnston a sous ses soins 3,284 communiants répartis sur plusieurs stations et sur lesquels s'exerce une discipline rigoureuse qui me rappelle celle que nous avions au Lessouto. L'idée est venue au docteur d'amener ces enfants d'esclaves affranchis à faire quelque chose pour l'évangélisation du pays de leurs pères. S'ils ne sont pas de taille à fonder eux-mêmes et à entretenir une mission, ils peuvent du moins fournir des aides à celles qui existent déjà, et soulager dans leurs travaux manuels et évangéliques les missionnaires européens, à quelque dénomination ou nationalité qu'ils appartiennent. L'idée a été accueillie avec enthousiasme, et M. Johnston s'est mis en route avec six de ces hommes d'élite. Très connu au Canada et ailleurs, la sympathie des chrétiens ne lui a pas fait défaut, et les feuilles religieuses nous ont apporté les échos de ses grandes réunions à Exeter Hall et ailleurs. C'est par Benguela qu'il a pénétré dans le noir continent. Au Bihé, il laissa, avec les frères Américains, quatre de ses compagnons, à cause surtout du manque de porteurs. C'est là qu'il rencontra M. Arnot et la plupart de ses collègues qui avaient, eux aussi, une peine inouïe à se procurer une caravane de porteurs pour se rendre à Nana-Kandoundou et à Garenganzé. Certaines considérations amenèrent le docteur à changer son itinéraire, et, au lieu de se diriger vers la capitale de Mosili (Msiri), il se décida à passer chez les ba-Rotsi. Il se propose de suivre le cours du Zambèze et de remonter le Chiré. Avouez que c'est là un itinéraire bien séduisant.

Le Dr Johnston a passé six semaines entre Léalouyi et Séfoula ; mais la plupart du temps nous avons été ensemble, soit à la capitale, soit ici. Nous avons donc beaucoup causé et peu discuté. Il est en outre un photographe habile et passionné. Nous avons donc fait ensemble de la photographie. Sa visite a été pour nous tous et pour moi surtout un temps de jouissance et de rafraîchissement.

Je lui ai plusieurs fois servi d'interprète, à lui et à ses compagnons, soit à Léalouyi, soit ici. Si j'ai été frappé chez lui de cette fraîcheur et de cette puissance qui dénotent l'étude de la Parole de Dieu et un ardent amour pour le salut des âmes, je ne l'ai pas moins été du sérieux et de la portée des allocutions de ses deux compagnons. Quelle différence tout de même avec nos chrétiens du sud de l'Afrique. Au risque de vous terrifier et de passer pour hétérodoxe, je crois que l'esclavage y est certainement pour beaucoup. L'Evangile est pour tous, mais surtout pour les pauvres et les malheureux. On sent au contact de ces anciens esclaves de la Jamaïque que l'Évangile est pour eux une puissance et une vie qui a pris possession de leurs cœurs et de leur être tout entier.

Notre ami, disons *nos amis,* nous ont quittés le 17 janvier.

Vous savez déjà que nous avons un évangéliste venu de Massitissi avec M. Vollet[1], Paul Kanédi. Il est ici depuis six semaines, hélas! veuf aussi et toujours malade. Dans ces circonstances et vu les mœurs du pays, il est hors de question de lui assigner un poste isolé. Pour le moment, sa place est donc près de moi, et il fait partie de ma famille. Il a peu d'instruction, et, pour l'école, il nous est presque inutile. Mais comme homme et comme chrétien, j'apprends tous les jours plus à l'aimer et à l'estimer. Dans toutes les affaires d'André, il s'est conduit envers nous, comme envers Léwanika lui-même, avec une fidélité et une fermeté qui m'ont surpris. Ses prières me font toujours du bien. Je craignais d'abord qu'il ne me fût un fardeau. Je commence à espérer mieux. Le point noir — s'il est bien noir —, c'est qu'il est seul. Que fera-t-il plus tard? Je n'en sais rien. En attendant, avec la fondation de la nouvelle station de Léalouyi sur les bras, j'aurai l'occasion de me servir de lui et de savoir de quel métal il est fait.

Séfoula, 10 février 1892.

André est venu passer toute une semaine avec nous, ce qui m'a donné l'occasion d'avoir de sérieux entretiens avec lui. Ces entretiens n'ont pas eu pour résultat de le ramener dans ma maison — je n'y comptais pas non plus, — mais ils m'ont confirmé dans la conviction que, lui aussi, le pauvre garçon a été la victime inconsciente de trames ourdies et conduites avec autant d'habileté que de détermination. Son manque de vigilance est non moins à blâmer que son peu de franchise, une fois qu'il s'est vu pris aux filets. Il nous est arrivé comme un enfant prodigue. Quelques instants après, il allait s'installer dans sa chambre, et bientôt il se retrouvait tout naturellement *at home.* Il faisait une inspection générale des dépendances, jetait un coup d'œil sur la cuisine, présidait comme par le passé à la distribution générale de la nourriture. Le lendemain, il s'occupait des achats de farine, maïs, etc., ce qu'il

---

[1]. M. Vollet de Paris, un jeune homme de grande promesse, arrivait à Kazoungoula le 23 septembre 1891. Il fut si malade de la fièvre, qu'il ne put aller plus loin que Séchéké et devait peu après quitter définitivement le Zambèze pour le pays des ba-Souto, où il travaille actuellement.

CHUTES DU KABAKO, AFFLUENT DU ZAMBÈZE, RIVE DROITE

(Exploré par M. Coillard.)

fait beaucoup mieux que moi. Sa modestie, son empressement à rendre service, me rappelaient ses plus beaux jours. Il est reparti cet après-midi, avec l'intention de revenir dans quinze jours pour deux semaines, si toutefois Léwanika le lui permet. Car, malheureusement, il n'est plus libre, et Dieu seul peut maintenant briser ses liens et lui rendre la liberté. Le but de sa visite, c'était d'abord de me voir, parce qu'il avait appris mes insomnies, mais c'était aussi pour obtenir de moi l'autorisation de faire à Léalouyi l'œuvre d'un évangéliste. Il ne peut être question de lui donner un emploi officiel. Mais ses bonnes dispositions nous rassurent un peu et nous font plaisir. Que Dieu le garde, et qu'il se serve de lui pour glorifier la puissance de sa grâce !

27 février.

Je reviens de Léalouyi, où j'ai fait un plus long séjour que d'ordinaire. M. Buckenham, de l'expédition des méthodistes primitifs, m'y avait devancé pour donner à Léwanika la satisfaction d'un entretien privé. Mais notre ami, ne sachant pas un mot de sessouto et ne trouvant là qu'un interprète peu sympathique, résolut d'attendre mon arrivée avant de quitter la capitale. Il s'y trouve un homme qui était des nôtres jadis, et en qui j'avais placé une grande confiance. Malheureusement, il portait un masque et le portait admirablement bien. Quand il le jeta, — après nous avoir quittés apparemment dans les meilleurs termes, — il prit, vis-à-vis de la mission en général, et vis-à-vis de moi en particulier, la position d'un adversaire acharné, tant en politique qu'en religion. Il se déclara incrédule et athée, se mit à faire de la propagande avec un zèle digne d'une meilleure cause. Il y a déjà longtemps que le roi subit son influence. Il est assez naturel que cet homme ait mis tous ses artifices en œuvre pour faire avorter, si possible, mes plans d'installation à Léalouyi. Ces quelques mots d'explication étaient nécessaires pour vous faire comprendre ce qui suit.

Léwanika me reçut froidement et, contre son habitude, se tint à l'écart. Le lendemain, M. Buckenham sollicita une nouvelle entrevue, qui eut lieu chez moi ; le roi se montra chicaneur ; il fit à notre frère toutes sortes de questions banales, et ne répondit aux siennes que par des monosyllabes. Enfin, prenant son grand courage : « Vous n'irez, dit-il, ni chez les ma-Choukouloumboué, ni chez les ba-Toka, ni chez aucun clan tributaire ; mais venez vous fixer à Léalouyi et à Nalolo. Voilà mon dernier mot. » Notre frère lui expliqua les raisons qui s'opposaient à un pareil arrangement, attendu qu'il avait déjà des missionnaires, que je faisais moi-même mes préparatifs pour me fixer à Léalouyi, que d'autres étaient attendus pour occuper Nalolo et d'autres endroits importants, et que, du reste, c'était la règle pour la bonne harmonie entre les Églises de ne pas empiéter l'une dans le champ déjà occupé par une autre. « Je ne veux pas de ce monopole-là, répliqua le roi. Du reste, les missionnaires français m'ont donné tout ce qu'ils ont à donner, c'est-à-dire rien. Qu'ai-je à faire de leur Evangile et de leur Dieu? N'avions-nous pas de dieux avant leur arrivée? L'ont-ils vu, leur Dieu, dont ils parlent tant? Qu'avons-nous besoin de tout ce fatras de fables que vous appelez la Bible? Valent-elles mieux que les nôtres? Que nous fait votre école? Pour vous, c'est votre gagne-pain; pour nous, c'est une niaiserie sans but et sans avantage. Ce que je veux, moi, ce sont des missionnaires de toute espèce qui travaillent côte à côte, ici, à Léalouyi et à Nalolo, des missionnaires surtout qui bâtissent de grands ateliers et nous enseignent tous les métiers des blancs. Qu'ai-je à faire de chrétiens qui ne savent que lire, écrire et prier le Dieu des blancs? Ce que je veux, ce sont des menuisiers, des forgerons, des armuriers, des maçons, etc. Voilà ce que je veux : des industriels missionnaires ; voilà ce que veulent tous les chefs ; nous nous moquons du reste. » Léwanika avait mis toute retenue de côté et se croyait vaillant. Ce n'était donc plus seulement la cause de nos frères méthodistes qui était en jeu, mais bien la nôtre. Et il savait que j'étais venu pour faire des arrangements définitifs relativement à mon installation à Léalouyi. Je lui répondis calmement ; mais comme c'était chez lui un parti pris, mes arguments parurent ne produire que peu d'impression. Il nous quitta brusquement et ne parut plus.

Le dimanche matin, le lendemain, je lui envoyai pour le culte un message auquel, si je le compris bien, il répondit avec ironie. Sans me décourager, je sonnai la cloche, et nous allâmes avec les jeunes gens au *lékhothla*. Personne ! Nous nous mîmes à chanter ; un à un arrivèrent quelques hommes, si bien que, quand je commençai à prêcher, j'avais une cinquantaine d'auditeurs. Je leur présentai l'évangéliste Paul, qui parla avec modestie et chaleur, puis M. Buckenham fit une allocution que je traduisis, pleine de bon sens et d'à-propos. J'étais content de voir présents Gambella, ses femmes et quelques-uns des principaux chefs. Ce fut un bon service où nous sentîmes la présence de Dieu. Les hommes restèrent au *lékhothla* longtemps après nous pour causer avec

André et nos autres jeunes gens de la grosse question du jour. Le service de l'après-midi fut plus nombreux et non moins doux. Léwanika n'était pas sorti de chez lui de tout le jour.

Quel ne fut pas mon étonnement, le soir, de voir un de ses serviteurs m'apporter un message de sa part : « Le roi s'informe de ta santé, et demande s'il peut venir dîner avec toi. » — « Dis-lui que je ne suis pas bien, mais c'est peu de chose ; et quant au dîner, je n'ai qu'une tasse de thé et un morceau de pain sec. Si Léwanika veut venir les partager avec moi, il est, comme toujours, le bienvenu. » Bientôt après, les bruyants claquements de mains, qui se succédaient de la maison du roi à la mienne, annonçaient la procession des marmitons portant la nourriture et les ustensiles royaux. Lui-même ne se fit pas attendre ; il arrivait tout radieux, tout mielleux, faisant de louables efforts pour animer la conversation. Le repas fini, les plats — ce qui n'est pas du tout l'habitude — passèrent à Paul et à André, et d'eux, les restes passèrent à nos autres garçons. Le roi leur criait de dedans la maison : « Ce n'est pas moi qui vous nourris, c'est votre père le *morouti*, c'est sa nourriture à lui, vous entendez ! » On avait à peine desservi la table qu'éclata un terrible coup de tonnerre, qui nous jeta presque à terre. Ce premier coup fut suivi d'un second, puis d'une pluie torrentielle. Je racontais à Léwanika certains traits de l'histoire de Néron, quand tout à coup la porte de roseaux s'ouvre, et une masse de gens qui se pressent, Litia, Gambella et les principaux chefs en tête font irruption sans cérémonie, nous obligent à nous reculer au fond de la hutte, et remplissent, serrés comme des harengs, la maison, le vaste corridor concentrique, la véranda extérieure, et je crois aussi la cour elle-même. « Ah ! ah ! s'écria le roi, les voilà, les nôtres, je le savais bien, les voilà ! » Mon étonnement l'amusait évidemment ; je n'y comprenais absolument rien. Le silence rétabli, il m'expliqua que c'est là une des coutumes des ba-Rotsi. Quand il fait un orage, qu'il tonne, tous les hommes de sa parenté et tous les chefs qui sont à la capitale accourent chez lui, dans la pièce même où il se trouve, pour mourir avec lui, si la foudre le tue. Ce soir, ils le savaient chez moi.

Cela me rappela un souvenir d'enfance. Que de fois, au milieu de la nuit, pendant un orage, n'ai-je pas vu accourir chez ma mère nos voisins catholiques et protestants ! « Mon petit, disait ma mère, lis-nous un psaume et une prière ! » Puis, l'orage passé, chacun remerciait ma bonne mère et « le petit », et s'en retournait chez soi avec le sentiment d'une grande délivrance. Ce souvenir m'inspira. Nous chantâmes cantique après cantique, au choix de Léwanika et de nos habitués, puis la lecture de deux ou trois versets, quelques paroles brèves, une prière qu'on écouta dans le plus profond silence, et ce singulier auditoire, qui m'avait fui le jour et que Dieu m'amenait de nuit, se dispersa tout étonné, en claquant de la langue.

Léwanika s'étant lui-même rapproché de moi, nos rapports reprirent leur cours ordinaire. Nous eûmes tous nos repas en commun et nous passions de longues heures ensemble. J'eus beau plaider cependant pour nos frères méthodistes et la mission chez les ma-Choukouloumboué, il n'en voulut pas entendre parler. Ils n'ont donc d'autre alternative que de s'établir à côté de nous et nous faire concurrence — ce qu'ils ne feront jamais — ou bien de franchir les frontières du royaume de Léwanika, et chercher au delà un autre champ de travail. Je les y engage beaucoup, et je crois qu'ils ne perdront pas leur temps en allant explorer la région qui s'étend au nord du Zambèze, entre le Kafoué et Zoumbo. Si j'étais à la tête de cette expédition et que je connusse Léwanika comme je le connais, je ne pourrais pas me résoudre à abandonner le projet d'une mission chez les ma-Choukouloumboué. Léwanika finirait par céder. Mais cela n'est pas une base suffisante pour que d'autres bâtissent dessus, surtout après tant de revers. M. Buckenham me laissa donc à mes propres affaires à Léalouyi, et s'en retourna à Séfoula.

Dans nos entretiens subséquents, Léwanika reconnut bien que, dans la scène à laquelle j'ai fait allusion, il m'avait injurié et il s'en excusa de son mieux. Il se disait harassé de soucis, ce qui est assez naturel ; il protestait de sa grande et vieille amitié pour moi et m'assurait que mon transfert à la capitale n'était pas du tout mis en question par lui, mais que les chefs sont animés de tout autres dispositions. Ils ont tant entendu parler de missionnaires qui, au lieu de prêcher l'Évangile, enseignent toutes sortes de métiers, qu'ils disent ouvertement que ce sont là les missionnaires qu'il nous faut ici. « Tu les entendras toi-même, ajoute-t-il ; je les convoquerai tous en pitso demain pour discuter ces affaires-là. »

Il tint parole, le pitso eut lieu. Je craignais fort que ce ne fût un coup monté, et je n'étais pas du tout rassuré, loin de là. Je réunis préalablement mes jeunes gens et nous en fîmes un sujet de prières ardentes. Le pitso dura deux heures. Ce fut, comme toujours, une fusillade de petits discours, dont je pris soigneusement note. Je m'attendais à une vive opposition, mais, à ma grande surprise, tous sans exception parlèrent de moi et de mes plans dans les termes les plus favorables et les plus sympathiques. « Gambella, tu nous annonces une bonne nouvelle, quand tu nous dis que le *morouti*, notre père, veut enfin venir s'établir près de nous. Nous le désirons depuis longtemps. Il nous est difficile de lui envoyer nos enfants à Séfoula ; c'est trop loin, la nourriture manque souvent. Ici, nous pourrons les envoyer régulièrement à l'école, et aller nous-mêmes aux prédications du dimanche. Il est rongé par l'ennui dans les bois ; c'est un mo-Rotsi, il aime la plaine et il cherche d'autres ba-Rotsi. Si nous ne l'aimions pas, lui aurions-nous bâti une maison ici, une des plus belles de la ville ? Qu'il vienne, il est ici chez lui. Nous nous en réjouissons et disons merci. » — « Nous avons vu des choses étranges », s'écriait un grand chef ; « des étrangers concerter en tête-à-tête avec notre roi, parcourir nos *malapa* (nos cours), prendre nos femmes et nos enfants dans leurs confidences ; nous les entendions parler de mines, de métiers, de cadeaux, sans qu'on nous dise de quoi il s'agissait. Et nous nous demandions : « Où allons-nous ? Sommes-nous à la merci des étrangers ? » Aujourd'hui que notre père vient parmi nous, toutes ces menées prendront fin. C'est un mo-Rotsi, et ici il est chez lui. » Voilà la somme de tous ces discours. Léwanika n'avait pas osé être présent. En son absence, Litia parla le dernier, représentant un nouvel élément dans la nation. Il parla bien, à point, et même avec une autorité et une hardiesse qui m'étonnèrent. Il reprocha aux ba-Rotsi leur manque de sincérité et même leur servilité. Il osait leur dire : « Vous venez au culte quand le roi y vient ; mais quand il ne vient pas, pourquoi vous abstenez-vous ? Est-ce lui que vous priez ? Est-il votre Dieu ? »

Léwanika, informé officiellement du résultat de ce pitso, en exprima sa grande satisfaction, et parut s'en réjouir. Il me promit des canots pour le transport des matériaux que nous préparons à Séfoula, et s'engagea, si j'en avais besoin, à me procurer des ouvriers et des bois de construction, moyennant des gages fixés entre nous.

Et maintenant, chers amis, nous voici en présence de questions graves et pour nous bien difficiles à résoudre. On m'annonce que M. Vollet repart pour le Sud, et j'estime que c'est la meilleure chose qu'il puisse faire. Les Jeanmairet, d'après leurs lettres, sont toujours incertains dans leurs plans, mais la conviction qui s'impose à eux et que les frères du Lessouto partagent, c'est qu'ils ne reviendront pas au Zambèze. Et voilà en outre Séfoula que mon départ va laisser vacant, et qu'il faut à tout prix pourvoir sans délai.

Il y a longtemps que nous poussons des cris de détresse. Nous, nous n'avons qu'une vie, nous ne pouvons donner davantage. A vous, en Europe, d'agir avec promptitude et énergie, si vous voulez nous maintenir ici et sauver la mission. Souvenez-vous-en, nous ne sommes plus au temps jadis où tout allait au pas lent et mesuré des bœufs. Nous vivons dans des temps de bouleversement, de transformations subites et de crise. Oh ! soyons vigilants, soyons à la hauteur des circonstances et de nos responsabilités, pendant que nous sommes encore au gouvernail !

XLVI

Messages de sympathie et d'affection. — La vie à Séfoula. — Une éclaircie. — Prochain établissement à la capitale. — Deuil et grâces. — Une classe de futurs catéchumènes. — Difficultés de l'œuvre. — Manque d'ouvriers. — Un souvenir de Mme Coillard.

Séfoula, 24 avril 1892.

J'ai été bien touché de tous les témoignages de sympathie que j'ai reçus en grand nombre.

Qu'ils sachent, tous ces chers amis, qu'ils m'ont fait du bien, et beaucoup. Je me suis senti moins seul dans cette solitude, à laquelle je ne puis pas m'accoutumer. Et puis, il m'est survenu un surcroît d'épreuves et de chagrins qui m'ont abreuvé d'amertume.

Parfois, il me semblait que je ne pouvais pas supporter plus d'angoisses et de souffrances, — et pourtant, la coupe n'était pas encore comble ; il fallait qu'elle débordât. Mais, la puissance de la grâce de Dieu est grande et admirable. Jésus n'oublie pas les siens ; dans toutes nos afflictions, il est affligé. Il se souvient de sa promesse, et sa présence devient une réalité d'autant plus précieuse, que les ténèbres sont plus épaisses, et la douleur plus profonde.

Nous allons notre petit train ici ; Mlle Kiener et M. Waddell m'entourent d'égards et d'affection. Mais, vous le comprenez, la grande, grande place est toujours vide. Le nombre des garçons qui vivent chez nous s'est accru, et il règne parmi eux un esprit qui nous fait espérer quelques conversions sérieuses. Nos auditoires aussi s'augmentent, et nos réunions ont eu dernièrement un caractère de solennité qui nous révélait la présence de Dieu. Deux ou trois femmes sont, je crois, bien près du royaume de Dieu. Mais je n'en parle qu'en tremblant, si grands, si amers ont déjà été nos désappointements. Dans peu de jours, nous allons célébrer le mariage de notre fille Sébané avec Franz, notre conducteur, qui est revenu de Mangouato. Quelle joie c'eût été pour ma femme, après les larmes qu'elle a versées sur les autres !

Il a, dernièrement, plu à Dieu de fortifier notre foi, en exauçant nos prières d'une manière bien remarquable. Une visite que je devais faire à la capitale me pesait particulièrement sur l'esprit. Je m'attendais à de nouveaux conflits avec le roi, et, parfois, je l'avoue, je me sens fatigué de la lutte. Dans des réunions spéciales de prières, nous avions demandé à Dieu qu'il nous rende la confiance et l'affection du roi, aplanisse toutes les difficultés, sans cesse renaissantes, de mon établissement à Léalouyi, et « qu'il nous délivre de ces hommes fâcheux et méchants » (2 Thess., III, 2) qui entravent si sérieusement son œuvre. Eh bien ! à mon insu, l'ennemi le plus acharné de notre mission s'était disputé avec le roi ; il lui reprochait son ingratitude, et l'abandon et le dénûment dans lesquels il le laissait depuis quelque temps. Il ne lui pardonnait pas, surtout, qu'il méprisât et refusât de suivre ses conseils, et ne voulût pas nous chasser du pays, M. L. Jalla et moi, qu'il représentait comme des gens vendus aux chercheurs d'or, à cause de la part que j'ai prise aux transactions entre Léwanika et la *Compagnie du Sud de l'Afrique*, et à cause aussi du fait que M. Jalla avait voulu accompagner le Dr Johnston à travers le pays des ba-Toka. Léwanika, las de toutes ces calomnies, finit par penser, qu'après tout, nous pourrions bien, nous qui nous taisions, être ses meilleurs amis ; — et il se rapprocha de son missionnaire qu'il retrouva le même qu'autrefois. De dépit, le marchand, après une scène des plus orageuses, quitta Léalouyi un jour que j'étais là, obtenant à grand'peine du roi un canot pour descendre le fleuve et évacuer la contrée.

Léwanika me fit présent d'un canot qu'il m'avait promis depuis deux ans ; il me le changea par trois fois, pour être sûr de me donner quelque chose qui me plût vraiment. Hier, en m'annonçant que la maladie l'empêchait de venir me visiter à Séfoula, comme il se l'était proposé, il me faisait savoir que le petit monticule que nous avions choisi pour y construire notre future station, était maintenant complètement submergé. Mais il m'en propose un autre plus large, de deux ou trois pieds plus élevé, qui a servi de cimetière pour les petits chefs de Léalouyi. Ce sont là des brins de paille auxquels nous nous accrochons. Que voulez-vous ? Nous sommes des nains dans la foi, et peu nous suffit pour nous encourager, du moment que nous y discernons le doigt de Dieu. Ce n'est que tout dernièrement aussi que le roi, de son propre mouvement, a renvoyé ses filles et ses fils à l'école. Tous les grands ont suivi Litia et André et ont quitté. C'est un avantage. Cependant, le nombre d'élèves, qui tend à augmenter, est déjà de quarante.

Je vous ai tant assommés de nos difficultés, qu'il est juste que je vous montre aussi la petite éclaircie qui semble se faire dans notre ciel nuageux et sombre.

Lors de ma dernière visite à Léalouyi, je trouvai tout le village en émoi. Une femme avait eu une fausse couche, et, d'après la coutume des ba-Rotsi, elle devait être séquestrée en dehors du village, dans une méchante petite hutte, pendant que son mari serait confiné dans sa cour, sans voir qui que ce soit, sans même oser aller voir son propre bétail ou visiter son champ, jusqu'à l'apparition d'une lune nouvelle, de peur qu'il ne répandît le fléau dont il était lui-même la victime. Comme c'était au tout premier quartier de la nouvelle lune, la femme et son mari ne goûtaient pas précisément la perspective d'une si longue quarantaine ; ils cachèrent l'accident. Il ne se passa pas vingt-quatre heures avant qu'il ne fût ébruité. Or, cet homme, du nom de Manyatélé, était un des principaux officiers de l'établissement du roi, un *sékomboa*, un homme de quarante-cinq à cinquante ans, un favori de son maître, et généralement respecté. Rien n'y fit ; ses pairs, les autres sékomboa, se précipitèrent sur lui, l'entraînèrent, fortement lié, à la rivière, lui arrachèrent les cheveux avec leurs formidables ongles ; le saisissant, ils l'étranglèrent sous l'eau jusqu'à ce qu'il fût presque mort, puis le battirent de verges pour le faire revenir à lui-même, et l'abandonnèrent sur le rivage par une pluie torrentielle. Il ne fut pas difficile de montrer à Léwanika la cruauté de tels procédés, et, dès le lendemain, le malheureux rentrait chez lui à la faveur de la nuit. J'allai le voir ; mais j'eus de la peine à le décider à sortir de sa hutte dans la cour, tant il se sentait humilié. Le paganisme des ba-Rotsi est cruel et grossier. Il foule aux pieds tout rang, toute dignité, tout respect ; rien ne lui en impose.

Nous avons ici l'expédition missionnaire des méthodistes primitifs. Nous jouissons de leur voisinage. Nous nous voyons tous les jours, soit pour nos réunions de prières et d'édification, soit pour des soirées de chant. Le roi, qui s'était d'abord servi d'eux pour me bloquer l'entrée de son village, a nettement refusé de les laisser s'établir, soit chez les ma-Choukouloumboué, soit chez les ba-Toka, soit ailleurs dans son pays. Mais les influences qu'il subissait alors ont eu leur temps, et si nos amis ont foi dans leur vocation, et s'ils ont de la patience, je crois que Dieu leur ouvrira encore la porte des ma-Choukouloumboué.

Ma scierie est en pleine activité. M. Waddell prépare les matériaux pour la construction de notre tabernacle à Léalouyi. Ce sera, mais un peu plus grande, la copie de celui d'ici. Et dès que les eaux se seront retirées — l'inondation est de tout un mois en retard, cette année — nous commencerons le transport de tout ce matériel et construirons. Mais c'est plus facile à dire qu'à effectuer. Nous sommes dans un embarras extrême. Il n'y a que M. L. Jalla qui puisse, dans les circonstances actuelles, prendre ma place ici. Quand je partirai de Séfoula, le gros de l'école me suivra à Léalouyi. Qui la fera, cette école, à Léalouyi ? Paul, veuf comme moi, me secondera bien dans la mesure de ses forces. Il est un chrétien ardent et un évangéliste zélé ; mais nul comme maître d'école. Et, pour moi, je ne me sens plus la force de me charger seul d'une si lourde tâche. Je n'ai plus le ressort et l'entrain qu'il faut pour cela, et j'ajoute que, si je veux faire à la capitale l'œuvre d'un bon évangéliste, je n'en aurai pas non plus le temps. Et si M. L. Jalla quitte Kazoungoula, qui le remplacera ?... Et les autres postes, qui les occupera ?... Les Jeanmairet nous annoncent définitivement qu'ils ne sont plus des nôtres. Et, par-dessus tout cela, le linceul du déficit ! Que Dieu nous soit en aide ! Et vous aussi, chers amis, secourez-nous pendant qu'il en est temps encore. N'attendez pas qu'il soit trop tard.

Il faut que je m'arrête ; mais non pas sans vous dire encore combien j'ai été touché de l'empressement avec lequel des amis ont voulu me fournir une nouvelle monture. Ce n'est pas un luxe, je vous assure. Mon digne ami Khama m'a fait dire qu'il s'occupait de m'en trouver une bonne. Mais les bons chevaux, les *salés*, c'est-à-dire ceux que la maladie a déjà inoculés, sont rares et chers. Mais Dieu qui nous a fourni les moyens de l'acheter, nous fera aussi trouver la bête.

Priez pour votre frère dans l'affliction.

Séfoula, quelques jours plus tard.

Toutes vos lettres sont là, devant moi. Elles viennent un peu de partout, comme les échos d'une sympathie générale. Pendant dix jours, le soir, après le repas et le culte de famille, retiré dans mon cabinet, vous auriez pu me voir seul avec vous, et jusqu'à une heure assez avancée, boire à longs traits à la coupe débordante de vos consolations, m'étonnant que, dans mon désert, dans cette terre altérée et sans eau, jaillisse si spontanément une source aussi débordante de sollicitude et d'affection. Qui de nous oserait douter de la communion des saints et de l'union réelle du corps de Christ ?

Vous l'avez donc appréciée, celle que je pleure ! Elle n'était

MON « MACPÉLA ». — TOMBE DE Mme COILLARD A SÉFOULA

pas démonstrative, elle avait horreur de tout ce qui sentait la mise en scène et visait à l'effet. Mais, quand une fois elle avait ouvert son cœur et donné sa confiance, c'était pour toujours. Vous avez compris que je suis un pauvre être humain qui souffre, qui peut s'abattre et se décourager. Sur le champ de bataille et au milieu de la mêlée, n'est-ce pas? il n'est pas indigne du soldat de donner une pensée et une larme à ce compagnon d'armes qui tombe à son côté. Jésus l'a fait. Mais il ne faut pas que le guerrier faiblisse, il ne faut pas que le combat soit compromis.

Je ne voudrais pas que vous m'eussiez privé d'une seule de vos lettres, car chacune a sa goutte pour adoucir l'amertume de ma coupe. Chacune apporte aussi sa paillette d'or, qu'à mon tour je dépose aux pieds de mon Maître bien-aimé, comme un hommage digne de lui seul.

« Vous êtes un homme riche », m'écrivait un ami. Riche? Et j'ai tout perdu en la perdant, elle ! Et pourtant c'est vrai, « il s'est fait pauvre, afin que par sa pauvreté je devinsse riche ». Oui, riche dans ce monde. Avec Jésus, j'ai tout trouvé ; avec son royaume, il m'a tout donné. Le trésor qui me venait de lui, il ne me l'a pas ravi pour toujours parce qu'il l'a pris pour l'ornement de ses palais. Non. Mais son départ me révèle, dans le cœur des enfants de Dieu de presque tous les pays d'Europe, une mine inépuisable de richesses, de prières, de foi, d'amour, de sacrifices et de bénédictions qui sont, pour notre chère mission du Zambèze, un crédit inestimable et la meilleure des assurances contre la paralysie du déficit.

Parmi mes correspondants, je remarque qu'un bon nombre ont passé avant moi par les grandes eaux de l'affliction. D'autres, hélas! y passeront à leur tour. Voici encore une bonne parole que je voudrais partager avec eux. « Impossible, m'écrit un ami, que vous n'ayez pas eu votre part de la joie de Pâques, un rayon de lumière céleste venant non pas encore dissiper, mais traverser et éclairer vos noires ténèbres. Vous en aurez été inondé et comme transporté dans la gloire à venir, au moins pour un moment, car ici-bas les Thabor ne peuvent pas durer toujours. Mais, je m'en souviens, Jésus a dit: « Vous vous réjouirez, et nul ne pourra vous ravir votre joie. » La joie de la Pentecôte a duré toujours. J'en ai comme l'assurance intérieure, vous devez avoir goûté la joie de Pâques et la joie de la Pentecôte. Le Seigneur n'est-il pas fidèle ? » — Oui, c'est bien cela, la joie de Pâques et la joie de la Pentecôte ! Ne vivons pas absorbés dans le passé, ne nous apitoyons pas sur le présent, mais travaillons pendant qu'il fait jour en vue de l'éternité. David disait — et il avait une excellente raison pour le dire — : « Il m'est bon d'avoir été affligé. » Il est des bénédictions que nous ne pouvons recevoir que par ce canal ; il est de grandes leçons que nous ne pouvons apprendre qu'à cette école et pas ailleurs, à l'école de « l'Homme de douleur ».

On me dit que notre deuil a été béni en Europe pour quelques âmes. Je crois qu'il l'a été de même ici. Elle répétait souvent : « Il a compté mes allées et mes venues — *my wanderings* », et j'ajoute : Il a tenu compte de ses larmes et de ses prières. Le petit mouvement qui a réjoui ses derniers regards sur la terre n'a pas, il est vrai, produit tout ce que nous en attendions. Cependant il y a un petit nombre de personnes qui cherchent le Seigneur, et quelques-unes même qui professent de l'avoir trouvé. J'ai réuni celles qui m'inspirent le plus de confiance en une classe de travaillés, d'*inquirers* (chercheurs), comme diraient les Anglais, pas encore une classe de catéchumènes, mais à laquelle je donne un enseignement spécial. Au grand complet, avec les Litia, elle compte dix ou onze membres. Outre des jeunes gens qui vivent chez nous comme élèves ou comme ouvriers, il s'y trouve trois femmes d'un village voisin pour lesquelles nous avons prié pendant plus de deux ans. Elles font notre joie. Nous croyons que l'œuvre de la grâce est commencée en elles. Outre nos réunions de prières privées, où nous sentons bien que nos frères méthodistes sont pour nous une force, nous avons dû commencer une réunion de ce genre le mercredi matin. Peu de personnes la suivent avec régularité en dehors de notre petit groupe d'habitués ; mais c'est une réunion intime d'un grand intérêt pour tous.

Mais, chers amis, en vous associant à nous, vous voulez avant tout que nous fassions une œuvre sérieuse, n'est-ce pas ? Sur le fondement unique, nous ne voudrions pas édifier de la paille ou du bois, mais bien de l'argent, de l'or et, si c'est possible, des pierres précieuses. Or, ces conversions, tout en m'encourageant parce que je ne puis pas y méconnaître entièrement l'action du Saint-Esprit, ne me donnent pas une satisfaction complète. Je vous confie mes arrière-pensées sans déguisements pour que vous en fassiez avec nous un sujet de prières et de supplications. Les feuilles de la repentance sont bien là, donc l'arbre a de la vie, mais je voudrais trouver plus de fruits. La notion du péché est faible chez nos néophytes zambéziens. Je voudrais voir des pécheurs terrassés comme Paul sur le chemin de Damas ; des âmes angoissées qui ne peuvent retenir le cri de douleur : « Que faut-il que je fasse pour être sauvé ? » Il me semble que ces pauvres païens doivent nécessairement passer par le Sinaï avant d'arriver au Calvaire. A Dieu ne plaise que je veuille « limiter le Tout-Puissant ! » Il peut ouvrir le cœur de Lydie, comme aussi foudroyer le geôlier de Philippes. Les exemples n'en sont pas rares en Europe, parmi ceux surtout qui ont grandi dans une atmosphère chrétienne. Mais je parle de pauvres païens qui ont croupi dans les ténèbres de la superstition et dans la fange du péché. J'ai peur de ces professions où la joie du salut brille en même temps que la douleur de la repentance, de ces Israélites qui s'enfuient bien loin de l'Égypte et passent même la mer Rouge, mais qui meurent au désert, sans arriver à la Terre promise, de ces croyants qui n'ont jamais su ce que c'est que le Saint-Esprit. Et le nombre en est grand, ailleurs qu'en Afrique. L'exemple de mon cher André m'empêche de me réjouir sans crainte. Tout en conservant sa profession, il n'a pas prospéré spirituellement depuis qu'il nous a quittés et que le monde le cajole. Je vous demande instamment d'unir vos prières aux nôtres pour demander au Seigneur de le faire sortir vainqueur de la crise qu'il traverse et qui décidera de toute sa vie, de le délivrer des terribles pièges qui lui sont tendus (il est question, en effet, de le donner comme mari officiel à la fille aînée du roi), de le ramener et d'en faire un monument de sa grâce et un fidèle évangéliste.

Vous savez, enfin, que, depuis deux ans surtout, nous avons eu des jours sombres et des temps bien difficiles. Nous avons fait de dures expériences. Ces fardeaux-là, vous ne pouviez les partager et les porter avec nous que par la sympathie et la prière. Cela, vous l'avez fait. Vous nous avez entourés et soutenus; nous l'avons senti. Le Seigneur vous a entendus. La situation s'est, à tous les points de vue, considérablement améliorée, les passions se sont calmées, le roi s'est désillusionné; il a reconnu ses meilleurs amis et s'est rapproché de nous. Nos rapports redeviennent peu à peu ce qu'ils étaient autrefois; c'est de nouveau, c'est *encore*, devrais-je ajouter, la période du *N'taté éa ratégang* (père bien-aimé), comme nous disons ici, parce que c'est le terme de respect dont Léwanika se sert dans les billets qu'il m'adresse, quand il est de bonne humeur. Avec les chefs de la Vallée, nous avons toujours eu d'excellents rapports; car le roi, dans toutes ces affaires, a fait bande à part. C'est avec les chefs de Séchéké surtout que nous avons perdu du terrain. Un moment, on l'a cru, notre chère mission était à deux doigts de sa ruine. Dieu l'a merveilleusement sauvée et nous a délivrés, en réponse à vos prières et aux nôtres. Bénissons-le ensemble, chers amis.

Mais nous manquons d'ouvriers. Nous contenterions-nous de la gloire d'occuper et d'accaparer un champ que d'autres envient et que nous n'aurions ni la force, ni la foi de cultiver?

Non, non, je fais injure au zèle qui nous soutient et qui va entamer les régions du Congo français. J'en appelle à la France, à la Suisse, à l'Italie; j'en appelle aussi à cette Église si intéressante de la Belgique, parce qu'on la dit une *Église missionnaire*. Frères bien-aimés, donnez-nous du renfort! Jeunes gens chrétiens, accourez à notre aide! Pères, mères qui priez chaque jour pour que le règne de Dieu vienne, mettez, oh! mettez vos Isaac sur son autel; consacrez-lui vos Samuel! Donnez-nous *dix hommes* d'élite, *dix hommes* choisis et appelés de Dieu, *dix hommes* dont la foi ne repose pas sur le sable mouvant de la critique moderne, mais sur le Rocher des siècles: Jésus, mort pour nos offenses et ressuscité pour notre justification. Il s'agit d'une guerre sérieuse; ne nous faisons pas d'illusions; mais le but en est glorieux, et la victoire nous est assurée. Plutôt succomber que de déserter le poste, l'un des postes avancés de l'armée conquérante du Roi des rois. Nous montons à l'assaut de la forteresse, nous nous tiendrons sur la brèche, nous y planterons l'étendard de la croix! Une poignée de soldats, *dix hommes* du type d'Étienne, et la journée est à nous.

Avec des hommes, il faut des fonds. Des hommes! ils viendront, puisqu'on nous en annonce déjà *un*. Dieu soit béni! le secours est près! Les fonds? Une voix me crie de par delà les mers: « Vous avez assez de fardeaux que nous ne pouvons pas porter avec vous, *laissez-nous celui-ci, c'est le nôtre!* » Oh! merci. C'est une bonne parole que celle-là. C'est plus qu'une parole, votre libéralité et votre touchant empressement le témoignent. Déjà vous apportez vos sous, votre argent et votre or. Vous avez compris: « le Seigneur en a besoin! » (Ps. CIII, 1.)

12 mai 1892.

Nous vivions plus à la Maison des missions que vous ne pensez. Seulement nos pensées s'égaraient un peu dans le bâtiment nouveau qui abrite votre école de prophètes. Nous aurions voulu en connaître chaque chambre, chaque recoin, pour nous associer d'autant mieux à tous les détails de votre vie journalière. Et quand je dis *nous*, c'est d'*elle* que je parle. Nous n'étions qu'*un* en tout. Oh! comme je revis ces trente années de pèlerinage avec elle!

Que d'Ébénézer qui jalonnent notre route ! Que de sommités lumineuses ! Et même dans la sombre vallée de l'épreuve, ou pliant sous le faix du jour, qu'il faisait bon d'être ensemble ; et, le soir, quand notre porte était fermée, et que tout seuls, tout entiers l'un à l'autre, nous faisions ensemble le bilan des travaux, des joies, des peines de la journée, comme nous nous sentions forts pour reprendre la tâche du lendemain !

Personne ne saura jamais ce qu'elle a été pour l'œuvre de Dieu, ce qu'elle a été pour moi comme *missionnaire*. Elle aimait la société. Elle a immensément joui de sa visite en Europe. Comme l'abeille elle prenait son miel à toutes les fleurs. Dans son extraordinaire mémoire, rien ne s'oubliait, rien ne s'effaçait. Et des amis, chez lesquels nous n'avons fait qu'un court passage, seraient bien étonnés de savoir la place qu'eux, et ce qui les concerne, occupaient dans ses souvenirs. Elle était mon répertoire à moi. Elle aimait son intérieur. Elle avait le culte de la vie du foyer domestique !... Elle n'avait, pas plus que moi, encore bien moins que moi, l'humeur voyageuse. Mais, quand l'appel de Dieu s'est fait clairement entendre, immédiatement, sans hésiter, sans consulter la chair et le sang, elle a tout sacrifié, tout quitté, même son cher Léribé, et l'a fait joyeusement.

Au milieu de tous les orages qui ont bouleversé les deux dernières années de sa vie, elle disait toujours avec émotion que Dieu lui avait accordé une grande bénédiction et une grande joie. La grande bénédiction, c'était Mlle Kiener ; la joie, c'était ma présence à la maison. Je n'ai pas fait de longue absence l'an passé. J'étais à la maison pour la première fois, depuis plusieurs années, pour mon anniversaire de naissance. Aussi, quelle fête elle avait préparée ! Elle sentait que c'était la dernière fois qu'elle serait avec moi pour cette occasion-là. Et je la vois encore se laissant choir sur une chaise et fondre en larmes...

Cela me rappelle un des premiers anniversaires de notre mariage, à Léribé. Nous avions dû nous séparer quelques semaines auparavant ; elle, pour aller à Harrysmith, en wagon, chercher du bois de construction, et moi, chevaucher parmi les Églises pour une mission spéciale. Mais nous nous étions donné rendez-vous à Léribé pour le 26 février. Toutes les rivières étaient gonflées ; malgré bien des difficultés et des aventures, je fus fidèle au rendez-vous. Elle y aurait été aussi. Mais le Calédon coulait à pleins bords. Le wagon était là, sur le rivage, et les nuages s'amoncelaient toujours. Je pris une grande résolution. Le chef Molapo me choisit six ou huit bons nageurs bien connus, et, avec une troupe de jeunes gens, sous la direction de Nathanaël Makotoko, j'allai au Calédon. Les pourparlers ne furent pas longs. Elle passa une robe de laine, descendit à la rivière torrentielle, se livra calmement à deux vigoureux Zoulous qui la soutenaient sous les aisselles. Des Zoulous nageaient devant et derrière elle, tous les jeunes gens du village, en aval et en amont, dans l'ordre le plus parfait, et le cortège lutta contre le courant rapide de la rivière débordée dans le plus profond silence. On ne lui voyait que les épaules hors de l'eau. Dire ce que j'éprouvai pendant cette traversée, non! Je pensais à Christina traversant le Jourdain... Une fois arrivée enfin au bord, je la reçus; tous nos hommes et nos gens disparurent. Elle mit son amazone, et, peu d'instants après, la joyeuse et bruyante cavalcade arrivait à notre petite hutte de mottes, large de deux mètres. C'était le temps des petits commencements à Léribé.

Maintenant elle a traversé le grand Jourdain. Je l'ai accompagnée jusqu'au rivage; je n'ai pas pu aller plus loin. Le palais de gloire a ouvert ses portes pour elle, et j'ai entrevu la splendeur qui s'en échappait. Mais elles se sont refermées. Elles se rouvriront bientôt, et je la rejoindrai. Plus de séparation alors, plus de deuil. Il essuiera toutes larmes de nos yeux...

XLVII

Détresses et délivrances. — En canot à Léalouyi. — Bonne réception. — Cérémonies militaires. — Un dimanche à la capitale. — Un marché d'esclaves. — Jusques à quand ?

Séfoula, 26-30 mai 1892.

Encore un orage !... Les orages, au Zambèze, comment donc se forment-ils ? Ils sont si fréquents, si imprévus, si menaçants !... A peine l'un a-t-il passé sur nos têtes, qu'un autre s'est déjà formé et gronde à l'horizon. Quelle atmosphère que celle-ci, où les nerfs n'ont pas le temps de se détendre ! Oh ! puissions-nous aussi posséder en plus grande mesure cette sagesse qui vient d'en haut, pour nous conduire comme il faut envers ceux du dehors (Col. IV, 5) ! Et pourtant, il nous semblait que le vent avait balayé les nuages et que, pour la première fois depuis assez longtemps, notre ciel était redevenu pur et bleu... En effet, à la mi-avril, j'étais revenu de Léalouyi, constatant avec reconnaissance l'exaucement de prières ardentes et spéciales. Nous étions, presque sans nous y attendre, délivrés de ces hommes fâcheux et méchants (2 Thess., III, 2), qui ont si sérieusement entravé le libre cours de la parole du Seigneur ; le roi s'était rapproché de nous et il avait aplani toutes les difficultés qu'il avait précédemment opposées à notre installation à la capitale. Par trois fois, et chaque fois pour une meilleure, il avait changé la pirogue dont il m'avait fait présent. Il me fournit même, « par amitié » et sans qu'il fût question de paiement, cela va sans dire, des canots pour chercher nos approvisionnements à Kazoungoula. Tout allait donc pour le mieux, comme dans le meilleur des mondes.

Malheureusement, notre frère Buckenham, le chef de l'expédition des méthodistes primitifs, devait aller à Kazoungoula pour ses affaires et jugea l'occasion trop bonne pour la manquer. Sur mes conseils, il demanda un canot à Léwanika et, comme je prévoyais un refus, j'avertis celui-ci qu'à la rigueur M. Buckenham pourrait descendre dans mon propre canot, s'il ne lui était pas possible de lui en procurer un. Le roi répondit d'une manière évasive, et M. Buckenham partit avec mes gens. Dès qu'il l'apprit, Léwanika ne se contint pas de colère. Nous l'avions frustré d'une bonne somme d'argent sur laquelle il comptait déjà. « De quel droit avait-il donc, le *morouti*, loué des gens pour cet étranger? Ne sont-ce pas ses esclaves à lui? » Et la grosse question : « Quels seront leurs gages ? » Car lui, Léwanika, ne veut que de *l'argent*, il ne rêve que cela. J'eus beau l'assurer que mon canot, comme ceux qu'il m'avait prêtés, allait chercher nos provisions et était sous les ordres du petit chef qu'il avait lui-même mis à la tête de cette expédition; que M. Buckenham n'avait fait que profiter de cette occasion, comme je l'en avais du reste averti : rien n'y fit. Des billets aigres et de désagréables échos me répétaient les injures que le pauvre homme faisait pleuvoir sur ma tête, entouré de ses *likomboa*, flatteurs et courtisans de la pire espèce. J'envoyai même l'évangéliste Paul passer quelques jours auprès de lui pour mieux lui expliquer ce voyage de notre frère méthodiste dans mon bateau.

Je crus un instant qu'il avait réussi. Quel ne fut pas notre étonnement d'apprendre, quelques jours plus tard, que Léwanika avait secrètement envoyé à un jeune homme, qui suit l'école et qui est le gardien de ses filles ici, l'ordre d'étrangler les ouvriers qui travaillaient chez moi, tous sans exception. Ce jeune homme, que je crois d'ailleurs être près du royaume des cieux, n'osa pas le faire; il se contenta, par respect pour moi, de saisir le morceau de calicot au premier ouvrier que je payai. Ce fut le signal de toutes sortes de vexations. Les petits chefs qui suivent notre école, les gamins et les jeunes gens de leur suite, se frottaient les mains et jubilaient. Ils recommencèrent, comme aux jours d'autrefois, à détrousser les passants et à faire main basse sur les denrées qu'on nous apportait en vente. Ce fut une nouvelle panique. Tous nos ouvriers — et nous en avions un bon nombre, car nous préparons ici tous les matériaux de construction pour la nouvelle station de Léalouyi — tous nos ouvriers, dis-je, à l'exception de deux qui ont fait preuve d'un courage vraiment admirable, se sauvèrent de nuit, et, pendant trois semaines, personne n'osa nous apporter quoi que ce soit à vendre. Si quelqu'un s'aventurait à venir nous voir, il se cachait d'abord dans les broussailles; il guettait l'occasion où personne ne pouvait le voir, et ne parlait qu'à demi-voix.

Bien que malade et pouvant à peine me tenir sur mes jambes, je partis pour Léalouyi où, selon mon habitude, je restai plusieurs jours. Le roi fut-il touché de mon état de faiblesse et de maigreur? Probablement, car il s'évertua à m'entourer d'égards et d'amabilité. Dans mes longs entretiens avec lui, je me fis un devoir de lui rappeler les grandes leçons de la révolution qui l'avait chassé en exil. Je n'eus pas de peine à le convaincre que cette clique de *likomboa* ne le respecterait pas davantage, parce qu'il tourmentait sans raison les serviteurs de Dieu, étrangers dans son pays et entièrement à sa merci. Il voulait hausser d'une manière absurde les gages des ouvriers et nous imposer des conditions par trop gênantes et humiliantes. Je tins bon, et il finit par se rendre. Il prétendit même s'indigner de ce qu'on avait outrepassé ses ordres pour nous tourmenter. Il manda le jeune homme dont il avait fait son espion et son agent de police. « Le *morouti*, dit-il, m'a vaincu. J'étais de mauvaise humeur et j'ai grondé. Maintenant, c'est fini. Que les jeunes gens qui le veulent travaillent comme toujours, et veillez à ce qu'on ne tracasse plus les gens qui vont chez lui vendre leur millet. » Voilà une réponse manifeste à nos prières, et nous en bénissons Dieu.

Ce sont là des détails qui doivent vous paraître bien petits, cependant la vie, même la plus grande, en est faite, mais la soie n'est qu'un tissu de fils très minces. Et quand détail s'ajoute à détail, exaucement à exaucement, alors le chrétien qui observe et n'oublie pas se trouve, lui aussi, « entouré de chants de délivrance » (Ps. 32, 7). Nous venons d'en avoir un nouvel exemple. La confiance des gens n'est pas encore rétablie ; nous sommes sans ouvriers et la famine nous menace. Le travail ne chôme pas cependant, grâce au personnel de notre établissement. Mais, avant-hier, on avait mesuré la dernière portion de farine. A notre culte de famille, ce n'était donc pas pour nous une vaine redite que de répéter ensemble à haute voix : « Donne-nous *aujourd'hui* notre pain quotidien ! » Tout le jour je fus aux aguets pour voir de quel côté nous viendrait la réponse. Rien ! Nous étions étonnés, et le soir nous le disions au Seigneur. O gens de petite foi !... Ce soir même, pendant que nous étions à genoux, un messager du roi arrivait au village. Il nous apportait, de la part du roi, « mon ami et mon frère », deux oies sauvages toutes cuites et un gros paquet de viande séchée d'hippopotame. Comment ne pas penser au corbeau du prophète, et ne pas se sentir pénétré de la fidélité de Dieu ? Le même messager m'apportait aussi, de la part d'un autre de mes « amis », cent vingt pommes de terre toutes petites, cent vingt bien comptées, qui m'avaient été offertes, pour semence, il y a quelques semaines, pour la modique somme, en nature, de 60 francs ! C'est salé.

Le lendemain matin, deux hommes blottis à l'écart me demandaient à voix basse s'ils pouvaient apporter la farine et le blé qu'ils avaient à vendre et qu'ils avaient cachés dans les buissons. « Sans doute, dis-je à haute voix devant tous ceux qui étaient là, et maintenant même, vous n'avez rien à craindre. » Donc, le « marché » va se rouvrir. Reconnaissons-le, le Seigneur fait l'éducation de ses enfants par des moyens qui sont siens ; mais nous avons la tête dure, et que de fois ne nous faut-il pas revenir à l'A B C de la foi et de la confiance sans réserve ?

Un souci, — car les soucis sont la mauvaise herbe, le chiendent de la vie, — un souci, dis-je, c'était le chaume, la grande herbe qu'il me fallait pour couvrir l'église, la chaumière et les huttes de la nouvelle station. On disait que Léwanika et son fils Litia, qui bâtissent aussi, avaient entièrement moissonné le peu qui avait crû cette année. Le fait est qu'on avait peur du roi, je suppose. Ce fut donc pour nous un nouveau sujet de prière. Puis, j'annonçai que je commencerais à acheter tel jour. Je refusai celle qu'on commença à m'apporter, de par-ci, de par-là, avant le jour fixé. Mais ce jour-là, dès l'aube, ce fut sur la station une animation inaccoutumée ; les hommes, les femmes, des enfants même venaient en longues files, de partout, avec leurs bottes de paille. De vraies fourmilières en marche. Et tous les jours, excepté le samedi que je m'étais réservé, il en fut de même, si bien qu'en deux semaines j'avais ce qu'il me faut, plus de deux mille bottes ! Je dus alors, au grand mécontentement de mes Zambéziens, clore définitivement le marché. Les amis du Havre et de Rouen, qui nous avaient envoyé du calicot il y a trois ans, seront intéressés de savoir qu'à part ce qu'ont eu mes collègues, c'est ce même calicot qui a payé toute cette herbe. Ils ont donc, les premiers, leur part dans la construction du temple de la capitale. Je veux espérer que ce bâtiment et les autres de la nouvelle station ne coûteront rien à la mission et ne détourneront pas un centime de ses fonds.

Nous étions en pleins préparatifs... De maison, je n'ai plus besoin ; une petite chaumière comme celle-ci me suffira. Les demeures éternelles ne sont plus loin, il me semble qu'elles sont déjà en vue...

Du 1ᵉʳ au 9 juillet 1892.

Je me remets sensiblement, grâce à Dieu. Avec un meilleur appétit et un peu plus de sommeil, les forces me reviennent. Je me sens moins à charge à mes amis et à moi-même. Qu'on me pardonne ce bulletin-là sur ma santé pour tranquilliser ceux qui avaient de l'inquiétude à mon sujet.

L'inondation annuelle a passé, la plaine se dessèche; les bas-fonds, cependant, sont encore des étangs et des bourbiers impraticables. Pour aller à Léalouyi, il me faut donc me remettre en canot et me décider à descendre mon canal et à suivre les interminables sinuosités de la rivière, qui triplent ou quadruplent la distance. Trajet d'une monotonie assommante! Faute de rameurs, j'avais pris mon petit bateau; mais il était si chargé avec mes quatre garçons, moi-même et mon petit bagage, qu'au moindre mouvement il buvait l'eau et menaçait de sombrer. Les pieds dans l'eau et les vêtements trempés, je grelottais, car le froid était intense.

C'étaient mes pauvres garçons que je plaignais. Il est vrai qu'ils n'étaient pas, comme moi, condamnés à une immobilité presque absolue. Ils se donnaient du mouvement avec leurs pagaies, mais le vent glacial qui soufflait éparpillait sur leurs corps nus l'eau ruisselante de leurs rames. A chaque douche, on entendait un *mawé* mal contenu, pendant que les autres essayaient de rire un peu pour entretenir la bonne humeur.

Le soleil avait disparu à l'horizon, et nous étions encore bien loin de la capitale. La lune, à son premier quartier, répandait une clarté nébuleuse qui rendait le froid plus pénétrant encore, et notre position plus triste. Nous devions depuis longtemps, me semblait-il, avoir trouvé l'entrée du canal de Léalouyi. L'aurions-nous peut-être manquée? Entre ces deux rives qui s'élèvent comme deux murs, ou, quand elles s'abaissent, dans cette plaine immense, morne et silencieuse, pas de point de repère. Et avec ces interminables et inextricables zigzags, impossible de s'orienter. Tantôt nous regardions le croissant de la lune, tantôt nous lui tournions le dos et revenions sur nos pas, pour faire volte-face de nouveau, jusqu'à un prochain promontoire qui nous renvoyait dans une autre direction. Je commençais à m'inquiéter, et mes jeunes gens aussi. Et si nous avions vraiment passé le canal?... La lune s'est couchée depuis longtemps et nous voguons toujours... Enfin, le voici, le canal! Pas à s'y méprendre, cette fois. Les canots ont frayé un chemin à travers les roseaux qui l'obstruent. Nous nous y aventurons. Pas trace de villages, pas âme qui vive qui puisse nous donner un renseignement. De loin en loin, un petit feu intermittent témoigne d'un bivouac isolé, mais à une distance inconnue. On ne cause plus et, dans le silence de cette solitude, on n'entend plus que la cadence monotone des rames, le cri rauque et plaintif et le battement d'ailes d'un rare oiseau aquatique qui s'effraie et s'envole à notre approche.

Tout à coup une flambée jaillit et éclaire les ténèbres; voilà des silhouettes qui s'y dressent comme sur un écran. Puis une voix: « Holà! qui êtes-vous? Êtes-vous le *morouti?* » « Oui, c'est le *morouti* », répond joyeusement un de mes garçons. Quelques vigoureux coups d'avirons, et nous nous rencontrons avec une troupe de jeunes gens qui font glisser leurs pirogues à nos côtés. Ils sont excités et très loquaces. Selon l'étiquette du service royal, qui ne permet pas à un serviteur de porter deux objets à la fois, si petits fussent-ils, ils viennent à moi l'un avec une tasse, un autre avec un pot à lait; un troisième est muni d'une bouillotte, pendant que celui qui le suit vient poser devant moi un réchaud rempli de charbons vifs. Tout est oublié maintenant; les visages se dérident et les langues se délient.

Pendant que mes garçons sautent sur le rivage et couvent un feu de roseaux, me voilà les pieds sur le réchaud bienfaisant et avalant une forte décoction de quelque chose qu'on me dit être du thé. Ce que je sais, c'est que c'était quelque chose de *chaud*. Et dites-moi que Léwanika n'a pas du bon, après tout!

Il avait appris que j'étais en route et surpris par la nuit; craignant que je ne m'égarasse et n'eusse à passer la nuit sans abri, il avait envoyé ces jeunes gens avec deux canots à ma recherche, et avait eu la délicate pensée de m'envoyer une bouillotte de thé avec le précieux réchaud. Bientôt après, nous étions au port. Dix minutes de marche à pied sec, et j'arrivais dans ma cour où — un grand luxe ici — pétillait un bon feu. Après avoir échangé une bonne poignée de mains et quelques paroles amicales avec Léwanika qui m'attendait, nous nous souhaitâmes le bonsoir. Je tirai la natte de ma porte, et allai chercher dans mes couvertures humides un peu de chaleur et de sommeil. Il était près de minuit.

Je n'oserais pas dire que ma visite fut inopportune. Non; mais j'eus plus l'occasion d'observer que d'évangéliser directement. La reine Mokouaé, de Nalolo, était encore là en visite. Elle est ma voisine, car nos cours se touchent. Dès le lendemain matin, elle me faisait l'honneur de venir partager mon déjeuner avec son espèce de mari, qui ne la quitte guère plus que son ombre. Elle devait partir ce jour même pour retourner à Nalolo. « Mais, ajouta-t-elle sur un ton doucereux, puisque *notre père* est arrivé, il n'en saurait être question. Je ne partirai que lundi. » Je lui en sus gré à cause du dimanche.

J'apprends aussi qu'un corps d'armée de trois mille hommes environ vient d'arriver, mais, selon la coutume du pays, il est encore campé à distance dans la plaine. Léwanika l'avait envoyé en avril pour « châtier » les ba-Loubalé qui, par leurs incessantes attaques sur leurs voisins, compromettent la sécurité publique.

Le retour de cette armée expéditionnaire est un événement. Pour la recevoir, le roi s'est fait dresser un pavillon de nattes en dehors de la ville. Vers les dix heures, les tambours annoncent qu'il est prêt. Une masse noire qu'on aperçoit dans le lointain, s'ébranle alors, s'avance lentement, et s'arrête à distance pour rendre hommage au souverain, en passant par toutes les phases de la salutation d'usage. Puis cette masse compacte se décompose, et forme différents pelotons qui se mettent en devoir de représenter la guerre qu'ils viennent de faire et qui les a couverts de gloire! Ici — moins qu'au Lessouto pourtant — chacun chante ses exploits. Le coup d'œil a du pittoresque. Chacun est chamarré à sa manière; les plumets de toute espèce abondent, les peaux de tigre et les morceaux d'étoffe qu'on a soigneusement conservés pour l'occasion. Et ces couleurs variées, éclatantes, qui s'agitent, se combinent à l'infini par les contorsions et les évolutions bizarres, les sauts et les courses, font l'effet d'un gigantesque kaléidoscope. Ainsi se passe la plus grande partie du jour.

Puis les chefs en corps, que des messagers amènent par petites étapes avec force claquements de mains, s'approchent et attendent comme des statues l'ordre de faire leur rapport. Ils sont admirables de laconisme, ces gens-là. Leur discours microscopique, qui, par bienséance, devait passer par plusieurs bouches pour arriver aux oreilles royales, n'a pas duré un quart d'heure! Et ces braves gens ont tout dit: leurs divers contre-temps, la peur des ba-Loubalé qui, à leur approche, se sont sauvés dans les bois; la mort de vingt-six ou vingt-huit chefs ba-Rotsi de tous grades, — on ne parle pas des esclaves — le riche butin qu'ils apportent ou amènent avec eux — un unique troupeau de bétail, des armes, un grand nombre de femmes et d'enfants, — et puis, et surtout, hélas! la *petite vérole,* qui a déjà fait de nombreuses victimes et qui sévit encore au camp!... Léwanika aussi fut sobre de paroles pour exprimer son approbation; mais, ce qui valait mieux que discours et éloges, il leur donna quinze bœufs à tuer. Bientôt la nuit vint; les feux du camp, comme une petite ville illuminée, brillaient et pétillaient de tous côtés et le brouhaha de toute la nuit nous disait que M. Gaster, si puissant au Zambèze — et ailleurs — était satisfait.

Cela se passait le samedi. Quel dimanche aurons-nous? C'est une grande préoccupation. La journée s'annonçait belle. Le vent soufflait bien un peu, et je craignais que Léwanika, prétextant une névralgie au visage dont il souffre, ne s'absentât du service. Je lui fis une visite matinale et le trouvai dans les meilleures dispositions. Il avait déjà donné des ordres pour qu'on lui préparât un abri. Je me promenais, méditant, attendant l'heure de la réunion, quand, à ma consternation, je vis une partie des guerriers, qui ont leurs domiciles ici, s'avancer et faire leur entrée dans la ville. Ils s'arrêtèrent longtemps, massés sur la place publique. Ce fut le signal d'une surexcitation générale, qui s'accrut encore et atteignit son paroxysme quand, après s'être agenouillés et avoir claqué des mains, ils se dispersèrent chacun chez soi. Les femmes, qui s'étaient groupées dans les ruelles, se croisaient maintenant avec les hommes dans tous les sens, poussant des cris stridents à vous faire boucher les oreilles. Elles allaient assiéger à tour de rôle la cour de chaque personnage important — et tous les personnages ba-Rotsi sont importants — et le gratifier de leur sérénade, tandis que celui-ci, trônant sur une natte ou sur un siège, recevait les félicitations, les baisers de mains et les délicats crachottements de ses proches. Ces cris aigres, ces salutations cadencées, ces chants mineurs, tout ce va-et-vient surexcité, ce bruit, ce vacarme, finit par donner sur les nerfs et nous inspirer la mélancolie.

De réunion, pas question. Attendons; nous avons beau attendre. Lors même que le calme se rétablit un peu et que le roi fait battre ses tambours, nous n'avons qu'un auditoire minuscule. Les préoccupations sont ailleurs. Et puis Léwanika ne s'est-il pas avisé de prendre possession du hangar, du *lékhothla* où s'asseoient généralement les princesses ses femmes, pour se dérober aux regards du vulgaire! Donc ni Mokouaé, qui avait pourtant mis pour l'occasion sa belle robe rouge, ni aucune des princesses, ni aucune autre femme, ne peut se montrer. Désappointement pour moi. La congrégation du soir sera meilleure; c'est généralement le cas.

Entre les deux réunions, je me rends au camp. Mais à qui m'adresser pour rassembler les hommes, puisque tous les chefs sont au village? Dieu me dirigera. Je vais tout droit devant moi. Eh! voyez donc ces hommes qui sautent à ma rencontre, me saisissent les mains et me saluent en vieux amis! C'est un feu croisé de salutations: « *Louméla morouti! Louméla n'étaté oa rona! — Louméla Lécholi! Louméla Kasimba! Louméla!* » Vous l'avez dit, ce sont de mes voisins de Séfoula. Bon coup de cloche qui réussit à merveille. Pendant que nous échangeons les grosses nouvelles, il se fait déjà un rassemblement. Puis j'entonne un cantique que des voix puissantes font retentir au loin. C'est mon second coup de cloche, et le plus fort. On accourt des extrémités du camp, et j'ai la joie de prêcher à un auditoire nombreux et attentif. J'avais fini qu'on arrivait encore, la foule s'était doublée. Donc, un nouveau chant et un second discours, puis l'Oraison dominicale, répétée à genoux par ces centaines d'hommes, clôt cette intéressante réunion. Je remarquai que les prisonniers de guerre, femmes et enfants ba-Loubalé, s'étaient groupés tout près de moi. Ils n'avaient probablement jamais encore vu de visage blanc. J'adressai par un interprète quelques paroles à ces pauvres créatures, qu'elles reçurent avec force claquements de mains, puis je pris congé au milieu des salutations et des remerciements de tout ce monde.

De là, allons dans une autre direction visiter une cinquantaine de ma-Choukouloumboué. C'est une ambassade que Nachinto, la cheffesse dont je vous ai déjà parlé, a envoyée à Léwanika. Le fils de cette femme influente, Samoenda, avait dans sa jeunesse été enlevé par les ma-Kololo. Aujourd'hui c'est un homme dans la force de l'âge et d'une certaine position sociale parmi les ba-Rotsi. Léwanika eut l'heureuse idée de l'envoyer visiter sa mère qui vit encore et qui ne l'avait jamais revu. Nachinto reconnut son fils et, touchée de cette délicatesse, elle le renvoya avec cette ambassade et un présent de bétail pour le roi. J'eus donc avec ces ma-Choukouloumboué, qui m'intéressent tant, un entretien dont on comprend la nature. Pauvres gens ! « Nous avions bien entendu parler du *morouti* — on ne me connaît que par ce nom — maintenant nos yeux l'ont vu. » — Aurai-je jamais la joie, avant de quitter ce monde, de voir l'Evangile pénétrer chez eux ? Nous travaillons, nous prions, espérant toujours qu'il plaira au Seigneur d'ouvrir cette porte pour nos frères méthodistes. Ah ! si nous étions plus forts ! si nous étions plus *riches !*... si...

Aux instances de Léwanika, je me décidai à prolonger mon séjour à Léalouyi jusqu'à la fin de la semaine. Il disait avec raison qu'il n'avait pas le temps de me voir dans la journée. Il se dédommageait en venant, après le coucher du soleil, partager son dîner et passer la soirée avec moi. C'est un retour des temps passés, de ces temps dont le souvenir m'est si doux. Pendant quatre jours consécutifs, du matin jusqu'au soir, il était entièrement absorbé par le partage du butin : les malheureux prisonniers, désormais réduits à l'esclavage. J'eus la curiosité de voir comment il procédait. Je me gardai bien d'aller comme de coutume m'asseoir auprès de lui. J'évitai même de m'asseoir, pour qu'on ne se méprît pas sur les motifs de ma présence. C'était, ni plus ni moins, un partage de bétail humain, qu'il est impossible de voir de ses yeux sans en éprouver un douloureux serrement de cœur. Je ne m'étais jamais encore senti si près d'un marché d'esclaves. Représentez-vous des milliers de ba-Rotsi accroupis en cercle devant le roi et les principales sommités du pays ; au milieu, entassés les uns contre les autres, sont des *centaines* de ces infortunés prisonniers. Parmi eux, pas un homme ! pas de jeunes gens ! et pour cause. On ne fait jamais un homme prisonnier. On le tue, et on l'éventre. Pas même de vieilles femmes ! Qu'en ferait-on ? Ce sont des jeunes femmes, dont un grand nombre avec des bébés sur le dos ; ce sont des jeunes filles et une multitude d'enfants de tout âge, depuis un an jusqu'à douze, et des deux sexes. Voici une bande après une autre, six ou sept à la fois, qu'on fait lever et s'approcher, et qui sont soumis à une inspection minutieuse, pendant que ces milliers d'yeux sont braqués sur eux avec une cupidité éhontée. Les femmes, amaigries, intimidées, d'une saleté pour nous révoltante, baissent généralement la tête. Elles sont, selon leur coutume nationale, dans un état de nudité qui provoque les remarques obscènes et les rires de la multitude. Grande consultation là-bas sous le pavillon ; puis un chef s'avance vers les malheureux pour exécuter le bon plaisir du roi. L'enfant à la mamelle, petit être infortuné, est laissé pour quelque temps du moins au sein de sa mère. Mais tous les autres qui peuvent déjà marcher sont tout autant d'animaux domestiques que l'on distribue à droite et à gauche. Pauvres enfants, plus de père ni de mère pour eux ! Mais ils s'y feront, et un jour eux aussi, comme ces hommes d'aujourd'hui, mettront leur plaisir et leur gloire à faire des orphelins !

Voici un petit enfant de trois ans à peine qu'on arrache des bras d'une jeune femme. Il crie, il gigote, se dégage et court au milieu de la foule, tout éperdu et pleurant après sa mère qu'on a déjà emmenée. Rien de plus amusant que ce spectacle ! « Assomme-le donc ! » criait-on en riant à son maître. Lui comprenait mieux que cela ses intérêts, et il eut bien vite raison du petit récalcitrant. C'est maintenant le tour d'une autre jeune mère. « Enlevez-lui cet enfant ! » apparemment son premier-né. Mais elle, oublieuse de sa situation, le saisit et l'étreint convulsivement dans ses bras. Son regard lance des flammes, sa bouche des torrents de paroles qui provoquent l'hilarité tout autour de moi. On comprenait qu'elle était prête à mourir plutôt qu'à se séparer du fruit de ses entrailles. On procédait déjà à la violence, quand Léwanika se laissa fléchir et ordonna qu'on lui laissât son enfant. Le fortuné guerrier ! il a de la chance, lui ! deux animaux domestiques au lieu d'un, la mère et son fils ! Je n'y tenais plus, je m'éloignai de ces scènes écœurantes qui se succédèrent pendant plusieurs jours. O mon Dieu! jusques à quand?

Gardez le cadre pour quelques jours et changeons le tableau. La distribution des esclaves est finie. Voici une phalange de plus de deux cent cinquante hommes qui s'avance. Le cercle s'ouvre, elle entre silencieusement et se déploie. Chaque homme porte un arc brisé avec un carquois rempli de flèches, un faisceau de javelines, ou bien un fusil qu'il tient renversé. Ces guerriers sont ceux qui se sont distingués, et les armes qu'ils portent sont celles des ennemis qu'ils ont tués ou éventrés. Chacun a tué son homme, quelques-uns en ont tué plusieurs. Et tous ne sont pas là. Les uns sont malades, d'autres sont allés chez eux, et d'autres, enfin, sont morts à leur tour. Dans cette phalange d'élite, il y a plusieurs des jeunes gens de mon école. Un ou deux baissent la tête en m'apercevant. Pendant qu'on distribue des éloges à ces braves, je me livre à toutes sortes de réflexions, je fais un calcul et trouve qu'on a dû capturer plus de six cents femmes et enfants, sans parler de ceux qui sont morts de petite vérole ou de mauvais traitements, et qu'on a tué plus de trois cent cinquante hommes, sans compter les blessés et ceux qui sont allés mourir dans les bois de leurs blessures. Faut-il encore porter ce calcul dans le domaine moral? Non. La guerre est horrible; c'est le grand engin du grand meurtrier de la race humaine, et il s'évertue, dans tous les pays, à le perfectionner. Assez! Nous qui prônons tant nos lumières et notre civilisation, ne soyons pas les premiers à jeter la pierre à ces pauvres sauvages ba-Rotsi! n'est-ce pas? — Non.

Séfoula, 26 septembre 1892.

... Nous sommes en plein dans cette saison cruelle, la saison de mon deuil... N'en parlons plus.

J'espère que, dans le courant du mois prochain, je pourrai enfin commencer les préliminaires de mon installation à Léalouyi. Mais les ouvriers sont rares, à cause de la petite vérole qui sévit toujours. J'ai bien réussi à inoculer des vaches et à créer ainsi du vaccin. Des centaines de personnes ont été vaccinées, et, lors même que presque tous ont eu la petite vérole, tous l'ont eue sous une forme très bénigne, et une seule, à ma connaissance, est morte. Mais les difficultés que nous rencontrons! Le roi, lui, ne voulait le vaccin que pour lui-même, son fils, ses enfants, son neveu exclusivement; plus tard, il l'a voulu aussi pour son village. Quant aux chefs, ou bien ils n'avaient pas de confiance dans leurs gens à eux, ou bien, une fois vaccinés, ne revenaient plus. Eux vaccinés, qu'importe la nation! Pour propager le vaccin, il me faudra donc encore refaire mes expériences, inoculer des vaches, et, avec le virus ainsi obtenu, vacciner des gens. On ne réussit pas toujours.

Tous les garçons et presque toutes les filles de la maison ont été malades. Et c'était intéressant de voir le rapport intime entre une bonne vaccine et la variole. Nous avons maintenant une pauvre fille qui est criblée de pustules. Je l'ai vaccinée trois ou quatre fois sans succès. La pauvre enfant est méconnaissable. C'est aujourd'hui le onzième jour, le jour critique. En voyant son corps, ses bras surtout, couverts de ces affreuses pustules, elle n'a fait que sangloter toute la matinée. Elle croit qu'elle va mourir, et elle a peur d'être ensevelie à la manière des chrétiens!... Pauvre petite!

Tout notre entourage est triste... il y a des villages entiers tout à fait désertés; les champs restent en friche et nous nous attendons à une épouvantable famine.

M. L. Jalla va partir demain pour son voyage de retour. Je le répète, sa visite, comme l'arrivée de M. et Mme Adolphe Jalla, m'a fait du bien...

... Combien de temps pourrai-je rester à Léalouyi? Je tiens à ne pas m'y lier. Je ferai reposer sur Jacob, l'évangéliste que les Jalla viennent d'amener, et qui m'accompagne, autant de responsabilité que possible, afin de pouvoir me retirer sans être aperçu. Comprenez-moi bien : ce n'est pas que je veuille prendre ma retraite ou quitter la mission, ou même que j'aie d'autres plans; non : où que je sois, quoi que je fasse, la mission du Zambèze a mon cœur, et elle aura les derniers services que je pourrai lui rendre; je mourrai à son service, si le Seigneur exauce ma prière. Mais je ne vaux pas grand'chose, et le Maître pourrait bien me mettre aux vieux fers. Envoyez-nous donc du renfort; autrement d'autres viendront récolter où nous défrichons avec tant de sueurs.

QUATRIÈME PARTIE

LA MISSION A LÉALOUYI

XLVIII

Enfin à Léalouyi ! — Un douloureux anniversaire. — La quatrième station du Zambèze est fondée. — Regard en arrière. — Les débuts à Léalouyi. — Le premier dimanche. — Dispositions du roi. — Les plaies d'Égypte — Une visite. — Prédication. — Le service postal.

Léalouyi, 31 octobre 1892.

Me voici donc enfin à Léalouyi, ce nid de guêpes si redoutable et tant redouté. Je n'y serai pas seul, je le sais. Par vos pensées, votre sollicitude et vos prières, vous y serez avec moi. Et Jésus, lui, y sera aussi, comme il a toujours été avec ses serviteurs, dans la fosse aux lions, dans la fournaise, dans les ténèbres d'une nuit de tempête, dans la prison, partout. Il l'a promis. Nous savons par expérience ce que sont ses promesses. Il ne faut rien moins que cette assurance pour me ceindre de courage et de force, et me rendre capable de faire face à tout ce qui m'attend et dont j'entrevois déjà en tremblant une partie. Mais « Dieu nous a donné la grâce, non seulement de croire en Christ, mais aussi de souffrir pour lui ». Saint Paul, lui, disait, à la veille des dernières persécutions qui l'attendaient à Jérusalem, où il se rendait : « Je ne fais cas de rien, et ma vie ne m'est point précieuse, pourvu qu'avec joie j'achève ma course et le ministère que j'ai reçu du Seigneur Jésus pour rendre témoignage à l'Évangile de la grâce de Dieu. »

La fondation de cette nouvelle station est la réalisation de bien des vœux. Entourez-la de vos prières ardentes. Que ce soit une vraie prise de possession. Entretenez l'huile de ce nouveau phare constamment ; que sa lumière brille avec éclat et lance au loin ses rayons au sein de ces épaisses ténèbres, et soit le moyen de sauver beaucoup d'âmes. Et surtout veuille le bon Maître que je sers, lui qui est *notre sagesse* et en qui se *trouvent tous les trésors de la sagesse,* me donner la *sagesse* que requiert ce poste, difficile entre tous, et le zèle qui sait racheter le temps !

C'est le 27 octobre au soir que je quittai Séfoula. Le lendemain était un double anniversaire : celui du mariage des Ad. Jalla, et celui de l'entrée dans la gloire éternelle de celle qui m'a quitté. La joie n'est pas incompatible avec la douleur. Jamais le Sauveur n'a plus parlé de joie que dans ses derniers entretiens avec ses disciples, à la veille de sa mort. Le deuil du chrétien n'est jamais sans son arc-en-ciel ; mon deuil aussi a eu le sien. Le soleil brille, mais c'est dans un ciel de nuages et de pluie. Et tout en me réjouissant de cœur avec mes jeunes amis, tout en baisant la main de mon Père et adorant ses dispensations, pour moi encore mystérieuses, je ne voulais pas, il ne fallait pas que ma présence jetât une ombre sur la fête de mes amis. J'avais aussi, moi, besoin d'être seul avec mon Dieu. Et je partis.

Le 28, donc, le jour et l'heure même où, l'an passé, j'étais laissé seul dans cette vallée de misère, je détellais ma voiture et plantais ma tente sur ce petit monticule isolé et désert, à l'entrée de la capitale. Ce monticule, d'un mètre et demi ou deux au-dessus du niveau de la plaine, et qui mesure cent vingt mètres par soixante ou soixante-cinq, c'est le monticule des sorciers, le calvaire du paganisme, qu'on désigne du nom local de *Loatilé*. C'est là qu'on exécutait les sorciers en leur administrant le poison et en les brûlant ensuite ; c'est là qu'on enterrait leurs cadavres ou qu'on les laissait se décomposer au soleil. Personne n'a jamais demeuré ici, personne n'y passe, personne n'y cultive. C'est un lieu exécré.

Partout, tout autour, c'est la plaine, la plaine dénudée et triste, si chère aux ba-Rotsi. Le regard se perd dans cette immensité. A gauche, au loin, une légère ligne bleue ; et à droite, une ligne semblable, mais plus accentuée, bornent l'horizon. Ce sont les dunes pauvrement boisées qui formaient jadis les rives d'une grande et belle nappe d'eau. Devant moi, tout près, c'est le gros village, la capitale d'une contrée immense, mais peu peuplée. Elle n'a rien de bien imposant, cette capitale : un amas confus de huttes rondes, aux toits pointus comme des ruches, d'où, le soir, s'élève un sourd murmure, le gémissement de la vie humaine, et le roulement des tambours, qui chasse toute la nuit les mauvais esprits pendant le sommeil du roi.

Du sein de ces huttes perce le toit de chaume de la maison du roi, un vrai palais aux yeux de ces pauvres gens. Elle domine tout, cette maison. Elle est le centre du harem, comme le harem est le centre de la ville, et la ville le centre du royaume. Et la royauté qui siège dans ce pays de roseaux et de chaume, c'est le centre du centre, le centre de tout. Tout est pour elle, tout se rapporte à elle, elle absorbe tout. C'est le malheur du pays, c'est un des obstacles les plus formidables que rencontre la civilisation, je veux dire le progrès et le christianisme. Cette ville, c'est mon Jéricho ; cette puissance, c'est mon Goliath à moi, en tant qu'elle personnifie le paganisme et son souverain pontife. Ah ! que n'ai-je la foi de Josué et celle de David !...

Les derniers jours passés à Séfoula ont nécessairement été pénibles, très occupés et très fatigants. Les Ad. Jalla m'ont, depuis leur arrivée, entouré d'une affection qui m'a gagné le cœur. Il n'y avait là rien de nouveau quant à ce qui concerne mon jeune frère. Je le connaissais déjà. Mais il nous a enrichis en nous amenant une aide semblable à lui, d'un caractère aimable et d'une tournure d'esprit éminemment pratique. Elle s'est mise au train de la vie zambézienne sans effort apparent, avec un naturel, une gaieté qui nous charment. Aussi suis-je heureux de pouvoir les étreindre l'un et l'autre dans les liens d'une même et vive amitié. Ma tristesse sera grande si, manque de renfort, ils doivent, l'an prochain, à l'arrivée de M. Edgar Krüger, quitter Séfoula pour aller fonder la station de Nalolo qui s'impose. Il nous faudrait pourtant, pour le développement et l'affermissement de notre mission, créer un centre d'industrie et d'éducation. Et je crois encore que Séfoula est le lieu convenable, et M. Ad. Jalla l'homme pour cette œuvre. Ces bons amis auraient voulu se charger eux-mêmes de mon installation ici, pendant que je serais resté, à mon aise, à Séfoula. Je leur en sais gré. Mais quand on se donne, il ne faut pas se donner à demi. Je suis prêt à tout, excepté à exploiter sciemment la bonne volonté et le dévouement de mes amis.

Nous avons donc travaillé six années à Séfoula. Il m'est impossible, on le comprend, de jeter un regard rétrospectif sur ce passé, sans une émotion profonde et une reconnaissance plus profonde encore. Dieu est amour, oui, il est amour. C'est le Dieu des armées, le Dieu des batailles. Non seulement l'Ange de l'Éternel a campé autour de nous pour nous protéger ; non seulement il nous a souvent « entourés de chants de délivrance », mais il a combattu pour nous. Il est ma force et mon cantique, et il le sera jusqu'à ce que, lui-même, il écrase Satan sous nos pieds.

Me demanderez-vous quels sont les résultats de ces six années de labeurs ? Où sont nos gerbes ? Hélas ! je pourrais parler de nos sueurs, de nos illusions et de nos désillusions, de nos espérances les mieux fondées, et de nos désappointements les plus amers et les plus cuisants. Cela aussi est quelque chose...

Nous avons défriché, labouré, semé, arrosé,... oui, c'était la tâche que le Maître nous avait assignée ; peut-être n'étions-nous pas propres à autre chose. A d'autres de faire la moisson. Et nous nous réjouirons ensemble.

Une des grandes entraves de l'œuvre de Séfoula, c'est l'instabilité des gens du voisinage. Ils sont, comme tous leurs congénères, d'une humeur naturellement remuante ; mais la servitude, en outre, leur impose souvent des corvées qui les enlèvent de leurs foyers pendant des jours et même des semaines consécutives. De là l'irrégularité de nos auditoires, et le manque de progrès. Toutefois, Séfoula est un coin de notre champ des plus intéressants, et il fleurira certainement sous les soins d'une jeunesse fortement trempée et sous la puissance irrésistible de l'amour des âmes.

Je laisse Mlle Kiener à Séfoula, ainsi que pour un temps mon ami Waddell.

Maintenant, complètement sevré de tous ces soins assidus et de ces attentions délicates, mon veuvage prend un aspect plus sévère encore, ma solitude devient plus grande et ma vie plus dure. Mais Jésus me reste, il suffit : « En sa présence, il y a abondance de joie, et à sa droite des jouissances éternelles. »

Notre arrivée ici n'a pas causé une grande sensation. C'est que je n'y suis pas un étranger, et puis le site de la station se trouve en deçà du village, en venant de Séfoula. Le roi, qui nous boudait depuis quelques jours de ce que ni M. Jalla ni M. Baldwin n'avaient voulu acheter à son prix un bœuf qu'il m'avait envoyé pour le vendre, se montra pourtant aimable et parut content de me voir arriver. Si content, qu'il ne croyait pas que ce fût un fait accompli, et plus d'une fois, dans la conversation, il me demanda en riant quand je retournerais à Séfoula. J'annonçai que dès le premier dimanche tous les services se tiendraient à l'emplacement de la nouvelle station. Ce fut un éclair pour Léwanika : il s'aperçut, pour la première fois peut-être, que quelque chose pouvait se faire tout près de lui et pourtant en dehors de lui, que le contrôle immédiat de nos auditoires, de notre école, de nos services, de nos heures, de nos faits et gestes, enfin, allait lui échapper, en partie du moins. Aussi s'épuisa-t-il en arguments pour m'amener à changer de résolution, et à continuer à tenir les services au *lékhothla*. Ce fut en vain. Nous avons trop gémi sous ce joug de fer pour le subir plus longtemps, et coûte que coûte j'étais déterminé à en affranchir notre œuvre et à ouvrir le chemin de notre culte à toutes les femmes, à tous les esclaves qui n'oseraient paraître au *lékhothla*.

Ainsi donc, le dimanche 30 octobre, dès les huit heures du matin, j'envoyai Nyondo sur un petit talus plus près du village, et pendant vingt minutes il y sonna une cloche à main. Une cinquantaine d'hommes s'étaient déjà, un à un, assemblés à notre campement. Nous nous demandions si peut-être ce serait là tout notre auditoire. Bientôt nous vîmes le chemin se parsemer de petits groupes qui se dirigeaient vers nous, puis un autre plus gros, c'était Litia et sa suite, puis un autre plus gros encore, une masse noire qui se mouvait lentement. Les tambours qui battaient et les *sérimba* qui gémissaient nous annoncèrent de loin que c'était le roi. Il nous prit d'assaut, et pendant dix minutes tout fut en émoi autour de nous. Bel auditoire d'hommes et de jeunes gens, le meilleur que j'aie eu ici depuis longtemps, cent cinquante à deux cents personnes, mais pas une seule femme, si ce n'est nos deux converties de Séfoula, Ma-Moendaroubi et Ma-Moendabaé, qui sont ici en corvée. Depuis bien longtemps je ne puis plus avoir une seule femme à nos services. Les femmes du roi prétextent que le manque d'abri les exposerait aux yeux du public, ce qui n'est pas admissible ; et les autres qu'elles n'oseraient jamais aller s'asseoir au *lékhothla* où les reines craignent elles-mêmes d'aller, et qu'elles ne sont que des chiens qui ne peuvent se montrer devant le roi. Les esclaves, eux, n'ont pas encore compris que l'Évangile est pour eux ; c'est un fruit défendu qu'ils croient n'être que pour leurs maîtres.

Je roulais tout cela dans mon esprit et je rêvais aux transformations que l'Évangile pouvait en peu d'années produire parmi ce peuple, pendant que j'essayais de mettre à la portée de leur intelligence ces paroles de saint Paul aux Romains : « Je n'ai pas honte de l'Évangile de Christ, vu qu'il est la puissance de Dieu en salut à tous ceux qui croient. » Mais les nuages s'étaient amoncelés, et, pour la première fois cette année, la pluie se mit à tomber. Il me fallut couper court. En un clin d'œil, nos deux tentes déjà si pleines furent prises d'assaut par les gros bonnets qui s'y entassèrent comme des harengs. La populace, elle, n'avait pas bougé. Ceux qui avaient sur les épaules une peau quelconque, une couverture de coton même en loques, les avaient étendues au-dessus de leurs têtes et au bénéfice de leurs voisins, et tous, sous ces abris improvisés, s'imaginaient être au sec. Ils ne trahissaient pas, en la présence de leur roi, le moindre mécontentement ou la moindre impatience. Léwanika, lui, avait, avec ses familiers, pris possession de ma propre tente. Il triomphait : « Ne te l'ai-je pas dit, *Morouti ?* Moi aussi j'ai de la sagesse. — Oui, seulement tu oublies que la place publique n'a pas d'abri non plus. Nous bâtirons. »

Ce contre-temps me troublait. Je demandais à Dieu de me diriger dans ce que je pouvais faire pour sauver la situation. Dès que la pluie cessa, et comme mon monde se préparait à partir, je m'assis dehors au milieu d'eux et commençai à leur enseigner avec entrain ce beau cantique de M. Casalis : « Ceux qui ne connaissent pas Jésus sont morts dans leurs péchés » ; et quand je les eu bien intéressés, et que je me fus assuré leur attention, je repris sans formalité aucune, mais aussi familièrement que possible, le sujet que la pluie avait interrompu. On m'écoutait, tous les yeux étaient braqués sur moi, je pus donc parler longtemps.

Oh ! puissé-je moi-même toujours mieux le croire : l'Évangile de Christ, la bonne nouvelle du salut, c'est la puissance même de Dieu, non *la mienne !* Pourquoi ne le verrai-je pas de mes yeux chez les ba-Rotsi, comme on l'a vu dans les îles de la mer du Sud, chez les Télougou, en Corée et ailleurs ? « Il est l'Éternel, le Dieu de toute chair ; y aurait-il quelque chose qui lui fût difficile ? »

Le roi prit alors congé au son de ses tambours, et son cortège balaya toute notre congrégation ; pas une âme n'eût osé rester derrière. Comprenez-vous que l'hostilité de cet homme puisse entraver notre œuvre et nous faire du mal ? Mais s'il se convertissait ? sérieusement, radicalement !... Eh bien, mes amis, faites avec nous, de sa conversion, un sujet de prières *ardentes* et *persévérantes*. « Croyons, et nous aussi nous verrons la gloire de Dieu. » L'après-midi, à quatre heures, malgré l'apparence menaçante du temps et malgré nos appréhensions, nous eûmes encore un auditoire de soixante à soixante-dix hommes. Le roi n'y était pas, mais Gambella et quelques-uns des principaux chefs étaient venus. Paul, l'évangéliste, nous fit, sur le même sujet du matin, un discours plein de force et d'originalité qui riva l'attention et me fit du bien. Puis Litia, comme son père le matin, emmena tout le monde à sa suite, et nous restâmes seuls avec nos propres garçons.

Nous nous communiquâmes nos impressions avec l'ami Paul. Il est décidément optimiste, lui ; il augure bien de la journée. Et puis, Léwanika est évidemment déterminé à être aimable. Il a remarqué que j'ai laissé mes vaches à Séfoula, et m'a fait dire d'envoyer tous les jours à son berger en chef chercher un pot de lait, chose rare ici. Gambella m'en envoie aussi, de même qu'un de mes amis qui a de l'obligation envers moi. De sorte que Paul et moi sommes dans l'abondance. Ce matin, c'est un gros rôti d'hippopotame qu'un des cuisiniers du roi m'apportait, et que je m'empressai de faire passer à Séfoula. Cela, et d'autres gracieusetés de ce genre, visites et conversations, sont des *riens*. C'est vrai. Mais, quand nous voulons savoir où le vent souffle, nous regardons à une feuille d'arbre, à un brin d'herbe. Et, au moral, cela suffit quelquefois pour remonter un peu le courage. Ce qui est bien évident, c'est que nous avons devant nous une œuvre grande, immense, difficile au plus haut degré, et, pour la faire, il ne faut pas nous contenter de nos vieilles méthodes.

Dieu nous donne la grâce d'une consécration toujours plus complète de nous-mêmes, l'audace de la foi et la puissance de l'amour, avec la sagesse qui vient d'en haut !

La petite vérole continue à faire des ravages épouvantables. Les cas simples sont rares maintenant ; elle sévit partout sous la plus mauvaise forme et fauche de nombreuses victimes en peu de jours. Même les vaccinés n'échappent pas tous. Il faut dire que la chaleur est excessive. C'est ainsi qu'est mort samedi Mobiana, le frère de Ma-Moramboa qui avait accompagné M. Ad. Jalla au Lessouto, et tous les jours le roi m'annonce de nouveaux décès (c'est aujourd'hui le 4 novembre).

Les malheureux ma-Mbounda, qui avaient fait à leur profit une concurrence acharnée à la vaccine par leurs médecines et leurs charmes, meurent comme mouches. Tout notre personnel à Séfoula, à une ou deux exceptions près, y a passé. Un de mes garçons, Sachono, a eu la variole si mauvaise, que, pendant trois jours, nous avons désespéré de sa vie. Puis de meilleurs symptômes nous ont donné de l'espoir, et maintenant il est en pleine convalescence ; mais, hélas ! nous craignons qu'il n'ait perdu la vue. Pauvre Sachono, aveugle à dix-sept ans, et pour la vie !...

Un autre, Séonyi, est malade à son tour, et gravement, bien qu'il ait été vacciné. C'est une épreuve pour nous, au milieu de nos travaux, car il avait pris goût au fouet de conducteur, et, à défaut de mieux, nous étions contents de lui. C'est donc un hôpital que j'ai laissé à Séfoula.

Léalouyi, 18 novembre 1892.

Mon petit monticule, une montagne de notre Hollande dérisoire, porte le nom local de *Loatilé*. Je ne m'étonne pas que même nos Zambéziens en eussent peur. Nous y avons notre part de certaines plaies d'Égypte. Les broussailles qui le couvraient, et le couvrent encore en partie, comme d'une chevelure épaisse et sauvage, étaient le repaire d'innombrables essaims d'insectes de toutes sortes et de légions de reptiles. Un vrai petit paradis pour les collectionneurs. Collectionneur, je ne le suis pas, et, pour le moment, je céderais volontiers la place à quelque enthousiaste du métier. Passe encore les lézards, mais les serpents! J'ai compté non moins de cinq espèces de ces ophidiens pour lesquels je suis loin d'avoir un faible. Je n'ai rien à admirer dans le serpent, pas plus ses couleurs que ses formes et sa ruse. Le mamba, la vipère, le cobra et gent pareille ne sont pas compagnie de mon goût, et j'ai conscience d'avoir fait une bonne action quand j'ai écrasé la tête d'un de ces reptiles qui symbolise Satan. Je n'ai guère plus de tendresse pour cette infinité de scolopendres et de coléoptères de toutes espèces, qui sortent de terre et grouillent partout, ni pour ces nuées de moustiques, de mouches, d'insectes sans nom qui piquent ou mordent sans pitié, et dont la vue seule vous donne la chair de poule.

Une partie de ce monde-là dort le jour; la lumière et la chaleur me chassent de la tente devenue insupportable et, bon gré mal gré, je respire le grand air, l'air enflammé de nos latitudes, le grand air pourtant. Mais le soir, mon abri de toile devint tout à la fois une fourmilière et une ruche d'abeilles en révolution. Je ne suis plus maître chez moi. Pas moyen de garder une chandelle allumée. Il faut avaler son souper avec les plus grandes précautions, comme si on le volait, puis souffler la chandelle, et choisir entre l'alternative d'aller se coucher, ou bien de philosopher sur sa chaise, ou encore de s'asseoir avec les garçons au feu du bivouac. Toutes choses très belles en soi, si elles n'étaient pas obligatoires. Par un beau clair de lune, ou même quand les ténèbres d'une nuit sans étoiles vous invitent au recueillement, on voudrait bien arpenter le campement de long en large et se livrer à ses pensées, mais cela est impossible.

Car il est un autre petit ennemi bien autrement redoutable que tous ceux auxquels je viens de faire allusion, et dont la présence me donne du souci. Ce sont les fourmis guerrières, la terreur des hommes et des bêtes, et dont voyageurs et chasseurs, et tout le monde, racontent les histoires les plus incroyables. Notre petit mamelon, comme toutes les verrues qui parsèment la plaine, n'est autre chose qu'une termitière que ces batailleurs invincibles disputent à leurs maîtres légitimes, et dont ils font leur forteresse et leur refuge au temps de l'inondation. On en a à peine aperçu les premiers éclaireurs, que le gros de l'armée a déjà fait invasion. Pour elles, la distance n'est rien; elles vont loin chercher leur proie. Elles ont l'odorat, — ou la vue, puisque les savants discutent encore lequel des deux sens, — plus fin que celui des vautours. On les voit affairées, en bataillons innombrables, serrés, disciplinés, serpenter comme un immense ruban noir, moiré et vivant, de plusieurs centimètres de large. D'où viennent-elles? Où vont-elles? Rien ne les arrête. Un objet quelconque intercepte-t-il la route? S'il est inanimé, elles le contournent et passent outre; s'il est vivant, elles l'assaillent à l'envi, le couvrent, s'amoncellent les unes par-dessus les autres, pendant que les armées poursuivent leur marche affairée et silencieuse. Est-ce une rigole? un filet d'eau? Aussitôt se forme au bord une masse compacte. Est-ce une assemblée délibérante? Probablement, car bientôt la masse grouille et s'ébranle, franchit la rigole ou le filet d'eau et continue au pas de course sa marche incessante et mystérieuse. Une multitude de ces soldats se sont ou ont été sacrifiés pour la chose publique, et ces légions, qui ne savent que vaincre ou mourir, ont passé sur les cadavres de ces victimes.

Malheur à qui met le pied sur ce ruban noir! Il ne s'en est pas encore aperçu que des centaines de ces guerriers colériques le couvrent de la tête aux pieds, et enfoncent avec rage leurs tenailles dans les chairs. C'est à rendre fou. Les grands fauves, les plus redoutables carnassiers ne peuvent rien contre ces ennemis minuscules : ils mugissent, beuglent et rugissent, et s'enfuient. Quant au roi de la création, qui détruit et anéantit sur mer et sur terre les plus sauvages des cétacés et des mammifères, il est tout aussi impuissant devant cet insecte. Tant pis pour sa dignité; il lui faut sur-le-champ se dépouiller de tous ses vêtements, se masser de son mieux et se faire flamber au besoin. De nuit, le martyre est à son comble. Je n'aime pas m'arrêter à la pensée d'un missionnaire ou de sa femme malade de la fièvre, dans une chambre, dans un lit qu'ont envahi ces fourmis. Peut-on se figurer la torture d'un homme enduit de graisse, garrotté pieds et mains et jeté en proie à ces implacables carnivores? Néron, et les inquisiteurs plus tard, l'ont ignoré; nos ba-Rotsi, dans ce genre spécial, méritent la palme. Un supplice aussi raffiné ne pouvait pas leur échapper.

Le voisinage de la capitale est une autre fourmilière, un *guêpier*, comme je vous le disais. Deviendra-t-il jamais un lit de roses? Il n'en est pas un maintenant, à coup sûr. Léwanika est un homme à qui j'ai voué une vraie affection, malgré toutes ses fautes, tous ses défauts et ses caprices; et il le sait. Comme chef de la nation, quelque incapable qu'on le juge de régner, il a droit à du respect et à de la considération. A tout seigneur, tout honneur. C'est biblique : « Craignez Dieu, honorez le roi. » Mais il a des boutades. Il est astucieux, arbitraire, d'un égoïsme exclusif; il est vindicatif et soupçonneux. Il a le sens de la justice, de nobles ambitions, de généreux mouvements, de belles idées; mais tout cela paralysé par une désolante faiblesse de caractère qui en fait le jouet du premier venu. Quand, donc, il se livre à des actes publics condamnables, qu'en son nom il laisse ses subordonnés commettre de ces iniquités criantes qui révoltent même au Zambèze, quand il s'ingère dans les affaires qui ne sont pas de son domaine, qu'il exige de nous non seulement ce qui n'est pas du nôtre, mais ce qui est incompatible avec notre ministère et nos principes, mon devoir est, avant tout, la fidélité. Aussi n'est-il pas étonnant que je sois surtout un Michée pour cet autocrate, toujours et sans cesse berné par la servile adulation de ceux qui l'entourent. Voilà pourquoi ses rapports avec moi, qui vois trop et de trop près, subiront toujours des hausses et des baisses que reflètent les dispositions de ses serviteurs personnels. Il y avait baisse à mon arrivée ici, et je l'ai senti de plus d'une manière.

La famine est endémique à la capitale. Trois petites caravanes de Bihéens, qui sont arrivées coup sur coup, absorbent à des prix exorbitants les quelques denrées disponibles, et les exactions dont ces marchands sont victimes deviennent la règle. Et puis, quoiqu'en Afrique, que nous sommes donc loin de la liberté! Le croirait-on? Pas un homme n'oserait m'apporter une de ces bottes de roseaux qu'il avait coupées pour me vendre. Pas une de ces femmes qui brûlent d'envie d'avoir de la verroterie blanche, n'oserait me céder une journée de travail, sans que le roi leur en donne la permission expresse. Nous pourrions mourir de faim à la porte de ce grand village sans qu'on le sût; car, non seulement le marché reste fermé jusqu'au bon plaisir du roi, mais personne ne s'aventure à nous visiter, aussi longtemps que Sa Majesté ne l'a pas fait ostensiblement. Tout émane de lui, tout se rapporte à lui. C'est là la cause qui a empêché ma vaccine de se populariser, c'est là ce

VILLAGE DE LA TRIBU BALUNDA (HUTTES ET GRENIERS)

Temple. — Hutte. — Temple domestique. — Grenier.

qui étouffe toute initiative, toute individualité, et qui est un des obstacles les plus formidables que nous rencontrions pour le recrutement de notre auditoire du dimanche. A Séfoula, nous avions les coudées un peu plus franches. A Séchéké et à Kazoungoula, la liberté de nos frères y est en raison de l'éloignement de la capitale. L'Évangile remédiera à tout cela et opérera de grandes transformations. Léwanika, l'autre jour, a été frappé de cette sublime prophétie d'Ésaïe, que s'est appliquée le Sauveur et que j'avais prise pour sujet de méditation : « L'Esprit du Seigneur est sur moi ; il m'a oint... pour évangéliser les *pauvres*... »

Je viens d'avoir, pour toute une semaine, la visite de tout Séfoula : M. et Mme Ad. Jalla, Mlle Kiener, l'ami Waddell, qui travaille encore à la scierie, et nos fillettes, — un vrai temps de fête pour moi !

C'était si aimable de leur part d'apporter ainsi à l'ermitage de Loatilé, leur surabondance de feu et de vie ! Ils ont partagé ma vie éminemment champêtre, un pique-nique prolongé. Ils ont eu, ces bons amis, le piquant de toutes sortes d'aventures qu'il n'a pas été en mon pouvoir de leur éviter : la pluie avec la cuisine en pleins champs, le soleil, la chaleur, l'insupportable chaleur que réverbèrent les toiles blanches des tentes et qu'on ne peut fuir, invasions d'insectes, attaques nocturnes des fourmis guerrières qui chassent tout le monde des tentes et des lits, — aventures qu'a, hélas ! douloureusement couronnées la perte du cheval de Mme Jalla. Cette monture n'était pas un luxe pour notre chère sœur. Pour qu'elle pût accompagner son mari dans ses courses du samedi, j'avais prêté à ce frère le cheval qu'il m'a amené, car il avait déjà perdu le sien. La pauvre bête ! elle se mit à tousser le soir ; on lui donna bien des drogues, mais le lendemain matin elle s'affaissa sur le bord du chemin de Séfoula et mourut.

Je ne dirai pas le bien que m'a fait cette visite. Une jeunesse heureuse, pleine d'activité et d'initiative, fait plaisir à voir et me rajeunit. Dès leur arrivée, tout s'était transformé. Personne que moi n'était oisif. On ne me permettait pas le travail. « La maréchale et le colonel » en langage salutiste, dirigeaient tout. Mlle Kiener, toujours bonne et dévouée, faisait marcher le ménage comme naguère, et, en tête-à-tête, donnait à mes garçons ce dont, hélas ! ils ont le plus pressant besoin, des leçons d'ordre et de propreté. Je sens pour ma part combien, moi aussi, j'ai besoin de la grâce de Dieu pour faire mon nouvel apprentissage, et conserver l'esprit de contentement et de douceur. Fermer les yeux et élever le cœur en haut, c'est le seul remède, mais il est efficace.

M. Waddell, lui, le cher ami, a procédé tout de suite à l'érection de notre tabernacle, c'est-à-dire un abri des plus rudimentaires en attendant que nous puissions construire notre église. Il en avait préparé la modeste charpente à Séfoula, et Mlle Kiener en avait cousu la toile pour la toiture ; de sorte que le travail fut vite terminé. Complété, il aura, ce tabernacle, 11 mètres sur 7. Mais cette toile ! Voyez comme Dieu prévoit nos besoins ! J'en avais fait une commande dans le temps ; le marchand l'avait longtemps négligée et, pour réparer sa faute peut-être, il doubla la quantité de la commande. J'eus beau me récrier, la toile était là. Mais sans l'erreur du marchand, je n'aurais pas eu mon tabernacle [1]. En attendant mieux, ce nous sera un abri précieux. Tout près, deux forts piliers bien étayés portent la cloche des enfants de France, qui va commencer son ministère dès le lendemain. Ce jour-là, le samedi, une agréable visite au roi, une bonne battue dans la ville, notre réunion de prières du soir, d'une actualité spéciale, et nous étions prêts. Le dimanche matin, le ciel était gris, mais pas de pluie. Nous étions encore à déjeuner, et n'avions pas encore sonné la cloche que les tambours annonçaient le roi.

En effet, le voilà qui s'avance là-bas avec une suite nombreuse, une masse d'hommes. De femmes, naturellement, pas une. Ce n'est pas chose facile que de faire asseoir tout ce monde. Le roi, c'est le seul dieu que l'on connaisse ici ; une fois placé, son atroce bande de musique s'installe devant lui, le vulgaire fait le vide, non seulement autour de la majesté royale, mais aussi autour des principaux chefs, chacun selon son rang. Mais je suis maître ici, et malgré un peu d'hésitation, de malins sourires et des claquements de langues, on reconnaît mon autorité et on se soumet. L'ordre établi, les rangs formés, le service commence, et frère Jalla fait de pressants appels, en prenant pour texte la parole de Philippe à Nathanaël : « Viens et vois ! » Puis, la réunion terminée, et après quelques moments d'entretien avec Léwanika, les *sérimba* gémissent, les tambours beuglent, le cortège se forme, et comme dimanche dernier, tout l'auditoire s'en va en masse. La pluie se

---

1. Quelques années plus tard, nos lettres pour l'Europe, l'accumulation de plusieurs courriers, se perdirent on ne savait trop comment. En Europe et en Afrique, on se livra à toutes sortes de conjectures. Force nous fut de renouveler les commandes d'approvisionnements qu'elles contenaient. L'année suivante, on découvrit toutes ces lettres au bureau de poste à Palapchoué, au fond d'une caisse où elles avaient été oubliées. Elles furent naturellement expédiées à leurs adresses. Les marchands s'empressèrent d'exécuter ces commandes comme les autres, de sorte que nous reçûmes une double quantité de provisions. Plus tard, quand je partis, et que la peste bovine interrompit toutes communications avec le Zambèze et que nos amis se trouvaient manquant de tout, je compris pourquoi Dieu avait permis cette erreur et cette surabondance.

prit à tomber l'après-midi ; donc, pas de seconde réunion possible.

Malheureusement, M. et Mme Jalla eurent tous les deux de forts accès de fièvre. Etre malade ici, malade sous une tente embrasée, ce n'est pas gai. Nos amis durent donc écourter leur visite et regagner Séfoula. Mais depuis lors, les messagers se croisent constamment entre ici et là-bas. Plus tard, qui sait? nous aurons un téléphone... Pourquoi pas? L'Afrique est le pays des surprises, et elle passe par une période de stupéfiantes transformations. C'est une heure solennelle, quand nous pensons à l'avenir des races africaines et à la léthargie des Églises de France.

Lundi, 21 novembre 1892.

Hier, auditoire peu nombreux, malgré nos visites à domicile, et toutes les promesses qu'on nous avait faites. Les gens n'osent pas encore venir, pas même les hommes qui ne sont ni chefs, ni serviteurs personnels du roi, — *likomboa*. L'Évangile, — le *thouto*, comme on dit, c'est la chose exclusive du roi — un fruit défendu pour le peuple. Lui, le roi, est venu sans son insupportable bande de musique. Il a fait une démonstration d'un autre genre. Comme il a cinq ou six chevaux, il les a tous mis en réquisition pour lui et ses jeunes gens. Dix minutes de marche, c'est trop pour la lourde dignité qu'il porte, et il a eu soin de me le dire. Je ne discute plus la question avec lui. Je lui ai demandé à plusieurs reprises, au cas où ces dix minutes seraient de trop pour eux, de me montrer *n'importe où* le site que la station puisse occuper ; et, comme il confirme ce que nous savons tous, qu'il n'y en a pas d'autre, que c'est ici et seulement ici que nous pouvons bâtir, nous bâtissons. La prédication a été suivie d'une réunion familière, où l'ami Paul a catéchisé l'auditoire avec une autorité surprenante. Pour donner l'exemple, le roi répondait avec beaucoup d'entrain et d'intelligence. Nous chantâmes beaucoup, mais soit dit en passant, je ne parviens pas encore à populariser nos chants. Les Zambéziens chantent comme des oies.

En particulier, Léwanika remarqua qu'aucun cantique n'éclipse son favori : *Litaba tsé gou imélang*[1] ! « Mais, lui dit respectueusement Paul, je ne comprends pas pourquoi le roi aime tant ce can-

---

[1]. « Les soucis, tout ce qui l'écrase. » C'est le n° 72 de la deuxième partie de notre recueil.

tique, puisqu'il ne connaît pas Jésus. » Léwanika, un peu embarrassé par cette question si directe, répondit : « Tu veux dire que je ne suis pas croyant ? C'est vrai. Mais tout de même, c'est bon de savoir qu'il y a quelqu'un sur qui on peut se décharger de tout ce qui vous préoccupe et afflige. Être *l'ami du roi,* — le *motsuallé oa moréna,* — ce n'est pas peu de chose. »

A la nuit tombante, je reçois la poste. Entre autres, tout un paquet de vieilles lettres des premiers mois de 1891, dont quelques-unes ont été découvertes par un ami dans quelque coin ignoré du bureau de poste de Palapchoué, tandis que d'autres revenaient d'un long voyage et d'une quarantaine plus longue encore à Salisbury, la capitale du Machonaland. Qui sait combien d'autres lettres et imprimés se sont ainsi égarés et définitivement perdus !

Vous le voyez, notre service postal laisse encore à désirer, et nous en souffrons.

Ainsi donc, mes amis, ne vous découragez pas. Souvenez-vous que vos lettres sont un des plus grands bienfaits qui nous soient accordés dans ce pays où, toujours appelés à donner sans rien recevoir, nous nous vidons et nous épuisons. Votre correspondance nous tient lieu de tout le mouvement intellectuel et religieux dont nous sommes sevrés. Si vous saviez combien ils sont doux les moments que nous passons ainsi avec vous ! Nous oublions nos petites misères, et même les grandes nous paraissent moins dures. Notre solitude et nos ténèbres s'éclairent d'un jet de lumière quand nous voyons que le soleil brille chez vous. En parlant ainsi, je pense plus à mes chers collègues qu'à moi-même. Ils ont leur carrière devant eux, une tâche arduc et ingrate, croyez-le. Ils ont donc besoin d'être puissamment soutenus par tous les moyens possibles. Et la correspondance, souvenez-vous-en, en est un des plus puissants.

XLIX

Déblayage de la termitière. — Léwanika lève le blocus. — Le marché. — Le roi et les ma-Mbounda. — Revue d'apparat. — Industrie des ba-Rotsi. — Nos bâtisses. — Course à Séfoula. — Les pluies. — Les méthodistes. — Visites à Léalouyi. — Les défections. — Ténèbres du paganisme zambézien. — Fatigue physique et tracas. — Variations du roi ; son avarice. — Nouvelles de Séfoula. — Le vol. — Hostilité du roi. — Les méthodistes. — Disgrâce. — Mis en interdit.

30 novembre.

Le travail avance, mais lentement. Le déblayage des broussailles, j'entends le gros, est fini. Nous écornons maintenant et essayons de creuser et niveler nos fourmilières. Nous avons détruit une grande quantité de nids et de reines. Les termitières se composent d'un dédale de cheminées où le corps d'un homme pourrait entrer, de passages à l'infini qui les font communiquer les unes avec les autres, et conduisent aux nids. Ces nids, de la forme d'une éponge, sont de la substance la plus douce, si bien qu'au toucher ils se réduisent en poudre. Et quant aux reines, ce n'est, pardonnez la comparaison, qu'une andouille minuscule, quant à la forme, un sac rempli de matière vivante, un ver muni d'une petite tête de termite, sans pattes, sans moyen de locomotion, une larve. Nous avons fait aussi une guerre acharnée aux fourmis guerrières, portant le feu et l'eau bouillante en abondance dans les profondeurs de leurs forteresses. Eh bien, le croirait-on ? nous voici soulagés, nous avons du répit, pour un temps du moins. L'inondation nous causera sans doute de nouvelles invasions. Il faut s'y attendre.

Je ne sais pas pourquoi je ne puis pas parler de ces fléaux de termites et de fourmis sans penser à Léwanika et à son voisinage. On a si bien réussi à empoisonner l'esprit de Léwanika qu'il ne peut pas encore croire au désintéressement et à la pureté de nos motifs. Il se défie de tout, même des égards que nous avons envers lui et de nos bontés. La suspicion le met toujours sur la défensive, et il est jaloux de son pouvoir comme s'il me croyait sérieusement capable de l'usurper. Et puis, mon refus absolu de me mettre à ses ordres, comme son fournisseur et son marchand, ne manque pas, à l'occasion, de l'irriter. Il ne peut pas comprendre qu'il se trouve un homme près de lui qui *ose* refuser de troquer pour lui ses propres vêtements, ses provisions personnelles, ses matériaux de construction, toutes choses entre autres qui excitent l'envie de Sa Majesté, de Mokouaé ou de Litia. Je m'efforce, par la grâce de Dieu, de maintenir mes rapports avec Léwanika sur un terrain plus élevé et de fouler aux pieds toutes ces épines sans m'en plaindre et sans en montrer de l'humeur.

Un matin, comme je le fais de temps en temps, j'étais allé m'asseoir à côté de lui, au *lèkhothla*. Au bout d'un moment, quelle ne fut pas ma surprise ! J'entendis un des principaux chefs faire la proclamation suivante : « Écoutez tous, ba-Rotsi ! c'est la parole du roi. Le *Morouti* est venu se fixer chez nous. Le roi s'en réjouit beaucoup et nous aussi. Ce n'est pas un autre village qu'il va fonder. Mais il a beaucoup de travail. Voici donc une fontaine de verroterie et d'étoffes. Portez à notre frère votre roseau, vos denrées ! Travaillez pour lui, hommes et femmes, jeunes gens et jeunes filles. Il a pour vous des vêtements et des ornements. Aujourd'hui, nous vous ouvrons la porte. Allez ! »

Avant que je pusse être de retour, il y avait déjà une bonne quantité de roseau et de millet qui m'attendaient. Le blocus est levé. Béni soit Dieu !

Premiers jours de décembre.

Nous ne sommes plus dans l'isolement. Quel changement déjà, depuis que Léwanika a levé l'interdiction dont il ne nous avait frappés que pour montrer son autorité ! On nous visite, on nous apporte du roseau surtout. La nourriture est rare et très chère. J'ai naturellement eu beaucoup de peine à fixer le prix du roseau. On savait que j'en avais besoin, donc, — vous comprenez, le principe est le même partout, — il fallait prendre avantage de son voisin. Voici, par exemple, un des gros bonnets, un mo-Kouamboyo, un des principaux chefs. Il est suivi d'une demi-douzaine d'esclaves qui portent chacun une poignée de ce précieux roseau. Il vient, se prélassant dans une longue chemise qui lui tombe jusqu'aux chevilles. Il veut quatre mètres d'étoffe, et plutôt que d'arrêter la vente, je lui en donne la moitié, c'est-à-dire encore dix fois la valeur. Cette transaction me prend une bonne partie de ma matinée. Je suis sur les épines. Il ne me faudrait pas beaucoup de ces clients-là pour émietter mon temps et pousser ma patience à ses dernières limites. Il arrive quelquefois qu'après un interminable palabre, les pauvres gens s'en vont en grognant, menaçant de fermer le marché. Je m'en sens mortifié et humilié. Je me suis fait remplacer avec avantage par les évangélistes. Il ont plus de tact et de patience, ils peuvent s'asseoir et causer, faire connaissance avec les gens. Aussi, loin de se fermer, le marché s'anime, et nous aurons bientôt ce qu'il nous faut, pour peu que cela continue.

Tous les jours, le soleil est de feu. L'après-midi, le ciel se couvre bien de nuages ; mais il se lève généralement un grand vent qui les balaie et les emporte, et nous couvre de poussière. Cette poussière, rien n'y échappe, surtout dans une tente. Quelle salaison pour le repas du soir !

C'est ce que je me disais une fois, quand m'arrive du roi un message qui m'inquiète un peu : « Sache, dit-il, que depuis trois jours, les ma-Mbounda, les initiés, les maîtres de l'art occulte, consultent les osselets. Ce matin, les premiers chefs, Gambella en tête, sont venus me communiquer l'oracle. Eh bien, c'est moi, moi-même que les osselets ont saisi et désigné. Ils m'accusaient d'avoir amené sur la nation le fléau de la petite vérole et d'empêcher la pluie de tomber. Si je sévis, ne t'en étonne pas. »

Dès le matin, accompagné de Paul et de Jacob, je me rends auprès du roi. Je le trouve au *lékhothla* et m'assieds près de lui. Il nomme de nouveaux chefs pour remplacer ceux que la petite vérole a fauchés — et ils sont nombreux ! En temps ordinaire, la cérémonie ne manquerait pas d'intérêt, mais Léwanika est soucieux et ennuyé. Il a des absences et jette de côté des regards furtifs. Dès qu'il le peut, il se lève et me prie de l'accompagner. Mais dans le grand hangar rectangulaire du *lékhothla*, il se fait un tintamarre inaccoutumé. « Ce sont encore eux ! » me dit le roi en partant. Je veux voir ce qui se passe là, et me fraie un chemin à travers la foule compacte qui entoure la hutte. A l'intérieur, six ou sept vieillards ma-Mbounda, accroupis sur des fourrures, secouent convulsivement des paniers remplis de toutes sortes de choses imaginables : esquilles humaines, osselets de je ne sais quels étranges animaux, arêtes de poissons, écailles, coquillages rares, graines étranges, crins de fauves, charmes indescriptibles et à l'infini, rien n'y manque. Ces sages sont absorbés dans l'étude profonde de chaque combinaison et marmottent des formules cabalistiques, pendant que tout autour d'eux, rangés en cercle, leurs acolytes font une affreuse cacophonie avec leurs crécelles de gourdes et de fruits de baobabs, leurs harmonicas de bois, leurs clochettes et leurs tams-tams. Le public, lui, est pressé comme des harengs, cou tendu, bouche béante, et les yeux fixes. Et tout cela, par les ordres des principaux chefs, en plein *lékhothla*, sous les yeux mêmes du roi qu'on accuse ainsi publiquement des malheurs de la nation !

Je regardais cette scène étrange et m'absorbais dans de sombres réflexions, quand un nouveau messager vint m'appeler. Léwanika, en proie à une grande agitation, donnait des ordres à un de ses familiers. Peu après, un grand tumulte de voix confuses s'élève sur la place publique. L'homme du roi avait rassemblé la foule, donné son message et terminé en s'écriant : « Saisissez-les ! » Des centaines de voix répondent plus fort les unes que les autres : Saisissez-les ! saisissez-les ! Tous se ruent sur les infortunés ma-Mbounda et se disputent le plaisir de les étrangler. Déjà on les a saisis, qui par les jambes, qui par les bras, qui encore par le cou ; c'est une confusion affreuse, quand arrive un deuxième messager qui ordonne la délivrance des malheureux et leur recommande pour l'avenir un peu plus de respect pour la majesté royale. L'effervescence des esprits se calma ; les ma-Mbounda avaient déjà profité d'un moment de confusion pour s'esquiver. Autrefois, il n'y a pas longtemps de cela, ils eussent été impitoyablement mis à mort. Léwanika a fait acte d'autorité, c'est bien ; mais je me demande avec inquiétude s'il a vraiment conjuré le péril qui le menace et sur lequel il ne se fait certainement pas illusion. Dieu le veuille !

7 décembre.

Léwanika m'a fait mander pour assister à une grande cérémonie. Il s'agissait, comme nous dirions en langage européen, de *décorer* les guerriers qui se sont distingués dans la dernière campagne de Loubalé, c'est-à-dire ceux qui avaient, n'importe comment, tué un ou plusieurs de leurs ennemis. Ils étaient quelques centaines, et, parmi eux, je remarquais de tout jeunes garçons qui n'étaient pas les moins fiers. Ils étaient tous en rangs, les visages peints de terre blanche : un cercle, deux cercles ou plus autour des yeux, selon le nombre de leurs victimes respectives, ce qui leur donnait une apparence horrible et sauvage. Devant le roi et ses conseillers étaient de petits tas d'étoffes de toutes espèces, où chacun venait à son tour se servir, selon le nombre de ses marques. Il passait ensuite l'étoffe autour de son cou, la laissant flotter derrière, ce qui donnait un peu de couleur à cette cérémonie, autrement bien terne. Pas le moindre applaudissement, pas la moindre manifestation. C'est chose si commune ici que de répandre le sang !

Quelle différence avec certains *pitso* des ba-Souto que j'ai vus !...
Cependant, ces pauvres Zambéziens traînaient ces morceaux de
calicot et d'indienne avec le même orgueil que nos soldats portent
la croix de métal et le ruban rouge. Il y a peu de différence, au
fond.

Nos huttes en construction avancent lentement : seize pieux bien
comptés, plantés en rond, du roseau dans les interstices, voilà les
murs. Un toit de vannerie grossière en forme d'entonnoir renversé, posé dessus, quelques gerbes d'herbe fine qui le couvrent
tant mal que bien, un triple crépissage de terre et de bouse de
vache, et la maison est faite. Seulement, il se passe du temps
avant qu'elle soit sèche et habitable. Sortant de la tente, la hutte
sera un petit palais de solidité, d'abri et de fraîcheur. Un palais !
je le crois bien, mais rien à comparer à ceux que, depuis quatre
mois, l'on construit au harem royal. Cela mérite d'être vu. Aussi,
Léwanika et les ba-Rotsi en sont-ils très fiers. Toutes proportions
gardées et dans le genre des huttes, j'avoue que c'est quelque
chose de grandiose et d'imposant. Je doute qu'on pût trouver,
parmi les tribus du Sud, quelque chose qui en approche. C'est
toujours le vieux plan que les ma-Kololo avaient copié des bé-
Tchouana, mais grandement élaboré et perfectionné : deux murs
concentriques, couverts d'un seul et immense toit. Tout — toujours
au point de vue indigène — est d'un fini admirable.

Ces ba-Rotsi m'étonnent ; ils sont certainement, de tous les
noirs que j'ai connus, les plus industrieux. Avec quelques outils
seulement, et des plus primitifs, ils font tout ce dont ils ont besoin.
Les forgerons forment un clan à part. Non seulement ils fabriquent
toutes les armes du pays, les pioches, les cure-nez, etc., mais
donnez-leur un modèle, et ils vous feront des clous de la dimen-
sion voulue, des haches, des bêches, etc. Ce ne sera pas de l'acier,
mais une bonne imitation. Il y a des armuriers, — en très petit
nombre, je dois le dire ; — ils ne peuvent pas faire le canon d'un
fusil, sans doute, mais ils en font la crosse et vous le montent avec
autant de fini qu'un Européen. Seulement, pour eux, le temps n'a
pas de valeur. Ceux qui travaillent le bois et la vannerie sont plus
nombreux, et vous avez, au musée de la Maison des missions, des
échantillons de leur talent et de leur goût.

Léwanika aime le travail. A l'ombre d'un bosquet touffu qui
lui servait de sanctuaire dans ses pratiques païennes, il s'est fait
un atelier dont l'entrée est interdite à qui n'est pas du métier. Vous
le trouverez là, dans ses heures de loisir, travaillant de ses mains
avec une dizaine d'ouvriers sous ses ordres. Que fait-il là ? ou

plutôt, que ne fait-il pas ! Tantôt, c'est un petit canot de fantaisie, la charpente démontable d'une immense tente qui doit lui servir dans ses chasses annuelles, un lit de camp ingénieux, un véhicule de son invention, destiné à transporter les canots des blancs aux chutes du Ngonyé, et lui rapporter beaucoup d'argent ! Tantôt, c'est un instrument de musique, un harmonium qu'il fabrique, ou bien c'est un plat, sur le couvert duquel il se plaît à sculpter quelque animal sauvage, des poissons, des oiseaux, ou bien encore c'est un bracelet d'ivoire, une épingle à cheveux qu'il cisèle avec délicatesse.

Tous les ans, il conçoit un nouveau plan pour sa barque royale. La *Nalikouanda* de l'an passé est une monstruosité de 40 mètres de long, où il a essayé de mettre à profit les données vagues qu'il a glanées ici et là sur la manière dont les blancs construisent leurs bateaux. Ce n'est pas un succès. On éprouve un sentiment de regret en voyant tant de travail perdu au service de si nobles ambitions. La barque qu'il a faite pour la reine, sa sœur, est moins prétentieuse ; elle s'en tient aux traditions du pays ; aussi est-ce un petit chef-d'œuvre dans son genre. Pauvre Léwanika ! il devance son temps ; il laisse son peuple loin derrière lui. Il me tourmente sans cesse pour que j'installe ma scierie ici. Il y passerait la moitié de son temps, et il ferait en sorte qu'elle travaillât pour lui tout d'abord. A quoi bon une scierie à Séfoula, une forge et un si bel outillage ? Ce n'est pas *Moréneng*, la résidence du roi ! Qu'il serait heureux s'il avait un Mackay auprès de lui !... On comprend qu'il forme de bons ouvriers ; malheureusement, ces bons ouvriers et tout leur talent ne sont que pour lui exclusivement.

Pour nous, blancs, qu'ils ne placent pas encore très haut sur leur échelle sociale, ils travaillent mal et sans conscience ; ce n'est pas une obligation. Pour eux-mêmes, ils ne travaillent pas du tout ; ce n'est pas une nécessité, au surplus, c'est un besoin qui leur est interdit. Laissez-moi vous en donner un exemple en passant.

Un ouvrier habile, qui s'est formé sous M. Waddell, un brave et honnête homme — il avait bien décimé un troupeau de chèvres que nous avions jadis, mais *honnête* quand même, d'après les notions du pays, — avait conçu l'idée de se construire une toute petite case comme les nôtres. Les pieux étaient déjà plantés, la charpente était faite, mais, quand il voulut la poser, les ba-Rotsi, qui l'avaient guetté, tombèrent sur lui, arrachèrent les pieux, détruisirent la charpente et ne lui laissèrent que le privilège de se prosterner, d'acclamer et de rendre l'hommage royal, de ce qu'ils lui avaient sauvé la vie et épargné la gorge... Comment espérer le progrès avec un système pareil? Mais, soyez-en sûrs, le système s'usera, et le développement de ce peuple industrieux prendra un jour de l'essor.

2 janvier 1893.

Mes huttes — j'en ai *six!* — m'ont causé du tracas. Je m'en tire assez bien avec les hommes; mais faire travailler les femmes toute une journée, ça me dépasse: je crois, malheureusement, qu'elles le savent. Il faut pourtant les employer, puisque le crépissage est exclusivement de leur ressort. Heureusement que la femme de l'évangéliste Jacob est là. Je lui abandonne ce département. Elle est femme, elle est une indigène, elle est de bonne composition et elle s'en tire à merveille. C'est vous dire que, dans ces évangélistes ba-Souto, j'ai trouvé des aides précieux. Paul ne m'est que prêté. Sa place est à Séfoula. Si l'affection personnelle était la seule considération dans le placement des ouvriers, il resterait toujours avec moi. J'aime sa droiture, j'admire son courage et sa fidélité, je me sens attiré par sa vie intérieure, rare chez un indigène, qui fait sa force. J'ai dit que l'école n'est pas son fort, et c'est vrai. Mais, comme évangéliste, je n'ai pas encore trouvé son égal. Il est original dans sa prédication. Personne ne sait mieux que lui captiver un auditoire et river l'attention. Ce qui fait sa force, c'est qu'il a le feu sacré. C'est un beau don que l'Église de Massitissi a fait au Zambèze. Jacob et sa femme, tous deux de Morija, et celle-ci la fille du célèbre Job, le sonneur de cloches, sont de précieux aides aussi, des amis; eux disent des « enfants ». Gens tranquilles, peu démonstratifs, mais propres, rangés, ils sont toujours aimables et toujours prêts à rendre service. On dirait que c'est un privilège, pour eux, de me soulager de tout ce qu'ils peuvent sans être indiscrets. Il est bon que nos amis d'Europe apprécient aussi ces aides qui m'ont été donnés et ne s'apitoyent pas trop sur ma position.

Je vous parlais de mes bâtisses, de mes huttes et de mes difficultés. Une des plus sérieuses de ces difficultés, vous sourirez si je vous la dis, c'est la bouse, notre chaux, ici comme au Lessouto. Je n'ai pas de bétail à moi ici, et le peu qui s'y trouve ne peut pas satisfaire les centaines de ménagères qui ont des parquets à renouveler, des murs à rafraîchir, ou simplement du travail à donner aux esclaves. La superstition de ces pauvres gens interdit aux femmes l'entrée du bercail, à certaines époques du moins; les hommes seuls ont le droit d'y pénétrer; encore faut-il que le précieux article soit ramassé avant que le bétail ne sorte de l'enclos pour aller paître. Autrement, cela porte guignon. Il en résulte que je suis obligé d'acheter les bonnes grâces des deux hommes préposés à la surveillance des vachers. Mais tout le monde les courtise et, malgré ma libéralité, je ne passe pas souvent en première ligne. Puis, il y a encore plusieurs petits rouages qu'il faut graisser, plusieurs petits trous qui laissent la verroterie s'égrener et le calicot se fondre. Voilà pourquoi ces pauvres huttes, qu'on érige si facilement, nous font si longtemps attendre avant d'être habitables.

Aussi, pendant que le vent et le soleil font leur part de travail, à mon tour de prendre mon vol. Il n'y a qu'un seul endroit où je puisse aller et qui m'attire comme de l'aimant. C'est donc *là* que je vais passer Noël et le Nouvel An. Ces dix jours que j'y ai séjourné, comment les caractériser? Mais pourquoi les caractériser? J'y ai vécu deux vies : la vie de famille avec les chers Ad. Jalla et mes vieux amis, Mlle Kiener et Waddell, vie pleine de charme et de jouissance; et puis la vie intime si cachée, la vie d'un passé qui n'est pas loin, avec ses douleurs et ses ténèbres, mais aussi avec les clartés de l'espérance. Séfoula, c'est mon Béthel.

Nous avons eu la communion ensemble. Il y avait deux places vides : l'une resplendissante de la gloire de la vie, comme le tombeau vide du Seigneur; l'autre, hélas! sombre et douloureuse comme celle du disciple qui trahit le Sauveur.

Par une de ces réunions d'édification et de prières, que la vraie communion fraternelle et la présence de Dieu rendent si douces, nous avons clos une année et en avons inauguré une autre. Nos frères méthodistes étaient des nôtres, quelques charbons vifs de plus à notre petit foyer. Nous savons ce qu'a été 92, que sera 93?... Dieu le sait.

Léwanika se montrait impatient de mon retour et m'envoyait des messages pour s'informer de ma santé et de la cause de mon délai. Aussi, dès mon arrivée, s'empressa-t-il de venir me voir. Pauvre homme, il avait besoin d'un tête-à-tête avec quelqu'un; lui aussi a ses soucis.

Pendant mon absence, les pluies sont tombées et les vents se sont déchaînés avec tant de violence, que mon campement était méconnaissable. Les herbes et même les broussailles, en dix jours, avaient reconquis leurs droits comme par vengeance. En pénétrant dans les tentes, le moisi vous saisit à la gorge : ce n'est que boue, mille-pattes, grenouilles partout. Un ouragan avait renversé tout et brisé ma vaisselle. Ne fallait-il pas que ce brave Paul ait poussé le scrupule de la fidélité jusqu'à garder les débris de mes tasses et de mes assiettes? C'en est trop, je me sauve de ce taudis et m'installe dans une de mes huttes qui ne vaut guère mieux. Les termites, les mille-pattes, le *sérouyi*, en ont pris possession avant moi. Ce sont les grenouilles surtout qui s'y sont donné rendez-vous. Elles sont partout, par terre, sur les murs, dans le toit. Elles vous tombent sur la tête au lit, dans les plats sur la table; elles ne craignent pas de prendre un bain dans une tasse de café, et ont l'impudence de coasser devant moi sur le bord de mon encrier pendant que j'écris. C'est le prélude du concert nocturne qui m'attend. C'est royal; Léwanika a des tambours et moi j'ai des grenouilles; c'est du bruit, on s'y fait.

23 janvier 1893.

Les pluies, ces pluies qui ont mis en mouvement le monde des dieux et des devins, sont enfin venues. Il pleut tous les jours, et, entre les averses, c'est une chaleur suffocante. On dirait que le soleil se venge de la pluie en la pompant à se faire éclater les poumons. On vit dans un bain de vapeur. Aussi les cas de fièvre et les catarrhes sont-ils nombreux. Je ne suis pas solide, mais debout, pourtant. Je patauge dans la boue, il y a de la boue partout. Nous avions de la peine à nous réconcilier avec le sable de Séfoula qui vous déhanche; nous avions oublié ce que c'est que la boue. Donnez-nous du sable quand il pleut et de la terre glaise quand il fait sec! J'ai essayé de combiner les deux choses. Tous les jours, des femmes et des jeunes filles, pour de la verroterie, m'apportent du sable de la plaine pour niveler les dépressions de notre monticule. C'est un travail de patience, mais qui le transformera et dont mes successeurs bénéficieront. Des jeunes gens creusent un grand fossé et font un talus qui seront une protection contre les voleurs... honnêtes. Il fera de l'endroit un rectangle de deux cents mètres par cent cinquante mètres environ. Une entrée y est réservée pour le public et pour les voitures, et une grande chaussée, décrivant une immense courbe, et qui sautera le canal par le moyen d'un modeste pont de planches, nous unira à la capitale et, même au plus fort de l'inondation, nous permettra d'aller et venir à pied sec. Tous ces travaux, avec nos constructions, ne se font pas en un jour. Mais ils sont commencés et, si Dieu me prolonge la santé et les forces, tous ces plans doivent, cette année, sortir du domaine des rêves. Avec du goût et de l'énergie, un jeune missionnaire qui viendra plus tard pourra faire de ce « calvaire du paganisme » un lieu habitable, une oasis au milieu de cette plaine désolée.

Et voyez quels signes notre bon Dieu nous donne de sa faveur. Malgré toutes nos difficultés et toutes nos entraves, nous avons pu nous procurer petit à petit tous nos matériaux de construction, chaume, roseaux, etc. Et bien plus, nous avons pu, grâce au retard de la saison pluvieuse, transporter tout ce que nous avions à Séfoula d'herbe, de bois de charpente, de pieux et de planches. Aujourd'hui les dépressions de la plaine se remplissent d'eau, les chemins sont défoncés, le transport devient impraticable, mais on nous amène la dernière charge. Bientôt nous serons cernés et emprisonnés sur notre îlot, tout le monde quittera la capitale pour se réfugier sur les hauteurs qui bordent la plaine. Nous, pas. Si notre santé y tient, nous nous donnerons aux bâtisses et accélérerons les travaux, quittes à faire des courses d'évangélisation et des visites en canot.

Mon ermitage a été, ces temps-ci, comblé d'honneur. D'abord je n'y suis plus seul. Mon ami Waddell a fini les travaux préparatoires qui le retenaient à Séfoula, et m'a rejoint. Que j'étais fier de le caser dans une de mes huttes, quand il ne s'attendait qu'à une tente ! Car le cher homme supporte bien volontiers, mais pas impunément, les misères de la vie bohémienne. Et il travaille fort. C'est un chrétien simple dans sa foi, mais ferme comme un roc et d'une fidélité envers tout le monde, et surtout Léwanika, vraiment édifiante. Sans lui, je n'aurais jamais pu entreprendre la fondation de cette station nouvelle. Il faut que nos amis le sachent. Dans le champ missionnaire, les artisans ont souvent été une déception et une croix. Notre ami est un des rares qui ont glorifié Dieu en honorant le travail. Quand il ira en Écosse visiter sa mère, il aura bien mérité de la mission.

Il est venu avec nos frères méthodistes, M. et Mme Buckenham et M. Baldwin, qui sont venus passer chez moi la première semaine de janvier. Leur but était surtout de voir le roi et de faire des plans définitifs pour aller commencer leur mission chez les ma-Choukouloumboué. J'avais depuis quelque temps, et malgré l'opposition dont j'avais moi-même à souffrir, obtenu son consentement pour la fondation de cette nouvelle œuvre. Tout vacillant qu'il soit, Léwanika n'est pas revenu sur la parole qu'il m'avait donnée ; au contraire, il l'a confirmée. Seulement, il désire que nos frères n'y aillent qu'en hiver. Lui-même va y fonder un grand village de ba-Rotsi; de plus, les missionnaires sont des blancs. Pour qui connaît l'esprit soupçonneux de ces races, ce sont là, entre autres, de fortes raisons pour recommander la prudence. Il s'est, du reste, chargé de préparer les voies, de prendre toutes les informations possibles sur la route, et même de faire venir des ma-Choukouloumboué qui conduiront eux-mêmes les missionnaires dans leur pays. Je ne m'étais donc pas trompé en recommandant la patience à nos frères.

Je tressaille de reconnaissance et de joie en vous annonçant cette nouvelle. C'est la lumière qui a jailli du sein de nos ténèbres, la réponse éclatante que nous attendions à d'ardentes prières. Pour nous, les pionniers, c'est un nouveau jalon de planté, un nouveau poste avancé de la « Grande Armée ». Nous nous sentons renforcés. Encore un effort, et nous donnerons la main à nos frères de Garenganzé, et puis à ceux du Congo ! Je n'ai pu offrir à mes amis qu'une hospitalité bien maigre. Je remplis mal dans le ménage la place qui est vide. Et puis, il a plu, mes hôtes étaient dans la boue. Nous avons eu des invasions de fourmis batailleuses qui ont plus d'une fois forcé l'un ou l'autre de fuir du lit envahi et de se pelotonner sur une table en attendant le jour. Mais Mme Buckenham, qui souffre d'une jambe, m'a dit qu'elle s'était reposée. Je ne pouvais pas désirer mieux. Et puis, nous avons pu ensemble nous associer chaque jour au concert universel de prières.

Après eux sont venus les *nôtres*, de la famille zambézienne : les Ad. Jalla et Mlle Kiener. Encore dix beaux jours de repos et de jouissance. Ces dames ont pris le ménage en main, et frère Jalla s'est chargé des prédications. Leur séjour a eu son assaisonnement indispensable de pluies torrentielles et d'invasions de fourmis. Mais ils ont pu rentrer à Séfoula sans avoir été malades et avant que la plaine fût submergée. C'était si beau de voir les femmes du village venir visiter ces dames. L'ermitage était bien changé ; il était tout ensoleillé et animé. Ils m'ont quitté, ces chers et bons amis, mais le bien qu'ils nous ont fait nous reste.

25 janvier.

Dans ma dernière lettre, je vous confiais les soucis que nous donnaient déjà alors nos convertis. Cet état de choses, hélas ! a bien empiré depuis. Depuis qu'il a levé le blocus de la station, Léwanika n'a jamais été plus amical. Il vient assez souvent passer une après-midi avec moi ; il s'intéresse à nos travaux, encourage nos ouvriers et se plaint de ce que je ne le visite pas plus souvent. Quelquefois, si je passe sur la place, il quitte le *lékhothla* et m'invite chez lui. Il se montre pleins d'égards de mille et une manières, et a traité nos visiteurs de Séfoula avec la plus grande déférence et cordialité. Et cependant, je crains que, malgré toutes ces professions d'amitié, il ne nous soit clandestinement hostile. C'est un mo-Rotsi pur sang. Je remarque que tout le personnel de sa maison se tient à distance. Et généralement, ici, les courtisans flattent ceux que leur maître honore de ses faveurs. De nos anciens élèves, peu fréquentent les cultes. Séajika est encore ce qu'il a toujours été : un triste caméléon. Mokamba, celui qui sanglotait publiquement, a reçu femme, a été promu ; en devenant un des grands chefs du pays, il a cru découvrir que sa profession n'était plus de mise et était incompatible avec les pratiques païennes qu'il n'a pas le courage d'affronter. Litia est retourné franchement au paganisme et a pris une seconde femme. André, lui, mon pauvre garçon, a décidément fait naufrage. Grâce à un voyage qu'il vient de faire à Mangouato et à la faiblesse même de Léwanika, la perspective de devenir le premier gendre du roi lui a, pour le moment, échappé. Il a pris femme, à la païenne et en dehors de nous, et ne met plus les pieds ici. Il jouit des faveurs du roi : c'est son malheur. De ceux qui nous restent, je n'ose rien dire ; nous nous attendons à d'autres défections. C'est une débâcle lamentable. Ainsi donc, le vent qui soufflait l'an passé n'aurait-il soulevé que de la balle ? C'est en tremblant que nous étreignons encore l'espoir de conserver deux ou trois grains de blé.

« Tout cela est bien triste, remarquait Léwanika, l'autre jour, en prenant un air confidentiel et sympathique. Nous allons passer pour des enfants, des idiots et des gens méprisables aux yeux des nations. J'y suis bien pour quelque chose, en effet, puisque c'est moi qui ai donné des femmes à ces jeunes gens-là. Mais qui peut leur commander de devenir de vrais croyants, et leur défendre d'abandonner leur foi ? Mais, ajouta-t-il en me serrant la main; ne cède pas à la tristesse, mon père, ils reviendront ! ce sont tes enfants. Et il en viendra d'autres qui seront la sorte de croyants que tu cherches. » Lui-même, le pauvre homme, il a fait de grands pas rétrogrades. Il connaît la vérité, il a même une inclination vers les choses de Dieu, qui l'attirent évidemment. Mais le venin de l'incrédulité empoisonne ses meilleures dispositions, et, comme il le dit lui-même, les liens dont il est garrotté le rendent impuissant. Il avait acheté des robes pour toutes ses « reines », des manteaux et chapeaux à la mode pour les principales, en vue du dimanche. Les pauvres femmes s'en sont affublées pour me les montrer; mais, aujourd'hui, pour elles, venir au service serait une infraction inouïe à la dignité du harem royal.

Je ne suis pas plus vaillant qu'il ne faut. Il est de ces heures connues de Dieu où, dans le morne silence qui s'est fait autour de moi, je passe en revue nos neuf années de ministère au Zambèze. Je vois ces labeurs, je sens ces larmes brûlantes encore, et un horrible serrement de cœur me saisit. La lamentation du prophète me vient alors involontairement sur les lèvres : « J'ai dit : j'ai travaillé en vain, j'ai usé ma force pour néant et sans fruit. » Si mes confidences vous affligent, mes amis, dites-vous que pour nous la réalité est cruelle ; elle nous brave sans honte, elle nous poursuit, s'acharne à nous comme un vampire ; rien ne nous la fait oublier, pas même le sommeil. Ah! je les comprends, ces douleurs de saint Paul, qu'il comparait à celles de l'enfantement.

Mais, voyons, allons-nous douter de la mission que Dieu nous a confiée? Douterons-nous que l'évangile soit encore, et pour les Zambéziens comme pour tous les peuples de la terre, *la puissance de Dieu?* Arrière de nous cette pensée ! — Malgré tous nos désastres, j'ai, pour ma part, la conviction profonde que nous avons déjà planté le coin de l'Évangile dans le système social de cette nation, et j'ai mes raisons pour le croire. A d'autres de l'enfoncer hardiment à coups redoublés. Et ce paganisme, si puissant, si compact, si formidable qu'il paraisse, cédera, éclatera comme il l'a fait en tous temps et en tous pays. Il y a déjà plus d'une fissure qui nous le dit. Ne perdons donc pas courage, amis de notre œuvre. L'enfant prodigue peut aller loin, et tomber bien bas; mais son retour à la maison paternelle est encore possible. Ces expériences dures et humiliantes, quelles qu'elles soient, ne nous sont pas particulières. Notre adorable Maître les a faites ; saint Paul les a connues, et puis tous ces braves que Dieu a envoyés comme pionniers dans tous les siècles. Seulement, quand nous admirons un arbre chargé de fruits mûrs et succulents, nous oublions combien de fleurs ont péri.

Nos expériences pâlissent à côté de celles d'autres héros missionnaires. Nous n'avons pas encore été jugés dignes, nous, de la couronne du martyre. Néanmoins nous avons souffert. L'existence même de la mission n'a tenu qu'à un fil. Mais ce fil était dans la main de Dieu...

Courage donc, chers amis. Les revers les plus humiliants précèdent souvent de glorieux succès. La bataille peut nous paraître au-dessus de nos forces ; gardons-nous cependant de poser les armes. La victoire, pour être retardée, n'en est pas moins certaine. Ne la connaissons-nous pas, la voix qui domine le tumulte du combat et nous crie : « Prenez courage, j'ai *vaincu* le monde ! »

Fortifions donc nos mains tremblantes, affermissons nos genoux chancelants ! Soyons *hommes !* (1 Cor. XVI, 13.) Si le sol cède sous nos pieds comme le sable mouvant, cramponnons-nous aux promesses immuables de Dieu. Que notre foi, grandissant avec les difficultés, s'élève, plane toujours plus haut dans les cieux, bien au-dessus de nos désappointements les plus cuisants, de nos douleurs les plus amères, et le Seigneur, même dans cette forteresse de Satan, nous montrera encore sa gloire.

28 février 1893.

Je suis de nouveau peu bien, je me traîne péniblement sans être précisément malade. J'ai peu de forces et point d'appétit. Les difficultés et les tracas renaissent constamment, et parfois je me sens presque à bout de courage, et la lutte me fait peur.

Mon établissement, réduit à sa plus stricte simplicité, ne marche pas. Je suis pour une foule de détails à la merci de trois garçons, dont les services ne me sont pas du tout assurés, et auxquels il faut tout enseigner, les éléments de la cuisine, de l'ordre, de la propreté et le reste.

Je ne sentais pas ces épines-là autrefois, car lors même qu'elles existassent, elles avaient aussi des fleurs, comme l'églantier. Aujourd'hui les fleurs sont flétries, elles ont passé, et il ne reste plus que les épines auxquelles je m'accroche cent fois le jour, surtout quand je suis malade. C'est égal, je tiendrai bon aussi longtemps que je le pourrai ; mais jusqu'à quand ? Si seulement je pouvais achever la fondation de cette station, — et puis *voir la gloire de Dieu !* — dans ce malheureux pays où Satan règne et triomphe !

A vrai dire, je ne croyais pas qu'il me fût possible de m'intéresser sérieusement à quoi que ce soit sur cette terre, si ce n'est à la prédication de l'Évangile, et, à mon grand étonnement, je me trouve absorbé par des travaux qui me laissent peu de loisir, même quand je suis bien. Mon monticule a déjà subi une telle transformation que les frères méthodistes ne le reconnaissaient plus quand ils sont dernièrement venus me voir. Plus de bourbiers, plus de broussailles maintenant, tout le site même où s'élèveront les bâtiments est déblayé et sablé. Les travaux de terrassement sont loin d'être terminés ; mais nous les poursuivons avec vigueur. Tous les matins, au point du jour, des troupes de femmes, de filles et même de garçons se jettent à l'eau comme des canards, — car la plaine est maintenant submergée et notre Loatilé est devenu un îlot, — et viennent avec pioches et écuelles postuler du travail pour quelques lignes de verroterie. Nous en prenons de 60 à 80, quelquefois plus, et renvoyons les autres. Mais ils s'en vont grognant, mécontents, et reviendront le lendemain.

Nous profitons de cette affluence pour avoir un court service avec eux ; ils y viennent volontiers, car c'est un moment de répit ; mais l'eau du *dimanche* est trop profonde et trop froide pour venir au service ! M. Waddell met la dernière main à ma chambrette de chaume. Le soin qu'il met à ce travail, le digne ami, me peine et me paraît presque une profanation. Mais je passerai, et la maison restera pour quelqu'un d'autre. Dès qu'elle sera sèche, je m'y installerai. Ce sera la première demeure en Afrique que j'occuperai seul et sans *elle*. Ce ne sera pas pour longtemps, heureusement. Le dernier chapitre doit être le plus court.

Le roi, lui, est toujours une girouette qui tourne au moindre souffle de vent. Nos rapports sont redevenus à peu près ce qu'ils ont été aux plus beaux jours, sauf, je dois le dire, la confiance que j'avais en lui. Le caractère zambézien est comme les cataractes de *Mosi-oa-Thounya*, on n'en peut sonder ni même voir le fond. Léwanika me visite souvent et semble s'intéresser à tout ce qui se fait ici. Il sait être d'une grande amabilité, ce qui trompe les visiteurs qui ne le voient qu'en habits de cérémonie, et plein de sourires. J'ai eu une bataille de plusieurs années à livrer pour relever et sauvegarder le caractère du ministre de l'Évangile que Léwanika, lui, persiste à ravaler au niveau de celui des marchands que le flot de l'immigration a poussés comme de l'écume dans ce pays. Il nous croit *obligés* de lui fournir tout ce dont il a besoin ou envie, et cela aux prix exorbitants qu'il met lui-même sur ses objets d'échange. C'est ainsi qu'aux prix courants de Kimberley et de Maféking, abstraction faite d'avaries et frais de transport, il insiste pour que nous échangions nos propres approvisionnements et nos marchandises pour des canots qu'il évalue à 150 et 250 fr. en or, et des bœufs, à 300 et 375 fr., que nous en ayons besoin ou non. Malheur à qui de nous se laisse prendre ! Il a *mangé* Sa Majesté, il a abusé de son ignorance, et, à force d'insultes, le roi finit par lui forcer la main. Et malheur aussi à qui de nous n'achète pas ! Les injures pleuvent alors sur nous tous, — sur moi surtout qui suis le plus vieux et le plus près de lui. « A quoi êtes-vous donc bons? Quels bienfaits nous apportez-vous? Qu'ai-je à faire, s'écrie-t-il dans ses accès de colère, avec un Évangile qui ne me donne ni fusils, ni poudre, ni café, ni thé, ni sucre, ni artisans pour travailler pour moi, ni aucun de ces avantages que j'espérais? » Et la conséquence, après nous avoir dénigrés dans son petit cercle de courtisans, c'est le blocus qu'il établit immédiatement autour de nous. On menace d'étrangler ceux qui nous servent, et ceux qui s'aventurent à nous vendre un plat de millet ou une écuelle de farine.

Soir.

J'en étais là de ma lettre quand j'ai vu arriver un exprès de Séfoula. Il apportait de mauvaises nouvelles. Les vols qui se commettaient depuis quelque temps chez les Ad. Jalla se répètent si souvent et si effrontément, ils ont pris de telles proportions qu'ils ressemblent fort à un pillage bien concerté. Par ordre du roi, tout marché est interdit avec les missionnaires. « Tout le jour, dit M. Jalla, la station est parcourue par des gens qui ne se contentent pas d'empêcher tout marché, mais qui ont l'air de nourrir de mauvais desseins à notre égard. » Et cette pauvre Mme Adolphe ajoute naïvement : « J'ai beau dire que nous sommes entre les mains de Dieu, cela ne m'empêche pas d'avoir peur. » L'autre jour, de pauvres gens qui venaient de loin avec leurs petites denrées, et qui ignoraient encore les ordres iniques du roi, avaient à peine déposé leurs paniers devant la maison missionnaire, qu'une bande de gens fondit sur eux, leur arracha la farine pour laquelle nos amis bénissaient déjà Dieu, les maltraita et les chassa avec force injures et menaces. Chez nos frères méthodistes, tout à côté, les choses allaient plus mal encore. Leurs garçons de service, poussés d'une manière assez clairvoyante par les émissaires du roi, leur cherchèrent querelle à propos de rien et demandèrent leur paiement immédiat. M. Buckenham, qui n'entend pas badinage en pareille matière, refusa. Sur ce, grand tumulte parmi tous les jeunes gens qui se trouvaient là, si bien que l'un d'eux, armé d'une trique, se jeta sur M. Buckenham et lui en asséna un coup si fort à la tête que le sang jaillit à profusion, pendant qu'un second coup lui emportait la peau des mains. « Et quand j'ai quitté, ajoute l'exprès, la surexcitation était à son comble. »

Je croyais, moi, être en dehors de toutes ces questions d'achat. Je me flattais d'avoir gagné au moins *cette bataille-là,* puisque depuis longtemps je n'achète plus de bétail et n'ai aucune transaction avec le roi. Pas du tout, l'hostilité grandit; il faudrait être aveugle pour ne pas le voir. Les démonstrations d'amitié mêmes de Léwanika nous en avertissent. Dimanche dernier, malgré le beau temps, il ne vint pas au service. J'avais à peine sonné *ma* cloche qu'il sonnait la *sienne*. Il se rendait au *lékhothla* avec ses tambours et toute sa bande de musique. Donc personne n'eût osé venir au service que ceux qui se trouvaient déjà ici : les grands chefs, qui semblaient assis sur des épines. Le lendemain, je lui envoyai le brave Paul et son collègue Jacob pour lui demander pourquoi, s'il ne pouvait pas ou ne se sentait pas disposé à venir à la prédication, il avait fait une chose qu'il ne fait jamais, c'est-à-dire d'aller siéger au *lékhothla* avec ses tambours et empêcher ainsi les gens de venir. Car c'est une obligation pour tous les hommes d'accourir au *lékhothla* dès qu'ils entendent les tambours de Sa Majesté. Il répondit en termes peu mesurés qu'il l'avait fait exprès, puisque M. Buckenham venait de refuser d'acheter, à ses prix à lui, les bœufs qu'il avait envoyés chez lui. « A quoi bon des missionnaires qui ne veulent pas faire d'affaires avec moi et me fournir ce que les marchands me procurent, eux? Qu'ai-je à faire de gens pareils? Dites-leur que *je les affamerai,* lui, comme les autres ! » Et il avait déjà pris ses mesures et envoyé ses ordres.

J'étais consterné, car, m'étant tenu en dehors de ces transactions de M. Buckenham, j'en connaissais vaguement l'issue. Je ne répondis rien.

Aujourd'hui qu'il savait, lui, toutes les scènes dont je viens de parler, il m'envoya un de ses serviteurs confidentiels. « Depuis hier, dit-il, je t'ai envoyé mes paroles, j'attends ta réponse. Pourquoi n'as-tu pas répondu? Réponds-moi, que dis-tu ? » — « Tu lui diras que je n'ai rien à répondre ! » Puis, je me retirai pour me reposer. Je m'attends à ce qu'il vienne demain lui-même, ou après-demain. Et s'il ne réussit pas à m'entraîner dans une chicane — ce dont la grâce de Dieu me garde ! — il traitera l'affaire à la légère, à la manière des ba-Rotsi : « Oh ! je ne faisais que gronder ! Vous autres, vous vous offensez quand on vous mord. J'ai mordu, c'est fini ! » C'est ainsi qu'il parle après une de ses sorties.

Léwanika est un grand enfant, et un enfant gâté. Mais c'est un enfant malicieux, et il joue avec le feu. Il n'est pas seul à mordre, il déchaîne tous ses chiens et les lance contre nous. Une fois lâchés, il a beau vouloir les retenir, eux aussi mordent, et mordent sans pitié. Tout semble présager que nous aurons encore des temps durs. Que Dieu m'y prépare et renouvelle mes forces. Puissions-nous n'être pas au-dessous de la situation !

Léwanika m'a charitablement jugé, et il m'a fait beaucoup d'honneur en m'identifiant avec mes amis de Séfoula et nos frères méthodistes. Il me fait partager avec eux sa disgrâce et ses coups d'épingle. C'est donc qu'il nous croit bien unis. Et il a raison. Donc, nous sommes forts. Nous nous soutiendrons les uns les autres, nous nous encouragerons. Nous lutterons ensemble à genoux. Peut-être verra-t-il bientôt lui-même « que ceux qui sont pour nous sont plus forts que ceux qui sont contre nous ».

Ah ! quand je vois les ténèbres qui, depuis si longtemps, vont s'épaississant autour de nous, je ne puis m'empêcher de crier à la sentinelle qui veille, qui garde et qui ne sommeille point : O sentinelle ! quelle est donc l'heure de la nuit ?... Une voix répond dans l'obscurité : Le matin est venu !... O mon Dieu ! puisse-t-il être sans un retour de la nuit !...

Ma correspondance, que je ne considère que comme une photographie plus ou moins instantanée de ce qui se passe dans notre petit monde du Zambèze, est pour moi un sujet de grande sollicitude devant Dieu. Mais je me fais souvent le reproche de trop prendre le public dans mes confidences. Passe encore quand il ne s'agit que de nos encouragements et de nos joies. Mais ce ne sont que tristesses et déboires... et déboires sans exemple au Sud de l'Afrique. Et pourtant... c'est notre vie à nous ! Pourquoi nos amis refuseraient-ils de la partager parce qu'elle est dure ? N'est-ce pas plutôt le moment ou jamais de nous rallier, de serrer nos rangs et de vaincre ou mourir ?...

J'ai confiance dans cette *ligue de prières* dont les amis d'Europe nous entourent avec tant d'affection, bien plus que dans le peu que nous faisons ici ; et moi aussi, je me dis et je me répète que, *si nous croyons,* nous verrons la gloire de Dieu.

1ᵉʳ mars 1893.

Les nouvelles de Séfoula ne sont pas plus rassurantes. Léwanika a renouvelé ses ordres et ses menaces pour que, de tous côtés, on arrête les approvisionnements de Jalla et les miens — car ils font tous mes achats, puisqu'ici je ne puis rien avoir — et pour qu'on maltraite ceux qui oseraient enfreindre cette loi. Donc, c'est la famine qui nous montre les dents, et mes amis prennent déjà des mesures de précaution en renvoyant les bouches inutiles. Devrai-je renvoyer aussi mes ouvriers et arrêter mes travaux ? Ce n'est pas la première fois que Léwanika a essayé ce moyen barbare. Mais

Dieu ne permettra pas que ses serviteurs meurent de faim. Il y a toujours de l'eau au torrent de l'Éternel, et il ne manquera jamais de corbeaux pour nous y nourrir.

Les amis de Séfoula sont aux petits soins avec leur frère aîné. C'est de là que je reçois des provisions de beurre, caillé, œufs, etc. ; c'est là qu'on pétrit mon pain, qu'on fait ma lessive ; qu'on aplanit, autant que faire se peut, à cinq ou six lieues de distance, les rugosités de ma vie.

Les messagers aussi se croisent souvent entre Séfoula et Loatilé, et jamais sans apporter quelque aimable message, quelque aimable parole. Nous vivons presque d'une vie commune. Tous sont bons pour moi. Et j'en bénis le Seigneur...

L

Travaux accomplis. — Les dispositions de Léwanika à l'égard des missionnaires. — La prédication et les femmes. — L'école. — Construction de la chapelle. — La chaussée. — Le canal. — Congé prochain de M. Waddell. — Le temps est court.

Léalouyi, 13 octobre 1893.

Si c'est la souffrance qui a caractérisé les dernières années de mon ministère à Séfoula — une souffrance que Dieu a bénie et sanctifiée, — ce qui caractérise l'année qui s'écoule et va nous échapper, c'est le *travail*. Le travail que le Seigneur nous donne, c'est un privilège et une bénédiction. Plus le travail est dur, coûte à la chair et éprouve la foi, plus aussi est grand l'honneur que Dieu nous fait, et doux le privilège qu'il nous accorde. Nous pouvons être écrasés jusque dans la poussière par le sentiment de notre désespérante incapacité et de notre profonde indignité d'être employés à son service ; c'est alors que notre adorable Maître nous relève et nous dit : « Ma grâce te suffit. Ma force s'accomplit dans ta faiblesse ! » La force de Dieu travaillant dans la faiblesse de l'homme ! Sa gloire illuminant les angoisses et les humiliations de nos combats ! C'est là l'expérience commune à tous les serviteurs de Dieu, grands et petits, depuis Moïse jusqu'à Jérémie, de Jérémie jusqu'à saint Paul, et de saint Paul jusqu'à nous. C'est celle de tous mes chers collaborateurs, j'en suis sûr ; c'est la mienne.

La perspective de commencer une station nouvelle et de la commencer à Léalouyi s'imposait à moi comme un devoir clair et positif, mais elle ne laissait pas que de m'épouvanter.

Vous savez l'étrange notion qui chez Léwanika était devenue une idée fixe. On lui avait fait croire que nous n'étions que des mercenaires et que de plus, gens sans conscience, nous gardions pour nous-mêmes ce que de bonnes gens d'Europe lui envoient comme hommage. Il nous croyait donc obligés de lui fournir tout ce dont il imaginait avoir besoin, même de notre garde-robe et de nos provisions. N'obtenant pas assez ou n'obtenant rien, il déclara vouloir acheter. Vingt-cinq francs, c'était une forte somme pour un sac de café qui nous coûte *quinze fois plus cher !* Là-bas, à Mangouato, les honnêtes gens paient un bœuf 250 et 300 francs, donc c'est sa mesure à lui. Inutile de raisonner avec lui, de lui démontrer que le transport de nos approvisionnements est ruineux, que des bœufs non dressés et de race étiolée ne peuvent pas se comparer à ceux de Mangouato ; nous avions beau protester que nous n'étions pas des marchands, que les bœufs de nos wagons et nos vaches à lait nous suffisaient amplement, que personne au monde ne pouvait nous forcer — à ses prix — d'acheter ce dont nous n'avions pas besoin ; en vain l'assurions-nous souvent que nous n'avions pas ce qu'il exigeait ; rien n'y faisait. Les chefs et les gens même s'irritaient ou prétendaient s'irriter de notre insubordination ! Il n'est pas de menaces qu'il ne nous ait faites, pas d'injures qu'il ne nous ait prodiguées, pas de ruses qu'il n'ait employées ni de pièges qu'il ne nous ait tendus. Et de toutes ces avanies, comme l'aîné de tous et le plus près de lui, j'eus aussi la plus grande part. Mes bontés et mes égards même lui inspiraient de la défiance. Nous eûmes avec lui des entrevues bien orageuses. Celle du 10 mars, où comparaissaient aussi nos amis méthodistes Buckenham et Baldwin, fut la plus terrible ; ce fut aussi la dernière. Il finit par comprendre que chez nous ce n'était ni entêtement ni mauvais vouloir, mais affaire de principe. Bientôt après, il reconnut ses torts et céda. Depuis lors, nos rapports sont devenus de plus en plus agréables. Je le visite, cela va sans dire, mais il aime à venir de temps en temps passer une partie du jour chez moi, pour avoir « un tête-à-tête tranquille », ce qui n'est pas possible chez lui. N'étaient les amers désappointements que nous avons eus, la légèreté et la duplicité du Zambézien, n'étaient celles de Léwanika lui-même, je croirais parfois que cet homme n'est pas loin du royaume de Dieu. Il connaît la vérité, il aime les choses de Dieu, il se sent attiré par elles ; mais son cœur n'est pas encore touché, sa conscience n'est pas réveillée. Redoublons d'instances dans nos prières, et Dieu nous exaucera : *Léwanika deviendra chrétien.*

Cependant, je n'avais pas encore réussi à amener les femmes à la prédication de l'Évangile, et cela me désolait. Du moment que les princesses ne venaient pas, aucune autre n'eût osé le faire. Nous élargîmes notre tabernacle en vue d'elles, je me mis à les visiter, et pour qu'elles ne s'abritassent pas derrière le roi, je plaidai avec elles devant lui, tant et si bien qu'elles finirent par céder. Un jour je les vis venir, dans des toilettes impossibles ; mais à la vue du roi et de l'auditoire, leur courage faillit et elles se sauvèrent dans la cour de l'évangéliste. Un autre jour elles vinrent, mais se cachèrent derrière la cloison de roseaux de notre tabernacle. Une autre fois, l'évangéliste et M. Waddell parvinrent à les faire asseoir de profil à distance de l'assemblée. Le dimanche suivant, elles arrivèrent tard, comme toujours, pendant que nous chantions, et les esclaves déroulaient bruyamment et avec ostentation les nattes, tout là-bas. Je quittai ma place, — je descendis de chaire, si vous voulez — allai vers elles, pris les nattes et les étendis plus près de moi, à ma gauche. Les pauvres dames de se regarder avec stupéfaction, de me regarder ensuite d'un air suppliant pendant que le roi riait de bon cœur, et que la congrégation, pétrifiée d'étonnement, avait cessé de chanter et gardait un silence morne, les yeux fixes, bouches béantes. Je restai impassible et, sans dire mot, leur fis signe de s'asseoir. Elles s'assirent enfin, et le service continua. La victoire était remportée. Depuis lors, celles qui viennent s'assoient toujours *là*, et je n'ai pas d'auditeurs plus attentifs.

Il y a bien encore les nattes qui m'offusquent. Chacune de ces dames, chaque enfant de sang royal doit avoir sa natte avec une bonne marge tout autour. Mais patience, les jours des nattes aussi sont comptés ; elles disparaîtront à leur tour, et princes et princesses apprendront à s'asseoir comme tout le monde dans la maison de Dieu.

Outre les femmes, c'est la jeunesse que j'aurais voulu atteindre ; mais comment ? Profitant des bonnes dispositions du roi, je lui parlais un jour du désir que j'avais de commencer l'école. — « Eh bien, fit-il, fixe un jour ! — Demain. — Bon, demain donc. »

Le lendemain, un lundi, c'était un vilain jour d'hiver, je regardais tristement la nappe d'eau et le marais entre nous et le village, et je me demandais si je n'avais pas été un peu téméraire. Je sonnai la cloche quand même, et bientôt des bandes d'enfants, de grands garçons et des jeunes filles accouraient du village, et, les uns en canots, les autres brassant l'eau et pataugeant dans la boue, arrivaient tout haletants, et se plantaient devant nous. *Ké rôna!* nous voici ! s'écriaient-ils, comme si depuis longtemps ils avaient attendu le signal. Un homme plus posé nous les présentait au nom du roi. C'étaient surtout ses serviteurs, ses enfants avec leurs nombreux suivants. J'écrivis plus de soixante-dix noms, et peu de jours après, le nombre en avait dépassé cent soixante-dix ! Je m'attendais à une grande diminution quand aurait passé l'attrait de la nouveauté. Et diminution il y eut en effet. Mais jusque tout dernièrement, nous avons eu en moyenne cent dix à cent douze élèves. Par nécessité autant que par principe, j'ai laissé la responsabilité de cette école à notre bon Jacob et à

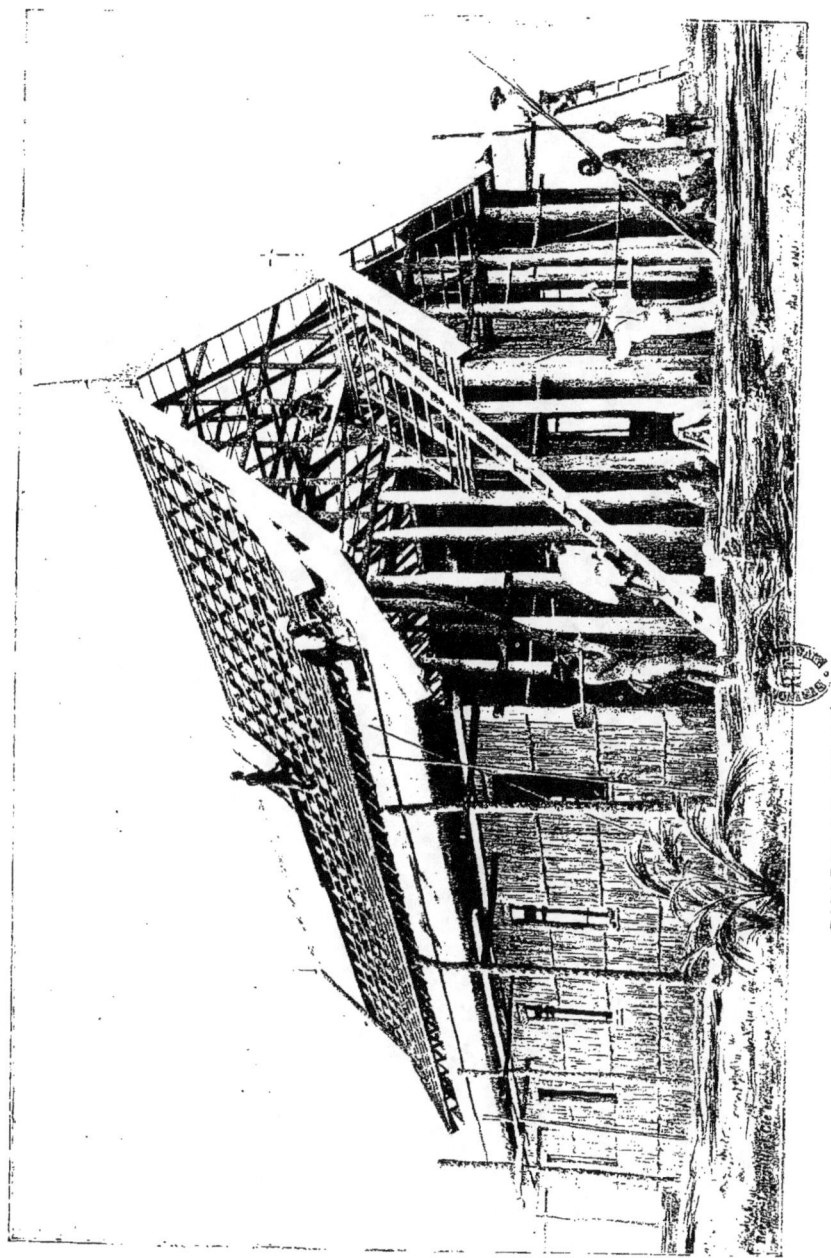

CHAPELLE DE LÉALOUYI EN CONSTRUCTION

M. Waddell et ses ouvriers.

son excellente femme, un beau don de Morija que nous apprécions plus que je ne saurais dire, et dont nous sommes reconnaissants. Mon cher frère Adolphe Jalla m'a cédé les services de l'évangéliste P. Kanédi, qui est venu développer des dons pédagogiques que je ne lui connaissais pas, et moi-même les aidant dans la mesure du possible, l'école s'est maintenue pleine d'intérêt et de vie malgré nos circonstances encore peu favorables.

Le fond de l'enseignement, c'est l'histoire biblique nécessairement, la lecture, l'écriture et un peu de calcul. Mais j'attache au chant une très grande importance. A mon point de vue, il ne le cède qu'à la Bible. L'expérience m'a montré plus d'une fois que les chants les plus simples, imprégnés de l'Évangile, sont comme certaines graines de ce pays auxquelles le bon Dieu a donné des ailes. Quand elles sont mûres, leur gousse éclate, les disperse, et elles s'en vont portées, poussées par la brise, nul ne sait où. Les unes, le grand nombre probablement, sont perdues ; mais qui sait ? une, une seule peut aller tomber en quelque lieu propice, ignoré, et là germer, pousser, devenir un grand arbre et porter des graines à son tour — des graines avec des ailes. Aussi, lors même que nos Zambéziens chantent comme des oies et n'y mettent pas trop de sérieux, nous chantons, et beaucoup.

J'ai aussi été conduit à m'occuper d'évangélisation à domicile, œuvre bien difficile, mais d'autant plus intéressante, et le bien qu'on peut ainsi faire m'a vivement impressionné. Malheureusement, mes efforts ont été limités par les travaux multiples dont j'ai la responsabilité et dont je dois dire quelques mots.

Les tentes, en saison de pluie, chaudes, humides, boueuses, renversées par le vent, ne sont pas précisément poétiques. Nous en étions si fatigués, que nous avons été bien reconnaissants de nous réfugier dans des huttes construites à la hâte. Pendant que j'en activais les travaux, Waddell me préparait un petit cottage d'une seule chambre. Il faut peu pour me loger maintenant. Mais le cher homme mettait à cette petite construction un soin qui m'allait au cœur. Cela fait, nos efforts se concentrèrent sur la construction de l'église, dont la charpente et une partie des matériaux avaient été préparées à Séfoula. Le bâtiment est de soixante pieds de long sur trente-trois de large (20×11 mètres), éclairé par treize fenêtres ; le toit en est supporté par huit forts piliers, et un porche avec deux portes complète cette construction. Les murs, d'énormes billes d'un bois dur qui résiste aux mandibules des termites, reposent sur des assises du même bois ; les interstices remplis de roseaux et le tout badigeonné et plâtré lui donnent une apparence de solidité. Nous avons pris toutes les précautions possibles pour en assurer la durée : toute cette superficie est encavée d'abord à la profondeur de deux ou trois pieds, et ensuite comblée de sable fin apporté de la plaine ; chaque pièce de bois qui recouvre la terre a été soigneusement goudronnée. Ce local, qui doit être garni de bancs, sera la merveille du pays, soit dit à l'honneur de notre ami Waddell, qui y a mis toute son énergie, ses forces et son cœur. Puisse-t-il être bientôt trop étroit ! et surtout puissions-nous avoir la joie de dire un jour de beaucoup de nos chers ba-Rotsi : « C'est là qu'ils sont nés ! »

Un autre travail, bien plus considérable que je ne l'avais d'abord supposé, c'est la chaussée qui, formant la moitié d'une ellipse allongée, doit nous mettre en communication à pied sec, au temps de l'inondation, avec la ville.

C'est étrange ! femmes et enfants peuvent, même en hiver, se jeter à l'eau et patauger dans la boue pour vendre un peu de farine ou gagner quelques perles ; les hommes n'hésitent pas à faire de même pour venir flâner, — ce que je n'encourage pas. Mais, le dimanche, il fait froid, ils ont peur de l'eau, ils n'ont pas de canots, et comment venir au prêche ? Et c'est précisément pour leur enlever tout prétexte que j'ai commencé ma chaussée. Nos ba-Rotsi, avec beaucoup de mauvaises qualités, en ont aussi de bonnes. Ils sont habiles de leurs mains et industrieux. Ils croient sérieusement que leur *nalikouanda* est un chef-d'œuvre. Quand ils nous ont vus bâtir à Séfoula avec des matériaux du pays, ils se sont dit qu'ils pouvaient en faire autant. Et, en effet, Léwanika a maintenant une maison plus grande et plus belle que celle de Séfoula. La reine s'est piquée d'amour-propre, et sa maison est à son tour plus grande et plus belle que celle du roi son frère. Et puis, c'est Litia, c'est Katoka qui ont chacun la leur et Mpololoa qui aura la sienne.

C'est naturellement à moi qu'on regardait pour les ferrures et les clous. La reine Mokouaé, un jour, ne m'envoyait-elle pas, par ses plus hauts dignitaires, une pièce d'or ! Comment cette pièce avait trouvé son chemin jusque-là, je n'en sais rien. Mais elle pensait que la vue en produirait sur moi un effet magique. Elle voulait, en échange, tous les clous nécessaires à sa construction, les serrures, portes, fenêtres, voire les meubles par-dessus le marché ! Le roi se montra plus raisonnable. Il savait que je n'avais plus de clous. Il se contenta d'un échantillon, comme modèle, et depuis lors ses forgerons lui en ont fabriqué de toutes grandeurs. De même pour les bêches.

Il en fut du canal comme de la maison. Quand ils m'ont vu faire le mien et réussir avec une poignée d'ouvriers, ils se sont dit : Nous pouvons faire mieux, nous ! Et mieux ils ont fait. Grâce aux milliers de bras dont ils disposent, non seulement le canal met aujourd'hui la capitale en communication avec le fleuve, mais il est allé, drainant des marécages devenus des champs fertiles, chercher au loin, parmi les collines et les bois, des lacs et une petite rivière qui en fera un cours d'eau permanent. Déjà aujourd'hui, il coule au plus fort de la sécheresse, et les canots le montent et le descendent avec orgueil.

Eh bien, de même aussi pour ma chaussée. Ému de jalousie, Léwanika a voulu partager avec moi le travail. Il amènera sa part, du *lékhothla* jusqu'au canal, où je conduis la mienne depuis la station et où nous construirons une passerelle. Il faut voir avec quel entrain les cent à cent cinquante jeunes gens partagés en escouades travaillent toutes les après-midi, creusant, portant des mottes à la main, construisant à la cadence de leurs chants sauvages. Je fais piteuse mine, moi, avec ma poignée de jeunes gens à gages, un ou deux pics et six ou huit bêches ébréchées et cassées. Que ne donnerais-je pas pour avoir des bêches ? Il m'en viendra..., mais quand je n'en aurai plus besoin. C'est égal, le travail avance petit à petit, et je me berce de l'espoir qu'il sera fini avant l'inondation.

Nul qui ne l'a pas vu ne peut se faire d'idée du travail accompli, et jamais nous n'aurions pu l'entreprendre sans la scierie de nos amis d'Écosse.

Outre le travail préparatoire qui s'est fait à Séfoula, à la forêt et à la scierie pendant toute une année, sans compter tout le chaume, le roseau que j'ai pu acheter rendus sur la station, sans compter non plus les centaines de femmes et d'enfants qui, pendant des mois entiers, ont bien fait leur part du travail, nous avons employé à cette date plus de deux cent cinquante ouvriers hommes, un mois chacun, revenant en moyenne à 12 fr. 50 c. ou 15 fr. par mois, nourriture et gages compris.

La somme de 7,500 fr., qu'une amie avait consacrée spécialement à la construction d'une maison d'habitation, avait déjà en partie été employée à l'achat de matériaux et de fournitures, clous, vis, peintures, vitres, etc. Le reste couvrira les frais de l'église et de toute la station. C'est pour moi une grande satisfaction.

M. Waddell va donc partir pour l'Écosse. Ce congé, il l'a bien gagné. Tout dévoué qu'il nous a été personnellement, à ma chère femme et à moi, c'est la mission qu'il a servie, c'est pour elle qu'il a usé ses forces.

Les aides-missionnaires de cette trempe-là, nous les avons eus, les Gosselin et les Maeder; mais ils sont rares. C'est que, pour occuper joyeusement cette humble place dans le champ missionnaire et y glorifier Dieu, il faut une mesure plus qu'ordinaire de grâce. C'est le commentaire vivant de cette belle parole : « N'aspirez pas aux choses élevées ! »

Voilà la situation actuelle. Il n'y a rien de saillant, rien de brillant, rien que vous ne sachiez peut-être déjà ; hélas ! pas de conversions, pas encore de retour des égarés qui font ma douleur. Cependant le ciel s'est éclairci, les nuages se sont dissipés, pour un temps du moins. Bénissons et espérons !

Un mot encore. Vous savez ma maladie et tous les soins affectueux dont mes amis de Séfoula m'ont entouré. Je dirai avec Daniel : « Je fus plusieurs jours malade et languissant, puis je me levai et je m'occupai des affaires du Roi. » Dieu ne m'a pas dit comme à Ézéchias combien de jours il ajoutait à mes ans, et les pressentiments ne sont pas toujours une inspiration divine. Cependant je suis profondément saisi de la pensée que le *temps est court*. Je souffre du peu que j'ai fait, du peu que nous avons fait et de tout ce qu'il reste à faire. Quand je parcours le champ missionnaire et que de tous côté j'entends les chants joyeux des moissonneurs, je me demande avec tristesse pourquoi nous, au Zambèze, après neuf ans de labeurs, nous en sommes encore à défricher péniblement et à porter avec larmes notre semence en terre ! Je ne parle ni du Japon, ni de la Corée, ni des îles de la mer du Sud, ni des Télégous où les chrétiens sont baptisés par milliers. Je passe d'autres coins du champ non moins intéressants, mais c'est au Congo que je m'arrête, au Congo, dans notre voisinage, où le climat a fait tant de victimes, où l'Évangile a sauvé tant d'âmes ! Voilà des missionnaires qui ne sont chez les ba-Lolo que depuis quatre ans, et voici déjà des ba-Lolo chrétiens ! Expliquez-moi ce phénomène ? Les faits sont là. Ne prêchons-nous pas le même Évangile ? N'avons-nous pas affaire avec la même race ?...

Et puis je souffre à la pensée de notre petit nombre. « *Qu'est-ce que cela pour tant de gens?* » Nous sommes cloués sur nos stations respectives; impossible de bouger. Et pourtant, notre cœur ne brûle-t-il pas du désir de parcourir le pays de long en large, et de publier partout la bonne nouvelle du salut ?...

LI

La poste. — Travaux matériels. — Les ponts et chaussées au Zambèze. — L'inondation. — L'eau potable. — Bruits de guerre. — Les ba-Rotsi en campagne. — L'œuvre spirituelle. — Le temps des semailles. — Légèreté et superstition. Léwanika et le sentiment du péché. L'évangélisation de maison en maison. — Mokouaé. — Un missionnaire pour Nalolo ! — Dédicace de la chapelle de Léalouyi. — Fête des écoles. — Les méthodistes. — Les ma-Tébélé. — Tournées d'évangélisation.

Avril 1894.

C'était samedi, neuf heures du soir. Nous venions de quitter notre petite réunion de prières, quand on m'annonça un messager de Séfoula. « Ah ! bon, la poste enfin ! » Eh ! oui, c'est bien la poste, cette poste si anxieusement attendue depuis des semaines. J'ouvre le paquet, qui n'est pas gros... *Rien* d'Europe ! Désappointement. Je déchire les enveloppes de Kazoungoula, de Séchéké et de Séfoula... Je perds l'haleine ! Ai-je bien lu ? Oui. « Tout notre courrier de mars englouti dans les rapides de Mambova, et à jamais perdu !... » La correspondance des Ad. Jalla, de Mlle Kiener et la mienne ; mes lettres d'affaires et chèques, un billet de banque, ma longue lettre à vous, « mes amis » — le tout perdu, et perdu sans espoir ! J'en suis consterné.

Pourquoi Dieu permet-il ces malheurs pour une correspondance qui, de part et d'autre, est l'objet de tant de sollicitudes et de prières ?

Ce qui complique extrêmement la vie missionnaire au Zambèze, plus que partout ailleurs, ce sont les travaux manuels. Nos rapports et nos lettres en font foi. Non seulement nous n'avons pas, à l'exception de Waddell, le secours d'artisans, mais il ne nous est pas possible d'obtenir comme ailleurs le secours d'hommes du métier et même de vagabonds européens. Il n'y en a point dans la contrée.

Aussi me suis-je souvent étonné que nos demandes et les appels de notre comité n'aient pas encore provoqué une seule vocation sérieuse pour le Zambèze, dans les Églises de langue française, parmi les artisans jeunes et vieux.

Je gémis pour ma part de voir mes collègues, encore dans la force de l'âge, faute de secours, user les meilleures années de leur vie à de rudes travaux qu'ils n'ont jamais faits, dans un climat débilitant et meurtrier, et au détriment de l'évangélisation.

On a beau viser à la simplicité et se contenter de peu : dans un terrain comme celui-ci, où tout est à créer, ces travaux s'imposent et forment un des facteurs importants de l'éducation civilisatrice du peuple qui nous est confié. Sans M. Waddell, je n'aurais pas pu songer à entreprendre la fondation d'une nouvelle station. Nous comptons ici par saisons et par années, comme vous le faites en Europe par semaines et par mois. Tous les travaux manuels doivent être exécutés (j'entends ceux du dehors) dans un temps donné, c'est-à-dire pendant la saison sèche. La saison des pluies, suivie de l'inondation, les rend, pour plusieurs mois, à peu près impossibles. Il faut donc s'ingénier pour étirer en quelque sorte à l'extrême les mois, les semaines et les jours même de la bonne saison, pour les faire cadrer avec les travaux de rigueur.

J'avais à cœur de construire le presbytère de Léalouyi, pas pour moi sans doute, mais nécessaire quand même. Je fis accidentellement, un jour, la triste découverte que presque toute la provision d'herbe de toiture que j'avais faite à Séfoula était pourrie. C'était un peu tard, la plaine était alors en feu, et dans nos jungles rien n'arrête ces épouvantables conflagrations, rien n'y échappe. Léwanika, pour m'aider, s'empresse de faire savoir que le *morouti* a besoin d'herbe. On m'en apporte bientôt de-ci, de-là ; mais des gens nés marchands et chicaneurs ne manquent pas l'occasion de prendre avantage de ma détresse. Cela se fait ailleurs, si je me souviens bien. Une gerbe, disons une bonne poignée, un *setsiba,* deux mètres et demi d'étoffe ! C'est à prendre ou à laisser. Pas d'hésitations, je la laisse. Il faut donner à nos ba-Rotsi des leçons de morale. Aussi bien, j'enfourche Grisette et me rends à Séfoula. Je publie mes prix, qui sont de circonstance. C'est une émulation générale, et chacun de se mettre à l'œuvre à qui mieux mieux.

Sur la lisière des bois, aux bords des fossés, çà et là on la recueille poignée à poignée, brin à brin, la précieuse herbe qui, comme par miracle, a échappé aux flammes. En trois semaines la provision est faite. Je ne pus, bien entendu, rester tout ce temps-là loin de Léalouyi. C'est Mme Ad. Jalla qui s'est, de bonne grâce, chargée des tracasseries et des ennuis de ce marché. Et ce service, agréable seulement quand il est fait pour les autres, n'est pas le seul, certes, pour lequel je lui sois obligé. Nous avions la famine, non pas la famine de Kazoungoula qui a fait des victimes, mais une rareté de vivres telle que les amis de Séfoula se sont vus obligés de diminuer le personnel de leur établissement. Je ne pouvais guère le faire, moi, à moins d'arrêter complètement les travaux. Mes provisions de l'année précédente épuisées, Mme Ad. Jalla fut encore ma providence. Que de fois je me demandais ce que je donnerais le soir à ma troupe d'ouvriers, quand arrivait à temps de Séfoula un peu de farine de manioc ! Et ces amis m'envoyaient tout, ils ne gardaient rien pour eux de réserve. Ils vivaient au jour le jour ; après le repas du matin, ils s'attendaient à Dieu pour le repas du soir. Eh ! bien, soit dit à la gloire de notre bon Père céleste, ni eux ni moi, — pour nos gens, cela va sans dire, — nous n'avons jamais manqué d'un seul repas. Il nous a régulièrement, au milieu de la disette générale, donné notre pain quotidien, et par-dessus tout, de précieuses leçons de confiance et de foi.

Vous souvient-il de cette chaussée projetée qui devait unir la station au village ? Nous nous étions partagé le travail avec le roi. Lui, en vrai Africain, jamais pressé, prenait la chose calmement : « Si ce n'est pas fini cette année, ce sera pour l'année prochaine. » Ce n'est pas mon principe. J'étais déterminé à en finir cette année. Mais avec mes sept ou huit bêches ébréchées, cassées, rafistolées, ça n'avançait pas vite. Heureusement que ma petite bande d'ouvriers y suppléait par une dose assez rare de bonne volonté, si bien qu'avant les grandes pluies nous pûmes mener ce travail à bonne fin.

Le roi alors, lui aussi, prit la chose au sérieux. Sous la conduite d'un de ses principaux serviteurs, Mokanoa, intelligent et actif, il mit tous ses jeunes gens à la tâche. Vous les auriez vus, dès l'aube, au son de la clochette de Mokanoa, accourir et, sans autres outils que quelques pelles de bois grossièrement faites pour couper les mottes et leurs bras pour les porter, aller et venir par escouades, en chantant. Une vraie fourmilière. Remarquez-vous cette commotion soudaine qui interrompt le travail ? Entendez-vous ces applaudissements assourdissants, ces voix confuses, ce tapage ? — Ces jeunes gens se donnent le plaisir d'étrangler sur place l'un des leurs arrivé trop tard. C'est une distraction de tous les jours. L'étranglé d'aujourd'hui est sur le qui-vive pour tomber demain et se venger sur quelqu'un de ses amis attardé. C'est ainsi que la chaussée, du côté du village aussi, s'élève et s'avance. Ils ont la prétention de faire mieux que nous, ce que je ne leur conteste pas du tout.

La chaussée finie de chaque côté du canal, il faut un pont. Un pont ? soyons plus modeste, — *une passerelle*. Waddell, avec ses aides, y a travaillé quinze jours. A la voir, vous ne le croiriez pas ; ça paraît si simple. Quatre énormes piliers d'un bois très dur et qui ne pourrit pas, assure-t-on, fermement plantés aux deux rives du canal (il y a là cinq mètres de large), joints par un bon travail de charpente et de forts boulons, portent comme un belvédère, à trois mètres au-dessus de la plaine, un plancher de quatre pieds de large avec rampes et parapets, simplifiés au possible, et quatre marches de chaque côté : voilà notre pont. Il fallait voir avec quel intérêt grands et petits, chefs et esclaves, s'attroupaient chaque jour pour en suivre les détails et en constater les progrès. Car les ba-Rotsi, eux aussi, construisent des ponts — que ne font-ils pas ? J'en ai vu des restes au Motondo : quelques pieux fourchus, fichés en terre à travers le marais ou la rivière, des perches jetées dessus sans un clou, sans un lien même ; voilà un pont sé-rotsi. Et, sur le singulier édifice, qui chancelle au moindre attouchement, toute une troupe, toute une armée même, à la file indienne, grimpe, rampe, se glisse, se cramponne à la façon des singes et... passe. Je ne réponds pas des accidents, par exemple. Ils admettent pourtant que le nôtre vaut mieux. Il est monumental. Sans vanterie, nous sommes un peu de leur avis, et trouvons qu'il fait bien dans le paysage.

Mais les sages ! Ils ne sauraient nous décerner leurs éloges sans restrictions. Ils jurent que les ba-Rotsi ne s'aventureront pas à y passer. Rien que d'y penser, ils en ont mal à la plante des pieds, et la tête leur tourne déjà ! — Il s'en trouva pourtant d'assez courageux pour tenter l'essai. L'un saisit gravement la rampe à deux mains et monte, marche après marche, avec précaution, pendant qu'un autre, pour plus de sûreté, le fait, comme on dit, « à quatre pattes ». Mais une fois là-haut, le merveilleux, c'est que pendant que l'œil se perd dans l'immensité que rien ne borne, les canots passent et repassent sous les pieds sans encombre. Leur ravissement en tente d'autres. Mais les grands personnages, eux, affectent de préférer passer en bateau plutôt que de compromettre leur dignité, — quittes toutefois à essayer un jour à la dérobée. Les gamins sont partout les mêmes. Ils rient de toutes ces pusillanimités. Ils y grimpaient malgré nous avant qu'il fût fini, et bientôt, je le crains, c'est de là qu'ils feront leurs plongeons. Mais l'éducation du public fut bientôt faite et le pont fut en vogue, si bien que le roi s'en effraya, et, si je n'étais intervenu à temps, il l'interdisait déjà aux esclaves.

L'animation qui y régnait du matin au soir faisait un agréable contraste avec la vaste plaine, nue, silencieuse et morte. C'était un reflet, bien pâle sans doute, un reflet bienfaisant pourtant du flot de la vie européenne. Que de fois je me suis tenu devant ma porte, suivant du regard les petites bandes de gens qui cheminaient le long des chemins, escaladaient la passerelle pour venir entendre l'Évangile, et les troupes joyeuses et bruyantes de notre jeunesse qui sautaient, gambadaient et faisaient la course en venant à l'école ! Sans la chaussée et sans la passerelle, maintenant que la plaine est submergée, combien en aurions-nous eu ?...

J'avais d'autres préoccupations. Aiguillonné par l'inondation qui gagnait du terrain tous les jours et montait, montait à vue d'œil, je faisais les travaux préparatoires de la construction de la maison d'habitation, tout en poussant activement ceux de l'église, où Waddell aussi, pour ce qui le concernait, mettait toute son énergie et tout son cœur. Il s'agissait d'excaver l'emplacement jusqu'à un mètre de profondeur, pour le combler ensuite de sable fin ; précaution nécessaire, m'imaginais-je, pour entraver en quelque mesure, mais non pour arrêter les dégâts des termites. — Car qu'est-ce qui peut arrêter vraiment ces redoutables rongeurs qui attaquent tout, ne respectent rien ? En une nuit, ils grignotent une paire de souliers. Vos vêtements, si vous n'y prenez pas garde, les portraits et les textes suspendus aux murs, les livres précieux sur les rayons de la modeste bibliothèque, subiront le même sort. Les caisses de provisions ! soyez tant soit peu négligent, et quand vous irez les ouvrir, vous risquez fort de n'y plus trouver qu'un monceau de terre humide, toute une colonie de termites, et dans les mains il ne vous restera plus que des pellicules de bois, légères comme des plumes, minces comme du papier, au lieu des fortes planches qui formaient les caisses. Les voleurs d'ici n'y pouvaient rien ; mais ces formidables insectes, si chétifs d'apparence et qui travaillent toujours à couvert, vous ont joué le tour et s'en sont emparés. Il n'est pas de précautions que nous n'essayions de prendre pour protéger quelque peu nos constructions temporaires contre ces destructeurs invincibles. Nous carbonisons les pieux, nous nous servons de goudron quand nous en avons, et sur une termitière comme celle-ci qui est toute leur œuvre, nous élevons nos bâtisses sur une forte assise de sable de plusieurs pieds de profondeur, que les termites ont plus de peine à travailler que la terre. C'est un grand travail ; nous l'avons fait pour l'église ; nous n'avons pas d'autres moyens moins dispendieux et plus efficaces à notre portée.

Ce travail est celui des femmes, que nous payons à la journée avec de la verroterie blanche, la monnaie courante du pays. Avec un collier, deux au plus, de ces perles, on se procure tout : une pioche, une fourrure, un poisson ; on paie le médecin et le diseur de bonne aventure, et on se rend les dieux propices. Aussi longtemps que j'étais pourvu, j'eus foule. Mais ma provision s'épuisa. J'en offris des bleues que je croyais jolies, moi qui déteste ce genre de choses. Mes dames ba-Rotsi, elles, retroussèrent le nez et s'en moquèrent. Outre leur couleur qui n'est pas de mode, elles sont maudites et ne sont connues que sous le nom néfaste de *sa kou fa moréna*, la mort du roi. On prétend que le grand Sépopa en avait un collier quand ses sujets se révoltèrent, l'attaquèrent, et que, dans sa fuite, il alla mourir de ses blessures sur la rive du fleuve. Raisonnez avec cette gent-là ! On ne voudrait pas de mes *sa kou fa moréna*, même si j'en faisais cadeau. Et, en attendant, les pluies tombent, l'inondation est là montant toujours. Concevez-vous mon embarras ? Une caravane de ma-Mbari du Bihé arriva à point. A grand'peine, et comme grande faveur, je pus obtenir d'eux deux kilogrammes de cette précieuse verroterie pour la somme de 25 fr. ! Dès qu'elles en eurent vent, les femmes accoururent. Je fus coulant avec elles. Je leur montrai ma petite provision qui ne remplissait pas une assiette, je leur déclarai que c'était tout et que, par conséquent, je serais obligé de leur donner moitié blanches, moitié bleues. Chose extraordinaire ! elles crurent à ma bonne foi et se mirent au travail avec entrain. Les blanches finies, je leur offris un peu timidement mes bleues : « Les bleues aussi sont des perles », me répondirent-elles, à mon grand étonnement. Et le travail continua. Aux yeux de Dieu rien n'est petit qui concerne ses enfants.

Malheureusement, nous étions en pleine saison de pluies ; l'inondation rétrécissait tous les jours plus son cercle autour de ma termitière, et l'emplacement de la maison, maintenant excavé, était un étang. Léwanika s'en émut et, de son propre mouvement, il renonça à un travail analogue qu'il avait entrepris pour lui-même, afin de laisser femmes et filles venir toutes travailler chez moi. Tous les jours j'en avais une centaine en moyenne ; je les divisais par bandes à la tête desquelles je mettais mes ouvriers. Toutes ces bandes allaient, venaient, se croisant, battant avec des roseaux sur leurs écuelles de bois la cadence de leurs chants. Mais l'eau montait toujours et montait rapidement. Elle envahissait tout ; elle jaillissait à chaque coup de pioche, et c'est poignée par poignée que nous lui disputions le sable et la terre. Enfin, un beau matin, elle avait tout envahi, tout couvert, et notre termitière n'était plus qu'un petit îlot. Force me fut de congédier ma foule d'ouvrières.

Elles le regrettèrent, et moi aussi. Mais non seulement j'avais complété les assises de ma maison, mais j'avais même fait ample provision de terre pour la crépir et la plâtrer. Sur une photographie que j'ai prise, on en distingue les tas qui ne permettent de voir que les toits de mes huttes.

Encore un détail, si vous le permettez, sur nos occupations et nos préoccupations. Une de nos grandes difficultés ici, à Léalouyi, et des plus graves au point de vue de la santé, c'est le manque absolu d'eau potable. Quand la plaine se dessèche, les dépressions du terrain et les trous forment des mares et des étangs qui résistent plus ou moins longtemps à l'action de notre soleil de feu. Les eaux épaisses, boueuses, verdâtres et infectes, sont vivantes de grenouilles qui coassent, toute la nuit, et, à une certaine étape de leur existence, font invasion dans nos maisons, partout, et deviennent une vraie plaie d'Égypte. Il y pullule aussi une infinité d'animalcules qui ne s'observent que trop bien à l'œil nu sans le secours du microscope. Tel est aussi le canal du roi qui ne coule plus. C'est là que femmes, hommes et enfants, tous indistinctement et sans pudeur aucune, vont se baigner. Je les ai maintes et maintes fois vus de mes yeux y laver leurs varioleux. C'est là aussi, le croirait-on, que les esclaves puisent leur eau et celle de leurs maîtres! Vous en êtes horrifié; vous voulez, à force d'arguments, leur faire toucher du doigt une des causes des maladies horribles qui affligent ces populations et qui sont inconnues au Sud? Ils vous écoutent d'un air hébété et moqueur et, leur cruche sur la tête et le corps tout ruisselant de leurs ablutions, ils courent conter l'histoire au village et rire de votre simplicité.

Nous sommes un peu plus difficiles, nous. C'est à un étang d'eau vive que se puise l'eau du roi et la nôtre. Mais il est loin d'ici, cet étang. Il faut deux heures à un bon marcheur comme le sont les Zambéziens pour en apporter une charge de deux seaux, et encore arrivent-ils à moitié vides. Et qui nous garantit que les garçons de passage chez nous et sans conscience se donnent la peine d'aller si loin et ne puisent pas au premier trou venu? Hélas! l'odeur nauséabonde du café, les douleurs d'estomac et les coliques ne laissent souvent aucun doute à cet égard. Vous avez beau réprimander : le garçon d'aujourd'hui s'en moque, il finit son temps et vous quitte; celui de demain fera la même chose, et c'est toujours à recommencer, si bien que pour l'amour de la paix vous finissez par vous taire. Mon établissement est, de nécessité, réduit aux proportions les plus modestes, et l'inconvénient que je signale n'a qu'une importance relative. Mais qu'une famille vienne s'établir ici, qui peut dire les difficultés énormes que lui créeront les besoins incessants du ménage le mieux organisé ?

Ces considérations étaient plus que suffisantes pour me déterminer à me procurer un de ces *tubes Wells* si connus en Angleterre et dans les colonies depuis qu'ils ont rendu de si grands services dans l'expédition d'Abyssinie. Un don de généreux amis m'en a rendu l'achat possible. Comme la scierie et la machine à briques, il est arrivé ici — chose bien surprenante, je vous assure, — au complet, sans la perte même d'un écrou. En le voyant, l'ami Waddell ne se possédait pas de joie. « Deux heures, disait-il, et je l'aurai monté ! » Je lui donnai deux jours. Et, de fait, nous y avons travaillé l'un et l'autre sans répit du matin jusqu'au soir pendant deux semaines ! C'était un tuyau qui se fendait, un autre qui se brisait sous les coups redoublés du marteau ; il fallait donc scier, et à plusieurs reprises refaire le pas de vis. Et puis, en définitive, après toutes les alternatives de crainte, d'espoir et de grandes fatigues, nous n'avons pas réussi ! — Je ne suis ni géologue pratique, ni mécanicien, et, dans mon ignorance, j'avais sottement compté que je trouverais abondance d'eau pure à quinze ou vingt pieds de profondeur. L'observation la plus superficielle aurait dû me faire prévoir un résultat différent. Car c'est précisément à ces profondeurs que se trouve une couche d'argile imperméable, et, à moins de la traverser, impossible d'y trouver de l'eau. On devine avec quels battements de cœur je sondais mes tuyaux à mesure qu'ils s'enfonçaient, et finis par visser le dernier qui s'enfonça lui aussi. Je sonde encore : cinq pieds de sable ! La peine que nous avons eue à pomper ce sable ! A force de persévérance, nous en vîmes à bout, et notre joie se comprend quand je constatai quinze pieds d'eau dans le tube. Elle fut de courte durée, toutefois, car cette eau — et ce n'était qu'un demi-seau — une fois pompée, le puits était à sec jusqu'au lendemain. Impossible d'aller plus profondément, je n'avais plus de tuyaux. L'inondation n'y a apporté aucun changement, l'eau n'est pas montée d'un pouce. Si nous pouvions creuser un puits, un vrai puits, comme M. Paton, à Tana, dans les îles de la mer du Sud ! *Si !...* mais avec des *si* que ne ferait-on pas ? Quand même, je n'admets pas que mon puits soit un fiasco complet. Avec des tubes additionnels, j'espère encore qu'un jour l'eau pure et fraîche jaillira en abondance suffisante pour les serviteurs de Dieu qui occuperont ce poste, si peu enviable au point de vue matériel.

Du mois de juillet jusqu'à la fin de décembre, nous avons vécu dans des alertes continuelles. Des rumeurs vagues d'abord, et toujours contradictoires, nous arrivaient d'en bas. Il s'en détachait le fait indubitable d'une invasion des ma-Tébélé dans le pays des ba-Toka. Des témoins oculaires racontaient — et ce n'était que trop vrai — qu'ils avaient saccagé les champs, incendié les villages, mutilé et massacré les hommes, empalé les femmes enceintes, rôti vifs de pauvres petits enfants pendus par les pieds, assouvi en un mot leur soif de carnage et commis des atrocités sans nom que la plume se refuse à décrire. On ajoutait que, saisis de terreur, tous les gens d'en bas, les chefs les premiers, s'étaient enfuis dans les bois et sur les îles du fleuve, les forteresses de ce pays; que les ma-Tébélé avaient saccagé Kazoungoula et Séchéké et s'avançaient vers la capitale à marches forcées. Qu'étaient devenus les nôtres au milieu de cette bagarre? Personne n'en disait mot. Je réussis à grand'peine à obtenir un messager du roi; mais il arrivait à peine à Séchéké qu'il jetait nos lettres, et je ne l'ai plus revu depuis.

C'était un samedi soir, à 10 heures, le roi venait de me quitter, quand il reçut ces nouvelles qu'il s'empressa de me communiquer. Les tambours de guerre commencèrent à battre et, comme c'est la coutume, les hommes se mirent à pousser des cris, des hurlements affreux. Quelle nuit! Le lendemain, tous ceux qui le pouvaient prirent la fuite. Les chefs tinrent conseil et décidèrent d'aller à la rencontre de l'ennemi. Toute la semaine, on assiégeait le roi pour de la poudre, et certes il n'en avait pas une provision inépuisable! On fourbissait les javelines, on faisait des boucliers, on forgeait des balles de fer; tandis que les hommes, accourant de tous côtés, chantaient leur valeur sur la place publique et simulaient des combats. Au dernier moment, les chefs — ô les braves! — voulurent se raviser et trouvèrent qu'il serait plus sage de se retirer sur les îlots. « Et alors! qu'ils viennent, ces ma-Tébélé, ils verront ce que sont les ba-Rotsi!... » Le conseil fut orageux. Le roi, irrité, déclarait qu'il se mettrait lui-même en campagne. Les chefs cédèrent, et allèrent camper à Mongou, à 8 ou 10 kilomètres d'ici. Mais, au bout de quelques jours, ne pouvant réunir un nombre suffisant de guerriers, ils rentrèrent à leurs foyers. Léwanika, vexé, rassembla à force de menaces un assez grand nombre d'hommes et, sans écouter les protestations de ses conseillers, il se mit à son tour en campagne.

Son but était de défendre les gués du Ndjoko, du Loumbé et du Rouyi par des travaux stratégiques, des redoutes avec meurtrières, dont à son retour il me fit une miniature sur le bord du canal. Où avait-il pris cette idée? Je n'en sais rien. Pour la mettre à exécution, il divisa son armée en trois corps. Les travaux finis, le manque de vivres et l'absence de rumeurs nouvelles le firent rentrer chez lui. Ce ne fut pas pour longtemps que nous jouîmes de ce calme relatif. Khama manda à Léwanika que la guerre était imminente entre les blancs et les ma-Tébélé, et lui conseillait de garder les gués du Zambèze. Il ne pouvait pas y avoir de doute quant à l'issue de cette guerre, et on savait que le plan de Lobengoula était d'envahir le pays des ba-Rotsi. Donc le danger était grand et tout le monde le savait. Les tambours de guerre recommencèrent leurs hurlements, et, de nouveau, la panique saisissait tout le monde. Les hommes firent un simulacre de pitso où chacun se vanta à qui mieux mieux, on brûla inutilement beaucoup de poudre, on s'enivra de tapage et, chamarrés de plumes et de peaux de fauves, ces hommes s'imaginaient vraiment être parvenus à ressembler à des bêtes féroces et à posséder leur courage. L'excitation épuisée, on se mit une fois encore en campagne. Léwanika restait, mais comme son fils Litia partait avec tous les grands chefs, on pouvait croire que c'était du sérieux cette fois. Du reste, tous les dieux du pays avaient été consultés ; tous avaient donné leur assentiment, et les javelines qu'on avait déposées sur leur tombeaux étaient portées solennellement en tête de l'armée comme symboles de leurs faveurs. Je refusai d'assister à leur dernier rassemblement ; mais les chefs vinrent tous en partant me saluer. Je leur recommandai surtout de s'abstenir de pillage, car en l'absence de commissariat, c'est de brigandage qu'une armée pareille subsiste. La coutume veut qu'une expédition une fois en route n'envoie de messages directs au roi que quand elle est arrivée à destination et a rempli sa mission. Il ne sait donc de ses mouvements que ce que la rumeur et les passants lui en apportent. Nous la croyions au pays des ba-Toka bien loin, quand un messager vint mystérieusement annoncer son retour.

En effet, dès le lendemain, nous vîmes la longue file indienne se dérouler et serpenter silencieusement dans la plaine, puis rentrer à la capitale. Qu'était-il donc arrivé ? Vous vous perdriez en conjectures. Voici : on avait vu toutes sortes de *mettolos,* c'est-à-dire des choses extraordinaires et inexplicables : ici on a trouvé un lapin mort, là une tortue de terre, plus loin un serpent... Il n'en fallait pas davantage. Les braves qui ne pouvaient pas se sauver de nuit, prétextaient une maladie quelconque... et la débandade se mit dans l'armée. Les chefs seuls, retenus, je crois, par Litia, essayèrent de résister à la contagion de la peur quand, une nuit, éclata un violent orage : la foudre tomba sur un abri où se trouvaient quarante hommes qui tous « moururent! trente-huit revinrent à la vie, mais deux restèrent morts ». Cette fois, ce fut fini : plus de doute, les dieux maudissaient l'expédition, et tous les chefs, d'un commun accord, levèrent le camp pour rentrer définitivement à leurs foyers. Tant pis pour la patrie, si elle est en danger ! — Et ce qu'il y a de plus triste, c'est qu'il ne se trouva pas une seule voix pour désapprouver — au contraire. Léwanika seul fit exception ; mais lui-même était-il sérieux ?...

Et si les ma-Tébélé avaient en effet envahi la contrée, que fût-il advenu de ce peuple et de nous ? Mais Dieu règne ! il est plein de miséricorde. Malgré toute la dépravation de nos pauvres et chers ba-Rotsi, l'heure du jugement n'a pas encore sonné pour eux. C'est encore le temps de la grâce, — et nous l'en bénissons !

Vous vous demandez naturellement ce que devient l'œuvre au milieu de tous ces travaux et de toutes ces commotions ? Ah ! que je voudrais pouvoir réjouir vos cœurs et vous dire que nous n'en sommes plus au temps du défrichement ! Il y aura longtemps à défricher au bo-Rotsi ! Mais il n'y a pas lieu de se décourager. Ne faut-il pas que le laboureur travaille premièrement et qu'il laboure avec espérance ? (2 Tim., II, 6 ; 2 Cor., IX, 10.) Qui sait ? Plus les semailles seront longues et laborieuses, plus riche aussi sera la moisson. « Ne nous relâchons donc point en faisant le bien, car nous moissonnerons dans la propre saison si nous ne nous lassons point. »

Nos services, assez bien suivis, ont souvent eu un caractère de solennité. Ce qui m'afflige et me ferait désespérer, n'était la puissance de la grâce de Dieu, c'est l'incorrigible légèreté de nos ba-Rotsi ! Quand nous croyons qu'une impression sérieuse et profonde s'est produite, et que nous la guettons pleins d'espoir, nous découvrons, hélas ! qu'elle s'est « évaporée comme la rosée du matin ». Elle était tracée sur le sable du désert : le vent a soufflé, elle a disparu. Rien de plus navrant que le contraste entre cet auditoire, que je crois captivé par la prédication de la Parole de Dieu, et les ricanements bruyants et moqueurs des groupes qui se forment après le service. On ne dirait pas les mêmes personnes. Et ne croyez pas que je ne parle que de la jeunesse qui, par tout pays, est taxée de légèreté, mais bien d'hommes et de femmes que leur position et leur âge devraient rendre rassis. C'est le tour de Satan de faire son œuvre ; il enlève la bonne semence et il sème l'ivraie. J'ai bien essayé d'une espèce d'école du dimanche à cette heure-là, mais sans beaucoup de succès.

Léwanika lui-même tergiverse toujours. C'est un esprit convaincu, mais il n'a pas le courage de briser avec les coutumes qu'il méprise. Il aime les choses de Dieu, il ne manque jamais un seul service, à moins d'indisposition ; telle prédication, tel cantique l'ont, de son aveu, remué presque à le faire pleurer. Il a même été sur le point de renvoyer toutes ses femmes et de « balayer son harem », comme il dit ; mais il s'est heurté à une institution sociale et politique qui a soulevé l'opposition de tous les chefs, et il a reculé. Il n'hésite pas à déplorer ses torts envers nous, il les reconnaît ; il estime ceux qui ont le courage de lui dire la vérité. Et avec tout cela il n'a pas encore le *sentiment du péché*. Sa conscience n'est pas réveillée. Il admet ses crimes et ses fautes, mais il les explique et les excuse en partie ; il n'a pas encore appris à en gémir devant Dieu. Et puis, que je le dise aussi : il a toujours devant lui le spectre de la révolution de 1884 qui l'a chassé en exil. Comment se convertir tout *seul?* Si seulement il pouvait compter sur un seul de ses chefs, un seul des officiers de sa maison, une seule de ses femmes ! Cet homme n'est pas heureux ; il vous gagne le cœur et fait pitié. Vous auriez dû voir avec quel empressement, je dirais quelle joie, il a fait ce qu'il a pu pour populariser des réunions du soir que je tenais dans sa cour, au commencement de l'inondation. Ses femmes, leurs servantes, des femmes du village, ses serviteurs et ses esclaves, et même d'autres hommes, qui d'habitude n'ont pas l'entrée libre, étaient là ; presque toujours la cour était pleine. Et, au milieu, sur sa natte royale dont le vulgaire n'approche pas, accroupi autour de ma lanterne, il pressait les jeunes gens qui savent chanter de s'y accroupir aussi ; ses enfants et des esclaves comme Nyondo, sans distinction. C'étaient, ostensiblement, des réunions de chant ; mais il y avait toujours un message d'autant plus direct qu'il était plus familier. Et avec tout cela, il y a chez lui de ces revers, de ces contradictions, de ces retours même, que je comprends, mais qui m'affligent. Pauvre Léwanika ! Qu'il est donc difficile à un homme riche d'entrer dans le royaume de Dieu ! C'est donc possible, comme le jeune homme riche, d'être si près du Sauveur sans le connaître, et si près du salut sans le posséder !

L'évangélisation à domicile, « de maison en maison », m'a souvent encouragé. J'ai pu m'y convaincre que la prédication de l'Évangile est quelquefois comprise là où je ne m'y attendais guère. Mais elle m'initie aussi à bien des ténèbres et des misères morales.

Voilà une jeune femme qui, en me voyant passer, s'empresse de ramasser un charbon ; elle le brise en deux, m'en donne la moitié et me prie de le lui lancer sur le corps. Pauvre créature ! elle est enceinte, et, en voyant ma figure pâle, qu'elle n'admire pas, et mon habit blanc, elle a peur de mettre au monde un monstre qui me ressemble ! C'est flatteur, eh !

En voici une autre, couchée sur une natte, dans sa cour. Elle est malade. Tout près d'elle, dans un coin, je remarque, sur un tas de sable de rivière où végètent deux jeunes plantes de maïs, un petit autel fait de roseaux. C'est là que, tous les matins, au lever du soleil, elle offre à Nyambé, le dieu suprême, l'oblation d'un vase d'eau, espérant se le rendre propice et en obtenir la guérison. Comment ne pas se sentir ému en présence de ces tâtonnements dans les ténèbres !

Voilà la prison, les prisonniers plutôt, qui font, eux aussi, des travaux de terrassement. Ils ne sont pas nombreux, cinq ou six en tout, c'est même trop. Leur geôlier, homme de sac et de corde, doit les nourrir comme il peut, c'est-à-dire les affamer. Et, pour les empêcher de se sauver, il se vante de les attacher de nuit à un poteau et de les bâillonner. Chacun de ces misérables a son histoire. Les hommes sont des voleurs incorrigibles, ils n'ont que ce qu'ils méritent. Autrefois on les aurait mis à mort. Parmi les femmes, en voici une qui m'intéresse. Elle est jeune, gaie, intelligente. Elle me conte son histoire. Un homme d'un caractère remarquablement doux, et que j'aime beaucoup, l'avait épousée. Un jour la sœur du roi, Katoka, qui venait de se défaire de je ne sais quel numéro de la liste de ses maris, jeta les yeux sur l'homme dont je parle et le prit. Il dut abandonner sa jeune femme, ce qui ne fait pas un pli ici. Malheureusement, peu après, ne trouve-t-on pas dans la maison de la princesse une souris, — une souris morte ! Grand émoi dans l'établissement. On crie au sortilège. Les osselets ne manquent pas de désigner la jeune femme, et on la jette en prison. Il y a quelques années on l'eût brûlée vive. Ah ! mes amis, le paganisme est odieux et cruel.

Après vous avoir parlé de Léwanika, que je vous dise un mot aussi de la reine Mokouaé, qui vient de nous visiter. Elle était attendue depuis longtemps. Son arrivée fit événement dans notre petit monde et fut l'occasion, comme d'ordinaire, de grandes démonstrations. Son ombrelle tricolore, son éclatante toilette européenne, et celle des femmes du roi, à l'européenne aussi, faisaient un contraste frappant avec la graisse et l'ocre de la multitude des autres femmes. Il faut y voir, je suppose, un progrès de civilisation, et c'est pour cela que je le mentionne. Elle fit un séjour de six semaines. Le roi lui témoigna la plus grande déférence. Bien qu'elle ne siégeât pas au *khothla* comme à Nalolo, toutes les affaires qui s'y traitaient lui étaient soumises comme de droit. Elle s'occupa aussi de certains troubles du sérail de son frère. Ce n'est pas ce qu'elle fit de mieux, car Mokouaé, qui n'a pas plus d'aménité qu'il ne faut, tranche souvent dans le vif, surtout quand il est question d'autres femmes. Elle se croit chargée, comme *Katoka,* de l'éducation de celles du roi. Et tout cela avec un mélange de bonté qui la rend remarquablement maternelle avec les enfants de sang royal. Je l'ai vue, par un soleil ardent, malgré son gênant embonpoint, rassembler les femmes et les filles du harem, couvertes des ornements les plus fantastiques, leur enseigner, tout un jour durant, des danses et des chants du vieux temps, maintenant oubliés et d'un goût douteux, pour dire le moins.

Elle était brouillée avec moi, Sa Majesté, et pas tout à fait sans raison. Elle a l'idée que j'ai le pouvoir de lui donner un missionnaire, et que, si elle n'en a pas, c'est de ma part mauvaise volonté et obstination. Plus d'une fois déjà, le renfort nous a fait faux bond au moment où nous croyions le posséder. Mais qu'en sait-elle, elle ? Ses principaux chefs partageaient sa mauvaise humeur, et me le montraient parfois d'une manière qui n'était pas toujours très aimable. Il fallut donc lui renouveler solennellement la promesse que cette année elle ne serait pas déçue, et qu'un missionnaire irait certainement s'établir à Nalolo. Après nos expériences passées, c'était bien me compromettre ; mais quand même, la mission serait compromise et bien plus gravement, si nous ne pouvions pas dès cette année occuper Nalolo. En attendant, je suis rentré dans ses bonnes grâces et celles de ses gens, et chaque fois que nous nous rencontrions, ils ne manquaient pas de me rappeler ma parole, de discuter l'emplacement de la station, et de se fondre en belles promesses. Vous comprenez, n'est-ce pas, chers amis ? N'allez pas croire que ce soit là le cri du Macédonien, et vous imaginer que les habitants de Nalolo, leurs chefs surtout, soupirent après l'Évangile. Non. Ce n'est qu'affaire de dignité. Léwanika a son missionnaire, un missionnaire européen, pourquoi pas Mokouaé ? Bonne vache laitière, dans leur estime, qu'un missionnaire blanc !... Quoi qu'il en soit, Nalolo est la deuxième capitale du royaume. C'est donc un poste de grande importance qu'il faut occuper sans plus de délai. Et malheur à nous si, par négligence ou par pauvreté, nous laissons se fermer pour nous cette porte encore ouverte !

Mokouaé a une haute idée de sa dignité. Elle est, vous savez, *moréna,* presque à l'égal de Léwanika lui-même. Elle a sa cour comme lui, les mêmes dignitaires ; elle s'entoure du même cérémonial, on lui rend les mêmes honneurs, et elle sait au besoin les exiger. Il est donc assez naturel que chez ses missionnaires elle tienne à être absolument sur le même pied, voire même à occuper la même place à leur table quand cela lui plaît, sans plus de cérémonie. Malheureusement, elle est bien loin d'avoir les bonnes manières de son frère, ses habitudes de propreté scrupuleuse sur sa personne, et surtout sa grande discrétion. Je me permis donc de lui faire une fois la leçon et de lui donner des conseils paternels, qu'elle prit heureusement en bonne part et qu'elle s'est efforcée depuis lors de suivre. Mokouaé ne boude pas, elle a cela de bon.

Pendant que les amis de Séfoula étaient ici, nous l'invitâmes à venir passer la journée avec nous. Elle en était ravie. Elle fit toilette pour l'occasion et arriva que le soleil était déjà ardent. A son désir, je la conduisis à l'église qu'elle n'avait pas encore vue, — une merveille d'architecture pour la contrée, et un travail de charpentier très bien fait, même pour l'Europe. Je lui expliquai de mon mieux les secrets à moi connus de la charpenterie et de la menuiserie. Nous causâmes debout longtemps et, à l'intérêt qu'elle manifestait, je supposais qu'elle prenait des notes dans sa mémoire pour ses futures constructions. De là, je la promenai dans mon petit jardin où, à sa grande joie, je lui fis présent d'une caisse de jeunes plantes d'eucalyptus. Après cela, ce fut le tour de mes huttes, de mon mystérieux studio avec ses verres rouges, de ma chambre à coucher où Léwanika seul a accès. En vraie dame, elle me remercia poliment, me dit que tout l'avait intéressée — « infiniment », je suppose. Puis, la pauvre femme, que je croyais fatiguée, se laissa choir sur un siège de la véranda et, avec une grimace caractéristique, arracha brusquement ses chaussures et les jeta par terre :

— Mon père, fit-elle, donne-moi de la médecine des pieds : j'en souffre beaucoup, beaucoup !

La malheureuse ! n'avait-elle pas des bottines, de vraies bottines ! des bottines neuves, et si petites pour elle que je ne comprends pas par quels procédés elle a pu les mettre. Et moi qui l'avais tenue près d'une heure sur ses pieds ! Quel martyre, pauvre femme !

— De la médecine des pieds ! Allons, Mokouaé, mets ces bottines de côté. Elles sont de beaucoup trop petites pour toi.

— Alors, mon père me donnera ses souliers ?

Je souris.

— Les miens ne t'iraient pas non plus, Mokouaé.

— Ah ! fit-elle en jetant les yeux sur ceux de l'ami Waddell, voilà ce qu'il me faut.

— Je n'en ai pas d'autres, *moréna,* ni le *morouti* non plus, répondit Waddell timidement.

— Et vous voudriez que la *moréna* Mokouaé allât nu-pieds ?

Il le fallut bien, en définitive, puisqu'il n'y a pas encore de cordonnier ni à Léalouyi, ni à Nalolo. Ce petit incident nous a beaucoup divertis. Mes amis auraient presque été jusqu'à m'accuser d'un petit grain de méchanceté ; ce contre quoi je proteste.

Somme toute, le séjour de Mokouaé nous a fait plaisir. Je l'ai vue souvent, et chez elle, et chez moi. Sauf indisposition, elle non plus ne manquait pas un seul de nos services. Chez elle même, j'ai eu de bonnes réunions ; sa grande cour était toujours bondée. Elle est intelligente, Mokouaé, susceptible de bonnes influences — comme aussi, hélas ! de mauvaises, nous le savons bien. J'ai été étonné de voir comme elle comprenait les prédications et combien elle s'intéressait à l'école.

Je me réjouis donc bien sincèrement à la pensée que cette année, enfin, elle aura un missionnaire près d'elle. Il en est grand temps. Je m'en réjouis ? Oui, mais c'est avec un douloureux serrement de cœur. Pour occuper Nalolo, force nous est d'abandonner presque notre cher Séfoula, et de le laisser entre les mains d'un évangéliste indigène. Nous n'avons personne à y placer. Deux fois déjà le renfort qui nous a été envoyé de Paris n'a été, au moment où nous nous préparions à le recevoir, qu'une amère déception. On nous dit bien d'espérer encore. Il y a longtemps que nous espérons. « L'espérance fait languir le cœur. » Et puis, quand ce quelqu'un viendra à Séfoula, je le crains, il n'y trouvera guère que des ruines !...

Vous ne me pardonneriez pas de ne pas vous faire assister de loin à la dédicace de notre temple. C'est une fête qui, bien des semaines à l'avance, avait rempli nos pensées et fait l'objet de nos prières. Eh bien, c'est par un grand désappointement qu'elle s'est annoncée. Nous comptions sur nos chers amis de Kazoungoula et de Séchéké ; ils nous l'avaient promis. Nous faisions de beaux plans et des rêves plus beaux encore. Ce n'est pas souvent que la famille zambézienne se trouve réunie et au complet. Les gens, le roi surtout, s'en réjouissaient avec nous, et nos écoliers exécutaient déjà avec entrain de petits chants de bienvenue. Nous attendions de grandes bénédictions. La poste arrive et nous gifle avec la nouvelle que la coqueluche avait causé inopinément l'effondrement de nos rêves. Nos amis ne viennent pas ! L'Afrique, toujours capricieuse, est le pays des mortifications.

A quoi bon se presser à ne pouvoir plus respirer, maintenant ! Je retardai la fête, et c'est en mars au lieu de Noël qu'elle eut lieu. Toute la maisonnée de Séfoula arriva une dizaine de jours à l'avance, — en canot, bien attendu, car la plaine était inondée. Quelle transformation de l'ermitage de Loatilé ! Quelle exubérance de vie et d'activité un peu partout, et quel aimant pour mes paroissiens de Léalouyi ! Pendant que frère Adolphe, comme nous disons familièrement, est prêt, pour me soulager, à mettre l'œil et la main à tout, ces dames prennent d'emblée sur elles tous les soins et les soucis du ménage. Elles se les partagent à leur gré, c'est leur affaire. Elles prennent aussi en main mes pauvres garçons qui font bien leur possible — ce qui veut dire peu ; elles leur rappellent des leçons bien oubliées, hélas ! d'ordre et de propreté, et essaient d'étendre un peu leurs connaissances culinaires. Ça n'ira pas loin. Tout de même j'en suis reconnaissant, et mes garçons aussi, apparemment. Ils sentent que, laissés à eux-mêmes, ils ne valent pas grand'chose, et ils ont fait beaucoup quand ils ont fait preuve de bonne volonté. Que leur demander de plus ?

Les journées sont bien remplies avec les travaux qui se sont accumulés, les visites au village et les visites à recevoir ; mais il y a place aussi pour le cœur, du temps, ne fût-ce que le soir, sous ma petite véranda, pour les causeries familières et le chant de nos cantiques français, un écho de la patrie avec leurs émouvantes associations, mais une brise bienfaisante aussi qui élève nos pensées vers la maison du Père, où Dieu lui-même essuiera toutes larmes de nos yeux.

Les services du dimanche, 3 mars, eurent un caractère de grande solennité. C'était la dernière fois que nous nous réunissions sous le tabernacle. Il a son histoire, le bon vieux tabernacle, maintenant tout en lambeaux. C'est ensemble, avec ces mêmes amis, que nous l'avons élevé, et dans des temps bien difficiles. Il nous a abrités pendant seize mois par beau et mauvais temps. Pour moi, le sol même m'en est sacré. M. Ad. Jalla prêcha sur la *pêche miraculeuse,* et moi, dans un second service, j'aurais voulu *tirer le filet.* En promenant les yeux sur ce bel auditoire, dont la plupart des visages me sont familiers, vous étonnez-vous que ces dix années de mission au Zambèze passassent devant mon esprit comme une vision ? Je faisais malgré moi un stage à Léchoma, puis à Séchéké, puis à Séfoula..., tout autant de chapitres qui, avec de précieux témoignages de la bonté de Dieu, parlent aussi de travaux et d'épreuves. Je m'arrêtais à Léalouyi, je pensais à toutes mes prédications, à mes espérances évanouies, à ces combats connus de Dieu seul..., et, le cœur saisi de tristesse, je répétais avec les apôtres : « Travaillé toute la nuit... sans rien prendre ! » Elle a été noire, longue et orageuse, cette nuit, vous le savez ; le labeur a été incessant et dur... Et pourtant... *rien !* Faut-il céder à la tristesse et au découragement ? Faut-il douter de la puissance de l'Évangile que nous prêchons ? de la grâce de Dieu, qui pourtant a triomphé de la dureté et de la dépravation de mon propre cœur ? Non, mon Seigneur. Moi aussi j'ai travaillé toute la nuit, sans rien prendre..., mais, *sur ta parole,* je jetterai encore le filet !

Le 11 mars arriva. L'humble édifice que nous allions consacrer au service de Dieu est l'exacte copie de celui de Séfoula, seulement plus grand et mieux fait. La scierie de nos amis de Glascow nous a rendu facile un travail qui, sans son secours, eût été impossible. Il n'est pas complètement achevé ; pas de portes, pas de fenêtres ; du fort canevas remplace les unes, et du calicot les autres ; quelques bancs seulement, et une estrade avec une petite table au lieu de chaire. Et puis, au-dessus de la plate-forme, contre le mur, en lettres argentées sur fond noir et encadré de verdure, ouvrage de notre sœur — Mlle Kiener — est mis en relief l'écho du sentiment qui remplit nos cœurs : Gloire à Dieu ! — *Khanya é bé go Molimo !* — Oui, redisons-le bien haut : Gloire à Dieu ! *Alléluia !*

La journée s'annonce belle, quoique le ciel soit couvert de nuages. C'est la saison des pluies, mais il ne pleut pas aujourd'hui, et nous en bénissons Dieu. Dès les huit heures et demie, un petit groupe se dessine en dehors du village, escalade lestement la passerelle et longe la chaussée. En voici un autre, puis d'autres encore aux costumes de couleurs brillantes, et enfin la masse, la population noire, *bontsou bô,* comme on dit ici, comme si l'aristocratie était *blanche,* elle. Bientôt « la place » de la station fourmille d'une foule loquace et bruyante. Léwanika, contre son habitude, arrive le dernier.

Frère Ad. Jalla et moi, sans perdre de temps, partageons tous les gens en groupes et leur donnons, pour entrer, des directions très précises afin d'éviter une trop grande confusion. Un coup de cloche, et tout le monde, dans l'ordre prescrit, se rassemble une fois encore sur l'emplacement de notre tabernacle qui a disparu. Après chant, prières et allocution où, après avoir rappelé les appels du dimanche précédent, je renouvelai force injonctions d'ordre et de respect, Léwanika, lui aussi, s'essaya à un petit discours. Il n'est rien moins qu'orateur, le pauvre homme, tout roi qu'il est. Il débuta mal. Il commença par interpeller le grand chef de Katouramoa, qui se trouvait gris, et se mit à dévider un long discours qu'il comprit peut-être lui-même, mais qu'il fallut couper. Il interpella ensuite le *gambella,* comme le représentant des chefs, et lui demanda pourquoi il empêchait ses gens de venir à l'église. Le *gambella,* qui devrait être habitué à ces sortes de compliments, prit, ou feignit de prendre celui-ci comme tout personnel. Ne le méritant pas, il s'en offensa et fit respectueusement, mais fermement, la leçon à son royal maître. Le roi, démonté par ces deux répliques auxquelles il ne s'attendait pas, fit quelques remarques générales, recommandant aux gens de suivre la prédication de l'Évangile et d'envoyer leurs enfants à l'école. Puis, se remettant : « Quel est le blanc, s'écria-t-il avec feu, quel est le blanc qui se soit jamais donné la peine de construire des bâtiments comme celui-ci et qui ne soient pas pour leur usage exclusif, mais pour nous ? Ne voyez-vous donc pas qu'il y a quelque chose dans la poitrine des ces hommes-là, les missionnaires ? Que gagnent-ils à se fatiguer ainsi pour nous ? Dites ! Et vous, ba-Rotsi, qui méprisez leur enseignement et refusez d'envoyer vos enfants à l'école, êtes-vous donc si sages et si intelligents ? Périssent nos coutumes et nos superstitions ! Elles nous tiennent enchaînés dans les ténèbres et nous conduisent à la ruine ! Je le vois, moi !... »

Nous entonnâmes un cantique, et entrâmes, moi en tête de la soi-disant procession, pour présider à l'installation de notre sauvage auditoire, pendant que Waddell faisait la police à la porte et frère Jalla au dehors. Adieu nos précautions et nos directions ! Les chefs et les reines étaient à peine entrés que ce fut à la porte une presse indescriptible. Je l'avais prévu. Heureusement que nos chants couvrirent ce brouhaha. Et, quand le calme et le silence se furent rétablis, la vue de l'auditoire entassé dans ce vaste local avait quelque chose de saisissant.

Nous commençâmes par le chant d'une prière nationale composée pour la circonstance. Puis, après une prière de dédicace, je m'attachai, dans une courte allocution, a bien faire comprendre à nos ba-Rotsi le caractère de ce bâtiment dédié au service de Dieu, et la base de notre enseignement, — *la Parole de Dieu,* vraie et éternelle, — bien autre chose que les légendes puériles du paganisme. Frère A. Jalla nous fit à son tour une chaleureuse prédication sur I Cor., II, 2. Je dis *nous,* car nous prîmes notre bonne part de ce lait pur et simple destiné à des gens qui ne sont encore que de tout petits enfants quant à la connaissance.

Ne savoir que Jésus-Christ, c'est bien là la note qu'il nous fallait; c'est bien celle surtout de la vie missionnaire tout entière. Je ne parle pas de nos chants, que vous ne connaissez pas. Un jour, nous chanterons tous ensemble dans la langue du ciel le Nouveau Cantique, le cantique de l'Agneau! Que ce sera doux et beau! bien autre chose encore que ce chœur de trente mille élèves des écoles du dimanche, et de je ne sais combien de milliers de grandes personnes, que j'ai entendus dans les jardins du Palais de cristal, et qui est resté un des plus glorieux souvenirs que j'aie emportés de l'Europe. Je n'ai pas besoin de dire avec quelle émotion j'ai pris part à l'exécution du cantique (n° 214) que j'avais fait pour la dédicace de l'église de Léribé. Le rapprochement et le contraste de ces deux cérémonies, à vingt-trois ans de date, était trop douloureux pour moi.

Nous sortîmes de ce culte sous de bonnes impressions. Il avait duré deux heures. Mais l'attention et le sérieux se sont maintenus jusqu'au bout. C'est beaucoup pour des païens, c'est beaucoup surtout pour des ba-Rotsi.

L'après-midi, après la grande chaleur, pendant que toute la nature ici semble sommeiller, le chemin se frangea de nouveau de bandes d'hommes et de femmes; et, à quatre heures, au coup de cloche, l'église se remplit, moins bondée que le matin, pourtant. Nos chants furent presque tous les mêmes. Je parlai sur les *pierres vives* (1 Pierre, II). Ouvriers du Seigneur, nous aussi nous les cherchons, ces pierres vivantes, parmi nos chers Zambéziens. Notre ambition est de pouvoir en offrir au Maître pour qu'il leur trouve une petite place dans la construction de son édifice spirituel. Pendant que d'autres taillent, sculptent et polissent, nous, nous en sommes encore à déblayer la carrière, et nous ne savons pas ce qu'elle donnera. Mais, quelque rude que soit le travail, nous avons de l'espoir. Le déblayage aussi est nécessaire, et Dieu peut le bénir.

Le soleil se couchait quand nous sortîmes de l'église, et c'est tout au plus si, aux dernières lueurs du crépuscule, nous pouvions encore distinguer le long ruban vivant qui disparaissait à l'entrée du village.

Nous, dans la soirée, toute petite bande que nous sommes, nous nous réunîmes encore, dans ce temple maintenant vide, pour recevoir un message du Seigneur (Zach., II, 5) et commémorer ensemble sa mort. Tout était calme et silencieux au dehors comme au dedans. Jésus était là et parlait à nos âmes. Après cette journée si belle, si remplie, nous sentions qu'il nous invitait, nous aussi, comme ses disciples fatigués, à le suivre « à l'écart » et à nous retremper dans l'intimité de sa communion. Moments bénis, heure solennelle ! « Il fait bon d'être là. »

Le lendemain, examen et fête de l'école ! Depuis minuit, il pleut à verse et l'eau monte rapidement. Si cela continue, dans deux jours la chaussée aussi sera submergée. Malgré la pluie, les enfants sont accourus : ils n'ont pas de vêtements à mouiller et ils ne veulent pas être privés de leur fête ; ils ont raison. Heureusement que vers midi la pluie cesse, le ciel se débarbouille et le soleil brille. Un coup de cloche, et tout le monde est là ; pas tout le monde d'hier, bien sûr, mais les élèves au grand complet, le roi, la reine, tout le haut monde. Une ombre bien noire, c'est que notre ami Jacob, le maître d'école, est malade, très malade même, mais sa femme prend sa place avec un calme que nous avons tous admiré. C'est une bonne et gentille femme que Noréa. Nos enfants nous chantent un petit chant de circonstance où ils se réclament d'être de nos enfants, et nous demandent d'être indulgents et de ne pas leur poser des questions embarrassantes ! Chers enfants, ils nous ont gagnés, et nous aimerions les voir courir, sauter, et surtout festoyer. Aussi pressons-nous les examens. Mais le roi n'entend pas de cette oreille-là, ni les Litia non plus, qui ont passé par ce chemin épineux, et il faut absolument que nous les interrogions aussi, ces grandes jeunes filles et ces jeunes gens à barbiche qui trébuchent aux premières lettres de l'alphabet. Ce sont les suivants des enfants du roi, et ils croient que, s'ils font acte de présence à l'école, tout est dit.

L'examen terminé, il fallut écouter les chefs qui, sur le ton de la menace, gourmandaient des gens qui n'étaient pas là. Le roi, lui, fut plus sensé : il fit à chacun sa part, remercia ses missionnaires, taxa les hommes de menteurs et mit ses propres femmes dans le même panier : « C'est vous qui entravez l'école et détournez les enfants. Mais quant à moi, ajouta-t-il, sachez que si un enfant ne fréquante pas l'école, j'ai beau l'avoir enfanté, il n'est pas mien ! »

Enfin on sortit. Tant mieux pour les enfants ! Vous auriez dû les voir assis par groupes, impatients de commencer. Le roi leur avait tué un bœuf pour eux tout seuls. Nous y avions ajouté café, sucre et gâteaux de maïs. Nyondo, debout, fit la prière, et alors ce fut à qui mieux mieux. Bientôt, tout fut fini. Mais il fallait le dessert, et le voici : Mokanoa, le serviteur du roi, le haut du corps nu, arrive ; il s'agenouille, on fait cercle, on bat des mains, puis on écoute en silence : « Le roi dit : Pour lui comme pour les *ba-*

routi, l'école est une affaire sérieuse. Sachez donc, vous tous, ses enfants et ses esclaves, que quiconque d'entre vous s'en abstiendra sans raison, sera étranglé à la *sérotsi* (claquement de mains), et quiconque suit l'école et ne fait pas de progrès, lui aussi sera étranglé à la *sérotsi*. Tenez-vous-le pour dit. » Voilà ; on claqua de nouveau les mains et on se dispersa, mais pas pour longtemps, car on avait vu les préparatifs de la lanterne magique. La séance réussit à merveille. Il y avait même des chefs du bo-Lounda. Aussi, quand, en signe d'adieu, Waddell lança une ou deux fusées, la panique faillit les saisir. On n'oubliera pas cette journée de sitôt.

Nos amis étaient retournés à Séfoula. L'inondation montant toujours, nous nous demandions, nous, combien de jours nous pourrions encore rester sur notre îlot. Le roi connaissait mes intentions. Il déclarait que lui non plus ne quitterait pas, et que, s'il y était forcé, il ne le ferait qu'à la dernière extrémité. Il savait que, pour moi, l'accompagner à son village de refuge était tout à fait hors de question.

Malgré la maladie de Jacob, je recommençai immédiatement l'école. Je le fis avec 180 élèves. Ne vous y trompez pas, toutefois : il y a de la balle, et beaucoup, dans ce tas. Tout de même, cela nous met en présence d'une œuvre énorme pour laquelle nous sommes loin de suffire. Litia et Mokamba, eux aussi, se rapprochent de nous, et, à leur requête, j'avais commencé une classe spéciale pour eux. Ce n'est pas que je croie chez eux à un désir sérieux de s'instruire, et encore moins, hélas ! à un retour vers le Seigneur ; mais je voudrais, si je le pouvais, comme on le faisait pour les villes de refuge, enlever toutes les pierres du chemin du salut. Les services des deux dimanches qui ont suivi la dédicace ont été particulièrement solennels.

Malheureusement, l'inondation montait toujours ; la chaussée avait complètement disparu sous les eaux ; une grande partie du village était inondée. Et ce n'était que le commencement. De Kabombo et de ces régions du nord, on nous annonçait un vrai déluge. De mémoire d'homme on n'a vu inondation pareille. Des îlots qui, généralement, tiennent haut la tête au-dessus de l'eau, sont complètement submergé ; des champs dévastés, des arbres même, à la lisière du bois, déracinés et emportés. Aussi nos ba-Rotsi, qui se plaignent tous les ans que l'inondation soit si faible, murmurent aujourd'hui qu'elle soit si forte. L'homme est-il jamais satisfait ?

Un dimanche soir, le jour de Pâques, Léwanika m'annonça que, selon le désir des gens, il devait partir le lendemain. L'eau avait envahi la place publique et était à sa porte. Le lendemain, en effet, comme je me proposais d'aller le voir, il venait, avant déjeuner et très à la hâte, prendre congé de moi. Tout ceux qui le pouvaient avaient déjà quitté. On ne prit pas même le temps de mettre à flot la *Nalikouanda*, qui s'était cassé l'échine en sortant du chantier; on oublia jusqu'aux tambours. C'était une fuite. Je l'accompagnai un bout de chemin (!) en canot. Il y avait quelque chose de triste dans ce départ précipité.

Ma termitière, un peu plus élevée que celle de la capitale, levait encore la tête, mais elle devenait tous les jours plus petite. L'eau avait envahi les huttes de nos ouvriers et le pied de certains de nos bâtiments, le jardin s'affaissait et disparaissait sensiblement, et, de mon cabinet d'étude à l'église, il me restait à peine l'espace d'y faire la promenade réglementaire des prisonniers. Que l'eau monte encore un pied seulement, et nous aussi devrons faire comme tout le monde, mais à contre-cœur, car je m'étais taillé du travail, et il m'était plus facile d'évangéliser d'ici en canot que de Séfoula. En attendant, nous faisions mauvais ménage avec les rats et les serpents qui se réfugiaient sur notre talus et ces fourmis enragées, noires et rouges, qui ne l'ont jamais quitté. Et qu'elle est donc mélancolique, cette plaine submergée qui, de tous cotés, s'étend à perte de vue! Pas un son! Pas une âme! Pas un signe de vie! Nyondo s'essayait à faire l'école pour une dizaine de garçons qui étaient restés au village et s'en tirait bien. Aidé de Jacob, nous nous partagions la tâche du dimanche. J'allais également à *Nangoko,* le village temporaire du roi; un trajet de trois heures pour aller, autant pour revenir, et que le vent rendait quelque peu désagréable et dangereux. Mais au village déserté, nous pouvions toujours réunir de cent à cent cinquante esclaves, qui s'étonnaient fort — pauvres gens! — que nous pussions nous occuper d'eux.

Heureusement ce temps n'a pas duré; les craintes de nos amis ne se sont pas réalisées. L'inondation, arrivée à un maximum qui approcha bien de ma demeure, mais la respecta, commença à diminuer, et diminua rapidement. Et déjà, à mon retour de Séfoula, où je n'avais été que pour passer la Pentecôte et mettre ordre à mes choses, le roi m'annonçait la bonne nouvelle de son prochain retour. Samedi dernier, le 19, j'acceptai avec plaisir l'invitation d'aller à sa rencontre et passer une partie du jour avec lui, dans sa *Nalikouanda* rafistolée et dont ils sont si fiers. Ce fut pour tout le monde un jour de réjouissance.

Je suis un peu habitué au tapage et au brouhaha des circonstances. Mais de voir ces foules d'hommes et de femmes se jeter de l'eau sur la tête, sur le corps, en poussant des cris forcenés pour saluer le roi, me faisait un étrange effet. J'aurais, si je n'en avais connu la raison, pris tout cela comme l'emblème de l'expression de la tristesse et du deuil, tant il est vrai, hélas! que même les joies de nos pauvres Africains sont tristes.

L'école va recommencer et l'œuvre reprendra sa marche régulière. Quel dommage que nous devions la quitter dans quinze jours pour Kazoungoula et laisser Jacob et sa femme tout seuls!

Nous serons là, s'il plaît à Dieu, pour l'installation de Litia. Les chefs de Séchéké, qui viennent le chercher, sont journellement attendus. Les canots qui conduiront nos jeunes princes Litia et Kaïba amèneront les approvisionnements que nous attendons. C'est l'heureuse solution d'une difficulté ; cela simplifie pour le roi la question des canots et nous soulage, nous, de moitié pour la nourriture de quatre-vingts ou cent hommes pendant plus de deux mois.

Mais ces grands changements et les dilemmes de la situation ne laissent pas que de préoccuper. Que Dieu veille encore sur le peuple! Qu'il nous dirige, nous, nous aide et nous bénisse!

2 mai 1894.

Et c'est donc bien vrai, après tout, que tant de nos lettres soient définitivement perdues[1]! Que sont-elles devenues? Pour moi, la perte de ces lettres est un malheur irrémédiable.

Dieu l'a permis pour des raisons et pour un but que je comprendrai sans doute plus tard. Pour le moment, il s'en est servi comme d'une pierre de touche pour nous faire réaliser tout ce que votre affection et votre sympathie ont de vrai et de profond. Votre anxiété à notre sujet nous le dit. Seulement, il arrive souvent que celles qui viennent d'Europe s'en vont faire des excursions au pays des ma-Chona et même à Quilimane ou au Moçambique! C'est vrai, je vous assure. Et puis, après avoir langui, moisi, oubliées, dans quelque coin, ou lancées de bureau en bureau, elles nous arrivent comme des naufragés, avec des enveloppes malmenées et des adresses couvertes de timbres illisibles. Heureux encore quand elles nous arrivent. Vieilles de dates, sans

---

1. Une grande partie, sinon la totalité de ces lettres, sont pourtant arrivées à leur destination, mais après un énorme retard.

A NALOLO. — BARQUE DE LA REINE ET VUE DE LA MISSION

doute, mais leurs précieux messages n'ont rien perdu de leur fraîcheur et de leur parfum...

Nos amis les méthodistes primitifs ont partagé toutes nos vicissitudes de correspondance. Pauvres amis, ils ont eu bien d'autres difficultés que les nôtres! Ils nous ont quittés à la fin de juin et ne sont arrivés au pays des ma-Choukouloumboué que fin décembre.

Si j'admire chez frère Buckenham l'énergie, la persévérance, l'habileté de ses mains qui ont sauvé son expédition, et chez mon plus jeune frère Baldwin, sa douceur, sa piété intelligente et son humilité, je dois le dire, la patience de Mme Buckenham m'édifie profondément. Ne décernons pas le titre de héros à la légère : n'est pas héros qui le paraît. Il est des héros dans l'ombre, qui travaillent, qui souffrent et qui luttent en silence. Nous les ignorons, mais Dieu les connaît. Je crois que notre sœur est de ce nombre.

Je suis en pleine sympathie avec ces frères dans leur grande entreprise. Je me suis dès le commencement uni à eux de cœur et de prière, vous le savez, et je les suis avec toute l'affection dont je suis capable...

L'œuvre du Maître est partout la nôtre; la bataille engagée contre l'ennemi commun est la sienne, quelles que soient les couleurs du drapeau sous lesquelles nos frères combattent.

Je vous ai déjà parlé des ma-Tébélé, et des alertes et des paniques qu'ils nous ont causées. Il y a longtemps, hélas! qu'ils ont été le fléau des nations, et ce n'est pas sans raison que leur nom seul était la terreur de ces parages. Quel mystère que la longanimité du Seigneur! Mais ces tigres humains avaient rempli la coupe de leurs iniquités, elle débordait; le sang innocent des femmes et des petits enfants criait à l'Éternel, — le jugement est venu enfin[1]. Comme nation, les ma-Tébélé ont cessé d'exister. Pour nous, j'entends pour les ba-Rotsi, la fin des ma-Tébélé, c'est la paix et la sécurité, en tant qu'il s'agit du dehors. Il est probable que Léwanika pourra exécuter les plans qu'il avait conçus de fonder

---

1. Extrait d'une lettre de M. L. Jalla, 21 septembre 1893 :

Les ma-Tébélé employèrent toute la journée à massacrer les uns et à faire le plus possible de prisonniers qu'ils garrottaient immédiatement. Puis ils campèrent pour la nuit au bord du Nguézi. C'est là qu'eut lieu une boucherie épouvantable : tous les prisonniers furent égorgés sans exception; et les détails que donnèrent de cette soirée quelques témoins oculaires laissés pour morts, et ranimés par l'air frais de la nuit, font frémir. Des hommes furent suspendus par les pieds aux arbres, et laissés ainsi avec des sagaies dans le corps; d'autres, attachés à un tronc d'arbre, semblaient avoir été brûlés ainsi à petit feu, à en juger par leurs mains crispées et noircies ; d'autres étaient abandonnés après avoir eu les entrailles mises à découvert. Une quantité d'enfants furent attachés par les pieds à une longue perche horizontale sous laquelle l'ennemi alluma du feu pour mieux jouir des cris de ces petits martyrs !

des villages sur la rive du fleuve, jusqu'à son confluent avec la Kafoué. Déjà plusieurs chefs sont désignés pour ces divers postes; seulement, nous l'avons bien vu, les ba-Rotsi n'ont pas plus de patriotisme et de bravoure qu'il n'en faut. Ce qui est plus sûr, et qui affecte plus directement notre chère mission, c'est que Litia, le fils du roi, va bientôt être installé à Kazoungoula même comme chef de toute la province de Séchéké et du pays des ba-Toka. Une fois investi d'un si grand pouvoir, que deviendra-t-il, ce jeune homme? Sera-t-il un aide ou une écharde pour frère L. Jalla? J'ai quelque espoir qu'il reviendra à Dieu, et alors tout sera bien. Il ne saura être en meilleures conditions et sous de meilleures influences qu'à Kazoungoula...

L'inondation! Tous les ans nos ba-Rotsi se désolent de ce qu'elle n'est plus ce qu'elle était dans les bons vieux temps, quand ils pouvaient organiser leurs chasses nationales, c'est-à-dire le carnage en gros des antilopes, qu'ils cernaient sur les îlots de la plaine submergée. Cette année, ils ont été amplement compensés, car de mémoire d'homme, disent-ils, on n'a vu inondation pareille. C'est curieux de voir des toits émerger des eaux, des canots cinglant sur les eaux au beau milieu de la capitale, et une troupe de bétail siégeant gravement au *lékhothla*. Je me demande si c'est le gnou apprivoisé de Léwanika qui préside cet étrange parlement! Pauvres bêtes! elles en ont assez de l'inondation. Et les gens aussi, malgré tous ses charmes et tous ses bienfaits. Ce sera un miracle de la bonté de Dieu, si la mortalité n'est pas plus grande. Ces ba-Rotsi sont de vrais amphibies, ils ne sont heureux que dans l'eau ou dans la boue. Ils y vivent, ils y couchent quand ils pourraient l'éviter. Quelques poignées d'herbe en guise de tapis, une ou deux bûches pour matelas, et voilà une installation parfaite. Les goûts, pas plus que le sens du beau, ne se discutent; chacun a le droit d'avoir les siens. Un jour que je conduisais Léwanika dans mon petit jardin, et que je lui montrais de jeunes eucalyptus qui font mon orgueil, il s'arrêta devant l'église et, plongeant un long regard dans l'immensité de la plaine qui se couvrait d'eau, il s'écria après un long silence : « Qu'elle est donc belle! pas un arbre! pas un!... » Que dirait-il aujourd'hui? A moi, ce panorama frappé de stérilité et de mort me donne le spleen.

Il y a dix ans, quand, après la révolution, je visitai la capitale, et que Mataha me conduisit sur la colline de *Mongou* que Livingstone avait choisie comme site d'une station qu'il ne devait jamais fonder, je blessai au vif mon mentor parce que j'eus le malheur de lui dire que je ne partageais pas du tout son enthousiasme pour cette plaine inondée. J'ai voulu y retourner l'autre jour en faisant en canot une course d'évangélisation. Quelle désolation ! Je l'oubliai en m'asseyant sous un arbre solitaire, et en prêchant Jésus à quelques pauvres natifs que je rencontrai. Autrefois rien n'était plus triste que la plaine sablonneuse de Kimberley brûlée par le soleil. Aujourd'hui on y trouve des diamants.

De là, passant Kanyonyo, je voulus visiter le grand village de Mokoko. Quel ne fut pas mon étonnement de me trouver pagayant dans un canal large et profond ! Léwanika nous en avait bien parlé, mais comme d'une chose peu importante. Et cependant, quand il sera achevé — il l'est presque, — il drainera tout le bord de la vallée de Nangoko, la capitale temporaire, jusqu'à Séfoula, plus de vingt kilomètres, et portera ses eaux dans notre canal. Ce qu'il y a de plus beau, c'est l'énorme quantité de terrain arable recouvré ainsi par ce drainage. Voilà donc notre canal n° 3. Et dites-moi qu'il n'y a rien à faire avec des gens si industrieux et si imitateurs !

A l'entrée d'un étang, nous voulûmes tourner le canot, et, pour prendre leurs places à l'arrière, trois de mes garçons sautèrent sur un petit îlot. Un cri de détresse, et ils s'enfoncèrent jusqu'au cou : un moment encore et ils allaient disparaître. Nous étions trop près pour que le danger fût sérieux. Mais c'était curieux de voir cet îlot revenir à la surface de l'eau. C'est un échantillon de ces terribles *matindi,* comme on les appelle ici, ces ponts flottants d'herbe si fortement entre-tressée, qu'on peut y marcher, mais avec précaution toutefois ; car qu'il y ait une déchirure dans le tissu, et que vous fassiez un faux pas, c'en est fait de vous comme de qui tombe dans un trou sur la glace d'un étang. Ah ! s'ils pouvaient parler, ces *matindi,* quelles histoires lamentables de noyades clandestines ils pourraient nous raconter !

A cause de ces mêmes *matindi* le trajet devint des plus laborieux. Mon ombrelle blanche trompa les gens qui me prirent pour le roi. Aussi, de si loin qu'on nous aperçut, les femmes de pousser leurs cris stridents, les hommes de se mettre en position et de m'envoyer la salutation royale, et tous d'accourir par troupes vers nous... J'envoyai Nyondo pour les désabuser. Quelle déconfiture ! pauvres gens ! Les uns se sauvèrent au village, d'autres se jetaient à plat ventre dans l'herbe. Mais ils revinrent bientôt de leur surprise. Un vieillard les rallia en criant : « C'est le morouti, *n'taté oa rôna !* » et quand j'arrivai au village j'avais déjà autour de moi, grands et petits, une centaine de personnes, un auditoire que d'autres petites bandes vinrent encore augmenter. J'essayai de leur enseigner un simple chant, de graver dans leur mémoire un verset que l'Esprit de Dieu peut graver dans leur cœur, et leur parlai familièrement du Seigneur Jésus qui est venu chercher et sauver ce qui était perdu.

Voilà une journée comme je voudrais qu'elles fussent toutes employées. Le dimanche, nous nous partageons la tâche avec Jacob ; l'un va à Nangoko, l'autre reste ici. Car au village j'ai découvert qu'avec ceux qui vont et viennent, il s'y trouve plus de cent cinquante personnes, des esclaves hommes et femmes, et qui se réunissent avec empressement quand nous y allons ; ils ne peuvent pas tous venir ici faute de canots. Ils sont tout étonnés que nous nous occupions d'eux, si ancrée dans leur esprit est la notion que l'Évangile n'est que pour leurs maîtres et pas pour eux !

Je vais le plus souvent à Nangoko. C'est un long et fatigant trajet, surtout quand le vent souffle. La dernière fois, nous avons mis trois heures et demie, c'est-à-dire presque une heure de plus que d'ordinaire. Le roi commençait à s'inquiéter ; car il arrive souvent qu'un coup de vent renverse les canots et les fait chavirer comme des coquilles de noix. Mais, malgré le soleil et le vent, c'est une grande compensation que de prêcher l'Évangile à cet auditoire d'hommes et de femmes en général sérieux et attentifs.

Que ce sera beau quand les conversions commenceront à se manifester !

LII

Souvenirs de la Conférence. — Le voyage d'aller. — Nalolo. — Séchéké. — Kazoungoula. — Plans, projets et appels. — Un anniversaire. — Visite aux chutes du Zambèze.

Kazoungoula, 25 juillet 1894.

Voilà donc un de nos beaux rêves zambéziens qui s'est réalisé : la réunion à Kazoungoula de tous les membres européens de la famille missionnaire du Zambèze ! C'est chose rare chez nous que de voir si parfaitement réussir des plans formés si longtemps à l'avance, caressés, anticipés et où chacun avait mis son cœur. Nous avions fixé les yeux sur cette réunion, comme on le fait sur un train express que l'on voit poindre dans le lointain. A peine l'at-on entrevu qu'il siffle, passe et disparaît. Notre réunion est déjà close. Déjà nous ne sommes plus au complet. Les amis Goy sont partis hier; demain ce sera le tour de ceux de la Vallée. On s'assied bien encore un moment ensemble pour causer, mais c'est au milieu des emballages d'approvisionnements, des chargements des canots et des wagons et des préoccupations du départ.

Étrangers et voyageurs, nous retrouverons-nous jamais tous ensemble ?

Peu probable ! Mais ce qui restera, c'est le souvenir tout ensoleillé de ces beaux jours. Dans ces régions lointaines, où la solitude morale et spirituelle s'acharne sur nos pas, le présent est si monotone, si prosaïque que, involontairement ou non, nous vivons beaucoup dans le passé. Nous refaisons souvent les étapes où nous avons autrefois élevé nos Béthel et nos Ébénézer, et nous nous arrêtons de prédilection aux Élim où nous nous sommes reposés et où nous avons été bénis.

Je ne sais pas pourquoi, mais j'avais le cœur gros en quittant Léalouyi, et je n'étais pas le seul. J'ai fait mes adieux avec le pressentiment que mon ministère était accompli. Jamais nos auditoires n'avaient été si nombreux, si réguliers, ni si attentifs. Jamais encore l'intérêt pour les choses de Dieu n'avait été aussi grand. Longtemps notre voix s'est perdue sans échos dans le désert; mais il nous semblait voir déjà les os secs remuer, et nous n'attendions plus que le souffle de l'Esprit de Dieu pour les faire revivre. Pourquoi quitter alors ? Que trouverai-je à mon retour ? Les gens aussi étaient tristes. C'était bien différent d'autrefois. « Que ferons-nous si longtemps sans toi ? me disait Léwanika. Nous veillerons bien à ce qu'on vienne à l'église, mais... »

C'était à un mauvais moment de la saison. L'inondation avait trop diminué pour les canots, pas assez pour les piétons ; les communications étaient donc difficiles. Ce n'est pas sans peine que le roi put rassembler les cinquante bons canotiers dont nous avions besoin. Mais il y mit de la bonne volonté. Et quand tout fut prêt, le jour de mon départ, il était là, dès sept heures du matin, surveillant lui-même le chargement des canots, distribuant et organisant chaque équipage. Il m'accompagna un bout de chemin pour s'assurer que tout était bien. Puis, une chaleureuse poignée de main, et son canot faisait volte-face pour rentrer à la ville, pendant que nous nous enfoncions, nous, dans les grandes herbes et dans les roseaux pour continuer notre route. Pauvre Léwanika ! trois jours de suite il nous dépêchait un coureur pour avoir de nos nouvelles et nous souhaiter un bon voyage ! Nous n'étions plus habitués à tant d'égards.

Mokouaé, elle aussi, nous reçut avec amabilité. Elle prit à honneur de nous faire visiter son vaste établissement, sa maison, ses dépendances et ses jeunes arbres ; mais, heureusement, je n'avais pas, comme elle à Léalouyi, des souliers neufs et trop petits. Elle nous chargea de provisions de route et aurait voulu nous retenir un jour au moins pour pouvoir nous offrir l'expression tangible de sa « haute considération », le bœuf traditionnel. Nous étions trop pressés ; il paîtra jusqu'à notre retour.

Notre voyage a été un pique-nique de quinze jours, sans ombres et presque sans aventures.

Des coups de fusil annonçaient, le 7 juillet, notre arrivée à Séchéké, et amenaient sur la rive nos amis Goy et tout ce qui était resté de la population, car tous les chefs étaient partis pour la Vallée. Quelle transformation que ce Séchéké ! C'est à ne plus s'y reconnaître. D'abord c'est la baie, cette belle baie qui s'est comblée de sable et de détritus. Ce n'est plus qu'un marécage couvert d'herbes et de roseaux. La station elle-même n'a conservé aucune trace du stage que nous y avions fait. Tout ce que nous y avions construit a disparu. Mais le Séchéké d'aujourd'hui, avec son presbytère construit par Jeanmairet, son église, sa belle cloche, ses dépendances, ses clôtures de roseaux, ses palissades, son bosquet de grenadelle, et ses sentiers bien entretenus, fait une douce impression et montre ce qu'un homme de goût peut faire d'un désert aride. L'attitude des gens aussi a bien changé. C'est maintenant celle du respect, et peut-être même déjà celle de l'affection et de la confiance. S'il y avait des chrétiens à Séchéké, à côté des dignes filles de M. Keck, j'eusse cru aspirer une bouffée d'air des Malouti.

Et à Kazoungoula, où nous arrivâmes en un jour de Séchéké, quelle chaleureuse réception nous attendait! Des drapeaux flottaient par-dessus les arbres, et une devise de bienvenue se déroulait sur le devant de la maison. Nos amis, eux, étaient là, sur la berge, nous attendant. Je ne sais trop comment nous débarquâmes par la trouée faite dans la muraille de roseaux, trébuchant, pataugeant et sautant sur la pirogue qui sert de pont pour passer une flaque d'eau. A peine avons-nous échangé quelques salutations, qu'un demi-cercle se forme devant nous, et un chant de bienvenu, fort bien exécuté par des voix de filles et de garçons qui s'entre-répondent, nous laisse sous les meilleures impressions. Partout tout est propret. La station est en fête. Un coup d'œil sur ce petit jardin qui implante un air de civilisation à ce monticule sauvage, sur ces bâtiments qui se sont construits sans aide étranger, nous dit que nos amis sont des travailleurs. Ils ont travaillé. Il y a dix ans, nous traversions le fleuve pour la première fois en wagon et bivouaquions à deux pas d'ici, près d'un arbre sans ombre et sous un méchant abri de paille ouvert à tous les vents. Dix ans!... Que de choses depuis lors!...

Mais pourquoi cette longue digression? Je voulais et j'aurais dû me borner à vous dire combien nous avons été heureux de passer quelques jours ensemble. Si l'union fait la force, elle fait aussi la joie, et si, en s'étendant, notre cercle de famille ne s'affaiblit pas, nous ferons toujours à nouveau l'expérience qu'on peut être heureux, même au Zambèze, et que nous n'y sommes ni des exilés, ni des martyrs. Un sincère esprit de charité et d'estime mutuelle, aussi bien que la détermination de placer les intérêts de l'œuvre bien au-dessus de toutes considérations personnelles, ont caractérisé nos séances et nos discussions. La présence du Seigneur s'est aussi manifestement sentie dans nos réunions de prières et dans les réunions d'appel que nous avons eues chaque soir. Rien de plus émouvant que de voir pendant une prédication sur le cri plaintif du prophète : Qui a cru à notre prédication? une vingtaine de jeunes gens et filles se lever spontanément et se déclarer pour le Seigneur. La plupart étaient de Kazoungoula et quelques autres de Séchéké et de la Vallée; plusieurs d'entre eux avaient déjà senti le besoin de faire une profession ouverte d'avoir trouvé le

Sauveur. D'autres, même parmi nos canotiers, sont sous de sérieuses impressions. Nous ne savons pas ce que le mouvement donnera. Nous tremblons même, quand le souvenir nous vient de nos déboires passés. Mais, même si le vent qui souffle soulève beaucoup de balle, quoi? n'y aurait-il pas un seul bon grain de blé?

Vous savez qu'en quittant la Vallée je m'étais proposé de faire un voyage d'évangélisation au pays des ba-Toka et des ma-Choukouloumboué. M. L. Jalla avait offert de m'accompagner. Mais au cours de nos discussions, il devint évident que, tant pour préparer l'expédition du renfort que le Comité nous promet pour l'an prochain, que pour des questions de poste, d'agents et autres que nous ne pouvons pas régler par correspondance, il serait désirable que l'un de nous fît une échappée à Palapchoué et jusqu'à Kimberley. Aucun de mes frères ne pouvant quitter si longtemps sa famille et sa station, je me suis mis à leur disposition. De Kimberley au Lessouto, par voie ferrée en partie, il n'y a plus qu'un pas. Il a donc été décidé que j'irais jusque-là pour resserrer les liens de famille qui nous unissent à nos frères du Lessouto et plaider la cause de la mission du Zambèze parmi les Eglises.

Pour moi, le Lessouto est une nouvelle patrie, nous y avons vécu et travaillé pendant vingt-six ans. Voilà plus de dix années que nous l'avons quitté. La seule pensée d'y retourner après tous les changements qui y ont eu lieu, et dans mes circonstances présentes, me faisait frémir, et j'espérais que mon Maître m'épargnerait cette épreuve. Mais je suis convaincu de l'opportunité de ce voyage, le dernier que je puis y faire; le chemin pour moi est clair, aussi pas d'hésitation. Je renonce à mon voyage chez les ma-Choukouloumboué, et je vais me rendre à la Vallée pour « disposer de ma maison », prendre congé de mes chers ba-Rotsi et de Léwanika, et partir.

Mais si nous profitions de la conférence pour jeter un coup d'œil sur l'œuvre et noter où elle en est [1]?

Nous avons à lutter contre un fléau terrible, un Goliath monstrueux, qui nous défie jusque dans nos foyers : c'est l'épouvantable corruption qui règne et qui sévit dans ce pays; on ne peut

---

[1]. Pour écrire ces pages, nécessaires à qui veut comprendre la suite des faits, je me sers de mes propres rapports et de ceux de mes collègues qui ont été résumés dans le *Journal des Missions* (juillet 1897).

la dire, encore moins peut-on l'exagérer. Les institutions sociales, l'absence de tout contrat, même le plus élémentaire, dans la question du mariage, la polygamie, l'esclavage surtout, source intarissable de tant de maux, la favorisent et tuent la conscience; l'opinion publique est muette et ne flétrit point les atrocités qui se commettent en plein jour. J'en savais long, hélas! et croyais n'avoir plus rien à apprendre sur le sujet, mais un contact plus fréquent et plus intime avec la capitale m'a révélé des abîmes là où je n'en voyais pas, des abîmes à vous remplir d'effroi. Il n'y a pas de jeunesse dans ce pays, à peine y connaît-on l'enfance. A l'âge qu'en d'autres pays on considère comme celui de l'innocence, les enfants des deux sexes ici se sont depuis longtemps, au su de tout le monde, familiarisés avec le vice et se vautrent dans la fange de l'immoralité. Un mot malheureux excuse tout: *Ba bapala!* disent les grandes personnes, les parents eux-mêmes: « Ils s'amusent. » Qui les condamnera, qui les réprimandera ? Grands et petits, seigneurs et esclaves, pères et mères, tous ont joué avec le péché, tous se sont amusés, tous s'amusent encore et s'en vantent; c'est le chemin qu'ont suivi leurs pères et qu'à leur tour ils tracent et élargissent encore pour leurs enfants. Comme le disait le roi avec un sentiment de honte: « Nous avons grandi et croupi dans le bourbier, comment pourrions-nous en sauver nos enfants? » Nos expériences ici ont été dures et humiliantes; le voisinage de la capitale est une atmosphère empestée, et je m'explique maintenant tous les déboires que nous a causés la belle école de Séfoula et l'insuccès apparent de la prédication de l'Évangile.

C'est là le côté sombre de l'œuvre; pour moi c'est la plaie purulente du paganisme du Zambèze, la plaie des plaies. Mais ce n'est pas à dire que nous devions nous décourager; si le mal est grand, nous apportons le souverain remède. Et si c'était un miracle de la grâce de Dieu et de son Évangile qu'un peuple de « sanctifiés » pût surgir au sein d'une cité aussi corrompue que Corinthe, croyons qu'ici aussi, dans la lie du paganisme zambézien, Dieu se glorifiera en faisant passer un grand nombre de nos pauvres ba-Rotsi de la mort à la vie! Les défaites apparentes ou momentanées sont souvent les conditions d'une victoire assurée. Elles font notre éducation.

Après ces quelques observations générales, il sera intéressant de parcourir chaque station pour voir ce qui lui est spécial. Pour cette revue, nous suivrons l'ordre géographique. Pour quiconque se rend du Sud au pays des ba-Rotsi, il doit nécessairement passer par *Kazoungoula,* où se trouve le gué et où s'opèrent toutes les traversées. La station est située à quelques minutes du village, sur une colline qui domine la rive gauche du fleuve. Son missionnaire, M. Louis Jalla, a reçu plusieurs encouragements pendant les six derniers mois écoulés ; aussi commence-t-il son rapport en disant que la période écoulée a été « celle où les lueurs d'espérance s'accentuent ».

En effet, tandis que, pendant les derniers mois de 1893, la population vivait dans des angoisses perpétuelles, à cause de la crainte qu'on avait d'une invasion des ma-Tébélé, en mars 1894 on apprenait la mort de Lobengoula, ce qui faisait succéder le soulagement à l'anxiété.

En même temps, la moisson pouvait avoir lieu ; elle était d'autant plus la bienvenue que les mois précédents avaient été assombris par une famine qui a fait plusieurs victimes.

Malheureusement, l'abondance a plutôt éloigné que rapproché les gens des choses de Dieu ; pendant le temps de la famine, ils semblaient beaucoup plus disposés à écouter la prédication et les exhortations qui leur étaient adressées, tandis qu'avec l'abondance recommencèrent les chants, les danses et les orgies de bière.

Cependant les cultes du dimanche ont toujours été bien fréquentés, avec un auditoire variant de soixante à cent vingt personnes, et ayant une moyenne de quatre-vingts. Chose curieuse, ce sont les femmes, qui auraient tant à gagner à devenir chrétiennes, puisque de pauvres esclaves qu'elles sont elles seraient affranchies par l'Évangile, ce sont elles qui font, au contraire, le plus d'opposition à la Parole de Dieu.

Ce qui réjouit surtout le missionnaire de Kazoungoula, ce sont les jeunes gens et les jeunes filles de l'école. L'une d'elles a déclaré publiquement s'engager à servir le Seigneur ; son exemple a été suivi par plus d'un, entre autres par un jeune homme qui, à la fin du culte, un dimanche matin, annonça qu'il rompait désormais avec toute croyance et coutume de ses ancêtres pour se consacrer à Dieu. C'est ainsi que quatorze jeunes gens ont solennellement affirmé vouloir se donner à Dieu. M. L. Jalla dit à ce sujet : « Leur changement de conduite, le bon esprit régnant parmi eux, témoignent de leur sincérité. Mis sur nos gardes par l'exemple de leurs aînés du bo-Rotsi, nous tremblons en pensant à eux, tout en bénissant Dieu. D'autre part, nous avons confiance en la puissance de l'Évangile, et Dieu saura, de tout ce mouvement produit par son Esprit, affermir et changer en fruits mûrs, pour sa gloire, ces fleurs à peine épanouies dans ce champ où l'ivraie a jusqu'ici étouffé tout bon grain [1]. »

---

[1]. Je crois bon de reproduire ici l'impression produite jour après jour sur M. Louis Jalla par ce réveil ; je l'emprunte aux lettres du missionnaire publiées par le *Journal des Missions* (janvier 1895, p. 24 et suiv.).

Le 3 mai 1894.

Un mouvement salutaire a commencé parmi notre jeune monde de la station. L'Esprit de Dieu travaille visiblement et remue, réveille les consciences des garçons et des filles. Nous ne pouvons assez bénir le Seigneur de ce qu'il daigne enfin nous visiter. Oh! qu'il amène des conversions sincères et durables !

Dimanche passé, à l'école du dimanche, l'évangéliste ayant demandé que ceux qui désiraient devenir enfants de Dieu le manifestassent en se tenant debout devant tous, cinq eurent le courage de le faire, entre autres un de mes ouvriers, une fillette que je n'aurais jamais supposée sérieuse, et un vieux de nos voisins, père d'un des deux jeunes gens qui sont à Morija. Ils eurent alors chacun une exhortation toute spéciale.

En voilà déjà onze qui ont ouvertement manifesté le désir de changer de vie et d'apprendre à servir Dieu. Je dois maintenant diviser en deux classes ceux qui suivent le catéchisme ; Paul aura les commençants.

Hier soir, à notre réunion de prières, je pris pour sujet : Osée, X, 12, « Défrichez-vous des terres nouvelles », et j'exhortai mes auditeurs à rentrer en eux-mêmes et à préparer leurs cœurs afin que le Saint-Esprit puisse y agir librement. Chacun d'eux se sentit pressé de dire ouvertement ce qu'il éprouvait. Certainement l'Esprit de Dieu était là, visiblement, au milieu de nous. Kaboukou sent maintenant que Dieu l'exauce et lui explique toutes les vérités qu'il ne comprenait pas auparavant. Je crois qu'il est tout à fait un enfant de Dieu, comme aussi notre Sébéso, qui nous a demandé de redevenir notre enfant jusqu'à ce que les affaires du successeur de son mari défunt, le Ngouana-Ngono, la réclament à Séchéké. Elle aussi, d'une voix étranglée et les larmes aux yeux, nous fit part de quelques-unes des expériences qu'elle a faites depuis son mariage ; elle bénit Dieu de lui avoir donné la force de résister aux moqueries et aux tentations et de l'avoir maintenue pure au milieu d'un monde où l'immoralité s'étale au grand jour.

Un autre sent, nous dit-il, que son cœur est le grand ennemi. Un autre avoue avoir été retenu jusqu'ici par une voix qui lui dit : Attends à demain. Une jeune fille confesse qu'elle a eu honte jusqu'à présent, mais que désormais elle veut suivre Jésus. La jeune fille qui s'était déclarée dimanche se lève et dit d'une voix claire : « Moi aussi, je veux désormais servir le Seigneur et renoncer aux croyances de mon père et de ma mère ; choisissons-le aujourd'hui, le temps passe. — Mais, lui est-il demandé, si ton père l'apprend et te fouette, t'insulte, te chasse, que lui répondras-tu ? — Je dirai la même chose, je ne crois plus aux dieux de mensonge, Dieu seul existe. »

Le 17 juin 1894.

J'ai un petit moment avant midi, et me hâte de vous associer à nos pensées de reconnaissance envers Dieu. Nous sortons du culte du matin, où, comme les dimanches précédents, assistaient cent cinq auditeurs. J'avais pour texte : Act. XVI, 4 ; le Seigneur était au milieu de l'assemblée ; on le sentait.

A peine eus-je terminé d'exhorter, qu'un de mes ouvriers (le premier ouvrier qui ait jamais eu un tel courage) se leva, et, d'une voix claire, déclara vouloir servir Dieu, se convertir à lui ; confessa être un menteur, avoir volé et commis adultère ; s'en humilia devant tous, dit vouloir se lier devant tous à changer désormais de vie, et finit en exhortant chacun à se hâter de faire comme lui. Suivit un mouvement de profond silence. M'étant levé, je lui demandai : « Affirmes-tu vraiment devant tous que tu étais un menteur, un voleur, un adultère ? — Oui, je l'affirme. — Et qu'en penses-tu aujourd'hui ? — Je veux me séparer de mes mauvaises habitudes et servir Dieu. »

Après quelques exhortations à la vigilance, je dis à l'assemblée : « Peut-être y a-t-il quelques âmes parmi vous qui éprouvent le désir de servir Dieu ? Eh bien, je leur demande simplement de le manifester en se levant ; nous en connaissons trois qui ont précédé celui que nous venons d'entendre ; y en a-t-il d'autres ? » Après un long silence, notre cuisinier, garçon de seize à dix-huit ans, se lève, puis un autre garçon de l'école, du même âge, connu jusqu'ici pour être une mauvaise tête de premier ordre, ayant toujours à la bouche des paroles offensantes, puis une jeune fille, aussi des nôtres.

J'attendis en vain qu'un homme, une femme, se levassent dans cette grande assemblée. « Ainsi, leur dis-je, votre présence ici n'est qu'une pure forme, puisque personne ne désire servir Dieu et se séparer de Satan. » Même silence, chacun regardant son prochain. Je crois que, si une seule personne avait donné l'élan, elle aurait été suivie par plusieurs ; mais la crainte des hommes les cloua sur place. Le Seigneur en mûrira plusieurs pour son règne, j'ai cette espérance intime.

Après une prière appropriée, l'auditoire se dispersa. Mais tous étaient impressionnés. Quelques hommes se sentirent obligés à me dire : « Nous aussi, nous aimons servir Dieu, mais nous craignons nos chefs ; c'est à eux de se déclarer les premiers ; nous avons peur d'eux. »

Oh ! je vous le demande, n'oubliez pas Kazoungoula dans vos prières, dans vos réunions, et Dieu nous accordera de grandes choses. Que d'encouragements, que de sujets de joie il nous

L'école de Kazoungoula a été suivie régulièrement par une moyenne de vingt élèves.

a donnés déjà cette année ! Mon âme en déborde de gratitude et en a la première recueilli de grandes bénédictions...

J'ai été interrompu par trois de nos fillettes, qui sont venues me demander de suivre aussi le catéchisme et nos réunions de prières du lundi soir, « parce qu'elles veulent aussi apprendre à prier et servir Dieu ». L'une d'elles, fillette de dix ans, pleurait à chaudes larmes. Certainement Dieu sait tirer sa louange même de la bouche des enfants !

Deux de ces fillettes, dont l'une a pour père le chef Mokoumba, étaient de petites voleuses l'année passée, et, il n'y a que quelques semaines encore, elles disaient, quand elles rentraient chez elles, que cela ne leur ferait rien du tout d'oublier ce qu'elles ont appris avec leur *moronti*. Je le leur rappelai et leur demandai comment leurs pensées avaient si vite changé. « Nous avons appris, répondirent-elles, que nous agissions mal et nous désirons maintenant apprendre à servir Dieu. »

Nous avons donc dès aujourd'hui quatorze catéchumènes, dont sept ont confessé publiquement leur désir de se donner au Seigneur. Le quinzième nous a quittés pour suivre son maître Paul à Séfoula, où j'espère qu'il saura persévérer dans la bonne voie. Leurs deux aînés sont à Morija. N'avons-nous pas sujet de louer Dieu ?...

Le 24 juillet 1894.

Nous avons eu des réunions d'appel toutes les après-midi de la semaine passée ; vingt-trois personnes se sont déclarées pour le Seigneur ; les trois quarts de nos enfants d'ici sont du nombre. Plusieurs autres âmes ont été aussi profondément remuées. Oh ! le Zambèze aura aussi ses beaux jours, et bientôt, si vous nous aidez encore, comme vous nous le promettez. Que pensez-vous de notre idée d'avoir deux médecins-missionnaires ? C'est plus pour nous hâter de chasser les ténèbres de tous genres que pour nous-mêmes que nous les demandons. Mais il en faut deux et non un seul...

... L'étincelle s'est communiquée à Séchéké où, à leur retour d'ici avec leurs gens, les Goy ont eu la joie d'assister à un réveil qui se continue encore, non seulement chez leurs ouvriers et leurs élèves, mais chez des jeunes gens et des femmes du village. Je m'attends tout à fait à recevoir des nouvelles de ce genre de Séfoula et de Léalouyi. Il y a maintenant un grand mouvement en faveur de l'instruction et de l'Évangile ; même Litia semble se rapprocher...

Le 7 septembre 1894.

... Que de joies et d'encouragements Dieu nous a donnés depuis ma dernière lettre ! Le grain de sénevé a germé et est en train de devenir un grand arbre. Depuis le 5 août, nous avons vu chaque dimanche de nouvelles âmes se déclarer ouvertement pour le Seigneur, et confessant leurs péchés. Toutes nos fillettes ont fait le pas décisif, nos jeunes garçons aussi, sauf un ; de plus, six de nos ouvriers, puis deux femmes et dernièrement deux hommes du village se sont déclarés, et nous attendons encore d'autres conquêtes, car l'Esprit divin agit, on en sent partout l'influence bénie.

Nos réunions du lundi soir, commencées en avril dernier avec sept jeunes gens seulement, se sont bien transformées. Aujourd'hui, c'est toute une petite armée de gens décidés qui se réunit à la chapelle (il y en a trente, le trente et unième est Kaboukou, le plus intelligent de tous, parti à son tour pour Morija). Après quelques mots d'exhortation de John ou moi, nous leur laissons l'occasion de dévoiler leurs pensées, nous questionner sur quelque passage difficile, nous faire part de leurs expériences. Et nous-mêmes, nous nous faisons du bien avec eux. Comme c'est intéressant d'assister au réveil d'une âme, de la voir progresser de semaine en semaine !

Le travail est surtout profond chez les ouvriers, et chez quelques garçons et filles ; chez eux, c'est sérieux à ne pas en douter, et leur zèle à nous en amener d'autres nous étonne et nous réjouit. Et parmi eux aussi, plusieurs des derniers sont de ce fait les premiers. Tous sentent qu'ils ont fait un pas décisif, rompu avec le péché qui s'était déjà emparé même des plus jeunes d'entre eux, et bénissent Dieu de s'être fait connaître à eux. Ils auront bien des vexations et des tentations à endurer. Oh ! que Dieu leur donne de rester fidèles ! Une fillette nous racontait comment sa mère l'avait battue parce qu'elle ne croyait plus aux superstitions d'ici, et que pour toute réplique elle avait essuyé une larme furtive. Un ouvrier racontait comment, en causant avec des hommes de sa connaissance qui s'excusaient de ne pas encore comprendre nos exhortations, il leur répliqua : « Mais vous comprenez bien le missionnaire quand vous venez lui demander de la médecine ou que vous lui apportez des objets pour son marché, comment dites-vous ne pas le comprendre quand il vous parle de Dieu, en usant du même *sé-kroloto* que vous ? »

Nous avons fait deux classes de tout ce monde désireux de servir Dieu : ma femme a les commençants, ils sont nombreux. J'ai les autres. Nous leur enseignons deux fois par semaine, le soir, le catéchisme ; un autre soir, le mercredi, je vais régulièrement au *khothla*, où tous les hommes du village se rassemblent à mon appel ; je chante et prie avec eux et leur parle de Dieu, de sa loi, de ses œuvres et de ce qu'il attend de nous tous, ses créatures. Le jeudi soir, j'ai une leçon biblique avec les ouvriers et mon jeune monde. Mlle Kiéner et ma femme vont aussi deux fois par semaine au village chanter et prier avec les femmes. En tout cela nous sentons que nous ne sommes pas seuls à ensemencer. Dieu agit dans les cœurs et nous donne beaucoup de joie à son service. Le dimanche, pour peu que cela continue, ma chapelle (qui peut à la rigueur contenir trois cents personnes) sera bientôt trop petite. Depuis le commencement de juillet, il y a toujours eu plus de cent vingt auditeurs. Dimanche passé, il y avait cent quatre vingts grandes personnes et une trentaine de gamins...

M. Jalla a visité le bo-Toka, pays qui s'étend au nord-est de Kazoungoula. Pendant cette visite, il a partout reçu un accueil bienveillant; il a eu l'occasion d'annoncer l'Évangile à deux cent soixante personnes, quoi qu'il ne fût pas attendu et que les gens fussent très dispersés. Aussi M. Jalla conclut-il à la nécessité de mettre au plus tôt dans cette région, sinon un missionnaire, du moins des évangélistes.

Le 24 juin, sont arrivés à Kazoungoula les nouveaux renforts qui étaient annoncés à la mission depuis quelques mois, et a eu lieu la noce de l'évangéliste Paul, qui attendait à Kazoungoula sa fiancée, arrivée avec cette expédition.

M. Jalla a la joie d'annoncer qu'il peut maintenant considérer sa station comme terminée au point de vue des constructions; il n'aura plus qu'à maintenir et à refaire ce que la pluie et les termites détruiront.

A *Séchéké*, M. Goy a le plaisir de constater que la population est très bien disposée; le culte du dimanche est fréquenté d'une manière régulière par une moyenne de cinquante à soixante personnes, c'est-à-dire à peu près toute la population actuelle du village, momentanément dépeuplé par la mort du chef. Ici les femmes montrent de l'intérêt pour les choses de Dieu et désirent s'instruire.

L'école a été tenue régulièrement avec une moyenne de quinze élèves. A deux reprises, M. Goy a pu sauver la vie à des enfants qu'on voulait faire mourir à cause de leurs infirmités. L'un était une fillette de trois ans qui avait les jambes paralysées; l'autre, un petit garçon qui avait un cancer à la lèvre.

M. Goy a eu aussi la joie de remarquer chez plusieurs un réveil de la conscience, et il s'attend à ce que, avec l'aide de Dieu, tous ces ossements desséchés se raniment un jour.

A *Séfoula*, M. Ad. Jalla se demande qui a cru à la prédication qui se fait entendre depuis plusieurs années déjà; son cœur est triste de ne pas encore avoir vu de conversions; il n'en est pas moins très content de la manière dont les cultes sont suivis; ils l'ont toujours été par une moyenne de plus de cent auditeurs.

Plusieurs d'entre eux montrent d'excellentes dispositions et beaucoup de zèle pour ne pas manquer le culte, quoique souvent obligés de faire plusieurs heures de marche.

Tous les missionnaires du Zambèze sont obligés d'avoir chez eux un certain nombre d'enfants qui, en échange de leur nourriture, de leurs vêtements et de leur éducation, rendent quelques services dans la maison. Ces enfants causent souvent beaucoup d'ennuis par leur inconduite, qu'on découvre toujours tôt ou tard. Ce sont là des chagrins que nous avons tous eus, mais qui ont particulièrement peiné les missionnaires de Séfoula ces derniers mois. Cependant, ces enfants sont quelquefois le sujet de grandes satisfactions ; plusieurs subissent l'influence de l'Évangile et montrent de très bonnes dispositions ; mieux que cela, M. Ad. Jalla a pu constater que l'œuvre de Dieu se fait dans le cœur de plusieurs d'entre eux.

Pendant les premiers mois de l'année, l'école, complètement aux soins de Mlle Kiener, a été très peu fréquentée, mais dans le courant du mois d'avril, le roi ayant donné l'ordre que les enfants fussent envoyés à l'école, il en a été autrement ; dès lors il y eut une moyenne de trente à quarante élèves.

A *Léalouyi,* j'ai eu moi-même la joie d'inaugurer, le 11 mars, une belle église, qui a été l'occasion d'annoncer l'Évangile à de nombreux auditeurs accourus pour la circonstance. Je ne reviens pas sur cette cérémonie. Parmi les auditeurs étrangers, le plus remarqué était *Sindé,* un chef important de la tribu des ba-Lounda, qui s'est sauvé de devant les Portugais et qui s'est mis sous la protection de Léwanika, dont il reconnaît la suzeraineté. Homme intelligent, il fut si frappé de ce qu'il vit et entendit, qu'il demanda instamment qu'un missionnaire fût placé chez lui ; il alla même jusqu'à confier ses fils à Léwanika pour qu'ils suivissent l'école ; mais ces jeunes garçons, effrayés de rester seuls parmi les ba-Rotsi, qui ne jouissent nulle part d'une bonne réputation, prirent la fuite. A en juger par les renseignements que j'ai pu prendre, autant que par le cérémonial dont s'entoure Sindé, c'est un chef puissant ; seul de tous ceux que j'ai vus ici, il fit son entrée dans la capitale, presque à l'égal de Léwanika lui-même, avec tambours, sérimbas et un nombreux cortège ; ses musiciens jouaient tous les jours pour Léwanika, et au *lékhothla* une place d'honneur lui était réservée. Voilà donc un champ important qui s'ouvre devant nous, et ce n'est pas le seul. Je ne vous ai pas parlé de Mosoadoungou, un des principaux chefs du ba-Loubalé ; de Nyakamétsi, une cheffesse de ces mêmes tribus infortunées qui sont venues faire leur soumission à Léwanika ; ni de plusieurs autres qui viennent des marécages du Lynyanti, des régions du Kabombo et d'ailleurs ; rien non plus de cette population flottante qu'on trouve presque toujours autour de Léalouyi, des chefs qui s'y succèdent avec leurs suites plus ou moins nombreuses de tous les coins du pays ; des tribus lointaines qui viennent annuellement apporter leur tribut.

Vous le voyez, Léalouyi est une chaire d'où une puissante voix peut faire retentir l'Évangile au sein d'un auditoire d'un grand nombre de tribus, et par elles jusqu'aux coins les plus reculés de la contrée. C'est à lui seul un vaste champ d'évangélisation qui réclame tout le temps et les forces d'un homme dévoué, rempli du feu sacré. C'est là aussi que nous voyons bien des portes nouvelles s'ouvrir devant nous. Hélas! à peine capables de nous maintenir là où nous avons pris pied, nous ne sommes pas à même d'y entrer. Aurons-nous la douleur de les voir se fermer et nous-mêmes condamnés à la paralysie? Dieu nous soit en aide!

P.-S. — J'espère que vous ne perdrez pas de vue l'appel que nous faisons pour deux médecins-missionnaires. Comment se fait-il que, parmi les jeunes gens chrétiens qui ont choisi cette profession, il n'en est pas un seul qui se soit offert pour le Zambèze? Est-ce parce que le climat est si malsain, est-ce parce que nous sommes si souvent malades, que pas un seul médecin n'a encore entendu l'appel de Dieu?

Souvenez-vous, en outre, qu'il nous faut pour Séfoula un ingénieur, un homme spécial qui puisse diriger les travaux...

Les amis Béguin — un renfort qui renforce, celui-là — partent pour la Vallée avec les Ad. Jalla. Je leur cède deux des bateaux que j'avais pris pour moi.

Waddell doit partir pour consulter un médecin et voir sa mère. Voilà plus de six mois que le pauvre homme est martyr de rhumatismes. Il descendra avec moi, et nous partirons, D. V., dès qu'il aura fait les réparations nécessaires à la wagonnette.

Le 17 juillet, mes frères et leurs compagnes ont voulu célébrer mon soixantième anniversaire. Rassemblés à 4 heures et demie du matin dans une chambre voisine, ils m'ont chanté : « Oui, je bénirai Dieu tout le temps de ma vie! » C'est bien là la note : la louange.

Ils croyaient me réveiller par ces doux accents; j'en étais profondément ému. Je suis allé vers eux, et ensemble nous avons épanché nos cœurs devant Dieu. J'ai eu de la peine à réaliser le fait que j'ai déjà soixante ans. Frère Jousse disait qu'après soixante ans, un missionnaire ne vaut plus rien. Je me sens pourtant encore jeune de cœur. Tout de même, il y a du vrai dans cette assertion, et moi aussi je prends petit à petit le chemin des vieux papiers.

Le 6 août 1894.

Pendant que nos amis Béguin et Ad. Jalla, pressés d'arriver à la Vallée, se dirigeaient vers Séchéké, que notre courrier expédié un peu à la hâte cheminait vers Palapchoué, nous partions, M. Louis Jalla et moi — lui, l'aimable frère, dans l'unique but de m'accompagner — et nous allions visiter les grandes chutes Victoria en attendant l'arrivée de Litia pour avoir ses canots. Je ne les avais pas vues depuis seize ans, ces cataractes. Charmante et douce récréation que ce petit trajet de dix jours, sans tracas, sans aventures sérieuses. Mal chaussé, c'est vrai, et un peu moins allègre que mon robuste compagnon de voyage, j'en suis revenu perclus des deux pieds, moitié me traînant, moitié porté en chaise sur les épaules vigoureuses de quatre Zambéziens. Mais cet incident, que j'aurais pu prévoir, ne peut pas avoir de conséquences sérieuses — et de cette excursion il ne nous restera que de beaux souvenirs et de précieuses leçons. On gagne à voir dans l'intimité un ami tel que Louis Jalla, chez qui une grande amabilité et une bonne humeur inépuisable s'allient à une énergie infatigable.

Et que dire du spectacle grandiose, sublime, terrifiant qu'offre ce fleuve en démence se précipitant dans ces gouffres obscurs et sans fond! Si l'homme, pauvre vermisseau, se sent écrasé par la majesté de la puissance infinie de son Créateur, le chrétien, lui, s'émeut au témoignage intérieur de l'Esprit que ce créateur est *son Père,* et que cette puissance infinie est au service de son amour immense, infini aussi. Il se relève de la poussière comme un citoyen du royaume de Dieu, un prince du ciel, avec une couronne de joie sur la tête. Que craindrait-il? Que lui ferait l'homme? Son Père est le Tout-Puissant et il l'aime infiniment! Qu'il chante donc le nouveau cantique, le cantique de David: « Louange à l'Éternel, car il est grand et sa bonté demeure à toujours! » — et le cantique de saint Paul : « Qui donc nous séparera de l'amour du Christ?... Rien ne pourra jamais nous séparer de l'amour de Dieu qu'il nous a montré en Jésus-Christ notre Seigneur! »

... Une poste était arrivée pendant notre visite aux chutes Victoria. Elle nous apportait la nouvelle du départ de Mabille pour le ciel... Quelles paroles pourraient exprimer ma douleur? — Rien ne m'avait préparé à ce départ; ses dernières lettres étaient plus chaleureuses que jamais; dans notre correspondance, nous revivions irrésistiblement les années d'autrefois. Mais il parlait peu de sa personne; je ne le savais pas sérieusement malade — et je m'abandonnais au plus doux des rêves, celui de passer encore quelques jours sur la terre dans son intimité. Et cette perspective me soutenait et me donnait du courage pour faire face aux émotions qui m'attendent au Lessouto. Hélas! il n'y était déjà plus!

Cette belle famille sans son chef! Morija sans Mabille! le Lessouto sans lui! c'est dur à réaliser. « Un prince, un grand homme est tombé aujourd'hui en Israël! » Où ne portera-t-on pas son deuil! Sa dévorante activité a consumé prématurément ses forces. Personne de ma connaissance n'a si bien compris et si bien réalisé le précepte qu'il faut travailler pendant qu'il fait jour, que le temps est court… Pour lui, vivre, c'était travailler, travailler pour ce Maître qu'il a tant aimé. Quelle grâce Dieu lui a faite! C'est du champ de bataille, revêtu de son armure et tout couvert encore de la poussière du combat, qu'il l'a appelé aux palais de gloire en la présence même de son Roi. En le voyant nous échapper et disparaître dans le monde invisible, n'éprouvons-nous pas quelque chose des sentiments qui poussaient Élisée à s'écrier : « Mon père! mon père! le chariot d'Israël et sa cavalerie! » — Parmi nous, c'était un Élie, un homme de Dieu; comme Moïse *il était puissant en paroles et en œuvres.* Dieu l'avait immensément doué, mais tous ces dons, sanctifiés par la grâce et imprégnés de cet enthousiasme qu'il avait pour Jésus, il les faisait admirablement valoir. Son influence a été immense, et partout elle a été en bénédiction au loin comme auprès. A lui seul, il était une force; c'était un de ces vaillants de David qui valent une armée à eux seuls. Vous savez ce qu'il était pour la mission du Zambèze. Vous savez ce qu'il a été pour moi pendant trente-huit ans de la plus intime amitié. Pour moi, pour la mission à laquelle j'ai donné ma vie, il a toujours été le même, dans la bonne et la mauvaise fortune. Et plus d'une fois sa prière, ses messages d'affection, son inébranlable confiance, nous ont soutenus, encouragés, réjouis, quand tout et tous semblaient être contre nous.

La mission du Zambèze était son œuvre comme la mienne. Il s'y serait donné lui-même s'il avait été libre de le faire. Il nous a du moins donné de ses évangélistes et attiré l'intérêt de son église. Quand nous fîmes nos adieux à Morija, il me dit avant d'entrer à l'église : « Parle, que Dieu inspire et dirige tes appels. Sache-le d'avance, je te donne les meilleurs de mes gens, les meilleurs de mes évangélistes, s'ils y répondent, et cela, sans réserve, sans restriction. » Et quand Léfi se leva, un des hommes marquants de

Morija, il me dit : « Tu le vois, Dieu a exaucé nos prières. Nous avions grand besoin de Léfi, je ne sais pas comment nous le remplacerons, mais il partira. » Et il est parti.

Tout le monde pourra parler de l'activité de Mabille ; ceux qui l'ont intimement connu et pendant de longues années sont surtout frappés de la profondeur de sa vie chrétienne et de l'œuvre admirable de la grâce de Dieu en lui. C'était un homme de prière et de foi ; sans phrase, tout d'action, un homme *vrai,* un ami d'une fidélité à toute épreuve.

Mais pourquoi vous confier ainsi le trop-plein de mon cœur ? Je le pleure, l'âme angoissée, comme David pleurait Jonathan. On s'habitue presque à croire que des hommes comme lui sont indispensables et par conséquent immortels, Dieu confond nos notions et notre sagesse. S'il daigne se servir de nous et glorifier sa puissance dans notre faiblesse, il se glorifie aussi en nous mettant de côté et en nous montrant que dans son œuvre, quelle qu'elle soit, nous ne sommes pas indispensables. Inclinons-nous, mettons la main sur la bouche, c'est lui qui l'a fait.

Non, nous ne pleurerons pas celui qui a fini sa course, combattu le bon combat, gardé la foi et qui va recevoir la couronne de vie. Mais nous demandons involontairement pourquoi *lui* et non pas *nous,* non pas *moi ?* Nos préoccupations se portent sur l'œuvre… Nous voyons son manteau… ses armes, et nous nous demandons en soupirant : Qui les ramassera ? Mais le Maître le sait. Il ne se trompe jamais. *Il fait toutes choses bien.*

LIII

La plaine en feu. — L'avenir de Séfoula. — Deux besoins pressants de la mission. — Le mouvement actuel. — Nolianga. — La fondation de Nalolo. — En route pour le Lessouto. — Une roue qui se brise. — Plans modifiés. — Une lettre du roi. — Le bras de l'Éternel n'est point raccourci.

Séfoula, 4 octobre 1894.

Nous voici donc encore en plein dans cette saison cruelle de chaleur étouffante et de vents brûlants, où sous un ciel et sur un sol embrasés tout languit, tout dépérit, tout soupire après les premières gouttes de pluie. La plaine est en feu. Nuit après nuit, elle nous offre le spectacle indescriptible de gigantesques illuminations qui transportent l'imagination dans d'autres mondes. C'est ravissant, c'est grandiose, c'est féerique. Il y a dans le feu follet de ces flammes, et dans ce pétillement terrible quelque chose de saisissant. Vous sentez votre impuissance devant cet élément destructeur qui enlace et dévore tout, dont rien n'arrête la marche. Quelle vivante illustration de ces paroles du prophète qui me reviennent toujours à l'esprit en pareille circonstance : « Voici, le jour vient, ardent comme un four ; tous les orgueilleux et tous les méchants seront comme du chaume, et ce jour qui vient, dit l'Éternel, les embrasera et ne leur laissera ni racine, ni rameau. »

Que le vent s'apaise, qu'il retienne son haleine, c'est alors une fournaise. Des masses de fumée, épaisses et noires, éclairées d'une lumière livide par les flammes qui dévorent les jungles, se roulent sur terre, s'entassent, s'empilent les unes sur les autres. Vous suffoquez dans cet étouffoir, la respiration est une agonie.

De jour, l'immensité de la plaine, recouverte d'un lugubre drap mortuaire, tacheté de fourmilières blanches et frangé de nuages blafards de fumée, est impitoyablement balayée par les vents. Ils s'y donnent libre carrière. Auprès, au loin, jusqu'à l'horizon et à tous les points du compas ce ne sont que tornades. Ces tourbillons surgissent on ne sait d'où, s'élèvent et pirouettent, colonnes noires et formidables, aux formes colossales et fantastiques qui, toujours en tournant et pirouettant, vont s'écheveler dans les airs, courent furieusement les unes après les autres, et puis, comme pour échapper au caprice du jeu, se dissipent pour reprendre pied ailleurs et recommencer leur course vagabonde. — Et gare à qui se trouve sur leur passage ! Ce vent de la plaine, rien ne vous en abrite. Il vous poursuit partout, vous fouette, vous lacère le visage sans pitié, et sur vos talons s'engouffre jusque dans votre demeure où, sans rien respecter, il saupoudre tout de poussière comme de son crachat. Comme un enfant malicieux qui guette l'occasion d'une espièglerie, il amoncelle et disperse, pour les amonceler et disperser de nouveau, les cendres, le sable et le gravier... On les compte, les jours de cette affreuse lune. Ce doit être une de ces lunes néfastes que les ba-Rotsi ne célèbrent point par leurs fêtes. A l'apparition des premiers flocons de nuages, on prend espoir. Hélas ! une bouffée de vent — un coup de tonnerre — ils se dissipent ! Et il ne reste que l'ardeur d'un soleil de feu et la fureur insatiable du vent.

La date de ma lettre n'est pas une erreur, je suis à Séfoula. Je vous écris dans cette vieille chambre rongée des termites, mais dont tant et de si sacrés souvenirs font pour moi un *Béthel*. Mon cher Séfoula ! Il a bien changé. Les bâtiments se font vieux, prennent une mine triste et délabrée ! La forêt ! les indigènes en massacrent partout les arbres que nous avions tant de peine à faire respecter, et ils ne laissent que les broussailles. Mlle Kiener n'est plus là, M. Waddell non plus. L'atelier est fermé et la forge aussi ; la scierie est muette et triste. Les Adolphe Jalla, à leur tour, vont quitter pour aller à Léalouyi, et les Béguin aussi pour Nalolo, et il ne restera plus dans un coin de la cour que l'évangéliste Paul Kanédi et sa femme, chères gens qui font peu de bruit et aiment la retraite. Le cœur se serre en pensant aux jours d'autrefois, en pensant surtout à tout ce que nous aurions voulu et à tout ce que nous aurions pu faire à Séfoula. Nous n'y avons trouvé que des marais impraticables, des jungles, le repaire des panthères, et des fourrés hantés par des hyènes. Nous voulions en faire un centre d'industrie et d'éducation, une source féconde de relèvement, de progrès et de prospérité pour le pays. Et voici Séfoula sans missionnaire et presque abandonné !

Et cependant, pourquoi Séfoula n'aurait-il pas encore son jour, et ne remplirait-il pas sa mission bienfaitrice ? Pourquoi n'y aurions-nous pas encore une *école industrielle* qui sapera les fondements de l'esclavage, ce monstrueux édifice social ?

J'y appelle surtout et de mes vœux les plus ardents la fondation d'une *école d'évangélistes*. Nous avons pour l'une comme pour l'autre plus de matériaux qu'il ne nous en faudrait pour commencer. Nos chers ba-Rotsi, dont j'ai dû dire tant de mal, ont du bon aussi. Ne serait-ce qu'une étincelle, une étincelle c'est quelque chose, au besoin on en tire parti. Ils sont industrieux, nos Zambéziens, et sous ce rapport laissent bien loin derrière eux toutes les tribus du sud de l'Afrique que j'ai connues. Ils construisent en ce moment à Léalouyi, en pieux et en roseaux, comme nous naturellement, une maison européenne pour Mokouaé, la reine de Nalolo, et une autre bien plus vaste qui servira de *khothla* ou de cour de justice, et tout cela sera fait avec les produits de l'industrie du pays, y compris les clous comme le minerai dont ils sont faits. La mode est aux canaux : Léwanika en fait et Mokouaé aussi sur quatre ou cinq points de la vallée à la fois.

Et aujourd'hui que je pars pour le Lessouto, je pourrais, si j'y consentais, emmener toute une légion de jeunes gens qui se font tous plus aimables et respectueux les uns que les autres. Pour les uns, leur ambition, c'est d'aller travailler chez les blancs et de revenir chacun son fusil sur l'épaule ; pour les autres, leur désir, c'est d'aller à cette école biblique du bienheureux Mabille, dont la renommée est arrivée jusqu'ici. Inutile de raisonner et d'essayer de leur démontrer l'insuffisance de nos ressources ; ils sont sourds à tout argument et pour couper court à toute obsession il n'y a qu'un seul moyen : il faut se cuirasser, et sans faire de sentiment, dire carrément à ce monde non pas : « Je ne puis pas vous prendre », ils n'en croient rien ; mais : « Je ne veux pas ! » Tant pis pour ceux qui ont la démangeaison de voir du pays et de gagner de l'argent ; mais avouez-le, c'est dur pour les chers garçons qui professent un si grand désir de s'instruire, et de devenir des *évangélistes-maîtres d'école,* car nous cumulons les fonctions au Zambèze. Je n'oserais pas me porter garant, notez, de la pureté et du désintéressement des motifs de chacun. Mais toujours est-il que nous ne pouvons pas y être indifférents, pas plus qu'aux besoins de notre œuvre.

Vous savez si nous apprécions les évangélistes qui nous viennent du Lessouto ; ce sont pour la plupart des hommes d'élite. Mais les distances, les difficultés du voyage et les dépenses en limiteront toujours forcément le nombre. Nous ne gagnerions rien à envoyer nos Zambéziens au Lessouto et à en faire des ba-Souto, pas plus qu'il n'eût été sage et économique d'envoyer des ba-Souto en France et d'en faire des pasteurs ou des missionnaires français. Leurs prétentions et leurs exigences eussent risqué d'être en proportion inverse du bon sens. M. L. Jalla a trois élèves à Morija, et moi j'ai consenti à y conduire un des miens, qui sera le quatrième Zambézien. Mais je le fais à mon corps défendant et tout bonnement parce que je ne puis pas faire autrement. C'est un risque que nous courons, un grand risque même, il ne faut pas se le dissimuler. Mais que faire? Et qu'on n'aille pas s'imaginer qu'en parlant ainsi je jette une ombre de discrédit sur une école qui, de toutes les écoles du Lessouto, a ma plus entière et ma plus profonde sympathie. Oh non! seulement, ce qu'il nous faut, ce qui est impérieux, c'est *notre école biblique à nous,* ici au Zambèze, et *à bref délai.* Dès le début, nous devons inculquer à nos chrétiens un esprit missionnaire, une activité agressive, le besoin de donner ce qu'eux-mêmes ont reçu.

De nos jours, on parle beaucoup, dans le monde religieux anglais, de ce qu'on appelle *self supporting Missions.* J'aimerais mieux, moi, une mission *self propagating.* Ce serait plus vrai; ce serait indiscutable, puisque c'est l'essence même du christianisme, et la sève de la vie spirituelle de chaque disciple du Sauveur.

Je suis venu à Séfoula pour expédier Kambourou avec ma wagonnette, que je rejoindrai à Kazoungoula, où je me rendrai en canot. Mais voilà quatre jours que j'attends, et pas de Kambourou. J'y suis venu aussi pour bénir le mariage de Séonyi et de Nosikou qui, l'un et l'autre, ont grandi chez nous. La jeune fille était restée avec Mme Ad. Jalla quand j'ai quitté pour Léalouyi; tous deux professent d'être convertis, et certainement il s'est opéré chez eux une transformation que nous ne pouvons attribuer qu'à la grâce de Dieu.

Du reste, vous l'aurez déjà appris; il se produit sur chacune de nos stations un mouvement dont nous ne voudrions parler qu'avec la plus grande réserve, mais que nous ne pouvons pourtant pas taire absolument. C'est à Kazoungoula qu'il s'est d'abord manifesté, parmi les enfants qui vivent dans la maison missionnaire. Il s'est fortement accentué lors de notre conférence et pendant le séjour que nous y avons fait.

C'est à Séfoula surtout qu'il a pris les plus grandes proportions. En quelques semaines, le nombre de ceux qui ont publiquement déclaré vouloir servir Dieu a dépassé la soixantaine. Un bon tiers, me dit M. Ad. Jalla, sont des enfants de l'école; d'autres sont des hommes et des femmes qui n'ont guère encore pour les recommander à notre confiance que cette profession publique qui, après tout, parmi ces Zambéziens volages, coûte peu et compromet peu. Mais d'autres sont des personnes dont les visages nous sont familiers.

A Léalouyi, ce qui m'a frappé à mon retour de Kazoungoula, c'est l'auditoire : notre église, toute grande qu'elle est, déborde.

Elle était, le premier dimanche de mon arrivée, bondée comme au jour de la dédicace : les bancs, les passages, les marches mêmes de la plate-forme qui nous sert de chaire, tout est plein, pas un pouce de perdu. Et encore, plus de cinquante personnes, n'ayant pu trouver place, se pressaient-elles dehors aux portes pour écouter. Des travaux publics et des causes locales ont pour le moment dispersé une partie de la population flottante, toujours considérable à Léalouyi. Malgré cela, l'église se remplit. Et, je dois le dire, il y a quelque chose de solennellement réjouissant dans l'attention et le sérieux de ce bel auditoire dans un milieu aussi païen. Ici aussi, nous avons eu de ces professions spontanées, dont quelques-unes ont remué nos cœurs ; mais je ne les encourage pas.

Si nous ne travaillions pas parmi des gens dont nous connaissons aujourd'hui le caractère désespérément frivole, et si nous n'avions pas eu, ou si du moins nous pouvions oublier les dures et humiliantes leçons du passé, peut-être notre joie serait-elle moins partagée, et nos espérances plus vives. Nous ne pouvons cependant pas ne pas nous recueillir en présence d'un mouvement si nouveau. Nous nous demandons avec anxiété si c'est bien là en vérité l'œuvre de Dieu, le commencement du réveil des consciences ; les premières gouttes enfin de ces ondées que nous demandons et attendons depuis si longtemps. Notre désir ardent et sincère, Dieu le sait, ce n'est pas de faire une œuvre éclatante aux yeux des hommes en amoncelant sur le rocher des siècles du bois et du chaume — ils abondent partout, ces matériaux-là — mais bien d'y édifier des pierres précieuses, de l'or ou même de l'argent, si peu soit-il, pourvu qu'il soit de bon aloi. Pour dire franchement ma pensée, je ne suis pas sans appréhension. Je crains que le mouvement, qui paraît gagner en étendue, n'ait encore que peu de profondeur. Je crains que les bonnes dispositions du roi, connues de tout le monde, et l'esprit d'imitation et d'entraînement n'y soient pour beaucoup. Ce pessimisme m'est probablement tout personnel et n'est peut-être pas partagé par mes frères. Je ne sais. Aussi je m'en veux. Que de fois notre âme ne se pâme-t-elle pas en supplications ! Et puis, quand vient l'exaucement, nous en sommes tellement ébahis, que nous ne pouvons pas y croire. C'est toujours : « Rhode, tu es folle ! » Nous croyons pourtant. Oui. Mais, Seigneur, aide-nous dans notre incrédulité !

Léalouyi, 8 octobre.

Hier, c'était le jour des adieux, un de ces jours qu'on aime voir derrière soi. M. et Mme Ad. Jalla sont venus pour l'occasion, puisqu'ils doivent me remplacer. Jacob Mochabécha aussi faisait ses adieux. Remplacé par Willie Mokalapa, il va seconder M. Béguin à Nalolo, où leur installation doit avoir lieu dimanche prochain. Chacun de nous, partants et remplaçants, parla, et pas besoin n'est d'ajouter que ce service eut ce caractère de solennité qui nous fait réaliser la présence de Dieu. Il en fut de même de celui de l'après-midi, qui se prolongea jusqu'à la brune. Tout le monde avait l'air de se retirer à regret.

Il y avait de quoi arracher des larmes aux anges du ciel de voir entre autres des enfants, oui, des *enfants!* se lever, confesser leurs vols et dévoiler leur immoralité. Nous étions probablement les seuls à nous en étonner et à sentir la honte nous couvrir le visage. Qui sondera l'abîme de corruption où grouillent toute cette jeunesse, ces hommes et ces femmes, pères et mères, et même ces enfants? — des enfants d'une douzaine d'années à peine, le croirait-on? se sont déjà familiarisés avec le vice et vautrés dans sa fange! On frémit rien que d'y penser. A en juger par leur sérieux, on doit pourtant croire à la sincérité de ces témoignages. Des appels pressants, rivés par des chants, *d'appel* aussi, chantés en soli et en chœurs par nous quatre seulement, missionnaires et évangélistes, tinrent l'assemblée sous une impression solennelle. Au milieu d'un grand silence, Léwanika tout à coup apostropha une de ses femmes qui se trouvait dans une autre partie de l'église, une charmante jeune femme, douce et timide comme une colombe : « Nolianga, s'écria-t-il, pourquoi te tais-tu? Toi qui aimes tant les choses de Dieu et qui es depuis si longtemps travaillée dans ta conscience, pourquoi restes-tu silencieuse? Dis! Pourquoi ne te déclares-tu pas pour Jésus? Que crains-tu? De qui as-tu peur? Je n'empêche personne, moi, de se convertir et de servir Dieu. Parle donc! » Dans un silence profond, où chacun, les yeux fixés sur elle, semblait retenir son haleine, on n'entendit que des sanglots étouffés. Nolianga ne parla pas, pas plus que celle qui arrosait de ses larmes les pieds du Sauveur et les essuyait avec ses cheveux.

Mais l'incident, aux yeux du public, a une portée immense, et c'est le sujet de toutes les conversations. Personne ne se méprend sur la signification et le but des paroles du roi; mais on se demande pourquoi il n'a pas été plus loin et n'a pas fait le pas déci-

MOKOUAÉ

sif. Au harem, on montrait déjà du doigt la pauvre Nolianga. Ses rivales la traitaient d'hypocrite et d'ambitieuse. « Elle ne fait mine de se convertir, disaient-elles, que pour plaire au roi et devenir sa seule femme quand lui se déclarera chrétien. » Que sera-ce maintenant?

Cette intéressante Nolianga, jeune encore, belle et aimable, est une fille du fameux roi Sépopa, donc une cousine au deuxième degré de Léwanika. Depuis longtemps, elle est attirée vers l'Évangile. S'étant intimement liée avec Noréa, la digne femme de Jacob, elle a mis son amitié à profit, s'est fait enseigner les choses de Dieu et a appris à lire. L'œuvre de la grâce s'est visiblement faite dans cette belle âme. Il y a quelque temps déjà, *à notre insu*, notez, elle confessa au roi qu'elle ne pouvait pas plus longtemps résister aux appels de Dieu. En devenant chrétienne, elle le savait, elle devait quitter le sérail du roi. Mais elle le suppliait de ne pas — selon la coutume — disposer d'elle à son gré et la donner comme femme au premier venu. Elle demandait qu'il la laissât entièrement libre de se marier ou non, et de bâtir sa maison où elle voudrait. Léwanika acquiesça sans peine à sa requête. De fait, je crois que le cher homme est très content de la chose. C'est ce qu'il désirait et attendait depuis longtemps. Il voudrait bien laisser à Dieu la besogne de disperser ses femmes, qu'il n'a plus lui-même le courage de renvoyer. Et puis, si seulement quelques-uns de ses *likomboa* (ses serviteurs personnels) et des principaux chefs se convertissaient d'abord, comme ce serait facile pour lui de les suivre, au lieu de cheminer tout seul — lui qui n'est jamais seul — dans le sentier étroit qui conduit à la vie! Dites-moi, n'avez-vous pas pitié de lui? Que les amis qui ont fait de sa conversion un sujet de prière ne se lassent point.

Séfoula, 16 octobre.

La fixation du 14, pour l'installation de M. Béguin à Nalolo, m'a forcé de hâter et compléter mes préparatifs de voyage, puisque je ne devais plus revenir à Léalouyi. Aussi, on le comprend, les derniers jours ont-ils été des jours de préoccupations et de grandes fatigues. La veille de mon départ, au soir — le jeudi 11 — l'église, sans même un coup de cloche, s'est naturellement remplie, et j'ai pu une fois encore adresser à mes chères gens quelques paroles sérieuses. J'avoue que, quand cette réunion fut finie, ce fut un soulagement pour moi. Mes bons amis, les Ad. Jalla, retournaient à Séfoula dès le lendemain matin, tandis que le roi resta toute la matinée avec moi et voulut m'accompagner seul un bout de chemin à pied pour rejoindre mes canots.

Par un concours singulier de circonstances, j'avais dû considérablement modifier mes plans, pour ne pas les abandonner tout à fait. Je n'avais pas pu expédier ma voiture de Séfoula ; des garçons m'avaient fait faux bond ; Kambourou lui-même n'avait jamais paru, et me faisait savoir au dernier moment qu'il était tombé malade dans un village où il s'était arrêté.

D'un autre côté, un homme qui m'accompagne généralement dans mes voyages et qui devait m'accompagner encore dans celui-ci, mon brave Sémonja, lui aussi, finit par me faire défaut. C'était d'autant plus curieux, qu'il avait un grand désir de faire le voyage avec moi et m'avait supplié de ne pas le laisser en arrière. Comme c'est un homme remarquablement sérieux et un chef important, et que lui aussi professe de s'être donné au Seigneur, j'y avais consenti, croyant qu'une visite à Khama et aux églises du Lessouto pourrait lui faire du bien, et l'affermir dans la foi. Les obsessions de sa femme, paraît-il (c'est une femme de haut rang, une fille de Sépopa, et elle le sait), la jalousie des autres chefs et la peur qu'il a d'eux le firent reculer, et je n'insistai pas. Léwanika eut beau essayer d'autres plans pour me faciliter le trajet en canot, ils n'aboutirent pas, à temps du moins. Je renonçai donc à la voie du fleuve, que je n'avais d'ailleurs choisie que pour me diminuer la fatigue de ce long voyage en perspective et gagner un peu de temps.

Les canots ne me conduisaient qu'à Nalolo. J'y arrivai le samedi matin, quelques heures avant mes amis Ad. Jalla et E. Béguin, qui venaient de Séfoula. Le village était presque désert. Mais tôt après mon arrivée, les tambours de guerre, les *maoma,* les salutations bruyantes et l'excitation générale annoncèrent la reine. Elle revenait d'une visite d'inspection à un canal, qu'elle aussi a fait creuser pour relier au fleuve la capitale temporaire qu'elle va occuper pendant l'inondation. Mokouaé ne reste pas en arrière, et l'on dit à Nalolo que son canal sera le plus large et le plus beau du pays, comme sa maison européenne en est aussi la plus grande.

Le lendemain, la réunion eut lieu au *lékhothla*. Elle ne fut pas aussi nombreuse que je m'y attendais.

Il est vrai que les femmes étaient cachées derrière une paroi de roseaux, et que nous, placés sous un hangar, nous ne pouvions pas voir même tous les hommes qui s'étaient accroupis n'importe où pour avoir un peu d'ombre. Les discours ne manquèrent pas ; dans l'espace d'une heure et demie, nous n'en eûmes pas moins de neuf ou même de dix, intercalés de quelques chants. Je ne dis rien de nos allocutions à nous, dont la portée était de présenter les serviteurs de Jésus-Christ comme des ambassadeurs auprès des gens de Nalolo, de manière à ce qu'on ne se méprît ni sur leur caractère, ni sur leur mission. Celui de Gambella, de Léalouyi, qui représentait le roi et parlait en son nom, avait un cachet de bon sens. Ceux de la reine, de son mari et des principaux chefs, tout en exprimant leur joie de posséder enfin le missionnaire qu'ils demandaient depuis si longtemps, trahissaient, relativement à l'épineuse question de l'esclavage surtout, des préoccupations assez naturelles. L'après-midi j'adressai encore à ces gens les appels et les avertissements que pouvait suggérer la perspective de mon départ.

J'ai appris ensuite que Gambella avait fortement, mais *secrètement,* recommandé à la reine et à ses conseillers d'exercer une stricte surveillance, tant sur les ouvriers de M. Béguin que sur ses achats de nourriture. Pauvres ba-Rotsi ! ils ne peuvent pas cacher leur faiblesse ! C'est égal, nos amis Béguin ont devant eux une œuvre belle et grande. Notre frère est jeune, plein d'entrain et d'énergie ; cela fait plaisir à voir et nous remplit d'espoir pour l'avenir, non seulement de la station qu'il fonde, mais de notre chère mission du Zambèze. Il a déjà bâti deux huttes un peu primitives comme prise de possession du site désigné.

Étant donné le pays qui n'a rien de beau, la situation de la station ne le cède qu'à Kazoungoula. Elle va s'élever sur un petit monticule qui domine la rivière à l'endroit où celle-ci fait une belle courbe et où se trouve le port de cette seconde capitale du royaume. De tous côtés la vue qui erre sur cette vaste plaine, que nous appelons la *Vallée,* n'est arrêtée que par l'horizon.

Un palmier solitaire, à quelque distance de là, sert seul de jalon dans cet immense paysage. Mais attendez plus tard, l'Église s'élèvera comme un phare béni dans le pays des ténèbres, et les chants de la jeunesse égaieront ces solitudes maintenant si sauvages et si mélancoliques. « Le désert fleurira comme la rose ! »

Séfoula, 20 octobre.

Parti de Séfoula au jour fixé, le jeudi 18, m'y voici de retour, quelque incroyable que cela me paraisse à moi-même. En effet, notre dernière réunion avait eu lieu. Nous nous étions, avec les chers amis Béguin et Ad. Jalla, mutuellement recommandés à Dieu et à la Parole de sa grâce ; nous avions chanté devant la maison notre cantique de pèlerinage, nous nous étions donné le baiser d'adieu et les dernières poignées de mains. Puis, au signal du départ, la voiture s'était mise en branle, elle labourait les sables, et la station s'était peu à peu dérobée à nos yeux dans le feuillage du bois. Nous n'en étions qu'à une demi-heure à peine, et j'étais tout entier livré à moi-même et à mes pensées, quand un craquement se fit entendre et la voiture s'arrêta. Un rayon d'une des grandes roues s'était cassé et nous nous aperçûmes qu'il était complètement pourri. La peinture m'avait tout caché. Qu'aurais-je fait si pareil accident ne m'était arrivé que quelques jours plus tard, dans les marécages de Motondo ? Heureusement que nous étions encore près de la station. Nous y ramenâmes donc ma pauvre wagonnette mutilée, non sans peine, car dans l'éclaircie où nous étions, mes garçons, prétendus conducteurs, trouvèrent le moyen de la lancer contre un arbre et de briser le timon.

Pendant que frère Ad. Jalla allait en toute hâte à Léalouyi recevoir les approvisionnements qu'amenaient les canots, M. Béguin, lui, très actif, très habile de ses mains et plein de bonne volonté, jeta l'habit bas et se mit aux réparations. Il les fit aussi vite et aussi bien que, dans les circonstances, pouvait le faire un homme qui n'est pas du métier. Un morceau de bois fut fiché à la place du rayon brisé, et un pieu vert grossièrement équarri au lieu du timon. La voiture, ainsi *grosso modo* rafistolée, pouvait de nouveau rouler. Mais jusqu'où ? Un examen plus sérieux constata qu'elle était bien plus malade que je ne me l'étais d'abord imaginé. Je n'ai ni goût ni habileté pour le métier de charron, et de mes garçons zambéziens pas un seul ne sait manier un outil. Vouloir à toute force entreprendre un voyage pareil, de plus de trois cents lieues, dans ces conditions, avec une voiture vermoulue, pourrie, toute disloquée, c'eût été tenter Dieu, c'eût été une folie. Qu'elle vienne à s'effondrer dans les affreux bourbiers des marais ou dans les sables profonds du désert, loin de l'eau, loin de tout secours humain, que ferai-je ? Après deux jours de luttes et de réflexions, je dus reconnaître le doigt de Dieu dans toutes ces entraves et, une fois cette conviction acquise, je résolus de renoncer à mon voyage. Autant il m'en avait coûté de consentir à un voyage au Lessouto et de maintenir ma résolution après la nouvelle du départ de mon meilleur ami, autant il m'en coûtait maintenant d'y renoncer. C'était un bouleversement si inattendu, si soudain, si complet de tous mes plans et de mes pensées que, si petite qu'eût été la possibilité de voyager dans ces conditions adverses, je n'aurais pas hésité.

La faute, et pour un vieux voyageur comme moi, une faute *inexcusable, impardonnable,* c'est de ne m'être pas rendu compte à temps de l'état de ma wagonnette. La peinture, comme je l'ai déjà dit, ce couvre-misère, — et il y en a dans ce pauvre monde ! — et le fait que j'avais soigneusement conservé ces roues sous abri, m'avaient trompé. Notre climat, le vent, le soleil et le sable détériorent tout, c'est désespérant ! Un ami, ému à la pensée de nos pertes et de nos difficultés, m'avait bien donné le conseil de nous procurer des roues de fer ; mais les roues seules ne suffisent pas, et encore faudrait-il qu'elles fussent construites en vue de nos sables. D'autres nous avaient conseillé des chameaux... Où les prendre ?...

Un peu de sens commun et de prévoyance en temps opportun, et que de travail, de fatigues et d'émotions je me fusse épargnés ! Quoi qu'il en soit, je crois que tout cela n'aura pas été sans fruit, sans bénédiction tant pour nos gens que pour moi. Sur l'ordre de mon Maître, j'étais tout prêt à partir, j'avais déjà sans murmure repris le bâton de pèlerin ; sur un signe de lui je le pose avec soumission et je reste. A Dieu ne plaise que j'hésite quand il m'envoie, ou que je coure quand il ne m'envoie pas ! Un soldat ne discute pas les ordres de son chef, quelque étranges et contradictoires qu'ils lui paraissent.

Je vais donc calmement rentrer à Léalouyi et me remettre sous le harnais. Ad. Jalla y aurait été débordé par l'œuvre et les travaux manuels tout à la fois, et W. Mokalapa par une école grandissante et qui a déjà plus de *cent quatre-vingt-quinze élèves !* « Comme je suis content, m'écrivait le cher Adolphe, de la décision que vous avez prise de rester et de ne pas vous aventurer dans le désert avec ce misérable wagon ! Car, vu le mouvement actuel des esprits, il est important, pour ne pas dire plus, que vous ne vous absentiez pas, et je crois fermement que c'est Dieu qui vous a arrêté pour vous ramener ici. »

Ce mouvement, je vous en ai déjà parlé. Il se continue. Je venais de rebrousser chemin avec ma voiture invalidée, quand m'arrivèrent des lettres de Kazoungoula. Quelles rafraîchissantes nouvelles ! Voilà, parmi d'autres, me dit frère L. Jalla, un de mes anciens garçons, Likoukéla, que Litia avait arraché de notre maison, qui, lui aussi, s'est publiquement déclaré pour le Sauveur.

Et il donne à nos amis de la satisfaction et de la joie. Il nous en donnait déjà ici depuis plusieurs mois.

Et puis c'est Litia lui-même qui m'écrit, exprimant son repentir et son ardent désir de retourner à son Dieu. Je devinais le reste quand je reçus de notre évangéliste W. Mokalapa le billet suivant : « Selon le désir et à la requête du roi, je te fais savoir, mon père, que Litia lui a écrit, s'humiliant de ses égarements et l'informant de son retour à Dieu. Il lui demande son autorisation pour renvoyer sa deuxième femme, et il l'exhorte lui-même à ne pas hésiter plus longtemps à se donner à Jésus et à l'accepter pour son Sauveur. Il lui cite Jean III, 16, et ajoute en soulignant que *celui qui ne croit pas est condamné*. Le roi lui a répondu : « Je suis bien réjoui d'apprendre que tu reprends ta place parmi les enfants de Dieu. Mais je me réjouis et je tremble. Ta profession d'aujourd'hui est-elle plus sincère que celle d'hier? Qu'est-ce qui me le prouve. Sois homme aujourd'hui, sois vrai et ne va pas encore tromper Dieu, les missionnaires et la nation. Oui, renvoie Mokèna. Tu as été une pierre d'achoppement pour tout le monde. Moi-même j'avais honte et j'étais triste quand les missionnaires parlaient de toi comme d'un renégat. Me croyant déjà sur le point de me convertir, mes conseillers me disaient : « Comment peux-tu « y songer? Voilà ton fils qui a été élevé par les missionnaires, « instruit par eux ; il avait même cru ces choses et aujourd'hui il « les renie ! N'est-ce pas une preuve qu'elles n'ont rien de bon et « rien de vrai ? » Peut-être un jour, moi aussi, j'entrerai [1]. »

---

[1]. « S'étant joint à nous, dit M. Jalla, pour la réunion des « convertis », le lundi soir, il nous fit une humble et franche déclaration de rompre avec le monde et de se donner à Dieu. « Désormais, dit-il à ces jeunes garçons et filles, je suis des vôtres ; je « vous considère comme mes frères, car, moi aussi, je veux être un enfant de Dieu, et « lui demander la force de lui être fidèle cette fois-ci. » La note dominante de la réunion, où chacun peut exprimer ce qu'il éprouve, fut, on le comprend, celle de la joie et de la reconnaissance.

« Le dimanche 7 octobre, Litia se leva encore devant un nombreux auditoire et dit : « Ne me considérez plus des vôtres désormais, car j'ai rompu avec les liens de Satan « pour devenir un enfant de Dieu. Si j'ai renvoyé ma deuxième femme, ce n'est pas « que je ne l'aimasse pas ou qu'il y ait eu quoi que ce soit entre nous ; je l'ai fait « uniquement pour obéir à Dieu et pour le servir. Hâtez-vous donc de vous convertir à « Lui, puisqu'il vous en donne occasion et qu'il enlève lui-même tout empêchement. « Vous ne direz plus maintenant que ce sont vos maîtres qui vous empêchent de vous « convertir. »

« Pendant tout ce temps, tout le monde baissait la tête, les jeunes chefs surtout ; un jeune homme cependant se déclara aussi. Ah ! ils sont durs à la détente. Espérons au moins qu'une fois convertis, ce sera pour tenir ferme aussi. J'aime mieux cela que les conversions en masse, par entraînement ou imitation.

« Avec Litia, une nouvelle ère semble commencer, non seulement pour Kazoungoula, mais pour tout le pays. Il se montre, en effet, aussi bien disposé que possible ; il est aimable, poli, respectueux. Quelques jours après son arrivée, il a banni de son village la bière indigène, a dit officiellement qu'il avait renoncé à invoquer les ancêtres et à consulter les devins, et a poussé tous ses subordonnés à suivre le culte et à envoyer

Quelque pessimistes que soient mes vues sur le mouvement actuel, il est indéniable qu'il est assez prononcé pour tourner les pensées du peuple vers les choses de Dieu. Or, la foi vient de l'ouïe et l'ouïe de la parole de Dieu. Pourquoi donc n'oserions-nous pas attendre de grandes choses ? Qu'y a-t-il d'impossible à notre Dieu ? Son bras est-il raccourci, qu'il ne puisse délivrer ? Son oreille est-elle devenue pesante, qu'elle ne puisse écouter ?

---

leurs enfants à l'école, disant que nous, missionnaires, nous n'étions pas venus seulement pour les chefs, mais pour tous, hommes et femmes. Tout cela de son propre mouvement... »

Plus loin, M. Jalla ajoute : « Litia, en passant à Séchéké, n'est pas allé, selon la coutume indigène, faire ses dévotions sur le tombeau de Ngouana-Ngono, le chef défunt ; auparavant déjà, lorsqu'il avait été désigné pour Kazoungoula, il avait refusé de s'adresser aux mânes de ses ancêtres et aux devins pour connaître l'issue de son voyage ; et maintenant, au lieu d'inaugurer son village par une cérémonie païenne, il me demandait d'en consacrer la fondation par la prière à Dieu. J'acceptai naturellement et, le jour de la cérémonie, Litia répéta publiquement toutes ces déclarations... »

LIV

Travaux terminés. — Visites d'évangélisation. — L'enfant de Litia. — Mariage de Nyondo. — Un geste malheureux. — Tempête. — L'école biblique à ses débuts. — A quand l'école industrielle ? — Les renforts attendus. — Le temps presse. — Nouvelle année.

Léalouyi, 24 novembre 1894.

Les travaux du grand canal de la capitale sont terminés, pour cette année du moins ; le canal, l'autre jour à sec, coule maintenant à pleins bords, et les canots vont, viennent, cinglent et se croisent sans cesse. Les ba-Rotsi en sont fiers et nous aussi avec eux. La capitale regorge de gens qui s'en vont retourner chez eux, les ma-Koma, les ma-Yéyé et d'autres. Bonne occasion d'évangéliser. Je prends mon livre et ma canne, et pars.

Ma première visite est pour la vieille mère du roi. Elle est malade. Elle me fait au long le diagnostic de sa maladie : son cœur n'est plus en place, il est suspendu tout en haut des poumons, il branle, branle, lui saute à la gorge, puis... Je vous fais grâce du reste. Ça ne peut intéresser que moi.

J'aborde les choses de Dieu. Elle les hait. Elle est éminemment conservatrice, la pauvre vieille. Elle n'a jamais une seule fois mis les pieds à l'église. Elle, à l'église !... « Tous mes enfants, mes petits-enfants, mes gendres, mes belles-filles sont là, dit-elle : comment pourrais-je me regarder avec eux ? Ça ne se fait pas. Et puis, je n'ai pas de jambes ! » C'est une hyperbole qui ne l'empêche pas d'aller de çà, de là, de voyager même. Mais j'en prends l'occasion pour lui raconter l'histoire du paralytique, qui l'étonne. Elle rit de bon cœur à la pensée d'être portée à l'église par quatre de ses hommes. Pour toute autre chose ce ne serait que tout naturel. Pour détourner une conversation un peu embarrassante pour elle, elle se met à mendier. Sur ce, je me lève et je pars. Elle retient mon garçon pour lui déverser le trop-plein de son cœur. « Je suis un avare ; autrefois, oui, je savais qu'elle est la mère de mon frère (le roi !), et je ne l'oubliais pas. Maintenant je ne lui donne plus rien, pas même une couverture de laine ! »

De course en course, de maison en maison, j'arrive chez *Narouboutou*, un autre conservateur comme la vieille *Inongé*, vieux et aveugle ; il a toute son intelligence, et il en possède à un remarquable degré. Personne n'a eu, tant dans les affaires que sur Léwanika lui-même, une aussi grande influence que lui. J'ai toujours du plaisir à causer avec lui ; nous sommes de grands amis. Cette fois, c'est lui qui m'entreprend.

— Je meurs d'ennui, dit-il, je ne puis parler avec personne. Tu m'as dit de prier Dieu, ton Dieu ; mais si ce Dieu à toi était vrai et bon comme tu le dis, il m'aurait guéri depuis longtemps. Et toi-même, as-tu de l'affection pour moi ? Je ne crois pas, quoique tu le dises. Si tu en avais, et puisque tu es un serviteur de Dieu, que tu es bien avec lui, il y a longtemps que tu aurais obtenu de lui qu'il me rendît la vue.

— Tu es vieux, Narouboutou...

— Que dis-tu, morouti ? Aveugle parce que je suis vieux, moi ? Mon frère est plus vieux que moi, et il n'est pas aveugle, lui. Pourquoi *moi* ?

— Dieu permet de telles choses pour que nous le cherchions ; il fait avec nous comme des parents sages font avec leurs enfants : c'est sa verge, et il ne s'en sert que pour nous rendre *bons*. Ah ! si toi aussi, mon ami, tu changeais, tout en toi serait lumière, paix et joie !

— Lumière ? allons donc. Est-ce à dire que je verrais Dieu ? Qui l'a vu ? L'as-tu vu, toi ?

— Dis-moi, Narouboutou, as-tu une âme, toi ?

— Sans doute que j'ai une âme. Qui en douterait ?

— Mais l'as-tu vue ?

— Mais non, peut-on voir son âme ? Je sais seulement que j'ai une âme. Mais, continua le vieillard, comme pour éluder ma conclusion et comme si une nouvelle idée lui avait traversé l'esprit, où va-t-on quand on meurt ? Nous, ba-Rotsi, nous disons que l'âme va chez les *dieux, mélimo,* quelque part, mais je ne sais pas où.

Je lui lus plusieurs passages de la Parole de Dieu sur ce sujet. Jean, V, 28, 20, le frappèrent. Il m'interrompit :

— Quoi ! tu dis que les morts, les *morts* ressusciteront et qu'ils verront Dieu ? Balivernes ! mensonges !

Il poussa un gros éclat de rire. Pendant ce temps, les cours de son sérail s'étaient remplies d'hommes qui éclatèrent de rire aussi et applaudirent en battant violemment des mains.

— Ne riez pas tant, mes amis ; ce ne sont pas des niaiseries. C'est une vérité certaine que les morts ressusciteront ; ils ressusciteront, tous ceux qui meurent à la chasse, en voyage, sur le fleuve, dans les déserts, ceux que vous avez brûlés comme sorciers, ceux que vous avez tués, les enfants, les vieux, les esclaves, les maîtres, *tous!*

Nouveaux éclats de rire, mais de peu de durée.

— Tu dis, demanda le vieux Narouboutou, que tous revivront, même les sorciers, et mes enfants, mes petits-enfants, moi-même? Ce n'est pas possible, ce n'est pas vrai. Ce qui est mort est mort et ne revit pas.

— Vraiment? C'est que vous êtes dans l'ignorance; cela a déjà eu lieu. Un homme a été mis à mort, on l'avait cloué pieds et mains sur deux bois en croix. Il était si bien mort que, quand on lui perça le côté, il en sortit du sang décomposé, du sang et de l'eau. On l'a mis dans un sépulcre; mais le troisième jour il est sorti vivant du tombeau. C'est un fait incontestable. Cet homme, c'est le Fils même de Dieu, celui même qui a dit les paroles qui vous choquent.

Je lus de nouveau Apocalypse, VII, 9.

— Que dis-tu de cela?

— Je dis, dit le vieillard tout pensif, que si c'est vrai, c'est bien étonnant.

Puis, le laissant à ses réflexions, je pris mon siège et allai m'asseoir dans la grande cour remplie de gens qui venaient saluer Narouboutou avant de s'en retourner chez eux. Leurs figures s'illuminèrent. Il me fallut d'abord refaire connaissance, — car j'ai mauvaise mémoire, et on le sait, hélas! — avec chaque chef de petit village, avec celui à qui j'avais, je ne sais plus quand, donné de la médecine; avec celui-là qui m'avait rencontré je ne sais où. Et puis, quand je repris le sujet de la résurrection des morts et du jugement dernier, il fallait voir tous ces cous tendus, ces yeux fixes, ces têtes immobiles! Si seulement je pouvais les visiter chez eux!

Bientôt après, c'est chez Ouina que je me trouvais. C'est un *sékomboa*, un serviteur personnel important du roi, un vrai Zachée pour la taille parmi ces géants de ba-Rotsi. Il est remarquablement doux et aimable, et il vient régulièrement aux services, toujours affublé dans une tunique de soldat de je ne sais quelle provenance. Ses yeux un peu ternes, comme ceux de tous nos noirs, dénotent pourtant beaucoup d'intelligence. Sa cour aussi est pleine d'étrangers. Sa femme est là, jeune et aimable, qui caresse un bébé. Je le caresse aussi, ce qui déride tout le monde. Et me voilà l'un d'eux.

Ouina commence par me faire des questions sur la conversion, et les plus intelligents de ses visiteurs font de même. Je les encourage. Je réponds à tout et à tous. L'entretien devient très animé et tout le monde s'y intéresse.

A la fin, avant de me lever :

— Dis-moi, Ouina, mon ami, dis-moi pourquoi tu ne te convertis pas, toi qui connais si bien la vérité ?

— Mais je me convertirai. Certainement nous deviendrons tous des chrétiens. Ne vois-tu pas Léwanika qui nous ouvre le chemin ? Attends seulement un peu, prends patience. Nous venons.

— Ne me parle pas des autres, mais parle de toi. Tu te convertiras, tu vas venir ? Quand ? As-tu fixé le jour ? Dis ? Pourquoi pas aujourd'hui ? Maintenant ?

Il baisse la tête.

— C'est que j'ai peur, dit-il ; la loi de Dieu est dure, difficile.

Je lui fais lire mot à mot Matthieu, XI, 28, 29.

— Je comprends, fait-il avec un long soupir. Mais... mais, vois-tu...

— Voyons, mon ami, quelle est ta difficulté ? Dis-le-moi franchement.

— Ma difficulté, c'est celle de tous les ba-Rotsi, ce sont les *femmes*. Comment est-il possible à un *morouti* de ne vivre qu'avec une seule femme et d'être satisfait et heureux ?

— Oui, les femmes ! répétèrent à la fois les hommes qui remplissaient la cour.

Et sa femme d'ajouter :

— Ni nous non plus, nous ne voulons pas d'un évangile qui défend que plusieurs femmes se réclament d'un seul homme, s'entr'aident et se tiennent compagnie.

Je la regarde fixement :

— Dis-tu vrai, toi, femme ? Quelle est donc cette maladie qui vous dévore et que vous appelez *léfoufa ?* — (jalousie de harem).

On frappe des mains.

— Voilà qui est bien dit !

— Oh ! dit la pauvre femme avec confusion, je ne parlais pas sérieusement. Je voulais voir ce que tu répondrais.

— Ah ! possible ! Mais je suis sérieux, moi.

Puis, me tournant vers Ouina, je lui dis :

— Je te comprends parfaitement, mon ami ; il doit, en effet, vous coûter beaucoup de renoncer à vos femmes et à toutes vos jouissances charnelles. Mais suppose que tu manges du pain sec — une grande privation pour les noirs et une dure nécessité — et que je mange le mien avec du miel, — dont les chefs ba-Rotsi sont très friands et dont ils essaient de s'assurer l'usage exclusif, — dis-moi, ne m'envierais-tu pas ? Et si tu me voyais partager ces délices avec d'autres amis et que je te laissasse de côté, que dirais-tu ?... Si, au contraire, je te disais : Ouina, laisse donc ton pain sec et viens partager mon miel...

— Oh ! je battrais des mains ! (On rit.)

— Eh bien ! c'est juste ce que je fais. Toi, tu en es encore à grignoter le pain vieux et sec de la polygamie et de toutes vos vieilles coutumes. Moi, j'ai trouvé dans les choses de Dieu un miel qui fait mes délices de chaque jour. Je t'invite, je te presse de venir manger au même plat que moi. Tu hésites, tu ris avec dédain et tu me dis : « Je ne puis pas abandonner le vieux pain sec que je grignote... » Si seulement tu voulais goûter mon miel, comme tu rirais de joie ! Tu dirais : « Comment étais-je si insensé que de m'obstiner à ronger ce pain dur et sec, comme un pauvre esclave, tandis que, comme un grand seigneur, je pouvais manger du miel à cœur joie ! »

La leçon fut comprise, et je laissai tout ce monde se la répéter et la commenter à loisir.

Ah ! que je voudrais la passer aussi à tous ceux qui hésitent entre les jouissances mensongères du monde et le service du Seigneur Jésus !

7 décembre.

Litia, en partant pour Kazoungoula, m'avait demandé de lui envoyer la photographie de son enfant, que Léwanika a gardé ici pour l'élever.

C'est maintenant un petit bonhomme de près de deux ans. Mais, le croiriez-vous ? personne, en dehors de sa parenté immédiate et des esclaves attachés à son service, n'a encore vu son visage. Personne *n'est censé* connaître son nom ou savoir si c'est une fille ou un garçon. Personne que les gens de service n'est, depuis deux ans, entré dans la cour où il grandit, et si lui-même a dû en sortir, ce n'est que couvert de fourrures au point d'étouffer. S'il doit voyager en canot, on l'y porte ainsi caché, puis on a le soin, une fois déposé dans son pavillon de nattes, d'en fermer l'ouverture. C'est le sort de tous les enfants de sang royal. Il arrive quelquefois que la pétulance l'emporte, et le petit captif, un beau jour, renverse la porte de roseaux et s'élance dehors au grand air, tout jubilant, suivi d'esclaves stupéfaits. Il n'y a plus d'autre remède alors que de le présenter le soir au roi et de lui accorder la liberté qui fait la jouissance du pauvre. Vous comprenez, c'est du « mauvais œil » qu'on a peur, lors même que le pauvre petit prisonnier est tout couvert d'amulettes. Il y a probablement encore une autre raison : c'est le mystère qui, en général, en impose au vulgaire. Les rois ba-Rotsi prétendent à une descendance divine et, pour dire le moins, tiennent à le rappeler.

C'est donc ce petit mignon de visiteur, qu'avec l'autorisation expresse de Léwanika, m'apporta Maondo, une des femmes du roi, personne intelligente et aimable qui a charge de lui.

Pauvre petit ! Elle me le montra : un gros paquet très soigneusement enveloppé sur le dos d'une esclave. Ne voulait-elle pas que je prisse ainsi sa photographie ?... De concession en concession, elle aurait consenti à le dépaqueter (il y a longtemps que j'ai eu le rare privilège de le voir, moi ; je ne porte donc pas guignon), mais dans ma chambre, en en fermant soigneusement les fenêtres : elle aurait même consenti à ce que je le fisse dans la cour, à condition que j'ordonnasse à tous nos garçons et filles, et à tous nos ouvriers, de se cacher. J'eus beau discuter, j'y usai mon latin ; elle ne se rendit pas, ni moi non plus, et, n'en revenant pas de ma hardiesse, elle s'en retourna toute triste avec son gros ballot sans l'avoir déballé !

Ce fait, insignifiant en apparence, suffirait pour montrer combien les ba-Rotsi tiennent à leurs coutumes, tout en reconnaissant eux-mêmes ce qu'elles ont de déraisonnable et de mauvais. Ce seront longtemps encore des écueils cachés pour nos ba-Rotsi chrétiens.

29 décembre.

Nous avons eu nos fêtes, et même quelque chose de plus. D'abord le mariage de Nyondo. Savez-vous qui est Nyondo ? C'est un pauvre mo-Choukouloumboué, esclave du roi, qui a obtenu de celui-ci la permission de venir chez nous pour suivre l'école. Il s'est converti et nous donne de la joie. Il est d'un sérieux imperturbable, il ne rit que par accident, surtout devant ses supérieurs ; il est très réservé, homme de peu de paroles, mais véridique et honnête, — il ne l'avait pas toujours été. Il a un peu, dans ma maison, pris la place de Ngouana-Ngombé. Les bonnes qualités qui se sont développées chez lui depuis qu'il est devenu chrétien, l'ont fait estimer du roi et ont, je n'ai pas besoin de le dire, conquis mon affection. Il est peu intelligent, mais il a du cœur, et je l'ai découvert quand je ne m'y attendais guère. Ce bon garçon n'a pas de plus grand désir que celui de devenir un évangéliste maître d'école. Le roi le sait et lui laisse toute latitude.

Fiancé à une jeune fille dont les services étaient fort appréciés du roi, et qu'il obtint pourtant, il la plaça chez Mme Ad. Jalla, où elle se développa de toutes façons et finit par se convertir.

C'est son mariage qui eut lieu le 21 décembre, le premier qui fût célébré à Léalouyi. Nous nous attendions à voir foule. Eh bien ! non. L'église n'était pas pleine, les bancs étaient modérément occupés. Le roi était là avec quelques-uns de ses *likomboa*, mais aucun des grands chefs, si ce n'est Sémonja, qui est chrétien. La cérémonie n'en fut pas moins très impressive. Dans mon allocution, je m'attachai nécessairement à mettre en lumière l'institution divine du mariage chrétien avec les plaies et la pourriture de la polygamie, la position de la femme chrétienne avec celle de la femme païenne...

Bref, je me demandais si on m'avait bien compris. Compris ? si bien que mon discours fut colporté, commenté et mit tout le village en émoi. Les hommes étaient furieux, et les femmes se demandaient « ce qu'elles avaient fait pour irriter le bon Dieu ».

C'était le vendredi. Nous célébrions Noël le dimanche. Nos cantiques et nos chœurs bien préparés furent aussi bien exécutés que nos matériaux nous permettaient de l'espérer. Les évangélistes étaient là : Paul Kanédi, de Séfoula ; Jacob Mochabécha, de Nalolo, et notre Willie ; bonne occasion donc pour des services d'appels. Ad. Jalla ouvrit le feu, un beau feu d'artifice : « *Le sujet de joie.* » Les autres suivirent, mais notre Boanergès de Paul, lui, lança des foudres. Il parla, cet homme, avec la puissance d'un inspiré, s'adressant tour à tour aux diverses classes de son auditoire : les reines, les esclaves, les chefs, le roi, tout le monde eut son compte. Pourquoi fallait-il que de si beaux, si puissants appels fussent accompagnés d'un geste malheureux, le plus malheureux imaginable ! En s'adressant à ses auditeurs, Paul les montrait du doigt. Passe encore pour la masse, mais quand il s'adressa directement au roi et le montra du doigt, il faillit y avoir une explosion. Nous n'en savions rien, nous ; nous ne nous en doutions même pas. Mais quand nous fûmes dehors, elle éclata sans réserve dans les différents groupes. N'importe où, l'index qu'un orateur emporté secoue à la figure des gens peut avoir sa raison d'être, mais est d'un goût douteux. Ici, et chez tous les noirs, c'est la plus grande provocation que l'on puisse adresser à quelqu'un et la plus grande insulte qu'on puisse lui faire. Seulement, le brave Paul croyait qu'à un prédicateur tout est permis, même cet infortuné geste, sans qu'on s'en offense. Il se trompait. Et pour comble, j'avais osé installer des jeunes gens du chœur derrière le roi sur un banc que les chefs avaient accaparé et se disputaient toujours. Ils prétendaient qu'en se levant ils avaient effleuré l'habit de Sa Majesté. L'après-midi aucun des *likomboa,* aucun des chefs n'était là, pas même le roi au second service.

Mauvais signe. Le lendemain de Noël, deux hommes vinrent, au nom des chefs, appeler les évangélistes et certains de nos garçons à comparaître au *lékhothla.* Trop peu bien portant pour me traîner jusque-là, je dus forcément demander à M. Ad. Jalla d'y aller à ma place, insistant pour que le roi présidât lui-même le *lékhothla,* et espérant que la présence de M. Ad. Jalla serait un frein pour les ba-Rotsi. De dix heures à cinq heures de l'après-midi, nous passâmes par de terribles anxiétés. J'étais surtout inquiet au sujet de mes garçons, et je ne pouvais que les confier au Seigneur, qu'ils étaient appelés à confesser. Eux n'avaient ni honte ni crainte; ils étaient à la place des accusés, c'est-à-dire des *condamnés;* ils savaient aussi que, selon toute probabilité, ils ne la quitteraient pas, cette place, avant d'avoir été cruellement garrottés et... qui sait?

M. Jalla nous raconta la grâce et le courage que Dieu a donnés à nos jeunes gens; les insultes outrageantes que ces chefs surexcités ont fait pleuvoir sur leurs têtes et sur celles des évangélistes. Il nous raconta le moment terrible de suspens qui s'écoula entre la défense que nos frères firent d'eux-mêmes et le discours du roi, — et l'étonnement de l'entendre franchement, sans la moindre ambiguïté, prendre la défense de nos garçons, de nos évangélistes, de nous-mêmes, et dévoiler en partie les menées des chefs qui s'accrochaient à de futiles prétextes pour donner libre cours à la haine que leur inspire l'Évangile. — Dieu soit loué! C'est une délivrance, j'ose à peine dire une victoire. Car ces vieux suppôts du paganisme ne se tiendront pas pour battus et seront sûrs de machiner d'autres plans. Mais le résultat final n'est pas douteux, et cela nous donne du courage et de la joie. Cela affermira nos jeunes chrétiens. Ce qui nous a attristés dans cette affaire, c'est la conduite de mon Sémonja, un chef influent, qui m'accompagnait généralement dans mes voyages. Il est converti, c'est un homme doux, aimable, sérieux; mais il a eu peur de prendre notre parti. Depuis lors, il était si malheureux! Il est venu ce matin (le 31) s'humilier de sa conduite. Mais pareille lâcheté donne du souci.

Les Ad. Jalla sont partis samedi pour Nalolo. J'étais donc seul avec l'évangéliste, auquel je donnai toute la première partie du service, me réservant la prédication. A la porte, on m'avertit que les chefs avaient chassé tous les jeunes gens du banc de devant eux. Entrant suivi de Léwanika, je les fis rasseoir à la place que je leur avais désignée, et, dans une courte allocution, j'expliquai calmement à l'assemblée que la maison de Dieu n'est pas leur *lékhothla,* où chacun a sa place assignée. Chez lui un chef est tout, à la cour il n'est qu'un serviteur. De même quand nous venons dans la maison de Dieu, nous laissons toutes nos dignités et nos grandeurs à la porte; ici, Dieu seul est maître, seul il est grand. Puis je prêchai sur Luc XIX, 14 : *Nous ne voulons pas que celui-ci règne sur nous.* Dans l'après-midi, Gambella m'envoyait en cadeau deux belles pagaies. Pourquoi ? Pas de message.

Je crois avoir découvert la clef de toute cette surexcitation. On craint que le roi ne devienne chrétien, et que, quand il aura dispersé tout son harem, il n'abolisse la polygamie et ne force les chefs, comme tout le monde, à se contenter chacun de sa femme !!!

Léalouyi, 31 décembre 1894.

J'ai eu une forte attaque d'hématurie qui m'a fort éprouvé. Depuis plus de quinze jours, je traîne l'aile; mais je vais mieux, bien que je ne vaille pas grand'chose...

Après les vacances de Noël, j'espère reprendre mon école biblique après-demain. Une école biblique au Zambèze !!!... Ce nom vous rappelle l'œuvre gigantesque et bénie de mon bienheureux ami Mabille. A ce titre, il est prétentieux. Ce n'est que le nom, toutefois. Je n'ai que quatre élèves, que j'habille et nourris, et qui font mon petit tripot de ménage. Ce sont mes enfants aussi bien que mes élèves. Deux huttes les abritent, l'une avec un grand trou et un petit, qui font l'office de porte et fenêtre : c'est la salle d'étude; quatre pieux fichés en terre et une couple de planches servent de table. L'autre, c'est le dortoir, qu'ils tiennent assez propre. Le nombre de ces élèves pourrait se doubler et se tripler; mais, pour le moment, je m'en tiens à ces quatre. Outre le manque de vivres, le caractère de nos jeunes Zambéziens a besoin d'être éprouvé, et leur vocation non moins.

Du reste, ce n'est ici qu'un essai, un petit commencement. Ce n'est certes pas à m'enfermer trois ou quatre heures par jour avec une classe que me portaient mes inclinations; loin de là. J'aurais voulu des ailes pour parcourir le pays et publier l'Évangile, la bonne nouvelle. Je souffre que nous soyons ainsi parqués, murés chez nous et dans l'impossibilité de voyager. Nous voyons bien des foules d'étrangers et nous faisons notre possible pour qu'ils emportent quelque étincelle de vérité. Mais, ici, ce n'est pas chez eux. Ce sont les circonstances qui m'ont forcé à m'occuper de ces jeunes gens que je ne conduisais que de mauvais gré au Lessouto, comme vous savez. Ce n'est certes pas l'école biblique de Morija qui est en cause, car vous savez si je l'aime. Mais il ne faut pas que nous fassions de nos Zambéziens des ba-Souto. Une école biblique s'impose au Zambèze. Je la commence ; à vous d'aviser à la continuer et à la développer.

Vous serez bien tristes d'apprendre que mes prévisions au sujet de Séfoula ne se réalisent que trop. Tout tombe en ruines. Les vents qui précèdent la saison des pluies ont été, cette année, d'une violence extraordinaire. Ils ont renversé un gros arbre qui est tombé sur la scierie, en a effondré le toit et presque abattu les murs. M. Ad. Jalla a bien essayé de réparer un peu, *grosso modo*, comme on dit ; mais ce n'est pas un raccommodage pareil qu'il faut pour sauver notre propriété en temps de pluie. C'est bien triste de penser à tout ce magnifique outillage qui est là à se détériorer, quand un homme de la trempe de Waddell pourrait en tirer un si grand parti et nous être d'un si grand secours.

Notre église, ici, n'est pas finie ; le sera-t-elle jamais ? Nous avons quinze grands trous dans les murs en guise de fenêtres et de portes. Les fenêtres, nous les avons bouchées avec du calicot, qu'il a fallu renouveler plus d'une fois, bien que nous n'en ayons pas à revendre, certes. Mais il n'y a pas de calicot, si fort soit-il, qui y tienne : le vent le déchire comme du papier. Et si vous saviez comme il s'engouffrait et se démenait dans ce local ! C'était à ne plus pouvoir y tenir, et je tremblais pour le bâtiment lui-même. J'ai donc dû, forcément, fermer avec du roseau et badigeonner toutes ces fenêtres de calicot que vous voyez sur la photographie, et d'autres en plus. J'en ai laissé d'ouvertes juste assez pour y voir clair.

Aux dernières nouvelles, Waddell était encore à Kazoungoula à se morfondre. Combien je regrette qu'il ne soit pas revenu avec moi ! Il aurait pu réparer un peu la voiture, et nous serions l'un et l'autre, à l'heure qu'il est, bien loin dans notre voyage. Pour moi, une consultation médicale est presque aussi nécessaire que pour lui. Comment voyager sans voiture ?

Je crois qu'ici, une des principales causes de nos malaises, c'est l'eau dont nous devons forcément nous servir. Ces premières pluies balaient, lavent plutôt le pays, et le lac où nous puisons est devenu l'égout général. Mauvaise en tout temps, elle ne se conserve pas douze heures. Elle a alors une odeur et un goût à vous empoigner la gorge. Impossible, le matin, d'avaler ma tasse de café habituelle.

Tout en barbouillant mon papier, me voici tenant pour la première fois la plume le 1er janvier 1895!... Oui, 1895! Cinq ans encore et le siècle, lui aussi, aura passé. Et nous? L'année qui vient de s'écouler, elle, nous laisse humiliés, mais aussi enrichis d'expériences et de bénédictions, — et plus près du ciel. Celle qui commence, que nous apporte-t-elle?... Où nous laissera-t-elle? Encore dans la vallée et sur le champ de bataille, ou bien là-haut, en présence du Roi que nous aimons de toute la puissance de notre cœur, et que nous voudrions servir avec tant de fidélité?...

Ils vous arriveront tard; je vous les envoie quand même, mes bons vœux de nouvel an. Ah! ces bons vœux, comme il est facile de les faire! Et comme on en fait partout aujourd'hui! Ça va durer quelques jours; après cela, qui y pensera? Pour nous, ce n'est pas le cas. Membres de la même famille missionnaire, nous connaissant et nous aimant, partageant les soucis, les joies et les responsabilités de la même œuvre, nous n'avons pas besoin que l'année se renouvelle pour nous rappeler les uns aux autres, n'est-ce pas? Seulement, l'année qui s'enfuit et la nouvelle année qui commence, et qui nous arrive avec toute sa réserve de bénédictions et d'épreuves inconnues, imprévues, donnent à nos intercessions mutuelles un cachet tout spécial de solennité. Que demander? Le savons-nous? Plaçons tout simplement aux pieds du Seigneur nos amis, nos bien-aimés, l'œuvre de nos cœurs et de nos vies, et disons-lui avec foi : « Seigneur, ils sont tiens, bénis-les!... Oui, bénis-les!... Rassasie-nous *chaque matin* de ta bonté, afin que nous nous réjouissions et que nous soyons joyeux tout le long de nos jours! *Réjouis-nous au prix des jours que tu nous as affligés... Que ton œuvre paraisse sur tes serviteurs, et ta gloire sur tes enfants! Et que le bon plaisir de l'Éternel notre Dieu soit sur nous, et dirige l'œuvre de nos mains! Oui, dirige l'œuvre de nos mains!* »

LV

La saison des pluies. — La santé des missionnaires. — Une visite à Séfoula. — Deuils et espérances. — Le mouvement des esprits. — Deux réunions bienfaisantes. — Appels et témoignages. — Léwanika. — Portes ouvertes. — Où sont les hommes?

Séfoula, 1-r avril 1895.

Tant pis si je tombe dans les banalités des désœuvrés de la civilisation en vous parlant du beau et du mauvais temps. Il est de fait que la saison qui s'en va a été bien extraordinaire. Les pluies, qui commencent régulièrement vers le 20 novembre, ont été de deux mois en retard; et, au lieu de ces fortes averses qui inondent tout, nous avons eu une chaleur suffocante, des vents brûlants qui balayaient les nuages dès qu'ils se formaient à l'horizon, un soleil de feu qui grillait tout. A la fin de février, alors que d'ordinaire la plaine est sous l'eau depuis le commencement de janvier, les piétons la traversaient encore sans difficulté. Nos ba-Rotsi s'en désolaient; depuis plus de vingt ans ils n'avaient vu chose pareille, et ils avaient déjà donné à cette année phénoménale le nom de la « marche à pied » ou « marche à sec » (*oka enda banjé*). C'est que, pour eux, pas d'inondation veut dire pas de chasse, pas de fourrures pour l'hiver, pas de changement de domicile — ce dont leur humeur remuante ne s'accommode guère. Mais, ce qui est bien autrement grave pour tout le monde, ce sont les maladies, les grippes, l'influenza, les fièvres surtout qui sévissent et qui, tant parmi les indigènes que parmi nous autres, Européens, n'épargnent que peu de gens.

Les consultations, qui n'ont pas d'heures fixes, la distribution des médecines, ne sont nullement affaires de récréation et sinécure. Il ne se passe pas de jours que nous ne regrettions l'absence d'un médecin de profession parmi nous.

Notre urgent appel de Kazoungoula restera-t-il vraiment sans écho? Ne s'est-il encore présenté aucun homme de l'art qui se sente appelé de Dieu à cette vocation, la plus belle de toutes? Aller de ville en ville, disons de village en village, faisant du bien, guérissant les malades et prêchant l'Evangile du royaume de Dieu à l'exemple de Jésus lui-même, et en marchant sur ses traces! je le demande, est-il sur la terre une vocation plus digne de la sainte ambition d'un jeune homme chrétien?

Ah! si je pouvais redevenir jeune! avec quelle ardeur je m'appliquerais à l'étude de la médecine! Et, muni de tout le bagage possible, médical et théologique, avec quelle joie je partirais pour soulager les misères physiques et les misères morales de ces pauvres païens! Eux ne comprennent pas qu'envoyés de ce Jésus « qui guérissait toutes sortes de maladies », nous ne puissions guérir celles du corps aussi bien que celles de l'âme. Une guérison est à leurs yeux une preuve de notre apostolat. Les en blâmerons-nous?

Notre mission, elle aussi, a été bien éprouvée. Tous les membres de la famille zambézienne ont eu la fièvre; voilà Mlle L. Keck qui, désespérant de s'acclimater ici, va reprendre le chemin du sud. Et nous qui avions salué son arrivée avec tant de joie et d'espérance!...

Ce sont surtout nos pauvres amis Béguin qui ont souffert. Les rapports qu'on nous faisait d'eux nous avaient effrayés. J'allai les visiter il y a quelques semaines. Ils étaient alors relativement mieux, et ma visite n'a été qu'une visite d'agrément.

Je les ai trouvés dans une méchante hutte basse, obscure, mal aérée, toute encombrée de leurs caisses. Ils s'y étaient réservé un petit coin qui leur sert de chambre à coucher; un autre, plus petit encore, qu'on appelle *salle* à manger; il faut presque y manger sur le pouce faute de place; il y en a même un troisième qu'ils décorent du nom de salon, à cause de deux chaises qui y sont entassées. Je souffrais pour eux, pour cette jeune dame surtout, si récemment sevrée du confort de la vie civilisée. Mais l'activité de notre jeune frère, l'énergie qui semble lui sortir par tous les pores, l'entrain et l'air de contentement de notre jeune sœur, au milieu de ce rude apprentissage par lequel nous avons tous à passer, et les sourires de leur florissante enfant, tout cela faisait un heureux contraste et m'a fait du bien. Bientôt ces chers amis quitteront ce réduit et s'installeront dans la grande maison temporaire que M. Béguin a déjà élevée. Ils y auront de la place, de l'air, de la lumière, et, espérons aussi, abondance de santé. Ce sera un palais pour eux.

Leur œuvre en est encore à ces commencements si difficiles, où missionnaires et indigènes cherchent à se connaître et à faire mutuellement l'éducation les uns des autres. Mokouaé et ses conseillers ne perdent jamais de vue leur dignité; ils ne sont nullement modestes dans les prétentions qu'ils affichent, ni dans les égards qu'ils exigent; ils supportent difficilement qu'on leur fasse la leçon et qu'on les astreigne à quelque chose comme une règle, même pour les services du dimanche. Cependant, petit à petit, la position de nos amis se dessine et s'affermit. Eux aussi ont fait un petit tabernacle qui peut abriter la moitié de leur auditoire. Les services sont bien suivis, et l'école, sous les soins dévoués de Jacob et de sa femme Noréa, est des plus florissantes. Là aussi, on parle de quelques âmes sérieuses qui se déclareront un jour. On a peine à croire que la fondation de cette station soit si récente. Nous en bénissons Dieu.

Mais je me suis oublié. En prenant la plume, c'est de Séfoula que je voulais vous parler, puisque c'est de Séfoula que je vous écris. Depuis quelque temps, je pensais y faire une visite. Je la désirais, cette visite, autant que je la redoutais. Les circonstances m'en ont fait un devoir impérieux. Outre l'œuvre, qui s'est admirablement développée et qui réclame notre surveillance, c'est notre cher évangéliste Paul, et sa femme surtout, qui sont toujours malades. Le cher homme écrit des billets avec une encre bien noire, et il y avait de quoi. Il se préoccupait de sa mort et demandait à ses amis ce que ferait sa jeune veuve. L'un et l'autre sont des squelettes qui feraient peur, n'était la vie intérieure pleine de sérénité qui se reflète sur ces visages amaigris.

Je partis donc de Léalouyi mardi dernier, avec mes cinq garçons, ma maisonnée. De la plaine inondée nous débouchâmes dans notre canal coulant à pleins bords. Hélas! en le remontant, à une bonne distance de la station et sur un parcours d'un kilomètre environ, nous le trouvâmes tellement obstrué par le sable et l'enchevêtrement des herbes — ces invincibles *matindi* — que la rivière se déverse de tous côtés dans la plaine, formant des mares et des bourbiers où l'on enfonce jusqu'aux genoux. C'est un travail à refaire, mais qui eût coûté fort peu à entretenir s'il y avait eu un missionnaire à Séfoula. Mes garçons, qui me savaient peu bien, s'emparèrent d'un petit canot qu'ils trouvèrent là, et, avec une bonne humeur joyeuse, ils le portèrent de mare en mare, bien résolus à me faire passer à pied sec et à me débarquer sur la terre ferme. Je fis le reste du trajet à pied.

Nous frayions notre chemin à travers des nuées de sauterelles, le fléau du pays. Nous les avons à Léalouyi, mais ce n'est rien à comparer avec celles que nous trouvons ici. Elles ont éclos et grandi ici sur le bord de la plaine et dans la brousse. Elles ont justement mué, leurs ailes sont encore trop faibles pour voler haut et loin; vous en soulevez des essaims à chaque pas que vous faites, tandis que vous passez sur des masses qui restent entassées sur le sol. Elles ont dévoré les champs de maïs, de manioc et de blé — elles n'épargnent absolument rien. — Les gens font des efforts désespérés pour leur disputer ce qui reste de mangeable. Quand elles volent, les cris aigus et incessants des hommes et des femmes, accompagnés de gestes violents, les soulèvent et le vent les emporte; mais quand elles sont à la première phase de leur existence, à l'état de grillon sans ailes, elles vont droit devant elles, et rien ne les arrête; elles traversent l'eau à la nage et, souvent, assure-t-on, leurs bataillons serrés éteignent le feu d'herbes dont on entoure les champs. Tout le monde crie la famine, et déjà pour nous les vivres sont rares et fort chers. C'est le commencement, dit-on. Mais une chose singulière, c'est la mortalité qui règne parmi les sauterelles. On les trouve partout gisant en très grand nombre mortes sur le sol; elles sont agglomérées, cramponnées aux tiges d'herbe, aux arbrisseaux; vous les croyez vivantes, vous les regardez de près, elles sont toutes desséchées. Et, d'après ce que j'entends, c'est la même chose dans la province de Séchéké et de Kazoungoula. Quelque *ngaka*[1] inconnu ne manquera pas de revendiquer l'efficacité de ses médecines et de ses incantations cabalistiques. Des hommes intelligents disent qu'elles s'empoisonnent en rongeant certaines plantes vénéneuses. C'est possible; mais nous croyons, nous, que Dieu a entendu les prières de ses enfants et a eu pitié de ce peuple.

Malgré l'aspect désolé de la station, et malgré tous les souvenirs que chaque coin et chaque chose évoquent, on respire ici un calme que nous ne connaissons pas à la capitale et qui repose l'âme. Qu'il fait bon se retrouver sous ces ombrages, de se recueillir dans la solitude solennelle de ces bois! Et là-bas, à « ce jet de pierre », sous cet arbre séculaire, comme on se sent près du ciel! Involontairement je pense à ces amis nombreux qui, eux aussi, sont dans le deuil! Chaque courrier apporte des « faire-part » que leur bordure noire rend si lugubres. Que de noms se pressent sous ma plume avec celui de notre cher et vénéré M. Dhombres[2]! Je voudrais le leur dire, à tous ces amis; la souffrance a pour nous des leçons salutaires, mais elle a aussi des

---

[1]. Sorcier ou docteur indigène.
[2]. C'est au commencement d'avril que la nouvelle du départ de M. Dhombres nous est parvenue. Ma lettre a été écrite à bâtons rompus.

bénédictions ineffables qui lui sont propres... Les cœurs en haut! Ce n'est pas à la gare du chemin de fer ou au détour de la route où nous nous sommes dit ce suprême adieu qui a déchiré nos cœurs et terni nos vies, que nous devons nous arrêter. Nos bien-aimés ne sont plus là!... Non. C'est au lieu du rendez-vous, au moment du revoir, que tendent, avec ardeur, nos désirs; c'est avec des tressaillements de joie que nos espérances s'envolent vers la maison du Père où ils nous ont devancés, nos bien-aimés, où Jésus nous attend, d'où chaque pas nous rapproche, et où Dieu essuiera toutes larmes de nos yeux. Dieu n'est pas le Dieu des morts, mais des vivants. Cherchons-le, non pas parmi les morts, mais parmi cette nuée de témoins qui nous environnent.

Mais parmi les ruines matérielles de Séfoula, je voudrais au moins vous cueillir une fleur ou deux, dont le parfum m'a été particulièrement doux. (Héb. 12-1.)

Le mouvement dont vous avez déjà entendu parler et qui s'est produit simultanément sur toutes nos stations, quoique peut-être à un moindre degré qu'à Kazoungoula, où il a commencé, s'est aussi accentué à Séfoula. Le nombre de ceux qui y font profession est déjà de plus de quatre-vingts. Tout cela, sans doute, n'est pas de l'or pur; mais il est certain qu'il y a de l'or. Les réunions nombreuses que nous avons eues pendant ces huit ou dix jours que j'y ai passés m'en ont bien convaincu. Outre mes jeunes gens, qui y ont pris une part active, deux chrétiens de Léalouyi m'y avaient suivi. L'un, c'était Sémonja ou Sébého, — les ba-Rotsi ont toujours plusieurs noms, — un homme dans la force de l'âge : c'est un des principaux chefs de Léalouyi qui, désigné par Léwanika, m'accompagne dans mes voyages. Il y a longtemps, dit-il lui-même, que, sous l'influence de l'enseignement de l'Evangile, et avant d'avoir fait la moindre profession, il avait renvoyé deux de ses trois femmes. Je n'en avais rien su et, de fait, je le croyais monogame. Mais il y avait chez lui, avec une grande égalité d'humeur, des égards et une conduite prévoyante et respectueuse, un je ne sais quoi, indéfinissable, qui m'avait gagné et qui répandait sur nos voyages un charme dont je n'ai jamais parlé. Aussi, quand son cœur fut touché par la grâce, j'en éprouvai plus de joie que de surprise. Il n'y eut aucune secousse dans sa vie. En certaine occasion, il nous a affligés par son manque de courage. Mais il s'en est humilié.

L'autre, c'est ce même jeune homme qui pleurait sur ses péchés et sanglotait à la dernière réunion à laquelle ma chère femme ait assisté, ce qui l'avait profondément impressionnée.

Il s'était égaré depuis. Devenu un grand chef, il avait, tout jeune qu'il est, pris plusieurs femmes pour maintenir sa dignité, et, plus tard, au lieu de notre pauvre Ngouana-Ngombé, il était devenu le gendre du roi. Mais sa conscience ne lui avait jamais laissé de repos. Pendant un long voyage qu'il fit, elle se réveilla d'une manière irrésistible. A son retour, il trouva sa femme convertie. Il n'hésita plus. Il avait déjà renvoyé ses petites femmes; il se débarrassa d'une dernière à laquelle il tenait, et il se déclara franchement pour le Sauveur qu'il avait abandonné. Il unit à une rare douceur une grande force de caractère. La présence de ces deux chefs chrétiens a fait une grande impression ici.

La journée d'hier, outre les réunions de prières qui l'ont ouverte et close, s'est partagée entre deux grandes réunions qui ont duré chacune près de trois heures. — La première, c'était une réunion générale. Les païens, malgré les sauterelles contre lesquelles les pauvres gens défendent désespérément leurs champs, étaient accourus de tous côtés. L'église était pleine. Après que j'eus introduit le sujet : « Lot fuyant de Sodome », je donnai la parole à mes jeunes gens et à ces deux chefs chrétiens. Un ton de grand respect et de sérieux caractérisa les allocutions de mes garçons, et ils se firent écouter.

Sémonja, lui, mo-Rotsi par excellence, parla avec conviction, avec calme et avec autorité. Je fus surpris de voir comme il captivait l'auditoire par son discours, long pour un mo-Rotsi. Mais Mokamba, lui, ne le captiva pas seulement, il l'entraîna. « On me demande pourquoi j'abandonne ces *mékhoa éa léféela,* ces coutumes vaines que nous avons apprises de nos pères? C'est que Christ nous en a délivrés au prix de son sang. On me demande pourquoi, il y a quatre ans, je pleurais et sanglotais dans cette grande assemblée au *lékhothla.* Pourquoi?... Ah! c'est que la destruction de Sodome n'était pas pour moi une menace. Ma maison était en feu! Et quand je me suis réveillé de mon sommeil de mort, ce n'est pas par la porte que je me suis précipité dehors; j'ai fait, je ne sais comment, une trouée à travers la cloison, au risque d'être égratigné par les roseaux brisés. Mais une fois dehors, accroupi par terre et dépouillé de tout, réalisant le danger que j'avais couru, je me pris à trembler, à pleurer d'émotion et de joie. J'étais sauvé!

« Vous me dites que je retournerai au monde? Oui, si j'abandonnais Jésus. Mais savez-vous? Le courant m'avait déjà emporté. J'allais être précipité dans l'abîme et périr (allusion au *Mousi oa*

LA MISSION A LÉALOUYI.

thounya, aux chutes Victoria). Je criai de désespoir. Jésus accourut avec son canot; il me saisit et me déposa sur le rivage. Et je me jetterais de nouveau dans les flots ! Dieu m'en garde ! » — — Suivirent de pressants appels, quelque chose de tout à fait nouveau pour moi au Zambèze.

La deuxième réunion fut plus caractéristique encore. C'était exclusivement une réunion de professants qui, comme à Léalouyi, sont divisés en trois classes, selon leur âge, leur degré de connaissances et la satisfaction qu'ils nous donnent. Tous n'étaient pas là, et, cependant, ils étaient soixante-dix à peu près, dont une dizaine d'enfants, quelques jeunes filles et jeunes gens, des hommes et des femmes, — d'anciens ouvriers, de vieilles connaissances, gens autrefois si durs et si morts !

Après quelques paroles d'introduction, je laissai la parole à qui voulut. Les hommes et les femmes s'en prévalurent, et avec une étonnante liberté.

Une femme — une vraie femme de la Bible, car elle sait lire — racontait ses courses d'évangélisation :

« Allons donc, lui disaient des païens, ce dont des balivernes que tu nous chantes là. — Vous qui vous dites *croyants,* avez-vous jamais vu le Dieu dont vous parlent les blancs ? — Vous priez ? Est-ce que c'est du ciel que vous tombe votre pain ? » — « Personne n'a jamais vu Dieu, répondait-elle ; mais il s'est fait connaître à nous par son Fils Jésus. Et, vraiment, n'est-ce pas du ciel que vient notre pain ? D'où vient la rosée ? D'où la pluie qui fait croître nos blés ? Et où, je vous prie, brille le soleil qui les fait mûrir ? » Puis, fixant ses yeux sur Mokamba, elle l'interpella et lui demanda compte de son retour au monde. — « Tes écarts nous avaient faits la risée des païens. Comment saurons-nous aujourd'hui que tu es sincère ? »

— « Ma mère, répondit humblement Mokamba, je te remercie de la question que tu m'adresses. Ah ! je le sais, ce n'est pas par mes protestations d'aujourd'hui que vous serez convaincus. Ce ne peut être que par ma vie subséquente. Ce n'est que par des fruits que vous reconnaîtrez l'arbre. C'est tout ce que je puis dire. Mais Dieu m'est témoin que je suis vrai. Mon retour au monde, en voici la lamentable histoire ; elle sera une leçon pour vous tous. Quand vous m'avez vu sangloter en plein *khothla,* j'étais sincère. J'avais été transpercé par l'épée de la Parole de Dieu ; puis, j'avais trouvé la paix. C'était une joie pour moi que d'aller, avec Litia, aux réunions, à Séfoula. Mais, promu à la dignité de *Liomba* (le troisième chef du pays), je me suis, peu à peu, laissé absorber par les affaires. Je trouvai bientôt que c'était loin et gênant d'aller à Séfoula toutes les semaines. Je me relâchai. Notre père me disait bien : « Prends garde, Mokamba, tu te « relâches ! »

« J'essayais de le rassurer et de faire un nouvel effort ; mais je finis par me fatiguer tout à fait. Et quand notre père vint s'installer à Léalouyi, j'étais tombé et n'étais plus qu'un squelette de chrétien (à proprement parler, je n'avais plus que *la peau* d'un chrétien). Il me disait bien : « Mokamba, lis tout de même la Bible « tous les jours ! » C'est ce qui m'a sauvé. Tous les jours je la lisais, ma Bible. Mais je ne pouvais pas la lire longtemps sans qu'elle me condamnât. Et je la fermais alors avec tristesse. Les prédications aussi me condamnaient, et je n'osais pas regarder le serviteur de Dieu en face. J'étais malheureux. Mais, au milieu de mes égarements, je priais toujours. Dieu a eu pitié de moi, et, maintenant, je suis heureux. Que mon histoire vous instruise, vous, croyants ! »

Il se dit de belles choses dans cette réunion si simple, où tout le monde parlait avec abandon. Une pauvre femme racontait qu'elle venait du fond de la vallée de Séfoula. Chemin faisant, elle avait trouvé des gens qui travaillaient dans leurs champs. Elle les accosta et les invita à venir entendre la Parole de Dieu. Ils lui répondirent avec mépris : « Ce n'est plus le *morouti* qui vient nous rappeler le jour du Seigneur, ce sont maintenant ces bouts de femmes-là ! Va-t-en ! Va faire la croyante si tu t'imagines que les missionnaires vont te donner des étoffes et des perles. » — « O mes maîtres, répondit la pauvrette, je ne suis qu'une pauvre esclave, moi ; je ne suis rien ; mais je sens le besoin d'apprendre les choses de Dieu. Oh non, ce ne sont pas des étoffes que je cherche, qu'en ferais-je ? Je n'ai jamais porté que ce jupon de peau. Mais je suis une grande pécheresse, et ce que je cherche, c'est le pardon de mes péchés ! »

Le soleil se couchait ; il fallut, bon gré, mal gré, clore cette belle réunion, d'où je suis sorti fortifié dans ma foi et béni dans mon âme...

Je vous ai déjà écrit sur ce mouvement. Peut-être m'aurez-vous trouvé trop sage et trop prudent. Je craignais l'entraînement, j'avais peur que ce mouvement, favorisé par les bonnes dispositions du roi et par les chefs, ne fût superficiel, et que nos amis d'Europe, désireux comme nous de voir enfin l'œuvre de Dieu prospérer, ne lui donnassent là-bas des proportions qu'il n'a pas ici. Je le répète, ce que nous voulons avant tout, c'est édifier sur le

LA STATION DE LOATILÉ (LÉALOUYI) A L'ÉPOQUE DE L'INONDATION, 1894

L'église.
Ma chaumière. A l'arrière-plan, dépendances.
La chaussée entamée par le courant. Au deuxième plan, établissement de l'évangéliste mo-Souto.

fondement par excellence « de l'or, de l'argent, des pierres précieuses, et non point du bois, de la paille et du chaume. » Il y aurait péché à nier l'action de l'Esprit de Dieu dans ce commencement de réveil des consciences. A Kazoungoula et même à Séchéké, où les circonstances sont bien différentes des nôtres, je crois, d'après les récits de notre cher frère L. Jalla, que le mouvement est certainement plus sérieux qu'ici, et mes appréciations s'appliquent surtout à ce qui se passe sous nos yeux. Toutefois, le Seigneur nous a visités. C'est dans les consciences que se fait silencieusement le travail, nous le sentons. Il éclatera un jour. Le Seigneur fera encore de grandes choses.

Un fait bien propre à nous encourager. Vous vous souvenez de notre belle école de Séfoula d'autrefois, mais dispersée dans le pays, sur nos stations, surtout jusqu'à Kazoungoula. Que de fois j'ai pensé au temps que nous y avons consacré et aux forces que nous y avons usées !

Eh bien ! à l'heure qu'il est, à ma connaissance, près de quarante de nos anciens élèves font profession de croire, et tous, à peu d'exceptions près, savent lire. Nos enseignements, tous ces livres autrefois achetés avec tant d'entrain et depuis lors restés comme enfouis, rien n'a été perdu ! « Jette ton pain sur la surface des eaux, et après quelque temps tu le retrouveras ! » Celui qui prend garde au vent ne sèmera point, et celui qui considère les nuages ne moissonnera point. »

Léalouyi, 29 avril 1895.

Tout est caprice et surprise en Afrique : un jour, la famine ; le lendemain, l'abondance, voire même la surabondance. La sécheresse nous désole, et puis il ne pleut pas que ce ne soit à verse. La poste, en attendant mieux, est le jouet du même caprice. Nous avons été plus d'une fois neuf longs mois sans recevoir aucune lettre. Nous ne sommes qu'à la fin d'avril, et voilà déjà *quatre* courriers d'Europe depuis le commencement de cette année ! On croit vraiment rêver quand on reçoit à Léalouyi, à la mi-avril, des lettres venant d'Europe et datées de la première quinzaine de janvier. Cela va-t-il durer ?

Après la poste, c'est la saison qui fait la capricieuse, elle aussi. Les pluies — ces pluies si ardemment désirées — ont fini par tomber, à longs intervalles et par orages, n'adoucissant que fort peu notre atmosphère embrasée. Et somme toute, cette saison que l'on maudissait déjà, est parvenue au minimum des saisons pluvieuses. Peut-être un tableau comparatif des saisons de pluie vous intéresserait-il ?

1885-1886, du 25 novembre au 4 mars . .	28.46	en pouces anglais.
1886-1887, en voyage.		
1887-1888, du 21 novembre au 7 mars . .	35.12	—
1888-1889, du 14 novembre au 12 mai . .	28.58	—
1889-1890, du 7 novembre au 7 mai . . .	36.92	—
1890-1891, du 20 novembre au 5 avril . .	42.95	—
1891-1892, du 16 octobre au 24 avril. . .	33.35	—
1892-1893.		
1893-1894, du 20 novembre au 6 avril . .	35.98	—
1894-1895, du 24 novembre au 29 avril. .	28.88	—

Ce qui, pour ces années-là, donne une moyenne de 33.78. L'inondation annuelle ne dépend pas uniquement de la tombée des pluies que nous avons ici, mais de celle du bassin supérieur du Zambèze. Nous l'avons donc eue, l'inondation, tardive, faible, mais nous l'avons eue.

Léwanika, lui, a fait deux grandes chasses, et il en prépare une troisième. Malheureusement, il s'était réservé exclusivement le plaisir de transpercer de sa main les antilopes que des foules d'hommes, dans de tout petits canots, ou dans l'eau jusqu'à la poitrine, chassaient, puis cernaient sur la termitière où le roi les attendait. Hélas ! hélas ! les prétentions royales vont grandissant d'une manière effrayante ; le cérémonial se complique toujours plus, et pour peu que cela continue, les sujets et les esclaves n'auront bientôt plus de place au soleil. Le progrès en civilisation, c'est tout pour le roi et pour sa famille, rien pour le peuple. Dernièrement, on a discuté au *lékhothla,* pendant trois jours, la question des escabeaux et de certains ornements d'ivoire et de verroterie que les gens, depuis la mort de Sépopa, il y a de cela seize ou dix-sept ans, s'étaient permis de se faire. Léwanika les a confisqués et interdits, comme étant l'apanage exclusif de la famille royale. Ce n'est certes pas le chemin de l'humilité et de la conversion. Ce n'est même pas celui d'une bonne politique. Aussi crûmes-nous devoir, dans un tête-à-tête avec mon pauvre ami, lui montrer le danger et la folie d'un tel aveuglement. Il plaidait que, dans les vieux temps, c'était le privilège distinctif et exclusif des rois : pourquoi cela disparaîtrait-il aujourd'hui ? Je lui demandai si lui-même était un roi des vieux temps, lui qui s'habille à l'européenne, qui s'est bâti une maison européenne, qui boit son café et son thé, etc. « Ces vieilles coutumes sont des masures dont les pauvres se sont emparés, comme certains palais en Europe ; pourquoi les leur disputer, puisque tu as mieux? » L'ai-je convaincu? il le dit : je ne m'en suis pas encore aperçu. C'est un triste chapitre que celui-là. J'ai grand'pitié de Léwanika, dont par son choix on fait un dieu. Comment, au milieu de tant et de si serviles adulations, peut-il encore se croire un des communs mortels, et se sentir un pauvre pécheur devant Dieu?...

Léwanika nous a fait la gracieuseté, à nous, messieurs, d'une belle excursion en *nalikouanda*. Il nous a conduits de l'autre côté de la vallée, à *Thapo,* où demeurait Mpololo, le dernier chef des ma-Kololo, non loin de Kama, où le célèbre Sépopa avait d'abord établi sa résidence. Nous avons été surpris de l'agglomération des villages. C'est un centre populeux comme Séfoula, et le roi nous assure que c'est la même chose tout autour de la vallée. Il nous faudrait y fonder quelques stations avec de nombreux postes d'évangélisation. Mais... *où sont les hommes?*

LVI

Un grand projet. — En route pour le nord ! — Bons procédés du roi. — Katouramoa, l'ancienne capitale des ba-Rotsi. — A Libonda. — « Vous savez ce cantique ! » — Le village natal de Léwanika. — L'évangélisation au bivouac. — Chez les ma-Mboé. — Jette ton pain à la surface des eaux, et tu le retrouveras. — Paysages sans vie. — Les ba-Loubalé et les ba-Lounda. — Hospitalité chez Sindé. — A la capitale des ba-Lounda.

. . . . .

Depuis longtemps, je nourrissais le désir de visiter Katouramoa et Libonda. Seul sur une station, pris dans l'engrenage des devoirs de chaque jour, visant toujours au plus pressé, la chose ne m'avait pas encore été possible. Maintenant que les Adolphe Jalla sont ici, je suis un peu moins lié. Les pluies sont passées, l'hiver ne s'annonce encore que de loin, la plaine qui se dessèche porte encore les canots ; le moment me paraît donc favorable. Je ne me remue pas facilement ; aussi, une fois à Libonda, pourquoi ne pas pousser jusque dans « les régions d'au delà ? » Je communiquai mes projets à Léwanika, qui me gronda amicalement de ne pas l'avoir fait plus tôt, ce qui ne l'empêcha pas de se mettre en quatre, comme l'on dit vulgairement, pour me faciliter ce voyage. Il insista tout d'abord pour que je prisse trois canots au lieu de deux, et je dois reconnaître que pour mes effets, nos provisions, les petits paquets de nos garçons et leurs nattes, ce n'était pas un de trop. Le mien ayant été détruit par l'éboulement d'une berge, le roi m'en procura un autre pour mon usage personnel. Mais ce canot, il nous avait trompés par de belles proportions. Mal taillé, mal lesté, dirions-nous, il n'avançait que couché sur le côté, si bien que les pagayeurs avaient de la peine à conserver leur équilibre, et, moi-même, essuyant chaque lame, bercé et sommeillant au grand soleil, j'ai failli plus d'une fois rouler par-dessus bord. Les rameurs, comme toujours, à cette saison, se trouvèrent difficilement.

Liomba et mon brave Sémonja se disputaient la charge de ma petite expédition. Liomba prit les devants et obtint sans peine la permission du roi. Mais je m'aperçus bientôt qu'elle allait faire boule de neige, cette *petite* expédition. Liomba, c'est le gendre du roi : il lui faut deux canots au moins ; son ami Taouira, qui ne le quitte jamais, a le sien aussi ; puis ce sont deux garçons de l'école, de parenté royale, qui brûlent d'envie de m'accompagner, et auxquels le roi ne sait rien refuser. Ce sont ensuite trois guides que, sur l'ordre de Léwanika, Liomba prendra en route, chacun avec sa pirogue, bien entendu, et sa petite suite. De sorte qu'au lieu de deux ou trois canots, voilà une flottille de *dix* avec une quarantaine d'hommes. Cela me fait bien un peu peur, ce n'est pas ce que je voulais. Je n'aurai pas à payer tout ce monde, c'est vrai, mais il faudra le nourrir. Ce qui me console, c'est que parmi cette troupe nous avons une petite bande de dix de nos jeunes gens qui professent d'être convertis. Ils savent tous lire et tous chantent ; deux éléments qu'avec la grâce de Dieu je me propose d'utiliser.

Léwanika avait profité de nos délais pour expédier des messagers à certains chefs du ba-Lounda et du ba-Loubalé pour leur annoncer ma visite. Il vint lui-même présider à notre départ, et, après nous être mutuellement recommandés à Dieu et à la Parole de sa grâce, nous partîmes. C'était le 6 mai à midi. Léwanika s'aperçut bien un peu de la défectuosité de mon canot, et nous n'avions pas fait deux kilomètres qu'il me faisait demander de rebrousser chemin pour le changer, mais, une fois parti, *j'étais parti*.

La plaine, à cette saison, est une prairie flottante tout émaillée de fleurs : des nénuphars en rosaces avec leurs teintes délicates de bleu, de rose et de blanc ; une espèce de convolvulus qui étale avec orgueil ses gros cornets couleur magenta et qui ne les immerge qu'à regret au passage de nos canots. Mais elle est aussi entrecoupée de hautes herbes et de roseaux à travers lesquels il faut se frayer un passage. Au loin distingue-t-on un canot, on s'empresse de le héler. Ici et là, ce sont des villages, des hameaux plutôt, clairsemés et comme perdus dans l'étendue. Nous ne passons pas un seul de ceux qui sont sur notre route ; nous prenons le temps de causer un moment avec les gens, qui sont heureux de nous voir, et de leur chanter un cantique. Le soir, nous sommes à Katouramoa. C'est une méchante bourgade dont les huttes sont amoncelées sur deux talus de sable parallèles et que sépare un marais en voie de dessèchement. Mais, vous le savez, c'est un des lieux sacrés du pays et un des principaux pèlerinages des ba-Rotsi. On n'y foule le sol qu'avec respect et les étrangers n'y parlent qu'à demi-voix.

Katouramoa était jadis la capitale de *Mboho*, le premier roi des ba-Rotsi ; mais, située sur le rivage, elle a été ruinée, emportée par le courant, et a depuis longtemps disparu. Lui-même n'est pas enterré là où l'on montre son tombeau. La légende raconte que le tombeau authentique, dont on ne connaît plus le lieu, fut un jour trouvé ouvert et vide! Les ossements divinatoires certifièrent, sans contradiction aucune, que Mboho, une fois dans l'autre monde, avait eu la fantaisie de déménager; ils indiquèrent le lieu qu'il avait élu. C'est là que, depuis lors, l'on va consulter les mânes, tout près du village qui a hérité du nom de l'ancienne capitale.

Mboho jouit d'une très grande autorité dans le pays. C'est lui qui préside à tous les conseils de la nation, à la fondation de chaque capitale nouvelle. Rien ne se fait sans lui. C'est à lui que la *nalikouanda* doit annuellement sa première visite. Et quand cette année, au lieu de se conformer à l'usage établi, Léwanika invitait ses missionnaires à faire une excursion avec lui dans la barque royale et dans une direction différente, ce n'était pas une simple excursion de plaisir, c'était, dans son esprit et aux yeux de son peuple, une protestation signifiant que les vieilles coutumes nationales, même les plus sacrées, tombaient une à une en désuétude, pour donner droit de cité au christianisme.

J'aurais pu, au besoin, m'en convaincre en questionnant les gardiens eux-mêmes de ce tombeau. « Expliquez-moi donc comment vous entendez sortir de ce tombeau les oracles que vous prétendez interpréter. » — « Nous n'entendons rien, dirent-ils avec l'accent de la franchise, mais nous devons faire respecter les traditions et les coutumes du pays et nous soumettre aux désirs du chef de la nation. » Liomba, dans un discours qu'il leur fit, alla bien plus loin. Avec une hardiesse de langage qui m'étonna, il disait : « Et vous croyez que je vais encore aller prier au tombeau de Mboho? Pourquoi, du moment que moi, Liomba, j'ai mis pied à terre, n'avez-vous pas couru, vous, pour moi? C'est que, vous le savez bien, ce sont là pour nous, pour moi qui vous parle, les masures d'un vieux village déserté.

« Quoi! vous, les gens du peuple, vous jetez vos morts dans les champs; vous dites qu'en approcher, c'est s'attirer les plus grands malheurs : et puis vos rois, qui sont des hommes comme les autres, vous les ensevelissez au milieu du village! Eux qui priaient d'autres dieux, vous en faites des dieux à leur tour, qu'ils aient été bons ou mauvais! Eh bien! sachez-le, c'étaient des hommes comme tous les autres, comme vous, comme moi. Ils sont morts; leurs cadavres sont pourris, rongés des vers comme ceux de leurs esclaves; mais leurs âmes sont allées à leur Créateur et leur juge. »

C'est à une réunion du soir qu'il parlait ainsi, réunion où nos chants avaient attiré de 150 à 160 personnes.

Le lendemain, après un trajet de trois heures *à travers champs*, nous arrivâmes à Libonda. Ce village a sa tradition comme Katouramoa, puisqu'il fut fondé par la fille même de Mboho, Boanjikana, à titre de reine, *Khosi éa Mosali*.

Le roi est attendu dans ces quartiers pour une de ses grandes chasses. D'aussi loin qu'on apercevait nos canots et mon ombrelle blanche, on croyait que c'était lui, et aussitôt les pauvres gens de nous crier de toute la force de leurs poumons la salutation royale; et nos gens de s'égosiller à leur tour pour les détromper. Il nous fallut donc subir ce sacrilège des honneurs royaux, quitte à rire ensuite de la mystification de ces pauvres gens, qui ne pouvaient s'empêcher d'en rire eux-mêmes. C'est Katoka, la sœur du roi, qui est cheffesse de Libonda. Elle n'y vit pas et n'y vient que rarement; elle y a néanmoins un établissement digne d'elle et fort bien entretenu. Après nous être installés dans sa vaste cour, nous visitons le village, comme à Katouramoa, de maison en maison. Nous arrivons ainsi chez un vénérable vieillard, presque aveugle, qui nous parle du bon vieux temps. Il avait connu Livingstone, montrait du doigt l'endroit où il avait campé et auquel son nom est resté attaché. Quand nous lui parlâmes du Sauveur, il prêta attentivement l'oreille, devint pensif et dit : « C'est bien ce que Ngaké disait aux ma-Kololo; mais les chefs n'en voulurent rien entendre. Et maintenant, où sont-ils ? »

La plupart des hommes sont dispersés pour diverses corvées. Ce qui n'empêcha pas que nous eûmes le soir une fort belle réunion, en majorité de femmes et d'enfants. Je remarquai avec étonnement l'entrain avec lequel tout le monde chantait le cantique que j'avais à cœur de leur enseigner : « *Bonang, sôna, o fihlilé !* » — « Mais vous le savez ! Qui donc vous l'a enseigné ? » — « C'est Bangouéta, crièrent plusieurs voix à la fois, et nous en connaissons d'autres encore ! » Ce Bangouéta est un enfant de treize ans à peu près, que son père avait amené à l'école de Léalouyi. Il fut un des premiers à se déclarer pour le Seigneur; mais pas de ceux qui nous inspiraient le plus de confiance. Pendant les vacances, il tomba malade chez ses parents; il refusa obstinément qu'on priât les dieux pour lui et qu'on se livrât à des pratiques païennes. « Envoyez chercher de la médecine chez le missionnaire, prions le Dieu qui est seul vrai et seul vivant, et je guérirai. » Et en effet, il guérit. Je tiens les détails de son père. Il a réussi, le cher enfant, à enseigner quelques cantiques à la jeunesse et aux femmes de

Libonda, et celui-ci en était un. Avec quel entrain ces gens chantaient le refrain :

> O nom bien aimé,
> Qu'il est beau, chanté par les hommes,
> Le nom de Jésus !

Qu'il sera doux de le chanter là-haut, au séjour de la sainteté et de la gloire, quand nous verrons sa personne glorifiée et que nous comprendrons la profondeur, la hauteur, la largeur, oui, l'immensité de son amour ! Plusieurs de mes jeunes gens prirent la parole avec chaleur, mais avec tact. Le lendemain, à six heures, tout le monde accourait encore à nos chants, malgré le froid. Libonda est entouré de villages, c'est un centre tout désigné pour la sixième de nos stations... quand nous aurons l'homme.

Le mercredi 9 mai, nous nous mîmes en route pour Lépakaé. Le trajet à travers les grandes herbes qui flottaient à peine et au milieu desquelles les canots devaient se frayer un passage, fut laborieux. Nous passâmes plusieurs petits villages qui ont chacun son histoire, car c'est ici le berceau de la nation. Nous nous arrêtâmes aux *Mafoulo,* c'est-à-dire à la loge qu'on prépare pour le roi. Il s'y trouvait beaucoup d'hommes qui sont venus travailler. J'y rencontre de mes « amis », un homme, entre autres, de la maison du roi, qu'une affreuse maladie a relégué pour quelque temps chez lui. C'est un homme de confiance et intelligent. Il fallait donc, pour leur faire plaisir, inspecter les travaux, s'asseoir un peu et causer. Comme ce brave serviteur du roi — un sékomboa — a la charge du tribut des districts que je veux visiter, il me donne toutes sortes de renseignements, qu'il termine par des regrets et un gros soupir de ce qu'il ne peut pas m'accompagner. A ce moment approche un canot que nous guettions tous depuis quelque temps. A voir ces trois hommes se plier sur leurs rames, chaque muscle tendu, quelqu'un remarque : « Ce sont des messagers du roi, c'est ainsi qu'on rame quand on est envoyé par lui. » Quelle leçon pour nos chrétiens ! En effet, ces hommes couraient après nous pour nous apporter, avec un aimable message, des rames de rechange. Brave Léwanika ! Ce n'est pas la seule gracieuseté qu'il nous ait faite dans ce voyage. A *Lépakaé,* où nous arrivons le soir, fatigués, nous trouvons un gros bœuf qu'il avait envoyé l'ordre de nous remettre pour ajouter à nos provisions de route. Nous sommes nécessairement restés un jour pour dépecer l'animal. Nous en avons profité pour faire connaissance avec les gens de ce village. Je devrais dire pour *renouveler* connaissance avec eux ; car les hommes et même les femmes que les corvées du roi appellent souvent à la capitale, sont familiers avec la prédication de l'Évangile. Nous sommes donc tout à fait en pays de connaissance.

Ce grand village de Lépakaé, c'était celui de Léwanika, connu alors sous le nom de Robosi, avant qu'il fût élu à la royauté. On m'a montré, au milieu de monceaux de têtes et de cornes d'animaux de toutes sortes, un abrisseau chargé de vertèbres : les trophées de ses chasses. Léwanika n'était pas seulement un chasseur passionné, il était aussi un guerrier. C'est lui surtout qui se distingua dans les campagnes contre les ma-Kololo, et dans les massacres épouvantables qui exterminèrent cette malheureuse tribu. L'oracle, — un oracle quelconque — interprété par les osselets, ordonna qu'on donnât à « ce fils de la nation », maintenant un guerrier de renom, une vache noire et sans cornes. Sépopa, le roi d'alors, y ajouta une quantité de bétail noir aussi et sans cornes. C'est là le *Lépakaé* d'où le village tire son nom. Nous étions si étonnés de voir ce grand troupeau de bœufs et de vaches sans cornes... En voilà l'explication.

Nous trouvâmes là une vieille femme du nom de Mobouka, une petite-fille de Moramboa et arrière-petite-fille de Mboho (vous voyez que l'arbre généalogique n'est pas vieux), personne intéressante qui était toute fière de me rappeler certaines occasions où elle a entendu l'Évangile à Léalouyi. Il n'en était pas de même de ces jeunes femmes qui, saisies de peur en voyant tout le monde se prosterner et fermer les yeux pour la prière, se sauvaient en disant : « On va mourir ! on meurt ! » On me raconte à ce propos qu'à mon arrivée dans le pays, quand je prêchais au *lékhothla*, Narouboutou, un vieux conseiller du roi, réprimandait les gens : « Pourquoi, disait-il, être si crédules et si confiants ? Savez-vous ce qu'ils sont capables de faire, ces gens-là, quand ils nous tiennent ainsi prosternés et les yeux fermés ? Faites comme moi, soyez prudents, mettez la main sur les yeux, mais regardez entre les doigts ! et si vous voyez que le blanc parle, lui aussi, agenouillé et les yeux clos, ne vous y fiez pas ! fermez un œil, un œil seulement, et gardez-vous bien de fermer les deux ! »

Le 11 mai, un samedi, nous quittâmes nos amis de Lépakaé. Après une heure et demie de labeur à travers les jungles, nous débouchâmes enfin sur le fleuve, un vieil ami que nous avions perdu et que nous retrouvions avec plaisir. Quel soulagement pour tous ! Nous quittions définitivement les terrains inondés, la plaine si chère aux ba-Rotsi, à 90 kilomètres environ de Léalouyi.

Qu'il est beau ! qu'il est majestueux, ce Liambaé, dont les gigantesques méandres oscillent entre le nord-ouest et le nord-est ! Il coule dans un lit profond, sans un seul îlot, entre les berges encore dénudées, mais qui tantôt vont se franger de verdure arborescente. Les palmiers se multiplient, ils parsèment la plaine isolément ou en groupes, et donnent au paysage un cachet particulier. Mais hélas ! les sauterelles, dans leur œuvre de destruction, ne les ont pas respectés ; elles leur ont tellement tondu la chevelure, qu'on dirait, à distance, des têtes de choux fichées au bout de longues perches. Ce n'est pas très poétique, j'en conviens ; mais c'est ça. La végétation arborescente qui commence aussi à se montrer, et marque pour les ba-Rotsi là limite de leur plaine, est absolument ce qu'elle est par ici, sans aucun caractère tropical. La plaine ne se termine donc pas brusquement comme à Sénanga, en aval, d'où le fleuve coule resserré, encadré plutôt entre des collines boisées. Nous ne tardons pas cependant à apercevoir, à droite et à gauche, des coteaux peu élevés qui courent parallèlement au fleuve, pour se rapprocher aux rapides de Sapouma ; mais rien qui en resserre le lit, dont la largeur ne diminue pas. Nous trouvons bien encore quelques villages ba-rotsi échelonnés sur les rives, mais ce sont les derniers. Nous pénétrons dans le district peuplé par les ma-Mboé. Cette tribu, qui parle un dialecte de la même langue que les ba-Rotsi, est un trait d'union entre ceux-ci et les ba-Lounda et les ba-Loubalé qui vivent plus loin. Leurs villages sont parsemés le long du fleuve, généralement cachés à une petite distance dans les bois. Les ma-Mboé disent qu'ils ont émigré dans ce pays en même temps que les ba-Rotsi ; ils viennent du nord-est, des rives de la Kafoué, dans le voisinage des ma-Nkoya et des ma-Choukouloumboué, où se trouve encore la plus grande partie de la tribu.

Ce sont d'intrépides chasseurs d'hippopotames ; ils sont passionnés pour cette vie aventureuse. Leurs petits canots, de deux à trois mètres de long, et juste assez larges pour s'y accroupir, sont un peu pour eux ce que le cheval est pour l'Arabe du désert. Il faut entendre leurs merveilleux récits, le soir au bivouac, quand tous les jeunes gens, les yeux fixes, la bouche béante, sont suspendus à leurs lèvres.

Nous allons passer notre premier dimanche dans un de leurs villages, chez Noyô. Nous y rencontrons des ba-Rotsi en voyage ; des gens sont aussi venus des environs, de sorte que nous avons un bon auditoire. Je donne la parole à nos jeunes gens. L'un d'eux, un mo-Choukouloumboué, qui promet de devenir un Boanergès,

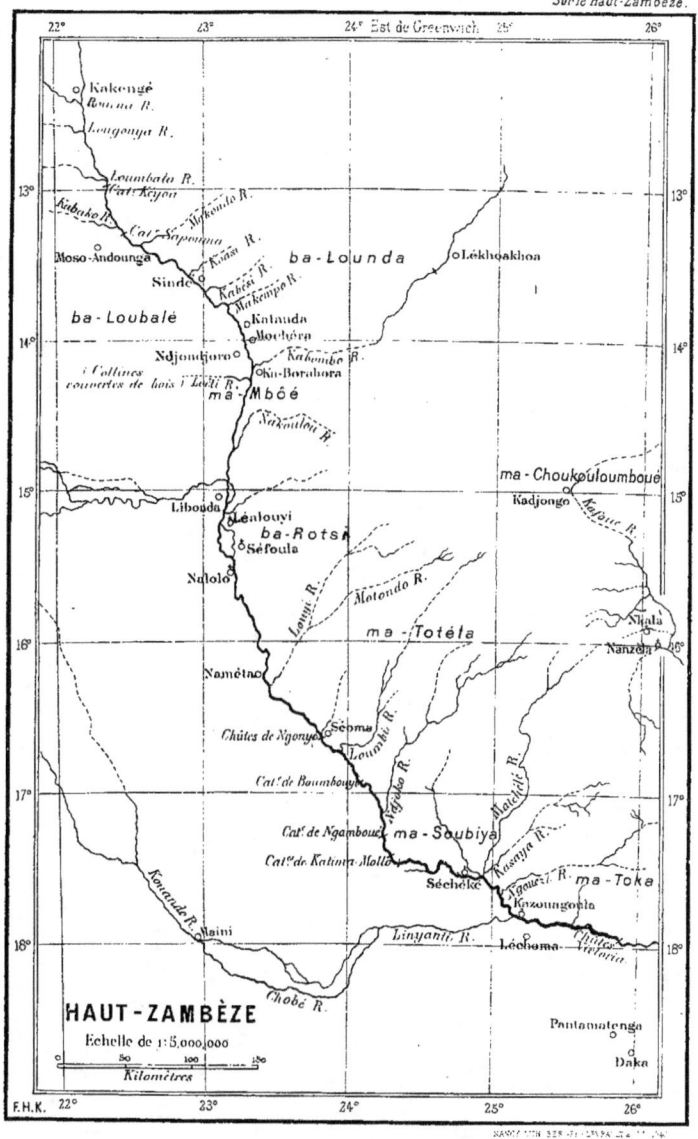

Sur le Haut-Zambèze.

terminait avec un accent d'émotion par ces paroles brûlantes : « Je tremble pour vous, vous êtes perdus, *perdus* comme je l'étais moi-même. Convertissez-vous à Dieu, ou vous allez périr sans espoir. J'ai peur pour vous, mes frères et mes sœurs de servitude, car Satan vous trompe en vous faisant croire que la bonne parole du salut n'est que pour nos maîtres. Je tremble pour vous aussi, mes seigneurs, moi qui ne suis, comme vous le dites, qu'un chien d'esclave, *un rien*. Vous, vous vous enflez, vous vous imaginez que vous entrerez au ciel parce que vous êtes grands. Sachez-le, des esclaves, oui, de vos esclaves, vous ont déjà devancés, et si vous n'y prenez garde, vous trouverez la porte fermée. Oh ! laissez-moi vous supplier ; faites-vous petits, tout petits devant Dieu ; jetez-vous à terre, dans la poussière ! Vous allez dire avec dédain : Pourquoi ce *mochimané* (un garçon) nous parle-t-il ainsi, à nous, ses maîtres ? A-t-il perdu la tête ? Oh ! mes seigneurs ! c'est que j'étais perdu, et Jésus m'a sauvé ! »

Je passai l'après-midi au village : un amas de misérables huttes d'herbes qui n'ont jamais été crépies, sans parquet de terre battue, sans cours, et perdues au milieu des broussailles et des immondices. Les femmes et les enfants se sauvaient à mon approche. J'avais le cœur navré. Je m'assis au milieu d'un groupe d'hommes : — Savez-vous que le roi a fait un grand canal qui traverse toute la plaine, de Nangoko au fleuve ?

— Oui, nous aussi, nous étions là.

— Comment ? Et pourquoi faire ? Vous regardiez et admiriez sans doute ce roi qui creusait tout seul son canal et qui sera un jour un autre de vos dieux !

Ils rient. — Le roi avait appelé toute la nation. Des milliers d'hommes y travaillèrent des mois et des mois. L'année suivante de même. Et cependant il n'est pas fini, nous ne sommes pas arrivés aux deux lacs qui doivent l'alimenter, et à une époque de l'année, il se dessèche.

— Eh bien ! regardez ce grand fleuve. Savez-vous où il va ?
— Non.
— L'avez-vous jamais vu à sec ?
— Jamais.
— Eh bien ! c'est l'œuvre de Dieu, le vrai Dieu que nous prêchons. Personne ne l'a aidé. Il a parlé, et le fleuve s'est mis à couler, et il coulera toujours, jusqu'à ce que Dieu lui dise : C'est assez !

Cela donna lieu à des questions et des commentaires. Le temps s'envolait rapidement.

L'étape suivante nous amène chez Njonjoro, qui, avec un autre petit chef mo-Mboé, doit nous servir de guide et d'interprète. Avant d'y arriver, nous voyons le confluent du *Loéti,* une petite rivière qui vient de l'ouest, en faisant de grands circuits, me dit-on ; puis, un peu plus loin, celui du *Kabombo,* sur la rive gauche. C'est le principal affluent du Zambèze. Formé par deux cours d'eau qui prennent leur source dans la capitale de feu Sékoufélé, coulent du nord au sud d'abord, puis s'unissent en une rivière large et profonde, le Kabombo va droit à l'ouest pour rejoindre le grand fleuve. Tout ceci, d'après des renseignements qui me paraissent dignes de foi. Le panorama a quelque chose de grandiose, mais sans pittoresque, et trop vaste pour la photographie.

Nos gens signalent deux petits canots qui traversaient rapidement le Kabombo et disparaissaient sous les arbres qui bordent le rivage. « Ils se sauvent, les coquins ! » crient-ils. Et immédiatement de leur donner la chasse, fort amicalement, du reste. Oui, il n'y a pas encore longtemps, que partout on se sauvait et que les villages devenaient déserts à la vue d'un mo-Rotsi, et non sans raison. Ce n'est plus le cas, même dans ces quartiers reculés. Nous trouvâmes des canotiers avec une dizaine d'autres pêcheurs paisiblement accroupis, séchant et rôtissant du poisson. En me voyant, leurs figures s'illuminent. « *Louméla morouti! louméla morouti!* » c'est un chorus de *louméla morouti;* car chacun veut faire entendre le sien. « Quand tu nous disais, ce certain dimanche en sortant de la maison de prières, que tu viendrais nous visiter, nous en doutions, nous. Et cependant, tu es venu ! *Louméla morouti!* » Ils nous offrent de bonne grâce leurs poissons rôtis. Autrefois, mes gens s'en seraient emparés. Nous leur parlons du Sauveur, nous leur chantons un cantique, et nous nous séparons d'eux comme de vieux amis. Partout nous trouvons des hommes qui ont entendu l'Évangile à Léalouyi. Je suis de plus en plus curieux de voir jusqu'où vont les échos de nos prédications. Nous voyons fréquemment des étrangers à l'église. Je me suis souvent demandé ce qu'ils emportaient de l'Évangile. Je me fais toujours un devoir, en sortant, d'aller leur dire une parole amicale. Nous les visitons aussi régulièrement que possible. Quelles ténèbres ! N'importe. Soyons seulement fidèles ; la promesse de Dieu est positive et certaine.

Le pays est maintenant très boisé, mais peu ou point accidenté. La majesté du fleuve devient d'une monotonie insupportable. C'est un paysage sans vie. Les animaux sauvages, où il s'en trouve, s'enfuient avant que vous les ayez aperçus ; ici, un hippopotame qui prend ses ébats ; là, un crocodile qui sommeille sur le sable ; ailleurs, un martin-pêcheur qui s'élève et dont le frétillement rappelle confusément celui de l'alouette de la patrie. Après 10 heures du matin, tout se tait, tout sommeille. C'est le silence de la mort. Voici pourtant le ramage d'un oiseau que j'entends pour la première fois : il n'a que deux notes, remarquablement pures et puissantes : *sol ! do ! sol ! do !* mais elles lui suffisent pour louer son Créateur. En faut-il plus au racheté pour chanter le nom de son Sauveur ? *Jé-sus ! Jé-sus !*

Le pays est habité par les ba-Loubalé, sur la rive droite du Zambèze, et par les ba-Lounda, sur la gauche. A en juger par les troupes d'hommes et de femmes qui accourent partout sur le rivage pour voir le *morouti*, — une grande curiosité dans ces parages ! — ces régions doivent être assez peuplées. Mais les villages sont cachés à distance dans les bois, et les rives du fleuve sont désertes. Les ba-Loubalé et les ba-Lounda, selon eux, ont une origine commune, et les sources du Zambèze seraient leur berceau. Ils ont des mœurs semblables, bien qu'ils parlent des dialectes différents.

Leur mode de construction est le même : la *hutte,* un tout petit carré de deux mètres de côté, n'a pour tout mur que de courts pieux d'un mètre à peine, fichés en terre, rembourrés d'herbes ou doublés d'une natte, et portant un toit *rond* et pointu. Pas de crépissage, pas de parquets de terre battue, pas de cours de roseaux qui rendent la demeure humaine la plus humble un peu privée. Et dans ces repaires, les pauvres gens trouvent encore le moyen de faire du feu et de se chauffer pendant la nuit. C'est, ici comme chez les ba-Nyaï, la couverture des riches comme des pauvres.

Les hommes, pour couvrir leur nudité, s'affublent négligemment de quelque peau de fauve qu'ils laissent pendre entre les jambes ; tandis que les femmes, elles, les pauvres créatures, ont à peine la feuille de figuier traditionnelle. Les uns et les autres, les hommes surtout, mettent toute leur vanité dans leur chevelure. Chacun donne libre carrière à son imagination et à sa fantaisie : l'un porte une crinière de franges, qu'il doit constamment secouer pour se découvrir le visage ; un autre se pare d'un chignon, un troisième d'une multitude de petites tresses. Celui-ci a la tête toute hérissée, comme pour imiter une forêt, tandis que celui-là l'a couverte de grosses bosses qui font songer aux termitières. Tous enduisent ces merveilleuses coiffures d'une surabondance de graisse mêlée d'ocre ou d'autres matières colorantes. On comprend qu'ils en soient fiers, puisqu'il leur faut plusieurs jours d'un travail assidu pour se faire coiffer. Ils sont passionnés pour le *mpoté*, une bière au miel très enivrante. Et pour se procurer ce précieux miel, ils font des ruches d'écorces qu'ils placent dans les arbres.

Chez eux, la vie humaine a peu de valeur ; ils maquignonnent avec leurs esclaves comme on le fait ailleurs avec les animaux domestiques. On m'assure que voler une fille, un garçon, un enfant, c'est chose commune. On le garrotte, on le bâillonne, on lui couvre la tête d'une calebasse, et on va le troquer dans un village éloigné, pour de l'étoffe, de la verroterie, une bagatelle. Ce sont les gens les plus superstitieux que j'aie encore vus. Partout ce ne sont que médecine, charmes et amulettes, aux abords du village, sur la place publique, dans les huttes comme sur leurs personnes. On trouve partout de petits autels faits de roseaux et, çà et là, un toit minuscule de chaume qui abrite quelque chose de sacré à leurs yeux. Rien ne se fait sans consulter les osselets. C'est ainsi que ces pauvres êtres, défiants de tout et de tous, passent leur existence dans l'esclavage de la peur.

Chez eux le pouvoir, autrefois concentré dans les mains d'un seul chef, tend toujours plus à se morceler. Il a ceci de curieux qu'il ne se transmet pas de père en fils en ligne directe, mais par le fils de la sœur du chef régnant. Du reste, ces ba-Loubalé et ces ba-Lounda sont maintenant, en grande partie, tributaires des ba-Rotsi.

Notre but était d'abord de visiter *Sindé*, le grand chef des ba-Lounda, dont la résidence actuelle est à environ 70 kilomètres du confluent du Kabombo.

Notre visite, annoncée d'abord par les messagers de Léwanika, s'était ébruitée. Un petit chef mo-Rotsi placé ici, un gouverneur, dirions-nous en style européen, un nommé Siyonda, nous arrête au passage. « Ne passez pas outre, dit-il, plus loin vous trouverez la famine. Attendez un jour ici pour que nous vous donnions des provisions. » Dès le soir, les villages voisins nous en apportèrent en abondance, et, le lendemain, on vit le chef Kapélé, le frère de Sindé, arriver à la tête d'une longue file indienne : c'était du manioc, du sorgho, maïs, courges, etc., nos provisions de route. Nos canots étaient remplis à sombrer. Nous passâmes quelques heures à causer avec ces braves gens et à leur expliquer la bonne nouvelle du salut, et nous nous dîmes au revoir, à notre retour. Nous ne prévoyions pas alors dans quelles conditions se ferait ce voyage de retour.

Le 17, nous arrivâmes chez Sindé. Un marais nous séparait de son village. Le même jour, il vint nous faire une visite de bienvenue, et nous apportait une immense calebasse de mpoté. Son visage s'assombrit quand je le remerciai et que tous mes gens firent de même, les uns parce qu'ils sont chrétiens, les autres simplement par soumission au roi qui l'a interdit. Sindé possède un troupeau de vingt têtes de bétail, à peine, qu'il a reçues de Léwanika. N'importe ! L'hospitalité avant tout. Il nous en envoie *deux,* une pour moi, l'autre pour Liomba. Nous en acceptâmes une et renvoyâmes l'autre. « Le morouti est mon père, disait Liomba, nous mangeons ensemble, une seule bête nous suffit abondamment. » Sindé insiste, ne comprenant pas la délicatesse de ce refus. Nous insistons aussi. Alors le chef d'envoyer un petit garçon, un esclave, à Liomba, en cadeau. « Tu ne veux pas de mon bœuf, accepte au moins cet esclave. » — « Merci, répondit Liomba, j'ai des gens qui suffisent à mon service. Nous, croyants, nous avons appris que nous ne devons pas traiter des créatures de Dieu comme des bêtes de somme. Rends cet enfant à sa mère, et si tu veux absolument que j'aie quelque chose de toi, un morceau d'étoffe me suffira et je serai reconnaissant. » Sindé lui envoya immédiatement la draperie d'indienne qu'il avait sur le dos. Elle était bien un peu défraîchie, beaucoup mûre, mais elle était, à ne pas s'y méprendre, le gage d'un cœur chaud et généreux.

Le marais ne m'empêcha pas d'aller avec tout mon monde passer le dimanche à la capitale des ba-Lounda. Peu de chose que cette capitale ! Sur la lisière de la forêt, un grand enclos carré fait d'herbe tressée avec goût et qui enferme son harem ; au dehors, une quinzaine de huttes éparpillées tout autour, c'est tout. Mais s'il y avait un missionnaire résidant avec lui dans un endroit favorable, cela changerait. Nous nous assîmes à l'ombre d'un arbre, le seul dans le village, et rabougri ; on construisit à la hâte devant nous un abri de nattes pour le chef ; les femmes du village et les hommes des environs qu'il avait rassemblés se groupèrent autour de nous, et je commençai. J'expliquai les commandements, en mettant quelques-uns en relief. Sindé ne pouvait s'empêcher de faire des remarques, et quelques-unes assez pittoresques. Il protesta du droit qu'il se reconnaissait de vie et de mort sur ses sujets, et contre ce que je disais de l'esclavage. Il devint sérieux pourtant et écouta avec déférence le témoignage plein de bon sens et de force de Liomba et de Taouira.

LVII

Chez le chef Mosoandounga. — Un dimanche à Sapouma. — Jusqu'au Loumbala. — A la capitale de Kakengé. — Accueil peu amical. — En danger. — Protection de Dieu. — L'Évangile est annoncé. — Conversion des bateliers. — Le fatal « demain ».

Suite de la précédente lettre.

Le 21, nous amarrions nos canots au point le plus rapproché du village de Mosoandounga, un chef des ba-Loubalé, et de Nyakametsi, une cheffesse intelligente de la même tribu. Mosoandounga est le chef principal contre lequel les ba-Rotsi firent cette guerre si désastreuse d'il y a quatre ans. Il a fait sa soumission depuis lors, et sur les ordres de Léwanika, son suzerain, il est récemment venu se fixer là où il est. Je marchai huit heures pour aller le visiter chez lui (aller et retour, cela va sans dire). Je tenais à le faire, et je crois que cela lui fit plaisir. Il ne m'en fit pas moins faire antichambre pendant plus d'une demi-heure pour sauvegarder les restes de sa dignité. Je m'amusais, pour passer le temps, à compter ses huttes : il y en avait en tout une demi-douzaine dont les toits enfumés perçaient à travers les broussailles, — quand j'entendis le son assourdissant d'un gros tambour porté par deux hommes. C'était Mosoandounga, escorté par une troupe de jeunes gens, qui s'avançait vers nous. Il a de l'embonpoint ; en s'asseyant, son fauteuil pliant se rompit sous lui. Nous gardâmes notre gravité pourtant. Une fois la glace des salutations brisée, nous causâmes quelque temps, puis il rassembla les gens qu'il avait fait appeler des villages voisins et que la curiosité avait attirés en grand nombre, et nous leur parlâmes de Dieu et du Seigneur Jésus. Quand je leur dis de s'agenouiller pour la prière, il y eut bien une certaine hésitation chez les femmes, que la peur saisit. « Mais, leur cria Mosoandounga, nous mourrons seulement pour un moment, nous savons bien ce que c'est, nous avons vu comment on fait à Léalouyi. » Il était nuit quand nous rentrâmes au campement.

Le lendemain, dans la matinée, des cris forcenés, une musique de clochettes accompagnée du son du tambour, retentissaient dans les bois et annonçaient de loin le chef Mosoandounga. Il parut bientôt, porté en hamac au pas de course et suivi d'une escorte nombreuse. Il venait nous rendre notre visite, s'entendre avec nous pour envoyer un exprès chez le grand chef Kakengé, le prévenir de notre arrivée, et expédier par lui une lettre pour les frères plymouthistes qui sont chez sa mère Nyakatoro, avec un message pour elle. Le frère même du chef se chargea de cette importante mission, et promit de faire en trois jours le trajet qui devait nous en prendre au moins huit.

Nos mesures ainsi prises, nous allâmes passer notre deuxième dimanche à Sapouma. Sapouma ! Faut-il lui donner le nom de *rapides* ou de *chute ?* Là, comme à Séoma, et sur une formidable échelle à Mousi-oa-Thounya, un soulèvement a barré le lit du fleuve d'une forte digue de roches ignées. Mais au milieu, sur une largeur d'environ quinze mètres, la force concentrée du fleuve a miné et renversé la digue, et c'est par cette brèche qu'il se précipite en un torrent furieux. A vingt-quatre kilomètres en amont, se trouve la répétition de Sapouma, mais moins en grand : un autre barrage de roches que le fleuve a aussi ébréché à deux ou trois endroits ; c'est *Yorosé*.

Entre ces deux barrages, c'est un rapide non interrompu où la navigation est des plus difficiles et des plus dangereuses. La muraille de rochers seule donne à Sapouma un cachet de grandeur, mais le coteau, la navigation, le cadre enfin, est insignifiant.

Nous passâmes à Sapouma un dimanche béni, un de ces jours qui comptent dans la vie et qui compteront aussi dans l'éternité ; nos réunions furent de celles dont on s'en va à regret : « Il fait bon être ici ! » Jésus était là parmi nous, nous l'avons senti, et nous avons vu un rayon de sa gloire.

Vers le soir, des bandes de ba-Loubalé, qui avaient entendu parler de nous, débouchaient de divers côtés de la forêt et nous fournirent ainsi l'occasion de leur prêcher Jésus.

Nous avions la disette. Les gens promirent de nous apporter le lendemain de bonne heure des vivres à vendre. Nous les attendîmes jusqu'à midi en transportant nos canots au-dessus de Sapouma. Ils vinrent enfin, mais avec quelques poignées seulement de céréales que nous achetâmes au prix de famine.

Nous espérions mieux chez le chef Sényama, où nous arrivâmes à 2 heures et demie ; et pour leur donner simplement le temps de préparer leur marché, nous cédâmes à leurs instances et campâmes pour la nuit. Je profitai de cet arrêt pour faire avec Liomba et mes garçons une petite excursion. Le chef vit sur les bords du *Kabako,* un des affluents de la rive droite du Zambèze. A en juger par son confluent large et profond comme celui du Kabombo, on pourrait croire que c'est une grande rivière. Désirant voir une cataracte qu'on nous disait à proximité, nous nous mîmes en canot. Curieuse excursion qui ne manqua certainement pas du charme de la nouveauté. Nous n'avions pas fait deux kilomètres que le lit de la rivière s'était considérablement rétréci. Bientôt, ce n'était plus qu'un dédale de lagunes, de bourbiers et de filets d'eau à travers des fourrés inextricables de mangliers. La pagaie est devenue inutile. Nous n'avançons qu'en nous cramponnant aux branches et aux racines qui barrent le passage, nous repliant et nous couchant à l'occasion dans le canot pour sauver nos têtes; heureux encore quand nous ne manquons pas le principal canal. Un peu plus haut, le lit se creuse, la rivière se dégage des fourrés; mais la trouvant bientôt obstruée, nous amarrons de nouveau le bateau et faisons à pied le reste du trajet. Les villages sont nombreux, et nous nous perdons dans des champs de manioc. Les hommes et les femmes qui nous aperçoivent prennent la fuite; mais, bientôt rassurés, notre escorte fait boule de neige, et quand nous arrivons à la cataracte, nous avons bien une centaine de personnes après nous. Malheureusement le soleil est à l'horizon, et il faut se hâter. Le ruisseau qui vient de l'ouest coule sur un lit de rochers qui s'incline subitement. Le torrent bouillonne alors, bondit en gémissant sur les rochers qui obstruent sa route, puis, au bord d'une gigantesque muraille en fer à cheval, il se précipite en une jolie cascade de trente pieds dans un bassin vaste et profond où il retrouve son calme. Le pays est légèrement accidenté. Des collines boisées qui s'ouvrent dans le lointain semblent ouvrir des perspectives dans l'infini. Inutile d'ajouter que nous rentrâmes à la nuit.

Le lendemain, tout ce que je pus acheter fut un demi-sac de sorgho, et cela me prit tout mon temps jusqu'à midi. Je ne dis pas ce qu'il m'a coûté de perles, de calicot, et surtout de patience.

Il nous faut donc pousser forcément jusqu'au *Loumbala,* un autre affluent de la rive droite. On nous avait dit que c'était un centre populeux, et c'était vrai. Nous y arrivions le 29 mai. J'envoyai dans les villages les plus rapprochés. Les gens y étaient ivres ou en train de boire; donc point de marché, et nos pauvres hommes sont encore forcément rationnés. C'est chose bien surprenante, car depuis que nous avons quitté Sapouma, nous sommes escortés par des troupes d'hommes et de femmes qui affluent pour voir le morouti. Nous nous arrêtons de temps en temps pour leur faire connaître la bonne nouvelle que nous sommes venus publier. Ils nous écoutent les yeux fixes, le cou tendu, la bouche béante. Nous comprennent-ils? Je ne sais. Mais quant à nous apporter de la nourriture, nul n'y pense. Ici, c'était un chef qui préparait ses *li-youmbou,* c'est-à-dire la nourriture de l'hospitalité ; une cheffesse attardée qui nous faisait attendre près d'une heure, nous promettant abondance ! Ils nous arrivaient, eux et d'autres, les mains vides ; il n'était plus même question de nourriture. Ce n'était qu'un leurre, une méchante ruse, parce qu'ils nous savaient affamés. Ils voulaient voir cette grande curiosité du jour, ce phénomène vivant, le *morouti* doublé d'un *blanc,* deux personnages en un, une monstruosité enfin qu'ils n'avaient jamais encore vue ! Faut-il les payer de mauvaise humeur? Pauvres gens ! eux-mêmes ils ont la disette. Les nuées noires de sauterelles, que nous n'avons plus quittées depuis Katouramoa, nous le disent assez. Non. Il vaut mieux, pendant qu'ils braquent avec avidité leurs grands yeux d'ivoire sur ma personne, leur parler de Dieu, de sa justice et de son amour.

Heureusement qu'un bon esprit règne parmi notre monde. La perspective d'arriver bientôt chez Kakengé ranime leur courage. « C'est un grand chef ; chez lui, nous sommes sûrs d'être bien reçus et d'oublier la faim. » Hélas ! combien peu ils se doutaient de ce qui nous attendait !

Nous forçons donc les étapes ; nous passons sur la rive droite de la *Rouéna,* une petite rivière qui vient en serpentant de l'ouest : c'est quelque part par ici que se trouvait autrefois la capitale du grand chef des ba-Loubalé, Kakengé. Aujourd'hui, l'héritier de ce nom a déménagé ; mais ce n'est pas bien loin, car les hameaux se parsèment, s'agglomèrent sur la rive ; on voit des piétons se croiser, des canots minuscules descendre ou remonter le courant ; il y a du mouvement et de la vie. Tout nous dit que nous approchons.

Nous arrivons en effet le 30 mai, au milieu du jour, par une chaleur suffocante. On nous avait dit : « Vous verrez de loin une grande, grande maison très haute ; il n'y en a pas de pareille dans le pays. C'est la capitale de Kakengé. De la berge, nous vîmes, en effet, un toit de chaume pointu qui dominait de haut de petites huttes qui perçaient à peine au milieu des buissons. C'est donc bien là.

Nous amarrons les canots au milieu d'un concours de curieux, d'enfants surtout. Après nous être annoncés, nous attendons longtemps la réponse du chef. Cela ne nous inquiète pas, nous la connaissons, cette gent-là. Enfin la voici, et ce sont des hommes d'âge mûr qui nous l'apportent. « On fait les affaires comme il faut, chez

Kakengé, pensais-je… » Sans même nous saluer, au mépris de la courtoisie la plus élémentaire, et sur un ton bourru et hautain, ces hommes, au nom de Kakengé, nous signifiaient l'ordre de passer le fleuve et d'aller camper sur l'autre rive! Quelle tuile! Pour l'ombrage et le bois à brûler, c'eût été mieux pour nous, mais il m'en coûtait de mettre le fleuve entre nous et les gens que nous étions venus visiter, et c'est ce que je répondis. Liomba, lui, et nos ba-Rotsi, prirent la chose comme une insulte. Kakengé est un vassal que Léwanika vient d'investir de son autorité. Il y eut de l'aigre-doux dans cette première entrevue, et elle nous laissa sous une pénible impression.

Une demi-heure après, les mêmes messagers revenaient, cette fois avec une cohue de jeunes gens tous armés de fusils! « Le chef Kakengé dit que, puisque vous le voulez, vous, vous pouvez camper ici. » — « Fort bien, mais quelle est cette manière de nous recevoir avec des fusils? » Après une altercation un peu vive, que je pus heureusement modérer, nous obtînmes que tous les fusils, qui allaient s'augmentant avec de nouveaux arrivants, retournassent au village.

Ce premier danger écarté, il m'était impossible d'accepter cette situation, sans raison, déjà si tendue. J'envoie donc un de ces hommes dire au chef que je demande instamment à le voir sans délai. Il me répond que « la dignité d'un grand chef comme lui ne lui permet pas de recevoir un étranger ainsi, qu'il verrait et me manderait dans quelques jours s'il le jugeait bon ». C'était crâne, et pendant ce temps arrivaient de çà et de là des bandes d'hommes armés. La nuit survenue, les tambours se mirent à battre, on tirait du fusil coup sur coup, on criait, on hurlait, c'était un vacarme épouvantable; les danses avaient commencé, des danses sur le caractère desquelles nous ne nous méprenions pas. Personne ne dormit cette nuit-là. Nous ne fûmes pourtant pas attaqués.

Le lendemain matin, je renouvelai mon message à Kakengé, accentuant qu'il était de toute importance que je le visse. Il répondit qu'il voulait savoir, lui, ce que j'étais venu faire dans son pays avec une bande de ba-Rotsi, sans sa permission, et sans même l'avertir; qu'avant même de voir son visage, il s'agissait tout d'abord, tant pour Liomba que pour moi, de lui payer le *mosapo*, c'est-à-dire l'hommage, l'impôt plutôt qu'il exige des marchands noirs portugais qui viennent dans son pays.

J'en appelai aux messagers que je lui avais envoyés, à la lettre que je lui avais demandé d'expédier, avec mon message, à Nyaka!oro, sa mère. Je lui dis que je n'étais pas un marchand, ni même un voyageur, mais un *morouti,* et que je n'étais venu dans son pays que pour enseigner les choses de Dieu. J'ajoutai que je ne refusais pas de lui faire un cadeau quand j'aurais vu la manière dont il me recevrait, mais que je ne consentirais jamais à lui payer le *mosapo* des ma-Mbari, et qu'il devait se le tenir pour dit. Toute la matinée se passa en pourparlers. Kakengé finit apparemment par céder, et sans plus exiger le fameux *mosapo,* il nous manda au *lékhothla.* Il était là trônant sur un escabeau, drapé dans une grosse couverture de laine de couleur, à l'ombre d'un énorme parapluie de coton bleu que tenait un esclave. La place était remplie d'hommes chamarrés de leurs ornements de guerre et entourée des faisceaux de leurs fusils. Le cercle s'ouvre devant nous pour se refermer après, et on nous fait asseoir au grand soleil, en face, mais à distance du chef. Je le saluai, et mes gens aussi ; il ne répondit qu'à moi seul, et pendant quelques minutes, nous nous étudiâmes mutuellement.

J'essayai de bien expliquer le but de mon voyage, insistant sur le fait des messagers que je lui avais envoyés. Malheureusement, mes interprètes ma-Mboé étaient paralysés de frayeur, et mes paroles devaient passer par six bouches, six éditions nouvelles avant de lui parvenir. Kakengé n'était pas d'humeur à écouter mes explications, qu'il traitait de mensonges.

Il m'interrompit brusquement et se lança lui-même dans un discours passionné que personne ne pouvait m'interpréter. « Que dit-il? demandai-je à Liomba. » — « Oh! il est très en colère, il nous insulte et nous menace. » Sa figure et ses gestes, aussi bien que l'attitude fort peu rassurante de ses gens, le disaient assez, et je m'en rendais parfaitement compte.

Il nous tint là plus d'une heure à rôtir au soleil, et, quand il eut épuisé son effervescence, il se leva subitement et disparut précipitamment dans la cour de son harem. Ainsi se termina cette entrevue sur laquelle j'avais tant compté.

Mes gens qui, pour la plupart, comprennent la langue, étaient terrifiés. Tous mornes et silencieux, chacun était tout entier à ses pensées. Des rumeurs sinistres couraient aussi de bouche en bouche. Deux d'entre eux avaient contracté avec des ba-Loubalé l'alliance du sang [1], et ces nouveaux frères, fidèles à des obligations inviolables, leur avaient confié que Kakengé, par pure haine pour

---

1. Les parties contractantes avaient mêlé à un peu de nourriture, et en présence de témoins, quelques gouttes de sang extraites l'une de l'autre.

les ba-Rotsi, avait juré notre perte, et que si nous échappions de ses mains, il avait donné des ordres en amont pour nous arrêter et nous massacrer. Il se trouve par là un certain chef du nom de Kalipa que Léwanika a destitué en faveur du Kakengé actuel, qui s'était chargé de l'affaire. Liomba était le seul qui eût gardé son calme. Taouira, lui, essayait de consoler ses amis d'infortune en leur répétant platoniquement qu' « après tout on ne meurt qu'une fois ». D'autres, je l'appris plus tard, avaient clandestinement chargé leurs canots et se proposaient de se sauver de nuit. J'en avais bien surpris qui chargeaient leurs fusils. Aussi, en voyant les jeunes gens du village — les hommes ne se montraient pas, eux — aller et venir dans notre campement, s'asseoir sur nos nattes, toucher à tout, se comporter avec impudence, ma crainte, à moi, c'était que nos jeunes gens ne cédassent à ces provocations et ne missent ainsi le feu aux poudres.

Notre réunion du soir fut ce qu'elle pouvait être dans ces circonstances. Personne n'y manquait. J'exhortai mes pauvres gens à mettre leur confiance en Dieu. Je leur racontai nos aventures avec Masonda chez les ba-Nyaï, et leur montrai la délivrance merveilleuse que le Seigneur nous avait accordée. « Eh bien! mes amis, leur dis-je, remarquez mes paroles, il en sera de même ici. Dieu dit dans sa Parole que les cœurs des rois sont dans sa main, et que, comme des ruisseaux d'eau, il les incline comme il lui plaît. J'ai toujours fait l'expérience que c'est vrai, même en venant dans votre propre pays, où nous avons trouvé plus de difficultés que vous ne vous l'imaginez. Le cœur de Kakengé est dans la main de Dieu, comme celui de Léwanika, comme celui de Masonda. Demain, vous le verrez, Kakengé, non seulement nous enverra de la nourriture, mais il nous donnera aussi des paroles de paix, et pas un de nos cheveux ne tombera par terre. » Mes paroles peuvent paraître audacieuses et téméraires; c'étaient des paroles *convaincues*. Ces hommes les écoutaient avec étonnement. Après cela, personne ne songea à se sauver. On ne dormit pas, cela va sans dire, tous criaient à Dieu, et les païens plus que les autres. Pour moi, j'étais calme et confiant, parce que je sentais que la gloire de mon Dieu était en jeu. Le matin parut; nous n'avions pas été attaqués, mais où était la délivrance promise?

J'envoyai dire à Kakengé que j'allais le voir moi tout seul. « Attends, me répondit-il, je ne peux pas causer avec quelqu'un qui a faim. » Était-ce la première lueur de l'exaucement? Pas pour mes gens, en tout cas, au contraire. Toute la matinée se passa ainsi dans l'attente. *Rien!* L'après-midi s'avançait, *rien!*

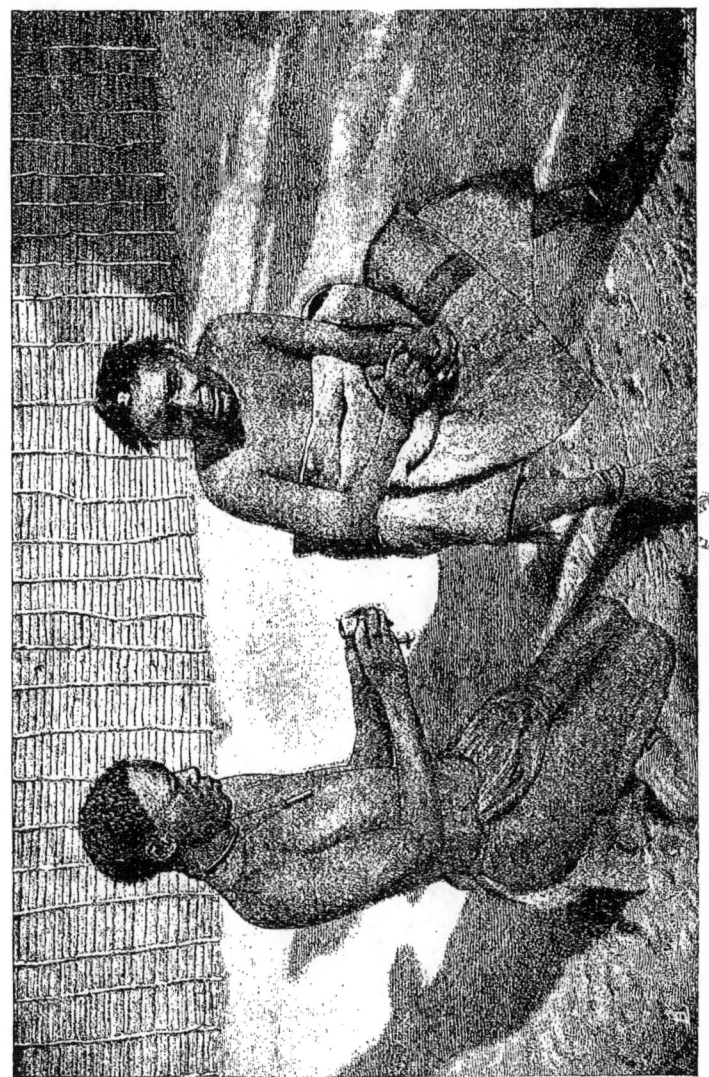

ESCLAVE PRÉSENTANT UNE TABATIÈRE AU CHEF KAKENGÉ

Enfin, vers les 3 heures, une procession que je vis sortir du village s'avança lentement vers le campement. *C'était la nourriture promise de Kakengé!* Des corbeilles de manioc, du millet, des patates, des poules, et que sais-je? Tout le monde se réunit. « *Morouti*, dit un vieux, voici les *liyoumbou* de Kakengé. Maintenant, fais-lui un présent digne de toi et digne de lui... Tu lui as donné l'autre jour de l'étoffe, elle était ensanglantée (à fond rouge), et il l'a passée à ses esclaves; tu as ajouté de la blanche, il l'a offerte aux dieux; de la verroterie aussi, et il l'a distribuée à ses femmes. Lui n'a encore rien de toi; tu as de belles choses, donne! » Ce furent des transactions délicates que celles-là, et qui prirent du temps. Je n'étais pas très traitable, moi, et pour cause; je ne m'étais pas pourvu pour pareille éventualité. Enfin je mis la main sur une pièce d'étoffe qui prit les yeux de mes ba-Loubalé et, pour ne pas embrouiller de nouveau les affaires : « Allons, dis-je à mes gens, je la porte moi-même à Kakengé; venez le remercier pour sa nourriture. » Déjoués, les messagers du chef, me voyant déterminé, se mirent à la tête de la file.

En nous voyant déboucher au *lékhothla* sans plus de cérémonie, Kakengé se sauva dans sa cour. Je lui envoyai l'étoffe et dis à mes gens : « La salutation royale, maintenant! » Ils se mirent instantanément en position, et leurs puissants *Yo shô!* et leurs battements de mains produisirent un tel effet que, pendant que le messager envoyé pour me remercier de l'étoffe parlait encore, Kakengé lui-même, au mépris de sa dignité, accourait, prenait son escabeau et venait se planter devant moi. Sa figure rayonnait : « Maintenant, dit-il, je crois à vos bonnes intentions, oubliez ma mauvaise humeur des jours passés. J'avais envoyé des ordres en amont pour qu'on vous arrêtât; je vais les contremander et vous annoncer à Nyakatoro. Ce sont mes gens qui vous conduiront. Seulement, ajouta-t-il, ne prenez pas les ba-Loubalé pour des femmes... » Puis, tout à coup, il se jette à la renverse, se raidit, gigotte, s'égratigne, fait d'affreuses contorsions, il roule les yeux, grince des dents et pousse des cris horribles. Puis, soudain, se calmant, il se lève et se sauve dans sa cour. Nous restons ébahis. J'avais cru d'abord que l'homme avait une crise et je voulais faire chercher de l'eau; mais tout son monde s'était levé et, pour l'applaudir, poussait des cris sauvages. Je compris alors que Kakengé vantait son courage en imitant une bête féroce luttant avec sa proie et la dévorant. Que n'avais-je ma camera!

Cette dernière scène tragi-comique eût un peu terni les bonnes impressions de mes compagnons, si Kakengé ne s'était hâté de nous envoyer, avec un peu de nourriture, un aimable messager, nous invitant à aller le lendemain « chanter chez lui ». C'était le jour de la Pentecôte. Dieu s'était glorifié. Je me sentais ému, le soir, en voyant mes gens à leurs feux cuire leur nourriture. Les uns causaient, commentant avec animation les événements; les plus jeunes, eux, reproduisaient la scène sauvage dont ils venaient d'être témoins; d'autres étaient pensifs et ne disaient rien.

La prudence me fit renoncer à poursuivre mon voyage jusque chez Nyakatoro, et on peut le comprendre sans plus d'explication.

Le lendemain, le jour de la Pentecôte, nous allâmes au *lékhothla*, non plus comme des disgraciés, cette fois. Les fusils avaient disparu; Kakengé et ses hommes se groupèrent autour de nous; nos chants attirèrent les femmes et les enfants du village et, là aussi, nous publiâmes la bonne nouvelle du salut. Liomba étonna grandement Kakengé quand il lui dit qu'il était un croyant, lui, le gendre du roi, Liomba. Il pensait sans doute — et il n'est pas le seul — que l'Évangile est pour les pauvres et les petits de ce monde... et non pour les grands que Dieu honorera d'une manière spéciale ou qui, peut-être, honoreront Dieu en entrant dans son ciel.

Je le surpris à mon tour en lui annonçant ma décision de rebrousser chemin. « On dira que c'est Kakengé qui t'a arrêté », dit-il. Mais, voyant que j'étais bien décidé et qu'aucune de ses promesses ne pourrait m'ébranler, il voulut absolument que nous ne prissions congé de lui que le lendemain matin. « Mais nous voulons partir de bonne heure! — N'importe, on me réveillera. » En effet, le lundi de grand matin, pendant qu'on abattait la tente et chargeait les canots, nous courûmes chez lui et le trouvâmes nous attendant. Je pus même, malgré sa répugnance, prendre une mauvaise photographie de lui. Il nous donna encore une corbeille de farine: « Reviens l'année prochaine, me dit-il, tu ne trouveras plus d'obstacles sur ton chemin, et tu prendras deux de mes enfants pour les instruire. Je te les donnerais aujourd'hui, mais le chemin de Léalouyi n'est pas encore assez battu. » J'étais tout à fait de son avis. Une fois en bateaux, je vous laisse à penser si nos bateliers ramèrent! Le point noir, maintenant, c'était la disette.

En descendant, nous apprîmes qu'un chef, du nom de Kénya, dans l'espoir que nous passerions chez lui, avait effectivement intercepté nos messagers et même la lettre qu'il devait expédier à Kakengé. Son village était trop loin du fleuve, et nous ajournâmes notre visite jusqu'au retour. De dépit, lui ne voulut rien expédier. Cela explique *en partie* l'attitude de Kakengé, et l'exonère à mes yeux. Je le confesse, quand il protestait n'avoir rien reçu de nous, je ne croyais pas à sa véracité. Quoi qu'il en soit, je crois que cet incident ne contribuera pas peu à amortir les animosités intertribales et à affermir la paix. Une chose bien certaine, c'est que si plus tard je pouvais refaire le même voyage, même avec une bande de ba-Rotsi, nous n'aurions plus les mêmes dangers à courir.

L'infortuné Kénya, apprenant nos aventures, était hors de lui-même et courait après nous. Nous ne pouvions pas l'attendre, la faim nous chassait. Tout en le condamnant, nous fîmes tout ce que nous pûmes, par le moyen de son frère Mosoandounga, pour le calmer et le rassurer. Cela nous empêcha de prendre son enfant chez Mosongo pour l'emmener à l'école, ainsi que cela avait été convenu. Au retour, notre brave ami Sindé nous reçut avec la même chaleur de cœur qu'en allant. Malheureusement, une ophtalmie purulente, qui le retenait dans sa maison, nous empêcha de le voir. Ce fut aussi la cause pour laquelle son propre fils et deux de ses neveux ne purent non plus partir avec nous pour venir à l'école.

Dès le commencement du voyage, j'avais senti pour nos bateliers une vive sollicitude; leur conversion était le sujet de mes prières; des exhortations individuelles et de pressants appels leur avaient été souvent adressés. Nos cultes du matin et ceux du soir surtout avaient toujours été sérieux. Après nos aventures chez Kakengé, ce sérieux devint encore plus intense.

Un soir, c'était chez Sindé et c'était le 9 juin, nous étions campés dans un bois touffu qu'éclairaient mal les pâles rayons de la lune. Vous m'auriez vu, avec tous mes gens accroupis autour du feu central de notre bivouac. Un sentiment de grande solennité nous avait saisis. J'avais, une fois encore, adressé de sérieuses paroles à ces hommes qui, pendant six semaines, avaient partagé ma vie dans ce voyage aventureux. Je m'étais tu. Le silence avait succédé à mes paroles... Un garçon le rompit enfin : « Je suis Mosésanyané, de Lépakaé, dit-il d'une voix tremblotante. L'an passé, j'ai travaillé chez notre père le *morouti;* mon temps fini, je me suis sauvé avec un dard au cœur. Je me disais : « Bah, ça passera, ce n'est qu'une impression », et je croyais ma blessure guérie. Mais à Sapouma un nouveau dard m'a transpercé. En pensant au grand jour où même les rois, les grands, les riches, diront aux rochers et aux montagnes de tomber sur eux, je me suis demandé comment moi, pauvre et petit que je suis, je pourrais échapper. Je n'ai depuis lors cessé de crier au Seigneur Jésus pour qu'il ait pitié de moi. Je crois qu'il m'a entendu, et je suis à lui... »

Un autre, un homme fait, déclare que ce sont nos aventures chez Kakengé qui lui ont ouvert les yeux et l'ont décidé. « Quand notre père affirmait que le cœur de Kakengé, lui aussi, est dans la main de Dieu, je me disais, moi : « Nous verrons ! le *morouti* est-il un devin ? Cela nous semblait aussi étrange que la parole de Jésus à ses disciples : « *il dort,* et je m'en vais l'éveiller », et pourtant il était bien mort. Eh bien ! oui, Dieu a fait un miracle. Quand nous nous attendions à être massacrés, il a changé le cœur de Kakengé envers nous. Dieu entend les prières ; c'est bien vrai. Après avoir été poussé par la frayeur à prier, j'ai commencé à prier pour le pardon de mes péchés. »

Un troisième, un terrible caractère, celui-là, et bien connu, le dernier dont nous aurions attendu un tel langage : « Quand j'ai vu à Sapouma mon frère de servitude, Molonda, se déclarer pour le Seigneur, cela m'a fait un tel effet que je me suis sauvé dans la forêt, et là j'ai pleuré et crié comme un enfant. Matenguénya est bien mauvais, me disais-je, c'est vrai ; c'est un adultère, un voleur, un menteur, tout le monde le méprise. Est-il donc trop mauvais pour que Jésus le sauve ? Non, il est venu chercher et sauver ce qui était perdu. On me le disait, j'en riais ; maintenant je le crois. »

Puis ce fut un autre, puis un autre encore, dix en tout ; disons onze en comptant un de nos guides ma-Mboé, un homme qui grisonne. Ce grand chasseur d'hippopotames nous étonnait dès l'abord par l'avidité avec laquelle il écoutait ce que nous disions du Seigneur Jésus, et le feu avec lequel il transmettait aux autres ce qu'il en avait saisi. Impossible, pensions-nous, qu'il ne soit qu'un porte-voix qui donne tout et ne garde rien. Quel puissant évangéliste la grâce de Dieu pourrait en faire dans ces quartiers ténébreux ! Lui aussi se déclara pour le Seigneur. Dans la nuit, le courant emporta son canot ; il nous quitta pour le chercher, et nous ne l'avons pas revu. Mais, s'il tient bon, nous le verrons souvent à Léalouyi, malgré la distance [1].

Enfin, il y en avait bien un douzième. Ah ! oui, un cher et intéressant jeune homme pour qui nous avons lutté avec angoisse. Il était là, près de moi, tremblant de tous ses membres, la tête ca-

---

[1]. La distance de Léalouyi au village *actuel* de Kakengé est, en suivant les méandres du fleuve, de près de 600 kilomètres.

chée dans ses mains et contenant mal son émotion. Je l'attendais, mais il ne dit rien. Après la réunion, il me fit dire qu' « il n'y tenait plus » et qu'il fallait qu'il se déclarât *demain*. Il ne le fit pas, le courage lui manqua ; le lendemain fut encore *demain*. Il ne l'a pas fait, hélas ! et aujourd'hui, pour lui, c'est encore *demain !*

C'est le samedi, 15 juin, que nous sommes rentrés à Léalouyi, joyeux, heureux de nous retrouver avec les chers Adolphe Jalla, de revoir Léwanika, nos jeunes gens, tout le monde, et, pénétrés de reconnaissance envers Dieu, dont la bonne main avait été si visiblement sur nous dans tout ce voyage de six semaines.

Le lendemain, au service du matin, l'église était pleine. Mokouaé de Nalolo était en visite. Ceux qui professent d'avoir trouvé le Seigneur Jésus dans ce voyage, se levèrent, et, une fois encore, déclarèrent individuellement vouloir le suivre et le servir. Mais, de ces dix, *deux* n'étaient pas là ; ils avaient reculé, et l'un, je le crains, pour tout de bon. Puissent les autres persévérer !

Je n'ajoute rien à ma lettre, déjà trop longue malheureusement !

« Celui qui est sage prendra garde à ces choses et considérera les bontés de l'Éternel. » (Ps. 107.)

LVIII

La maladie. — La conférence de Léalouyi. — Départ décidé. — En route. — Mort de Séonyi. — Trois semaines à Kazoungoula. — M. Bertrand et ses compagnons. — État de l'œuvre. — De Kazoungoula à Boulouwayo.

Novembre 1895.

J'étais parti pour mon voyage vers les sources du Zambèze, souffrant sans vouloir m'avouer la gravité de mon état, espérant que le repos et le changement d'air amèneraient une amélioration. Mais non. A mon retour, le mal empira à tel point, que la question d'un voyage en Europe se posa forcément. Elle m'avait bien déjà hanté ; mais je l'avais toujours envisagée de mauvaise grâce et avec un sentiment qui tenait de la frayeur.

C'est sur ces entrefaites que nous eûmes à Léalouyi notre cinquième conférence. Je me réjouissais beaucoup de pouvoir moi-même héberger mes collègues.

Non seulement ils se rendirent tous avec leurs compagnes à notre invitation (à l'exception de M. et Mme Boiteux récemment arrivés et restés à Kazoungoula); mais nous avions même le rare privilège d'avoir parmi nous M. Bertrand, de Genève, qui nous apportait une bouffée de l'air rafraîchissant de ses montagnes et une étincelle de ce foyer de vie si ardent. D'autres diront ses travaux, nous, nous n'en dirons jamais trop de bien.

Mais je parus à peine au repas de mes amis, ces agapes que j'avais tant rêvées, et ce n'est que cloué sur mon lit que je pouvais présider nos séances et prendre part à nos délibérations. Aussi mes collègues, à l'unanimité, insistèrent-ils pour que je partisse au plus tôt pour l'Europe. Il n'y avait donc plus à hésiter.

Kazoungoula, 12 décembre 1895.

Bien que la plume tremble dans ma main, je vous dois quelques lignes pour que vous ne vous exagériez pas mon état. Je suis malade. Voilà longtemps que je lutte. Mais le mal se confirme et m'impose le devoir de quitter le pays pour ne pas être un fardeau à mes amis, et aussi pour aller chercher les secours médicaux que nous n'avons pas au Zambèze.

Voilà donc ma carrière qui risque de se clore après tout, et se clore dans de sombres nuages. Je ne m'y attendais pas, je ne voulais pas y croire. Je m'obstinais à compter encore sur quelques années de ministère actif, et je nourrissais même secrètement l'espoir que c'est dans ce pays, à Séfoula, disons-le, que je reposerais à côté de celle qui, pendant tant d'années, a partagé tous mes labeurs et toutes les péripéties de ma vie agitée. J'y comptais tellement, que je souriais de tout mon cœur aux nouveaux horizons que mon voyage chez Kakengé avait ouverts devant moi. Il m'a été dur de plier ma volonté à celle de mon Maître. Il me semblait que j'avais de si excellentes raisons ! Le Seigneur ne discute pas, Lui. Il a appesanti sa main sur moi et, peu à peu, par un effet de sa grâce, m'a amené une fois encore à m'abandonner entièrement à sa volonté. Il m'a appris tout à nouveau à la trouver non seulement *parfaite,* ce dont nous ne doutons jamais, mais même *bonne* et AGRÉABLE.

Je fis donc, avec l'aide de mes garçons, ce que je pus en fait de préparatifs, ce qui ne veut pas dire grand'chose. Je désirais ardemment visiter au moins une dernière fois le village ; ce désir de mon cœur ne m'a pas été accordé, un désappointement d'autant plus amer que je ne pouvais pas recevoir de visiteurs, à part de rares exceptions. J'ai eu la douloureuse satisfaction d'un tête-à-tête avec André, mon pauvre enfant prodigue. Il reviendra, j'en ai la confiance, et ses confessions me l'affirment, mais, pour le moment, il en est encore à paître les pourceaux et à envier leurs carouges. Le roi, lui, qui venait me voir assez fréquemment, me disait un jour : « Ah ! si je ne suis pas encore sauvé, ce n'est pas ta faute. Tu ne t'es pas donné de repos, mais tu ne m'en as pas donné non plus ! »

Le Seigneur, dans sa bonté, me donna assez de force et de grâce pour adresser à nos chères gens mes dernières exhortations et mes adieux.

Et puis... le 30 octobre, trois ans donc, presque jour pour jour, après mon arrivée, je quittais Léalouyi, la termitière de Loatilé qui m'est devenue si chère, et, porté en litière, je partais tout seul pour Séfoula. Les Adolphe Jalla devaient partir le lendemain par le fleuve et m'attendre à Nalolo. Trajet bien mélancolique et bien douloureux que le mien ! C'était la première fois de ma vie que je me trouvais bercé sur un matelas que chaque pas des porteurs faisait rebondir. Et puis, cette litière se cassa, il fallut à plusieurs reprises la raccommoder ; puis survint la nuit, un violent orage éclata ; le wagon qui nous avait devancés avec les bagages s'était ensablé à distance. C'est au milieu de la nuit que nous atteignîmes la station. Plus de lumière à la fenêtre maintenant. Personne ne nous y attendait — et qui nous aurait attendus, je vous prie ? — Quelle désolation ! N'en parlons pas. Je me jetai sur mon lit où je me roulai dans l'angoisse jusqu'au matin. Je passai deux jours à Séfoula. Outre mes expériences purement personnelles, dont je ne dis rien, ce fut un rayon de soleil que la réunion d'adieux, très nombreuse et intéressante.

Le samedi matin, je me remis en litière pour Nalolo. Mais avant que mon triste cortège se mît en route, m'arriva un express d'Adolphe. Son corps ruisselait de sueur, il avait les yeux hagards, la voix étouffée, et ses lèvres tremblaient. Qu'est-il donc arrivé ? J'ouvre le billet qu'il me tend. Quelle atterrante nouvelle ! Séonyi, mon garçon, vient de se tuer d'un coup de fusil !... Voulant chasser des canards pour moi, il tira des bagages, par le canon, son fusil qui, selon l'incorrigible habitude de tous les indigènes du sud de l'Afrique, se trouvait chargé et armé. Un accroc lâcha la détente; et le malheureux garçon reçut toute la charge de grenaille dans la tempe. Il tomba insensible, et peu de temps après rendait le dernier soupir. Les Adolphe conduisirent son cadavre à Nalolo, où je ne pus que dégonfler mon cœur sur son tombeau ! Quel nuage sur le commencement de ce voyage que tout concourait à rendre déjà si triste !

Les chers Adolphe m'accompagnèrent jusqu'à Séoma, et M. Goy vint me rencontrer dans les parages de Katima-Mollo. Malgré tous les soins qu'on avait mis à rendre mon canot aussi confortable qu'un canot peut l'être, le voyage m'éprouva beaucoup. Il me semblait parfois que je ne pourrais jamais arriver au bout de la première grande étape, à Kazoungoula. M'y voici pourtant par la bonté de Dieu. Je ne suis pas sans de vives appréhensions au sujet du voyage en wagon qui est devant moi, et bien autrement pénible qu'en canot. Mais j'ai tort. Le mieux, c'est de m'abandonner entièrement au Seigneur et me confier en Lui, sans restriction, pour tout ce qui me concerne. Il ne se trompe jamais, Lui.

Les chers Adolphe Jalla tout d'abord, puis les amis Goy et les Louis Jalla ensuite, m'ont prodigué tous les soins que peut inspirer l'affection. Il n'en est pas moins vrai que de tomber malade, seul et sans secours médicaux éclairés dans ce pays, c'est chose cruelle. Dans notre ignorance, nous faisons pour le mieux. Nous combattons souvent les symptômes et nous ignorons la nature du mal. Dieu est miséricordieux envers ses enfants. Il l'a été envers moi, car outre les amis que j'ai mentionnés, il m'a fait trouver parmi mes garçons, non seulement une affection que je connaissais bien déjà, mais aussi un dévouement dont je me doutais peu et qui ne s'est pas démenti. Sémonji, surtout, m'a été un garde-malade admirable, prévoyant mes besoins, s'ingéniant pour tenter mon appétit et égayer ma chambre de malade, faisant tout avec empressement, joyeusement et sans bruit. Il ne m'a jamais quitté, ni de nuit ni de jour. Et le soir, quand il étend sa natte au pied de mon lit, il faut l'entendre épancher son cœur en supplications, demandant un peu de mieux, un peu de sommeil pour « son père, ce vieux serviteur de Dieu ! » Et dans la nuit, instantanément sur pied au premier appel pour allumer le feu, chauffer de l'eau sans jamais un signe d'impatience ou d'humeur ! Qu'aurais-je jamais fait sans lui ? Qu'aurais-je jamais fait s'il se fût fatigué de son service ? Le cher garçon, en apprenant ma résolution de quitter le pays pour chercher des secours médicaux, m'a instamment supplié de ne pas le laisser derrière. Il ne veut pas me quitter que je ne sois mieux, qu' « il ne me sache en bonnes mains » ; il ira partout où j'irai... Et si j'allais en Europe ?... Eh bien oui, il y ira, lui aussi, à moins que je ne le renie comme mon enfant. C'est jouer gros jeu, je le sais, mais il me semble voir si clairement la main de Dieu en tout cela, que je suis sans crainte. Quant à mon pauvre Nyondo, lui, il est marié, donc pas question de l'emmener. Et puis nous comptons sur lui pour l'évangélisation. Pauvre garçon ! chaque fois qu'il était question de mon départ, il mettait sa tête sur ses genoux et se prenait à pleurer. Il a voulu m'accompagner jusqu'ici, et, comme je m'y attendais, nous avons eu des scènes attendrissantes.

J'ai passé trois semaines à Kazoungoula, attendant le wagon qui amenait mes bagages. C'est là que je rencontrai le capitaine Gibbons. Il est un des membres d'une expédition intéressante dont je dois dire quelques mots. Elle se composait de MM. Reid, de Londres, Bertrand, de Genève, et de lui-même, officier de l'armée anglaise. M. Reid en était à son troisième ou quatrième voyage dans nos régions zambéziennes. Nous l'y avions rencontré en 1885, au moment où notre expédition venait de traverser le fleuve. Il chassait l'hippopotame. Vrai gentilhomme, plein de bonne humeur et d'entrain, c'était un immense plaisir de l'avoir à notre modeste table, sous notre abri de paille. Chose étrange ! il était accompagné de ba-Toka qui avaient été à notre service, et pendant le repas il nous faisait admirer, sans savoir où ils les avaient prises, les mélodies qu'ils chantaient au bivouac et que nous leur avions enseignées à Léchoma. Donc la semence ne s'était pas perdue.

M. Bertrand, lui, si connu par ses grands voyages autour du monde, je l'avais vu à la capitale. Avec M. Reid, il avait exploré le cours de la *Machilé,* un petit affluent du Zambèze, et fait des travaux dont ces messieurs rendront compte aux Sociétés de géographie de Londres et de Paris et qu'ils mettront sûrement sous les yeux du public.

Si M. Bertrand dit avoir reçu quelque bien parmi nous, c'est qu'il nous en a fait aussi. Rarement j'ai vu un étranger chrétien s'intéresser comme lui à tous les détails de notre œuvre. Il pouvait passer des heures à l'école journalière et à celle du dimanche, aux cultes publics, aux réunions de toute nature, suivre l'un ou l'autre de nous partout au *lekhothla,* de maison en maison ; il s'informait de tout, se faisait tout expliquer, s'initiant, sans indiscrétion mais par la force même d'un courant de vraie sympathie, aux détails de notre vie. Si bien que nous en étions venus à le considérer absolument comme l'un des nôtres. Il vivait de notre vie, nous voyait tels que nous sommes, suivait nos discussions et y prenait part à son gré. Si, confiné dans ma chambre, je ne pouvais jouir de la surabondance de toute cette jeune vie, il venait passer près de moi de ces moments où, sans beaucoup de paroles, le cœur sait parler au cœur. Et quand, à son départ, je lui demandai de n'oublier ni nos ba-Rotsi, ni notre œuvre, je compris que cet homme nous avait donné une partie de lui-même. Je ne le trouvai plus à Kazoungoula, il l'avait quitté pour l'Europe avec son ami M. Reid.

Le capitaine Gibbons, lui, était resté. Il s'était imposé la tâche de relever le cours du Zambèze, et il était on ne peut mieux qualifié pour cela. Habitué à la vie des camps et à la discipline militaire, il faisait peu de cas — trop peu peut-être — des conforts de la vie sédentaire. Malheureusement il était malade et moi aussi. Il a de grands plans, de nobles ambitions. Il est capable d'endurer beaucoup et de travailler beaucoup, si Dieu lui donne la santé. C'est ce que je désire pour lui.

Vous me pardonnerez cette digression, la dernière je pense. Mon wagon est enfin arrivé, et dans quelques jours nous traverserons le fleuve. A cette douloureuse perspective, vous le comprenez, j'ai le cœur gros. C'est un bouleversement complet de mes plans et de mes désirs. Et cependant un rayon de lumière éclaire mes ténèbres et ma tristesse. Quelle différence entre le passage d'aujourd'hui et celui de 1884 ! Alors, pas une âme dans cette immense contrée qui connût le nom même du Seigneur, pas une qui le priât. Divisés forcément en deux bandes pendant la traversée de mes bagages, le soir, au bivouac, nous nous entre-répondions d'une rive à l'autre par nos chants. *Tlong ho Yésou!* (O venez à Jésus!) et nos voix se perdaient dans le désert sans écho.

Aujourd'hui, reconnaissons-le à sa gloire, le Seigneur a fait de grandes choses. Cette station même de Kazoungoula, avec son grand village, où tout est si prospère, le témoigne.

Malgré les départs et les défections qui nous ont si souvent affligés, nous avons actuellement 7 missionnaires européens, avec 4 dames, 6 évangélistes et leurs femmes, tous dévoués à notre chère mission, tous unis dans les liens intimes d'une famille. Nous comptons 5 stations florissantes et, sur chacune d'elles, un nombre plus ou moins grand de Zambéziens qui professent avoir trouvé le Sauveur. Aujourd'hui, on chante ici les louanges de Dieu et on prie.

Le roi lui-même reste ce qu'il a été ces temps derniers, bien disposé, mais hésitant. Au moment où nous allons traverser le fleuve, il me fait savoir qu'il a renvoyé deux de ses femmes et me donne à entendre que ce pourrait être le commencement de la dispersion de son harem. C'était un ballon d'essai, je suppose, pour se rendre compte de l'impression qu'une mesure radicale produirait tant sur les chefs que sur la nation. Dans ma réponse, je le conjure de ne pas marchander avec Dieu plus longtemps, mais de se donner entièrement.

Mais, ce qui me remplit de joie et de reconnaissance envers le Seigneur, c'est surtout cette *école d'évangélistes* que nous avons confiée à notre cher frère Adolphe Jalla avec dix élèves. Mon pauvre Séonyi était le onzième et Sémonji eût fait le douzième, tous des jeunes gens du pays et le fruit de nos écoles.

Et puis voilà M. et Mme Mercier qui vont relever les ruines de Séfoula et y ouvrir enfin notre *école industrielle*. Ne sont-ce pas là les lueurs qui annoncent l'aube du jour où la gloire de Dieu brillera dans ce pays, et où les ténèbres du paganisme se dissiperont?

Et puis, faut-il le confesser? je ne puis m'empêcher de caresser l'espoir que mon départ du Zambèze n'est pas définitif. Dieu peut me rendre la santé, renouveler ma jeunesse et me permettre de revenir un jour dans ce beau champ de travail, alors que la moisson sera venue et que ceux qui ont semé et ceux qui auront déjà moissonné pourront se réjouir ensemble.

Boulouwayo, février 1896.

Notre voyage, de Kazoungoula jusqu'ici, a été exceptionnellement difficile. Le tracé de la route, comme le pays lui-même, n'était qu'une épouvantable fondrière où nos bœufs s'enfonçaient jusqu'au ventre, parfois sans pouvoir prendre pied pour donner un coup de collier, et nos voitures, les quatre roues à la fois, s'affaissaient dans ces interminables bourbiers. Il fallait alors, pour les alléger, que nos garçons portassent à dos nos bagages et nos provisions. Nous n'avancions qu'en doublant nos attelages et en traînant nos wagons l'un après l'autre, de bourbier en bourbier, de sorte que nous étions souvent séparés des jours entiers. Malade ou non, impossible de rester indifférent à des difficultés qui menaçaient de faire avorter notre voyage. Aussi, souffrant, épuisé, dormant mal, mangeant peu, je me demandais quelquefois si j'arriverais jamais au terme d'un voyage si extraordinairement aventureux et pénible.

Mais, qui se lasserait de le répéter? Le Seigneur est bon et fidèle. Comme sa présence illumine les ténèbres! et comme sa communion fortifie! Que de leçons il nous enseigne dans les difficultés, et que de bénédictions il nous fait trouver dans les épreuves! C'est alors que nous apprenons « les chants de la nuit ». Ne croyez-vous pas que ce soit un ange qui veille à notre chevet et qui, dans un sommeil agité et entrecoupé, vient murmurer à notre oreille un message d'En-Haut, une promesse, une prière et une louange : « Ma grâce te suffit ! » — « Ne vous inquiétez de rien, car il prend soin de vous. » — « Invoque-moi au jour de ta détresse, je t'en délivrerai et tu me glorifieras. » etc.

Qu'ils sont doux, ces chants de la nuit! Pour qui les apprend à l'école du Seigneur, les circonstances extérieures sont singulièrement transformées et sanctifiées, et même le désert, sa solitude et ses impraticables bourbiers deviennent autant de Béthels. Je bénis Dieu de m'avoir fait passer par là. De Pandamatenga à Boulouwayo, le voyage a été bien moins difficile. Les pluies ont complètement cessé, les marécages se sont desséchés, les étangs avaient de l'eau et la route était bonne. Nous laissâmes les sables profonds en quittant la route de Palapchoué et nous cheminâmes sur un terrain sûr. Le pays est boisé, avec quelques éclaircies çà et là. Mais c'est toujours « la brousse », dont les fourrés épineux obstruent le chemin et s'acharnent à nos tentes de wagons. Rien, absolument rien, dans cette végétation arborescente, qui rappelle que nous sommes sous les tropiques.

De Pandamatenga — un amas de masures devenu une ferme, — jusqu'à Boulouwayo, une distance d'environ 300 milles, nous n'avons pas rencontré âme qui vive, si ce n'est quelques ma-Saroa ou Bushmen qui errent dans ces bois. Quel est l'avenir de ce pays? Sera-t-il jamais habité, colonisé?

A présent, ces immensités où règne un silence de mort que les cahotements de nos voitures et les claquements de nos fouets seuls interrompent, ont un je ne sais quoi d'indéfinissable qui vous saisit. On s'y sent petit, impotent, perdu!

Un jour que nous cheminions dans un petit vallon verdoyant, entre des monticules boisés, nous nous arrêtons tous comme involontairement devant un arbre isolé. A son pied, une haie d'épines entourait un tombeau. Sur le tronc une main amie avait enlevé un carré d'écorce et grossièrement tracé cette épitaphe :

STUART

5 jan. 1895.

C'était, paraît-il, un capitaine de l'armée anglaise qui, après avoir été en garnison à Natal, allait rentrer dans sa patrie. Mais avant de quitter l'Afrique, il avait voulu voir les chutes Victoria. Il s'était mis en route tout seul, avec un ou deux porteurs indigènes, et avait atteint son but. Il paraît que c'était un homme plein d'énergie et aimant les aventures. Au retour la fièvre le prit. Il se traînait péniblement en proie aux tortures de la soif et, abandonné par ses garçons, il s'était couché sous cet arbre et il y mourut. Un passant, ou quelqu'un qui avait eu vent de son sort, vint lui rendre la sépulture. Et ne croyez pas que ce soit là un cas isolé. Loin de là. On raconte des histoires bien tristes d'officiers anglais, de jeunes gens de bonne famille, tous pleins de vie et de pétulance, ne rêvant qu'aventures dans ce pays de la liberté, mais sans prudence aucune: ils s'aventurent souvent tout seuls à la chasse, s'égarent dans les bois et finissent par y mourir de soif. Leur lieu de repos n'est connu que de Dieu seul; là ils dorment ignorés et inconnus dans ces solitudes silencieuses.

C'est le 15 courant que nous arrivâmes enfin à Boulouwayo. Je n'aurais pas pu aller plus loin sans m'arrêter; j'étais à bout de forces. Le lendemain, j'étais admis à l'hôpital, ce refuge de ceux qui n'ont ni foyer ni amis, et entre les mains d'un docteur qui me témoigna beaucoup de bonté et d'intérêt. Non seulement il me donna ses conseils et ses soins gratis, mais il m'obtint la même faveur de la direction de l'hôpital. Et ce n'est pas peu de chose, quand autrement l'on paie 18 fr. 50 c. par jour. Les autorités me pressaient d'y rester deux ou trois mois « leur hôte », disaient gracieusement ces messieurs, jusqu'à ce que de l'avis du médecin je pusse continuer mon voyage. Il n'est pas jusqu'aux sœurs de charité qui ne m'aient prodigué les soins les plus assidus avec un dévouement et dans un esprit chrétien qui m'ont souvent édifié. Et parmi le petit nombre d'amis que j'y ai trouvés, c'est le jeune Howard Moffat qui s'est ingénié et n'a épargné ni ses peines, ni son temps, ni son argent pour pourvoir au confort de l'ami de son père et le disciple, pour ne pas dire l'admirateur, de son grand-père, le missionnaire Moffat, de mémoire vénérée.

C'est ici, il vous en souvient, qu'il y a dix-huit ans Lobengoula nous avait retenus prisonniers. Quels changements depuis lors! Voici une ville qu'on a tracée sur une grande échelle et qui promet de devenir un autre Johannesburg. Vous seriez étonné du prix du terrain, comme du prix de toutes les denrées en général. Et on y mène une vie, le croiriez-vous, aussi agitée, aussi affairée qu'à Londres. On n'a le temps de voir personne, ni de causer à l'aise avec personne. C'est un tourbillon incessant. L'emplacement de la ville couvre un vaste plateau entouré de coteaux légèrement boisés et déjà parsemés de villas. Que sera Boulouwayo dans vingt ans? Les transformations qui se font en Afrique sont si grandes et si soudaines! Nous nous disons que l'Afrique aura son jour, elle aussi. Mais que sera-t-il, ce jour?... Qui nous le dira?...

CONCLUSION

Les ma-Tébélé. — La petite vérole. — La peste bovine. — Quel sera le résultat de l'épreuve ? — Mafékeng. — En chemin de fer. — A l'hôpital de Kimberley. — Un souvenir et un contraste. — Willie Neethling. — A bord du *Warwick-Castle*. — La catastrophe du *Drummond-Castle*. — Regard en arrière. — L'activité missionnaire et la souffrance. — La fidélité de Dieu. — L'œuvre du Zambèze. — Ce qu'elle est. — Coup d'œil d'ensemble sur ses conditions. — Le bilan de douze années. — Au seuil de l'Afrique centrale. — Avenir de la race noire. — Devoirs des chrétiens. — Tout pour le Roi.

Nous n'avions pas quitté *Boulouwayo*[1] qu'à l'horizon du ciel politique s'amoncelaient de gros nuages, le tonnerre grondait sourdement et bientôt éclatait un violent orage. C'était cette seconde guerre des ma-Tébélé qui a, pendant tant de mois, tenu l'Angleterre en haleine.

Le gouvernement de la Compagnie à charte, sûr d'avoir écrasé d'une manière définitive les ma-Tébélé comme nation et détruit pour toujours leur pouvoir militaire et leur prestige, les avait irrités en confisquant le bétail qui leur restait, pour payer les frais de la guerre. Car il faut bien que les vaincus paient encore les frais de leurs désastres et de leur humiliation ! Et chez le noir africain, prendre le bétail de ses ennemis, c'est toujours une provocation et une déclaration de guerre. Et puis vint l'entreprise aventureuse du Dr Jameson avec son échec et sa captivité, qui eut un grand retentissement parmi eux. Il n'en fallait pas davantage pour exalter ces sauvages exaspérés. Ils tinrent des conciliabules, convoquèrent clandestinement des assemblées politiques. Mais cela transpirait ; on se le disait parmi les Européens, les autorités non plus ne l'ignoraient pas ; seulement on ne croyait pas que ce fût sérieux. On sait le reste ; c'est de l'histoire contemporaine.

---

[1]. Étymologiquement ce n'est pas Boulouwayo qu'il faudrait écrire, mais Bolowayo, ce qui veut dire : où « l'on mettra à mort ». Mais l'orthographe anglaise l'a emporté.

Le pays aussi, comme tous ceux des latitudes intertropicales, avait été visité et souffrait encore de plusieurs fléaux. C'était la petite vérole qui peu d'années auparavant avait décimé la population. C'étaient maintenant les sauterelles qui avaient élu domicile dans la contrée et disputaient aux habitants les maigres récoltes qui avaient résisté à une grande sécheresse.

Mais un fléau bien plus général que la petite vérole, et bien plus terrible que les sauterelles, faisait soudainement son apparition et marchait sur nos pas. C'était *la peste bovine*.

Qui n'a pas vécu en Afrique ne peut se faire aucune idée de cette terrible calamité. Elle fauchait toute la race bucolique sur son passage. Des centaines de carcasses gisaient çà et là sur le bord du chemin, ou amoncelées dans les champs. Les indigènes s'en étaient d'abord gorgés. Des légions de vautours et les animaux carnassiers avaient beau s'en repaître, ces charognes étaient là se putréfiant partout. Plus de 900 fourgons chargés de marchandises, sans attelages et sans conducteurs, étaient abandonnés sur le bord de la route de Boulouwayo. En quelques semaines, disons quelques mois, dans la seule tribu du chef Khama, plus de 800,000 têtes de bétail, m'assure-t-on — d'autres disent 900,000 ! — auraient péri.

Jamais, de mémoire d'homme, on n'avait vu chose pareille. Le gouvernement s'en émut dès le commencement. Mais, malgré tous les cordons sanitaires, malgré les mesures préventives les plus sévères, le fléau poursuivit son chemin sans s'arrêter et s'acharna à compléter son œuvre de destruction. Après avoir balayé les pays du Zambèze, ceux des ma-Tébélé et des bé-Tchouana, le Transvaal et l'État libre de l'Orange, il a pénétré au Lessouto et dans la colonie du Cap, et continue à répandre parmi les populations consternées la désolation et la ruine !

Guerres, sécheresse, famines, épidémies, sauterelles, épizootie !... Pourquoi tant de calamités successives ?... Pourquoi ?... Ah ! sans scruter les desseins de Dieu, ne serait-ce pas que, par ces avertissements si solennels, le Tout-Puissant se rappelle à une génération qui l'oublie ?... « Approchons-nous donc de Lui ; nettoyons nos mains, purifions nos cœurs, humilions-nous ! » Il aura pitié de nous ou du sein des ténèbres il fera jaillir la lumière, et du mal il fera sortir du bien.

Même au point de vue purement économique, le sombre nuage aura sa bordure d'argent. Les races noires, la grande majorité des fermiers, tous ceux dont les bêtes à cornes constituaient la principale richesse, sont ruinés. Ne peut-on pas raisonnablement penser que le travail honnête et honoré, l'agriculture et l'industrie prendront un nouvel essor, et ouvriront ainsi au sud de l'Afrique de nouvelles mines de richesses ? Les voies ferrées s'imposeront comme une nécessité. Déjà celle qui part de la ville du Cap s'avance rapidement vers l'intérieur. Elle est à Palapchoué, et à la fin de l'année elle aura atteint Boulouwayo, tandis que celle de Beira arrivera jusqu'à Salisbury. Et plus tard ?...

Quant à nous, M. et Mme Louis Jalla et moi, nous n'avons qu'à bénir Dieu et à adorer ses voies. Quinze jours de plus de délai en voyage, et nous nous trouvions, avant même d'atteindre Boulouwayo, en pleine peste bovine et en pleine guerre — arrêtés n'importe où, dans l'impossibilité d'avancer, — à la merci de ces farouches ma-Tébélé pour qui le brigandage et le massacre sont des parties de plaisir.

« La bonne main de Dieu était sur nous. » Partout sur notre passage nous avons trouvé des amis qui nous ont comblés de bontés. C'était le noble chef Khama, dont l'amitié de vingt années m'a toujours été si précieuse ; c'étaient le Rév. et Mme Willoughby, le Rév. et Mme Williams, puis aussi le magistrat de Gabérone, M. Surmon, une ancienne connaissance du Lessouto qui, dans ces temps de détresse et pour lui de dures corvées, s'empressa de mettre pendant plusieurs jours sa voiture et son attelage de mules à mon service pour me conduire à Mafékeng, alors le terminus de la voie ferrée.

Mes jeunes Zambéziens ouvrirent de grands yeux quand nous montâmes en wagon, *un vrai wagon* de chemin de fer, cette fois. Et quand le train s'ébranla, ils étaient tout ébahis. « Mais,... mon père, on n'a cependant pas encore attelé les bœufs !... » C'était de nuit, et le trajet jusqu'à Kimberley dura jusqu'au matin ; mais ils ne fermèrent pas l'œil.

A Kimberley, le chef-lieu des champs de diamants, je fus bientôt installé à l'hôpital aux mêmes termes qu'à Boulouwayo, sous les soins du Dr Mackenzie. Il est le fils du vénéré missionnaire de ce nom, que j'ai connu il y a longtemps. Une opération sérieuse m'a remis sur pieds. Faite avec une grande habileté, elle a étonné l'un de nos plus célèbres spécialistes. Aussi ai-je contracté envers le Dr Mackenzie une dette de profonde reconnaissance.

Parmi mes souvenirs d'hôpital, il en est un que je ne puis taire. Un jour, la garde-malade m'apportait une *pomme de terre* sur une assiette et *une rose* à la main ; oui une rose ! l'unique qu'elle eût dans son parterre ; une pomme de terre ! tout ce qu'il y a de plus vulgaire ; deux choses que je n'avais pas vues depuis douze ans. Qu'elle était bonne, cette pomme de terre ! Et surtout qu'elle était belle, cette rose, et qu'il était doux, son parfum ! Il faut avoir été enfermé soi-même pendant des semaines entre les quatre murs blanchis d'une chambre d'hôpital pour le comprendre.

Et quand je voyais tous les jours arriver un bouquet de fleurs fraîches d'une dame que je connaissais peu, son message d'affection m'allait droit au cœur. Je comprends la « Mission des fleurs » pour les hôpitaux. C'est une manière délicate d'évangéliser les malades en leur procurant cette douce jouissance. Dieu bénisse la *Mission des fleurs !*...

Trop faible pour supporter les fatigues d'une visite au Lessouto, je dus, à mon grand regret, y renoncer. Trente-sept heures de chemin de fer et j'étais au Cap et dans les environs. J'assistais à Wellington à ce que l'on appelle le « Keswick de l'Afrique du Sud » ; et je passais dans la famille de M. Andrew Murray et dans celle de son beau-frère de Stellenbosh de ces jours qu'on n'oublie jamais. C'est lui, le Rév. Neethling, le patriarche de Stellenbosh, qui avait lancé parmi ses collègues les pasteurs de l'église hollandaise, une souscription d'une livre sterling (25 fr.) chaque, pour me procurer une voiture. On y répondit si cordialement, qu'il avait pu m'envoyer la somme de 115 livres sterling pour cet objet.

Un souvenir et un contraste ! Il y a quarante ans, je débarquais au Cap. Le synode de l'église hollandaise de l'Afrique du Sud y siégeait. Que de préjugés alors contre les noirs, contre la mission et les missionnaires ! Et cependant déjà, alors, on voyait poindre les premières lueurs de l'aube d'un jour nouveau. Dans ce synode, il se trouvait un petit groupe d'hommes qui avaient le feu sacré et qui poussaient l'église dans la voie de la mission. M. Andrew Murray en était un. Des églises on avait obtenu de l'argent, mais pas d'hommes.

Le Dr Robertson, pasteur de Swellendam, fut envoyé en Ecosse. A ses puissants appels, un jeune Écossais, M. Mac Kidd, mort peu de temps après, un jeune Suisse, M. Gonin, qui faisait ses études à Édimbourg, s'offrirent et furent acceptés. Un jeune boer converti, M. Hoffmeyr, un vrai Boanergès lui aussi, se joignit à eux. Une première mission fut fondée au nord du Transvaal. Plus tard une seconde fut plantée chez ces mêmes ba-Nyaï que nous avions fait connaître. Enfin une troisième côte à côte et dans la plus grande harmonie avec celle de l'Église Libre d'Écosse au lac Nyassa. La famille Murray, qui est dans l'Afrique méridionale ce qu'est celle des Monod en France, a déjà donné cinq ou six de ses membres à ces différentes missions.

CONCLUSION.

Sur ma route, j'avais rencontré le fils de M. Neethling, arrêté lui aussi par la peste bovine, et qui allait occuper une station au Transvaal. Sa sœur l'accompagnait. Quelque temps après nous parvint la nouvelle que notre jeune ami Willie Neethling était mort victime d'un accident. Pendant un furieux ouragan, le pignon de l'église était tombé sur lui. Il ne vécut que quelques heures. Nous nous étonnons, nous, de voir de ces jeunes carrières brisées à leur début. Pas lui. « O! Dieu est bon!... bien bon!... disait-il de sa voix affaiblie. Il ne se trompe jamais, *lui !* Il est si bon !... oh ! si bon !... » Et il s'endormit en Jésus...

Et sa mère m'écrivait : « Quand je reçus cette nouvelle, c'était le samedi ; le lendemain était le premier anniversaire de sa consécration. J'allai à l'église, non plus pour cette cérémonie-là, mais pour célébrer *son couronnement ;* car son Seigneur, je le sais, l'a couronné d'une joie éternelle. »

Le spectacle de cette jeunesse si ardente, de cette vie si entièrement consacrée et si joyeuse, de cette carrière si pleine d'avenir, soudainement et mystérieusement close à son début, puis de cette mère dont la sérénité de la foi illumine les larmes, qui se sent honorée d'avoir pu donner un fils bien-aimé à son Sauveur, aux païens, au martyre, et qui tressaille de joie en le voyant « monter plus haut » au service de son maître — ce spectacle nous attendrit, nous humilie et nous stimule. Loin de nous la suggestion perfide d'un Judas : « A quoi bon cette perte ? » Rien n'est perdu qui est offert à Dieu et que Dieu accepte. Non, pas même le parfum de cette vie si courte, mais si joyeuse et si belle.

Pour nous, c'est un signe du dégel des préjugés d'autrefois ; nous entrevoyons des temps bénis pour l'église hollandaise sud-africaine et sœur de la nôtre, et l'aube d'un nouveau jour pour l'Afrique païenne.

A cette époque de l'année, tous les paquebots qui font le service du Cap à Londres étaient pleins et les places retenues des mois à l'avance. M. et Mme L. Jalla, plutôt que d'attendre indéfiniment dans une ville étrangère, s'étaient décidés avec leurs billets de 2e classe à se loger en 3e. Quant à moi, on s'empressa de m'assurer une place à bord du *Warwick-Castle,* un vapeur irrégulier qui amenait des troupes. Mais quand mon ami M. Cartwright découvrit que je devais occuper une cabine de 2e classe avec cinq autres passagers, il fit tout ce qu'il put pour me dissuader de m'embarquer sur ce vieux navire, d'attendre plutôt une semaine de plus et partir sur le *Drummond-Castle,* un des splendides bâtiments de cette ligne. Malgré mes protestations, un jour qu'il passait devant le bureau, il entra et demanda qu'on transférât ma place sur le *Drummond*. « Bien fâché, mais toutes les places sont prises, il n'en reste pas une seule. Mais, ajoutait le chef du bureau, nous ferons tout notre possible pour rendre l'installation de M. Coillard confortable. »

Et, en effet, j'eus une cabine à moi tout seul ; il y avait peu de passagers, et parmi eux un bon nombre de chrétiens africandres avec lesquels nous avions un culte journalier et de bons entretiens ; le temps était superbe, la mer calme et le voyage fut heureux et agréable à souhaits.

Nous n'étions débarqués que depuis peu de jours, quand arriva l'atterrante nouvelle du naufrage du *Drummond*. Il avait sombré en quelques minutes au milieu de la nuit, parmi les récifs d'Ouessant, avec tous ses passagers et tout son équipage ! Trois vies seulement de sauvées !...

Les voies de Dieu sont mystérieuses, insondables. Nous ne pouvons pas plus les comprendre que l'enfant le système d'éducation de son père qui le discipline et le corrige même sévèrement à l'occasion sans cesser de l'aimer, au contraire, *parce qu'il l'aime*. Le cœur se serre et la sympathie peut à peine trouver son expression devant une telle catastrophe et à la pensée de tant de deuils et de larmes ! Puissent ces affligés aux cœurs brisés trouver en Jésus, Lui-même *l'Homme de douleur,* le repos de leurs âmes.

Quant à moi, comment ne pas me recueillir et ne pas chercher à comprendre la voix de mon Dieu ? Après une carrière de quarante années, si mouvementée, si pleine d'aventures, d'épreuves et de dangers, mais aussi de délivrances et de bénédictions, ramené si récemment encore du bord de la tombe, échappé aux malheurs de la peste bovine et au massacre des ma-Tébélé, arraché pour ainsi dire au naufrage, et rendu comme par miracle à la santé que je n'espérais plus, je me demande si ce n'est pas que mon Maître ait encore pour moi quelque chose à faire, soit en Europe, soit en Afrique !

L'Afrique, elle a eu ses vaillants pionniers missionnaires anglais et américains, allemands et français, des hommes dont nous ne prononçons les noms qu'avec une vénération profonde. Ils appartenaient à « la race des géants ». L'un d'eux, M. Arbousset, en posant pour la première fois le pied sur le sol de l'Afrique et en contemplant ce formidable massif des montagnes de la Table qui symbolisait à ses yeux la puissance de ce paganisme qu'il venait attaquer au nom de son Dieu, s'écriait : « Qu'es-tu, grande montagne, devant Zorobabel ? — *Une plaine !* » — Et moi, en quittant cette terre des noirs où j'ai si longtemps vécu, travaillé et souffert, comme je contemplais ce même massif de montagnes, qui s'affaissait et allait disparaître à ma vue, il me semblait entendre la voix de mon Dieu me rappeler sa promesse : « Quand même les montagnes s'éloigneraient et que les collines s'écrouleraient, mon amour ne s'éloignera pas de toi. » (És. 54, 10.) Et nous en avons bien fait l'expérience : « Toutes les promesses de Dieu sont oui en Jésus-Christ et Amen par lui. » (2 Cor. 1, 20.) « Il a été notre *bouclier* et notre *très grande récompense.* » (Gen. 15, 1.)

Mais il faut conclure.

L'œuvre de pionnier est nécessairement hérissée de difficultés. Jamais encore on n'a vu l'Évangile dans aucun pays faire une entrée triomphale, par une route royale, à enseignes déployées. C'est par la porte et le cachot d'une prison qu'il a pénétré dans notre vieille Europe. C'est par Gethsémané, par le Calvaire et la Croix qu'il a été manifesté au monde. « Et moi, disait le Sauveur en parlant de sa prochaine crucifixion, quand je serai élevé, j'attirerai tous les hommes à moi ! » « S'il faut que tout genou fléchisse à son nom et que toute langue confesse qu'il est le Seigneur à la gloire de Dieu le Père, il a fallu qu'il se dépouillât d'abord de lui-même, qu'il s'humiliât et se rendît obéissant jusqu'à la mort, même jusqu'à la mort de la croix. » (Phil. 2.)

Et c'est aussi là le chemin que doivent suivre ses disciples, leur apostolat aura toujours le même caractère et le même esprit. « Voici, dit-il encore aujourd'hui, je vous envoie comme des agneaux au milieu des loups... Vous aurez des afflictions, de l'angoisse, vous serez haïs... Le disciple n'est pas plus que son Maître... Mais ne craignez point..., les cheveux de votre tête sont tous comptés. Allez !... et voici, je suis avec vous tous les jours jusqu'à la fin du monde. »

Telles sont aussi nos expériences. Les difficultés nombreuses, parfois formidables, ont surgi du dedans comme du dehors, tant de notre manque de sagesse, de courage et de foi, que des circonstances où nous avons été placés. Elles nous sont souvent survenues d'où nous les attendions le moins. Portés d'abord sur une vague de sympathie populaire, nous nous sommes vus ensuite mal compris, mal jugés, et, au moment de l'action, abandonnés par ceux dont le jugement avait une grande valeur à nos yeux, et sur la coopération et l'appui desquels nous avions cru pouvoir compter. A cela sont venus s'ajouter les soucis de tout genre avec les embarras financiers.

Le croirait-on ? Le caractère éclectique et désintéressé de notre mission nouvelle ne nous a pas ouvert dans les cœurs autant de portes qu'on aurait pu le supposer, et il nous en a fermé plusieurs.

En France, on nous objectait « le caractère aventureux et chimérique de notre entreprise » et l'absence d'intérêts nationaux dans ces contrées lointaines où ne flotte point le drapeau tricolore. Et quand le grand courant colonial s'est formé avec Tahiti, accentué avec le Congo et débordé avec Madagascar, on n'a pas hésité à prononcer même pour le Lessouto les mots *d'abandon* et *d'échange !* Comme si l'on abandonnait si légèrement des mines d'or et de diamants qui vous enrichissent, pour en exploiter d'autres dont le caprice de la politique exproprie les possesseurs légitimes !... Comme si l'on troquait les hommes comme des choses, des églises enfantées avec douleur, élevées au prix de tant de sacrifices, et que les liens sacrés d'une parenté spirituelle poussent à se cramponner à nous, comme nous à elles. Et pourtant, nous qui portons encore le deuil de 1871, nous serions prêts à créer, nous aussi, dans le domaine de la mission, une de ces anomalies douloureuses qu'on appelle l'Alsace-Lorraine !

Pourquoi ne pas croire au contraire que Dieu ne nous met jamais dans *l'impossible absolu,* et qu'avec de nouveaux devoirs et de nouvelles responsabilités, il nous ouvre aussi de nouveaux trésors de sa grâce ? Plus grande est la part qu'il nous fait à son œuvre, plus il nous honore. A nos pères il a donné la grâce de le confesser sur les galères, dans les prisons et sur les échafauds ; c'est encore une grâce qu'il fait à nous, leurs enfants, de le glorifier par notre activité et par nos sacrifices d'hommes et d'argent sur le champ missionnaire. Madagascar sera l'école militaire de nos églises huguenotes.

Hors de France, en Angleterre surtout, où les œuvres de toute nature se sont étonnamment multipliées, il devient de plus en plus difficile à un étranger de se faire entendre. « Un collecteur ! encore une œuvre étrangère ! » Et, par pitié, on lui accorde quelques bonnes paroles de sympathie, et quelques miettes de libéralité. Ici on nous supporte, on nous aime même comme des enfants vagabonds ; là on nous reçoit comme d'honnêtes et respectables mendiants. Mais, hâtons-nous d'ajouter qu'ici et là, et un peu partout, Dieu nous a ouvert des trésors de prières et de foi, d'amour et de libéralité. « Nul ne va à la guerre à ses propres dépens. » Aussi, si le Seigneur nous demandait, comme autrefois à ses disciples : « Avez-vous jamais manqué de rien ? » nous ne

QUAND VIENDRONT-ILS ?

pourrions que répondre comme eux pénétrés de reconnaissance : « *De rien,* Seigneur. »

Les conditions climatériques de la contrée sont telles que nous pourrions dire d'elle ce que les espions de Moïse disaient de Canaan : « C'est un pays qui dévore ses propres habitants. » La mission, pour le moment, est échelonnée du 18° de latitude sud au 15°, et peut s'étendre indéfiniment du 19° au 12° et du Kabombo à l'ouest, à la Kafoué à l'est. Ce que, suivant Livingstone, nous appelons, très improprement, *La Vallée,* n'est que le lit d'un lac desséché d'une quarantaine de kilomètres de large sur une longueur mal définie, mais de plus de 250 kilomètres. C'est une plaine dénudée, traversée par le cours du fleuve, parsemée de termitières et de quelques bosquets touffus qui ombragent les tombeaux des anciens rois. Submergée tous les ans pendant environ trois mois, elle redevient un lac dont les coups de vent subits rendent la navigation dangereuse aux pirogues du pays, et sur lequel termitières et bosquets flottent comme des îlots minuscules qui deviennent le refuge de tous les rongeurs et de tous les reptiles du pays.

Les pluies de « la première saison » se font ardemment désirer vers la fin d'octobre ; la saison pluvieuse commence généralement à la fin de novembre, et dure jusqu'en mars ou avril. La chute d'eau, d'après la moyenne de plusieurs années d'observations personnelles, est de 34 pouces anglais par an. Les mois les plus pluvieux sont ceux de décembre et de janvier ; les plus chauds sont ceux d'octobre et de novembre, qui précèdent immédiatement la saison des pluies. L'atmosphère alors est embrasée, et sous ce ciel d'airain tout, dans la nature, languit et dépérit. Le thermomètre monte souvent à 45° centigrades, rarement mais quelquefois plus haut, et descend jusqu'à + 8° quelquefois à 3°, rarement plus bas. La différence de température du jour et de la nuit varie, selon les localités, de 10°, 15° et même 25° en prenant maxima et minima.

L'altitude est de 1,500 mètres et, à part le pays des ba-Toka et la région des Rapides, le pays est généralement plat et sablonneux. La chaîne de collines peu élevées qui courent parallèles au fleuve, et les dunes qui entourent la « Vallée » sont couvertes de bois et de forêts dont rien ne rappelle la végétation luxuriante que l'on trouve ailleurs dans les mêmes latitudes ; mais riches cependant en bois de menuiserie et de charpente aussi bien qu'en essences diverses que l'industrie ne manquera pas d'exploiter un jour.

Elles abondent aussi en miel et en fruits sauvages qui sont une vraie providence pour nos Zambéziens en temps de famine ; tandis que le fleuve lui-même est aussi une ressource inépuisable par le poisson qui foisonne dans ses eaux.

Pour en parler avec autorité, il faudrait plus de compétence que je n'en ai. Qu'il suffise de constater que le poisson est un des éléments importants de la nourriture des Zambéziens. Ils en raffolent. Jamais encore je ne les ai vus se dégoûter d'un lambeau de poisson arraché à quelque oiseau de proie, quel qu'en fût le degré de décomposition. Leurs engins de pêche sont des plus variés. Ils font des barrages de roseaux, des nasses et des filets de toutes grandeurs. Ce qu'ils ne mangent pas, ils le sèchent, et c'est, je n'en doute pas, à cet abus qu'ils doivent quelques-unes de leurs affreuses maladies.

Il n'entre pas dans mon plan, et l'espace me ferait défaut, de parler de la faune de ces régions. M. Selous l'a fait avec une indiscutable compétence. Livingstone, en arrivant pour la première fois sur les rives du grand fleuve, avait été émerveillé à la vue de la quantité incroyable de gros gibier qu'il y trouvait. Vingt-cinq ans plus tard à peine, bien qu'il eût déjà considérablement diminué, j'éprouvais sur le même lieu le même étonnement. Mais ce paradis du chasseur menace de bientôt disparaître. Parmi ces innombrables troupeaux, la peste, s'il faut en croire les coureurs d'éléphants, y aurait fait ses hécatombes et se serait ainsi propagée. Mais ce sont les chasseurs indigènes eux-mêmes qui, sans conscience aucune, hâtent l'extermination de certaines espèces, déjà devenues rares. Il est grand temps que des lois intelligentes et strictes protègent ce qui en reste, et on ne saurait trop applaudir au projet dont le capitaine Gibbons est le promoteur, de convertir les parages des cataractes Victoria en une immense réserve pour la faune africaine.

Il ne sera pas sans intérêt de savoir que la *tsetsé*, cette mouche destructive dont la piqûre est mortelle pour tous les animaux domestiques et surtout pour les bêtes à cornes, tend à s'éloigner toujours plus des lieux qu'elle hantait autrefois, en suivant le buffle dans ses migrations.

Malgré cette digression, dont je demande pardon, ce que j'ai dit de la contrée et de ses conditions climatériques suffit pour faire comprendre comme quoi les fièvres paludéennes y sont endémiques. Les indigènes eux-mêmes y sont sujets. Les Européens, eux, y végètent plutôt qu'ils n'y vivent ; ils s'y habituent sans s'y acclimater complètement.

Du reste, les annales de la mission sont là, et elles ont aussi leur éloquence : celle des chiffres, et à leur place ils sont incontestables. Depuis 1884 jusqu'à ce jour, le personnel de la mission, hommes et femmes, s'est monté à 43 personnes, dont 24 Européens et 19 ba-Souto. 6 sont morts au pays (3 Européens et 3 ba-Souto) et 10, à une ou deux exceptions près, ont quitté le pays pour cause de santé. Ajoutez-y 12 enfants morts, dont 6 Européens, et 4 hommes, tous ba-Souto, de la première expédition, et le chiffre des tombes se monte à 26, dont deux ou trois sont comme des jalons sur la route et les autres sont creusées sur les rives du Zambèze. Récemment encore, c'était celle de M. Goy à Séchéké, suivie de près de celle de M. Buckenham, de la Mission méthodiste, deux hommes forts et vaillants. En les voyant tomber, c'était comme si j'avais entendu le bruissement des ailes de l'ange de la mort. Il a passé près, tout près, et j'ai frémi. Mon Dieu ! le temps est court ! Garde-nous de la tristesse qui abat et du découragement qui paralyse.

Et l'ombre noire qui se projette sur ce tableau — nous n'avons pas un seul docteur. Le jeune Dardier, de Genève, qui avait étudié à Édimbourg, victime d'une insolation et de la fièvre, n'y a vécu que six mois à peine. Il est tombé, personne n'a pris sa place, et jusqu'ici nos appels sont restés sans écho.

Et si maintenant nous faisions le bilan de ces douze années de travail, qu'aurions-nous à montrer ?

A tort ou à raison, j'ai une défiance invincible pour la statistique. L'arithmétique pas plus que la géographie du royaume des cieux n'est pas celle du monde. Au champ que nous défrichons avec larmes et labourons avec peine, comptant chaque coup de pioche, il nous semble que le travail n'avance pas ; c'est la tâche qui est encore devant nous qui nous accable. Nous les connaissons, ces heures de défaillance où nous aussi, dans l'angoisse de notre âme, nous nous sommes écriés avec le prophète : « C'est en vain que j'ai travaillé ; c'est pour le vide et le néant que j'ai consumé ma force. » Cependant, si après ces douze années de labeurs nous jetons sur notre œuvre un regard rétrospectif, il y a des progrès que nous devons constater à la gloire de Dieu. Il est indubitable qu'un grand changement, qui s'accentuera toujours plus, est déjà intervenu dans le pays : l'interdiction des boissons spiritueuses, de la traite des esclaves et des pratiques barbares de la sorcellerie, la sécurité de la propriété, le respect et le prix de la vie humaine, des indices de civilisation, d'un besoin réel chez les ba-Rotsi eux-mêmes de développer leurs goûts et leurs talents industriels, ce sont là, dans divers domaines, des victoires que l'Évangile a remportées sur le paganisme. « Et c'est non seulement le bien que nous pouvons constater, comme me l'écrivait un ami, mais c'est aussi *tout le mal* — et qui le dira ? — qu'il a empêché. » Pauvres Zambéziens ! pauvre « peuple assis dans les ténèbres..., les ténèbres de la région de l'ombre de la mort ! » Aujourd'hui, pourtant, pour lui aussi la lumière s'est levée. Ces cinq stations, échelonnées le long du fleuve sur une distance de plus de cent lieues, sont chacune un centre plus ou moins important d'éducation et d'évangélisation. Bien que le réveil d'il y a deux ans ne nous ait pas donné tout ce que nous en attendions et que nous ne puissions pas encore vous montrer nos gerbes avec le chant joyeux des moissonneurs, nous pouvons du moins cueillir quelques épis, qui sont les prémices de la moisson future. Avec notre école industrielle qui, en honorant le travail, brisera les reins de l'esclavage, et avec notre jeune école d'évangélistes, avec votre coopération et la bénédiction de Dieu, nous attendons encore de grandes choses. Élevons donc notre Ébenezer à la gloire de Dieu. Jusqu'ici il nous a secourus, et ce qu'il a fait dans le passé nous est une garantie des choses plus grandes encore qu'il fera dans l'avenir. « Non point à nous, ô Éternel ! non point à nous ; mais à ton nom donne gloire à cause de ta bonté et de ta fidélité ! » (Ps. 115, 1.)

Au seuil de l'Afrique centrale, chacune de ces pages vous le rappelle ! Plongez donc le regard, si vous le pouvez, dans ces ténèbres épaisses du pays lui-même et des régions d'au delà ! Que sont nos cinq stations ? Qu'est celle de la Mission méthodiste chez les ma-Choukouloumboué, ou celles de nos frères de Plymouth chez les ba-Loubalé, et sur les rivages du lac Benguéolo où est tombé Livingstone ? C'est juste assez pour nous montrer et faire *toucher* les ténèbres qui nous environnent. Il nous semble parfois que nous soyons des sentinelles perdues de ces postes avancés.

Et, pour moi qui y ai vécu et qui en reviens, je suis hanté comme d'un affreux cauchemar. N'avez-vous jamais été frappé, mon cher lecteur, de la malédiction étrange qui de temps immémorial a pesé sur l'Afrique ? Quelle en est l'origine ? Je ne le sais pas, c'est un mystère. Pauvre Afrique ! n'est-elle pas comme une larme qui est tombée brûlante et s'est pétrifiée sur notre globe !... Cette malédiction, je la vois partout, sur ses côtes sans golfes et sans baies, marécageuses et pestilentielles, ses rivières avec leurs barres de sable, leurs rapides et leurs cataractes, ses immenses déserts arides et désolés, ses forêts avec leurs impénétrables fourrés d'épines : son sol est maudit. Des fléaux sans cesse renaissants la désolent. Ses propres enfants, dans leurs huttes de paille et de roseaux, n'y vivent, dirait-on, que comme des gens de passage qui ne sont pas chez eux. Leurs fêtes mêmes vous inspirent la tristesse ; leurs chants, ce sont des mélopées dont les accents mineurs vous arrachent des larmes. Ils sont loin de croire que nous, Européens, nous ayons le monopole de la beauté, et cependant c'est à notre couleur blanche qu'ils empruntent le symbole du bonheur et de la joie : « *Ils ont le cœur* BLANC ! » Mais quand ils sont tristes et qu'ils souffrent, « *ils ont le cœur* NOIR ! » Oui, noir comme leur peau. Et c'est ainsi que pendant toute leur existence, du berceau jusqu'à la tombe, ils portent l'expression, ils personnifient le malheur et la souffrance !

Et cette malédiction, ne la retrouvons-nous pas en lettres de sang et de feu dans toute son histoire ! Avant même de la connaître, l'Europe lui a arraché ses enfants et les a vendus sur les marchés comme des bêtes de somme. Et puis, quand les explorateurs l'ont parcourue dans tous les sens, on les a vues, ces nations *chrétiennes,* courir à la curée, et à l'insu même des possesseurs légitimes du sol, se disputer encore les lambeaux de cette Afrique malheureuse !

Et cependant, que de titres n'a-t-elle pas à notre intérêt ! Elle a joué son rôle dans l'histoire ; elle a sa part de promesses de salut et de bénédictions faites à toutes les nations ; ses tribus, elles aussi, prendront part au glorieux concert de cette « multitude que personne ne pourrait compter, de toute nation, de toute tribu, de tout peuple et de toute langue » que l'apôtre, dans son ravissement, voyait devant le trône et devant l'agneau. Le prophète, dans sa vision, l'apercevait déjà « accourir étendant les mains vers l'Éternel ». N'aura-t-elle pas aussi son jour ? Que sera-t-il ? Quand luira-t-il, ce jour ?

En présence des événements qui se précipitent de nos jours sur les divers points du continent noir, des agissements des nations européennes, des flots de leur eau de feu et de mort que les unes y répandent sans pitié, des injustices et des cruautés que d'autres y commettent impunément, de cette immigration surtout qui monte, monte toujours comme une marée envahissante que nulle digue ne peut arrêter, de ces mines qui se multiplient, de ces villes qui surgissent, de ces colonies et de ces États qui se fondent, des voies ferrées qui s'élancent vers l'intérieur, au milieu de ces transformations vertigineuses et de ces violentes commotions qui préconisent l'enfantement d'un monde nouveau, on ne peut s'empêcher de se demander, avec un trouble et un malaise indéfinissables : Que vont devenir ces races africaines ? Quel est leur avenir ?... Ah ! quand, avec un cynisme glacial et sans honte, on ose nous répondre qu'elles deviendront ce que sont devenues les tribus indiennes de l'Amérique du Nord, et que leur avenir, c'est l'inanition et la ruine, nous nous sentons lésés dans notre dignité d'hommes, et le sentiment chrétien s'indigne et se révolte. Oui, sans doute, elles disparaîtront, si les nations chrétiennes, au mépris de leurs traités, foulent aux pieds les droits les plus sacrés de l'humanité, justifient l'oppression, l'injustice et la spoliation par l'abus de la force, et renouvellent, sous des formes mitigées, l'esprit de l'esclavage, qui reconnaît à peine au faible le triste privilège de servir et le droit de végéter !

Et cependant, qu'on ne l'ignore pas, il y a dans la race noire une vitalité invincible. A Natal, en vingt ans, les Zoulous se sont doublés, et, en trente ans, les ba-Souto se sont quintuplés ; ils ont rempli leur pays et déversé dans l'Etat libre de l'Orange et la colonie du Cap et ailleurs la surabondance de leur population. On trouve dans cette race négroïde l'habileté, l'intelligence, le sentiment du devoir, la fidélité, l'amour du travail et le besoin du progrès, les qualités, en un mot, de l'esprit et du cœur — et les exemples ne sont pas rares — qui font les hommes, qui inspirent de grandes choses et de nobles dévouements. Ah ! si elles avaient devant elles des siècles de cette éducation chrétienne qui a fait de nous ce que nous nous vantons d'être, qui peut dire ce que serait leur avenir !...

Pour nous, chrétiens, dans ces temps d'une gravité sans précédent en Afrique, une tâche s'impose, grande, noble et pressante ; cette tâche, c'est une œuvre de sauvetage ! Ne nous soustrayons pas à nos responsabilités derrière la cruelle parole de Caïn : « Suis-je le gardien de mon frère, moi ? » Le temps, le bon vieux temps n'est plus où tout en Afrique allait au pas lent des bœufs. Envahis, débordés par ce que nous appelons la civilisation, si nous ne pouvons plus songer à sauver les nations, le temps presse, hâtons-nous, *sauvons du moins les hommes !*

Assez longtemps « nous avons joué aux missions » et fait, nous aussi, nos grandes manœuvres. Le sort des païens nous inspire encore des discours pathétiques et des lamentations attendrissantes ; nos chants sont sublimes, nos fêtes enthousiastes, nos protestations de renoncement édifiantes ; nos cœurs, nos corps, nos vies, tout ce que nous avons et tout ce que nous sommes, oui *tout* est sur l'autel du sacrifice, et nous n'attendons plus que le feu du ciel qui doit les consumer ; comme la veuve, il semble que nous soyons prêts à donner de « notre nécessaire, tout ce que nous avons pour vivre », puis nous lever comme un seul homme pour marcher à la conquête du monde, en chantant :

Debout, sainte cohorte !

et

Jusqu'à la mort nous te serons fidèles !...

Et puis... dans la pratique, dans les détails de la vie, où est l'esprit de sacrifice ? A quelle discipline savons-nous nous soumettre ? Que retranchons-nous de nos besoins et de nos aises et de notre luxe ? Ne nous arrive-t-il pas de marchander à Dieu l'offrande même de notre superflu ? de lui donner du cuivre au lieu d'argent, de l'argent au lieu d'or ?... Hélas ! hélas ! notre zèle s'évapore comme la rosée du matin ! Revenus de notre dévouement spasmodique, nous reprenons à Dieu ce que nous lui avions donné, nous retournons aux idoles de nos cœurs, refusons ce qu'il nous demande, et, sans remords nous laissons les païens périr dans leur misère. Cela s'expliquerait encore chez ceux qui n'ont connu que l'eau nauséabonde et l'étang desséché d'une piété de tradition et qui s'en vont se creusant des citernes crevassées qui ne contiennent pas d'eau. Mais comment le comprendre chez ceux « qui ont puisé avec joie aux sources du salut » ? Comment ne font-ils pas retentir tous les échos du désert de la joyeuse invitation : « O vous tous, qui êtes altérés, venez aux eaux ! » — « Quiconque, dit le Seigneur, boira de cette eau que je lui donnerai n'aura jamais soif, et cette eau que je lui donnerai deviendra en lui *une source d'eau qui jaillira* jusqu'en vie éternelle. » (Jean, 4, 14.) — Ils ont bu à cette source et se sont désaltérés ; ils connaissent la puissance de la grâce de Dieu, « les richesses insondables de son amour », les trésors de « toutes ces bénédictions spirituelles » qui nous sont ouverts en Jésus-Christ ; ils jouissent de cette paix qui coule profonde et limpide comme un fleuve, de la joie du Seigneur qui embellit la vie, et de l'espérance glorieuse qui illumine la tombe ; ils savent que tout est à eux, même les choses profondes de Dieu « que l'œil n'a point vues, que l'oreille n'a point ouïes et qui ne sont jamais montées au cœur de l'homme... » Oui, mais ces sources jaillissantes, ces ruisseaux, qui, eux aussi, devraient réjouir la ville de Dieu, ne coulent, hélas ! que comme certains cours d'eau de nos déserts africains, pour se perdre dans les sables arides de leurs propres vies. Ils ne vivent que pour eux-mêmes, et tout en connaissant l'amour de Celui qui a donné sa vie pour nous, ils ne sont nullement disposés à payer de leur personne et à donner leur vie pour leurs frères.

Aux portes de Samarie assiégée et en proie à toutes les horreurs d'une famine affreuse, quelques lépreux avaient trouvé l'abondance au camp déserté des Syriens. « Ils mangeaient, ils buvaient, ils emportaient de l'or, de l'argent et des vêtements et les cachaient. » Mais, repris dans leur conscience : « Nous ne faisons pas bien, se dirent-ils l'un à l'autre ; cette journée est une journée de bonnes nouvelles ; ne gardons pas le silence, et si nous attendons la lumière du jour, le mal nous atteindra. » (2 Rois, 7, 9.) Ils partirent incontinent, et qui dira avec quelle joie ils publièrent la bonne nouvelle aux portes de la ville ?

Et puis... de nos jours, ne se renouvelle-t-elle pas, la scène douloureuse du prétoire ? Nous voyons Jésus sortant, portant la couronne d'épines, revêtu du manteau d'écarlate, et pendant que les uns s'acharnent à lui arracher, pour la mettre en lambeaux, la robe sans couture de sa divinité, les autres le soufflettent, le bafouent, le couvrent d'injures, lui crachent au visage et le crucifient. — Oui, lui, le Fils de Dieu, lui, le Roi, notre Roi.

A cette scène a succédé une vision. Le Christ crucifié, triomphant de la mort comme il avait triomphé du monde et du péché, a laissé le tombeau vide et inondé de lumière, puis, glorifié, vivant aux siècles des siècles, il est monté, et il s'est assis à la droite de Dieu. Mais il nous a promis son retour, et nous l'attendons. Oint de Dieu, « il a reçu toute puissance dans les cieux et sur la terre », et « le nom qui est au-dessus de tout nom » ; « il faut que tout genou se courbe devant lui, que toute langue confesse qu'il est le Seigneur ».

Il faut qu'il règne ! Les temps s'accomplissent : « encore un peu de temps, et celui qui doit venir viendra, et il ne tardera point ». Lui-même nous le dit : « Voici que je viens bientôt ! » et nos cœurs lui répondent dans une ardente prière : « Oui, Seigneur Jésus, viens ! » Mais nous ne pouvons pas rester dans une contemplation oisive, et nous contenter de hâter son retour par l'ardeur stérile de nos désirs. Il veut, il daigne nous associer à son œuvre de rédemption, nous qu'il a rachetés et qu'il aime. Il veut que *nous*, et non les anges du ciel, publiions la Bonne Nouvelle à toutes les nations et que nous soyons ses témoins jusqu'aux extrémités de la terre. Et cette tâche, il veut que nous l'accomplissions dans l'esprit qui l'animait lui-même, lui qui « *à cause de la joie* qui lui était réservée, a souffert la croix, méprisé l'ignominie, et s'est assis à la droite de Dieu ». (Héb. 12, 2.) Pourrions-nous avoir honte, hésiter à nous charger, nous aussi, de notre croix, portant son opprobre, pour le suivre hors du camp?

Le Maître de la parabole, louant les ouvriers et les envoyant dans sa vigne, leur disait : « Allez, et je vous donnerai ce qui est raisonnable! » C'est *lui*, et il tient parole. Dès ici-bas, il nous fait faire l'expérience que « son service est doux et que son fardeau est léger ». « Il nous rassasie de l'abondance de sa maison, nous abreuve au torrent de ses délices, car en lui est la source de la vie. » (Ps. 16, 11.)

Pour un si puissant Sauveur, pour un Maître si glorieux et si bon, est-il un service trop pénible, un sacrifice trop coûteux? Le *connaître*, n'est-ce pas sentir en nous naître pour sa personne cette sainte passion qui le place au-dessus de tout et au centre de tout? si bien que l'amour qu'il nous inspire fait pâlir et éclipse tous nos amours les plus légitimes, comme la splendeur du soleil éteint les feux des étoiles. Aussi, si c'est une grâce que de *travailler* avec lui, par lui et pour lui, si c'est une grâce que de *croire* en lui, n'en est-ce pas une aussi, plus grande encore, s'il daignait nous l'accorder, que d'être jugés dignes de souffrir pour lui? Saint Paul ne voulait savoir autre chose que « Christ et Christ crucifié ». « Les choses qui étaient pour moi des gains, je les ai regardées comme une perte à cause de Christ, et même je regarde toutes choses comme une perte à cause de l'excellence de la connaissance de Jésus-Christ mon Seigneur, pour lequel j'ai renoncé à tout, et je les regarde comme de la boue afin de gagner Christ. » (Ph. 3, 7, 8.)

Le monde se passionne pour tout : le jeu, les plaisirs, les honneurs, la fortune, la politique, la science; le chrétien, lui, n'a qu'une seule passion :

JÉSUS-CHRIST !

Au mendiant qui frappe à la porte, nous donnons une obole par pitié ou par acquit de conscience; du souverain nous sollicitons humblement la faveur de lui faire l'hommage d'un don digne de lui. Ne traitons pas en mendiant celui qui est le Roi des rois, élevé au-dessus de tous les trônes et de toutes les puissances. Puissions-nous obtenir de lui « la grâce éminente » de lui offrir biens, force, talents, avenir; oui, *notre vie tout entière* comme un vase d'albâtre plein d'un parfum de grand prix que nous voulons briser à ses pieds. — Seul, il en est digne. — Puis, après l'avoir joyeusement servi ici-bas et avoir vécu de sa vie, nous le servirons encore dans la gloire, et avec des cœurs débordant d'allégresse, nous chanterons « avec les myriades de myriades et les milliers de milliers » :

« L'Agneau qui a été immolé est digne de recevoir la puissance, la richesse, la sagesse, la force, l'honneur, la gloire et la louange. » (Apoc. 5, 12.)

L'AFRIQUE MALHEUREUSE

Paroles traduites de l'anglais par M. Théo. Monod.
Musique de J. K. Bokwe ; chanté en Écosse par lui et en France par F. Coillard.

LE CRI DE DÉTRESSE D'UN AFRICAIN

1

A l'humble supplique
De notre douleur,
A la pauvre Afrique
Ouvrez votre cœur !
Aux âmes sans joie
Du continent noir,
Que l'Église envoie
La paix et l'espoir.

2

Des siècles sans nombre
Ont vu nos vainqueurs
Torturer dans l'ombre
Nos corps et nos cœurs.
Après tant de crimes
Commis contre nous,
Envers les victimes
Qu'on soit juste et doux !

Chœur :
Au lointain rivage,
Au peuple sauvage,
Du divin amour, portez le message !

3

Donnez des prières
Et donnez de l'or ;
Donnez à vos Frères,
Donnez mieux encor.
Dans nos maux extrêmes
Faudra-t-il périr ?
Donnez-vous vous-mêmes
Pour nous recueillir.

Chœur :
Au lointain rivage,
Au peuple sauvage,
Du divin amour, portez le message !

IN MEMORIAM

Ce volume était sous presse lorsque j'ai reçu d'un de mes plus chers amis quelques strophes destinées à moi seul. Malgré leur caractère intime, je ne puis me résoudre à les laisser en dehors de mon livre.

Sur la tombe solitaire de Séfoula, ma seule possession terrestre, qu'il me soit permis de déposer cette fleur.

F. C.

A MON TRÈS CHER ET VÉNÉRÉ AMI FRANÇOIS COILLARD

Frère, on te fait partout le plus joyeux accueil ;
Tu nous vois t'entourer, t'écouter, te sourire....
Le mot qu'on ne dit pas, laisse-moi te le dire :
Notre cœur se souvient que ton cœur est en deuil.

*
* *

Cette âme tendre et forte, héroïque et paisible,
Ta fleur, ta seule fleur, au désert d'ici-bas,
Elle répand encor son parfum sur tes pas :
L'amour ne périt point pour n'être plus visible.

De notre sombre terre aux clartés du saint lieu
La route est grande ouverte, et tu peux à toute heure
Te joindre à son cantique, habiter sa demeure :
« Votre vie est cachée avec le Christ, en Dieu. »

*
* *

Un jour (tu nous l'as dit), d'un fleuve aux larges ondes
Elle affronta les flots pour aller jusqu'à toi,
Qui regardais de loin, maîtrisant ton émoi,
Les robustes nageurs fendre les eaux profondes.

Enfin, trop lentement au gré de ton désir,
Ils approchent du but.... elle touche à la rive....
Ses yeux sont sur les tiens.... Défaillante, elle arrive
Et tombe entre tes bras, tendus pour la saisir.

A ton tour, maintenant, tu traverses le fleuve....
Debout sur l'autre bord, elle est là qui t'attend :
Vous connaîtrez bientôt, séparés un instant,
Le revoir éternel après la courte épreuve.

TH. MONOD.

Paris, septembre 1897.

TABLE DES MATIÈRES

	Pages.
Préface.	VII
Introduction.	XIII

PREMIÈRE PARTIE. — A LA RECHERCHE D'UN CHAMP DE MISSION

I. — Une proposition inattendue. — Un changement de route. — Préparatifs de départ 1

II. — Préparatifs de départ pour le bo-Nyaï. — Derniers soins donnés au troupeau de Léribé. — Adieux. — Premiers jours de marche 4

III. — Prétoria. — Naguère et aujourd'hui. — Le Bush-Feldt. — Valdézia. — Les missionnaires romands. — Goedgedacht. — M. Hofmeyr. — Sur les bords du Limpopo 10

IV. — Le mont Bohoa. — Le chef Nyamonto. — Chez Masonda. — Tumulte. — Position critique. — Une ambassade à Lobengoula 22

V. — Le grand chef des ma-Tébélé. — Négociations laborieuses. — Quelle porte Dieu ouvrira-t-il ? 30

VI. — Audience officielle. — Pluie d'injures. — Premier appel du Zambèze 36

VII. — Dernière visite à Lobengoula. — Un mystère douloureux. — A Tati. — Les ba-Mangouato et Khama. — Un grand chef chrétien. — Une exploration nécessaire au Zambèze. 43

VIII. — A travers le désert. — Léchoma. — Les cataractes Victoria. — Bel accueil. — Coup d'œil sur l'histoire des ba-Rotsi. — A Séchéké. — Les traces de Livingstone 53

IX. — A Séchéké. — Déception. — Travaux d'évangélisation. — La prière et le chant. — Retour à Léchoma. — Mort de Khosana. — Encore à Séchéké. — Un message du roi. — Maladie et mort d'Éléazar Marathane. — Un jalon glorieux 61

X. — Regard en arrière. — Les avantages et les difficultés d'une mission chez les ba-Rotsi. — Nos deuils. — Mort de Bushman. — Serpa Pinto 72

XI. — Départ de Chochong. — Chez Séléka. — Dans le désert. — Guides pillards. — M. Hofmeyr. — Arrêt à Valdézia. — Une nouvelle porte fermée. — En route pour le retour. 78

XII. — Le retour. — Histoire d'un *trek*. — Prétoria. — Potchefstroom. — Klerksdorp. — Léribé. — Mission et conquête. — Décisions du synode 87
XIII. — Départ pour l'Europe. — L'Église de Léribé. — Réunions d'adieu. — A travers le Lessouto et la colonie. — Madère. — Londres. — Souvenirs d'une délivrance. — Les réunions de Mildmay. — Un jubilé. — Mort d'Azaël. — Le major Malan. 91
XIV. — Arrivée à Paris. — Rapport au Comité des Missions. — Tournées en France et à l'étranger. — Lettre aux Églises. 98

DEUXIÈME PARTIE. — LA MISSION SE FONDE

XV. — A Wellington. — L' « école huguenote ». — Stellenbosh. — A travers la Natalie. — Une épizootie. — Arrivée à Léribé. — État de la station. 105
XVI. — Guerre civile. — Visite du directeur de la Société. — Une tournée dans les Églises du Lessouto. — Départ prochain. 112
XVII. — Le départ. — Nous avons besoin de forces. — A travers le Transvaal. — Un discours du général Joubert. — Sécheresse dangereuse. — Notre personnel 118
XVIII. — Pluies diluviennes. — Routes effondrées. — Saul's Poort. — Un gué du Marico. — Épreuves. — Le passage. — Mangouato. — Séléka. — Baptêmes. — Une grande cérémonie à Mangouato. — La poste. 124
XIX. — De Chochong à Kané. — Un départ émouvant. — A travers le Kalahari. — Le froid. — Un envoi de Khama. — Mon cinquantième anniversaire. — Pandamatenga. — M. Westbeech. — Les jésuites, leur installation et leur œuvre. — Une séparation en perspective. — Nos artisans. 134
XX. — Le désert des Makarikari. — Les ma-Saroa. — L'évangéliste Léfi. — Encore la température. — La tombe de Khosana. — Campement à Léchoma. — Au gué de Kazoungoula. — Messagers de Séchéké. — Contretemps. — Pénible attente. — A Séchéké. — Pauvre hospitalité. — Un messager du roi. — Joie de courte durée. — Partirons-nous ? — Une révolution à la Vallée. — Une mésaventure de Ben. — Le paganisme. 142
XXI. — Retour à Léchoma. — La langue. — L'esclavage. — Un messager du nouveau roi. — La vie à Léchoma. — L'école. — A Séchéké. — Frayeur universelle. — Un voyage encore ajourné. — Retour à Léchoma. — Un orage africain. — Un appel du nouveau roi. — Le voyage décidé 160
XXII. — En route pour Léalouyi. — Soucis et préoccupations. — Le chef Mahaba. — Arrivée à Séchéké. — Le nom de la peuplade. — Photographie. — Voyage sur le Zambèze. — Les rapides de la Mort. — Ravages des ba-Rotsi. — Les ma-Khalaka. — Les cataractes de Ngonyé. — Tom-

TABLE DES MATIÈRES. 687

Pages.

beaux de rois. — A Nalolo. — La reine Maïbiba. — Arrivée à Léalouyi. — Réception officielle. — Sites offerts pour la station. — Projets d'avenir. — Retour à Léchoma. — Mes impressions. 172

XXIII. — Nos évangélistes et l'école. — Mésaventures d'un courrier. — Épizootie. — Nouvelles d'Europe. — La fièvre. — L'hiver et la fièvre. — La vie à Léchoma. — Nos aides Kambourou et Ngouana-Ngombé. — Départ des jésuites. — Révolte contre Akoufouna. — Nous manquons de canots. — Préparatifs de voyage. — Fiançailles de M. Jeanmairet 191

XXIV. — Troubles politiques. — Une délivrance. — Projets pour Séchéké. — Fête de baptême. — Passage du Zambèze. — Le premier dimanche sur le bo-Rotsi. — Mort de Monyaï. — Projets d'avenir et appels aux Églises . . . 203

XXV. — La mission jésuite. — A Séchéké. — La contre-révolution. — Akoufouna en fuite. — Anarchie et guerre civile. — Isolement. — Un voleur. — Un mariage missionnaire. — Les représailles de Robosi. — Terreur et anarchie. — Projets de visite à la capitale 211

XXVI. — Appels de Léwanika. — Départ pour Léalouyi. — Parmi les rapides. — Les ma-Khalaka. — De Sénanga à Nalolo. — La sœur du roi. — Au lékhothla. — Une visite royale. — A Léalouyi. — Première rencontre avec Léwanika. — Réception officielle. — Coutumes du lékhothla. — Conversation avec un potentat. — Origine des ba-Rotsi. — Lieux de refuge. — Caractère de Léwanika. — Retour à Séchéké. 223

XXVII. — L'arrivée du courrier d'Europe. — La Maison des Missions. — Les vengeances de Léwanika. — Le vol. — Le cri du Macédonien. — Perspectives. — Une course à Kazoungoula. — M. et Mme Holub. — Retards forcés. — Il faut partir. — Nos conducteurs. — Les chefs de Séchéké. — Roi mendiant. — En route ! — Mésaventures du wagon. — Dans la région de la tsetsé. — Des mécontents. — A Kalangou. 243

XXVIII. — A travers bois et marécages. — Une éclipse de soleil. — L'expédition du Dr Holub. — Le wagon versant dans la rivière. — Un beau dimanche. — A Séfoula ! 261

XXIX. — Travaux d'installation. — Rapports avec le roi. — Un bon dimanche. — Léwanika et le travail manuel. — De Séfoula à Séchéké. — La famille réunie. — Séparation en perspective. — Une date. — Attendre de grandes choses. — Départ de Séchéké. — La *dame blanche*. — Arrivée à Séfoula. — Les tributs du roi. — Visite royale. — Le caractère zambézien 277

XXX. — La station de Séfoula. — Un pitso. — La mission officiellement installée. — Procès de sorcellerie. — La prédication de l'Évangile. — L'école fondée. — Mœurs zambéziennes. — Superstition et cruauté. 292

XXXI. — L'expédition est terminée. — Au travail ! 305

TROISIÈME PARTIE. — LA MISSION A SÉFOULA

Pages.

XXXII. — Isolement et soucis. — Travaux matériels. — L'école. — Ce que sont les Zambéziens. — Arrivée des renforts. — Maladie de M. Dardier. — L'évangélisation. — Un deuil 307

XXXIII. — Anarchie et vengeances. — Plus de bétail. — « Chez les ma-Choukouloumboué ! » — La mobilisation. — Préparatifs d'une expédition guerrière. — Le grand conseil de la nation. — Départ de l'armée. — La *sébimbi*. — L'école débandée. — Tristes perspectives. — Deux enfants prodigues. — Troubles à Séchéké. — La vie matérielle à la Vallée. — Foi et obéissance 315

XXXIV. — Le retour de Léwanika et de son armée. — Pendant l'expédition. — Les voleurs. — Les femmes. — Rentrée du roi. — Une prédication. — Le butin. — Détails sur la campagne. — Une observation inattendue du dimanche. — Les deux renégats. — Les évangélistes indigènes. — Mort de M. Dardier. — Épreuve de la famille Ad. Jalla. — Les besoins de l'œuvre. — La mission du Zambèze et les missions coloniales. — Maladie du roi. — Les prémices de la moisson. — Discours de Ngouana-Ngombé. . . . 330

XXXV. — Rencontre de M. Selous. — Ses aventures. — Une visite à Léalouyi. — La vie à la capitale. — Un pitso mémorable. — Questions politiques. — Scènes de mœurs zambéziennes. — Mme Coillard et ses élèves. — L'école à Séfoula. — La prédication. — Seuls ! 343

XXXVI. — L'école. — Progrès moraux. — Les chiens enragés. — Activité de Ngouana-Ngombé. — Bonnes dispositions du roi. — Visite à Léalouyi. — Sérieux entretien avec Léwanika. — Maïbiba. — Aux portes de la mort. — L'école prospère. — Un temps de crise. — Visite aux deux capitales. — Temps meilleurs. — Un enfant prodigue qui se repent. — Perspectives d'avenir. 358

XXXVII. — Un voyage de Séfoula à Séchéké. — Le départ. — Nalolo et la reine Mokouaé. — Un terrain dur. — Comment atteindre les femmes zambéziennes. — Séoma et les ma-Khalaka. — Un anniversaire. — Entretiens du bivouac. — Séchéké. — Kazoungoula. — En conférence. — Le retour. — Une lettre de Léwanika. 376

XXXVIII. — Le caractère des ba-Rotsi. — Constructions. — Concession d'un terrain. — Travaux de drainage. — L'évangélisation à la Vallée. — Retour de Séajika. — L'école. — Insalubrité de la Vallée. — Nos filles et nos garçons. — Litia. — Vente de livres. — Rapports avec Léwanika. — Un village de sorciers 393

XXXIX. — Le nouvel an à Séfoula. — Une fête d'école. — Hôtes royaux. — La lanterne magique. — L'influence européenne. — Progrès sociaux. — D'où viendra le secours ? — Un anniversaire. 404

TABLE DES MATIÈRES.

Pages.

XL. — En canot sur le Zambèze. — Un coup d'œil sur l'œuvre. — Les écoles. — Un baptême. — M. Adolphe Jalla. — Mœurs des ba-Rotsi. — Les événements politiques. — La Compagnie anglaise du sud de l'Afrique. 413

XLI. — Encore une séparation. — Tristes nouvelles d'Europe. — Maladie de M. Jeanmairet. — Une alerte. — Séchéké désert. — Partis depuis huit jours. — Une compensation. — Encore un deuil. — Retour à Séfoula. — Temps difficiles. — Pertes de bœufs, de wagons, de bagages. — Hostilités et défiances. — La barque ne chavirera pas. 421

XLII. — Temps difficiles. — Agitation politique. — Une visite à la capitale temporaire. — Barques royales. — Un dimanche de Pâques. — L'école de Séfoula. — Tristes chutes. — Mlle Kiener. — La visite de M. et Mme Louis Jalla. — Le caractère zambézien 430

XLIII. — Chasses royales. — Vacances improvisées. — Histoire d'un voleur. — En pleine tourmente. — Divisions politiques. — Les missionnaires méthodistes. — Mauvais symptômes. — « Pressés de toutes parts, mais non réduits à l'extrémité. » 444

XLIV. — Les derniers moments et la mort de Mme Coillard. — Angoisses et fin triomphante. — Ce qu'*elle* a été. — Les obsèques. — Les consolations de Dieu. — Mlle Kiener. — Les premiers fruits de la moisson. — L'arrivée du courrier. — L'horizon politique s'éclaircit. — Le déficit. — La foi sera toujours un combat 453

XLV. — Une visite à Léalouyi. — Le *cœur jaune* des ba-Rotsi. — Pénibles défections. — Un visage ami au Zambèze. — Le Dr Johnston. — La mission méthodiste. — Projet d'établissement à la capitale 465

XLVI. — Messages de sympathie et d'affection. — La vie à Séfoula. — Une éclaircie. — Prochain établissement à la capitale. — Deuil et grâces. — Une classe de futurs catéchumènes. — Difficultés de l'œuvre. — Manque d'ouvriers. — Un souvenir de Mme Coillard 481

XLVII. — Détresses et délivrances. — En canot à Léalouyi. — Bonne réception. — Cérémonies militaires. — Un dimanche à la capitale. — Un marché d'esclaves. — Jusques à quand? 491

QUATRIÈME PARTIE. — LA MISSION A LÉALOUYI

XLVIII. — Enfin à Léalouyi! — Un douloureux anniversaire. — La quatrième station du Zambèze est fondée. — Regard en arrière. — Les débuts à Léalouyi. — Le premier dimanche. — Dispositions du roi. — Les plaies d'Égypte. — Une visite. — Prédication. — Le service postal 503

XLIX. — Déblayage de la termitière. — Léwanika lève le blocus. — Le marché. — Le roi et les ma-Mbounda. — Revue d'apparat. — Industrie des ba-Rotsi. — Nos bâtisses. — Course à Séfoula. — Les pluies. — Les méthodistes. — Visites à Léalouyi. — Les défections. — Ténèbres du paganisme zambézien. — Fatigue physique et tracas. — Variations du roi ; son avarice. — Nouvelles de Séfoula. — Le vol. — Hostilité du roi. — Les méthodistes. — Disgrâce. — Mis en interdit 519

L. — Travaux accomplis. — Les dispositions de Léwanika à l'égard des missionnaires. — La prédication et les femmes. — L'école. — Construction de la chapelle. — La chaussée. — Le canal. — Congé prochain de M. Waddell. — Le temps est court 538

LI. — La poste. — Travaux matériels. — Les ponts et chaussées au Zambèze. — L'inondation. — L'eau potable. — Bruits de guerre. — Les ba-Rotsi en campagne. — L'œuvre spirituelle. — Le temps des semailles. — Légèreté et superstition. — Léwanika et le sentiment du péché. — L'évangélisation de maison en maison. — Mokouaé. — Un missionnaire pour Nalolo ! — Dédicace de la chapelle de Léalouyi. — Fête des écoles. — Les méthodistes. — Les ma-Tébélé. — Tournées d'évangélisation 547

LII. — Souvenirs de la Conférence. — Le voyage d'aller. — Nalolo. — Séchéké. — Kazoungoula. — Plans, projets et appels. — Un anniversaire. — Visite aux chutes du Zambèze . 577

LIII. — La plaine en feu. — L'avenir de Séfoula. — Deux besoins pressants de la mission. — Le mouvement actuel. — Nolianga. — La fondation de Nalolo. — En route pour le Lessouto. — Une roue qui se brise. — Plans modifiés. — Une lettre du roi. — Le bras de l'Éternel n'est point raccourci 591

LIV. — Travaux terminés. — Visites d'évangélisation. — L'enfant de Litia. — Mariage de Nyondo. — Un geste malheureux. — Tempête. — L'école biblique à ses débuts. — A quand l'école industrielle ? — Les renforts attendus. — Le temps presse. — Nouvelle année. 606

LV. — La saison des pluies. — La santé des missionnaires. — Une visite à Séfoula. — Deuils et espérances. — Le mouvement des esprits. — Deux réunions bienfaisantes. — Appels et témoignages. — Léwanika. — Portes ouvertes. — Où sont les hommes ? 617

LVI. — Un grand projet. — En route pour le nord ! — Bons procédés du roi. — Katouramoa, l'ancienne capitale des ba-Rotsi. — A Libonda. — « Vous savez ce cantique ! » — Le village natal de Léwanika. — L'évangélisation au bivouac. — Chez les ma-Mboé. — Jette ton pain à la surface des eaux, et tu le retrouveras. — Paysages sans vie. — Les ba-Loubalé et les ba-Lounda. — Hospitalité chez Sindé. — A la capitale des ba-Lounda 630

LVII. — Chez le chef Mosoandounga. — Un dimanche à Sapouma. — Jusqu'au Loumbala. — A la capitale de Kakengé. — Accueil peu amical. — En danger. — Protection de Dieu. — L'Évangile est annoncé. — Conversion des bateliers. — Le fatal « demain » 642

TABLE DES MATIÈRES.

Pages.

LVIII. — La maladie. — La conférence de Léalouyi. — Départ décidé. — En route. — Mort de Séonyi. — Trois semaines à Kazoungoula. — M. Bertrand et ses compagnons. — État de l'œuvre. — De Kazoungoula à Boulouwayo. 656

CONCLUSION. — Les ma-Tébélé. — La petite vérole. — La peste bovine. — Quel sera le résultat de l'épreuve ? — Mafékeng. — En chemin de fer. — A l'hôpital de Kimberley. — Un souvenir et un contraste. — Willie Neethling. — A bord du *Warwick-Castle*. — La catastrophe du *Drummond-Castle*. — Regard en arrière. — L'activité missionnaire et la souffrance. — La fidélité de Dieu. — L'œuvre du Zambèze. — Ce qu'elle est. — Coup d'œil d'ensemble sur ses conditions. — Le bilan de douze années. — Au seuil de l'Afrique centrale. — Avenir de la race noire. — Devoir des chrétiens. — Tout pour le Roi 665

L'AFRIQUE MALHEUREUSE 682

IN MEMORIAM 683

TABLE DES MATIÈRES 685

TABLE DES GRAVURES 693

TABLE DES GRAVURES

	Pages.
Le campement, près de Harrismith	9
Sur le Limpopo (rivière des crocodiles)	19
En route pour le Zambèze	37
Rataou ou le père du lion. — Un des principaux chefs de Séchéké, un guerrier de renom	69
Une halte au nord du Transvaal. — La gorge du « Wonder Boom »	81
Tahalima. — L'un des principaux chefs de Séchéké, tué dans la guerre civile en 1887	109
Traversée du Marico (rivière Malikoë)	129
Masotoane. — Un des chefs de la province de Mousi ou Thounya. (Grandes cataractes de Victoria)	145
Travaux préliminaires à Léchoma (1885)	161
Chèvre à vendre	197
Tatira ou Akoufouna	213
Léwanika en 1885	233
Une halte à Nalisa. — Un bras du Zambèze près des rapides de Katima-Mollo	253
M. Waddell et son désagréable visiteur	289
Une des notabilités du Zambèze	301
Ba-Rotsi armés en guerre	317
Campement à Séoma	379
M. Wall et son buffle	437
Chutes du Kabako, affluent du Zambèze, rive droite	473
Village de la tribu Balunda (hutte et greniers)	513
Chapelle de Léalouyi en construction (M. Waddell et ses ouvriers)	541
A Nalolo. — La barque de la reine et vue de la mission	571
Mokouaé	597
La station de Loatilé (Léalouyi) à l'époque de l'inondation, 1894	625
Esclave présentant une tabatière au chef Kakengé	649

PLANCHES HORS TEXTE

	Pages.
Portrait de M. Coillard	en face du titre
Lever de soleil dans le désert	55
Chute de Ngonyé, près Séoma.	181
La chapelle de Séfoula. — La première bâtie au nord du Zambèze .	349
Le roi Léwanika (autrefois Robosi ou Lobochi) en costume ordinaire . .	409
Portrait de Madame Coillard.	457
Mon « Macpéla ». — Tombe de Madame Coillard à Séfoula	485
Quand viendront-ils ?	673

Nancy, imp. Berger-Levrault et Cie.

BERGER-LEVRAULT ET Cie, LIBRAIRES-ÉDITEURS
PARIS, 5, rue des Beaux-Arts. — 18, rue des Glacis, NANCY.

ARDOUIN-DUMAZET

VOYAGE EN FRANCE

COURONNÉ
PAR L'ACADÉMIE FRANÇAISE
LA
SOCIÉTÉ DES GENS DE LETTRES
ET LA
SOCIÉTÉ DE GÉOGRAPHIE
DE PARIS

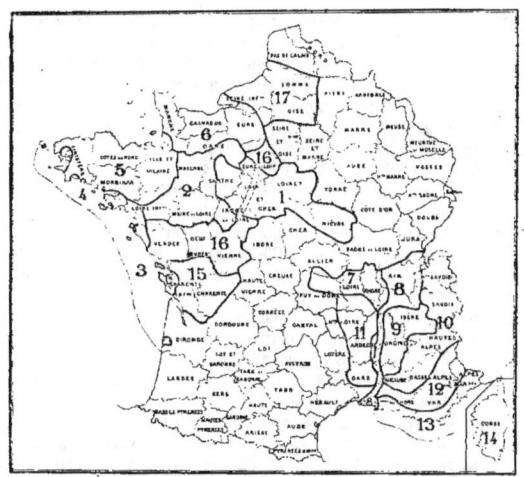

Carte indiquant les régions décrites dans les 17 volumes parus.

VOLUMES PARUS

1. *Le Morvan*, le Val de Loire et le Perche. — 2e édition, avec 19 cartes.
2. *Anjou*, Bas-Maine, Nantes, Basse-Loire, Alpes mancelles, Suisse normande.
3. *Les Îles de l'Atlantique* : I. D'Arcachon à Belle-Isle. — Avec 19 cartes.
4. *Les Îles de l'Atlantique* : II. D'Hoëdic à Ouessant. — Avec 25 cartes.
5. *Les Îles françaises de la Manche* et *Bretagne péninsulaire*. — Avec 26 cartes.
6. *Cotentin*, Basse-Normandie, Pays d'Auge, Haute-Normandie, Pays de Caux. — Avec 29 cartes ou croquis.
7. *La Région lyonnaise* : Lyon, Monts du Lyonnais et du Forez. — Avec 19 cartes.
8. *Le Rhône* du Léman à la mer : Dombes, Valromey, Bugey, Bas-Dauphiné, Savoie rhodanienne, La Camargue. — Avec 22 cartes ou croquis.
9. *Bas-Dauphiné* : Viennois, Graisivaudan, Oisans, Diois et Valentinois. — Avec 23 cartes ou croquis.
10. *Les Alpes* du Léman à la Durance. Nos Chasseurs alpins. — Avec 25 cartes.
11. *Forez*, Vivarais, Tricastin et Comtat-Venaissin. — Avec 25 cartes.
12. *Les Alpes de Provence* et les *Alpes maritimes*. — Avec 31 cartes.
13. *La Provence maritime*, Marseille, le littoral, Îles d'Hyères, Maures, Estérel, Nice. — Avec 28 cartes.
14. *La Corse* : Balagne, Nebbio, Cinarca, Niolo, Casinca, Castagniccia, Cap Corse, Bouches de Bonifacio. — Avec 27 cartes, 10 vues et 1 planche hors texte.
15. *Les Charentes et la Plaine Poitevine* : Angoumois, Confolentais, Champagne de Cognac, Saintonge, Aunis, Plaine poitevine. — Avec 26 cartes.
16. *De Vendée en Beauce* : Haut-Poitou, Mirebalais, Bocage, Marais, Vendée, Gâtine, Tours, Beauce. — Avec 30 cartes.
17. *Littoral du pays de Caux*. *Vexin*. Basse-Picardie : Dieppe, l'Aliermont, Pays de Bray, Vexin, Pays de Thelle, Santerre, Vermandois, Vallée de la Somme, Vimeu, Ponthieu. — Avec 28 cartes.

Sous presse : { 18. *Le Nord* : I. De la Lys à la Somme. — Avec cartes et croquis.
{ 19. *Le Nord* : II. De la Somme à la Sambre. — Avec cartes et croquis.

Chaque volume in-12, d'environ 350 pages, avec cartes, broché . **3 fr. 50 c.**
— Élégamment cartonné en toile souple, tête rouge . . . . **4 fr.**

La collection complète comprendra 33 volumes — Le prospectus détaillé (brochure de 12 pages) des volumes parus ou à paraître dans cette collection est envoyé sur demande.

CONTRE-AMIRAL RÉVEILLÈRE

LA CONQUÊTE DE L'OCÉAN. Un volume in-12 de 335 pages, broché. 1894 . 3 fr. 50 c.

AUTARCHIE
Collection d'élégants volumes in-12, chacun à 2 fr.

SUR LE PONT. Un volume. 1899.
CHRISTIANISME ET AUTARCHIE. Un volume. 1898.
PROPOS D'AUTARCHISTE. Un vol. 1898.
EXTENSION. EXPANSION. Un vol. 1898.
RECHERCHE D'IDÉAL. Un volume. 1898.

CROIX ET CROISSANT. Un volume. 1897.
L'EUROPE UNIE. Un volume. 1896.
TUTELLE ET AUTARCHIE. Un vol. 1896.
UN COUP DE SONDE DANS L'OCÉAN DES MYSTÈRES. Un volume. 1896.

BERGER-LEVRAULT ET Cⁱᵉ, LIBRAIRES-ÉDITEURS

PARIS, 5, rue des Beaux-Arts. — 18, rue des Glacis, NANCY.

Au Sud de l'Afrique, par Frédéric CHRISTOL. 1897. Un volume in-12, avec 150 dessins et croquis de l'auteur, broché sous couverture illustrée . . . . 3 fr. 50 c.
Mes Campagnes, par une femme (G. VRAY). Autour de Madagascar. 1897. Un volume in-12, broché sous couverture illustrée en couleurs . . . . 3 fr. 50 c.
Rapport sur l'Expédition de Madagascar, adressé le 25 avril 1896 au ministre de la guerre, par le général DUCHESNE. Suivi de tous les documents militaires (Ordres, Instructions, Notes ministérielles, États d'effectifs, etc.), diplomatiques et parlementaires, relatifs à l'expédition de 1895. Avec 16 cartes, croquis ou itinéraires en noir ou en couleurs, dressés d'après les travaux du Service géographique du corps expéditionnaire. Un volume in-8 de 448 pages, broché, et un atlas. Prix . . . . 12 fr.
Madagascar. L'île et ses habitants. Renseignements historiques, géographiques et militaires, La guerre franco-hova (1883-1885), d'après les documents du ministère de la marine, par le capitaine G. HUMBERT. Avec un vocabulaire franco-malgache d'après les indications de M. SUBERBIE. 1895. Volume in-8, avec 8 cartes topographiques, broché . . . . 4 fr.
La Guerre au Dahomey. 1ʳᵉ partie : 1888-1893, d'après les documents officiels, par Éd. AUBLET, capitaine d'infanterie de marine, officier d'ordonnance du ministre de la marine. Un beau volume in-8 de 358 pages, avec un portrait, 21 croquis et 2 cartes, broché . 7 fr. 50 c.
— 2ᵉ Partie : La Conquête du Dahomey (1893-1894), par le même. Un volume in-8 avec 5 croquis et 1 carte. broché . . . . 5 fr.
Cinq mois au pays des Somalis, par le prince NICOLAS D. GHIKA. Suivi de la Faune somalie et d'une liste des plantes décrites, par G. SCHWEINFURTH et G. VOLKENS. 1898. Un beau volume petit in-4 avec 21 planches hors texte et 1 carte, cartonné en percaline plat spécial. 15 fr.
La Tunisie. 1896. Publication en 4 beaux volumes in-8 :
— PREMIÈRE PARTIE : *Histoire et description.* Le sol et le climat. L'homme. Organisation. 2 volumes avec 40 planches, dont 22 en couleurs, brochés . . . . 10 fr.
— DEUXIÈME PARTIE : *La Tunisie économique.* Agriculture. Industrie. Commerce. Finances. 2 volumes avec 13 planches, dont 3 en couleurs, brochés . . . . 10 fr.
De Hanoï à Pékin, par A. BOUINAIS, lieutenant-colonel d'infanterie de marine, avec une préface de M. Alfred RAMBAUD. 1892. In-12 de 428 pages, broché . . . . . 3 fr. 50 c.
Silhouettes tonkinoises, par Louis PEYTRAL. 1897. Volume in-12, illustré par GAYRAC, broché sous couverture illustrée . . . . 3 fr. 50 c.
La Vie militaire au Tonkin, par le capitaine LECOMTE, breveté d'état-major, attaché à l'état-major du corps expéditionnaire. Illustrations par M. DAUPHIN. 1893. Beau volume grand in-8 jésus de 360 pages, sur fort papier vélin, avec 70 dessins au lavis, et 5 croquis cartographiques, broché sous couverture illustrée. (*Ouvrage couronné par l'Institut.*) 10 fr.
L'Escadre de l'Amiral Courbet, par Maurice LOIR, lieutenant de vaisseau à bord de la *Triomphante*. Illustrations par M. BROSSARD DE CORBIGNY. 1894. Très beau volume grand in-8 jésus de 360 pages, sur fort papier vélin, avec 160 dessins au lavis, 10 croquis cartographiques et portrait, broché sous couverture illustrée . . . . 10 fr.
Le même ouvrage, in-12. 6ᵉ édition. 1892, avec portrait et 10 cartes. broché . 3 fr. 50 c.
Impressions coloniales (1868-1892). Étude comparative de colonisation, par Charles CERISIER, ancien officier du commissariat de la marine, directeur de l'intérieur au Congo français. 1893. Volume in-8 de 367 pages, avec une carte, broché . . . . 5 fr.
Histoire de l'Armée coloniale, par NED NOLL. 1897. Un volume in-8, avec illustrations de M. NAYEL, broché . . . . 2 fr. 50 c.

Le Culte de famille. Méditations de la parole de Dieu, suivies de prières pour chaque jour de l'année, par Mᵐᵉ Gustave MONOD. (*Ouvrage couronné et publié par le Jury d'examen.*). Beau volume de 750 pages grand in-8, beaux caractères. 3ᵉ édition. Broché . . 6 fr.
Relié en percaline . 7 fr. 75 c. — Relié en demi-maroquin . . . . 9 fr.
En demi-maroquin, tranches dorées : 10 fr. 50 c. — En maroquin plein . . . 14 fr.
Sermons, par Is. PICARD, pasteur au temple de l'Étoile. Deux volumes in-12. — Prix de chaque volume broché . . . . 3 fr. 50 c.
Relié en percaline. 4 fr. 50 c. — En demi-maroquin . . . . 5 fr. 50 c.
Foi et Patrie. Discours prononcés pendant le siège de Paris (1870-1871), par Ernest DHOMBRES, pasteur de l'Église réformée. Nouvelle édition, avec une préface de M. Benjamin COUVE. 1897. Beau volume in-8 avec portrait en héliogravure, broché . . . . 4 fr.
En marche ! Le voyage de petit Chrétien vers la céleste cité, par H. L. TAYLOR. Traduit librement de l'anglais par Mᵐᵉ W. SOLTAU-MONOD. 1899. Élégant volume in-12, avec illustrations hors texte, broché sous couverture illustrée . . . . 2 fr.
Ma Cousine, par Mˡˡᵉ Uranie BONNAFFÉ. Un volume in-12 de 406 pages, broché. 3 fr 50 c.
Caractères d'enfants, par Mˡˡᵉ Uranie BONNAFFÉ. Un volume in-12 ; cart. gaufré. 1 fr. 30 c.

Nancy, imp. Berger-Levrault et Cⁱᵉ.

www.ingramcontent.com/pod-product-compliance
Lightning Source LLC
Chambersburg PA
CBHW060904300426
44112CB00011B/1333